Charles Maurras

Œuvres & Écrits
Volume V

Principes

1887-1931

Charles Maurras
(1868-1952)

Œuvres & écrits
Volume V

Principes
1887-1931

Publié par
Omnia Veritas Ltd

www.omnia-veritas.com

LE TRAVAIL EN FRANCE LE NIHILISME RUSSE ET LA PHILOSOPHIE ALLEMANDE	11
Le Travail en France	12
Le Nihilisme russe et la Philosophie allemande	14
LES NOUVEAUX THÉORICIENS DE L'ÉDUCATION ET L'ÉCOLE DE LA PAIX SOCIALE	18
Les Nouveaux Théoriciens de l'éducation et l'École de la paix sociale	19
I La nécessité de l'éducation face au vice originel	*19*
II L'école primaire — L'enseignement qu'on y reçoit n'est et ne saurait être que la moindre part de l'éducation.	*24*
III L'enseignement secondaire et supérieur — Le régime français	*30*
OLIVIER DE SERRES ET SON *THÉÂTRE DE L'AGRICULTURE*	35
Olivier de Serres et son *Théâtre de l'agriculture*	36
PROLOGUE D'UN ESSAI SUR LA CRITIQUE	39
Prologue d'un essai sur la critique	42
I Dignité de la critique	*43*
II Espèces de critiques	*46*
III La critique proprement dite	*49*
IV Du goût	*51*
V Objet propre du goût et nature du style	*53*
VI Les principes du goût	*56*
VII La notion de Barbarie	*61*
VIII Destination de la critique (fragments)	*62*
Annexes	*63*
LES PARTIS POLITIQUES ET LA DÉCENTRALISATION	65
Les partis politiques et la décentralisation	66
L'IDÉE DE LA DÉCENTRALISATION	70
L'Idée de la décentralisation	72
I — De 1814 à 1870	*72*
II — Sous la troisième République : 1° la Législation	*76*
III — Sous la troisième République : 2° les Idées	*80*
IV — Propagande de ces idées	*88*
V — Les Déracinés	*93*
VI — Caractère et valeur de quelques objections	*99*
VII — État présent de la question	*110*
LA DÉCADENCE DE M. FERDINAND BRUNETIÈRE VUE DE LA FIN DU SIÈCLE	115
AMIS OU ENNEMIS ? L'HOMME	129
LE DUC ALBERT DE BROGLIE	139
I	141
II	144

III	148
LE MIRAGE D'ORIENT	155
MADAME PAULE MINCK	161
QU'EST-CE QUE LA CIVILISATION ?	167
D'EMMA BOVARY AU GRAND TOUT	176
I	177
II	180
III	181
IV	184
V	187
DEUX TÉMOINS DE LA FRANCE COURTENAY BODLEY ET GABRIEL HANOTAUX	189
DEUX TÉMOINS DE LA FRANCE	190
I	*194*
II	*197*
III	*204*
IV	*208*
INVOCATION À MINERVE	215
I	216
II	217
III	218
IV	219
MADEMOISELLE MONK OU LA GÉNÉRATION DES ÉVÉNEMENTS	222
I – MADEMOISELLE DE COIGNY	226
II – UN DERNIER AMI	232
III – UN THÉORICIEN DE LA MONARCHIE	235
IV – LA THÉORIE EST PRATIQUÉE	239
CONCLUSION	242
LA COMTESSE DE NOAILLES	243
VERSION DE 1903	244
VERSION DE 1905	253
AUGUSTE COMTE	262
AUGUSTE COMTE	263
I — L'anarchie au XIXe siècle	*265*
II — L'ordre positif d'après Comte	*268*
III — Valeur de l'ordre positif	*282*
IV — Le fondateur du positivisme	*284*
INTELLIGENCE ET PATRIOTISME	291
LA QUERELLE DU PEUPLIER	297
LES DEUX PATRIES	299
LA QUERELLE DU PEUPLIER	305
L'AVENIR DE L'INTELLIGENCE	315

- Préface à la première édition — 316
  - I — 316
  - II — 320
  - III — 321
- Avertissement à l'édition de 1927 — 325
- L'illusion — 327
- Grandeur et décadence — 330
  - I — Grandeurs passées — 330
  - II — Du seizième siècle au dix-huitième — 331
  - III — Les lettrés deviennent rois — 332
  - IV — L'abdication des anciens princes — 333
  - V — Napoléon — 335
  - VI — Le dix-neuvième siècle — 336
  - VII — Premières atteintes — 338
- La difficulté — 339
  - VIII — Les anciens privilégiés — 339
  - IX — Littérature de cénacle ou de révolution — 340
  - X — La bibliothèque du duc de Brécé — 342
  - XI — Le progrès matériel et ses répercussions — 343
  - XII — Le barrage — 346
  - XIII — L'industrie littéraire — 347
  - XIV — Très petite industrie — 348
  - XV — Le socialisme — 350
  - XVI — L'homme de lettres — 351
- Asservissement — 352
  - XVII — Conditions de l'indépendance — 352
  - XVIII — L'autre marché — 354
  - XIX — Ancilla ploutocratiae — 354
  - XX — Vénalité ou trahison — 355
  - XXI — Responsabilités divisées — 357
  - XXII — À l'étranger — 359
  - XXIII — L'État esclave, mais tyran — 360
  - XXIV — L'esprit révolutionnaire et l'argent — 361
  - XXV — L'âge de fer — 363
  - XXVI — Défaite de l'Intelligence — 365
  - L'aventure — 367
- **Préface au *Manuel du royaliste* de Firmin Bacconnier** — 370
- **À Chemulpo** — 379
  - À Chemulpo ou le centenaire de Kant — 380
  - Après douze ans — 385
- **Frédéric Amouretti et l'Europe de 1901** — 387
  - Frédéric Amouretti et l'Europe de 1901 — 388

Un disciple de Fustel : Frédéric Amouretti......388
Le gouvernement des partis en Europe en 1901......391

LA QUESTION DE LA TAUPE — 393
I — 394
II — 395

LE MIDI ESCLAVE — 402
Introduction — 403
I — Un discours de M. Jules Lemaître — 405
II — Contre une théorie de guerre civile — 415
III — Éclaircissements — 421
Les protestants dans la Catalogne française Rectification......421
Les cas de résistance ou de réaction......423
Insolences séparatistes......424
Appendice aux « insolences séparatistes »......428

LE PRINCE ET L'AVENIR — 432
Le Prince et l'avenir — 433

LA RÉPUBLIQUE ET LA QUESTION OUVRIÈRE — 439
La Question ouvrière (I) — 441
La Question ouvrière (II) : Causes politiques — 444
La Question ouvrière (III) : Liberté d'esprit — 447
La Question ouvrière (IV) : Les Syndicats domestiqués — 451

LE PLUS BEAU VERS — 454

L'INDUSTRIE — 458

SUR LA PEINE DE MORT — 463
Sur la peine de mort — 464

LES IDÉES ROYALISTES — 469
I — 470
II — 477
III — 479
IV — 482

LORSQUE PROUDHON EUT LES CENT ANS... — 489
Lorsque Proudhon eut les cent ans... — 491

SI LE COUP DE FORCE EST POSSIBLE — 496
Si le coup de force est possible — 500
I — Différentes sortes de « Coup » : le numéro un......501
II — Le coup numéro deux : comparaison des deux systèmes – Autres combinaisons......504
III — Fortes objections résolues......508
IV — C. Q. F. D.......514
V — De quelques occasions......515
VI — Scénario d'après nature......518
VII — Doit-on le dire ?......523

VIII — *Le coup de force et l'opinion*	*524*
IX — *Grave confirmation Une parole du général Dessirier*	*530*
Conclusion Après deux ans : à nos risques et périls	534
Appendice I – Centralisation et conspiration	542
I — L'État est Dieu	*542*
II — Il faut s'emparer de l'État	*545*
III — Majeurs et mineurs	*546*
IV — Notre royalisme consiste à faire la royauté	*548*
Appendice II – Trois consciences délicates	551

TROIS IDÉES POLITIQUES CHATEAUBRIAND, MICHELET, SAINTE-BEUVE — 554

Note à l'édition de 1912	*556*
Avant-propos	*557*
I. Chateaubriand ou l'anarchie	558
II. Michelet ou la démocratie	561
III. Sainte-Beuve ou l'empirisme organisateur	567
Épilogue	576
Note I – De l'esprit classique	*577*
Note II – Le goût de chair	*578*
Note III – Les déistes	*580*
Note IV – Chateaubriand et les idées révolutionnaires	*583*
Note V – Chateaubriand en juillet 1830	*584*
Note VI – Misère logique	*585*
Note VII – Le cœur de l'homme	*587*
Note VIII – Sentiment et vérité	*588*
Note IX – Tempérament de la science par la sagesse	*588*
Note X – Rencontre des athées et des catholiques	*589*
Note XI – La fête de Michelet	*591*

LA MONARCHIE FÉDÉRALE — 592

La Monarchie fédérale	593

L'ÉTUDIANT FRANÇAIS — 600

LE CINQUANTENAIRE DE LA RÉPUBLIQUE — 606

L'ANTHROPOPHAGE — 611

Préface	612
I	613
II	617
III	622
IV	624
V	629
Pièce justificative	631

LE TRAVAIL EN FRANCE
LE NIHILISME RUSSE ET LA
PHILOSOPHIE ALLEMANDE

Notices dans *La Réforme sociale* en 1887

Ce texte a paru dans La Réforme sociale du 15 juillet 1887.

LE TRAVAIL EN FRANCE

Dans une page bien juste de ses études sur *Le Travail en France*[1], M. Barberet insiste sur le danger qu'il y a à mêler la politique aux discussions d'intérêt professionnel et d'économie sociale : en premier lieu on sort toujours de la question, en second lieu on ne s'entend jamais, et eu troisième lieu on risque de compromettre les intérêts pour lesquels on combat. Les discussions de pure théorie sur les principes et sur les abstractions nous paraissent sinon également dangereuses, au moins très inutiles. C'est pour ce motif que nous n'entreprendrons pas M. Barberet sur quelques-uns de ses jugements. Du moment que M. Barberet tient comme nous, autant que nous, au maintien de la paix sociale, à la réconciliation des travailleurs, ouvriers et patrons, il fait une œuvre utile en nous communiquant le résultat de ses enquêtes.

« Aujourd'hui, nous dit-il, par les rapports tendus qui existent entre les ouvriers et les patrons, l'état de salarié c'est l'état révolutionnaire en permanence. L'antagonisme qui règne entre les représentants des deux facteurs du produit est un fait brutal, indéniable, qu'il importe de neutraliser dans ses effets dangereux. » La coopération serait pour M. Barberet le remède le plus efficace, car les ouvriers les plus remuants, « ceux qui ressentent le plus grand besoin de liberté, qui ont le plus d'énergie et le plus d'ambition, et qui sont presque tous, clans les rangs des salariés, sinon les promoteurs, au moins — ce qui est plus grave — les organisateurs de la grève », ceux-là deviennent par le fait de la coopération de véritables patrons, — des bourgeois — et trouvent dans une certaine mesure un fructueux emploi de leur intelligence et de leur activité.

D'ailleurs, la méthode de M. Barberet, comme le titre de son œuvre l'annonce, rappelle, sans en égaler la rigueur, celle que F. Le Play a léguée à son École. Il nous donne une série de *Monographies professionnelles*. Elles lui ont, dit-il, coûté vingt ans de travail, pour collectionner, classer, collationner d'innombrables documents. Deux volumes sont en vente et le troisième est annoncé. Dans cette revue alphabétique de toutes les professions, l'auteur

---

[1] *Le Travail en France — Monographies professionnelles*, J. Barberet, chef du bureau des sociétés professionnelles au ministère de l'Intérieur. Paris, Berger Levrault, t. I et II, 2 vol. in-80.

n'est encore arrivé qu'a la lettre C (Céramistes). Pour chaque métier il étudie les origines de la corporation, les procédés du travail, et toutes les données propres à éclairer le problème qui lui tient à cœur, la bonne organisation des syndicats de chaque industrie. On n'a du reste qu'à parcourir une de ces monographies, celle par exemple de la Boulangerie, pour constater quelle quantité de renseignements de toutes sortes se trouvent dans le livre de M. Barberet, et quelle peut être l'utilité d'un pareil répertoire pour les études économiques.

Ce texte a paru dans La Réforme sociale du 1ᵉʳ septembre 1887.

LE NIHILISME RUSSE ET LA PHILOSOPHIE ALLEMANDE[2]

Usons, n'abusons pas de la philosophie. C'est une recommandation que j'ai besoin de m'adresser avant de signaler aux lecteurs de La Réforme le récent ouvrage de M. Funck-Brentano.[3] Deux cents pages durant, l'éminent professeur analyse et critique les « sophistes » de l'école allemande et — mieux vaut l'avouer tout de suite, — ni ses analyses, ni ses critiques ne me paraissent irréprochables. Il y aurait matière à grand débat. Sur l'Art et sur le Beau, sur les jugements analytiques et synthétiques, sur l'essence de la volonté, nous serions rarement d'accord. Mais ce sont là des querelles de ménage que les philosophes doivent vider à part dans le coin le plus sombre, de manière à dérober au public le spectacle de leurs contradictions et l'écho de leur rude patois.

Où le livre commence à s'aérer, où le lecteur respire, c'est quand M. Funck-Brentano étudie l'effet de la critique allemande sur la pensée de la Russie. Quel que soit, en effet, le degré d'estime où l'on tienne les systèmes d'outre-Rhin, on ne peut nier le danger profond créé par leurs doctrines dans tout milieu social où elles s'introduiraient. L'influence de Kant était démoralisante pour ceux qui y étaient soumis directement ; mais au-delà de cette sphère de haute culture, il ne faut pas croire que son action ait été nulle. Il travailla les masses par ses successeurs et par les disciples de ses successeurs. On le vulgarisa, on l'appliqua ses toutes les sciences possibles, surtout à celles qui répugnaient le plus à l'abstraction, aux sciences de la vie, telles que l'économie sociale ou la morale politique : Strauss se détache du tronc hégélien et produit Feuerbach qui, à son tour, engendre Bruno Bauer par une sorte de paternité spirituelle. Du philosophe qui rêve on tombe au publiciste : du publiciste à l'agitateur, il n'y a qu'un travers de doigt. C'est ainsi que le passage d'un Hugo ou d'un Lamartine dans le ciel poétique

---

[2] *Les Sophistes allemands et les Nihilistes russes*, par M. Funck-Brentano, professeur à l'École libre des sciences politiques, 1 vol. in-80, Paris, Plon.
[3] Il s'agit de Théophile Funck-Brentano (1862–1947), le père de Frantz Funck-Brentano qui sera collaborateur de *L'Action française*. (n.d.é.)

teinte de reflets spéciaux les sempiternels motifs, des romances populaires et des *libretti* d'opéra.

La colère de M. Funck-Brentano qu'explique maintenant la néfaste influence des sophistes, doit faire excuser les erreurs de détail qu'il a pu commettre en jugeant leurs doctrines.

Un chapitre parfait, est le chapitre des *Idées simples*. Le caractère russe m'y paraît démontré magistralement : une aristocratie ayant en elle d'immenses ressources d'action, une force prodigieuse qui ne demande qu'à être employée, et avec cela pas assez d'idées ; cherchant à en acquérir, inquiète et l'œil ouvert sur les livres et les journaux de l'Occident ; trop impatiente pour remonter le cours de la pensée européenne, se bornant à suivre les fluctuations quotidiennes de nos modes scientifiques et philosophiques ; par-dessus tout, incapable de porter, sur quoi que ce soit, un jugement délibéré. Car, pour juger, il faut posséder par devers soi de nombreux types d'action et de conduite entre lesquels on peut choisir et ces types sont dus soit à l'expérience soit à la tradition. Or les traditions font absolument défaut au peuple russe, il est en train de se les former lui-même ; il se trouve à la période d'imitation, période dangereuse à l'heure qu'il est, car il n'a guère à imiter que de mauvais exemples. Les voisins allemands l'intoxiquent de leur métaphysique socialiste, comme les Anglais empoisonnent la Chine avec de l'opium.

Dans ces intelligences vides, la première idée qui surgit prend immédiatement des proportions de rêve ; elle emplit toute la conscience, elle fascine, elle hypnotise comme le point luisant de Braid. Mais toute idée qui n'est point contenue par le caractère ou une autre idée, tend à devenir une action ; le caractère russe n'existant pas encore, cette idée étant l'unique, elle se manifeste aussitôt avec toute l'énergie que met à son service un sang jeune et frais. Rien dans ces sortes de cerveaux ne saurait se maintenir à l'état d'abstraction. Chez nous le pessimisme peut demeurer purement poétique et spéculatif. Il n'accapare pas toutes nos tendances. Je serais curieux de savoir si M. Sully-Prudhomme a tenu son « vœu de chasteté ».[4] Non que je lui en fasse un reproche s'il l'a violé. Je remarque seulement qu'à un moment

---

[4] Référence à la première strophe du *Vœu*, extrait des *Vaines Tendresses* (1875) :
    Quand je vois des vivants la multitude croître
    Sur ce globe mauvais de fléaux infesté,
    Parfois je m'abandonne à des pensers de cloître,
    Et j'ose prononcer un vœu de chasteté.

(n.d.é.)

donné, dans un coup de passion ou par un simple caprice, le système peut céder — ou entrer en composition avec un autre système. Schopenhauer corrigeait les rigueurs de son ascétisme transcendant par une distinction entre le philosophe et l'homme, la doctrine et la vie : « Faites ce que je dis et non ce que je fais. » Derrière nos croyances, se cache un arrière-fonds de scepticisme tranquille et positif qui fait ses réserves en cas de résolutions, d'adhésions, de déterminations qui lui semblent trop absolues. Il faut une foi d'ouragan pour emporter cette résistance, une foi comme on n'en trouve guère que dans le domaine religieux. — De plus, nous connaissons trop de choses, nous pensons à trop d'objets différents, nous avons trop de points de comparaison pour nous laisser envahir et absorber. Nos énergies sont partagées. Tout ce que pourrait faire un nihilisme profond ce serait de nous engourdir le cerveau en nous inspirant une paresse croissante, et l'incapacité de choisir un parti, l'indécision entre les diverses alternatives de la vie sociale ou intellectuelle. Mais aucune thèse, qu'elle vienne d'Iéna ou de Berlin, ne nous fera renoncer à une joie ni souffrir en son honneur la plus légère peine. Au lieu que les Russes d'aujourd'hui sont vraiment des croyants de l'étoffe dont on fait des martyrs. Les *skoptsky*[5] (*blanches colombes*, castrats volontaires) dont parlait M. A. Leroy-Beaulieu, il y a une douzaine d'années, en sont de parfaits échantillons.

Les nihilistes militants ne diffèrent pas de ces nouveaux disciples d'Origène. Du moment qu'il faut détruire, sans calculer, dans l'espoir qu'un monde rebâti à neuf sera plus habitable, de jeunes hommes et de jeunes femmes tuent sans remords, et meurent de même, ensevelis dans leur idée fixe. Remplacez cette idée par une autre plus saine et vous aurez des héros véritables : le remède est simple — mais qui l'appliquera ? qui changera l'idée ? qui attachera le grelot ?

M. Funk-Brentano a démontré dans tous les cas que les véritables sources du nihilisme étaient allemandes. Sans l'enseignement des universités

---

[5] Littéralement : « les châtrés ». Mouvement hérétique et millénariste qui se développa à partir de 1771 parmi des fidèles de l'église orthodoxe russe, et dont la caractéristique principale était la castration ou l'ablation des seins et d'une partie de la vulve afin de retrouver l'état supposé antérieur au péché originel. S'y mêlaient diverses implications politiques qui entraînèrent une répression accrue des *skoptsky* par le pouvoir tsariste. Le terme *blanches colombes* que note Maurras vient de l'usage de porter des vêtements amples et blancs durant les réunions de *skoptsky*. Précisons enfin qu'à la fin du dix-neuvième siècle et au début du vingtième, la castration était rare, la plupart des *skoptzy* considérant suffisante une vie solitaire et chaste. (n.d.é.)

germaniques, il est probable que les Slaves n'eussent pas songé à la rénovation de l'univers par le fer et le feu. Si un impôt leur eût paru trop lourd, ils se fussent révoltés selon leur vieille coutume et après la suppression de l'impôt ou l'exil des meneurs, les choses eussent repris leur train. L'état de la Russie a fourni au nihilisme des occasions propices, mais sa vraie cause est dans la corruption intellectuelle des pays occidentaux dont Saint-Pétersbourg et Moscou aspirent tous les miasmes.

Volume V – Principes

Les Nouveaux Théoriciens de l'Éducation et l'École de la Paix Sociale

1887

Ce texte a paru dans La Réforme sociale du 1ᵉʳ décembre 1887.

LES NOUVEAUX THÉORICIENS DE L'ÉDUCATION ET L'ÉCOLE DE LA PAIX SOCIALE

Éducation et Instruction, par Gréard, de l'Académie française, vice-recteur de l'Académie de Paris, 4 vol. in-12. Hachette, 1881. — *L'éducation du caractère*, par A. Martin, chargé du cours de pédagogie à la Faculté de Nancy, 4 vol. in-12. Hachette, 1887. — *Leçons de psychologie appliquée à l'éducation*, par H. Marion, docteur ès-lettres, professeur de philosophie, chargé d'un cours sur la science de l'éducation près la Faculté des lettres de Paris, 1 vol. in-12, Colin, 1886. — *Les trois premières années de l'enfant* et *L'Enfant de trois à sept ans* par Bernard Pérez, 2 vol. in-8o, Alcan, 1886. — *L'Âme de l'enfant*, par W. Preyer, professeur à l'Université d'Iéna, trad. de Varigny, 1 vol. in-8o Alcan, 1887. — *Observations sur le développement de l'intelligence et du langage chez les enfants* par E. Egger, de l'Institut, 1 broch. in-80, H. Picard, 1879.

J'ai là sur ma table une douzaine de volumes sur l'éducation ; que cette bibliothèque n'effraye pas outre mesure les lecteurs de *La Réforme sociale*. Je ne leur en soumettrai que le strict nécessaire. Surtout qu'ils n'appréhendent pas d'avoir à subir un treizième volume, l'exposé d'une treizième méthode pédagogique qui serait de mon invention. Ce travail est une série de constatations, rien de plus. Où en est la science de l'éducation ? L'influence de Rousseau continue-t-elle à s'y faire sentir ? L'observation des faits donne-t-elle un démenti aux sagaces remarques formulées par Le Play, dans *La Réforme sociale en France* (chap. 28 et 47) ? On va voir que ses théories, s'il est permis d'appliquer ce nom à des jugements aussi pratiques, ont gagné à vieillir.

I La nécessité de l'éducation face au vice originel

Frédéric Le Play froissait de bien délicates et de bien vénérables susceptibilités lorsqu'en 1870, il peignait d'un mot pittoresque la continuelle intrusion des nouveau-nés dans les sociétés adultes :

« Les sociétés parfaites, disait-il, restent incessamment soumises à une invasion de *petits barbares* qui ramènent sans relâche tous les mauvais instincts de la nature humaine. J'ai, ajoute-t-il, ainsi expliqué comment la décadence devient imminente dès que les sociétés négligent un moment d'opposer à ce fléau naturel la discipline de l'éducation. » La nécessité de l'éducation était cependant reconnue en fait par chacun ; mais on lui contestait le droit de réagir contre certains penchants ; on se rangeait volontiers à l'avis de Montaigne qui conseille indolemment de laisser faire à la nature, toujours bonne mère ; la parole de Jefferson, que « la morale se développe toute seule dans l'enfant comme ses bras et ses jambes », était reçue comme un axiome de vérité courante ; les déraisonnements de Rousseau et de ses disciples continuaient à faire loi. Victor Hugo ne se contenta pas d'aimer ses enfants et ses petits-enfants, ce dont l'auteur de *l'Émile* a su d'ailleurs se dispenser ; il érigea autour d'eux je ne sais quelle chapelle d'adoration sénile et les mit sur l'autel, eux seuls étant purs, innocents, non déformés par la vie. Devant un public moins prévenu certaines mignardises auraient fait redouter que le grand artiste ne retombât lui-même un peu dans l'enfance.

Pourtant une réaction énergique se dessinait dès lors dans la science. Cette réaction est maintenant achevée. On a bien renoncé à cette idée absurde que tout ce qui est dans la nature est essentiellement bon. C'est Rousseau tout entier que notre fin de siècle renie et les nouveau-venus des lettres, de l'histoire, de la philosophie répéteraient volontiers le cri de Henri Heine, avec une variante légère : « Non, l'enfant n'est pas beau ! non, l'enfant n'est pas bon ! » — auquel fait écho cet aphorisme de Schopenhauer, le philosophe à la mode : « L'homme doit à l'éducation et à la civilisation de n'être une bête féroce. »

Presque tous les observateurs spéciaux que j'aurai à citer renchérissent là-dessus. Le doux M. Martin n'accepterait qu'*in extremis* cette formule farouche ; mais il finit par avouer que « dans l'enfant la beauté morale n'est qu'une promesse ». Pour Lombroso, le savant criminaliste italien, l'enfant est une sorte de « criminel-né » : parole à demi-biblique. Tous les savants positivistes admettent ce fait du vice originel qui, avec le Décalogue, sert de base aux inductions de Le Play : tous constatent la présence de perversions immanentes, les unes héréditaires, les autres résultant d'un état organique passager, pendant lequel la souffrance aigrit le nouveau-né. On comprend qu'au simple point de vue de la défense sociale, cela suffit. S'il y a dans l'enfant des germes dont le développement normal le conduirait à des actes funestes à lui-même et à autrui, il est clair que la pédagogie de l'*Émile* est en défaut. Lors même que ces manifestations auraient un caractère transitoire, la correction serait encore nécessaire pour abréger la durée de cet état de crise, d'irréflexion, d'inconscience infantile, pour l'empêcher de prendre racine, de devenir habituel et morbide. Sans doute, comme dit Rousseau, l'enfant qui souffre a largement le droit de crier, mais si on ne lui apprend point à modérer l'expression de sa souffrance, il peut en devenir le plus hargneux et — qui sait ? — le plus dangereux des hommes.

Le classement des perversions dont il s'agit, a été fait d'une façon très exacte par M. Bernard Pérez. Cantonné strictement dans des études de ce genre, l'auteur de la *Psychologie de l'enfant* a complété par des observations personnelles les diverses enquêtes de MM. Taine, Egger, Preyer, dont il donne le résumé sans adopter toujours les mêmes manières de voir ; c'est l'œuvre d'un analyste très fin et très précis, et — ce qui ne gâte rien — M. Pérez est un écrivain charmant. Prenant son sujet au sortir de l'œuf, voici comment il explique l'état grognon du nouveau-né par l'infinie susceptibilité de son système nerveux : « Ses membres, arrachés à la molle pression dont ils avaient l'habitude, reçoivent une liberté d'extension douloureuse ; nos mains, dont les caresses les plus légères sont pour lui une torture, froissent, compriment, secouent ses tendres organes, meurtris par le travail de la naissance. Tous les sens sont battus, coup sur coup, d'impressions insolites, et les faibles cris de l'enfant semblent témoigner qu'elles sont péniblement ressenties. Le nouveau-né est aveugle et sourd : les traits de lumière n'en frappent pas moins ses yeux d'impressions choquantes, des tourbillons d'ondes aériennes n'en heurtent pas moins son tympan de dures excitations[6] ».

M. Pérez rappelle ensuite que les premiers amours de l'enfant sont ceux d'un gastronome, le sens le plus souvent interrogé par lui étant le goût ; son premier sentiment a été la peur. La colère vient un peu plus tard, mais elle est la note vraiment caractéristique de l'enfant. C'est elle qui permet de saisir l'éveil du caractère. Bon ou mauvais, ce caractère ? Il faut noter ici une curieuse coïncidence : Spencer, le métaphysicien positiviste, se rencontre avec Le Play, observateur chrétien. L'auteur des *Principes de sociologie*[7] pose en principe que l'irascibilité est un trait commun aux petits et aux grands

---

[6] Voir Lucrèce, tableau analogue, V, vers 233 et suivants.
[7] Page 82.

barbares, aux enfants et aux sauvages ; — il y a chez les uns et les autres une incapacité de réprimer les mouvements réflexes, — leur individu étant absorbé par leurs frénésies. Tendance au mouvement, mouvement effectif, ces deux actes n'en sont pour eux qu'un seul, jusqu'au bout l'impulsion qu'elle donne. Pas de réflexion intermédiaire. Leurs idées sont véritablement des forces. La vie animale existant seule, l'être suit jusqu'au bout l'impulsion qu'elle donne. « En dépit de leur caractère, d'ordinaire impassible, les Dacotahs entrent dans des accès effrayants de fureur sanguinaire, quand ils tuent des bisons. » Les Kamtchakales, « un rien les rend fous ou leur fait commettre un suicide ». Les exemples fourmillent sous la plume de Spencer ; tous démontrent que si la besogne du civilisateur est d'élever les sauvages, aussi bien la besogne de l'éducateur est de civiliser les enfants. Il y a parité, identité parfaite entre ces deux tâches ; les deux mots signifient exactement : subordonner les émotions à la raison et à la volonté.

Gourmandise, terreurs, colères absolument réflexes, tout ceci est propre aux enfants, parce qu'ils sont enfants : « c'est de leur âge » comme on dit vulgairement. Mais, au-dessous de ce niveau naturel, il y a de méchants enfants, chez qui on observe des paroles et des actes vraiment dignes de grandes personnes. La Bruyère ne craignait pas d'attribuer taille d'hommes au cœur des enfants. Ils sont, dit-il, « hautains, dédaigneux, colères... — intercalez ici toute la série des vices... — ils ne veulent point souffrir de mal et aiment à en faire. Ils sont déjà des hommes. » Les *Confessions* de saint Augustin contiennent un trait célèbre de méchanceté innée[8] ; je crois inutile de le rapporter, F. Le Play l'ayant recueilli à ce chapitre 28 de *La Réforme sociale*, que tous mes lecteurs ont sous les yeux en parcourant ce travail. M. Bernard Pérez ne nous laisse que le choix des historiettes. Il a vu « une petite capricieuse de onze mois se mettre dans une violente colère parce qu'elle n'avait pu réussir à saisir le nez de son grand-père. Une autre, âgée de deux ans, avait une belle poupée dont elle était très fière : ses parents emmenée aux eaux de Cauterets, elle vit, à la descente de voiture, une enfant avec une poupée pareille à la sienne ; cris de de rage ; elle sauta sur l'enfant, l'égratigna, la battit, la mordit et on dut la lui arracher des mains : sa colère avait été si forte qu'elle en fut malade trois jours. »

Cette fureur n'a plus pour excitant direct une douleur physique, mais un mobile d'ordre moral : la jalousie ; c'est le vice habituel des enfants, et le plus

---

[8] « La faiblesse des organes est innocente chez les enfants, mais non pas leur âme » (*Confessions*, I, VII, 19).

transparent, le plus facile à étudier. Il a fourni aux littérateurs des thèmes d'analyses ou de développements des plus curieux. M. Pérez signale avec raison dans *Une page d'amour* de Zola une psychologie d'enfant jalouse et nerveuse. Dans ses *Nouvelles Pensées*, M. l'abbé Roux a rendu fort touchante la jalousie du bébé qu'il a appelé Rayon d'or : un petit frère est né, et Rayon d'or, voyant l'affection maternelle se détourner de lui vers son cadet malade, languit et meurt lui-même. Voici, sauf la nuance, un cas différent, c'est un nouvel emprunt que je fais à M. Pérez : « Un de mes neveux, âgé de trois ans, parlait continuellement d'un frère qu'il devait avoir bientôt. — Comme je l'aimerai ! disait-il à chaque instant. — Mais quand il l'eut vu accaparer le sein, les baisers, les caresses de sa mère, il en témoigna très haut son mécontentement. Il dit même un jour à sa mère : — *Est-ce qu'il ne va pas bientôt mourir, le petit Fernand ?* — Quand le nouveau-venu se mit à marcher et à parler, l'autre lui faisait mille méchants tours : il le battait, le tirait d'une chaise pour se mettre à sa place, lui criait dans les oreilles, l'appelait vilain et méchant. »

Les enfants ont le don de ces naïvetés cruelles, qui révèlent bien moins une méchanceté radicale que l'absence temporaire des réseaux de nécessités organiques qui les tient enlacés ; certaines facultés, certains sens, les plus délicats, sommeillent encore. L'enfant de quatre ans qui disait au père d'un camarade : « Maintenant que Pierre est mort, tu me cheval et son tambour, n'est-ce pas ? », cet enfant n'avait pas encore de cœur, à un âge où les autres commencent à en avoir plus que des rudiments. Chez les mieux doués, le développement des bons instincts est parallèle à celui des mauvais ; chez les autres, le mal a une avance. L'enfant dont nous parlons était des plus retardataires. Et bien ! le rôle de l'éducation est d'accélérer certaines floraisons, de soigner certains germes qui mourraient, sans elle, étouffés ; doués, et l'on ne peut pas dire que ce rôle est inefficace. Ce neveu de M. Pérez qui demandait la tête du petit Fernand devint, grâce à l'influence sa mère, un protecteur attentif et aimant de son jeune frère. Je ne crois pas que les mauvais penchants soient supprimés par la répression la plus énergique et la plus sensée ; mais ils en sont affaiblis et on arrive à les contenir tout à fait au moyen des tendances meilleures dont on favorise la maturité. Quelle tâche délicate, compliquée ! La sélection ne se fait pas toute seule et naturellement ; elle doit être dirigée, orientée par quelqu'un, sous peine d'infester la société des demi-sauvages dénoncés par Le Play et Spencer.

Chacun s'accorde aujourd'hui là-dessus, l'évidence a repris le pas sur les sophismes — première constatation !

II L'école primaire — L'enseignement qu'on y reçoit n'est et ne saurait être que la moindre part de l'éducation.

Avant de poursuivre mon inventaire, on me permettra une observation. Quand je constate le succès des idées de Le Play, il est sous-entendu que je parle d'un triomphe moral. Je veux exprimer que l'opinion des « honnêtes gens » s'est déplacée dans le sens des doctrines de la paix sociale, dont elle était sensiblement éloignée à l'heure où celles-ci furent promulguées. Je note cette formation d'un mouvement intellectuel favorable à nos idées. Les événements politiques, les actes des dernières législatures, les articles des petits journaux, les discours des réunions populaires ne témoignent que d'un retard évident sur la pensée des gens instruits. C'est tant pis pour les discoureurs et les législateurs. Telle idée qui n'a plus de partisan sérieux dans la sphère intelligente jouit de la faveur officielle : ce n'est pas flatteur pour ceux qui la dispensent, voilà tout. Au fond, le défaut d'harmonie entre les deux sphères est un mal inévitable aujourd'hui. Toute société qui est sortie de la coutume pour entrer dans la voie du prétendu progrès, doit aboutir à un désaccord perpétuel entre ceux qui conçoivent les réformes et ceux qui les traduisent en prescriptions légales. Quoi que fassent les uns, ils seront toujours devancés par les autres. Si donc l'on veut supprimer ce déséquilibre, il faut renoncer aux imaginations politico-sociales et revenir au régime de la famille et des institutions stables.

Parmi les mesures progressives en cours d'exécution et déjà fort mal vues par l'élite, nous trouvons au premier plan, sans sortir de notre sujet, la récente loi sur l'instruction primaire. La plus superficielle analyse des motifs de cette loi en laisse voir aisément l'origine et l'inspiration. Pendant qu'on la discutait, on attaquait surtout en elle le sophisme de Rousseau sur l'omnipotence de l'État, et ce sophisme qui atteint au droit des familles eut en effet une part considérable à l'élaboration de la loi. Pourtant la grande erreur, sans laquelle personne n'eût songé à imposer l'obligation, la gratuité et la laïcité, consistait à prendre l'enseignement de la lecture et de l'écriture comme moyen de redressement moral : l'instruction primaire est devenue *obligatoire*, comme le catéchisme pour les chrétiens, et pour la même raison, la science étant considérée par les législateurs comme une sorte de sanctification, on l'a rendue *gratuite* parce que tout le monde a le droit et le devoir de s'instruire autant que le droit et le devoir d'être honnête, ces deux mots d'instruction et d'honnêteté ayant passé quelque temps pour des synonymes ; enfin, tout concours religieux a semblé superflu, l'instruction constituant à elle seule une moralité. Telle était en effet l'opinion de la génération humanitaire de 1830 et elle est devenue celle du corps électoral et de ses délégués en 1880. Si ridicule qu'elle soit, de grands esprits l'ont partagée, notamment Macaulay, qui réclamait en 1847, devant le Parlement anglais, l'instruction obligatoire : il espérait diminuer par là le nombre des prisons. Comme plus d'un sage grec, il croyait que le vice est fils de l'ignorance. Or cela est vrai de quelques cas, non de tous ; cela est vrai surtout d'une certaine espèce d'ignorance, qui n'a rien de commun avec l'ignorance du système métrique et de la numération décimale. Mais la possession d'une demi-vérité grise les meilleurs cerveaux. Comment ferait la foule pour échapper à leur ivresse ? Un digne recteur d'Académie — dont je tairai le nom, car il vient de mourir — exhortait des gamins à prendre d'assaut et à brûler la dernière Bastille. De quoi croyez-vous qu'il s'agit ? De l'ignorance. Le poète dont les œuvres pourraient servir à mesurer les fluctuations de l'opinion française qu'il se borna toujours à refléter, Victor Hugo écrivit d'innombrables et de splendides pages pour réclamer le remplacement de l'ombre par la lumière, autrement dit de la prison par l'école.

Et maintenant, connaissez-vous quelqu'un — je dis quelqu'un — qui reprenne le paradoxe de Macaulay et de Victor Hugo ? Sans doute les professeurs les plus distingués de pédagogie officielle s'efforcent de parer aux coups qu'Herbert Spencer a portés à l'enseignement « moralisateur ». Mais que valent leurs réponses, du moment qu'ils concèdent avec M. Marion, un des leurs, que « lire, écrire, compter, ce ne sont là que les bégaiements de l'instruction…, l'instruction véritable consiste à savoir les causes et à se rendre compte des événements ? » M. Marion sait bien qu'à l'école on n'apprend rien de tout cela. La science des événements par leur cause ? Mais c'est le *scire est per causas scire*[9] d'Aristote. Une infime minorité acquiert le droit de se hausser à ce degré. Tel docteur malmené par M. Jules Simon dans sa récente conférence n'a aucune chance de le décrocher, ce diplôme-là !

---

[9] « Savoir vraiment, c'est savoir par la connaissance des causes. » Il existe de cette formule aristotélicienne diverses versions attribuées à divers auteurs. (n.d.é.)

Encore s'il n'y aspirait pas ! mais, dans le monde actuel, personne ne se croit indigne des sommets, chacun pose sa candidature au grade de penseur. Tel, parce qu'il sait lire et compter, prétend « se rendre compte des événements » — et surtout les juger, comme les paysans lettrés de l'Europe septentrionale se mêlaient au XVIe siècle d'interpréter la Bible. Est-ce que notre société n'est pas d'un danger analogue à celui que courut alors le catholicisme ? Cette diffusion de l'enseignement peut avec les prétentions qu'elle inspire devenir un vrai fléau. Que l'on ne dise pas que j'oppose à paradoxe paradoxe et demi. Le paradoxal c'est, comme le fait M. Marion, de répondre à une question toute pratique par des généralités : « Si quelqu'un est assez sot pour s'enorgueillir de sa science, faites-le étudier davantage ; en voyant le peu qu'il sait, etc. » Faites-le étudier davantage ! Est-ce M. Marion qui payera les frais d'étude, ou bien l'État, par charité, pourvoiera-t-il à l'instruction des sots ?

Il demande autre part si « toutes choses égales d'ailleurs » l'instruction ne développe pas la moralité ? Mais, en l'état actuel, toutes choses peuvent-elles être égales ? Un brave homme instruit vaut mieux qu'un brave homme ignare, mais il s'agit de savoir si une culture *forcément* bornée ne troublera pas des têtes auxquelles une certaine ignorance eût été salutaire ? M. Caro a écrit un éloquent réquisitoire (*Les Jours d'épreuve*) contre la bohème littéraire qui a failli détruire Paris en 1871. On a vu la Commune des ratés du haut enseignement : peut-être les fruits secs du certificat d'études primaires réservent-ils à la France des jours encore plus mauvais.

La thèse de M. Marion et des derniers partisans de l'instruction est pleine d'équivoques, car le mot qu'ils emploient a plusieurs sens : ces termes de savoir et d'ignorance sont tout relatifs. Mais au sens restreint où les Français modernes l'entendent, l'instruction primaire signifie la connaissance de l'alphabet, du calcul, de l'orthographe, etc. ; et il est alors indiscutable que ce genre de savoir est indifférent au perfectionnement moral des individus et même à cette valeur intellectuelle qui peut être un élément de moralité. Bien plus, ce savoir peut déterminer un recul au lieu d'un avancement. Nos paysans provençaux étaient cent fois plus personnels, plus inventifs de langage et d'action, plus capables de se suffire, lorsque la tradition orale était seule dépositaire de leur science. Il importe peu qu'on ait puisé dans les livres ou recueilli de la bouche des vieillards les méthodes de culture, les airs de tambourin, les histoires locales, si ces histoires sont pleines de grands exemples, si les mélodies sont charmantes et les méthodes productives. Qui démontrera la supériorité de la liste des Mérovingiens sur les récits de la reine Jeanne ou du bon pape Boniface ? La légende qui se mêlait à ces récits rendait les mémoires plus hospitalières. Bel inconvénient ! C'est d'après la richesse et la profondeur de ces traditions nationales que doit être estimée la hauteur morale d'un peuple. L'accès d'un jeune esprit à cette commune science est un vrai perfectionnement ; non seulement elle lui transmet les connaissances nécessaires à sa vie, mais elle développe en lui cette imagination, faculté précieuse au point de vue moral, car sans imagination pas de bonté[10]. Surtout elle l'instruit sans dogmatisme, sans appareil didactique, des devoirs qui lui sont imposés par sa qualité d'homme et son rang social.

Si la fréquentation de l'école ne donne pas de l'imagination et ne la développe guère, la connaissance des devoirs ne s'y acquiert pas davantage. Cette science fondamentale est apprise de deux façons, suivant F. Le Play, par l'exemple et par l'autorité. Le père de famille secondé par le prêtre dispose de l'une et de l'autre. Quant à l'instituteur, s'il est réduit à ses propres forces, le prestige lui manque et il n'est pas au pouvoir de l'État de lui en procurer. Ses fonctions seront toujours respectables mais rien de plus, tant qu'on ne voudra pas en faire un sacerdoce et un sacerdoce exclusif ; elles courraient alors grand risque de devenir ridicules. En effet, et par la force des choses, son enseignement restera toujours général et abstrait. Or, qu'est-ce qu'une raison abstraite contre une tentation ?

À supposer que l'homme fait se souvienne de son manuel de morale civique, ce souvenir ne pourrait rien contre l'appât d'un plaisir, à moins qu'il s'y adjoigne une force intime, sentiment, amour, respect, enthousiasme, religion, — tout ce qui fait le fond, la réserve du caractère. Spencer est de nouveau en accord presque complet avec Le Play : « L'ivrogne a beau savoir qu'après la débauche d'aujourd'hui viendra le mal de tête de demain, le sentiment de cette vérité ne l'arrête pas, à moins que son imagination ne lui représente distinctement la punition qui l'attend, à moins qu'il ne surgisse dans sa conscience une idée nette de la souffrance qu'il faudrait endurer, *à moins que quelque chose n'excite assez fortement en lui un sentiment opposé à son amour de boire.* Il en est de même de l'imprévoyance en général... On a beau reconnaître que l'insouciance amène la misère, on ne tient aucun

---

[10] La sympathie qui fonde la bonté est une dépendance de l'imagination et de la sensibilité. L'intensité d'un sentiment est en raison composée de la capacité de sentir et de la vivacité de l'image qui cause l'émotion.

compte de cette vérité : *la connaissance pure n'affecte pas la conduite.* » La démonstration, que nos lecteurs devinent, suit, pressante et serrée. Spencer méconnaît en partie l'efficacité de l'enseignement religieux, mais il sent toutefois combien cet enseignement diffère de la distribution sèche et vaine des préceptes en l'air et quelle entente il suppose des vrais besoins de l'enfant. Dans tous les cas, ajoute Spencer, « il n'est pas de plus sûr moyen d'empêcher ces vérités morales de faire une impression profonde que de les associer à des choses prosaïques et vulgaires, au spectacle que présente une réunion d'enfants, aux bruits et aux odeurs qui s'en élèvent. »

Le Play ne croyait pas davantage que l'école soit un endroit bien fait pour y élever des âmes ; mais il parlait en général. De nos jours, il eût exigé qu'entre l'école et le foyer, il n'y ait aucun tiraillement. Les habitudes morales sont des plis qui se prennent à la maison, il est inadmissible que le maître s'applique à les retourner en sens contraire ; même, il est bon que celui-ci paraisse continuer les enseignements du père et du prêtre. En un temps où les enfants passent neuf heures par jour en classe, ils doivent sentir que l'atmosphère spirituelle y est la même qu'à la maison, qu'ils n'ont pas changé d'air. Ainsi comprise on peut adopter la formule de M. A. Martin, admettre la collaboration de l'instituteur à l'œuvre d'éducation : « Ne nous contentons pas, dit-il, de parler aux hommes de leurs devoirs, mais ne soutenons pas qu'il leur est inutile de leur en parler. » Gardons-nous toutefois d'outrer cette sage règle, et de qu'il leur est inutile de leur en d'outrer cette sage règle, et de donner aux pères de famille une confiance trompeuse en les persuadant que l'école les décharge de tout devoir.

Qu'on ne s'étonne pas de ces restrictions. Toute la doctrine de la paix sociale consiste à maintenir ici cette distinction entre la culture partielle appelée l'instruction primaire et cette instruction générale inestimable qui se distribue dans la famille ou qu'on retire de la vie, comme de sa gangue un trésor, sous le nom d'expérience. Vouloir absorber celle-ci dans celle-là, tel est le principe des erreurs modernes sur l'instruction. Spencer les a combattues dans le détail, comme averti par un instinct, mais son système philosophique l'a empêché de voir la source commune de ces erreurs si bien remarquée par Le Play. Non seulement en effet, la vertu et la bonté, mais toutes les connaissances pratiques échappent à un enseignement régulier, et l'on doit considérer la première culture intellectuelle comme un simple moyen de préparer l'esprit à recueillir les leçons des choses.

Aussi Le Play n'a pas cru sans réserve, ainsi que Spencer, au mirage de l'enseignement professionnel. Car cet enseignement jouit d'une grande vogue : c'est un point sur lequel le désaccord persiste entre l'École de Le Play et l'opinion contemporaine. Mais on ne juge qu'à leurs fruits les institutions de ce genre, et peu d'hommes en France ont eu à leur disposition une expérience aussi vaste que Le Play. Elle est peu favorable à la chimère de Spencer. Temps passé à l'école professionnelle avant l'entrée dans l'atelier, temps perdu pour les sujets d'élite qui ont à le rattraper ; temps funeste à la majorité des élèves « privés du développement intellectuel qu'ils eussent sûrement trouvé dans la pratique de la profession » ; par contre, ces établissements seraient d'une vraie utilité s'ils aidaient la jeunesse une fois admise dans l'atelier à acquérir des connaissances théoriques — au lieu de les en saturer avant qu'ils aient acquis la pratique du métier. Il faut relire (chap. 47, XX, XXI, XXII), toute cette discussion dont je détache la conclusion : « On rend donc un mauvais service aux arts usuels ou libéraux comme aux personnes qui les cultivent en retardant l'époque de l'apprentissage pour prolonger la durée des études scolaires. Dans l'industrie manufacturière, en particulier, cette innovation amoindrit la dextérité de main et les autres aptitudes spéciales qui forment un élément considérable de succès. »

Quant à l'enseignement primaire — nous y revoici — Le Play le demande partout où sa présence est nécessaire. De ce qu'en effet la connaissance du bien et du mal ne résulte pas de la science des nombres, on aurait tort de conclure que cette science est sans utilité. Seulement elle ne l'est pas partout au même degré. Aussitôt qu'une utilité de ce genre est constatée dans un milieu illettré, les écoles s'ouvrent par enchantement. Le Play cite en exemple certains pays adonnés à l'industrie métallurgique dans laquelle de notables avantages sont acquis aux individus instruits : les ouvriers avisés se hâtent de suivre des cours d'adultes, et, s'ils ont des enfants, de les envoyer recueillir l'instruction nécessaire à leur avenir. Cette loi sociale est visible partout. À quoi bon dès lors décréter si violemment l'instruction obligatoire ? Si nos législateurs avaient médité certains chapitres de *La Réforme sociale*, peut-être leur budget et celui des communes seraient-ils moins grevés, sans que la France ait été privée de l'instruction nécessaire à sa prospérité.

Est-il besoin de dire que Le Play n'admet pas que le peuple soit voué à une ignorance systématique ? Tout au contraire, il veut qu'on procure aux ouvriers des distractions de plus en plus élevées, des divertissements littéraires et scientifiques ; mais il a grand soin de balancer ces avantages périlleux par la culture assidue des habitudes morales et par un inviolable attachement à la coutume des ancêtres. Faute d'équilibrer ainsi le savoir par la vertu, il n'y a que deux utopies en présence : ou transformer chaque citoyen en une espèce de Montaigne douteur, inactif à force de scepticisme, inoffensif par le trop-plein des connaissances — ou mesurer la science au compte-goutte, la doser, la proportionner jalousement aux strictes exigences du travail de chacun de façon à ce qu'elle soit appliquée tout entière à des fins immédiates. À part ces expédients impraticables l'un et l'autre — il reste une dernière issue donnant sur les révolutions. Les classes populaires qui ne sont pas composées de *dilettanti* et qui, par hypothèse, seraient exemptes de frein, auront hâte d'appliquer leur part de savoir disponible — ce par quoi elles se sentent au-dessus de leur métier — à un ordre d'idées qui les dépasse trop, aux réformes politiques, religieuses, sociales. De là des années et des siècles de discordes dont la formule productrice serait également : « trop de science » et « pas assez de science », mais dont la morale serait unique, et, si je ne me trompe, se rapprocherait fort de celle-ci : l'esprit ne suffit pas à la vie des sociétés ; il y faut encore des principes d'obéissance et de commandement, autant dire des caractères.

III L'enseignement secondaire et supérieur — Le régime français

M. O. Gréard, vice-recteur de l'Académie de Paris, vient de publier quatre volumes relatifs aux trois branches de l'enseignement officiel et dont les plus intéressants — ce sont les trois derniers — traitent de l'enseignement secondaire et supérieur. Bien qu'avec quelque soin il ne soit pas impossible de distinguer dans cet ouvrage des tendances plus ou moins accusées qui s'accordent avec celles de l'École de la paix sociale, ce n'est pas là que nous irons chercher la confirmation des conclusions de Le Play. Il faudrait entrer en d'infinis détails : encore serions-nous peu assurés d'avoir la pensée vraie de M. Gréard. On sait la façon d'écrire et de parler de l'éminent universitaire, ce mouvement de balancier qui va du oui au non sans rien oser conclure au bout d'un compendieux historique. *Éducation et Instruction* est d'ailleurs le compte rendu des actes de l'Académie de Paris, plutôt que le cahier des réformes désirables.

Le livre déjà cité de M. A. Martin me paraît plus utile à consulter comme un témoignage de la concordance des vues qui s'établit entre notre école et l'opinion des gens réfléchis en 1887. Ces vues, à quoi bon les rappellerai-je ? Sur l'internat, sur l'éducation hors de la famille, sur le régime des hautes études universitaires, Le Play a dit des vérités définitives et *La Réforme sociale* s'est appliquée à développer sa pensée par les travaux de ses collaborateurs. Tous nos lecteurs se souviennent des pages spirituelles que M. de Coubertin a consacrées à exposer l'organisation des écoles britanniques[11] On a mis sous leurs yeux sa brillante conférence à la Société d'Économie sociale[12], il me suffira donc de rapprocher de ces diverses études certaines pages de *L'Éducation du caractère*.

M. A. Martin cite au chapitre VIII une page où Marmontel raconte son éducation au foyer d'une famille nombreuse, comptant, outre le père, la mère et les enfants, une tante, une grand-mère et trois grand-tantes ; il ajoute, peut-être au souvenir des études de M. de Ribbe, s'il les connaît : « Ce trait de mœurs était général autrefois dans la plupart des familles urbaines ou rurales ; autour du chef, de sa femme et de ses enfants vivaient un certain nombre d'ascendants et de collatéraux. Peut-être ces habitudes sociales, à peu près disparues aujourd'hui, sont-elles regrettables au point de vue pédagogique, car la vie commune entretenait dans toute la famille une communauté de traditions, de sentiments et de discipline morale, qui ne pouvait, en beaucoup de cas, qu'exercer une bonne influence sur l'éducation des enfants. »

Plus loin, il semble se rallier à l'avis de M_{me} Necker de Saussure, qui est de garder ses enfants auprès de soi jusque vers dix à douze ans ; passé cet âge il faut reconnaître que l'autorité des parents « peut finir par s'user », et que l'absence d'émulation tend aussi à relâcher le travail. Un exil est donc assez désirable ; reste à savoir dans quelles conditions. En Angleterre on cherche en général à rendre l'existence du collège aussi semblable que possible à la vie, de façon que les années soient bien réellement des « années d'apprentissage », suivant le mot de Goethe. L'élève d'Harrow-School, par exemple, vit au foyer de son maître : il a donc un refuge, une famille nouvelle, un peu moins intime que la vraie, un nid moins chaud et moins douillet, mais un nid. D'autre part il est un peu livré à lui-même et aux autres, il est forcé de pourvoir à certains de ses besoins, de veiller à l'exécution

---

[11] *La Réforme sociale*, 1er novembre et 1er décembre 1886.
[12] *La Réforme sociale*, 1er juin 1887.

de ses devoirs, à ses jeux, à ses promenades. L'administration, si tatillonne en France, s'interpose rarement entre son maître et lui, s'immisce plus rarement encore dans ses rapports avec ses camarades. Si au moins, chez nous, cette surveillance perpétuelle opérait un bien réel ! Si certains inconvénients du système anglais étaient évités ! Mais point. Pour être réglé au chronomètre et pour marcher au tambour, le lycée n'est pas plus digne pour cela d'être appelé « une école d'égalité et de justice ». M. Martin ne se gêne pas pour l'écrire. Il y a, au collège, autant que dans la vie, des vaincus, des souffre-douleurs. La discipline, elle-même, n'est qu'un moyen de gouvernement : ces règlements minutieux, dans les grands établissements, « facilitent beaucoup la tâche des maîtres et diminuent leur responsabilité. Pour empêcher un enfant de tomber et pour éviter les désagréments qui résulteraient de sa chute, il n'est rien de plus commode que de le tenir en lisière ». C'est très bien raisonné. Mais les collèges sont-ils bâtis pour la commodité des maîtres ? M. Martin ne le croit pas. Tout ce chapitre est une réfutation juxtalinéaire de M. Gréard, qui a presque tout vu en beau dans son étude sur *L'Esprit de discipline dans l'éducation*[13].

Il faut donc biffer du prospectus les avantages tout imaginaires de la vie du lycée, et voici, par-dessus le marché, deux inconvénients. Le premier est déjà sérieux : « Procéder par voie d'enseignement général d'une part et d'autre part veiller à l'observation d'une règle uniforme, c'est tout ce que les maîtres peuvent faire. » Quelque distingués que soient les professeurs de l'Université, leur distinction consiste qu'à bien faire leur classe. Dans la préface d'un livre tout récent, M. Jules Lemaître souligne comme extraordinaire l'aménité d'un de ses ex-confrères qui descendait, *lui assure-t-on*, dans les cours s'entretenir sous les grands arbres avec ses rhétoriciens. Cela laisse entrevoir un état de choses bien différent du régime anglais, si paternel ; surtout, cela nous mène loin, très loin de cette intimité respectueuse qui unit les élèves aux maîtres dans les écoles catholiques.

L'étonnement de M. J. Lemaitre et son prudent *assure-t-on* ne sont peut-être pas exempts d'ironie ; car lui-même a été élevé par des prêtres et ne laisse pas que de s'en souvenir. Donc rien ou très peu de chose à attendre de la part des professeurs ; et quant aux fonctionnaires chargés de maintenir la discipline, il règne entre eux et les élèves un antagonisme qui va parfois jusqu'à la lutte ouverte. Direction morale nulle : voilà le premier mal.

---

[13] *Éducation et Instruction*, t. III.

Le second est, s'il se peut, plus grave et exerce une action déprimante sur la jeunesse française tout entière, car il est commun aux deux enseignements libre et officiel. Non content de ne pas concourir au développement des caractères, notre système l'atrophie. Pas d'initiative du côté de l'élève, aucune latitude, le temps réglé minute par minute, chaque devoir devant être composé à son heure ou ne l'être jamais. Que faire ? On plie l'échine. Tant pis si l'on sort de là bourré de grec et de latin et noué pour la vie, l'âme paralytique, incapable d'effort personnel ! Les caractères mieux trempés subissent la contrainte : mais à peine hors de « boîte », ils se redressent et il n'est sottise qu'ils ne fassent pour se prouver leur liberté. D'autres enfin passent leurs années de collège, comme les forçats supportent leur temps au bagne, dans une hostilité permanente avec l'administration, jusqu'à ce qu'on les retire ou qu'on les chasse. Ce sont les réfractaires de l'enseignement : leur énergie naturelle est désormais tournée en haine et peut constituer un péril social. On voit venir le temps où ces hommes d'action seront tous d'un côté, hommes de science de l'autre ; il y aura dans l'entre-deux les hommes de plaisir. L'homme complet sera un type plus perdu que celui des mammouths.

Ces tristes résultats, M. Jules Simon, dans sa causerie si pleine de brio sur l'éducation, les a tous rapportés à la prépondérance exclusive du travail intellectuel ; mais à côté du surmenage, il ne faut pas oublier la manie du casernement, du tambour, l'exercice à la prussienne ; c'est grâce à toutes ces ingénieuses cangues que « l'on passe quinze ans à tuer sa virilité ».

Où M. Martin abonde une dernière fois dans les idées de l'École, c'est à propos des avantages de l'éducation physique pour l'éducation du caractère. Il écrit à l'unisson de M. de Coubertin : « Dans les classes aisées on traite les enfants comme de purs corps lorsqu'on les entoure d'un bien-être animal qui risque d'affaiblir pour toujours toute leur énergie, et on les traite comme de purs esprits, lorsqu'on les pousse à l'étude avec une ardeur impatiente en vue du jours succès, de la position qu'il faut conquérir et avec une négligence excessive des exercices physiques. »

Il rapproche de ce ridicule oubli les vigilantes attentions dont les Anglais ont, comme les Athéniens, environné cette branche importante de l'éducation[14]. Ce n'est pas la première fois que l'Université éprouve des

---

[14] La vérité de l'axiome *mens sana*, etc. est susceptible d'une démonstration philosophique, en dépit d'exceptions apparentes. L'influence de l'exercice sur la formation de la volonté peut même être confirmée par les plus récentes théories scientifiques. Ainsi le professeur Preyer

sollicitudes de ce genre. Dans leur rapport sur *L'Enseignement secondaire en Angleterre et en Écosse*, MM. Demogeot et Montucci se montraient confus de nous sentir si arriérés. On a répondu à leurs réclamations en introduisant la gymnastique dans les programmes. Mais sport et gymnastique sont deux, et M. J. Simon s'en est aperçu : « Je veux bien, s'écrie-t-il, de la gymnastique, pourvu qu'on la débarrasse de tous vos trapèzes et de vos engins saltimbanque. J'accepte les exercices militaires parce qu'ils plaisent aux enfants ; mais ce que je demande par-dessus tout, c'est le jeu ; le développement de la force physique dans la joie et la liberté ; la joie elle-même est mon amie, mon auxiliaire, la joie bruyante de l'enfance et de la jeunesse. Je veux des courses et des luttes, le jeu de balles en plein air, non dans vos salles empestées ; à l'air des champs s'il est possible ! Je n'ai pas peur d'un coup donné ou reçu. Si mon garçon s'oublie à pleurnicher pour un œil poché, ma réponse toute prête : "Tu es un homme". »

Un homme ! faire un homme ! à tous les tournants de cette excursion dans les livres, nous avons vu reconnaître que l'éducation n'avait pas d'autre but. Éliminer de l'âme de l'enfant le *petit barbare* qui ne demanderait qu'à s'y développer, transformer sa vie animale en vie vraiment humaine, tel doit être le rôle de l'Éducation en général, et ce rôle le pur enseignement scolaire est incapable de le tenir ; il faut la famille, la mère d'abord, ensuite le père et le prêtre. Enfin, il ne faut pas que, dans l'adolescence, le cœur et le corps soient atrophiés, au moment de leur plus belle croissance, pour la culture exclusive de l'esprit. Ce sont là de vieilles vérités que Le Play avait mises en lumière et que la science moderne croit inventer à nouveau. Nous lui passerons volontiers cette légère fatuité, si ce mouvement de retour est durable et sincère. Dans tous les cas, ce mouvement s'ébauche, il suffit pour le voir de jeter un coup d'œil sur les dernières œuvres de la pédagogie. Scribe des faits, j'enregistre celui-ci en remarquant que notre École n'a aucune part à la longue infidélité que le XIXe siècle a faite à la vérité.

---

soutient qu'il y a dans le nouveau-né divers principes d'action, plusieurs âmes, qu'il s'agit de subordonner à l'âme cérébrale, qui est la plus importante (*L'Âme de l'enfant*). Plus la royauté de celle-ci est parfaite, plus l'organisme est un ; plus l'organisme est un, mieux s'exprime la volonté ; mieux elle s'exprime, plus elle est contente d'elle-même ; plus elle est contente d'elle-même, plus elle se porte à l'action, etc. Or comment s'établirait la parfaite harmonie de centres nerveux autrement que par l'habitude du mouvement ou l'exercice ?

Olivier de Serres et son *Théâtre de l'agriculture*

1887

Ce texte a paru dans La Réforme sociale du 1er mai 1887.

OLIVIER DE SERRES ET SON *THÉÂTRE DE L'AGRICULTURE*

Les livres ont leurs destins et les renommées ont aussi les leurs, capricieux la plupart du temps. On pourrait expliquer, mais non justifier la période d'oubli qu'a dû traverser le nom d'Olivier de Serres de la fin du XVIIe siècle au commencement du XVIIIe, et le nouveau silence qui s'est fait autour de sa mémoire après la vive et courte faveur dont elle fut entourée sous Louis XVI et pendant la Révolution, jusqu'au milieu du premier Empire. Les hommages — platoniques — ne lui ont cependant pas manqué au XIXe siècle. Une statue lui fut élevée en 1856, à Villeneuve-du-Berg ; son buste, commandé par le ministre de l'agriculture, parut en 1877, à l'Exposition universelle de Vienne. Nouvelle statue à Aubenas, grandes fêtes à la gloire de l'auteur de la *Cueillette de la soye, par la nourriture des vers qui la font* et présidées par M. Pasteur, le régénérateur de la sériciculture. Enfin, un érudit passionné pour toutes les illustrations de son Vivarais, M. Henry Vaschalde, s'aperçoit que l'on ne sait rien de la vie du grand agronome et s'acquitte d'un pieux devoir en publiant un beau volume sur *Olivier de Serres, sa vie et ses travaux*[15], auquel j'ai fait et je vais faire ici plus d'un emprunt. Mais l'histoire d'Olivier qui est sans péripéties est bien vite achevée ; on nous donne, pour l'allonger, cinq ou six portraits de lui, ses armoiries et celles de sa maison, le frontispice de la première édition (1600) du *Théâtre de l'agriculture et mesnage des champs*, le facsimilé de son écriture, une iconographie très soignée d'Olivier de Serres, avec critiques scrupuleuses de chaque pièce inventoriée : « Olivier est représenté avec toute sa barbe, ce n'est pas exact » ; une collection de documents copiés avec une implacable fidélité, suivant l'orthographe des temps, qu'il s'agisse du testament de Jacques d'Arçons, beau-père d'Olivier de Serres, ou des affiches du centenaire du même Olivier placardées en 1882 sur les murs d'Aubenas : « FÊTE DE CHARITÉ, GRANDE CAVALCADE — LE SOIR, GRAND BAL ».

---

[15] *Olivier de Serres, seigneur du Pradel, sa vie et ses travaux*, par Henry Vaschalde, officier de l'Instruction publique, membre de plusieurs sociétés savantes. Paris. Plon, 1886.

Malgré tout l'intérêt que présentent ces documents, je maintiendrai mon premier dire : le souvenir d'Olivier de Serres n'a reçu depuis le commencement du XIXe siècle que des hommages platoniques. On ne le lit plus. La dernière édition du *Théâtre*, qui fut publiée par la Société d'agriculture du département de la Seine, est de 1804–1803. Tout le monde a bien ouï parler du « Père de l'agriculture française », et ce cliché tombe souvent à point dans la conversation pour masquer toute notre ignorance. On croit généralement n'avoir rien à apprendre à son école. Il est si vieux, il doit être si arriéré ! Comme si notre sol n'exigeait pas de nos paysans « affranchis » les soins que lui rendaient autrefois les gentilshommes campagnards et leur *mesnage* patriarcal, les mêmes conditions de moralité, de salubrité qu'énumère Olivier, avec tant de détails, dans son antique in-quarto !

La science de la culture en un lieu déterminé repose sur des règles à peu près éternelles, c'est un ordre de choses où, comme dit Le Play, la coutume prime tout. Impossible de s'en passer. Livrée à elle-même, la coutume s'appelle routine, mais, aux mains d'un homme intelligent, c'est elle qui féconde et qui rend praticables toutes les idées neuves. M. Ch. de Ribbe dans l'une de ses belles monographies, a fait ressortir quelle était la fidélité d'Olivier aux prescriptions de la coutume, pour le gouvernement de son *mesnage* rural ; dans tout le premier lieu du *Théâtre d'agriculture*, sur le devoir du *mesnager*, Olivier de Serres définit près de trois cents ans avant M. Le Play le régime de la famille-souche ayant pour double loi le décalogue et l'expérience.

« Œuvre de progrès et de tradition », dit excellemment M. de Ribbe des travaux d'Olivier ; car avec les maximes arriérées que voilà, notre auteur inventa les prairies artificielles, le soufrage de la vigne[16], la culture du maïs, introduisit en France le mûrier et le houblon et se rallia des premiers au système d'irrigation dont Crappone avait doté la Provence. Pour accomplir toutes ces améliorations, il ne demanda point de subsides au gouvernement, il n'essaya point de faire déclarer d'utilité publique son entreprise agricole, et si le roi Henri s'était mêlé de l'administration du Pradel, Olivier l'eût renvoyé à Paris, la grand'ville, alléguant que « mesnager est maistre en son mesnage », et l'argument eût convaincu le Béarnais. Pourquoi donc M. Vaschalde vient-il demander l'intervention de l'État, la fondation d'une

---

[16] *Théâtre d'agriculture*, livre III, ch. V.

ferme-école, sur ce terrain où a fleuri si puissamment l'initiative d'un particulier ?

Non, « le plus éclatant hommage rendu à la mémoire du grand agronome » ne serait pas d'exproprier ses légitimes héritiers et de faire diriger par des fonctionnaires le patrimoine du Pradel. Mieux vaudrait essayer de rajeunir le renom d'Olivier de Serres, nous mettre à même de l'approcher, vulgariser les trésors d'observations qu'il a si savamment réunis pour l'instruction de son fils, et que les instances de Henri IV lui firent publier. À défaut d'un Henri IV, quand se trouvera-t-il une société, un groupe de savants ou de propriétaires qui se décide à donner une ou plutôt deux nouvelles éditions du *Théâtre de l'agriculture* ? La première, la plus coûteuse, destinée aux littérateurs d'un esprit assez libre pour oublier un peu l'incomparable caquet de Montaigne en la compagnie du rustique et sensé vigneron de Villeneuve-de-Berg, serait, en vieux langage, une transcription telle quelle du texte d'Olivier. L'autre au contraire serait une traduction, mieux encore une adaptation, comme celle de 1802[17], mieux encore un abrégé qu'on mettrait dans toutes les mains. Est-il besoin de dire quel inestimable service on rendrait à nos concitoyens tout en restaurant l'une des plus nobles et des plus pures gloires de la patrie française ?

---

[17] *Théâtre d'agriculture et ménage des champs*, remis en français par M. Gisons à Paris, chez Meurent. 4 vol. in-80, 1802.

Prologue d'un essai sur la critique

1896

Introduction à l'édition de 1932

À LUCIEN MOREAU

Mon cher ami, vous souvient-il de cette esquisse inachevée ? Elle a paru à la fin de 1896 dans notre vieille *Revue encyclopédique Larousse*. Vous y étiez secrétaire de la rédaction. Votre oncle, mon ami vénéré, M. Georges Moreau, la dirigeait. Votre cher et regretté père l'administrait.

En réimprimant ces feuillets d'après le manuscrit retrouvé, un peu plus étendu que le premier texte public, et que, d'ailleurs, je charge de nombreuses retouches de détail, il faut bien déclarer que l'œuvrette ressemble à bon nombre de mes autres œuvres, car elle vous doit d'exister.

C'était le temps, le beau temps de nos premières disputes, non politiques, mais littéraires. Vous n'étiez pas encore allé à Poestum[18] où vous deviez être touché de la grâce dorique. Je revenais d'Athènes, et la Revue retentissait de mes blasphèmes contre une multitude d'écrivains à la mode. Leurs dévots répondaient, clabaudaient, menaçaient. Devant l'insipide tapage vous me dîtes que ces fureurs pourraient se calmer et, en tous cas, le public impartial en juger, à la condition que je fisse un exposé général de principes rendant raison de mes carnages. Je vous avais promis sur le champ de tenter quelque chose dans cette direction. Le plaisir d'y songer m'empêcha d'en écrire. Les semaines coururent d'été en automne. Quand l'hiver arriva, je n'avais pas noué mon fruit. Vous m'en demandiez des nouvelles. J'y pense, répondais-je, et rien n'était plus vrai, car je ne faisais que cela. D'autres fois je vous avouais que cela avançait, mais sans avoir écrit un mot ; ces principes voluptueusement caressés semblaient se méfier de la plume et de l'encre, et vouloir mûrir en esprit.

Or, un soir, cette sommation me parvint : il vous fallait la pièce au lendemain midi. Ma montre marquait ce que l'on appellerait aujourd'hui la vingt-et-unième heure... Je m'enfermai rue du Dragon, dans la petite pièce chauffée d'un poêle à feu continu et écrivis sans débrider. Minuit sonna,

---

[18] Aujourd'hui généralement orthographié Paestum, en grec Posidonia : site antique du sud de l'Italie, sur la mer Tyrrhénienne, où se trouvent de célèbres ruines de temples grecs, notamment celui de Poséidon. Il était plus simple, jusqu'à l'indépendance de la Grèce, de découvrir le monde antique à Paestum plutôt que de se risquer à visiter des territoires sous administration ottomane. Cette prévalence du site de Paestum a semble-t-il duré jusqu'au début du XXe siècle. (n.d.é.)

l'aube blanchit, j'écrivais toujours. Je ne quittai cette table des Muses qu'une quarantaine de minutes avant midi, cent pages abattues, qui représentaient tout au moins le prologue du grand œuvre amicalement réclamé. Je n'avais pas encore ainsi travaillé : quatorze heures de suite !

Noir de noble poussière, il fallut m'étriller à grande eau pour pouvoir sortir. M'étant jeté dans un vieux fiacre qui remontait la rue de Rennes, j'accablai le cocher de prières, de promesses, d'injures, pour le déterminer au plus improbable galop. Il arriva comme vous fermiez malignement vos portes et vous prépariez à descendre perfidement votre degré ; il n'était que midi moins cinq ! De bonne foi, vous respirâtes. J'étais sauvé. L'honneur aussi. Nous bouclerions l'année avec *Les Principes*, et vous iriez les vérifier à Poestum.

Mon cher ami, aviez-vous vingt ans ? Je n'en avais pas trente.

La soixantaine bien sonnée, qui m'avertit, me donne le droit de vous dire que nous aurons décrit ensemble un des plus beaux cycles de l'intimité de l'esprit. Par quels temps difficiles ! Sous quels maux publics et privés ! La longue adversité vaincue imprime à deux noms accolés sur la même feuille un petit accent de trophée. Sans fausse modestie ni gloriole vaine, on peut être sensible au plaisir du regard promené sur un hier lointain, où tout a poli et passé, non la confiance, non l'amitié.

Relirez-vous ceci ? Mon indiscrétion ne vous épargnera pas cette peine. Alors, je vous prie, allez jusqu'aux notes et voyez que la juste fureur de rétablir la vérité, pour parer aux nigauderies comme aux impostures, n'a rien cédé encore aux frimas du vieil âge. Soyons des amis et des ennemis très sûrs, pourvu que l'amitié, comme l'inimitié, soit en règle avec le bon sens ; tout cela se tient trop pour être démembré et, comme dit Térence, « *aut haec cum illis sunt habenda, aut illa cum his amittenda sunt* »[19]. Conservons-nous entiers, pour la cause qu'il faut servir, jusqu'à nos derniers souffles !

1931

---

[19] « Il faut accepter les inconvénients avec les avantages, ou renoncer aux seconds pour éviter les premiers » — *Heautontimorumenos*, acte II, scène II. (n.d.é.)

Prologue d'un essai sur la critique

Entre les reproches que peut recevoir un critique, il en est qui tombent d'eux-mêmes ou qui se défont l'un par l'autre. Un écrivain m'a refusé, un jour, tout droit de juger les poètes sous le prétexte que ma prose manquait de poésie ; j'aurais pu lui montrer le même défaut dans ses vers. Un autre veut absolument qu'un critique sans complaisance soit un sophiste plein de ruse, mais exempt de conviction, un rhéteur fatigué, mais souple, comme il en naît quand le raffinement extrême d'une race l'a conduite à la décadence ; là-dessus le pauvre critique se sentirait inquiet s'il ne se présentait un troisième censeur pour le classer, tout au contraire, dans le groupe inculte et sauvage des primitifs.

Il ne faut rien répondre. Le dépit, la rancune des auteurs contestés, l'inquiétude et l'indignation naïve de leur entourage sont des fureurs bien naturelles. La plus claire des discussions n'y saurait rien changer. Le critique sera bien sage de se taire. Il prendra garde seulement de ne pas trop se réjouir de tant d'injures maladroites. Même, il fera bien de chercher si quelqu'une de ces sottises n'enferme une idée vraie et un reproche juste, afin de faire son profit de ce qui devait le blesser.

Les objections auxquelles il faut répliquer en détail intéressent plutôt un genre littéraire que la personne d'un auteur, un mode de style plutôt qu'un ouvrage particulier. Il est vrai qu'elles sont innombrables. Mais on peut s'en tenir aux chefs principaux. Un procédé meilleur encore est d'exposer en détail sa propre doctrine, de telle sorte que le lecteur puisse voir les fondements, justes ou non, mais nets et simples, des opinions manifestées au jour le jour. Peut-être que ces Entretiens sur les Lettres gagneront de l'aisance et de la clarté si je rapporte ici mon idée de la critique, de son principe, de sa règle, de sa destination.

Sans y mettre plus de système ou de méthode que n'en comporte la matière, je procéderai avec ordre. Mais le soin que je prends deviendrait inutile, si je ne commençais par détruire un grand préjugé.

I Dignité de la critique

La critique est rangée entre les arts mineurs. Je n'oublierai jamais sur ce sujet un mot de Catulle Mendès[20]. Il venait de complimenter un jeune écrivain de je ne sais quel petit essai de critique.

— Maintenant, cher ami, apportez-moi, dit-il, quelque chose de personnel.

M. Mendès est un lettré fort érudit, en même temps qu'un adroit conteur et un versificateur qui passe pour habile. Mais c'est aussi le contraire d'un esprit libre. Il représente en perfection les idées de son temps. Aussi son témoignage doit-il être gardé comme un indice de l'état de l'esprit public. Prenons, afin d'éviter de longs détours, ce mot de « personnalité » pour synonyme de talent et de génie, et voyons ce que voulait dire M. Mendès, bien d'accord en ceci avec la commune opinion.

L'esprit critique est une chose, le talent du poète ou du conteur en est une autre, tout opposée. Le critique ne produit pas, puisqu'il « critique » et l'on ajoute même, par conversion des termes, que le poète et le romancier, qui produisent, ne critiquent pas... Nous pouvons rapporter sans sourire ces sentiments. Ils ne nous paraissent étranges qu'à la réflexion. Mais ils paraissent bien étranges quand on songe à qui les professe ou les professait : Flaubert, Goncourt, Zola, Coppée, Silvestre[21], enfin les réalistes et les parnassiens. Ces messieurs estiment que c'est produire que de « tourner » et de « menuiser » un sonnet sur l'aspect d'un jardin, la couleur d'une rue ou la courbe d'une colline, c'est produire que de décrire des arbres, des maisons, des épées, des fleurs, des amphores ; c'est produire que de restituer une à une les formes et les couleurs qui composent le monde. Ils le pensent. Ils appellent ce travail une création. Mais d'extraire le sens d'un livre, de peindre la figure des idées d'un auteur, d'en expliquer la suite et la génération, cela, à les entendre, est le fait d'une activité inférieure et ne ressemble en rien à leur noble métier.[22]

---

[20] Catulle Mendès, 1841-1909, l'un des premiers Parnassiens, un moment gendre de Théophile Gautier, fut l'historien et le gardien de la mémoire du Parnasse. (n.d.é.)
[21] Paul-Armand Silvestre, 1837-1901, poète réaliste et parnassien, bien oublié depuis 1896 par rapport à ceux qui le précèdent dans l'énumération. (n.d.é.)
[22] Voir l'annexe 1.

Pourtant les deux œuvres sont exactement les mêmes. Il n'y a de différence réelle que dans le sujet. Ce que les romanciers et les poètes descriptifs accomplissent avec des matériaux empruntés au vaste monde, il est des critiques descriptifs qui le réalisent absolument de même, avec des éléments empruntés à ce petit monde construit de main d'homme que l'on trouve sur les rayons des bibliothèques.

Et s'il y a, certes, un autre art que le descriptif, plus haut, plus noble et plus puissant, il y a une autre critique que la descriptive. De même que la description d'un livre peut valoir la description d'une prairie ou d'un palais, pour l'effort mental dont elle est le signe, comme pour l'effet esthétique produit ; ainsi l'invention d'un caractère, l'histoire d'une vie, l'imagination d'un type ou d'un ordre de beauté peut attester la même force et donner la même émotion, que tout cela soit fait d'après les livres ou d'après nature. Le poète sent, choisit, assemble, ordonne d'après un rythme qu'il invente ; enfin il fixe et il exprime ce qu'il a senti et créé. On retrouve chacun de ces mouvements en critique ; il y faut ainsi, et au même degré, sentir, choisir, grouper, ordonner, créer, composer, finalement écrire.

« Le critique, dit-on, ne tire pas tout de lui-même.

— Mais, me montrera-t-on que le poète ait fabriqué de son propre fonds les fleurs, les fruits, les eaux, les étoiles et toutes les images dont il a rempli ses poèmes ? Comme au critique, sa matière lui est donnée. »

Il semble pourtant que la matière du critique soit peut-être d'un grain plus fin. Le poète travaille sur l'ensemble des ouvrages de la nature qui se sentent, se voient, se rêvent. Le critique s'attache en particulier aux œuvres humaines. Le poète fait, si l'on veut, l'abrégé de la substance de l'univers. Il traduit, il nous rend sensibles les beautés possibles ou réelles du monde. Mais le critique extrait l'essence de cette essence de beauté.

Je ne sais pas d'esprit un peu délicat et puissant qui de nos jours n'ait essayé cet instrument de la critique. Et nos œuvres critiques seront peut-être celles que retiendra le plus justement la postérité. Un Sainte-Beuve et un Renan auront de vives chances de faire oublier quelque jour les Flaubert, les Leconte[23], peut-être même les Hugo. Mais les critiques osent à peine

---

[23] Leconte de Lisle, 1818-1894, chef de file des Parnassiens avec Théodore de Banville, s'appelait en fait Charles-Marie René Leconte, devenu « de Lisle » en raison de sa naissance à la Réunion. L'appeler « Leconte » comme au temps où sa célébrité n'était pas encore établie n'est certainement pas flatteur. (n.d.é.)

convenir de la juste idée qu'ils se font de leur dignité. Ils croient devoir réserver leur vrai sentiment, comme s'il s'agissait d'une vérité trop nouvelle.

C'est une vieille vérité. Les Anciens ne l'ignoraient pas. Il y eut dans l'ancienne Athènes des espèces de critiques (on les appelait des rhapsodes) qui, tout en remplissant peut-être fort bien cet office, hésitaient, à la façon des nôtres, sur l'importance de leur charge littéraire ; mais ils se forgeaient, en revanche, la chimère d'une critique en quelque sorte scientifique.

Ion[24] fut de ce nombre. Dans le dialogue qui porte le nom de ce rhéteur, on voit Socrate lui montrer en riant la vérité sur le rhapsode et la rhapsodie :

> « Il me paraît, répond Ion à une adroite question de son maître, que les poètes, par une faveur divine, sont auprès de nous les interprètes des dieux.
>
> — Et vous autres rhapsodes, lui demande Socrate, n'êtes-vous pas les interprètes des poètes ?
>
> — Cela est vrai.
>
> — Vous êtes donc, répond Socrate, les interprètes d'interprètes. »[25]

Il ajoute que cette seconde interprétation n'a pas lieu, plus que la première, sans une aide divine. Le rhapsode est un homme inspiré comme le poète ; Ion lui-même, qui récite et explique Homère comme personne, Ion, qui défie « Métrodore de Lampsaque, Stésimbrote de Thasos et Glaucon de dire d'aussi belles choses que lui sur Homère », Ion est possédé d'Homère, comme Homère était possédé du ciel, de la terre et de tout ce que voit le soleil. C'est un « homme divin ». Il ne manquerait pas de surpasser Homère, comme l'œuvre d'Homère, étant humaine, passe la nature et la vie, si les dieux avaient donné au rhapsode Ion un génie égal à la fonction sublime qu'il avait reçue d'eux. Ion a manqué de génie. C'est là-dessus que porte tout le solide de l'ironie de Platon. Mais, depuis, sont nés Sainte-Beuve, et Renan, et France. Notre corps d'état grandit avec eux.

---

[24] *L'Ion* est une œuvre de jeunesse de Platon. Contrairement à ce que semble dire Maurras, le personnage de Platon n'a que peu, sinon rien du tout à voir avec Ion de Chios, philosophe du temps de Socrate dont il ne reste que quelques fragments et anecdotes. (n.d.é.)
[25] Platon, *Ion*, 535 a. (n.d.é.)

II Espèces de critiques

Les récents empiétements de la critique contemporaine doivent être comptés entre les causes du mépris où retombe aujourd'hui cet art. On fait, sous couleur de critique, à propos d'écrivains vivants ou morts, des études et des rêveries de psychologie, où rien n'est négligé que le soin de nous dire la valeur des livres cités, comptés, analysés. On fait de la critique descriptive, on s'efforce de nous peindre la forme, la couleur, le mouvement d'un style ; mais l'auteur se dérobe au moment décisif. Quand il faut juger et conclure, la synthèse est perdue de vue.

On fait de la critique historique, où les deux genres qui précèdent sont combinés. L'intérieur, l'extérieur, les alentours des œuvres se trouvent explorés avec une patience extrême, une verve digne d'éloge. L'auteur, son monde et son pays revivent ; mais, s'il y a, là-dedans, quelque bel endroit, de quel genre en est la beauté, et qu'est-ce que les hommes s'accordent à sentir devant elle, on s'applique à le négliger entièrement, ou l'on se contente de le dire à la dérobée, avec une espèce de honte. Ç'a été le défaut de l'école de Taine, et Sainte-Beuve avait donné dans ce travers en définissant sa propre méthode. Mais dans la pratique de l'art, il y échappait par sa grâce, parce qu'il avait l'esprit bon et le sens aigu. Partout où le promenaient ses curiosités, qu'il aimait à dire savantes, le mot tombait naturellement de sa plume pour exprimer, avec une force très claire, de véritables jugements. Il n'en convenait pas toujours. Il préférait se faire appeler botaniste. Il était bien ce qu'il était.

La valeur de la critique philologique et grammaticale, celle qui dépouille attentivement les textes, en compte les syllabes, sait sentir et fixer la valeur des moindres traits du langage, est certainement très considérable. Je ne sais pourquoi, cependant qu'on exagère l'importance des autres modes, on rit parfois de celui-là. Il est rude, difficile, un peu sec au lecteur. Mais il rend des services. Autant que la descriptive, plus peut-être que la psychologique et que l'historique, cette critique nous rend compte de l'état des pièces à voir, et elle permet au sentiment de s'étendre et de se borner avec exactitude à ses véritables objets.[26]

Est-ce de la critique ?

---

[26] Voir l'annexe 2.

On a soutenu, il est vrai, qu'en la mêlant avec les autres, on peut obtenir une critique « scientifique ». C'est une expérience dont on ne m'abusera plus. Qu'il y ait matière à saisir dans les livres, des reflets, des échos précis du monde où les auteurs naquirent, Taine en est le garant. Que, de plus, les livres puissent également représenter les goûts, les sentiments et les préférences de leurs auteurs, c'est encore possible, et je ne contredirai pas Émile Hennequin[27] ; il a fait une observation nouvelle et curieuse, qui eût gagné à de plus libres développements. Les vues de Taine et d'Hennequin peuvent même être organisées en corps de science, mais à la condition de sortir de la critique et de faire retour à l'histoire, à la politique, à l'économie. Ces sciences, si toutefois ce mot convient, donneront à notre art un concours précieux ; elles en resteront distinctes.

Un genre de critique supra-scientifique est celui des esthéticiens, soit qu'ils vérifient, à coup sûr, dans les ouvrages de l'esprit, les conséquences et les retentissements des idées qu'ils ont découvertes à la source de l'Être ; soit que, déguisés en naturalistes, ils instituent des classements et croient étudier des métamorphoses qui n'existent que dans les figures de leur langage. La méthode de M. Ferdinand Brunetière n'est pas moins dérisoire que celle de M. Lévêque[28]. Il convient pourtant de le dire, ni l'un ni l'autre ne se trompe sur la fonction de la critique. Ils savent qu'elle consiste très précisément à choisir. Mais, d'une part, M. Lévêque estime qu'il y a en nous un type précis, immobile et tombé du ciel qui représente la beauté et auquel nous comparons les ouvrages avant de dire s'ils sont beaux ou laids. Il ne semble point voir que le jugement esthétique est chose bien plus délicate, encore que plus simple : un cas de sensibilité. D'autre part, M. Brunetière, qui n'est guère platonicien, s'occupe beaucoup moins du sentiment qu'il manifeste, assez souvent sans rien sentir, que d'instituer des vues générales auxquelles il attribue une rigueur extrême. On l'en a justement repris. Il manque à ses systèmes inflexibles d'être fondés sur une expérience littéraire qui soit vraiment propre à l'auteur ; il leur manque, de plus, ces expressions de réserve courtoise, de doute, d'incertitude et de modestie qui ne sont pas de simples précautions du discours puisqu'elles témoignent que l'on traite

---

[27] Émile Hennequin, 1859-1888, auteur l'année de sa disparition de *La Critique scientifique*. (n.d.é.)

[28] Charles — ou Jean-Charles — Lévêque, 1818-1900, philosophe passé par l'école française d'Athènes, membre de l'Académie des sciences morales et politiques, chroniqueur dans la *Revue des deux mondes* et auteur de nombreux ouvrages sur l'art. Un Prix de métaphysique porte aujourd'hui son nom. (n.d.é.)

d'une manière d'histoire humaine la plus fine, la plus instable, la plus vivante, la plus spirituelle aussi. Tous les mots sont trop forts pour saisir cette complexité, plus divine encore qu'humaine ; car les mots ont été forgés pour le plus grossier commerce de la vie. Pour qu'une critique s'élève au-dessus de l'expression directe du plaisir et de la peine que les livres nous font, pour qu'elle pose des lois et qu'elle en discute sans trop d'incertitude ni d'impropriété, il faut que son langage soit porté à la perfection. Ce n'est pas le langage de M. Brunetière.

J'ai gardé pour la fin une espèce de critique qu'il convient d'appeler morale, mais qui est aussi religieuse. Elle a fourni de beaux chapitres à des hommes de goût, un Saint-Marc Girardin[29], un Chateaubriand. Il convient de la célébrer avant que de la définir. Cette critique consiste, en effet, dans son principe, à juger de la beauté d'une œuvre d'après ses relations avec une certaine idée morale ou religieuse de la vie. Là, encore une fois, la critique sort d'elle-même. Il y a de beaux livres entièrement mauvais et pernicieux. Il y a des livres excellents qui ne sont pas beaux. Quoi qu'on puisse penser de la rencontre, à l'infini, du beau et du bien, on ne peut pas dire qu'ils ne soient pas distincts, puisqu'on les trouve tels au courant de toute l'histoire littéraire. Il n'y a même pas entre eux de rapport fixe. La santé morale contribue, je pense, à former le sens de la beauté. Mais, non seulement son contraire, la maladie, peut produire le même effet, la santé elle-même peut épaissir et amortir l'impression esthétique. Si l'immoralité, comme tout ce qui affaiblit l'âme, risque de détruire le sens du beau, elle n'est pas non plus incapable de l'affiner. Il est donc fort insuffisant pour un critique de vanter la dignité de la vie des poètes qu'il recommande ; seraient-ils de vrais saints, c'est de leur œuvre seule, en tant que belle ou laide, que la critique se soucie, et, strictement, leur caractère moral ne mérite, à bien parler, qu'un prix de vertu.

Il faudrait aussi chasser de la critique la notion du mérite et du démérite. Je n'admire pas de beaux vers pour l'effort qu'ils ont pu coûter à leur auteur. Je n'épargne point les mauvais pour la peine ou le temps qu'on a pris à les faire[30]. Il ne faut pas préférer Corneille à Racine parce que le premier a ouvert la voie au second et lui a rendu la perfection accessible. Si Racine a marché

---

[29] Saint-Marc Girardin, 1801-1873, professeur de lettres, orléaniste, élu à l'Académie française en 1844, fut pendant plus de quarante ans critique au *Journal des débats*. (n.d.é.)

[30] On retrouve ici sous la plume de Maurras, presque mot pour mot, un passage du célèbre dialogue du sonnet entre Alceste et Oronte — *Le Misanthrope*, v. 312-314. (n.d.é.)

dans cette voie ouverte, s'il a fait ce qu'ont négligé vingt-cinq millions de Français, ses contemporains, s'il a atteint le but approché par ses devanciers, n'en doutons pas, c'est Racine qui est admirable ; en ce cas, Corneille sera justement appelé plus puissant ouvrier que Racine, on le comparera justement à Hercule, à Thésée, à tous les héros, et j'y applaudirai à condition qu'on n'ôte pas à l'autre le juste laurier d'Apollon.

De telles distinctions fâcheront les esprits confus. Je m'y complais, et non pas, comme ils me le reprocheront, pour séparer, pour isoler ce qui est uni et lié, mais pour empêcher qu'on lie mal à propos, ou qu'on nomme lié ce qui est tenu fort distinct.

De même, en matière religieuse, on fera bien de ne point mêler trop de dogmatique à la critique. Le christianisme a créé des sentiments nouveaux, ou il a développé d'anciens sentiments ; mais il n'a pas créé un sens nouveau non plus qu'une idée nouvelle de la beauté. Rien de tel n'apparaît dans aucun dogme précis des Églises catholique ou protestante. Racine a écrit *Athalie*, *Phèdre*, les *Cantiques spirituels*, selon des principes de goût qu'il avait en commun avec Sophocle et Horace. Ce grand exemple fera voir que ni les cultes ni les mœurs n'entraînent la critique dans leurs variations. Il faut bien qu'elle consiste en quelque autre chose.

III La critique proprement dite

La critique littéraire proprement dite consiste à discerner et à faire voir le bon et le mauvais dans les ouvrages de l'esprit, discernement qui suppose deux opérations tantôt consécutives, tantôt simultanées : le sentiment et l'élection.

Il n'est pas de bonne critique qui n'excelle ensemble à sentir et à choisir. La sensibilité fournit à la critique ce que l'École médiévale aurait volontiers appelé une matière. Il faut qu'elle soit abondante. Des impressions fines, riches, fortes, rapides, forment déjà comme l'aliment et le moteur, brut encore, de la verve critique. Du meilleur au pire s'étend une gamme presque infinie ; il faut que le critique en distingue le mieux possible les nuances. Il faut qu'il sache, en même temps, garder aussi le sens précis des différences générales. Car une sensibilité trop attentive à ces infimes dégradations par lesquelles se font beaucoup de changements perd la vue des couleurs distinctes. Son œil lent se traîne, indécis, et c'est une malade qui se rend incapable de rien mesurer. Les comparaisons qu'elle fait ont un air puéril ; elle manque de proportion dans le jugement, faute d'en assigner les termes.

Pour qui se figure ainsi toute chose comme contiguë aux autres, et pour ainsi dire, compénétrée ou compénétrante de toute part, et débordée ou débordante, que choisir ? Or, sans le choix point de critique. Dans le choix réside l'essence, non seulement de tous les arts, mais de la vie elle-même. Les savants et les philosophes peuvent discuter à leur gré de la constitution des êtres et de la commune trame de la nature. Ils peuvent effacer, comme avec l'estompe légère, les limites du doux et de l'amer, de l'agréable et du douloureux. Leurs vues pourront être conformes à la réalité ; mais aucun des arts ne s'occupe de ce qui est. Les arts se meuvent, comme cette vie qu'ils expriment, dans le cercle des apparences. Il apparaît qu'il faut choisir si l'on veut vivre et si l'on veut créer de la vie.

Personne n'aime les contraires. Je dis aimer, et je voudrais faire entendre ce mot dans toute sa force. Les personnes qui demandent aux Lettres leur passe-temps ou leur utile gagne-pain concilieront toutes choses facilement ; je parle de celui pour qui les Belles Lettres sont une passion. Celui-là entend bien que, s'il aime Racine pour les raisons précises et essentielles qui font que Racine est Racine, il ne saurait en même temps aimer Hugo pour les raisons qui le font différer des autres et qui le font aimer d'être lui. Il faut choisir entre les deux, il faut chercher à l'un et à l'autre la commune mesure qui permette de les classer.

Le syncrétisme est le contraire des méthodes critiques, et, par conséquent, poétiques. Appeler tout le monde bon poète ou bon écrivain peut être l'effet d'une indifférence naturelle ou d'une indulgence pleine de charme. Hugo tolérait et louangeait tous les mauvais poètes qui lui faisaient écho, car ils portaient pierre à sa gloire, mais il supportait mal une citation de Racine. Et rien de plus juste après tout ! Victor Hugo avait grand tort d'être ce qu'il était, mais, étant tel, il faisait bien de détester l'auteur de *Phèdre* et de ne point le déguiser. La complaisance de la nouvelle critique sue au contraire le mensonge et l'inconséquence, l'insincérité et l'irréflexion. On l'a décorée, comme il convenait, d'un mot impropre, et nommée Éclectisme, sans réfléchir que l'Éclectisme[31] enferme au contraire une idée fort claire de choix intelligent et d'exacte sévérité.

---

[31] Maurras a beaucoup reproché à Victor Cousin, 1792-1867, chef de file de l'école se revendiquant de l'éclectisme, de renoncer aux contraintes de la sélection et de la synthèse pour se contenter d'un vague syncrétisme versatile. (n.d.é.)

Donc, et à peu près comme la cellule choisit, entre les sucs, celui qui lui doit convenir et rejette les autres, comme aussi le poète, entre les mots et les idées, se saisit des uns pour les faire servir à ses ouvrages, en laissant de côté l'inutile pernicieux, le critique élit, entre les impressions d'art qu'il a recueillies dans les livres, celles qui lui ont plu, repousse et exclut tout le reste.

Ainsi du moins procède le critique excellent. Celui-là ne suit d'autre maître que son plaisir. Ce qui lui plaît est adopté sans hésitation ; il s'abandonne au naturel avec une confiance naïve. Il ne soupçonne même pas qu'il puisse se tromper, car il sait et pense qu'il a bon goût.

Tel est le vrai critique.

Nous voilà sur un grand mystère.

IV Du goût

On a beaucoup ri chez les Français du XIXe siècle, de cette idée qu'il y ait de bons ou de mauvais goûts. Cependant, plus j'y songe, plus il me semble que cette notion ait de force et de vérité. Au goût se marque la personne. Lorsque les apparences physiques d'un homme et son goût manifeste se trouvent discordants, croyez plutôt que les premières sont menteuses, c'est son goût qui le peint. Le goût exprime et trahit l'homme. Si la remarque est juste, je m'en servirai pour définir, indirectement mais précisément, le bon goût : c'est le goût de l'homme parfait.

Il y a un homme parfait. Je veux dire qu'il n'est pas difficile de concevoir un homme qui remplisse exactement l'idée de notre condition commune et qui puisse nous servir de modèle à tous. On me pardonnera de ne point décerner à cet être fictif, et cependant plus vrai que tout, le sobriquet de Beau Idéal ; on se sert de ce mot toutes les fois que l'on veut parler allemand ou sortir du sujet à la faveur d'une terminologie imprécise. Les personnes qui raisonnent de l'idéal n'entendent plus par là l'ensemble des qualités qui fondent et achèvent un être, mais, comme elles disent dans leur jargon, quelque chose de plus, quelque chose au-delà. L'homme parfait remplit la définition de l'homme ; l'homme idéal, tel qu'on l'entend autour de nous, la crève toujours par endroit. Je me hâte de dire que toujours la saillie est compensée par un beau creux, et les extravagances par d'affreuses lacunes.

L'homme parfait ne s'entend pas d'une figure médiocre dans laquelle s'équilibrent les défauts et les qualités de l'être humain. Je songe à la limite de la puissance humaine. Les monstrueux, les excessifs, les boursouflés ne passent point cette limite, quoiqu'on ait l'habitude de le dire communément. Ils restent fort loin en deçà, comme les médiocres. L'homme ne conçoit rien au-delà de cette limite sur laquelle vivent ses dieux.

Or, en deux mots, l'homme est un animal qui raisonne. Cette vieille définition me semble bien la seule qui puisse satisfaire. Ni la moralité, ni la sociabilité, ni certes le sentiment, ne sont particuliers à l'homme. Il n'a en propre que la raison ; c'est ce qui le distingue, sans l'en séparer, du reste de la nature. Cette nature est représentée en lui tout entière. Elle est dans son corps qui a poids, nombre et mesure ainsi que les métaux, organisation comme les végétaux, sensibilité et mouvement comme les animaux et qui paraît ainsi la couronne de notre terre. Sa raison est sans cesse nourrie, aiguisée, avivée, éclairée des tributs que le monde lui paye par ces trois canaux. Il faut qu'une raison, ainsi aiguillonnée par la nature entière, développe toute l'ampleur de ses énergies dans la mesure exacte où cela ne peut nuire à l'expansion parfaite d'un corps florissant ; la raison poussée à l'extrême, qui dessécherait l'animal, épuiserait ses propres sources. Quant à une cellule exclusive du corps, elle épaissirait l'âme et lui ôterait sa raison. Le plus subtil des Athéniens buvait ainsi coup sur coup sans perdre la tête, puis raisonnait divinement. Les convives de son Banquet l'en ont admiré de tout cœur.

Pour exprimer l'accord naturel de ces deux puissances, l'on emploie d'ordinaire une image fort vicieuse ; on parle d'équilibre comme si les objets pouvaient être mis en balance. Ils ne sont pas pareils. C'est ordre qu'il faudrait nommer cette conformité d'un être à tous les éléments de sa destinée.

Quel doit être le sens critique d'une créature humaine composée de telle sorte que ses instincts, ses impressions, ses sentiments, ses passions portés au plus haut point soient conduits et régis par une pensée plus puissante, elle-même affermie, soutenue, excitée par l'abondance du naturel ? Ses ardeurs animales n'usurperont jamais un office de direction, qui n'appartient qu'au jugement et à la raison ; mais, puissante et robuste, sa raison ne courra point de vaines nuées. Aucune sécheresse, mais point de mollesse non plus ; des formes pleines et nerveuses ; philosophe et, à l'occasion, métaphysicien même, mais avec rigueur, sens du réel, vraie poésie ; pénétré de toutes les chaleurs douces de la vie, mais stable et assuré contre elles au besoin : telle est l'idée générale que l'on peut se faire du goût chez un homme accompli. On verra tout à l'heure les raisons pour lesquelles il est constant qu'il n'y a pas de goût meilleur.

Le sens d'un critique peut participer de deux manières de ce bon goût ; naturellement, je l'ai dit, et aussi par l'étude exercée, l'imitation judicieuse et soutenue d'un juste modèle. Du temps qu'il subsistait une compagnie soucieuse d'élégance et de perfection, Molière pouvait écrire avec vraisemblance que, dans les arts, la grande règle était d'abord de plaire, mais de plaire aux honnêtes gens. L'instinct des honnêtes gens de son temps n'était point mauvais ; la moyenne de leurs jugements composait une sorte de règle vivante. C'est un état dont nous nous sommes éloignés ; le jugement public a subi tant de corruptions, transmises de père en fils depuis près d'un siècle, aggravées par l'éducation et accentuées par les modes ! Les meilleurs d'entre nous, même ceux qui essaient de réagir un peu, demeurent si gâtés que l'on n'est pas surpris de la brave déclaration échappée un jour à M. Ferdinand Brunetière : « Où irions-nous, grands Dieux ! si nous aimions ce qui nous plaît ! »

La critique est affaire de sensibilité ; elle n'est rien que la sensibilité réfléchie. Lorsque le goût est sain, il suit le chœur des Muses et des Grâces, il n'aime que les belles choses pour lesquelles il est né. La critique n'a qu'à le suivre. Mais, s'il est corrompu, il faut qu'elle lui rende la pureté et la santé ; qu'il retrouve la vue nette de son objet, avant d'entreprendre au dehors !

V Objet propre du goût et nature du style

Que goûte l'esprit dans les livres ?
On doit supposer que c'est le style ou que ce n'est rien.
« Mais, dit-on, la pensée ?
— La pensée, c'est le style encore. »

Il est pénible d'encourir l'accusation de paradoxe lorsqu'on énonce une vérité si ancienne, mise dans tout son jour par les plus grands esprits. Nous pouvons lire textuellement dans notre langue les plus justes paroles qui aient été dites sur le style ; il suffit d'ouvrir l'admirable discours de Buffon.[32] Il a cinq pages. Nous préférons nous en tenir aux vains jugements qui sont les

---

[32] Le *Discours sur le style*, de Buffon, fut prononcé le jour de sa réception à l'Académie française, le 25 août 1753. (n.d.é.)

signes (en même temps qu'ils ont été les causes) d'une dégénérescence profonde.

Notre siècle se représente le style comme une chose extérieure à la pensée des écrivains. On distingue le fond d'un livre, je veux dire les idées, les sentiments, les récits ou les caractères ; le style est mis à part c'est un élément de la « forme » ! Cette forme est imaginée comme un habit qu'un sentiment ou une idée peuvent recevoir ou dépouiller sans difficulté. Nos professeurs ont réussi à faire de la rhétorique et de la poétique je ne sais quoi de matériel ; on s'en va y quérir des formes, des modules, et on les y rapporte quand on s'en est servi.

Le style consiste dans l'ordre et le mouvement qu'on met dans ses pensées. Buffon qui le disait ne disait pas assez. Le style représente le mode de la conception de chaque pensée puisqu'une pensée comme une molécule physique forme déjà un monde d'impressions, de sensations, et de sentiments. Avant que nous ayons songé à unir ces idées, à les mettre en propositions et en raisonnements, en figures et en tableaux, un auteur inconnu, qui n'est autre que notre propre vie intérieure, a déjà travaillé, dépouillé, abrégé et simplifié, à la manière d'un sculpteur, les matériaux bruts de notre expérience. Cette activité, échauffée, mesurée et conduite selon le génie de chacun, ne peut manquer de le révéler, car elle a son style et qui plus tard se retrouvera dans le choix des mots qu'emprunte la plume. Est-il témoin plus éclairé de l'être de l'homme en son fond !

Buffon écrit plus bas : « Ces choses sont hors de l'homme, le style, c'est l'homme même. » Ces choses ! Il serait juste d'ainsi nommer ce monde inférieur composé des impressions venues du dehors, si l'on n'y découvrait le rudiment d'une forme humaine, partant d'un style. Nous savons que l'âme est active jusque dans sa façon de souffrir l'empreinte des choses. Un embryon de style se trouve ainsi former l'élément spirituel, l'élément humain des échos que les Mondes jettent au fond de nous.

La place du style s'accroît naturellement au fur et à mesure que l'âme se livre à des opérations plus dignes d'elle. Les sensations, en tant que senties, ont bien leur style propre, mais en tant qu'elles se succèdent, elles reflètent l'ordre mécanique des choses, par là elles échappent tout à fait aux prises du goût. C'est pourquoi, je le dis en passant, l'on peut trouver dans l'art impressionniste des « notations » d'une qualité curieuse, mais on n'y trouve aucun style proprement dit, et l'homme de goût s'en détournerait s'il y avait un impressionnisme accompli et réalisé. Par bonheur, il n'y en a pas.

Quelque effort que fassent ses laborieux artisans pour s'entraîner à vivre en pauvres esclaves, ils ne peuvent se délivrer des habitudes historiques de l'esprit humain. Des notions générales naissent en eux spontanément ; mais ils font de leur mieux pour en rompre les liaisons et pour revenir à l'amorphe. En vain, pourtant, les malheureux s'appliquent-ils à se « déformer », le succès reste médiocre et, si bien qu'ils s'astreignent à faire des livres aussi décousus que les feuilles d'un calendrier, toujours quelque chose d'involontaire et d'inconscient y introduit la forme humaine, comme pour attester qu'après mille siècles d'humanité et quarante de civilisation, l'impressionnisme absolu s'est rendu impossible. C'est ainsi que les vagues lumières d'intelligence qui traversent la prunelle d'un Bochiman témoignent que le règne humain, aux plus bas étages de l'art, ne peut plus se réduire à un reflet brut de la vie.

Le style s'accentue au fur et à mesure que la puissante faculté à laquelle convient le nom de Fantaisie accumule et développe des inventions plus cohérentes ou plus vives et se défait des liens pesants qui la limitaient au réel. Dès qu'elle se connaît et se juge avec les sentiments qui sont réservés à un être raisonnable, le style manifeste ces relations de dépendance et de conséquence que l'expérience sensible ne suffisait pas à donner ; il acquiert la simplicité savante de l'Esprit. Un feu presque divin l'échauffe qui crée, qui renouvelle, qui déplace, transporte, corrige, modifie, selon des décisions qui expriment toute sa force, les matières brillantes qui lui sont venues d'autre part.

Le style alors est libre, j'entends que l'élément humain devient sa loi, son roi. Il vaut par sa valeur, par l'enthousiasme qui l'emporte et qui le soulève, par les nobles conventions, par les sublimes dispositions de pensées que détermine l'esprit pur. Alors comme le dit Buffon, avec une audace superbe, « toutes les beautés intellectuelles qui s'y trouvent, tous les rapports dont il est composé sont autant de vérités aussi utiles et peut-être plus précieuses pour l'esprit humain que celles qui peuvent faire le fond du sujet ».

Cette théorie de Buffon peut paraître dangereuse si on la comprend mal. Interprétée convenablement, il n'y a rien de plus fécond. On y voit que la force du style se confond avec celle de la pensée. Tant valent l'une et l'autre ! Ou plutôt, elles sont une même chose puisque, dans la pensée, tout ce qui n'est point style, c'est-à-dire ordre et mouvement, n'est point pensée, mais simple combustible ou résidu de l'art de penser. Quand la force du style prévaut et gagne dans un livre, c'est le signe que la pensée, c'est-à-dire son caractère libre et humain, se dégage du même élan. Allons plus loin. Disons la vérité à laquelle devait converger tout ceci, à savoir que le style est ce que nous nommons proprement la beauté ; nous ne pouvons pas les voir séparés, et l'une grandit avec l'autre, à proportion qu'elle est plus simple, c'est-à-dire mieux composée, à proportion qu'elle est plus libre et plus active, donc plus touchante ou plus émouvante, et qu'elle mène à l'ordre et aux lumières de la raison, les confuses chaleurs de l'immense univers où nous baignons tous.

S'il est juste de dire que le goût littéraire ne s'intéresse et ne s'applique, en somme, qu'au style, ce n'est pas un petit objet !

La plupart des erreurs du Goût sont venues de ce qu'il se trompe sur son terme. Il est facile d'en donner un exemple clair. Au commencement du XIXe siècle, on se mit en tête de regretter l'absence d'une littérature nationale chez nous. Ce désir eût été légitime si de bons yeux n'eussent été capables de voir qu'il était déjà satisfait. Une littérature nationale signifie un ensemble d'ouvrages dont le style soit conforme au génie national, car la littérature, hors du style, n'est rien. Nos romantiques ne l'entendirent pas ainsi. *Esther* leur semblait juive, et *Le Cid* espagnol. Ils voulaient des romans, des poèmes, des pièces de théâtre dont les sujets fussent français au lieu d'être grecs ou latins. On leur en fit tant qu'ils voulurent. Ils furent délivrés des Grecs et des Romains. Quelque vingt ans plus tard, les lecteurs furent fort surpris de voir que ces ouvrages à titres et à héros français étaient tous étrangers, gothiques et barbares par leur contexture secrète.

Sur des sujets turcs, hellènes, hébreux ou latins, Racine et Chénier, La Fontaine et Ronsard ont été mille fois moins étrangers à notre sensibilité native que les dramaturges de 1830 traitant des sujets nationaux qu'ils dépouillaient des caractères de la nation.

VI Les principes du goût

S'il me plaisait de faire ici le charlatan, j'appellerais les principes du goût des lois scientifiques ; ces modestes observations pourraient faire ainsi leur fortune. Elles n'ont malheureusement rien de scientifique. Ce sont bien des principes, mais de l'ordre empirique. Seulement, dans les arts et dans la politique, l'expérience mérite qu'on la regarde comme une grande maîtresse de vérité.

Les plus importants et les plus utiles préceptes que nous ont laissés les

> *anciens soit pour l'éloquence ou pour la poésie, ne sont autre chose que les sages et judicieuses réflexions qu'ils avaient faites sur les ouvrages de leurs plus célèbres écrivains.*

Fénelon parle ainsi. Il ne refusait pas son crédit aux observations dont il marquait ainsi l'origine.

Je sais bien ce que l'on objecte. On objecte l'évolution. L'évolution est cependant le type même de la quantité négligeable en cette matière. Soit ! le monde se développe, nous le savons. Mais nous savons aussi qu'il a pour champ d'évolution deux infinis et que la plus légère modification exige des milliers de siècles. Chez les hommes, l'écorce des mœurs tombe assez aisément comme elle se remplace ; mais que connaissons-nous d'essentiel à l'homme qui se soit altéré depuis quatre mille ans ? Un sauvage tout nu est apte à recevoir des vérités scientifiques que les plus grands esprits du moyen-âge ignorèrent ; il suffira de lui passer un pantalon pour l'installer à temps dans quelque collège, preuve évidente que, si l'objet des sciences se découvre et s'étend, l'appareil de la connaissance reste à peu près le même dans les états de civilisation les plus variés. L'homme historique devait être dans sa moyenne de tous les âges ce qu'il est aujourd'hui. Il y a des différences du plus au moins entre les peuples et les temps. Mais si, dans un écart de compas qui peut embrasser jusqu'à trente siècles, il se trouve que les principes de la critique se vérifient sans varier, il est à croire qu'ils auront le même bonheur pour toutes les durées possibles de l'esprit humain. S'ils changent lorsque changera le fond de l'homme, et quand cet animal ne sera plus assez clairement distingué par la faculté de raison, on peut en prendre son parti sans redouter de trop menaçantes incertitudes.

Depuis Horace et Fénelon les gens de goût s'attachent à louer la simplicité. Ils la recommandent comme le meilleur point de l'art d'écrire.

Plus on dégage sa pensée des ornements qui ne font pas corps avec elle, mieux elle se montre, rien n'est perdu de son effet. Grande ou petite, haute ou moyenne, elle prend tout ce qu'elle a de son relief. Les pensées médiocres ont d'ailleurs rarement la force de se mettre ainsi nues et seules ; elles ne viennent qu'en cortège, par envie de se rehausser. Mais on les voit à peine, et l'œil hésite entre tant de formes et de teintes papillotantes ; aucun plaisir sincère, quelquefois même du dégoût.

Tels critiques contemporains affectent d'adorer le contraire de la simplicité. Ils assurent communément que, si le simple les enchante, le complexe les divertit. Ils s'amusent à en débrouiller les secrets ; c'est un jeu de lettré habile et nonchalant. L'amour véritable de la poésie et des lettres s'accommode assez mal de plaisirs qui ne sont guère faits que de petites peines senties à contre-coeur et adroitement rebroussées. On ne peut comparer le simple et le complexe à deux fruits différents, l'un froid et l'autre chaud, l'un doux et l'autre amer, l'un fondant, l'autre ferme, et qui peuvent produire des agréments variés. Les impressions que donnent le simple et le complexe ne viennent point d'essences aimables ou désagréables en elles-mêmes, elles correspondent au degré plus ou moins fort de l'expression dans une lecture, c'est-à-dire le plus ou moins de génie et de force dans un auteur. Un style simple garde solidement toute pensée. Il la livre telle qu'elle est, en quelques mots soudains. Un style compliqué la dérobe toujours. Rien n'y demeure fixe et pur. Qui peut aimer tout cela jusque chez les poètes ne ressent qu'un médiocre amour de la poésie, ou, misérablement, il en aime les artifices, les bagatelles ou le métier.

Un auteur répondra que son sujet est fort complexe, ses pensées nombreuses et que, bien que le simple lui semble préférable, il désespère d'y parvenir. Déconseillons-lui dans ce cas de prendre la plume. Ou plutôt, disons-lui de l'empoigner de tout son cœur, pour analyser son sujet, pour en trouver le centre ou découvrir quelque moyen de distinguer l'essentiel d'avec l'accessoire afin que ceci tombe et que cela soit mis en valeur.

Il est des accessoires qu'on ne peut supprimer ; en ce cas, on les soumet au sujet central. Ce travail qui s'appelle composition, est conseillé par tous les maîtres. La réflexion leur donne raison. Pourquoi renfermer dans un même tableau deux sujets différents d'égale importance ! Il vaut mieux peindre deux tableaux.

Un goût sévère exige encore que l'on mêle le moins possible les genres et les procédés, à plus forte raison les arts. Sans doute il est ingénieux de montrer en littérature les talents d'un joli coloriste, ou de faire une espèce d'opéra avec des phrases pauvres de sens, mais qui consonnent. Ces transpositions valent, aux yeux de quelques-uns, pour la difficulté vaincue. C'est ce qui les dégrade au jugement des meilleurs. Le vrai poète cherche à fixer la belle pensée qui le tourmente par les moyens directs la cernant tout entière. L'idée ne lui viendra jamais de se servir de la technique d'un autre art. Nos petits apprentis jouent avec les pinceaux faute de savoir en user.

Tout cela découle d'un principe d'économie, principe qui condamne, tout aussi bien que ceux qui se font enlumineurs ou symphonistes en poésie, les écrivains qui veulent déployer en français les grâces du tudesque ou le genre de sensibilité qui est propre à l'esclavon. Efforts gâchés, travaux perdus ; quand ils réussissent à déterminer une mode, ils sont criminels.

Quelle que soit la tradition d'une littérature ou d'une langue, et toutes choses étant égales d'ailleurs, ce qui se tente en conformité avec son génie réussit mieux que sur quelque plan qui s'oppose aux habitudes millénaires. L'observation tombe sous le sens.

Là, tout conseille, aide, guide, seconde le poète. Il n'y trouve que les rencontres d'une émulation généreuse. Ceux qui s'en passent sont bien rares. On ne voit pas dans toute l'histoire littéraire l'exemple d'un seul grand poète qui ait montré à la communauté de ses devanciers l'ingratitude et la négligence qui se témoigne de nos jours au chœur des maîtres. Dante qui est Dante trouve une phrase dédaigneuse pour ceux qui, ignorants et sans art, ne croient qu'à leur propre génie.

Ces génies arrogants sont pauvres. Malgré tout, ils subissent la tradition, qu'ils nient. Mais celle qu'ils subissent est toute prochaine, si prochaine, parfois, qu'ils n'en ont plus le sentiment.

Ainsi des Parnassiens ; tous les Romantiques pèsent le plus fâcheusement du monde sur leurs moindres poèmes.

Une vraie tradition est examinée avant d'être acceptée. La fausse liberté ignore jusqu'au joug que lui fait porter sa faiblesse.

Toutes les traditions ne se valent pas.

Comme entre les peuples et les époques qu'elles expriment, comme entre les hommes de ces temps et de ces nations, on peut marquer entre elles des différences et, par suite, des primautés dont nul autre que la nature n'est coupable, à moins que l'on n'en charge, comme il est possible, l'histoire ou la politique. La critique n'a pas mission de redresser les injustices de la fortune, mais d'en apprécier les effets.

Entre toutes les autres une tradition se présente, dont le caractère frappant est sa conformité presque complète avec ses principes du goût qui expriment, avons-nous dit, l'Homme élevé au plus haut point. On la voit naître dans l'Ionie comme de la cendre d'Homère, elle se continue sous les oliviers du Céphise[33]. De sages Romains qui l'adoptent lui font une patrie nouvelle.

---

[33] Petit fleuve de l'Attique, qui se jette dans la mer à Phalère ; c'est avec l'Illissus l'un des deux cours d'eau attachés par excellence au territoire d'Athènes. (n.d.é.)

Le moyen-âge ne la bannit pas complètement de la France, ni des villes de l'Italie. Elle se régénère et occupe toute l'Europe ; mais c'est Paris qui la conserve, comme Athènes jadis. Du milieu du XVIe siècle à la fin du XVIIe, l'humanisme et l'esprit classique, affinés d'une pointe de goût attique, ne manquèrent jamais de représentants parmi nous, ni d'une élite digne de les comprendre et de les aimer.

Que cette tradition soit essentielle et naturelle à notre pays, c'est une opinion qui n'est guère contestable. Si notre sang n'est pas latin, comme le désirent les uns, les autres ne soutiennent plus qu'il coule d'un tronc germanique. Quant à nos pères les plus authentiques, les Celtes, ils demeurent bien mystérieux, malgré tout, car on n'a rien qu'ils aient écrit. Sauf en quatre pays de peu d'étendue[34], nos dialectes populaires appartiennent tous au type qu'il est convenu de nommer gallo-roman. Ce qu'on peut dire de moins fort à cet égard c'est que, si notre France tient ensemble, c'est que les morceaux ont été réunis par les architectes classiques. On reconnaît les traces de leur main énergique et fine ; je les appelle, entre autres, l'Église catholique et l'Administration romaine, antique conseillère des rois de France. Enfin notre langue littéraire est gréco-latine. Voilà de grandes forces naturelles qui nous tirent de ce côté et, si nous inclinons par là, il semble que le bonheur vienne naturellement à nos écrivains ; il coule vers eux comme sur une pente facile. Qui réfléchit à la prodigieuse entreprise de Ronsard et contemple tous les excellents et solides morceaux qu'elle nous a légués, ne sait qu'admirer de la force de ce poète ou du sens noble et net qui lui fit deviner en quelles directions devait nécessairement prospérer le génie national. Au contraire, tout se détraque si l'on tourne les Lettres françaises dans un autre sens. Nous avons vu, ces derniers dix ans, la décomposition de ce brillant et prestigieux romantisme, dont il reste vingt noms d'auteurs et pas un livre.[35]

Voilà des faits d'expérience. En voici un d'observation. Cette tradition classique, qui est nôtre, passe toutes les autres. Elle montre, en effet, une force de vie égale, en flamme, en coloris, en brutalité ingénue ou en fière délicatesse, à ce que put trouver le reste du monde, depuis les steppes de Russie jusqu'aux plages de la Guinée et, dès lors que nulle autre tradition populaire ne la peut surpasser en sensibilité, elle passe à jamais toutes ses

---

[34] Maurras pense sans doute au flamand, aux parlers allemands d'Alsace et de Moselle, au breton et au basque. (n.d.é.)
[35] Voir l'annexe 3.

rivales par l'ordre et la lumière de ses compositions, par la haute généralité de son style. De ce qu'elles intéressent le monde entier, les œuvres de cette tradition sont justement appelées les Lettres humaines. Qui juge d'après leurs principes ne sera pas désavoué du genre humain.

VII La notion de Barbarie

Il conviendrait donc de nommer Barbarie ce qui est étranger à ces Lettres classiques, comme extérieur, non point seulement au commun trésor helléno-latin, mais à la haute humanité.

La barbarie commence en effet quand l'animal sensible, se préférant au raisonnable, prétend décider par lui-même de ses chemins. Il y a barbarie quand les impressions vives montent sans ordre et sans lumière de nos corps, de nos âmes, et prétendent se réaliser telles quelles, toutes brutes dans l'œuvre d'art. La même barbarie distillant dans le cerveau quelques vagues extraits de sentiments clairs, donna, aussi le faux nom et la fausse couleur de pensées à son peuple de fantômes incohérents.

Aussi bien que chez les primitifs à peine sortis de l'état de nature végétative, la même sensibilité mise en système peut se rencontrer parmi ces esprits exaltés qui, s'étant repliés, se sont refermés sur eux-mêmes et ainsi séparés de tout.

J'appellerai du même juste nom de barbare un dégénéré devenu l'esclave des matériaux ou, pis, le serviteur des procédés ou des instruments de son art, la rime, par exemple, le mot brillant ou l'épithète pittoresque, au point de mériter d'être changé lui-même en amphore, en potiche ou en dictionnaire de rimes.

Ces barbaries, que les romantiques français ont tirées tantôt de la logique de leur folie et tantôt des lettres anglaises ou allemandes, n'ont pas été inconnues de l'antiquité. Elles avaient rempli l'Asie d'où elles passèrent en Grèce. Alexandrie leur fit altérer le sens du platonisme. On le vit en Judée, à Rome et à Carthage, elles infestèrent Byzance. Si elles ont couvert le nord de l'Europe, dans les temps modernes, on en a trouvé cette raison ingénieuse que les Bibles de Wicleff[36], de Luther, de Jean Hüss, pleines d'hébraïsmes,

---

[36] On orthographie plutôt Wyclif aujourd'hui. John Wyclif, 1320-1384, fut un théologien anglais précurseur de la Réforme. Il entreprit en particulier avec ses amis une traduction de la Bible en anglais. Ce sont ses idées que les lollards reprirent, il eut une influence importante

imprégnèrent la langue des Allemands, des Anglais, des Tchèques, à peine formée, et cela repoussa du côté de ses origines tout ce qui venait de Scythie. C'est depuis ce temps qu'on rencontre à chaque génération littéraire allemande un homme de talent pour maudire devant l'Europe le goût et la pensée de sa vieille patrie. Nous avons en ce moment les aveux de Nietzsche. Nous avions, il y a trente ans, ceux de Schopenhauer. Formés pour la pensée classique, ces esprits distingués, élégants et puissants, regrettent d'être nés trop tard ; leur plaisir eût été d'écrire en latin, comme Érasme, en français comme Leibnitz ou Frédéric II, et de ne point lire de livres romantiques. On trouverait dans les propos de Goethe des échappées encore assez voisines de celle-là. Ce grand homme voyait le défaut des lettres de son pays, trop exemptes du caractère de la grande beauté qui est de tendre à la cime de la nature humaine, de ne tenir aux lieux et aux temps que par la racine. Leur prestige au dehors aura la durée d'une mode.

Profondément nationales pour nos contrées, les lettres classiques exercent une très ferme séduction sur les étrangers ; par leur grande ouverture de sentiment, elles peuvent être nommées cosmopolites, et elles le sont dans une forte mesure. On les goûte partout. Serait-il possible de les cultiver en tout lieu ? Rien ne démontre le contraire, en dépit de belles avancées cédées par la nature à cinq ou six peuples choisis.

VIII Destination de la critique *(fragments)*

Pendant que l'Allemagne et l'Angleterre font un curieux effort de piété et d'intelligence vers les Lettres classiques, la critique française, comme le reste de notre littérature, les abandonne. Sauf M. Anatole France, personne dans la génération qui précède la nôtre n'en a eu le souci, et bien peu y songeaient parmi les nouveaux écrivains avant que M. Jean Moréas et ses amis fondassent l'École romane.

Il était temps, car chez nous toute dégénérescence sera plus grave qu'ailleurs. Si nous perdons le sentiment classique, nous perdons tout. L'esprit classique est à la fois la tradition du genre humain et celle de notre groupe ethnique particulier. Au contraire, si nous y revenons, tout se regagne et nous nous mettons en mesure d'ajouter aux richesses du fonds commun.

---

sur les différents mouvements liés de près ou de loin à la Réforme, de Jean Huss à Luther en passant par les anabaptistes. (n.d.é.)

Je ne sais pas une seule objection qui puisse garder quelque force contre un fait aussi évident. De toutes, la mieux colorée est celle qu'on tire du mauvais effet de la mythologie dans une poésie moderne. Cette mythologie ne me semble pas si fâcheuse ! On y voit, parés de beaux noms, les personnages en qui s'incarnent les forces de la nature, les enchaînements de l'histoire. Souples, changeants et dessinés avec une fermeté éternelle, ils correspondent encore à toutes nos idées. Boileau avait bien vu qu'il n'y aurait jamais de merveilleux chrétien ; Chateaubriand en a fourni la contre-épreuve, et, d'autre part, la haute poésie lyrique ne se passe pas de figures métaphysiques.

Comte disait : « *Pour compléter les lois il faut des volontés.* »

Et Taine lui-même avouait au long d'un voyage sur les bords de la mer, que son cœur y cherchait de lui-même les néréides.

Rien, dit-il à peu près, *ne commente si bien la nature qu'un dieu.*

La suite de la tradition classique comporte, d'ailleurs, autre chose que des déesses et des dieux. Elle autorise une critique scrupuleuse, pieuse, passionnée. Loin de glacer le sens, elle excite, elle inspire, elle engendre la création. Même chez nous (où l'on assure que tout est dit), surtout chez nous, il reste beaucoup à tenter. On peut rêver de tragédies plus rapprochées de la nature, d'un tour plus direct et plus simple encore que celui de Racine. La verve héroïque de Corneille laisse la place à un poète de même humeur qui serait plus sage que lui. Le lecteur sera-t-il surpris si j'ajoute que nous manquons surtout de poésie lyrique ?

Comptez que peu de chose est destiné à subsister du vaste fracas et fatras romantique. À part cela, il nous faut presque remonter à Malherbe...[37] Enfin, une critique littéraire tenue sévèrement à sa tâche particulière n'est pas sortie de terre après un siècle de travaux. Elle fut ; elle peut renaître, beaucoup plus belle qu'autrefois et produire une Renaissance.

Annexes

1. — Ces idées sur la valeur et le rang de la critique firent scandale dans la littérature de 1896 où le système des images romantiques, naturalistes, impressionnistes, tenait le haut du pavé. Depuis, entre 1911 et 1930, dans le journal Le Temps, un écrivain qui fut ami, devenu ennemi, M. Paul

---

[37] Voir l'annexe 4.

Souday, trouva des occasions fréquentes de vulgariser une rectification de bon sens.

2. — J'ai mentionné ailleurs les sourires mystérieux avec lesquels un autre ancien ami passé à l'ennemi, et qui y est resté[38], M. Henri Bremond, de l'Académie française, prétendit nous en remontrer sur les services que rend la critique érudite et savante. Bien que M. Bremond soit notre aîné de plusieurs hivers, ses avertissements retardaient d'un bon quart de siècle sur les distinctions que l'on a lues plus haut.

3. — Un lecteur de ma préface à mon livre Romantisme et Révolution me rappelle que, page 17 en note, j'ai invoqué ces lignes de Maurice Barrès tirées d'une réponse à l'enquête de la revue *Les Marges*, 15 mai 1920 : « Au XIXe siècle, il est plus aisé de citer » des noms immortels que des œuvres qui ne périssent pas, plus « aisé de dénombrer des génies que des chefs-d'œuvre ». Les concordances du sentiment de Barrès avec le mien paraissent d'autant plus significatives qu'elles ont subsisté dans toute leur force pendant tout le long espace de temps où nous en avions l'un et l'autre oublié la première expression, retrouvée dans cet opuscule.

4. — La ruine du style en poésie appelait en effet un retour à Malherbe. Néanmoins, à la haute époque où ces réflexions virent le jour, ni Charles Forot, ni Paul Alibert, ni Jacques Reynaud[39], ni Henry Charpentier, ni La Houssaye[40], ni aucun des nouveaux malherbisants, n'avait pu sortir de terre, où, par la faute de leur âge, ils dormaient encore ou germaient. De son côté, mon contemporain Paul Valéry, loin de malherbiser alors, mallarmisait à fond. Mais l'École Romane existait, Moréas agissait ; ce qui méritait d'être a été.

---

[38] Texte de l'édition posthume des *Œuvres capitales*. En 1932, Maurras écrivait : « et qui y restera, je l'espère. » (n.d.é.)

[39] Il s'agit bien de Jacques Reynaud, poète et admirateur de Charles Maurras, comme l'indique l'édition de 1932, alors que les *Œuvres capitales* mentionnent Raynaud, sans doute par confusion avec Ernest Raynaud, 1864-1938, qui fut aussi un poète et ami de Charles Maurras, mais son contemporain. (n.d.é.)

[40] De cette énumération de poètes oubliés, on retiendra surtout Charles Forot, 1890-1973, fondateur des éditions du Pigeonnier, à Annonay, qui publia entre autres le dialogue *Ironie et Poésie* entre Charles Maurras et Jacques Bainville. (n.d.é.)

Les partis politiques et la décentralisation

1896

Texte paru dans la Nouvelle Revue[41] *en 1896.*

LES PARTIS POLITIQUES ET LA DÉCENTRALISATION

Il est difficile de deviner ce que l'année nouvelle réserve d'heur ou de malheur à la cause de la décentralisation. Mais il faut être satisfait de l'année qui s'en va. Elle s'est ouverte au moment des campagnes fédéralistes de la Cocarde. Elle a pu voir, dès le printemps, la Nouvelle Revue devenir l'organe de tous les décentralisateurs de France, puis se fonder la Ligue nationale de décentralisation. Les éloquents discours de M. de Marcère à Nancy, de M. Maurice Barrès à Bordeaux et à Marseille, les protestations de plusieurs conseils généraux contre l'Exposition de 1900[42], la Conférence des publicistes fédéralistes n'ont pas laissé l'opinion indifférente pendant les mois d'été et d'automne. Enfin, voici qu'à l'entrée de l'hiver (pendant que le ministre de l'instruction publique déposait un important projet de loi sur les Universités régionales et que la Chambre nommait une commission favorable à ce projet) la Ligue de décentralisation se reconstituait sur un plan plus vaste et plus net.

On a lu ici même, le 15 décembre dernier, quel programme nouveau le comité songeait à soumettre à l'assemblée générale de la Ligue. Cette assemblée a eu lieu, et les nouveautés proposées ont été adoptées sans discussion. Point de changement essentiel, mais seulement quelques modifications de détail, qui, sans mettre en péril aucun des résultats acquis, ont permis d'étendre le cercle de l'influence de la Ligue. Les adhésions (dont quelques-unes fort précieuses) ne cessent d'affluer, depuis que, renonçant à toute espèce de particularisme politique, on a admis les Français de toute opinion à ce commun effort de défense et de réorganisation nationales.

Rien, d'ailleurs, n'était plus désirable à tous les égards. La Nouvelle Revue n'a cessé de redire que la décentralisation constituait une question économique ou une question nationale, et nullement une question « politique » au sens étroit du mot. L'on peut concevoir un régime individualiste et un régime collectiviste qui soient également décentralisés

---

[41] *La Nouvelle Revue*, 1896, no 01–02 (janvier-février), p. 168–170.
[42] L'Exposition universelle de 1900, dont la tenue à Paris avait été annoncée dès 1895. (n.d.é.)

l'un et l'autre et au même degré. L'on peut imaginer, et l'on peut même voir, la décentralisation également pratiquée dans des monarchies et dans des républiques. La Suisse, la Prusse, la Belgique, les empires d'Allemagne et d'Autriche, les États-Unis d'Amérique sont des pays décentralisés ; inégalement, je le veux mais le plus ou moins de décentralisation n'est, en aucune sorte, lié à l'essence du régime politique adopté en ces divers pays. Toutes les libertés politiques sont, du reste, inscrites dans la constitution actuelle de la France ; l'on y trouve fort peu de libertés locales.

Et nous voyons aussi, en France, que chacun de nos grands partis compte dans ses rangs des centralisateurs et des décentralisateurs également acharnés. Il y a des uns et des autres chez les socialistes et les légitimistes, chez les bonapartistes et les républicains modérés, chez les radicaux et les opportunistes. La plupart de nos grands journaux politiques du Temps à la Justice, de la Gazette de France au Journal des débats, de la Libre Parole à l'Intransigeant, sont semblablement divisés. Il faut donc bien que, sur ce point, les partis en présence se dédoublent et se déclassent, absolument comme s'il s'agissait du problème viticole ou séricicole, de la réduction des frais de justice ou du libre-échangisme. M. de Cassagnac et M. Vigné d'Octon peuvent parfaitement s'entendre sur les remèdes à trouver aux fléaux de la vigne dans le Gers et l'Hérault on ne voit pas pourquoi ces messieurs et leurs collègues des autres départements ne pourraient pas semblablement s'entendre, s'associer, se liguer dans cette pensée définie de combattre un fléau qui sévit sur toute l'étendue du territoire.

Un peu de clairvoyance, uni à quelque bonne volonté, suffira à réaliser cette alliance pour la décentralisation. On mettra la politique à la porte. Ce sera peut-être un moyen de faire de la bonne et efficace politique. Ainsi, disait Pascal, la vraie philosophie se moque de philosopher. Supposez, en effet, que, sur la fin de notre XIXe siècle, ce dédain de la politique pure nous vaille une solide organisation régionale et municipale : tout le reste de l'édifice national s'en trouverait singulièrement consolidé. Contre les révolutions aussi bien que contre les guerres, le Français moderne aurait trouvé enfin un abri durable et résistant. Il se soucierait moins, dès lors, de renverser les bons régimes. Et il supporterait plus facilement les mauvais, puisqu'il n'en souffrirait presque plus et que l'action du pouvoir central se serait éloignée de lui.[43]

---

[43] Ne renouvelons pas cette vieille objection : « L'on sera tracassé davantage par de petites tyrannies régionales et municipales... » Ces tyrannies, exercées par les comités et par les

Voilà un résultat désirable. La Ligue nationale y concourra certainement. Je voudrais que ce fût un concours tout à fait réel. En aucun cas, il ne faut se payer de mots. À Paris, dans cette grande salle de la Bourse de commerce où se retrouvait, l'autre soir, l'élite des décentralisateurs de tous les partis, monarchistes et républicains, conservateurs et radicaux ont généreusement suspendu leurs divisions et juré de maintenir l'union décentralisatrice : un écrivain enthousiaste a comparé la scène au spectacle que donna l'Assemblée nationale dans la nuit du 4 août. Ces mouvements sont honorables. Ne seront-ils pas vains ? Je crains un peu qu'ils ne le soient si la Ligue demande à tous ses adhérents la même somme d'abnégation politique qu'aux membres de son comité de direction... Elle aura beau vouloir écarter toute politique, la politique n'en sera pas moins présente. Et l'on invoquera toujours la politique, ne fût-ce que pour déguiser quelques querelles de personnes. Je sais telle sous-préfecture ou même telle grande ville (et, toutefois, l'esprit de clocher, le sentiment de l'autonomie, le désir de la décentralisation y sont très forts), dans lesquelles les « réactionnaires » et les « opportunistes », ou les « opportunistes » et les « socialistes » ne pourront jamais consentir à délibérer de concert, même sur la décentralisation. Puisque tout l'effort de la Ligue doit tendre à former des comités et des sous-comités jusque dans les moindres villages, il faut bien tenir compte de pareils sentiments il faut chercher à réunir, sans les brusquer, et à concilier, sans les effaroucher, tous ces irréconciliables.

Et cela n'est pas impossible. Il suffirait d'admettre, dans les bureaux de la Ligue nationale de décentralisation, des adhésions de deux espèces : les unes individuelles, les autres collectives. Des sociétés républicaines de toutes nuances, monarchistes de toutes couleurs, religieuses ou irréligieuses de tout rite et de toute confession, des conférences de Saint-Vincent-de-Paul et des loges maçonniques, des syndicats d'ouvriers et des syndicats de patrons, devraient pouvoir figurer comme des personnes morales, au même titre que vous et moi, sur les registres de la Ligue nationale : à plus forte raison se pourrait-il former tout exprès, dans les mêmes villes, plusieurs groupes indépendants et autonomes, également voués aux propagandes de la Ligue, mais différant les uns des autres par leur étiquette politique ou philosophique et chacun opérant dans son milieu distinct.

---

députés, existent déjà et ne peuvent plus croître. Mais elles s'exercent sans responsabilité. La décentralisation aurait, de ce côté, l'avantage de mettre tout à ciel ouvert.

Ce serait le système de la fédération, dont le parti socialiste ne s'est point mal trouvé. Il a ici un grand mérite : c'est à peu près le seul qui puisse être mis en usage.

L'Idée de la décentralisation

1898

À la Doctrine de nos Maîtres
COMTE
LE PLAY
RENAN ET TAINE
À Messieurs les Officiers d'état-major de l'Armée française invectivés par les ennemis de l'État

L'Idée de la décentralisation

Voici une très belle chose sous un très méchant mot. On appelle « décentralisation » un ensemble de réformes destinées à reconstituer la patrie, à lui refaire une tête libre et un corps vigoureux.

Un tel nom a l'aspect d'une véritable antiphrase :
– de forme négative, il est essentiellement positif ;
– critique, il signifie un regain de vie organique ;
– d'allures anarchiques ou du moins libérales, il enferme l'idée d'un ordre ;
– enfin par la composition comme par le nombre et le poids des syllabes, il semble désigner quelque système artificiel, lorsqu'il annonce la doctrine du retour à nos lois naturelles et historiques.

En outre, il est fort laid. Néanmoins, pour être compris, nous avons dû nous servir de ce nom fâcheux. Il fait oublier les défauts qui lui sont propres à mesure qu'il développe dans les esprits la vérité et la richesse de son sens.

I — De 1814 à 1870

La constitution de l'an VIII, l'année même où fut clos le XVIIIe siècle, consomma l'ouvrage de la centralisation ; on trouvera chez vingt auteurs spéciaux, notamment chez M. Dupont-White[44], l'histoire détaillée de ce grand ouvrage commencé par la Monarchie et continué par la Révolution[45]. Le premier Empire ne pouvait décentraliser. Mais on raconte que, dès 1814, un groupe de légitimistes de la nuance de M. de Bonald vint prier le duc d'Angoulême, qui passait à Bordeaux, d'insister près du trône en faveur des anciennes franchises communales et provinciales. « Êtes-vous fous, messieurs ? » répondit le duc, avec un sourire de profond politique. Il était convaincu, comme un grand nombre

---

[44] Charles Brook Dupont-White, avocat et économiste français (1807–1878). Membre de la Commission du Luxembourg, il fut l'ami et le traducteur de John Stuart Mill. Sa fille épousa le futur président Sadi Carnot. (n.d.é.)

[45] Pour l'abrégé, voir le *Grand Dictionnaire Larousse*, à l'article CENTRALISATION.

d'émigrés, que le césarisme administratif établi par le Corse rendrait de beaucoup plus aisé le gouvernement de la France. Les esprits réfléchis ne partageaient point cette erreur. Chateaubriand, Villèle[46], Corbière[47], Royer-Collard[48], le comte de Serre[49], Benjamin Constant, Martignac[50] essayèrent à plusieurs reprises de faire sentir la vérité au gouvernement et aux Chambres ; leurs discours de 1815, 1818, 1819, 1821, 1822, 1824, 1829 furent éloquents et leurs raisons brillantes ; tous échouèrent néanmoins par l'entêtement de la droite, ou celui de la gauche, ou même le mauvais vouloir du prince régnant. La centralisation fut maintenue. Elle ne sauva point le régime ; elle ne servit même qu'à faire accepter plus aisément du pays entier les résultats de l'insurrection parisienne qui le renversa en trois jours. C'est un trait qu'il faut retenir. Cette fausse cohérence administrative n'est pas un élément de stabilité politique.

Le gouvernement de Juillet eut l'honneur de faire la première brèche au système du Consulat. La loi de 1831 affranchit dans quelque mesure les municipalités ; celle de 1833, les conseils généraux. L'élection populaire remplaça le choix du souverain. En 1837, nouveau progrès des franchises municipales ; en 1838, les attributions des conseils généraux sont étendues. Il eût fallu persévérer dans cette voie. Ce n'étaient pas les indications qui manquaient aux réformateurs. À la réserve de M. de Cormenin[51] et de M. Thiers, il régnait entre les directeurs de l'opinion une véritable unanimité sur ce point. Citerons-nous M. de Barante[52], Odilon Barrot, Louis Blanc,

---

[46] Joseph, comte de Villèle, 1773–1854, chef du groupe des ultras sous la Restauration, président du Conseil des ministres de septembre 1822 à janvier 1828. (n.d.é.)

[47] Jacques, comte de Corbière, 1767–1853, figure du parti ultra, ministre de l'Intérieur de Villèle. (n.d.é.)

[48] Pierre-Paul Royer-Collard, avocat, philosophe et homme politique, 1763–1845. Ancien Girondin, ancien membre du conseil des Cinq-Cents, il est nommé ministre de l'éducation en 1815. Libéral et adversaire des ultras, il est élu à l'Académie française en 1827. (n.d.é.)

[49] Hercule, comte de Serre, magistrat, président de l'Assemblée nationale puis ministre de la Justice du cabinet Decazes,1776–1824. Adversaire des ultras, d'abord ami de Royer-Collard, il s'en sépara en 1822. (n.d.é.)

[50] Jean-Baptiste Sylvère Gay, vicomte de Martignac, publiciste, ministre de l'Intérieur et président du Conseil de fait après le départ de Villèle 1778–1832. D'abord ultra, il se rallia ensuite aux thèses de Royer Collard. Remplacé par le prince de Polignac, il vota en mars 1830 contre les ordonnances qui allaient provoquer la chute des Bourbons. (n.d.é.)

[51] Louis-Marie de Lahaye, vicomte de Cormenin, député de 1828 à 1846, opposant à Louis-Philippe, 1788–1868. Il fut l'un des rédacteurs de la première constitution de 1848. (n.d.é.)

[52] Prosper Brugière, baron de Barante, d'abord préfet, puis homme politique, enfin historien, 1782–1866. Il recueillit les souvenirs de la marquise de La Rochejaquelein qu'il publia en

Lamennais, des partis les plus divers ? M. de Tocqueville, avec ses belles études de *La Démocratie américaine*, rendait l'idée de la décentralisation populaire chez les libéraux, qui y voyaient, non sans méprise, un synonyme de liberté politique. M. Guizot, après sa chute, se repentit d'avoir négligé ce point capital au cours de son long ministère ; il rédigea dans sa retraite, comme l'avait fait avant lui dans les mêmes conjonctures M. de Villèle, un système complet de décentralisation.

Louis-Philippe déchu, les légitimistes et les républicains préconisèrent à l'envi la destruction du régime de l'an VIII. Le comte de Chambord, qui devait fonder à Lyon le journal *La Décentralisation*, n'y répugnait aucunement. On a dit de lui cette intelligente déclaration : « L'essai qui a été fait du régime représentatif, à l'époque où la France avait voulu confier de nouveau ses destinées à la famille de ses anciens rois, a échoué pour une raison très simple : c'est que le pays que l'on cherchait à faire représenter n'était organisé que pour être administré. » La République de 1848 conféra au suffrage universel l'élection des conseils locaux ; les municipalités nommèrent directement les adjoints et les maires.

Survint le coup d'État. C'est le lieu d'insérer dans cet exposé historique une vérité générale : on ne rétablira chez nous une autorité permanente, un pouvoir central durable, responsable et fort, qu'au moyen de libertés locales très étendues. Elles fourniront à nos modernes habitudes parlementaires une distraction utile et, comme elles l'ont fait pendant des siècles en d'autres pays, elles formeront cet esprit public qui, aujourd'hui, est nul en France. Louis Napoléon parut entrevoir ces vérités. Les premiers actes de son gouvernement enlevèrent certaines attributions électorales aux conseils locaux, mais ceux-ci, dès 1855, virent leurs pouvoirs propres forts étendus ; les municipalités, les conseils généraux obtinrent une importance nouvelle dix ans plus tard. De plus, les décrets de 1852, 1861 et 1867 organisèrent les responsabilités et l'autorité directe des fonctionnaires locaux, jadis réduits au simple rôle d'organes de transmission. L'empereur en vint même à la décentralisation proprement dite, c'est-à-dire à l'autonomie locale. N'avait-il pas institué une commission de décentralisation ? L'Empire constitutionnel aurait peut-être mieux réussi s'il s'était dirigé en ce sens,

---

1814. Proche de Royer-Collard, dont il publiera une biographie en 1861, figure de proue de l'opposition libérale sous la Restauration, il soutint Martignac et se rallia avec enthousiasme à Louis-Philippe. (n.d.é.)

plutôt que de tourner à je ne sais quelle combinaison bizarre de libéralisme et de parlement, qui le conduisit à sa perte.

Napoléon III avait cédé dans une certaine mesure à deux ordres d'inspiration parallèles ; l'une venait des libéraux et l'autre des socialistes. Les libéraux, tout adversaires qu'il fussent du régime, exerçaient une influence considérable par leur talent, leur situation et leur groupement. Ils avaient établi en 1865 un commun programme ou « Projet de Nancy »[53] auquel avaient adhéré avec ou sans réserves des républicains tels qu'Eugène Pelletan[54], Jules Favre[55], Vacherot[56], même Gambetta et Ferry, des orléanistes comme M. Guizot et le duc de Broglie, des légitimistes comme Berryer[57]. Mais les socialistes parlaient de bien plus près au cœur et à l'imagination de l'empereur. On ne peut douter de la vive influence de Proudhon sur tout ce qui pensait à ce moment-là. Proudhon[58] déduisait son fédéralisme de la philosophie individualiste. Mais ses formules étaient précisées, corrigées par le violent amour de ce Franc-Comtois pour sa province natale. Son livre *Du principe fédératif* garde des parties excellentes.

N'oublions pas qu'Auguste Comte, qui expirait en 1857, avait recommandé dans le *Système de politique positive* l'abolition du département, la constitution de dix-sept grandes provinces, l'érection de Paris en « métropole occidentale » et l'affranchissement du reste de la France dans ses rapports avec cette capitale oppressive. Enfin, notons que Frédéric Le Play, interprète et guide des conservateurs clairvoyants, quand il publiait ses conclusions favorables au pouvoir communal et provincial, jouissait de la

---

[53] Brochure d'une soixantaine de pages consacrée à la décentralisation, signée par dix-neuf intellectuels et notables lorrains, qui fut largement diffusée et commentée dans toute la France. Mais Napoléon III déclara à son sujet qu'il « ne voulait pas se laisser dicter sa politique ». (n.d.é.)

[54] Journaliste républicain devenu homme politique 1813-1884, membre du gouvernement provisoire de septembre 1870, père de Camille Pelletan. (n.d.é.)

[55] Surtout connu pour avoir tout cédé à Bismarck lors des négociations qui aboutirent au traité de Francfort, Jules Favre, 1809-1880, avait accédé à la célébrité comme avocat défenseur du révolutionnaire italien Orsini, l'instigateur de l'attentat à la « machine infernale » dont Napoléon III réchappa par miracle. (n.d.é.)

[56] Étienne Vacherot, philosophe positiviste, 1809-1897. Opposant au second Empire, il devint député après Sedan. (n.d.é.)

[57] Pierre-Antoine Berryer, avocat et homme politique, 1790-1868, grande figure du légitimisme catholique au XIXe siècle. (n.d.é.)

[58] Le texte original orthographie fautivement Proud'hon – dans ce paragraphe, mais pas au-delà. (n.d.é.)

confiance de Napoléon III, en même temps que de l'estime des lettrés et des philosophes contemporains ; on sait le cas que firent de lui deux esprits aussi différents que possible, Sainte-Beuve et Montalembert.

On ne peut quitter cette période de l'Empire sans y signaler les débuts de la renaissance méridionale. *Mireille* est de 1859, le premier *Almanach provençal* de 1855, la première réunion des félibres à Fontségugne de 1854. Ce groupe exercera une action bien naturelle sur l'esprit de beaucoup de décentralisateurs français ; mais il est juste de noter que les vues saint-simoniennes, les recherches des historiens romantiques, la théorie des nationalités, le réveil de l'Allemagne et de l'Italie excité par la pensée française, la philosophie libérale de 1848 n'avaient pas été sans influence non plus sur l'esprit de l'auteur[59] de *Mireille* et de *Calendal*, qui d'ailleurs rendit au centuple ce qu'il avait reçu.

II — Sous la troisième République : 1° la Législation

La guerre et la Commune ralentirent moins qu'on ne l'imaginerait le cours de l'esprit décentralisateur. En dépit des légendes accusatrices relatives à la Ligue du Midi[60], l'Assemblée nationale, la paix à peine rétablie, entama la discussion d'un projet de loi presque fédéraliste, le projet Raudot[61]. Les intrigues de M. Thiers en empêchèrent l'adoption complète. M. Thiers « ne se souciait pas », écrit M. Paul Deschanel, « d'accroître les franchises locales qui, dans sa pensée, eussent pu profiter à ses adversaires ». Trompée et divisée par lui et ses affidés,

---

[59] Frédéric Mistral, 1830-1914. (n.d.é.)

[60] Ce sont bien des légendes, quoi qu'on ait prétendu. Trop de raisons ethniques, politiques, économiques et morales nécessitent l'intime cohésion des pays d'oc et d'oïl dans l'unité française ; en aucun temps le Midi n'a été séparatiste, au moment de la guerre moins que jamais. Toutes les proclamations de la Ligue du Midi, tant à Marseille qu'à Toulouse ou à Montpellier, développent cette formule : « Allons au secours de Paris. » Ce point d'histoire a été fixé dans *La Nouvelle Revue* par l'auteur anonyme de la « Chronique de la décentralisation », au numéro du 15 mai 1895 et, dans le numéro suivant, par M. Elbert, rédacteur en chef du *Petit Marseillais*.

[61] Claude-Marie Raudot, dit Raudot-Réglois, député légitimiste de l'Yonne, 1801-1879. Dès 1851, il avait proposé un programme de décentralisation à l'Assemblée de la deuxième République. Il apporta son soutien enthousiaste au « Projet de Nancy » si bien que, en 1907, le vicomte de Vogüé qui le cite dans sa réponse au discours de réception de Maurice Barrès à l'Académie française, le présente par erreur comme un Lorrain de Nancy – alors qu'il était d'Avallon. (n.d.é.)

l'Assemblée le suivit. Elle rejeta non seulement l'essentiel du projet Raudot, mais aussi les principales dispositions du rapport de M. Waddington[62] ; les préfets gardèrent la charge du contrôle municipal, que l'on voulait remettre à la commission départementale issue du Conseil général. Néanmoins, la loi de 1871 constituait cette Commission permanente, analogue aux « procureurs des pays » de nos anciennes provinces, représentants des États généraux et de l'Assemblée des communautés dans l'intervalle des sessions, plus analogue encore à la députation permanente de Belgique ; la même loi étendait à quelque degré les pouvoirs des Conseils généraux. (Vers cette même date, M. Taine se mettait à l'œuvre. On ne saurait exagérer les conséquences de ses recherches sur *Les Origines de la France contemporaine*. Le principal effet de l'ouvrage de M. Taine sur certains esprits réfléchis consiste peut-être à leur avoir fait distinguer que la véritable autorité politique était loin d'exiger l'omnipotence de l'État ; développant les vues du maître, plus d'un lecteur de M. Taine en est même venu à remarquer une sorte d'opposition et de contradiction secrètes entre la centralisation et l'autorité.)

Les luttes purement politiques des premières années de la République reléguèrent au second plan cette question des libertés locales. Les projets de restauration légitimiste et même, ce qui est moins connu, de coups d'État bonapartistes annonçaient toutefois l'extension de ces libertés. C'est ce qui mit en défiance les républicains. Néanmoins vers 1876, dans les départements méridionaux, M. Louis-Xavier de Ricard[63] et son ami le grand poète languedocien Auguste Fourès[64], qui n'étaient suspects ni de légitimisme, ni d'impérialisme, ni de cléricalisme, publiaient leur premier almanach de *La Lauseta (L'Alouette)* où les théoriciens fédéralistes étaient cités et commentés avec beaucoup d'esprit de suite. Des publicistes étrangers, mais appartenant aux nations latines, M. Pi y Margall[65], ancien

---

[62] William Henry Waddington, archéologue, numismate et parlementaire sous la troisième République, 1826–1894. Plusieurs fois ministre, il devint président du Conseil en 1879. (n.d.é.)

[63] Poète parnassien, fédéraliste anticlérical, disciple de Proudhon et « rouge du Midi », 1843–1911. (n.d.é.)

[64] Ami du précédent, 1848–1891. (n.d.é.)

[65] Francisco Pi y Margall, écrivain et homme politique catalan, 1824–1901. Exilé à Paris en 1864, il y rencontre Proudhon peu avant sa mort et en devient un disciple fervent. Rentré en Espagne, il est l'un des dirigeants de l'éphémère première République (1873). Son ouvrage sur les Nationalités fut traduit en français, en 1879, par Louis-Xavier de Ricard. (n.d.é.)

président de la République espagnole, auteur d'un curieux livre sur les Nationalités, M. Magalhaès Lima[66], auteur de *La Fédération ibérique*, différents chefs du parti catalaniste, les poètes Balaguer[67] et Verdaguer[68], par exemple, participaient, soit à ce curieux périodique, soit à d'autres publications félibréennes. L'année précédente, à Avignon, trois provincialistes bien connus, MM. de Tourtoulon[69], de Berluc-Perussis[70] et le marquis de Villeneuve-Esclapon[71], établissaient, avec Mistral, le statut du Félibrige. Les querelles politiques et religieuses rendaient néanmoins l'entente difficile entre décentralisateurs.

Après le 16 mai et le triomphe des 363[72], « les rouges du midi » pensèrent que la décentralisation résulterait enfin de la victoire républicaine. On leur demanda des sursis jusqu'à l'installation complète du régime. Mais la vérité est d'ailleurs que Gambetta, comme Thiers, se sentait désormais médiocrement favorable aux franchises locales. Il ne croyait pas qu'il fût possible de gouverner sans la centralisation. On raconte (mais est-ce bien vrai ?) qu'il menaça M. Xavier de Ricard du conseil de guerre, pour le jour où la théorie fédéraliste recevrait le moindre commencement d'exécution. Il expliquait par un souci patriotique sa préoccupation jacobine et césarienne de « tenir » le pays en tutelle administrative. C'était là suivre l'erreur du duc d'Angoulême.

La centralisation ne préserva pas Gambetta de la chute. M. Jules Ferry et les « opportunistes », n'ayant changé rien là-dessus au système de Gambetta, ne furent pas beaucoup plus heureux. Le ministère radical de 1884 remit à

---

[66] Journaliste portugais, né à Rio de Janeiro, 1851–1928. Son ouvrage sur la Fédération ibérique date de 1892. (n.d.é.)

[67] Victor Balaguer, 1824–1901, est le poète nationaliste catalan de qui Mistral et le Félibrige reçurent en Avignon, le 30 Juillet 1867, la fameuse *Coupo Santo*. (n.d.é.)

[68] Jacint Verdaguer, 1845–1902, ordonné prêtre en 1870, surnommé le Prince des poètes catalans. (n.d.é.)

[69] Le Baron Charles de Tourtoulon, 1836–1913, fonda la *Revue du monde latin* en 1883. (n.d.é.)

[70] Léon de Berluc-Pérussis, 1835–1902, élève de Frédéric Le Play, initiateur de « l'idée latine » lors du 5e centenaire de Pétrarque, en 1874. (n.d.é.)

[71] Le Marquis Christian de Villeneuve-Esclapon, 1852-1931, époux de la princesse Jeanne Bonaparte, présidait le 21 février 1892, en l'absence de Sextius Michel, la fameuse réunion du Félibrige de Paris au cours de laquelle Frédéric Amouretti lut la *Déclaration des jeunes Félibres fédéralistes* qu'il avait écrite avec Maurras. (n.d.é.)

[72] Le 16 mai 1877, Mac-Mahon renvoie le gouvernement de Jules Simon et rappelle le duc de Broglie. Le surlendemain, 363 députés signent une pétition dénonçant ce « coup d'État ». La Chambre sera dissoute le 25 juin. (n.d.é.)

l'étude la réforme demi-avortée de 1871 ; M. Goblet[73] fit augmenter les pouvoirs des magistrats et des conseils municipaux. Son projet d'établir des « municipalités cantonales » n'a point abouti et l'on doit souhaiter qu'il n'aboutisse point. Plus tard, vers 1889, M. Hovelacque[74] déposa son projet d'organisation régionale, repris en 1896 par MM. Cornudet[75], Lanjuinais[76], Beauquier[77]. Le tumulte boulangiste, fidèle en ceci à ses origines radicales, ne laissa pas que d'annoncer, par la bouche du secrétaire particulier du général, M. Pierre Denis[78], un programme décentralisateur et provincialiste. Les modérés, revenus au pouvoir, reprirent son programme à l'opposition. En 1890, les communes acquièrent le droit de se syndiquer. Sur la demande de M. Maurice Faure[79], qui monta plusieurs fois à la tribune pour plaider en faveur de la réforme, on délibéra d'étendre aux départements le privilège du syndicat : ce qui fut à peu près admis. Tel est le dernier stade de la législation décentralisatrice. Elle a sans doute cheminé fort lentement. Si l'on peut regretter des excès de précaution, il ne faut pas perdre de vue qu'elle n'a jamais éprouvé de recul. Ce que l'Empire avait repris (par exemple la nomination des maires par les conseils) a été peu à peu rendu par la République ; d'ailleurs les attributions proprement locales et l'importance de ces assemblées dans l'État n'ont jamais été arrêtées dans leur mouvement de croissance.

---

[73] René Goblet, 1828–1905, publiciste, plusieurs fois ministre, notamment de l'Instruction publique. (n.d.é.)

[74] Abel Hovelacque, 1843–1896, anthropologue, linguiste, élu député radical-socialiste de Paris en 1889. (n.d.é.)

[75] Louis-Joseph Émile Cornudet des Chaumettes, 1855–1921, député radical de la Creuse. (n.d.é.)

[76] Paul-Henri de Lanjuinais, 1834–1916, député monarchiste du Morbihan. (n.d.é.)

[77] Charles Beauquier, 1833–1916, député radical de Besançon. Il fera voter en 1906 la première loi sur la conservation des sites et monuments. (n.d.é.)

[78] Ancien communard, anarchiste et disciple de Proudhon, plusieurs fois évoqué par Maurras qui l'a connu en 1895 à La Cocarde de Maurice Barrès. Victor Nguyen consacre un long développement (*Aux origines de l'Action française*, Paris, Fayard, « Pour une histoire du XXe siècle », 1991, p. 678–679) à l'influence « pré-sorelienne » qu'il put exercer sur le jeune Maurras. (n.d.é.)

[79] Maurice-Louis Faure, 1850–1919, député radical-socialiste de la Drôme. (n.d.é.)

III — Sous la troisième République : 2° les Idées

Parallèlement à ces lois décentralisatrices, s'est constamment développée sous la troisième République la théorie de la décentralisation. Outre les influences déjà notées de Taine et de Mistral, celle de Le Play se précisait fortement. Les disciples de Le Play fondaient leurs « Unions de la paix sociale », où la doctrine du maître était commentée par correspondance et par conférence, leur « Société d'économie sociale », leurs revues La Réforme sociale, de MM. Delaire[80] et Cazajeux[81], et un peu plus tard, sous l'action d'un petit nombre de dissidents, La Science sociale, de M. Demolins[82]. Plus radical, dans le sens traditionnel, M. le marquis de La Tour du Pin La Charce développait dans L'Association catholique des idées analogues, que M. de Mun propageait aussi dans les mêmes milieux.

À l'extrême gauche, les socialistes y venaient. Sans doute, l'influence de Proudhon avait baissé de ce côté ; et les marxistes orthodoxes, tels que M. Jules Guesde, s'ils songent de fédéralisme politique pour un avenir indéfiniment éloigné, posent comme un fait incontestable (nous en contesterons tout à l'heure le sens quand nous l'aurons analysé) la « tendance » du genre humain et des richesses à s'unifier, à s'intégrer, à se centraliser ; sans doute encore, M. Guesde et ses amis se sont déclarés les partisans pour l'heure présente d'une centralisation économique aux mains d'un pouvoir rigoureusement centralisé, lui aussi. Mais M. Brousse[83], par exemple, ne partageait pas absolument sur ce point les sentiments de M. Guesde. Il existe un collectivisme décentralisateur ; et c'était en particulier celui de Benoît Malon[84]. Ses disciples y persistent. On peut voir dans la

---

[80] Alexis Delaire, 1836–1915, secrétaire général des Unions de la paix sociale et de la Société d'économie sociale. (n.d.é.)

[81] J. Cazajeux, pendant de longues années secrétaire de rédaction de La Réforme sociale, auteur entre autres chaque quinzaine de chroniques fournies sur l'actualité sociale étrangère. (n.d.é.)

[82] Edmond Demolins, 1852–1907, pédagogue, fondateur de l'École des Roches. Il fut le premier rédacteur en chef de La Réforme sociale, avant d'en être exclu en 1885. (n.d.é.)

[83] Paul Brousse, 1844–1912, médecin ayant donné son nom à divers hôpitaux. Anarchiste dans sa jeunesse, il évolue ensuite vers un socialisme réformiste, le broussisme ou possibilisme. (n.d.é.)

[84] Benoît Malon, 1841–1893, communard, militant ouvrier, fondateur de la Revue socialiste. Il présida le congrès de Saint-Étienne en 1882 qui vit la séparation entre Paul Brousse et Jules Guesde. (n.d.é.)

Revue socialiste de 1893 un curieux article de M. Ghislair à cet égard. M. Georges Renard[85] est fédéraliste. Enfin, il s'est formé un groupe nombreux d'anarchistes proudhoniens, les Reclus[86], les Kropotkine, les Jean Grave[87] professant un fédéralisme quelquefois exclusif de tout nationalisme.

Cela n'éloignait pas les esprits tempérés. Dès 1891, M. Paul Deschanel écrivait dans Le Temps une série d'articles favorables à la décentralisation. Il les a réunis sous ce titre, quatre ans plus tard[88], en constatant dans sa préface que « nous avons fait du chemin depuis lors ». Cette première et bien circonspecte campagne laissait, en effet, de côté « certaines questions très importantes, telles que le remaniement de la carte ». C'est là-dessus que se porte depuis six ans l'effort mieux ordonné de nos décentralisateurs.

Aux premiers mois de l'année 1892, les fédéralistes méridionaux recommencèrent leur agitation qui languissait depuis 1879. Ils demandèrent l'extension des franchises communales et, au lieu de la décentralisation départementale, la formation de grandes régions, celles-ci autonomes, du moins sur les objets qui n'intéressaient ni la défense du territoire ni la sûreté de l'État. Peu après, mais sans qu'il y eût rapport entre les deux faits, le Sénat repoussait, sur l'invitation éloquente de Challemel-Lacour[89] et malgré les instances de Bardoux[90], le projet de décentralisation universitaire présenté par M. Bourgeois[91]. Challemel-Lacour prétendait sauver l'unité française : il fut dit et redit que le président du Sénat défendait seulement les intérêts privés de ses électeurs d'Aix-en-Provence, que sacrifiait le projet. Cette explication devenait assez vraisemblable si l'on se rappelait les anciennes

---

[85] Successeur de Benoît Malon, après la mort de celui-ci, à la direction de la *Revue socialiste*. Historien, il fondera en 1904 la Société d'étude de la révolution de 1848. (n.d.é.)

[86] Dans cette énumération, l'article les doit être entendu au singulier puisqu'il n'y a qu'un seul Kropotkine, qu'un seul Jean Grave. Mais les Reclus formaient une nombreuse fratrie, et il est difficile de distinguer le plus célèbre, le géographe Élisée Reclus, 1830–1905, qui fut aussi anarchiste, végétarien, naturiste et espérantiste, de son frère l'ethnologue Élie Reclus, 1827-1904, qui avait un profil semblable. (n.d.é.)

[87] Activiste anarchiste, 1854–1939, compagnon d'armes d'Élisée Reclus et propagandiste de Kropotkine. (n.d.é.)

[88] Chez Berger-Levrault.

[89] Paul-Armand Challemel-Lacour, 1827–1896, professeur de lettres, parlementaire républicain à compter de 1872. (n.d.é.)

[90] Agénor Bardoux, 1829–1897, parlementaire républicain du Puy-de-Dôme, arrière-grand-père de Valéry Giscard d'Estaing. (n.d.é.)

[91] Léon Bourgeois, de nombreuses fois ministre depuis 1888, était aussi depuis 1894 président de la Ligue de l'enseignement. (n.d.é.)

attitudes de Challemel-Lacour lorsque, à Lyon, en pleine invasion allemande, lui, commissaire du gouvernement provisoire, défendait le système d'autonomie communale sans limites.

Trois ans plus tard, d'ailleurs, le même projet de réforme, superficiellement amendé, reparaissait devant le Sénat, y était adopté, et tout groupe de facultés obtenait la qualification d'université. Il faut attribuer le mérite de ce succès à la forte et persévérante initiative de M. Lavisse et des quelques-uns de ses collègues. Mais l'on fut aussi secondé par l'opinion publique. À la différence de ce qui s'était vu sous l'Empire, ce n'étaient plus uniquement les doctrinaires et les politiques de cabinet qui discutaient sur ce principe, mais toute la presse parisienne et provinciale, les orateurs et les conférenciers les plus divers. Pendant que les conservateurs du Nord et de l'Ouest, dans leur congrès d'Angers, sur une motion de M. Urbain Guérin[92], qui avait fait, la même année, un cours de politique décentralisatrice au siège de la Société d'économie sociale[93], demandaient la réorganisation communale, la constitution de provinces, et tandis que M. Millerand, dans un discours à Troyes, osait dire : « Nous irons en ce sens jusqu'au fédéralisme », certains journaux, principalement dans le sud-ouest, comme La Dépêche de Toulouse, par la plume de son collaborateur M. Louis-Xavier de Ricard, entreprenait le méthodique exposé de la même doctrine.

C'est vers ce moment que commence l'intervention directe et personnelle de M. Maurice Barrès. Dans les premiers volumes de son Culte du moi, il avait marqué la valeur de l'apport local héréditaire pour la formation de l'individu et, notamment dans Un homme libre, ébauché la théorie de « l'âme lorraine ». Mais, cette fois, il se mêlait à l'action politique des décentralisateurs. Son caractère dans cette action fut d'unir fortement les deux programmes fédéraliste et nationaliste. Sans doute, puisqu'il s'agit de la France, ces programmes font une seule et même chose qu'on ne distingue que par sophisme, étourderie ou mauvaise foi ; en fait pourtant, cette distinction malhonnête, ou vaine, ou sophistique avait été introduite souvent ; certains esprits, nés cosmopolites, osaient se prévaloir du sentiment fédéraliste, certains nationalistes confondaient fédéralisme avec séparatisme,

---

[92] Urbain Guérin était l'un des principaux administrateurs de la Société d'économie sociale. Il fut l'initiateur du congrès d'Angers, dont l'invitation avait été co-signée, entre autres, par Mistral et Amouretti, et en publia le compte-rendu sous le titre « Un programme de décentralisation » dans le numéro du 16 septembre 1892 de La Réforme sociale. (n.d.é.)

[93] Ce cours en dix leçons débuta le samedi 26 novembre 1892 à raison d'une séance chaque semaine. (n.d.é.)

qui signifie tout le contraire. Les exposés de M. Maurice Barrès ont fait sentir que le parti fédéraliste était le parti national, et que le parti national perdrait les trois quarts de ses forces s'il ne devenait un parti fédéraliste. Il insista pour substituer au patriotisme administratif un patriotisme terrien et remplacer l'image de « la France idéale », chère à quelques rhéteurs, par l'idée d'une France réelle, c'est-à-dire composée, comme dans la réalité, de familles, de communes, de provinces ; tous éléments non point contraires ou divisés entre eux, mais variés, sympathiques et convergents.

Ces nuances étaient exprimées dans les premiers articles de M. Barrès : pendant qu'il publiait une série d'études sur l'invasion en France des salariés étrangers, il donnait d'autre part sa première esquisse sur la décentralisation proprement dite. Peu après, il prenait la direction de *La Cocarde*. *La Cocarde*, formée des éléments les plus divers, fut, malgré tout, fédéraliste et nationaliste. On y poursuivit les Français de trop fraîche date, ces « Métèques », qui font la loi chez nous. On appuya, bien que la feuille ne passât guère les fortifications, toutes les justes causes provinciales. Gallé et ses excellents émules et disciples nancéens, M. Beauquier[94] et les chanteurs populaires de la Franche-Comté furent cités et défendus ; l'on se mit du côté des municipalités gasconnes et provençales dans la question tauromachique. « Mais, objectaient quelques journaux, il faut que la loi soit uniforme et commune pour tous les points du territoire. — Eh bien, ce n'est pas vrai, leur répondait dans *La Cocarde* M. Frédéric Amouretti : la loi doit se plier aux variétés physiques et morales du pays, ou plutôt découler de ces variétés. » Théorie peu conforme à la jurisprudence ; mais *La Cocarde* en appelait de la constitution présente à un droit constitutionnel nouveau. On sait que *La Cocarde* et ses amis eurent, par la suite, raison des caprices du pouvoir central.[95]

La rédaction de *La Cocarde* eut l'occasion d'appliquer et de défendre les méthodes et les enseignements de Taine. En cherchant la forme concrète de leur nationalisme, ses rédacteurs s'étaient sentis fédéralistes ; ils se sentirent

---

[94] Il faut noter que Charles Beauquier, tout comme Émile Gallé, fut libre penseur et ardent dreyfusard. (n.d.é.)
[95] Une vive campagne de M. Jean Carrère a depuis soutenu et prolongé la résistance du Midi ; elle dure encore ; le comité d'action constitué pour la défense des libertés locales, particulièrement de la tauromachie, est devenu en 1896 la « Fédération des cités du Midi ». Cette fédération se divise en trois ligues : l'océanienne, la méditerranéenne et la pyrénéenne, l'une englobant les villes de la Provence occidentale et du Languedoc maritime, l'autre Bordeaux, Dax, Mont-de-Marsan et Bayonne, la dernière Toulouse et le Haut Languedoc.

provincialistes et traditionnistes quand l'on essaya de donner de leur fédéralisme une interprétation en désaccord avec cette réalité concrète dont il résultait. Ce furent M. Léopold Lacour[96], dans Gil Blas, et dans La Justice, M. Clemenceau, qui proposèrent cette interprétation peu acceptable. Ils se déclarèrent fédéralistes, eux aussi, mais sous trois conditions : 1° que les divisions de la nouvelle France fédérative fussent sans rapport avec les groupements territoriaux antérieurs à la Révolution ; 2° que les intérêts universitaires, tout intellectuels et moraux, fournissent les données de cette division future ; 3° que la fédération ainsi constituée eût avant tout le caractère spontané et volontaire[97] d'un syndicat librement débattu et accepté par les individus... M. Maurice Barrès n'intervint pas dans cette discussion ; mais on peut inférer de ses autres articles l'attitude qu'il y eût prise. Il ne repoussait pas la dernière des trois conditions ; toutefois il la nuançait, en admettant l'importance, omise ou niée par MM. Clemenceau et Lacour, de facteurs et d'intérêts non individuels.

Un de ses collaborateurs soutint la thèse traditionniste dans sa pureté. Il répondit mot pour mot : 1° qu'il n'y a pas lieu de s'occuper des anciennes divisions historiques, mais bien des « circonscriptions naturelles » de la France (faisons reconnaître par les lois ces circonscriptions existantes, dont les unes se trouvent coïncider avec telle ou telle ancienne province, quand les autres s'éloignent notablement du type primitif) ; 2° que les intérêts intellectuels et moraux exprimés par la vie universitaire sont dominés par les intérêts économiques qui, au point de vue national, engendrent les autres (l'agriculture, l'industrie, le commerce seront justement les humbles causes plastiques qui donneront aux universités futures leur physionomie personnelle : ne mettons pas la charrue avant les bœufs en suspendant ces causes premières à l'un de leurs effets éventuels) ; 3° que la volonté des individus serait sans doute indispensable à l'acceptation des divisions nouvelles, mais toutefois que si ces divisions étaient bien faites, c'est-à-dire par des personnes exactement informées des besoins et des intérêts matériels

---

[96] Journaliste et auteur dramatique, 1854–1939, surtout connu pour son engagement en faveur du féminisme. (n.d.é.)

[97] Nous rencontrons ici pour la première fois cette théorie de la « fédération des volontés » que nous retrouverons sous la plume de M. Émile Faguet. Je voudrais qu'on me dise combien d'esprits par siècle et combien par nation disposent d'une volonté et, dans ce petit nombre de volontaires, combien savent vouloir avec constance et fixité ! Il n'est cependant pas possible d'asseoir sur des velléités, sur des désirs, sur des caprices incertains, les premiers fondements de l'ordre public.

et moraux en présence, l'adhésion des intéressés résulterait mécaniquement de ces divisions excellentes. Une commission de géographes et d'économistes, tirée de l'Institut, y serait donc plus apte que les assemblées politiques.

Ce fut aussi à *La Cocarde* que l'on s'efforça d'isoler et de définir le fédéralisme, en tant que doctrine politique, pour le soustraire à des influences presque mystiques. Tout le monde peut adhérer, y disait-on, au fédéralisme : les individualistes et les socialistes, les traditionalistes[98] et les anarchistes ; on peut aller au fédéralisme via[99] Comte ou via Proudhon, via Tocqueville ou via Le Play. Essentiellement, il consiste en un certain régime qui se retrouve à quelque degré dans la constitution des États-Unis d'Amérique et dans celle de l'Empire d'Allemagne, dans le pacte Helvétique et dans le compromis Austro-hongrois. L'Autriche-Hongrie est une monarchie dualiste parlementaire ; l'Allemagne, un empire féodal ; la Suisse, une « démocratie historique »[100] ; les États-Unis, une démocratie individualiste, mais de formation religieuse ; pourtant ces quatre États si divers se ressemblent en ce point précis qu'ils sont eux-mêmes composés d'éléments territoriaux autonomes et jouissent de libertés locales fort étendues. Le fédéralisme, c'est donc essentiellement la doctrine de l'autonomie et de l'autonomie locale ou tout au moins ethnique. Son facteur principal est moins la volonté des hommes que leurs intérêts et leurs caractères de l'ordre économique et historique ; on peut fonder une autonomie de ce genre sur les doctrines philosophiques et politiques les plus opposées.

S'inspirant de ce principe, *La Cocarde* citait volontiers des autorités assez diverses à l'appui de sa réclamation capitale, et en particulier le grand nom de Proudhon, d'ailleurs inoubliable en un sujet qu'il a traité en maître. M. Bernard Lazare[101] et d'autres collaborateurs de *La Revue blanche* en prirent occasion pour déclarer que les nouveaux fédéralistes n'avaient pas bien compris Proudhon. Comprendre le Proudhon étaient un privilège que se réservaient ces messieurs. À la vérité, ils ne comprenaient guère que lui.[102]

---

[98] L'édition originale porte la graphie traditionnaliste. (n.d.é.)
[99] L'édition originale porte quatre fois la graphie via en caractères italiques. (n.d.é.)
[100] Définition de M. Charles Benoît.
[101] Journaliste dreyfusard, anarchiste et sioniste, 1865–1903, surtout connu pour ses études sur l'antisémitisme. (n.d.é.)
[102] Voici, à titre de curiosité, la définition de Proudhon : « Ce qui fait l'essence et le caractère du contrat fédératif, c'est que dans ce système les contractants, chefs de famille, communes,

J'ose dire que c'était peu. Si pénétrant et si divers que fût le génie de Proudhon, il s'était rencontré quelqu'un d'infiniment plus divers et ingénieux que cet esprit systématique : je veux parler de la Nature, se jouant à travers des siècles d'histoire. Proudhon a défini un certain ordre de fédération, qui ne s'est peut-être jamais produit jusqu'ici, non point même aux États-Unis, et qui peut-être ne se produira jamais ; mais la nature a engendré des multitudes de types fédératifs dont les uns sont passés, les autres vivants et prospères. Ce sont ces types qui doivent définir le fédéralisme. « Le célèbre Proudhon consacra plusieurs livres à vanter les avantages du fédéralisme, que d'ailleurs il entendait d'une manière toute spéciale. » Ainsi s'exprime un historien du droit constitutionnel qui analyse dans un livre considérable, *État fédéral et Confédération d'État*[103], les principes et la vie de ces nombreuses fédérations et confédérations réelles, M. Louis Le Fur[104]. Un an avant la publication de cet ouvrage on eût trouvé dans *La Cocarde*[105] des vues analogues à celles de M. Le Fur.

M. Maurice Barrès avait pris la direction de *La Cocarde* le 5 septembre 1894. C'est vers le même temps que M. Paul Bourget commençait dans *Le Figaro* la publication de ses impressions d'Amérique : ce livre d'outremer rendit au mouvement nationaliste et fédéraliste des services comparables à ceux qu'apporta *La Démocratie en Amérique* aux décentralisateurs de l'âge précédent. Toujours préoccupé de comparer aux sociétés florissantes qu'il nous décrivait l'état dégénéré de sa propre patrie, M. Bourget obligea le public français à s'examiner sur bien des points essentiels. Par sa thèse finale (il importe de « défaire méthodiquement l'œuvre de la Révolution »), M. Paul Bourget se plaçait, parmi les décentralisateurs, à l'extrême droite traditionniste.[106]

---

cantons, provinces ou États, s'obligent synallagmatiquement et commutativement les uns envers les autres ; ils se réservent individuellement en formant le pacte, plus de droits, de liberté et d'autorité qu'ils n'en abandonnent. » (*Du principe fédératif*)

[103] Paris, Marchal et Billard, 1896.

[104] Louis-Érasme Le Fur, 1870–1943, fut un éminent théoricien du droit international. Il s'agit là d'un ouvrage de jeunesse, en l'occurrence sa thèse. (n.d.é.)

[105] Voyez aussi, dans *La Quinzaine* des 1ᵉʳ septembre et 1ᵉʳ octobre 1896, par Charles Maurras, discussion du fédéralisme proudhonien et du fédéralisme issu du principe des nationalités.

[106] Voici la conclusion de l'article de Paul Bourget, telle que la reprend J. Cazajeux dans *La Réforme sociale* du 16 mars 1895 :

> Toutes les contrées construites de la sorte dans la logique de leurs origines ont cette même unité profonde, et par suite cette plasticité, quelle que soit d'ailleurs la nature de leur

Ces discussions philosophiques et politiques retentirent au Parlement. Un discours infiniment curieux et remarqué de M. Boudenoot[107], député du Pas-de-Calais, eut le don d'émouvoir le ministère. Une commission extraparlementaire de décentralisation fut constituée dès le mois de février 1895[108]. Il est vrai que beaucoup trop de fonctionnaires y furent appelés ; on eut peine à rêver que tant de bureaucrates pussent faire grand mal à la bureaucratie. De fait, les initiatives de la commission furent rares, modestes et médiocrement efficaces. Il serait toutefois injuste de les mépriser : le rapport de M. de Kerjégu[109] sur le rôle des chambres de commerce fut

---

gouvernement. L'aristocratique Angleterre en est la preuve. C'est une leçon que nous pouvons recevoir de la démocratie américaine ; mais, pour la pratiquer, il nous faudrait travailler dans un sens opposé à celui où marche depuis cent ans le parti démocratique. Nous devrions chercher ce qui reste de la vieille France et nous y rattacher par toutes nos fibres, retrouver la province d'unité naturelle et héréditaire sous le département artificiel et morcelé, l'autonomie municipale sous la centralisation administrative, les universités locales et fécondes sous notre Université officielle et morte, reconstituer la famille terrienne par la liberté de tester, protéger le travail par le rétablissement des corporations, rendre à la vie religieuse sa vigueur et sa dignité par la suppression du budget des cultes et le droit de posséder librement assuré aux associations religieuses, en un mot, sur ce point comme sur l'autre, défaire systématiquement l'œuvre meurtrière de la Révolution française. C'est le conseil qui, pour l'observateur impartial, se dégage de toutes les remarques faites sur les États-Unis. Si leur démocratie est si vivante et si forte, c'est parce que l'individu y est libre et puissant en face d'un État réduit à son minimum d'action. Si elle réunit toutes les volontés en une immense harmonie, c'est qu'elle est vraiment nationale. C'est pour avoir établi un régime où l'État centralise en lui toutes les forces vives du pays, et pour avoir violemment coupé toute attache historique entre notre passé et notre présent que notre Révolution a si profondément tari les sources de la vitalité française. La critique n'est pas neuve. Les trois plus lucides analystes de la France contemporaine, Balzac, Le Play et Taine, partis de doctrines si différentes et avec des méthodes plus différentes encore, sont arrivés à cette même conclusion. Il n'est pas sans intérêt de constater que c'est la conclusion aussi d'un voyage au pays le plus souvent cité par les partisans de cette Révolution. (n.d.é.)

[107] Louis-Charles François Boudenoot, 1855-1922, était ingénieur des Mines et spécialiste des chemins de fer. (n.d.é.)

[108] Cette commission, instituée par un décret du 17 février 1895, était composée de soixante membres désignés par le président du Conseil Alexandre Ribot. Elle comprenait vingt-cinq parlementaires, des représentants des diverses administrations, des préfets et quelques rares personnalités qualifiées. Parmi celles-ci, Georges Picot, 1838-1909, auteur d'une vaste *Histoire des États-généraux*, rédigea le programme des travaux de la commission, paru au Journal officiel du 28 février. (n.d.é.)

[109] James de Kerjégu, 1846-1908, député et président du Conseil général du Finistère. Il fit bâtir en son domaine de Trévarez un fastueux château, dont les travaux étaient commencés au moment où la commission était réunie. (n.d.é.)

apprécié, pour la haute raison et le sens pratique qui s'y faisait jour, de tous les esprits informés. Quant au reste, la commission s'est vue accusée de timidité jusque dans les colonnes du Temps. Ce n'est pas à la commission extra-parlementaire, mais bien à l'initiative personnelle de M. Louis Barthou, ministre de l'Intérieur, qu'il faut rapporter l'excellent projet de réduire les conseils de préfecture au nombre de dix-huit.

IV — Propagande de ces idées

Le 6 mars 1895, M. Barrès et ses amis abandonnèrent *La Cocarde*, et le lendemain même, dans un salon du Grand-Hôtel, se fonda la Ligue républicaine de décentralisation. Il ne faut pas établir entre les deux faits les connexions que l'on imaginerait volontiers. Si plusieurs rédacteurs de *La Cocarde* firent partie du comité de la ligue nouvelle, quelques-uns des plus importants, et M. Barrès lui-même, s'en abstinrent. L'élément modéré y dominait. M. de Marcère[110], ancien ministre et sénateur, eut la présidence. Un Bulletin fut distribué, des adhésions sollicitées et obtenues en province ; l'on envoya de divers côtés des conférenciers. Un peu plus tard, afin de n'éloigner personne, sur une observation de M. Paul Bourget élu vice-président, le titre même de la ligue fut modifié ; on remplaça « Ligue républicaine » par « Ligue nationale ». Il s'agit, en effet, ici d'une question purement patriotique, et les divisions de parti n'y ont rien à voir. D'une claire et éloquente causerie-conférence de M. Jules Roche[111] faite dans la première assemblée générale et des différentes circulaires envoyées dans les départements, j'extrais les vœux suivants : « Dégrèvements compensés par l'économie du personnel inutile ; décentralisation des services publics sur la base de la région ; extension des pouvoirs des assemblées locales ; référendum pour toutes les questions importantes ; liberté d'association ; développement et affranchissement de toutes les initiatives privées. » Quoique un peu vague, sauf sur le point que j'ai souligné, c'est là un programme assez bon.

Les diverses agitations parisiennes, jointes au contre-coup des campagnes menées dans le Midi par les félibres et leurs amis, avaient fait naître en province plus d'une publication décentralisatrice : *La France d'oc* à

---

[110] Émile Deshayes de Marcère, 1828–1918, magistrat et républicain. Il sera le dernier des « sénateurs inamovibles ». (n.d.é.)

[111] Jules Roche, 1841–1923, ministre du Commerce et de l'Industrie de 1890 à 1892. (n.d.é.)

Montpellier, *La France fédérale* à Bordeaux, celle-ci dirigée par M. de Peraldi, celle-là par MM. Maffre de Baugé[112] et Paul Redonnel. À Paris, le 15 mars 1895, *La Nouvelle Revue* publia ce curieux article anonyme, qu'on sut bientôt être l'ouvrage de M. Léon Daudet, « Paris et la Province, le malentendu », dans lequel était résumé l'état présent de la question décentralisatrice. L'article s'achevait sur une annonce imprévue : *La Nouvelle Revue* devenait le moniteur régulier du provincialisme français. On savait que Mme Juliette Adam[113] n'avait jamais caché ses sympathies pour la Gironde, ni son aversion pour la constitution consulaire émanée du jacobinisme ; on ne s'attendait point à lui voir faire une part si généreuse aux fédéralistes. Désormais, chaque numéro de *La Nouvelle Revue* comprit une série de lettres envoyées de tous les points de France, datées non des départements mais des provinces, et pleines de détails curieux. Une causerie politique sur quelque trait général du problème décentralisateur marqua les phases essentielles de l'action, précisa quelles réformes seraient le plus à désirer. Cette « chronique de la décentralisation » a fortement insisté sur les points suivants :

– La décentralisation est réclamée par les intérêts de la France entière, autant et plus peut-être que par les besoins spéciaux de chaque province ; elle est exigée pour le bon fonctionnement du pouvoir central autant et plus que pour le libre exercice des pouvoirs locaux ; loin de léser les vrais intérêts de Paris, elle est seule capable de les dégager. La décentralisation doit être distinguée de la simplification administrative, qui, pour être une bonne chose, n'est pas moins autre chose. La décentralisation et le fédéralisme ne diffèrent peut-être pas essentiellement ; peut-être aussi que ces deux idées se distinguent en ce point : les décentralisateurs veulent exporter de Paris certaines institutions toutes faites et les implanter en province ; les fédéralistes voudraient qu'on mît les pouvoirs locaux en état de créer et d'alimenter sur les lieux mêmes où elles doivent grandir et prospérer ces institutions.

– Quelle que soit l'étiquette que l'on adopte, qu'on soit fédéraliste ou décentralisateur, il importe d'abolir le département ; le département est

---

[112] Achille Maffre de Baugé, 1855-1928, poète originaire de Marseillan, virulent pamphlétaire fédéraliste. (n.d.é.)

[113] Juliette Adam, 1836-1936, personnalité féministe et républicaine, dont le salon rassemblait sous le second Empire bon nombre des futurs chefs de la troisième République. Elle fonde *La Nouvelle Revue* en 1879. Léon Daudet y fera ses premières armes. (n.d.é.)

un cadre artificiel, ses seuls effets sont négatifs ; il comprime, il entrave la vie locale, il n'y répond à aucun intérêt réel ; il contredit l'histoire, la géographie, mêle les races, brouille les intérêts les plus divers. C'est un rouage à supprimer absolument. Il faut, en revanche, former de grandes régions économiques, avec les frontières qu'elles tiennent de la nature. C'est affaire aux savants, non aux politiciens, de dessiner des circonscriptions de cet ordre : qu'ils disent ce qui est, ce qui doit être en découlera.

– Au sein de la région, quelles subdivisions adopter ? Tout ce qui rappelle le département doit être écarté. De même, le canton, qui a les mêmes vices. Seule, ou à peu près seule, la commune est réelle, et peut jouir d'une personnalité. Encore faut-il distinguer entre les communes urbaines et les communes rurales. Ces réalités différentes doivent être traitées selon des systèmes distincts. Y a-t-il une autre subdivision acceptable de la région ? Peut-être. Il en est même deux. L'idéal serait de revenir aux « districts » de 1790, qui correspondent aux « pays » de l'ancien régime, même dans le sud aux pagi de la Gaule romaine. Ce serait peut-être un ouvrage assez difficile. Mieux vaudrait maintenir, moyennant quelques corrections dans le tracé de leurs frontières, les arrondissements tels que nous les avons. Les arrondissements ont en France une personnalité économique et physique, sinon administrative ; ce qui manque aux départements et aux cantons.

Tel est, fort resserré, l'esprit de quelques-unes des réformes préconisées dans la chronique de *La Nouvelle Revue*. Vers cette époque se dessinèrent les premières oppositions un peu vives. M. Joseph Reinach[114] vint reprocher aux fédéralistes de causer un dangereux « réveil du passé » ; à la vérité leur opposait-il, quelques lignes plus bas, « la tradition de la France ». À la bonne heure, se dit-on : réveil du passé au-delà des opinions et des mesures de M. Reinach, pur traditionnisme en deçà ! M. Ferdinand Brunetière alla faire à Nantes une conférence pour distinguer entre la décentralisation, entendue comme désorganisatrice, et le réveil provincial. Les fédéralistes avaient déjà fait cette distinction. Du moins eurent-ils le plaisir d'apprendre de la bouche de M. Brunetière que l'Angleterre est une île et que notre frontière orientale

---

[114] Joseph Reinach, 1856–1921, ami de Gambetta, député des Basses-Alpes et figure emblématique du parti dreyfusard. (n.d.é.)

est bien découverte. Mais, en même temps, les travaux du comte de Luçay[115] (*La Décentralisation*[116]), de M. Paul Laffitte[117] (*Le Parti modéré, Lettres d'un parlementaire*) aident à chasser les objections frivoles de l'esprit public. Des écrivains considérables tels que M. Jules Lemaître, dans son étude à la *Revue bleue* sur Louis Veuillot, reconnurent la bienfaisance du gouvernement local ; quelques-uns prêchaient d'exemple depuis longtemps en s'appliquant aux menues affaires de leur patrie municipale. À propos de Paris lui-même, dans une conférence organisée par la Société historique d'Auteuil-Passy, M. Anatole France définit en termes touchants le sentiment de « piété historique et morale » dont se dégage ce patriotisme particulier.

Enfin, M. Maurice Barrès portait sur différents points de nos provinces les idées d'autonomie et de liberté. Dans sa conférence de Bordeaux, Fédéralisme et assainissement, il définissait ainsi sa conception politique :

> Famille d'individus, voilà les communes ; familles de communes, voilà la région ; famille de régions, voilà la nation ; une famille de nations, citoyens socialistes, voilà l'humanité fédérale où nous tendons en maintenant la patrie française et par l'impulsion de 1789.

À Marseille, quelques mois plus tard, il montrait que les communes affranchies, enfin maîtresses d'essayer les régimes économiques et politiques les plus divers, seraient de vrais laboratoires de sociologie ; on y pourrait juger des systèmes rivaux, non sur leurs énoncés théoriques, mais sur leurs résultats.[118]

Enfin, en octobre de la même année, M. Maurice Barrès assemblait à Paris un congrès fédéraliste et internationaliste. Il est vrai que cette dernière réunion n'eut qu'un résultat partiel. Quelques révolutionnaires ne consentirent d'abord point à donner son vrai sens au mot d'« internationalisme », qui veut dire l'alliance entre les nations, nullement la destruction des nationalités historiques. Une seconde équivoque, assez plaisante celle-ci, était née entre proudhoniens sur le sens de « fédéralisme » :

---

[115] Charles Hélion Marie Legendre, comte de Luçay, 1831–1905, historien et publiciste. (n.d.é.)

[116] Paris, librairie Guillaumin, 1895. Il s'agit plus d'une utile compilation historique et statistique que d'un ouvrage en faveur de la décentralisation ; d'ailleurs on y trouve de nombreuses erreurs. (n.d.é.)

[117] Publiciste, auteur en 1897 d'un essai *Le Paradoxe de l'égalité*. (n.d.é.)

[118] Voyez, sur le même sujet, Léon Donnat, *La Politique expérimentale*.

les uns, défenseurs de la fédération ibérique ou de la balkanique, ne songeaient qu'à unifier des États distincts, au lieu que d'autres, partisans d'une France fédérative, aspiraient à donner un régime distinct à chaque fraction naturelle de l'unité française... Le même mot était donc pris en sens inverses.

Le souvenir de cette équivoque aura servi peut-être à préciser quelques pensées. Le fédéralisme purement moral et abstrait, suspendu, ainsi que le voulait Novikov[119], aux mobiles caprices des esprits et des volontés, c'est-à-dire accroché à l'aile des coucous et à la fantaisie des nuages, comme la ville imaginaire d'Aristophane[120], ce fédéralisme plus métaphysique que politique paraît céder la place à une conception terrienne d'une part, et d'autre part, ethnique. Un petit journal du Sud-Est a choisi ces mots pour devise : « La patrie, c'est le sol. » Mais la patrie, c'est encore le sang. Communauté et différences de notre sol, communauté et différences de notre sang, c'est ce qui fonde cet esprit fédéral et ce sentiment national sans lesquels toute décentralisation serait incompréhensible.

Depuis deux ans les manifestations décentralisatrices ont accusé ces deux caractères, qui se résolvent en un troisième, l'esprit traditionnel. Les fondateurs de la Société d'ethnographie nationale, et notamment M. Gustave Boucher[121], ne l'ont pas méconnu. C'est de tradition littéraire et artistique qu'ils se sont occupés dans les belles fêtes données dans l'Ouest poitevin, sous la présidence de M. Gaston Paris[122] et de M. André Theuriet[123] ; et l'album qui renferme l'historique de ces réjouissances populaires et savantes s'appelle aussi *La Tradition en Poitou et Charentes*. La tradition résume les forces du sol et du sang. On la conserve même en

---

[119] Sans doute Nicolas Ivanovitch Novikov, 1744–1818, écrivain et polémiste russe. Haut dignitaire de la franc-maçonnerie, ses sympathies pour la Révolution française amenèrent l'impératrice Catherine II à l'emprisonner sans jugement. Libéré lors de l'avènement du tsar Paul Ier, il renonça à toute activité politique. (n.d.é.)

[120] Dans la pièce des *Oiseaux*, la ville de Néphélococcygie, bâtie dans le ciel pour narguer les Dieux. Prométhée vient y négocier la déchéance finale de Jupiter en offrant à Pisthétère, l'Athénien qui dirige le travail des oiseaux maçons, la main de Basileia qui symbolise la souveraineté divine. (n.d.é.)

[121] Ami d'Huysmans, Gustave Boucher répondra à l'Enquête sur la Monarchie et se ralliera au royalisme de Maurras. (n.d.é.)

[122] Bruno Paulin Gaston Paris, 1838–1903, académicien et célèbre historien médiéviste. (n.d.é.)

[123] Charles-Adhémar André Theuriet, 1833–1907, homme de lettres, académicien, connu comme écrivain du terroir. (n.d.é.)

quittant son pays, comme une éternelle tentation d'y faire retour : le nombre, la prospérité des sociétés provinciales à Paris, en Algérie et en Tunisie ne sont pas de faibles indices du reverdissement de la tradition nationale ; les voyages périodiques des provinciaux de Paris, tels que les Cigaliers, vers les régions de leur berceau peuvent aussi être comptés parmi ces témoignages. Même le mal que l'on en doit penser dans certains cas accuse l'importance de ces manifestations. Elles aussi expriment cet effort séculaire des intérêts, des textes législatifs et des spéculations intellectuelles dont on vient de voir le tableau : il n'y a peut-être rien de plus positif ni de plus organique dans l'histoire de notre temps.

V — Les Déracinés

> Sans aucun doute, la raison, le droit politique, les intérêts publics conspirent en faveurs de telles pensées. Mais qui fera que se consomme leur évolution ? Qui rendra la raison touchante, désirable le droit, sensible et vivant l'intérêt ? Qui passionnera ces questions ? Il faudrait un Jean-Jacques au nouveau *Contrat social* !

Ainsi parlait un jour, du temps qu'il faisait *La Cocarde*, M. Maurice Barrès. Il n'est pas téméraire de rapporter à cette réflexion le premier projet des *Déracinés*, où se montrent comme des personnes vivantes les raisons favorables à la décentralisation. Son livre est une fable où la morale et le récit s'enchaînent rigoureusement. Je m'arrêterai seulement au sens qu'elle recouvre, au succès qu'elle a obtenu. *Les Déracinés* ont valu à leur auteur l'attention d'un public nouveau, non point seulement ce public des lettrés et des politiques qui lui était acquis, mais la foule vaste et confuse, cultivée mais en général incurieuse, qu'on appelle le grand public et qui forme notre « aristocratie intellectuelle ». *Déracinés, Déracineurs, Déracinement*, la même image, plus ou moins modifiée, a passé dans la langue du journalisme et de la conversation. Il était d'usage courant avant même que le volume parût : dans *Le Temps*, à la rubrique des Faits divers, j'ai surpris au milieu de l'été dernier son premier emploi pour annoncer le suicide d'un malheureux provincial incapable de s'adapter aux lois du milieu parisien. Les « sept devant Paris »[124], comme M. Henri Fouquier[125] appelle les jeunes Lorrains de M. Barrès, n'en mourront sans doute point tous (un seul périt, et par la guillotine, à la fin de ce premier tome du *Roman de l'énergie nationale*), mais tous seront atteints en quelque manière par un effet de la centralisation.

M. Paul Bourget a fortement résumé dans *Le Figaro* cette antithèse centraliste, contre laquelle M. Barrès a posé la thèse des Déracinés :

> ... Ils sont intelligents, sensibles, ambitieux, et ils ont quitté leur terre natale parce que Paris est le seul champ ouvert à toutes les initiatives et que partout ailleurs le Français n'est qu'un administré : administré de la politique, car la toute-puissante machine gouvernementale, montée par les Jacobins et Napoléon, a son centre unique ici ; administré de l'idée, car c'est ici encore le point d'intensité pour tout l'art, toute la science, toute la littérature du pays ; administré du sentiment, dirai-je presque, car les pièces de théâtre, les romans, les recueils de vers, toutes les œuvres d'imagination qui propagent par la mode les plus récentes façons de jouir et de souffrir, s'élaborent encore ici. Hors de Paris, les jeunes Lorrains ne seraient même plus des provinciaux, car il n'y a plus de provinces depuis cent ans, mais des départementaux. « Paris ! », dit leur historien, « le rendez-vous des hommes, le rond-point de l'humanité ! C'est la patrie de leurs vœux, le lieu marqué, pour qu'ils accomplissent leurs destinées... » Et il ajoute : « Leur éducation leur a supprimé la conscience nationale, c'est-à-dire le sentiment qu'il y a un passé de leur canton natal et le goût de se rattacher à ce passé le plus proche... »

Ils ont été pliés de bonne heure, soit par les circonstances, soit même par leurs maîtres, à cette conception. Au lycée, un « déraciné supérieur », leur professeur de philosophie, qui ressemble un peu à Burdeau[126], ne leur a

---

[124] Allusion au cycle thébain et à la tragédie d'Eschyle *Les Sept contre Thèbes*. (n.d.é.)
[125] Henry Fouquier, 1838–1901, chroniqueur au *Figaro*, au *Temps*, au *Gaulois*... Il épousa une veuve, Léocadie Zelewska, qui se trouvait être la mère de Georges Feydeau, dont il devint de ce fait le beau-père. (n.d.é.)
[126] Il s'agit d'Auguste Burdeau, 1851–1894, orphelin surdoué parti de rien pour devenir professeur de philosophie, puis ministre des Finances, enfin président de la Chambre. Mort prématurément, en pleine ascension, Burdeau avait tout pour faire un héros posthume, et il

enseigné qu'une patrie abstraite, une morale abstraite, un patriotisme abstrait, et tout cela donc sans rapports avec le milieu naturel et premier de ces jeunes gens, la Lorraine. M. Paul Bouteiller est kantiste. Il professe à la fois le vide de toutes les croyances et le devoir de croire au devoir. Le signe du devoir, c'est d'être universel et de pouvoir servir de type à la conduite de tout homme, quel qu'il soit et en quelques conditions qu'il se trouve. Voilà des leçons d'une apparence bien héroïque. Elles enseignent le mépris des préjugés héréditaires, des coutumes locales. Elles affranchissent, dit-on. Attendez. Par l'exemple de Bouteiller, l'auteur nous fera voir que ce ne sont point les systèmes qui sont héroïques, mais les âmes. Une morale généreuse, réduite à son propre pouvoir, permet seulement aux rhéteurs de manquer aux délicatesses de l'honnêteté, puis à ses lois essentielles, sans en sentir trop de remords ni discontinuer des grimaces sublimes. C'est une bonne préparation à l'hypocrisie.

Les élèves de Bouteiller sont d'un temps de libre examen et Lorrains, c'est-à-dire doublement examinateurs, critiques et méfiants. M. Pelletan[127] s'est plaint quelque part que ces jeunes gens ne crussent à rien : M. Barrès nous a montré comment Bouteiller les émancipa de toute idée ferme. Ils ne firent qu'achever son œuvre en s'émancipant du devoir. La morale de Kant ne porte pas avec elle une telle évidence qu'il ne soit pas possible de la connaître sans l'admettre. Les sept étudièrent, dans la mesure de leur force, ce stoïcisme universitaire, et s'en défirent aussitôt. Leur province, leur race eussent fourni des point d'appui. Mais ils étaient déracinés et rêvaient de l'universel. Paris, où ils ne vécurent point isolés les uns des autres, leur donne pourtant quelque angoisse, une angoisse commune et qui les unit.

Le plus philosophe des sept, Roemerspacher, par suite de circonstances particulières, reçoit la visite de M. Taine, qui l'emmène à la promenade. On

---

était devenu, bien que plutôt classé à droite, l'icône du parti anticlérical. Disciple de Kant, Burdeau défendait en effet l'idée d'une morale citoyenne ne devant rien à la religion. Il se trouve que le jeune Burdeau avait eu dans sa classe de philosophie, à Nancy, un certain Maurice Barrès... Celui-ci, d'abord très élogieux envers son ancien professeur, en fit progressivement dans son œuvre son ennemi juré. « Nous l'eussions préféré Canut », écrit-il dans *La Cocarde* en décembre 1894 (Burdeau était Lyonnais, et avait commencé sa vie comme apprenti). On s'accorde aujourd'hui à considérer que le Paul Bouteiller des Déracinés est directement inspiré de Burdeau. L'idée en a-t-elle été émise pour la première fois par Maurras, ou bien était-elle déjà dans l'air ? (n.d.é.)

[127] Il s'agit cette fois de Camille Pelletan, 1846–1915, député des Bouches-du-Rhône, radical socialiste aux convictions anticléricales très prononcées. (n.d.é.)

connaît le pèlerinage du maître et du disciple à ce platane qui se trouve « à la hauteur du huitième barreau de la grille, compté depuis l'Esplanade des Invalides ». M. Bourget, qui fut le vrai Roemerspacher, en ce sens que ce fut à lui que M. Taine montra son arbre, a conté dans Le Figaro l'anecdote historique. Je la cite, tout le monde ayant vu le récit légendaire de M. Maurice Barrès :

> Dans les toutes dernières années de sa vie, le célèbre écrivain, qui savait ses jours comptés, avait l'habitude de diriger ses promenades du côté du petit square des Invalides, pour s'y arrêter, durant de longues minutes, en contemplation devant un arbre alors adolescent, aujourd'hui très grand et très haut, dont la rare vigueur l'enchantait. C'était l'époque où il composait son admirable Histoire des origines de la France contemporaine. Les conclusions auxquelles ce travail l'amenait sur l'avenir du pays épouvantaient en lui un patriotisme d'autant plus profond qu'il en parlait moins. Il disait souvent, avec un hochement de tête que je vois encore : « Je mesure les cavernes d'un poitrinaire », et quand il avait trop continûment, trop amèrement étudié l'erreur française, c'était pour sa pensée trop tendue un repos que le spectacle du jeune et bel arbre. « Allons voir cet être bien portant... », me disait-il, quand il me rencontrait ces jours-là, et il m'entraînait vers ce minuscule jardin où je suis retourné en pèlerinage combien de fois !...

Cette promenade ouvre en l'esprit de Roemerspacher une lumière sur la philosophie naturelle. Comme il y a dans l'âme humaine une portion toute mécanique, condition et support des autres parties, et faute de quoi rien ne se tiendrait, portion à laquelle s'appliquent toutes les lois du monde minéral, il est aussi en nous une province végétative qui supporte et donc conditionne la sensitive et la rationnelle. Il faut se mettre en règle avec ces lois de l'âme végétative si l'on veut être un bon animal, comme il faut, si l'on veut être un bon animal ratiocinateur, ou humain, bien sentir, c'est-à-dire sentir en animal sain et complet. La conversation de Taine révèle à Roemerspacher cette présence de l'univers dans le petit monde de nos personnes. Grand sujet d'orgueil en même temps que de soumission ! Pendant que Roemerspacher réfléchit à la subordination des individus les meilleurs à des conditions assez humbles, son ami Sturel, qu'il a pris pour confident, s'exalte à la manière des poètes et rêve d'action infinie. C'est lui qui mène les six autres au tombeau des Invalides aspirer la vertu des cendres de Napoléon.

Dans l'esprit de l'auteur, si je l'interprète avec exactitude, la méthode de François Sturel n'est point tout à fait bonne ici. Certes le culte des héros n'a rien que de recommandable. Il faut qu'il y ait des « professeurs d'énergie ». Mais ils ne créent pas l'énergie, ils l'appellent, ils la font se lever en nous-mêmes. Rien de plus. Il nous faut déjà posséder cette force à l'état latent. Quand un homme tient à son sol et à son milieu naturel, ses ressources personnelles n'ont point de bornes ; ce qu'il dépense, il le reconquiert et le renouvelle par un emprunt continuel à l'inépuisable nature, avec laquelle il communique incessamment. Chez Sturel et chez ses amis, ce renouvellement qui est propre à la fonction végétative n'existe presque plus, les canaux qui unissent leurs sept plantes humaines au terreau nourricier sont coupés ou liés ; étrangers dans Paris, ces jeunes gens sont livrés aux ressources dont ils ont fait provision une fois pour toutes.

Le cas de Sturel est plus particulier, plus significatif encore. Il n'est pas seulement déraciné du verger natal ; la très symbolique influence de Mme Astiné Aravian, Orientale étrange qu'il a rencontrée à la table de sa pension, tout à la fois Persane, Arménienne, Slave et Hellène, a transplanté Sturel dans le chimérique jardin du cosmopolitisme. Il n'est pas seulement éloigné de son pays ; il en est devenu en quelque sorte l'adversaire. Un ferment d'inquiétude entre dans sa pensée. Par certaines inclinations de son esprit, il risquerait de mériter un jour ce compliment que Bouteiller fera bientôt à Suret-Lefort, autre jeune déraciné de leurs amis, d'avoir su s'affranchir « de toute intonation lorraine, et, plus généralement, de toute particularité lorraine ». Dans cet oubli de la Lorraine, il s'est fait le concitoyen de toutes les pourritures asiatiques. Mauvais moyen de développer ses forces secrètes. Curieux, intelligent, Sturel, aux Invalides, devant la cuve de porphyre où dort son héros préféré, se rappelle non sans une grave mélancolie, qu'avant de dominer en France et en Europe, et même pour y dominer, Napoléon dut conserver sa qualité de Corse et son caractère de membre de la maison des Bonaparte.

Un individu ne se développe pas tout seul. Il lui faut mille circonstances propices : une famille, un pays bien déterminés, une atmosphère intellectuelle et morale, ce qui manque enfin à la France « dissociée » et « décérébrée ». Ce n'est pas par la faute de la société, comme disent les théoriciens romantiques et humanitaires du paupérisme, mais faute, au contraire, d'une société, que les Racadot et les Mouchefrin terminent dans le crime la pauvre agitation de leur vie parisienne.

> Ceux qui avaient dirigé cette émigration avaient-ils senti qu'ils avaient charge d'âmes ? Avaient-ils vu la périlleuse gravité de leur acte ? À ces déracinés ils ne surent pas offrir un bon terrain de « replantement ». Ne sachant pas s'ils voulaient faire des citoyens de l'humanité ou des Français de France, ils les tirèrent de leurs maisons séculaires bien conditionnées et ne s'en occupèrent pas davantage, ayant ainsi travaillé pour faire *de jeunes bêtes sans tanière*. De leur ordre naturel, peut-être humble, mais enfin social, ils sont passés à l'anarchie, à un désordre mortel.

Dans ces lignes, et par l'ensemble même de sa thèse, M. Maurice Barrès donne satisfaction à des inquiétudes que j'avais moi-même exprimées à propos de l'esprit qui semblait animer son Ennemi des lois[128] ; par ce livre, M. Barrès s'était fait classer au nombre des anarchistes. C'était une classification inexacte. Sans se contredire, mais en se corrigeant, le théoricien du Culte du moi écrit aujourd'hui :

> *En principe, la personnalité doit être considérée comme un pur accident.*

En d'autres termes, il y a très peu de personnes ; l'âme humaine se réalise dans le genre humain à des intervalles très longs. S'il est bon ou mauvais qu'il en soit ainsi, ce n'est pas le lieu de le discuter. Mais s'il en est ainsi, il n'est pas mauvais que les foules adoptent une loi commune, un ordre supérieur aux passions individuelles ; sans cette condition, leur effort ne peut être heureux et il se soldera par trop de déficits.

M. Barrès fait dire à Roemerspacher, d'accord sur ce point précis avec François Sturel, que Racadot a souffert et s'est « dégradé par le milieu individualiste et libéral où il a été jeté encore tout confiant dans les déclarations sociales du lycée ». Voilà qui est nommer les choses par leur nom. Jadis individualiste et césarien, du moins pour l'apparence, M. Maurice Barrès nous ouvre son fond véritable. Il est, selon la définition de M. Paul Bourget, « à l'antipode des idées de la Révolution, sans être un

---

[128] Voir « Maurice Barrès », par Charles Maurras, *Revue encyclopédique*, 1894, page 105.

réactionnaire » : en ceci l'élève direct de Taine et aussi de Renan[129] qu'on oublie trop, comme l'est au reste lui-même M. Paul Bourget.

VI — Caractère et valeur de quelques objections

On pourrait calculer en mathématicien, par la simple analyse, à quelles catégories de personnes doivent déplaire les thèses provincialistes et nationalistes exposées dans *Les Déracinés* ou ailleurs. Il suffit de se demander à qui profitent l'émiettement de la nation en individus et la toute-puissance de l'État centralisateur.

Dans une nation désorganisée comme la nôtre, toute minorité que des circonstances ou des habitudes particulières tiennent unie y devient facilement prépondérante ; car elle rencontre pour adversaires non des unités politiques comme elle-même, mais des personnes isolées qu'elle vainc une à une. Les antisémites expliquent ainsi l'influence de la société israélite parmi nous. Il est remarquable que tant d'israélites se prononcent avec force contre l'esprit des *Déracinés*.

Dans la même nation désorganisée, l'État seul a un privilège analogue aux corporations du passé. Si notre institution politique était stable, le privilège des fonctionnaires de l'État serait exorbitant ; il ne l'est point, par suite des menaces qui pèsent sur eux, de la nécessité de l'avancement qui les fait dociles non seulement envers leurs chefs, mais encore envers quiconque les peut servir ou desservir, c'est-à-dire envers la nation presque tout entière. Si l'on excepte les officiers, qui ne vivent point de la vie commune, il est aisé de voir que tous les fonctionnaires, même les juges et les prêtres, ont été réduits à ce degré d'agents administratifs, c'est-à-dire de serviteurs universels. Ils souffrent donc comme les autres du commun droit individualiste. Un seul groupe de fonctionnaires doit être excepté de la règle, car il a été systématiquement affranchi et forme dans l'État un État solide et puissant, de plus en plus soustrait à tous les arbitraires, ayant ses tribunaux, sa discipline et son autonomie : c'est le corps enseignant. Les membres de ce corps, étroitement liés, tirent de là leur influence sur tous les Français désunis. Influence sans contrepoids, puisqu'il n'y a point d'autre corporation légale. Dans un pays où tout le monde est « déraciné », il leur pousse, à eux, des racines, et vivaces déjà. Je trouve significatif que ces

---

[129] *Réforme intellectuelle et morale de la France*, préface des *Questions contemporaines*, *Discours académiques*, etc.

messieurs (excepté assurément deux ou trois esprits libres[130]) aient reçu *Les Déracinés* en ennemis, et n'aient point même concédé l'intérêt de la thèse ou la beauté de l'œuvre.

Dans la même nation désorganisée, quels individus sont heureux ? Ni la masse, ni l'élite. La première souffre de faiblesse croissante. La seconde éprouve, au contre-coup de cette souffrance, le sentiment de la diminution de la patrie. Mais il se forme entre ces deux classes, surtout dans les grandes villes, une classe intermédiaire, flottante, qui retrouve, à la faveur de la rupture de tous les cadres, la liberté et les mœurs de la forêt primitive. « Jeunes bêtes sauvages », l'appelle M. Barrès. Elle comprend un assez grand nombre de vieilles bêtes. Natures originales et vulgaires tout à la fois, aucun nom ne leur convient mieux que celui de « médiocres personnels ». Telle était à la fin du moyen-âge l'espèce des clercs vagabonds, dénoncés comme un grave danger. Tels les abbés du XVIIIe siècle, qui firent la Révolution. Les voilà devenus employés de ministère ! Ils se sont découvert une âme, qu'ils cultivent assidûment, sans beaucoup de profit ni pour eux ni pour le public. La vie de Paris est propice à cette culture. On n'y est guère incommodé, ni limité, ni affaibli que par soi-même. L'administration ne s'y montre point tracassière. Avec quelques ressources matérielles, l'isolement n'y est point tragique. À vingt ans on peut s'y laisser dépérir agréablement. C'est dans ce groupe d'âmes anarchiques et anarchistes que se sont révélés beaucoup de nos esthètes. Le déracinement a été l'une des conditions de leur être. Leur hostilité aux *Déracinés* est aussi remarquable que celle des juifs et des universitaires.

Consultez, dans La Revue blanche, M. Léon Blum : il appartient à deux, peut-être à trois des classes d'esprits que je viens de noter.

> Surtout, à M. Barrès qui fut le théoricien du moi et qui est resté un individualiste, je demande ce que deviennent dans sa théorie le moi et l'individu. La famille, la commune, rien ne fausse et ne diminue l'énergie comme de tels groupements. Ce sont les collectivités les plus dangereuses, parce que nous les aimons et parce qu'elles nous retiennent. Contre le développement libre de l'individu, ce n'est pas la contrainte ou la misère que je redoute le plus, mais les liens de l'affection partagée et du bonheur médiocre. Nous ne refoulons pas un désir devant la contrainte, nous le restreignons ou

---

[130] Citerai-je M. Georges Pélissier, M. Fonsegrive, M. Le Goffic ?

nous l'annulons en nous-mêmes par crainte de la douleur qu'il peut développer autour de nous.

M. Barrès avait dit : « Une vie de famille énergique, un milieu communal puissant sont indispensables, même pour former des individus supérieurs. » Mais, répond M. Blum, les âmes ordinaires perdent leurs différences caractéristiques sous l'influence de ces milieux absorbants... M. Barrès n'a qu'à répondre à l'objection : Évidemment, et c'est tant mieux pour tout le monde, y compris pour l'intéressé.

Consultez M. Doumic[131] dans la Revue des Deux Mondes. Il admet la thèse des Déracinés, mais sous la réserve suivante :

> Le propre de l'éducation est d'arracher l'homme à son milieu formateur. Il faut qu'elle le déracine. C'est le sens étymologique du mot « élever »...

En quoi ce professeur se moque de nous. M. Barrès n'aurait qu'à lui demander à quel moment un peuplier, si haut qu'il s'élève, peut être contraint au déracinement. Pour rêver à la monarchie universelle et pour s'élever jusqu'à la sphère métaphysique de la cité de Dieu, Dante n'en est pas moins l'exact citoyen de Florence ; Sophocle l'Athénien et Sophocle l'universel ne sont pas deux figures contraires qui s'excluent, mais bien le même personnage. Et ainsi de Goethe à Weimar, dans la mesure où il atteignit au génie classique.

Napoléon lui-même eut besoin de fortes racines pour nous déraciner. Comme Taine l'a bien montré, il nous coupa de nos traditions ; mais ce puissant travail d'arrachement n'eût jamais abouti si sa propre personne, ses propres énergies n'eussent plongé au fond d'un passé très vivace, pays, famille, clan. C'est ce que M. Barrès a bien indiqué à son tour.

> — Dans leur île, à la fin du dernier siècle, les Bonaparte, mes amis, c'était une famille de petite noblesse, sans moyens d'action, mais tenace et ardente à se maintenir et à augmenter... Pour Napoléon, quand il eut neuf ans, ils obtinrent une bourse à l'école de Brienne, et toute la famille, une foule d'amis solidaires l'accompagnèrent sur

---

[131] René Doumic, 1860-1937, normalien et critique littéraire. Il sera au faîte de la célébrité littéraire au vingtième siècle, mais en 1896 il est encore relativement inconnu. (n.d.é.)

le môle avec orgueil, parce qu'il allait devenir un officier. Il connaissait le sentiment de l'honneur.

— Ah ! se disaient les jeunes Lorrains écoutant Sturel, quand on nous a conduits au lycée, notre père, notre mère étaient seuls, par une triste soirée, et nous ne nous sentions délégués d'aucun clan, mais soumis à des nécessités lointaines, mal définies et qui nous échappaient.

Quelqu'un disait que ce Napoléon de M. Barrès, si différent du « petit Caporal », du soldat de fortune, du César égalitaire et plébéien conçu par les libéraux du premier tiers du siècle, est d'allure légitimiste. M. René Doumic, royaliste, je crois, mais professeur, n'y a pas pris garde.

Consultons, en troisième lieu, le plus intéressant, le plus vif, le plus raisonnable de nos critiques universitaires, M. Émile Faguet. Lui, ne s'est pas mépris sur le sens de la thèse des Déracinés. Il en adopte même certaines conclusions. Paris dessèche et appauvrit la sève française. « Il faut ressusciter la vie provinciale ». Il faut guérir la « dissociation » de la France. M. Faguet indique qu'il est grand partisan d'une renaissance de l'esprit d'association. « L'État, dit-il avec une netteté admirable, l'État n'encadre pas d'assez près l'individu pour le soutenir et pour mettre en jeu toute sa force ». Mais l'association qu'il souhaite, c'est l'association morale, professionnelle ; c'est, dit-il en s'excusant de cette formule, « la fédération des volontés ».

Quant à l'association locale, ou « décentralisation », il fait de nombreuses réserves. Il distingue trois ordres de décentralisations : politique, administrative, intellectuelle. Il ne veut pas la première. « L'Europe est un champ de bataille. Chaque nation est un camp. » — « La centralisation politique, militaire, financière est une nécessité absolue. » Nous avons créé l'unité, la centralisation en Allemagne et en Italie. Ne soyons pas si sots que de nous relâcher devant deux voisins puissants d'une discipline qui fait encore notre valeur. En quoi M. Faguet a raison partiellement. Il a raison de vouloir que nos forces militaires et les finances nationales demeurent au pouvoir central. Mais aucun fédéraliste, si extrême qu'il soit, ne songe à décentraliser les administrations de la Guerre, de la Marine ou des Affaires étrangères. Tous les fédéralistes laissent ces actions nationales aux organes de la nation. Ils reconnaissent de plus à l'État central un pouvoir de contrôle sur tout le reste. Ce qu'ils lui refusent, c'est l'action directe et personnelle dans la gestion des intérêts qui ne sont pas communs à tout le corps de la nation, mais bien particuliers aux municipalités, aux régions. M. Émile Faguet pourrait consentir à admettre une certaine décentralisation, de ce genre qu'il tient à qualifier, je ne sais pourquoi, d'administrative, moyennant deux conditions. La première n'a pas été expliquée dans l'article sur *Les Déracinés*, mais à un tout autre propos. D'après M. Faguet, peu de services peuvent être décentralisés sans danger. Et sur ce point, il nous renvoie aux discours de M. Thiers lors du projet Raudot, vers 1871, où cet homme d'État sut faire entendre que les détails les plus insignifiants de la centralisation administrative (et jusqu'à la nécessité de faire approuver par les ministres et les préfets la pose de fontaines-bornes dans les moindres villages, oui, parfaitement, jusque-là !) touchent aux plus vifs intérêts de la défense nationale. J'ai eu la curiosité de relire moi-même ces éclatantes, trop éclatantes démonstrations d'un orateur sans doute habile, mais de mauvaise foi. Ces discours m'ont donné une longue hallucination. Ils m'ont fait douter de la réalité de la guerre de 1870 et de la victoire allemande. Car enfin, si les avantages de la centralisation la plus tatillonne sont nombreux, éclatants et décisifs jusqu'à ce degré, comment notre empire centralisé a-t-il été battu par une simple confédération d'États souverains dont le lien douanier et le lien militaire faisaient seuls l'unité ? Si M. Thiers et M. Faguet ont raison, si la liaison qu'ils admettent est si rigoureuse entre l'ordre militaire et l'ordre civil, il faut absolument que nous ayons été vainqueurs. Pour ma part, je n'en doutais guère, après avoir lu l'un et l'autre.[132]

Voici l'autre condition de M. Faguet : « Beaucoup de choses se font à Paris qui pourraient se faire en province mieux et plus vite. Une certaine mesure d'autonomie rendue à cet égard, *je ne dirai jamais à la commune*, mais au canton, à l'arrondissement, au département, à la région est dans les choses souhaitables. » *Jamais à la commune !* Retenez, je vous prie, ce mot significatif, et admirez-le. Ni le département, ni le canton n'ont en France de personnalité physique et historique bien marquée. L'arrondissement et la région (ou province) existent, mais le premier est souvent mal dessiné, et nos lois l'organisent tout de travers ; la seconde n'a point d'existence légale, et il sera fort délicat d'en marquer les confins, du reste forts réels. Un seul groupe est à la fois naturel, historique et légal ; c'est la commune : c'est la commune que M. Faguet repousse, ou qu'il condamne à une tutelle indéfinie.

Rien n'est plus caractéristique. Notez que je vois bien les raisons qu'alléguerait M. Faguet ; mais j'aperçois aussi des causes qui le meuvent

---

[132] Le plus fort État de l'Allemagne, la Prusse, était le mieux décentralisé.

peut-être à son insu. Sans doute les communes, étant des personnes complètes, de vraies unités politiques, sont capables d'autant de mal que de bien ; et leur rendre immédiatement et d'un seul coup de pleins pouvoirs sur elles-mêmes serait une grande folie. N'empêche que c'est elles, nos premières réalités politiques ou, si l'on préfère, sociales, que l'on doive développer si l'on croit à la bienfaisance de l'action locale. Mais justement, il ne semble pas que M. Faguet admette cette bienfaisance. Ne sont-ce pas ses qualités de professeur et d'universitaire qui l'en éloignent ? Peut-être encore qu'il se défie des diversités de la France. Peut-être qu'une autonomie administrative conférée aux municipalités étant, celle-là, une autonomie réelle, lui paraît un dangereux acheminement à toutes sortes de divisions nationales. C'est, à mon goût, manquer de confiance en nos siècles d'histoire commune ; c'est, de plus, négliger la considération des intérêts économiques, plus pressants, plus puissants que tout. Imaginez la rive gauche du Rhône séparée du reste de la France par une ligne douanière ! Que deviendrait le littoral ? Où les paysans de la côte pourraient-ils exporter leur huile ? Où les jardiniers du bord du fleuve expédieraient-ils leurs primeurs ? Les craintifs ont beau dire ; notre pays est très bien fait et, très divers, il est plus « un » qu'on ne le pense.

Mais, puisqu'il sent de telles sollicitudes patriotiques, M. Émile Faguet serait sage de remarquer à quel point cet esprit local qu'il dédaigne est nécessaire à la prospérité de toute la nation. Faute de cet esprit, la nation languit elle-même. M. Barrès en a donné de grands exemples dans les différents passages de son livre qui signale des infiltrations germaniques dans l'Est. De ce côté « la résistance faiblit, nous dit-il, la race germaine se substitue à l'autochtone dans tout l'est de la France ». « À toutes les époques la France fut une route, un chemin pour le Nord émigrant vers le Sud ; elle ramassait ces étrangers pour s'en fortifier. Aujourd'hui ces vagabonds nous transforment à leur ressemblance. » De fortes communes lorraines seraient d'excellents instruments de gallicisation. Mais M. Faguet n'en veut pas.

Tout ce qu'il nous concède, c'est la décentralisation intellectuelle. Là, aucune réserve. « La vie intellectuelle provinciale doit être ranimée par tous les moyens possibles. » Hé ! quels moyens ? Il n'y en a que d'une sorte : obliger tous les citoyens à s'occuper des finances et du reste de la politique locales, cesser de les en décharger sur un fonctionnaire. De ces humbles travaux ils passeront, s'ils en sont capables ou quand ils en auront senti le désir, à des soins intellectuels. Procéder autrement, c'est fonder en province des succursales de Paris ; c'est poser des miroirs, non point allumer des foyers. Votre décentralisation intellectuelle, même universitaire, n'est qu'un mot si elle n'émane de la vie morale et politique du milieu où vous la produisez. Objecterait-on le mouvement Provençal, né justement en pleine centralisation ? Mais on oublierait en ce cas que, jusqu'à la Révolution, la Provence avait été un pays d'État fort autonome : Mistral et Roumanille sont nés moins de cinquante ans après la disparition de l'autonomie provençale et leurs propres pères avaient pratiqué et goûté ce régime. Leur réaction est donc sortie d'un souvenir vivace et des vestiges encore frais de libertés connues de la génération précédente. Ils avaient dans le sang leur passion particulariste.

La décentralisation intellectuelle, on ne saurait trop le dire, n'est pas un commencement, mais un aboutissant ; c'est une fin, non une cause, une fleur, non une racine. Elle naît, on ne la décrète pas dans un bureau de ministère. Mais on peut, à la vérité, en obtenir quelques semblants. On peut appeler phénomènes de « décentralisation intellectuelle » de simples faits d'association morale et professionnelle établis en province, mais nullement provinciaux. Je les crois bons et excellents, par exemple sous la forme universitaire qui a déjà donné des résultats de premier ordre. Toutefois, je n'ai pas dans les faits de ce genre la confiance sans réserve de M. Émile Faguet, et je voudrais lui faire partager mes naissantes appréhensions. Il est patriote. Il craint que la commune n'attente à la patrie. Il craint que la décentralisation politique ne sème l'indiscipline dans notre État français, lequel doit être, à l'exemple des États voisins, une espèce de camp. Eh bien ! qu'il sente quelque crainte ; car toute seule, sans le correctif de l'association locale, sa chère association professionnelle et morale perce, découvre, démantèle notre frontière.

Toute notre frontière. Comment ce critique si réfléchi n'a-t-il pas observé que, de sa nature, le lien moral et professionnel est cosmopolite ? La communauté religieuse est cosmopolite ; voyez le catholicisme, si souvent accusé de ruiner le patriotisme ; voyez les protestants français et anglais dans nos colonies. La communauté financière est cosmopolite ; je n'ai pas besoin de dire comment. La communauté scientifique est cosmopolite, malgré la diversité des langues, dont elle cherche d'ailleurs à venir à bout. La communauté strictement professionnelle est cosmopolite : faut-il montrer du doigt l'Internationale ouvrière ! ouvrière ! L'ingéniosité du fédéralisme, chez M. de la Tour du Pin ou chez M. Barrès, consiste à unir les deux ordres de groupements, le territorial et le moral, dans une forte et complexe organisation communale, provinciale, nationale. Mais je doute que M. Faguet, lettré et professeur, l'ait conçu bien distinctement. Il se dirait tout à la fois patriote et cosmopolite, citoyen de la France jusqu'à la ruiner par la centralisation, et partisan d'une Cité européenne jusqu'à supprimer les frontières pour le jeu le plus libre de l'esprit d'association, que je n'en serais point surpris. Or ces deux conceptions se trouvent être absolument contradictoires ; il faut rejeter l'une ou l'autre. Quelle que soit la sacrifiée, les objections du plus distingué des adversaires de la décentralisation sont frappés de caducité. S'il garde la patrie française, nous avons fait voir à quel point l'association morale était dangereuse pour elle. S'il la rejette, il devient superflu de trembler pour son unité.

Les objections de MM. Blum, Faguet et Doumic intéressent les belles-lettres ou la politique. Elles sont donc moins fortes que cette objection sociale ou, pour mieux dire, économique, que l'on tire des conditions de la vie moderne ; je laisserai M. Joseph Caraguel en établir la formule. Il l'a fait, il y a deux ans, dans une chronique du Journal, insérée dans son livre La Raison passionnée[133], non à propos des Déracinés, mais bien d'une manifestation de félibres :

> ... La civilisation n'interrompra pas son ascension vers l'unité et l'harmonie pour complaire à quelques impuissants vaniteux qui redoutent de perdre leur peu d'esprit au vertige des sommets. Régionale ou communale, littéraire ou politique, aucune forme d'invertébration n'est viable, aucune tentative autonomiste n'est à craindre. L'unité, déjà faite dans les volontés, s'affermit aux conditions modernes de l'existence sociale. Après les provinces qu'avait dissoutes la Révolution française, c'est la province qui disparaît depuis les chemins de fer et le télégraphe. Nulle vie strictement locale n'est, en effet, possible lorsque nulle vie n'est forcément localisée ; si bien que la vitalité de l'humanité toute entière retentit aujourd'hui dans les moindres villages.

Je ne puis me défendre de goûter ce ton de l'éloquence philosophique. Elle est inspirée d'un sentiment tout à fait concret, la haine des félibres, haine toujours forte et tenace lorsqu'elle s'établit dans un cœur méridional. Pour

---

[133] Paris, Stock, 1897.

ma part, j'aime les félibres, et mes lecteurs sont prévenus. Ce sentiment peut m'entraîner dans une erreur ; mais du moins je les mets en garde. Ce point réglé, analysons trait pour trait les idées de M. Caraguel.

Il y a là beaucoup de vues sur lesquelles je manque de renseignements précis, et que j'appellerais de très bon cœur mystiques, métaphysiques, ontologiques, bien qu'elles nous soient données pour très positives. Tout d'abord, M. Caraguel est-il sûr, positivement, que la civilisation fasse une « ascension continue vers l'unité et l'harmonie » ? Cela se peut, mais le contraire se peut tout aussi bien. Le mouvement civilisateur peut tendre, en somme, à des différences aussi probablement qu'à des ressemblances. Pour moi, j'hésite là-dessus et non seulement sur le point de fait, mais sur le point de droit : faut-il souhaiter que l'univers s'unifie ? je n'en sais rien au juste, pas plus que je ne sais s'il aspire à cette unité.

Admettons pourtant, ou feignons d'admettre à titre de conjecture et l'injection précitée de M. Caraguel (le monde s'unifie) et le principe (indémontré) que cette unification sera bonne. Résulte-t-il de là que cette unité ou cette harmonie doivent détruire toutes les variétés naturelles ? Une unité peut être simple ou synthétique. Ce ne peut être l'unité simple qui ait des chances d'être réalisée ici, mais une unité synthétique, un accord d'éléments divers. Si, comme on semble vouloir le dire, cet accord constitue un progrès véritable, il faut que les diversités soient conservées dans leur richesse primitive, sans quoi ce qui serait gagné en ordre et en discipline serait reperdu d'autre part, du chef des caractères ordonnés. L'harmonie désirée du monde ne peut donc consister qu'en un ordre meilleur des variétés existantes, nullement en leur suppression. Mais, si ces variétés-là et ces différences subsistent, en quoi une harmonie paisible et spontanée du tout peut-elle nuire à l'autonomie des parties ? Elle la suppose, au contraire. Que ces parties puissent un jour profiter de l'ensemble des ressources du tout, cela est admissible ; mais qu'en même temps elles puissent jouir et disposer des leurs propres plus librement, cela n'est guère discutable, et le programme fédéraliste ou décentralisateur ne pose rien de plus.

Une vie particulière très vigoureuse n'a rien, en effet, qui exclue des échos purs et nombreux de toute la vie d'alentour. Bien avant M. Caraguel les monades leibniziennes[134] recevaient le retentissement de tout l'univers et

---

[134] Théorie de la matière élaborée par Leibniz, où se mélangent mathématiques et mysticisme. Les monades seraient des particules élémentaires inaltérables. *La Monadologie* a été écrite en français, en 1714, et n'a été publiée qu'en 1840. La phrase qui a inspiré Maurras est issue de

manquaient pourtant de fenêtres pour voir au dehors. Quel fédéraliste, quel particulariste, quel félibre a rêvé d'une Commune close, ou d'une Province bouchée aux bruits extérieurs ? M. Joseph Caraguel semble avoir voulu défigurer cette thèse pour la défigurer aisément. Aussi a-t-il rendu plus aisé de lui répliquer. Traduire « décentralisation » ou « fédéralisme » par « invertébration », n'est-ce pas un abus de mots quand les fédéralistes et les décentralisateurs ont toujours indiqué qu'il s'agissait plutôt de substituer des vertèbres véritables à des vertèbres de carton ?

Il eût dû s'en tenir à ce qui fait le nerf de son objection, à la thèse des « conditions modernes de l'existence sociale », « chemins de fer », « télégraphe » et le reste. Mais, là encore, que de réponses faciles ! Il est certain que la distance et le temps, traités les par engins nouveaux de locomotion, ont changé les conditions humaines dans une mesure considérable. Il faudrait toutefois examiner si ces engins sont tous du même ordre, pour produire le même effet ; il faudrait voir si les mêmes engins ont produit ou produisent uniformément les mêmes effets. L'admettez-vous ? Alors c'est par un acte religieux de votre foi, car, en un sujet si complexe et si varié, il n'y rien de moins assuré. Exemple : le chemin de fer et le télégraphe, avec leurs voies et leurs guichets à poste fixe, ont déterminé des habitudes uniformes ; on part et on arrive aux mêmes heures, on suit les mêmes voies, dans des conditions pareilles. Mais voici le cyclisme, qui altère considérablement ce premier état de choses : que sera-ce bientôt de l'automobilisme, ou plus tard de l'aviation ?[135] De ces véhicules divers, mais qui font tous gagner du temps et rapprochent les lieux, jaillissent deux séries d'usages contraires.

Du même ordre de véhicules, en des temps différents, peuvent sortir aussi des résultats divers.[136] Certaines classes de la population peuvent être rendues

---

l'article 7 : « Les Monades n'ont point de fenêtres par où quelque chose puisse entrer ou sortir. Les accidents ne sauraient se détacher ni se promener hors des substances comme faisaient autrefois les espèces sensibles des scolastiques. Ainsi, ni substance ni accident ne peut entrer de dehors dans une Monade. » (n.d.é.)

[135] N'oublions pas que ce texte a été publié en 1898 ! L'aviation et même l'automobile n'étaient encore que des virtualités incertaines. Maurras reviendra plusieurs fois sur sa fascination pour l'aviation, invention permettant à l'homme de « suivre la course du Soleil ». (n.d.é.)

[136] Ces remarques étaient en ordre, elles avaient paru dans la *Revue Encyclopédique* du 25 décembre 1897 lorsque M. Jean Bourdeau a institué dans le *Journal des débats* (5 février 1898) une discussion analogue entre quelques théoriciens du socialisme, simplificateurs à l'excès.

plus casanières par le seul fait de la facilité croissante des moyens de communication. Il suffit, par exemple, qu'une confrérie nouvelle de courtiers et d'intermédiaires s'organise pour mettre à profit ces moyens : le paysan qui se dérangeait pour un achat reçoit à domicile tels échantillons, les choisit, reçoit la marchandise elle-même et la solde sans faire un pas hors de son bien. La formule de M. Caraguel « nulle vie strictement locale n'est en effet possible lorsque nulle vie n'est forcément localisée » est donc fausse si on la prend en un sens réel et pratique, c'est-à-dire en en retranchant l'adverbe strictement, et si on garde cet adverbe, elle n'a plus qu'une valeur imaginaire, car jamais dans l'histoire du monde elle ne s'est appliquée à rien, nulle vie strictement locale n'ayant jamais été, hormis peut-être dans l'île de Robinson.

— Mais, dira-t-on, de nos jours, la pensée la plus casanière voyage et elle est incessamment visitée.

— Sans doute. — Elle est même plus visitée, plus voyageuse qu'autrefois. — J'y consens. — Elle est donc moins locale ! — Ce n'est point une conséquence rigoureuse. La découverte de la navigation n'a point aboli la patrie, mais elle l'a rendue plus chère. Le commerce des peuples, le rapprochement des pays, dans des conditions normales, ne peuvent que rendre chaque patrie particulière plus agréable à son habitant, étant accrue, aidée, embellie d'apports étrangers. Elle peut, à la vérité, en être aussi recouverte et comme submergée. Mais c'est un accident, et il est réparable et justement par le remède de la politique locale, qui subordonne ces apports extérieurs et les adapte aux convenances du lieu. C'est la condition même du bien-aise personnel et de la prospérité publique. Bien loin que cette politique puisse être accusée d'aveuglement ou d'étroitesse en présence des nouveautés, elle fournit le moyen de se les appropier le plus heureusement.

Et voilà l'objection de M. Caraguel ! Je crois qu'elle mérite le nom de préjugé. Elle n'a point volé non plus la qualification de mystique. « L'univers tend à s'unifier »... « Tout marche à l'unité » : ce sont les majeures secrètes de beaucoup de syllogismes très vicieux en dépit de leur physionomie inductive ; je conseille aux bons esprits de s'en préserver. Tendances, mouvements, marches du genre humain, ce sont des expressions abrégées pour représenter des faits passés ; elles ne dessinent point l'avenir. Qui nous délivrera de ces principes ambulants, causalités anthropoïdes, mauvais petits

---

J'ai lu ces pages, d'une clarté et d'une fermeté si rares, trop tard pour en faire profiter mes lecteurs.

dieux plus fâcheux que les entités scolastiques, car ils résultent d'un travail logique inférieur à celui du XIIIe siècle, providences inférieures à elle-même qui déconsidéra Bossuet !... Si l'usage vulgaire en continue l'emploi, vous verrez qu'il n'y aura bientôt plus moyen de penser.

VII — État présent de la question

Le succès des Déracinés à Paris et dans les provinces ne pouvait manquer de préciser ce sentiment d'un Droit nouveau, que l'on peut nommer particulariste, d'affermir ce parti nouveau qui devrait s'appelait National-fédéral. Partout où les intérêts du sol ou les intérêts de la race sont sentis, l'on sent qu'il y a d'importantes réformes à réaliser pour donner à ces forces naturelles un libre jeu. On l'a senti à Tarbes, l'été dernier, pendant le congrès des caisses de crédit agricole qui s'est tenu dans cette ville. On le sent dans les assemblées régionales et générales des syndicats agricoles et à la Société des agriculteurs de France. Le sol, le sang, la tradition demandent partout à exercer leur portion nécessaire d'influence et de prépondérance morales. À Paris même, en pleine Académie, ce vœu national se fait jour : à propos des livres de Pouvillon[137] et de Mistral, M. Gaston Boissier[138] parlait dernièrement d'une « revanche de la province ». Et les précautions mêmes que prenait l'orateur témoignent de l'idée qu'il se faisait de la gravité du sujet :

> Nous sommes d'un pays qui a toujours eu dans le sang le goût de la centralisation. Aussi loin que nous remontions dans notre histoire, quand nous étions terre romaine, on nous dit que les habitants de nos grandes villes avaient les yeux sur les sept collines pour reproduire ce qu'on y faisait. C'était la mode chez eux de se construire un Capitole ; leur libraires étalaient sur leur devanture les dernières œuvres de Pline aussitôt qu'elles étaient parues, et les jeunes gens tiraient vanité de savoir par cœur et de répéter les petits vers de Martial. Au XVIIe

---

[137] Émile Pouvillon, 1840–1906, romancier du Quercy. Malgré son engagement dreyfusard, il aurait eu une certaine influence sur Maurras par son « catholicisme de terroir ». (n.d.é.)
[138] Marie-Louis Antoine Gaston Boissier, 1823–1908, historien et épigraphe. Au moment de la parution de *L'Idée de la décentralisation*, il est secrétaire perpétuel de l'Académie française. (n.d.é.)

siècle, Chapelle[139] ne fut pas peu surpris, dans son voyage, de rencontrer à Montpellier des précieuses qui affectaient d'imiter les petites mignardises et le parler gras de celles de Paris, qui discutaient sur l'*Alaric*[140] et le *Moïse*[141], sur la *Clélie*[142] ou le *Cyrus*[143], et qui lui demandaient des nouvelles « de ces Messieurs de l'Académie ».

Cet agréable préambule n'est peut-être pas d'une justesse incontestable. Avant la paix romaine, il exista une Gaule plus ou moins fédérée ; les mœurs gallo-romaines ne furent peut-être point aussi rigoureusement centralisées qu'on nous le montre ici ; avant le régime inauguré par Louis XIV, que son dernier descendant direct, le comte de Chambord, appelait et non sans finesse le premier des Napoléons, il y eut une France fédérative florissante et dont les coutumes et les institutions se prolongèrent en Bourgogne, en Bretagne, en Provence, en Languedoc et en Béarn, jusqu'à la Révolution. C'est mal juger de Montpellier, qui fut une petite capitale politique, littéraire et scientifique, par la conversation de quelques caillettes. S'il fut dans l'histoire de France des moments où la centralisation devint nécessaire, la tradition décentralisatrice n'y est pas sans gloire non plus.

Ce qui est vrai, c'est que les institutions de l'Empire, de la Convention, de la Royauté finissante, avaient formé chez nous des mœurs et des goûts centralisateurs. Ces mœurs et ces goûts s'affaiblissent, s'ils ne se défont pas encore. M. Boissier le note clairement :

> Il n'en est plus de même aujourd'hui ; les auteurs se sont aperçus qu'il y avait hors de Paris des pays dignes d'être regardés et des personnages qui méritent d'être dépeints. Mais parmi ceux qui se sont mis à décrire les paysages et les mœurs de province, il y a des catégories différentes. À côté du provincial d'occasion, resté au fond Parisien, qui s'en va observer quelque temps les pays dont il veut parler et

---

[139] Claude-Emmanuel Lhuillier, dit Chapelle, 1626–1686, poète libertin du Grand Siècle. (n.d.é.)

[140] *Alaric* ou *Rome vaincue*, œuvre de Georges de Scudéry, 1601–1667, frère de Madeleine. (n.d.é.)

[141] Œuvre du poète bachique Marc-Antoine Girard de Saint Amant, 1594–1661. (n.d.é.)

[142] Clélie, histoire romaine, roman en dix volumes de Madeleine de Scudéry, 1607-1701. (n.d.é.)

[143] *Artamène* ou le *Grand Cyrus*, autre roman en dix volumes de Madeleine de Scudéry, publié avant Clélie. (n.d.é.)

s'empresse de les quitter une fois que sa moisson est faite, il y a le provincial pratiquant, qui y demeure, qui ne les aime pas seulement pour le profit qu'en tireront ses ouvrages et les peintures nouvelles qu'il en peut rapporter, mais parce qu'il ne trouve rien de meilleur ailleurs.

Telles est l'action lente des mœurs. Les idées sont plus promptes. Dans un mémorable discours également prononcé à l'Académie peu de jours après celui de M. Boissier, M. Paul Bourget a demandé la reconstitution immédiate des gouvernements locaux dans la France moderne.

Ainsi, même chez Richelieu et devant M. Hanotaux, l'on note les parties caduques de l'œuvre du grand cardinal. On en convient également dans les cercles politiques officiels. Jadis les opposants critiquaient la centralisation comme l'instrument peu discret du pouvoir gouvernemental. Aujourd'hui elle est critiquée en elle-même. Ceux qui détiennent le pouvoir s'aperçoivent que cette centralisation excessive compromet les graves intérêts dont ils ont le dépôt et les accable de responsabilités superflues. C'est du ministère de l'Intérieur qu'est sorti, on l'a vu, le projet relatif à la suppression de soixante-huit conseils de préfecture. Un publiciste gouvernemental, de qui l'autorité égale le talent et le patriotisme, M. Ernest Judet[144], rédacteur en chef du Petit Journal, déclarait l'autre jour que la centralisation, établie pour accroître les forces de l'État, était allée contre son but et avait énervé ces forces nationales ; il signalait comment, dans l'affaire Dreyfus, l'État, si puissant contre toutes les initiatives privées, s'était trouvé sans armes pour défendre sa prérogative militaire et judiciaire :

> Une fâcheuse tendance de notre époque consiste à maintenir jusqu'à l'agacement *les prérogatives de l'État dans les petits détails d'administration* qui le rendent odieux, tandis qu'on l'affaiblit en haut dans ce qu'il a de plus essentiel, de plus nécessaire ; c'est le mouvement contraire qui nous ralliera, si nous sommes sages et clairvoyants. *Dépouillons l'État de ses minimes mais désagréables privilèges qui ne sont qu'un instrument de tyrannie locale aux mains des fonctionnaires trop zélés et omnipotents ;* mais resserrons précieusement le faisceau invincible des forces qui correspondent à *la mission*

---

[144] Ernest Judet, 1851–1943, antidreyfusard acharné, connu pour ses violentes attaques contre Zola. (n.d.é.)

supérieure de l'État, qui lui permettent de représenter notre sécurité collective, notre fierté nationale, notre grandeur extérieure.

En somme, il faut changer le principe même des institutions de l'an VIII. En donnant à l'État mille distractions importunes, elles l'ont affaibli dans son œuvre propre. Elles lui ont fait perdre encore de sa force par les sentiments de paresse, d'impatience, de dégoût et d'inimitié qu'excite chez les citoyens son intervention continue. Négligent des grandes affaires et trop soucieux des petites, cet État centralisateur pousse la France à l'anarchisme et la détache de toute idée de patrie.

Pour sauver le patriotisme, il faut réformer la patrie, comme il faut réformer l'État pour sauver la notion de gouvernement. L'État français sera conçu non pas moins « un », sans doute, mais uni suivant des principes plus souples, plus conformes aux richesses de sa nature, plus convenables à nos mœurs, et qui établiront une meilleure division du travail politique. Aux communes les affaires proprement communales, les provinciales aux provinces ; et que les organes supérieurs de la nation, dégagés de tout office parasitaire, président avec plus d'esprit de suite et de vigueur à la destinée nationale. Ainsi ramené à ses normales attributions, le pouvoir central les verrait aussitôt affermies et développées. Une France où seraient fixées et garanties les libertés particulières des Villes et des Provinces pourrait, à l'exemple de plusieurs autres nations fédératives, assurer plus de stabilité et d'indépendance à l'organe capital du pouvoir suprême, gardien de l'Unité, dépositaire des traditions politiques, fidéicommissaire de la fortune du pays, préparateur, directeur et exécuteur de ces longs et vastes desseins par lesquels un peuple se conserve et se renouvelle, reste libre et devient puissant.

Les nationalistes et aussi ces esprits modérés, éclairés, gouvernementaux, aujourd'hui si nombreux en France dans les partis les plus divers, songent sérieusement à renforcer l'Exécutif, à réfréner la turbulente agitation parlementaire, à mettre plus d'ordre, de continuité, de puissance effective dans les sphères supérieures de l'État. Je les prie de songer que cette stabilité rêvée, cet affermissement, ce développement des forces de la France ne sont possibles qu'après une décentralisation très complète et très large. Seule, la solution de ce premier problème rend posables, abordables et solubles les autres. Ils en dépendent ; ils y sont, à la lettre, subordonnés.

Qui voudra réorganiser notre nation en devra recréer les premiers éléments communaux et provinciaux. Qui veut réaliser le programme nationaliste doit commencer par une ébauche de fédération.

La décadence de M. Ferdinand Brunetière vue de la fin du siècle

1899

Ce texte est paru le 14 janvier 1899 dans la Revue encyclopédique Larousse, *repris en 1913 dans le recueil* Charles Maurras et la critique des lettres *puis en 1923 dans* L'Allée des philosophes, *enfin dans les* Œuvres capitales.

Monsieur Ferdinand Brunetière goûte aujourd'hui l'une des plus complètes satisfactions qui puissent remplir un cœur d'homme. Il contemple, plus qu'à moitié réalisé, l'un des rêves constants de son exemplaire jeunesse. Si les cinquante graves tomes qui composeront quelque jour son *Histoire de la littérature française* ne sont pas encore prêts à paraître chez l'éditeur, ce vaste monument existe néanmoins, puisque les pièces capitales en sont fabriquées et qu'il ne s'agit plus que de les mettre ensemble. Encore avons-nous les principes de cet ajustage et l'auteur peut-il dire que, d'une part, son plan est tracé tout entier, tandis que, d'autre part, c'est à peine s'il lui manque quelques moellons.

Mais parlons sans images. M. Ferdinand Brunetière a défini la méthode de son exposé historique lorsqu'il a énoncé, dans un livre déjà ancien, sa théorie de l'Évolution des genres ; le sixième volume des *Études critiques sur l'histoire de la littérature française* contient un résumé et une défense de cette théorie[145] qui, tels quels, pourraient bien servir d'introduction à l'ouvrage futur. Le nouvel *Organon*[146] enseigne que les genres littéraires sont de tous points pareils aux êtres animés ; comme ceux-ci dans la nature, ils se meuvent à travers les vicissitudes de l'histoire, tantôt agents, tantôt agis et, par ce jeu alternatif, se métamorphosent les uns dans les autres comme les espèces vivantes. La suite de ces métamorphoses, si on l'observe bien, permet de démêler des lois, qui sont constantes comme toutes les lois, bien qu'infiniment plus subtiles et d'application moins certaine que les lois du monde physique, car elles déterminent des faits de l'ordre social, qui sont les plus complexes, partant les moins faciles à classer d'entre tous les faits.

Tel étant le système, où trouver les matériaux ? M. Ferdinand Brunetière en possède un entrepôt très considérable. Il a quinze ou seize volumes de monographies et d'études, qui attendent sous leurs brochures provisoires, comme des tas de pierres et de briques sous un hangar, qu'il les veuille introduire dans sa construction. Les deux volumes des *Questions de critique*, les trois volumes d'*Histoire et Littérature*, les deux volumes sur l'Évolution de la poésie lyrique, surtout les six volumes des *Études critiques sur l'histoire*

---

[145] « La doctrine évolutive et l'histoire de la littérature ».
[146] Nom donné à un ensemble de traités de logique attribués à Aristote. (n.d.é.)

de la littérature française se tiennent à la disposition de son bon plaisir. Le dernier volume des *Études*, qui ne fait que de paraître, offre, en plus de la dissertation méthodologique signalée ci-dessus, un « Corneille » fort important, un « Bossuet » presque complet, la moitié d'un « Boileau », un « Marmontel »... Je ne crois pas qu'il y ait beaucoup d'écrivains de premier, de second ou de troisième rang, auxquels M. Brunetière ait négligé de consacrer ici ou là quelque vingt pages, dont la plupart n'auront pas à être récrites, car l'auteur a le droit de les tenir pour finies.

Enfin, la suite de ces pages (car M. Brunetière ne s'est pas payé d'une vaine chronologie), cette suite historique et systématique n'est point seulement arrêtée ; nous en possédons une réduction et, pour parler techniquement, une véritable maquette. C'est le *Manuel de l'histoire de la littérature française*.

De quelle volupté se doit sentir baigné M. Ferdinand Brunetière si, d'aventure, son regard se pose sur le *Manuel* ! Il n'est point suffisant de dire que ce livre est composé avec la symétrie chère à l'œil d'un bon architecte ; cette composition symétrique est rendue sensible jusque dans les aspects physiques de l'ouvrage. Chacune de ses cinq cents pages forme un diptyque. Elle est, à la moitié de sa hauteur, divisée en portions indépendantes l'une de l'autre. Celle d'en haut développe en caractères fort apparents la suite d'un discours sur les changements capitaux qui se sont faits dans l'esprit et par là dans les lettres de notre nation ; c'en est, en quelque sorte, la philosophie générale. La page inférieure, d'un texte beaucoup plus fin, donne en termes fort brefs, et sans aucun souci de construire des phrases, mais avec le désir constant de produire un effet, les monographies de grands écrivains.

Que vaut ce livre ainsi décrit ? Les meilleures parties de l'annotation continue forment un vrai trésor de renseignements positifs, tels que dates, sources, biographie et bibliographie ; les pires (sur Hugo, sur Malherbe) ont du moins le mérite de ne point faire encombrement. Dans cette série de notes, mais plus encore dans le discours, un mouvement qu'il faut appeler poétique, une palpitation véritablement romanesque soulève et emporte sans cesse l'heureuse pensée de l'auteur. Tout y est plein de souffle et comme gonflé du sentiment de la vie divine. On voit naître, grandir, donner des récoltes de fleurs, absolument comme un bel arbre ou une fraîche jeune fille, la puissante personne qu'il plaît à M. Brunetière d'appeler littérature française et qui n'eût été ni plus plaisante ni plus vivace s'il l'eût surnommée

Frédérique, Lucile ou Virginie. Ce critique a le don de faire vivre et respirer l'abstrait. On assiste, comme aux péripéties passionnantes d'un drame, à « la formation de l'Idéal Classique ». On admire la longueur de l'enfantement ; comme à Jupiter pour Hercule, il a fallu aux dieux pour engendrer ce considérable Idéal, toute la longue et féconde nuit médiévale. Ils accouchent enfin de 1498 à 1550, c'est-à-dire dans les cinquante-deux années qui vont « de Villon à Ronsard » : Idéal Classique paraît. Il grandit. Sa famille le conduit à l'école (« À l'École de l'antiquité », dit un des titres des chapitres), et bientôt le petit Idéal se distingue par sa diligence et son application. Il conquiert tous les prix. Mais, ayant obtenu la main de la jeune Littérature française, voilà qu'il « nationalise » cette dernière, qui n'a plus désormais qu'à se « déformer » au plus tôt. J'imagine qu'elle n'y manque point, encore que M. Ferdinand Brunetière ait commis ici une erreur de physique que je déplore, en parlant de la « déformation » de notre ami l'Idéal Classique. L'auteur a confondu l'Idéal et sa jeune épouse. « Ce ne sont point les coqs qui font les œufs », remarque Labiche. Labiche ajoute avec raison que « ce sont les poules ». Sans trop y insister, ne peut-on regretter que, dans un roman de philosophie littéraire imité de si près du Roman de la rose, M. Ferdinand Brunetière ait eu si peu d'égards au sexe de ses personnages allégoriques ?

Comme il me faut résumer en trop peu de mots ce Manuel, qui est lui-même le résumé d'une œuvre future, il en résulte ainsi des effets assez singuliers. Ne vous hâtez point de sourire. Projetons ce manuel-ci sur une cinquantaine d'in-octavo majestueux, tout bourrés de faits et d'idées ; vous ne vous plaindrez point de trouver, dans ce macrocosme, des stations, des jalons, des points de repère, et, loin de plaisanter M. Brunetière sur les abstractions qu'il réalise, je crois que vous le bénirez d'avoir mis au monde un si grand nombre de bonnes entités secourables, petits dieux taillés de sa main, d'un art assez grossier et, s'il faut le dire, en vieux bois. Mais, pour être de bois, les enseignes de magasin ne laissent pas de rendre des services aux passants. Les admirables bénédictins[147] de l'Histoire littéraire de la France, qui nous ont laissé tant de notices composées à la perfection, ont

---

[147] Il s'agit de la congrégation des bénédictins de Saint-Maur, qui ont accumulé entre 1733 et 1790 un considérable trésor de travaux d'étude historique et d'érudition. Leur ordre n'a pas survécu aux persécutions de la révolution, mais leur *Histoire littéraire de la France* a été continuée par l'Institut. (n.d.é.)

dédaigné l'artifice mythologique où M. Brunetière est presque excellent ; il faut bien avouer que leur précieux monument reste, de ce chef, imparfait.

Est-ce à dire que l'œuvre rêvée par M. Brunetière, telle que la promettent les nombreuses pièces que nous en possédons, doivent échapper à toute espèce de reproche ? J'aime trop la vérité pour ne point ajouter à de justes louanges que, si j'attends un très beau livre, je ne saurais prévoir ni un livre excellent ni même sans doute un bon livre. Et cela pour deux ordres de raisons qui sont très voisines : à cause des défauts de M. Brunetière, à cause de ses qualités.

On vient de voir ce qu'est essentiellement M. Ferdinand Brunetière. Si je me suis exprimé avec justesse et propriété, on lui a déjà reconnu la dignité d'un grand artiste. Il construit des systèmes. Il élève des édifices de généralités, et ces ouvrages d'architecture intellectuelle montrent, petits ou grands, une mâle vigueur, une beauté subtile et grave, parfois même une sorte de grâce impertinente, d'élégante mièvrerie. Ils ont donc une valeur propre, indépendamment des réalités que l'auteur veut leur faire représenter... Quelles réalités ? Souvenons-nous, puisque nous sommes déjà sur le point de l'oublier, qu'il s'agit de l'histoire de notre littérature. Les formules systématiques qu'en donne M. Brunetière ont la correction et la régularité qu'elles doivent avoir pour ne point choquer, par leur figure, le spectateur ; il s'occupe infiniment moins de leur faire exactement refléter les traits de l'histoire réelle. Son souci d'un ordre esthétique l'induit même soit à réduire, soit à défigurer certaines réalités.

Exemple. L'un des sous-systèmes de l'évolution des genres veut que la poésie lyrique soit un effet de « l'individualisme » et qu'elle varie comme son facteur. Il s'ensuit que la poésie lyrique doit paraître, briller et donner ses chefs-d'œuvre aux époques où la vie personnelle est intense, s'affaiblir au contraire aussitôt que faiblit la libre expansion de la vie des particuliers.[148] La première objection que fait l'esprit à cette loi si rigoureuse se peut résumer dans le seul nom de Malherbe ; Malherbe, lyrique éminent, Malherbe, chez lequel cette vie personnelle paraît avoir été aussi réduite que possible, Malherbe enfin, qui représente l'une des époques de l'histoire de France où l'État, la Cité reconquièrent leurs droits sur l'humeur des citoyens. Mais M. Brunetière répond avec vivacité (page 112 du Manuel) que « quatre ou cinq très belles odes et quelques paraphrases de psaumes », ouvrages de notre

---

[148] Le lecteur exercé fera de lui-même les distinctions qu'il faut sur l'identification gratuite d'individualisme et de vie personnelle.

Malherbe, « ne sont après tout que de la rhétorique », et (page 119) « que les qualités qui font le poète sont en lui médiocres ou nulles, mais qu'il a possédé celles d'un excellent versificateur ». Je ne suis pas du sentiment de M. Brunetière. Je me hâte de dire, pour sortir de mon moi, que ni Boileau ni La Fontaine, ni, si différents qu'ils fussent les uns des autres, les plus excellents juges de notre littérature n'ont été de ce sentiment. M. Brunetière s'est fait ici l'interprète du faux goût romantico-parnassien. Comme une partie de sa vie s'est dépensée à batailler contre les parnassiens et les romantiques, nous aurions le droit de nous étonner que le nom de Malherbe l'ait ainsi fait passer dans le camp ennemi ; notre étonnement diminue si nous réfléchissons que toute autre appréciation du mérite de Malherbe eût suffi à ruiner complètement et sans recours le système de la concomitance du lyrisme et de l'individualisme. M. Brunetière a donc immolé sur-le-champ à son système les beautés de Malherbe, absolument comme il y aurait immolé les beautés romaines d'Horace, lyrique dont on fait toutefois quelque cas et qui n'a pas été précisément un chantre de l'émancipation individuelle. Mais qu'est-ce, je vous prie, que les beautés de nos Anciens ? C'est à ses beautés propres que tient M. Brunetière, aux beautés nées de lui, les beautés du système que ce Pygmalion crée amoureusement de son souffle et de son labeur. Un artiste est bien excusable de préférer ainsi son œuvre à tout ce que fait l'étranger.

Du reste (et la remarque nous conduit au second ordre de raisons que j'ai annoncé) de telles préférences ne coûtent pas grand'chose à M. Brunetière puisque, il faut bien en convenir, ces beautés du dehors, ces beautés des auteurs qu'il commenta toute sa vie, il ne les a jamais beaucoup senties personnellement.

J'ai reconnu les qualités de l'éminent académicien, il me faut venir à noter ce qui lui manque. Disons-le courageusement : nous serions condamnés à ne rien comprendre du tout à M. Brunetière si nous ne prenions garde qu'il a toujours manqué en premier lieu de jugement, en second lieu de goût. Les maudits complaisants qui lui cèdent à ces égards lui font un tort insigne. Méconnaissant sa race, son génie et sa qualité, l'exilant du cercle des esprits auxquels il ressemble, ils l'exposent à une épreuve insoutenable ; ils le font regarder et juger en tant que critique. Je ne parlerais, quant à moi, de M. Brunetière critique qu'autant qu'il le faudrait pour montrer clairement qu'il n'existe point. Nous l'avons vu, c'est avant tout un homme d'imagination, d'imagination poétique et constructive. Cette faculté, qu'il a prodigieuse, mue par une irritabilité presque maladive, peut bien s'exercer dans le champ de l'histoire littéraire, politique ou morale ; les exercices n'en doivent pas moins être jugés, pour l'être justement, comme on juge des autres œuvres de l'imagination, tragédies ou romans, oraisons funèbres ou panégyriques. Il ne faut pas perdre son temps à en discuter la solidité.

Non que ses conclusions soient fausses nécessairement ; ces erreurs nécessaires auraient en ce cas de communes racines en lui ; elles viendraient de lui, et je lui aurais reproché un goût extravagant et un jugement faux. Mais je dis, au contraire, qu'il n'a ni goût ni jugement, ou que ces dispositions ne se présentent chez lui qu'à l'état d'ébauche confuse. S'il se délecte à les montrer, il faut se souvenir que Michelet se plut de la même manière à faire voir le peu qu'il avait de raison, et c'est encore ainsi que les enfants en très bas âge aiment les chevaux et les armes. Rien de commun, rien de naturel et d'humain comme cet appétit d'exercer des fonctions dont l'organe n'est pas formé. Quel « évolutionniste » me contredirait là-dessus ?

Lors donc que M. Brunetière, adoptant un parti esthétique ou moral, juge, tranche et décide, c'est-à-dire septante sept fois par instant, aucun arbitre intérieur n'oriente ses préférences. Elles lui sont données par le hasard ou par les brises. Tantôt il lui parait avantageux et digne de lui d'aller contre les vents qui passent, et tantôt le navigateur, qui ne manque ni d'adresse ni de sang-froid, se contente d'ouvrir sa voilure à leur souffle. Et ces courses dans tous les sens, ces nerveux et violents caprices sont trop variés, trop nombreux pour ne point rencontrer, d'aventure, la Vérité.

Il y a même des parages où les rencontres de cette sorte ne sont ni rares ni fortuites, et M. Brunetière en a presque tout le mérite.

En effet, un sûr instinct de préservation l'ayant averti des insuffisances de son sens critique et des lourdes méprises auxquelles il était exposé, M. Ferdinand Brunetière s'est prémuni, voici longtemps, contre ce risque. Une comparaison me permettra de faire entendre le bonheur de ces précautions : faute d'yeux, cet homme avisé s'est enquis de bonnes lunettes ; faute de jambes, il s'est procuré des béquilles. Traduisons. Il a essayé de remplacer le goût et le jugement dont il était pauvre par les meilleurs des principes qu'il pût trouver. C'était peu, me dit-on. Je ne pense pas que ce ne fût rien.

Littéraires, moraux ou politiques, les principes de monsieur Ferdinand Brunetière sont nécessairement, puisqu'il n'en est point d'autres, ceux que la mémoire du genre humain nous transmet depuis trois mille ans. Ce sont les principes de la tradition classique. On me permettra de les saluer. Nul principe ne peut donner une vue perçante aux aveugles ni à des culs-de-jatte le pouvoir de danser ; mais, tout en rendant des services infinis aux voyants soucieux de rectifier leur vue personnelle, comme aux simples marcheurs désireux d'apprendre la danse, ces principes, bien entendus, peuvent permettre au cul-de-jatte de se faire une idée du génie des danseurs comme à l'aveugle de concevoir par analogie l'efficace de la clarté. Par eux l'auteur sans goût évite les erreurs grossières, l'homme inconsidéré les chutes profondes. C'est justement ainsi que M. Brunetière fut secouru, gardé, conduit par les principes dans ses remarquables études de Bossuet, dans certaines appréciations du moyen âge littéraire et, disons-le d'un mot, dans les traits généraux des campagnes qu'il a menées. Il s'y conforme à ses traditions bien assises. Il s'autorise de vérités établies. La notion de ces vérités, le secret respect qu'il leur garde dans les pires dérèglements lui ont évité de grands maux.

Mais voici deux difficultés.

Premièrement, il y a des sujets sur lesquels nulle tradition ne s'est formée encore, que personne de qualifié n'a jugés ou sur lesquels on ne possède qu'une génération ou deux de commentateurs. En ces sujets, qui sont plus on moins nos contemporains, l'esprit le plus traditionnel est donc mis à l'épreuve de fournir quelque jugement original, personnel, premier et nouveau. Il n'y a point à le contester ; une étincelle de sens propre y est indispensable. Tout ce qui fut écrit sur Racine et Malherbe peut servir à juger Leconte de Lisle et Heredia ; mais Leconte de Lisle ou Heredia, en tant que ces « mauvais maîtres »[149] sont eux-mêmes, échappent par un biais à ces critères du passé. Quant au petit nombre des esprits distingués qui ont été appelés depuis vingt ans à donner leur avis sur Les Trophées et les Poèmes barbares, ils ont émis des opinions souvent officieuses ou infirmées par le sentiment d'amitié, d'intérêt et même de crainte qui les fit naître. Le goût public commencera à prendre corps sur ce sujet dans un demi-siècle, quand paraîtra la correspondance de nos contemporains les plus notables. En

---

[149] Exposition de M. Jean Carrère.
[Cette note est de de 1923. Jean Carrère, 1868-1962, a publié son livre Les Mauvais Maîtres en 1922. Dans la version des *Œuvres capitales*, la note précédente utilise le mot « expression ». Et cette expression n'a pas dû déplaire à Maurras puisque, toujours dans les *Œuvres capitales*, les critiques rassemblées au tome IV sont sur-titrées Bons et Mauvais Maîtres. (n.d.é.)]

attendant, aucune autorité extérieure ne peut nous renseigner sur le degré de bonté de vers comme ceux-ci :

> Le vent respectueux parmi leurs tresses sombres
> Sur leurs nuques de marbre errait en frémissant,
> Tandis que les parois des rocs couleur de sang,
> Comme de grands miroirs suspendus dans les ombres,
> De la pourpre du soir baignaient leur dos puissant...[150]

En cette extrémité que fera donc M. Brunetière ? Faute de références plus sûres, il enregistre en grande pompe une rumeur qui court, à savoir que ces vers ont plu à M. de Banville[151] et à ses parnassiens. Bien mieux, il l'endosse et il l'estampille ; il érige cette rumeur en arrêt solennel. Ces « grands vers », écrit-il sans la moindre réserve, lui ont « rendu la sensation du définitif et de l'achevé » (Manuel de l'Histoire, etc., p. 500). D'un simple froncement de nez, les gens de goût corrigent déjà ce ridicule arrêt. Ils supplient M. Brunetière d'analyser l'objet de son admiration.

Si le quatrième vers, « Comme de grands miroirs... », détermine, conviennent-ils, une image assez pittoresque figurée en termes sonores, qu'est-ce, demandent-ils, que ce vent parmi des tresses, et qui erre en frémissant sur des nuques ? Et ces nuques de marbre ? Et ce tandis, lourde jointure et liaison sauvage des deux membres disproportionnés de la strophe, n'a-t-il point l'air, à vrai dire, d'un propre-à-rien ? Le beau « définitif » ! Et le magnifique « achevé » !

Il faut sentir, pour prendre garde à de pareils détails ; M. Ferdinand Brunetière ne sent à peu près rien du tout, du moins directement. Ce qu'il croit éprouver arrive du dehors : souvenirs du collège, suggestion de l'entraînement et des contacts. En fait de sentiment, il est foule, il est peuple ; il participe d'un vulgaire que bannissent tous les poètes.

En veut-on des preuves plus fines ? Quand, par hasard, en un sujet contemporain, M. Ferdinand Brunetière a découvert une idée juste, l'expression qu'il en donne est volontiers d'un homme qui ne se rend pas compte du degré et du prix de la vérité qu'il détient. Contre Baudelaire, les Naturalistes, les Parnassiens, on lui vit rétablir les vraies règles de l'art

---

[150] Leconte de L'Isle, *Poèmes barbares*, *Qaïn*, strophe 16. (n.d.é.)
[151] Banville les cite en modèles, de style épique, je crois, dans son *Petit Traité de poésie française*.

d'écrire comme s'il n'entendait pas bien exactement le sens de ses propres doctrines. Était-ce la peine, en effet, de requérir avec outrance contre Les Fleurs du mal pour se mettre soudain à louer Baudelaire d'avoir su annexer au royaume du vers le département de la sensation olfactive ? De même, dans les grands assauts donnés à l'individualisme moderne, si le point de départ est bon, les analyses de détail en tombent au-dessous de tout ; c'est que, nous le savons déjà, le détail, la chose concrète et vivante, fuyante, déliée, l'atome réel et sensible (affaires de sentiment pur) se dérobent au nerf obtus de son observation. Avec les meilleurs principes du monde, il ne perçoit point les nuances ; leur complexité le réduit à de vagues tâtons.

Mais voici la seconde difficulté. Son succès aidant, M. Brunetière s'est mis à tâtonner dans les sujets, simples, grands et antiques, qu'il traitait jadis fermentent. Le plaisir d'étonner et de mystifier, l'esprit de système et de domination, enfin l'humeur nerveuse qui lui est naturelle le détachent de plus en plus des principes traditionnels dont il se croyait défenseur et qui formaient, en réalité, ses propres défenses. Il secoue leur vieille tutelle. Il veut marcher et penser tout seul, comme un grand garçon. Les badauds disent que sa pensée s'élargit ; elle s'étire et se fluidifie. Elle fait retour au néant. Théoricien du sens commun, il s'applique à marquer des singularités ; ancien conservateur, il confie au public ses démangeaisons « progressistes ». Toutes les insolences autrefois dispensées, non sans bravoure, à des vivants démesurément glorieux, il commence à les réserver à de grandes mémoires... M. Ferdinand Brunetière est en train de glisser aux dernières dissolutions. Je sais bien qu'en homme pratique M. Brunetière se ménage d'un autre côté des points fixes où s'assurer. Il se rapproche, on ne dit plus seulement du catholicisme politique et de la tradition romaine, mais des dogmes chrétiens. N'a-t-il pas annoncé, ou peu s'en est fallu, dans une réunion publique, qu'il croirait en Dieu l'an prochain ? On se demande s'il est tout à fait certain de cette croyance future. Si elle naît, durera-t-elle ? Si elle dure, suffira-t-elle à remplacer les garde-fous de premier ordre qui longtemps ont tenu la vagabonde erreur de cet esprit fantasque ? La foi métaphysique ne sera-t-elle point plutôt le stimulant de ses ambitieuses folies ?[152]

---

[152] L'affaire des cardinaux verts a-t-elle beaucoup démenti ce pronostic ?
[Note ajoutée en 1923. Cette phrase sur une foi vécue comme stimulant d'ambitieuses folies vient en écho de l'annexe sur le déisme publiée quelques semaines plutôt dans les Trois idées politiques. On y trouve résumé en peu de mots ce qui fera pendant trois décennies l'essentiel de la polémique entre Maurras et la démocratie chrétienne. L'affaire des « cardinaux verts » date de 1906, année de la mort de Ferdinand Brunetière ; il s'agit d'un groupe de prélats

Les freins intérieurs manquant, les anciens parapets rompus, monsieur Brunetière m'inquiète.

Il m'inquiéterait moins, s'il se perdait tout seul. Il m'inquiéterait moins s'il n'était qu'un poète rimant sa rêverie, un dramaturge ou un romancier combinant le système de ses fictions, ou seulement s'il se bornait à bâtir un système de l'histoire littéraire de France. Mais, avec la nature du romancier, du dramaturge et du poète, M. Brunetière veut, depuis quelque temps, fabriquer autre chose que le roman ou l'épopée de notre passé littéraire. Ses systèmes les plus récents ont tous une vertu politique ou morale ; tous ils tendent à déterminer des actions.

Or, M. Brunetière dispose de mille moyens de réaliser ces tendances. Il possède un talent non point (grands dieux !) de logicien, mais, en un certain sens de dialecticien, qui amuse l'oreille et séduit l'imagination ; il possède les hautes et sonores tribunes où se peut montrer ce talent. Pour son autorité, si âprement qu'on la discute, je ne saurais nier qu'elle soit considérable. Les professeurs le craignent, les archevêques l'accueillent dans leur palais, le pape lui donne audience. Normalien[153], sorbonien, académicien, et (qui l'aurait prévu ?) l'enfant chéri du démocratisme chrétien, c'est-à-dire du pire individualisme politique et social, aucun homme ne peut au même degré compromettre le vrai en y mêlant de sa démence, ni imposer le faux par l'ardeur éloquente de sa recommandation. Quel malheur que ce frénétique puisse ajouter de son caprice au courant de nos destinées ! S'il se perd, il perdra quantité de gens avec lui.

L'inconsistance reconnue ne me rassure point. Que ce prétendu pachyderme passe d'un bout à l'autre bout de nos cieux intellectuels avec l'aile rapide et le cœur léger d'un oiseau, ou que ce faux homme de bronze rebondisse comme une statuette en caoutchouc creux, cela ne peut faire de doute. Mais chacune de ses opinions du moment est présentée et défendue avec la rage d'une conviction éternelle. Fermement, pesamment et colériquement, il met sa tête en gage de chaque lubie qui lui vient. Il y renoncera sans hésiter demain, mais il s'y cramponne aujourd'hui et veut que, comme lui, aussi longtemps que lui, l'univers y soit cramponné. Tel est

---

désireux de composer avec la loi de 1905, et opposés de ce fait à la position prônée par le Vatican. (n.d.é.)]

[153] Ce fut comme professeur, nullement comme élève, que M. Ferdinand Brunetière participa de l'École normale.

son génie sociable. Changeant et journalier, il est œcuménique, entier et furibond, en quelque moment de ses caprices qu'on le surprenne.

Ouvrez ses livres. Il n'y met rien qu'il n'accentue avec une force terrible. De crainte qu'on n'avance quelque doute contrariant, chaque détail est souligné, mis sur socle et sous globe. Lecteur, imprègnes-en les replis de ton intellect ! Une inflexion particulière qui monte à chaque phrase nous donne à concevoir que, dans le branle humain, ce que l'auteur nous dit ne saurait point branler, étant au-dessus de conteste, narguant la corruption et la mortalité comme les anciennes étoiles. Pour les mots, ils sont insérés entre des guillemets précédés ou suivis de points admiratifs et de points suspensifs, qui ne laissent point oublier que le plus minime est sacré, portant comme reliques les intentions profondes du très auguste, du très sage et du très infaillible M. Ferdinand Brunetière.

Cette singulière abondance de signes typographiques n'est pas seulement un indice d'assurance ; c'en est un aussi de passion. Ils notent, peut-être pour les mimes de l'avenir, quels sentiments violents et quels gestes impétueux correspondent pour M. Brunetière aux paroles publiques confiées au papier. Quelquefois l'écrivain semble se frapper la poitrine comme les tribuns irrités, quand ils parlent à la dernière lie du peuple ; d'autres fois, il paraît secouer à grands coups une table sonore à la manière des buveurs ou, comme un aliéné, nous offrir de grands yeux hagards. Que de grimaces dans ce style, si ces moyens matériels peuvent prétendre au nom de style ! Et de toutes façons, quelle dépense, ou bien plutôt quel inutile gaspillage de substance, dénotent de pareils moyens ! M. Eugène Lintilhac[154], dont il faut admirer la robuste vitalité, ne consomme point en dix pages le demi-quart des énergies dilapidées en une seule par M. Brunetière. Il court, il bout, il vibre inépuisablement. Au-delà des fracas de cette élocution, le paisible lecteur croit distinguer les interjections familières des chasseurs, des guerriers, des athlètes et des coureurs.

— Quel est ce diable d'homme, se demandent les gens, ou du moins quel diable l'emporte ? Ira-t-il aux étoiles ? Ne va-t-il point finir par se rompre le cou ?

Il ne se rompra rien. J'ai dit qu'il se perdrait, et je m'en dédis maintenant ; car c'est un habile homme sous ces dehors tumultueux, en ce sens qu'il est bon ménager de lui-même. Il ira plutôt aux étoiles. Je le crois

---

[154] Eugène Lintilhac, 1854-1920, sénateur du Cantal, professeur de lettres et membre auvergnat du Félibrige. (n.d.é.)

fort capable, si le cœur lui en dit, d'entrer demain à l'Élysée, le grand cordon en travers de son maigre buste. Ce dont je le défie, c'est de se tenir tranquille dans ce palais on d'y rien entreprendre qui ait le sens commun. Jeune encore, agité d'une dévorante ambition, il n'y aurait point de malheurs où notre hurluberlu ne pût entraîner son pays et son parti, si jamais il s'abandonnait aux aventures politiques par satiété des honneurs que lui a valus sa littérature.

Je souhaite plutôt à M. Brunetière de ne point sentir ce dégoût et, puisque ces honneurs excessifs lui semblent amers, qu'il s'applique à les mériter ! Sous couleur de critique et d'histoire littéraires, il a tenté d'édifier un monument dont les proportions élevées et les nobles traits attestent, chez celui qui les a conçus, un esprit grand, hardi, passionné. Qu'il poursuive cette entreprise. Ses défauts mêmes y pourront faire naître des beautés. Son inconstance introduira dans la décoration une variété piquante. Son entêtement donnera aux matériaux les plus friables un air de fermeté. Le dérèglement de son imagination, son goût de l'aventure et de la gageure créeront des monstres agréables et divertissants. L'édifice fera penser à ces palais arabes, œuvres des génies et des fées, comme disait, je crois, M. Anatole France. Une fois terminé, s'il ne se trouve bon à rien, non point même à recevoir, comme un Trocadéro, un dépôt provisoire de nos collections nationales, si, dis-je, cette Histoire de M. Brunetière ne fournit même point un plan commode sur lequel distribuer pour quelque temps la nomenclature de nos auteurs depuis cinq siècles, eh bien, nous nous bornerons à considérer le développement extérieur du vaste édifice. Nous n'y classerons rien. Nous en ferons la joie de nos yeux. La beauté n'en sera que belle. Elle aura toujours été bonne à donner à M. Ferdinand Brunetière une occupation et une diversion esthétiques. Retenu, distrait loin du monde, il n'y aura point fait le fol.

« Cela est vrai », me dit un ami auquel je soumets ces notes avant que de les finir, dans la crainte de m'être laissé aller à quelque injustice. « Cela est vrai, mais toutefois vos conclusions marquent un excès de sévérité pour l'art de Brunetière. Art sans goût ni discernement, il est d'un instinct admirable, d'une force de passion qu'on ne peut comparer à rien ! J'ai entendu M. Brunetière traiter de politique et de religion ; je n'oserais point prendre sur moi de le faire nommer maire de Gigondas ou vicaire de Landerneau. Je l'ai vu donner son avis sur des détails de style ; je ne voudrais point le charger de terminer l'éducation de M. de Heredia ou celle de M. Charles Recolin...[155]

Mais dès que le génie de l'architecture et de la poésie historiques ravit au ciel l'esprit de M. Brunetière, tout ce que j'ai d'enthousiasme bondit et s'élève après lui. Je le porte à l'égal des premiers encyclopédistes. Je ne crains plus de le classer entre Pierre Larousse et Denis Diderot. »

---

[155] Charles Recolin, 1857-1905, pasteur, auteur en 1898 d'un ouvrage *L'Anarchie littéraire* dans lequel il fustige tout se qui s'écrit de son temps. Dans sa préface on peut lire ce passage :
  Je ne connais qu'un très petit nombre de critiques qui aient le courage d'avoir des principes et de braver l'accusation d'étroitesse et de stupidité. Parmi eux, il est juste de nommer M. Brunetière et M. Doumic. (n.d.é.)

Amis ou Ennemis ?
L'Homme

1901

Ce texte est paru dans la Gazette de France *du 23 septembre 1901 avant d'être repris plusieurs fois, en particulier en 1931 sous le titre* L'Homme *dans* Principes, *puis dans* Mes idées politiques.

Les philosophes traditionnels refusent constamment de parler des hommes autrement que réunis en société. Il n'y a pas de solitaire. Un Robinson[156] lui-même était poursuivi et soutenu dans son île par les résultats innombrables du travail immémorial de l'humanité. L'ermite en son désert, le stylite sur sa colonne ont beau s'isoler et se retrancher, ils bénéficient l'un et l'autre des richesses spirituelles accumulées par leurs prédécesseurs ; si réduit que soit leur aliment ou leur vêtement, c'est encore à l'activité des hommes qu'ils le doivent. Absolument seuls, ils mourraient sans laisser de trace. Ainsi l'exige une loi profonde, qui, si elle est encore assez mal connue et formulée, s'impose à notre espèce d'une façon aussi rigoureuse que la chute aux corps pesants quand ils perdent leur point d'appui, ou que l'ébullition à l'eau quand on l'échauffe de cent degrés.

L'homme est un animal politique[157] (c'est-à-dire, dans le mauvais langage moderne, un animal social), observait Aristote au quatrième siècle d'avant notre ère. L'homme est un animal qui forme des sociétés ou, comme il disait, des cités, et les cités qu'il forme sont établies sur l'amitié.[158] Aristote croyait en effet que l'homme, d'une façon générale et quand toutes choses sont égales d'ailleurs, a toujours retiré un plaisir naturel de la vue et du commerce de son semblable. Tous les instincts de sympathie et de fréquentation, le

---

[156] Le *Robinson Crusoé* de Daniel Defoe, roman de 1719, dont le titre complet est : *La Vie et les aventures étranges et surprenantes de Robinson Crusoé de York, marin, qui vécut 28 ans sur une île déserte sur la côte de l'Amérique, près de l'embouchure du grand fleuve Orénoque, suite à un naufrage où tous périrent à l'exception de lui-même, et comment il fut délivré d'une manière tout aussi étrange par des pirates. Écrite par lui-même.*
Comme celle-ci, les notes suivantes sont des notes des éditeurs.
[157] Reprise de la formule d'Aristote dans la *Politique* (livres I et III) et formulée aussi dans l'*Éthique à Nicomaque*, inlassablement reprise ensuite par toute la philosophie qui se réclamait du Stagirite, selon laquelle l'homme est « par nature un vivant politique », « φύσει ζῷον πολιτικόν » ; les Allemands parlent de *politisches Lebewesen*, la traduction plus restrictive *animal politique* est devenue habituelle en français.
[158] « L'amitié (φιλία) semble encore être le lien des cités et attirer le soin des législateurs, plus même que la justice » (*Éthique à Nicomaque*, 1155 a, et plus généralement tout le livre VIII). La véritable pensée d'Aristote est plus complexe puisqu'elle distingue selon le caractère naturel et nécessaire ou le choix volontaire de vivre ensemble. Mais Maurras est ici tributaire de la tradition scolastique et thomiste qui a eu tendance à gommer ces nuances.

goût du foyer et de la place publique, le langage, les raffinements séculaires de la conversation devaient sembler inexplicables si l'on n'admettait au point de départ l'amitié naturelle de l'homme pour l'homme.

— Voilà, devait se dire ce grand observateur de la nature entière, voilà des hommes qui mangent et qui boivent ensemble. Ils se sont recherchés, invités pour manger et boire, et il est manifeste que le plaisir de la compagnie décuple la joie de chacun. Cet enfant-ci s'amuse, mais il ne joue vraiment que si on lui permet des compagnons de jeux. Il faut une grande passion comme l'avarice ou l'amour pour arracher de l'homme le goût de la société. Encore son visage porte-t-il la trace des privations et des combats qu'il s'est infligés de la sorte. Les routes sont devenues sûres ; cependant les charretiers s'attendent les uns les autres pour cheminer de concert, et ce plaisir de tromper ensemble l'ennui est si vif que l'un en néglige le souci de son attelage, l'autre l'heure de son marché. La dernière activité des vieillards dont l'âge est révolu est d'aller s'asseoir en troupe au soleil pour se redire chaque jour les mêmes paroles oiseuses. Tels sont les hommes dans toutes les conditions. Mais que dire des femmes ? Leur exemple est cependant le plus merveilleux car toutes se détestent et passent leur vie entière à se rechercher. Ainsi le goût de vivre ensemble est chez elles plus fort que cet esprit de rivalité qui naît de l'amour.

Les pessimistes de tous les temps ont souvent contesté à Aristote son principe. Mais tout ce qu'ils ont dit et pensé a été résumé, vingt siècles après Aristote, par l'ami et le maître de Charles II Stuart, l'auteur de *Léviathan*, le théoricien de la Monarchie absolue, cet illustre Hobbes auquel M. Jules Lemaître aime trop à faire remonter les idées de M. Paul Bourget et les miennes sur le caractère et l'essence de la royauté.

Hobbes a devancé les modernes théoriciens de la concurrence vitale et de la prédominance du plus fort. Il a posé en principe que l'homme naît ennemi de l'homme, et cette inimitié est résumée par lui dans l'inoubliable formule : *l'homme est à l'homme comme un loup*. L'histoire universelle, l'observation contemporaine fournissent un si grand nombre de vérifications apparentes de ce principe qu'il est presque inutile de les montrer.

— Mais, dit quelqu'un, Hobbes est un pessimiste bien modéré ! Il n'a point l'air de se douter qu'il charge d'une calomnie affreuse l'espèce des loups lorsqu'il ose la comparer à l'espèce des hommes. Ignore-t-il donc que les loups, comme dit le proverbe, ne se mangent jamais entre eux ? Et l'homme ne fait que cela.[159]

L'homme mange l'homme sans cesse. Il ne mange que de l'homme. L'anthropophagie apparaît aux esprits superficiels un caractère particulier à quelques peuplades, aussi lointaines que sauvages, et qui décroît de jour en jour. Quel aveuglement ! L'anthropophagie ne décroît ni ne disparaît, mais se transforme.

Nous ne mangeons plus de la chair humaine, nous mangeons du travail humain. À la réserve de l'air que nous respirons, y a-t-il un seul élément que nous empruntions à la nature et qui n'ait été arrosé au préalable de sueur humaine et de pleurs humains ? C'est seulement à la campagne que l'on peut s'approcher d'un ruisseau naturel ou d'une source naturelle et boire l'eau du ciel telle que notre terre l'a distillée dans ses antres et ses rochers. Le plus sobre des citadins, celui qui ne boit que de l'eau, commence à exiger d'une eau particulière, mise en bouteille, cachetée, transportée et ainsi témoignant du même effort humain que le plus précieux élixir. L'eau potable des villes y est d'ailleurs conduite à grands frais de captation et de canalisation. Retournez aux champs, cueillez-y une grappe ou un fruit ; non seulement l'arbre ou la souche a exigé de longues cultures, mais sa tige n'est point à l'état naturel, elle a été greffée, une longue suite de greffages indéfinis ont encore transformé, souvent amélioré, le bourgeon greffeur. La semence elle-même, par les sélections dont elle fut l'objet, porte dans son mystère un capital d'effort humain. En mordant la pulpe du fruit, vous mordez une fois encore au travail de l'homme.

Je n'ai pas à énumérer toutes les races d'animaux qui ont été apprivoisées, domestiquées, humanisées, pour fournir à la nourriture ou au vêtement des humains. Observez cependant que ces ressources qui ne sont pas naturelles

---

[159] Il faut citer ici le passage célèbre de l'épître dédicatoire du *De Cive* de Hobbes :
   Et certainement il est également vrai et qu'un homme est un dieu à un autre homme et qu'un homme est aussi un loup à un autre homme. L'un dans la comparaison des citoyens les uns avec les autres ; et l'autre dans la considération des Républiques ; là par le moyen de la justice et de la charité qui sont les vertus de la paix, on s'approche de la ressemblance de Dieu ; et ici, les désordres des méchants contraignent eux-mêmes qui sont les meilleurs de recourir par le droit d'une légitime défense à la force, à la tromperie qui sont les vertus de la guerre, c'est-à-dire à la rapacité des bêtes farouches.
   Ce paragraphe de Maurras est sans doute aussi une réminiscence aristotélicienne du livre VII de l'*Éthique à Nicomaque* : l'homme qui serait déchu de son humanité, ne deviendrait pas une bête mais pire qu'une bête.

doivent recevoir un second genre d'apprêt, un nouveau degré d'humanisation (pardon du barbarisme) pour obtenir l'honneur de nous être ingérées. Il ne suffit pas de tondre la laine des brebis, il faut que cette laine soit tissée de la main diligente de la ménagère ou de la servante. Il ne suffit pas d'abattre la viande, ou de la découper ; c'est une nécessité universelle de la soumettre au feu avant de la dévorer : travail humain, travail humain. On retrouve partout cet intermédiaire entre la nature et nos corps.

Non, les loups ne se mangent pas de cette manière ! Et c'est parce que le loup ne mange pas le travail du loup qu'il est si rarement conduit à faire au loup cette guerre qui est de nécessité chez les hommes. Le loup trouve dans la nature environnante ce que l'homme est forcé de demander à l'homme. La nature est immense, ses ressources sont infinies ; le loup peut l'appeler sa mère et sa bonne nourrice. Mais les produits manufacturés, les produits humanisés, ceux que l'homme appelle ses biens, sont en nombre relativement très petit ; de là, entre hommes, une rivalité, une concurrence fatales. Le festin est étroit ; tout convive nouveau sera regardé de travers, comme il verra d'un mauvais œil les personnes déjà assises.

Mais l'homme qui survient n'apparaît pas à l'homme qui possède déjà comme un simple consommateur dont l'appétit est redoutable ; c'est aussi un être de proie, un conquérant éventuel. Produire, fabriquer soi-même est sans doute un moyen de vivre, mais il est un autre moyen, c'est ravir les produits de la fabrication, soit par ruse, soit par violence. L'homme y a souvent intérêt, en voici un grand témoignage : la plupart de ceux qui ne sont ni voleurs ni brigands passent leur vie à craindre d'être brigandés ou volés. Preuve assurée que leur réflexion personnelle, leur expérience, la tradition et la mémoire héréditaire s'accordent à marquer l'énergie toujours subsistante des instincts de rapine et de fraude. Nous avons le génie de la conquête dans le sang.

L'homme ne peut voir l'homme sans l'imaginer aussitôt comme conquérant ou conquis, comme exploiteur ou exploité, comme victorieux ou vaincu, et, enfin, pour tout dire d'un mot, comme ennemi. Aristote a beau dire que l'homme est social ; il ne serait pas social s'il n'était industrieux, et les fruits de son industrie lui sont si nécessaires ou si beaux qu'il ne peut les montrer sans être maintes fois obligé de courir aux armes. La défense de ces biens ou leur pillerie, c'est toute l'histoire du monde.

Il y a une grande part de vérité dans le discours des pessimistes qui enchérissent de la sorte sur Hobbes et sur les siens. Je voudrais qu'on se résignât à admettre comme certain tout ce qu'ils disent et qu'on ne craignît point d'enseigner qu'en effet l'homme pour l'homme est plus qu'un loup ; mais à la condition de corriger l'aphorisme en y ajoutant cet aphorisme nouveau, et de vérité tout aussi rigoureuse, que *pour l'homme, l'homme est un dieu.*

Oui, l'industrie explique la concurrence et la rivalité féroces développées entre les hommes. Mais l'industrie explique également leurs concordances et leurs amitiés. Lorsque Robinson découvrit, pour la première fois, la trace d'un pied nu, imprimée sur le sable, il eut un sentiment d'effroi, en se disant selon la manière de Hobbes : « Voilà celui qui mangera tout mon bien, et qui me mangera... » Quand il eut découvert le faible Vendredi, pauvre sauvage inoffensif, il se dit : « Voilà mon collaborateur, mon client et mon protégé. Je n'ai rien à craindre de lui. Il peut tout attendre de moi. Je l'utiliserai.... » Et Vendredi devient utile à Robinson, qui le plie aux emplois et aux travaux les plus variés. En peu de temps, le nouvel habitant de l'île rend des services infiniment supérieurs à tous les frais matériels de son entretien. La richesse de l'ancien solitaire se multiplie par la coopération, et lui-même est sauvé des deux suggestions du désert, la frénésie mystique ou l'abrutissement. L'un par l'autre, ils s'élèvent donc et, si l'on peut ainsi dire, se civilisent.

Le cas de Robinson est trop particulier, trop privilégié, pour qu'on en fasse jamais le point de départ d'une théorie de la société. La grande faute des systèmes parus au dix-huitième siècle a été de raisonner sur des cas pareils. Nous savons que, pour nous rendre compte du mécanisme social, il le faut observer dans son élément primitif et qui a toujours été la famille. Mais c'est l'industrie, la nécessité de l'industrie qui a fixé la famille et qui l'a rendue permanente. En recevant les fils et les filles que lui donnait sa femme, l'homme sentait jouer en lui les mêmes instincts observés tout à l'heure dans le cœur de Robinson : « Voilà des collaborateurs, des clients et des protégés. Je n'ai rien à craindre d'eux. Ils peuvent tout attendre de moi. Et le bienfait me fera du bien à moi-même. » Au fur et à mesure que croissait sa famille, le père observait que sa puissance augmentait aussi, et sa force, et tous ses moyens de transformer autour de lui la riche, sauvage et redoutable Nature ou de défendre ses produits contre d'autres hommes.

Observez, je vous prie, que c'est entre des êtres de condition inégale que paraît toujours se constituer la société primitive. Rousseau croyait que cette inégalité résultait des civilisations. C'est tout le contraire ! La société, la civilisation est née de l'inégalité. Aucune civilisation, aucune société ne serait sortie d'êtres égaux entre eux. Des égaux véritables placés dans des conditions égales ou même simplement analogues se seraient presque fatalement entre-tués. Mais qu'un homme donne la vie, ou la sécurité, ou la santé à un autre homme, voilà des relations sociales possibles, le premier utilisant et, pourquoi ne pas dire « exploitant » un capital qu'il a créé, sauvé ou reconstitué, le second entraîné par l'intérêt bien entendu, par l'amour filial, par la reconnaissance à trouver cette exploitation agréable, ou utile, ou tolérable.

L'instinct de protection ou instinct paternel causa d'autres effets. Le chef de famille n'eut pas seulement des enfants engendrés de sa vie. Des fugitifs, des suppliants accoururent à lui, qui, dans un état de faiblesse, de dénuement, et d'impuissance, venaient offrir leurs bras ou même leur personne entière en échange d'une protection sans laquelle ils étaient condamnés à mort. Par des adoptions de ce genre, la famille devait s'accroître. La guerre, qu'il fallut toujours mener à un moment quelconque contre des familles rivales, la guerre apporta un nouvel ordre d'accroissement. Il a toujours été exceptionnel, dans l'histoire du monde, que le groupe victorieux massacrât pour le manger, ou même pour satisfaire sa vengeance, le groupe vaincu. Les femmes de tout âge sont presque toujours réservées, les plus jeunes pour le rôle d'épouses ou de concubines, les plus âgées pour les offices domestiques sur lesquels, de tous temps, on les apprécia. Si le massacre, même celui des guerriers, est chose rare, la réduction à l'esclavage est au contraire un fait si général que Bossuet n'a pu le considérer sans respect. Quand l'on y songe, aucun fait ne peut mieux marquer le prix immense que tout homme attache à la vie et à la fonction d'un autre homme.

— Tu m'étais un loup tout à l'heure, mais aussitôt que j'ai vaincu le loup, je le tue, car il ne peut que me porter de nouveaux préjudices. Or, toi qui es un homme et que j'ai couché et blessé sur le sol, tu m'es comme un dieu maintenant. Que me ferait ta mort ? Ta vie peut au contraire me devenir une nouvelle source de biens. Lève-toi, je te panserai. Guéris-toi, et je t'emploierai.

Moyennant quelques précautions indispensables prises contre ta force et contre les souvenirs de ta liberté, je te traiterai bien pour que tu travailles pour moi. Proche de mon foyer, participant à ma sûreté, à ma nourriture et à toutes mes autres puissances, tu vivras longtemps ; ton travail, entends-tu, ton inestimable travail entre dans ma propriété. Mais je suis bien obligé de te garantir, outre l'existence, la subsistance et tous les genres de bonheur qui seront compatibles avec le mien.

Ainsi le visage de l'esclave était ami au maître. Et, peu à peu, lorsque l'habitude s'en fut mêlée, quand l'oubli eut opéré son œuvre, quand les bons traitements quotidiens eurent fait oublier telle cruauté primitive, le visage du maître devint ami à l'esclave. Il signifia la tutelle et le gouvernement. Après quelques générations, des relations d'un genre nouveau s'établissaient ; en vertu de la réciprocité des services l'esclave se tenait pour un membre secondaire, mais nécessaire de la famille.

Tantôt par le sentiment du péril commun d'où naissaient les pactes de chefs de familles sensiblement égaux entre eux, tantôt par l'abaissement ou la sujétion des familles voisines, la famille primitive s'est étendue jusqu'à former un nouveau groupement civil, un petit état politique ; le mécanisme de sa formation est celui que nous avons déjà vu jouer. L'industrie donne la puissance, détermine la concurrence, fait naître dans le groupe le besoin d'éléments nouveaux ; d'où l'augmentation des familles et leur fédération, d'où encore les portes ouvertes, moyennant certaines conditions d'établissement, aux vagabonds et aux transfuges, et même aux ennemis vaincus. Dans chaque enceinte, le mot d'Aristote se vérifie ; c'est l'amitié qui préside à la fondation de la cité. Mais la formule de Hobbes n'est pas démentie néanmoins ; parce que l'homme est un malfaisant, parce qu'il est un loup à l'homme, l'enceinte se hérisse de murailles, de tours et d'autres ouvrages de fortifications. L'amitié s'établit comme entre les participants d'un foyer, entre les citoyens de la même cité ; aux autres, c'est l'inimitié ou tout au moins la précaution et la méfiance qui se déclarent.

Il ne faut pas entendre par amitié l'amitié pure, ni par inimitié une inimitié absolue. Les étrangers ou, comme on les appelle dans l'antiquité grecque, les barbares, ne sont pas nécessairement des ennemis. Mais d'abord ils sont différents par les mœurs, par la langue, par le costume, par les lois. Et, de plus, leurs déplacements ont presque toujours pour objet un peu de rapine. Néanmoins, il arrive de les recevoir et de les interroger. On répond à leurs questions afin qu'ils répondent à celles qu'on leur pose. La charge de leurs chevaux ou de leurs navires est en outre un grand élément de curiosité, quelquefois de cupidité. Les relations commencent par celles qui sont les plus simples, le commerce par voie d'échange puisqu'il n'existe pas encore de monnaie. Voilà des espèces d'amitiés internationales. Mais elles sont précaires et toutes relatives, en comparaison des causes d'inimitié toujours sur le point d'éclater entre des gens si différents et mus d'intérêts si contraires !

Inversement, à l'intérieur de chaque cité, s'il est bien vrai que l'amitié née de pressants intérêts communs a fait reléguer la vraie guerre hors de l'enceinte et, pour ainsi dire, à la périphérie de ce grand corps, il n'y en a pas moins des vols et des adultères qui se commettent. Les amants rivaux se donnent des coups d'épée et les portefaix concurrents des coups de poing et des coups de couteau. Cependant une paix relative subsiste. L'on se déteste et l'on s'envie, mais pour des sujets de peu d'importance, et sur lesquels la réconciliation demeure facile ou possible.

Du reste, pour répondre au besoin général de paix et d'ordre qui est essentiel à la vie, mais que les progrès de l'industrie rendent impérieux, la cité, la grande communauté civile, déjà naturellement distinguée en familles, en corps de métier, comporte et au besoin suscite la formation de certaines communautés secondaires entre lesquelles les citoyens se distribuent selon leurs affinités et leurs goûts. Ce sont des associations religieuses, des confréries de secours mutuel, des sectes philosophiques et littéraires. Il va sans dire que les membres de chaque corps ne peuvent être en grande sympathie avec les membres du corps voisin ; la sympathie en est resserrée d'autant entre membres de même corps, et c'est un grand bienfait. Deux confréries de pénitents, l'une bleue, l'autre grise, peuvent causer dans une ville, le jour de la fête votive, deux ou trois querelles, et même, une bonne rixe ; l'amitié s'y exerce tout le long de l'année à l'intérieur de chacune pour le plus grand avantage matériel et moral des uns et des autres. Plus la guerre est vive à l'extérieur, plus à l'intérieur la camaraderie se fait étroite et généreuse. L'homme est ainsi fait, et les sociétés qui ont pu traverser les difficultés de l'histoire sont précisément celles qui, connaissant par réflexion ou pressentant d'instinct ces lois de la nature humaine, s'y sont conformées point par point. Une communauté subsiste tant que parmi ses membres les causes d'amitié, c'est-à-dire d'union, restent supérieures aux causes d'inimitié, c'est-à-dire de division. La police, les tribunaux sont institués pour châtier, réprimer et, s'il le faut, exclure ceux de chaque communauté qui montrent envers leurs confrères ce visage de loup qu'ils devraient réserver à l'ennemi commun. De même des honneurs anthumes ou posthumes ont servi de tout temps à récompenser ceux des membres de la communauté qui se sont montrés les plus « loups » envers l'ennemi ou, s'il est permis d'ainsi dire, les plus « dieux » envers leurs amis et compatriotes. Beaucoup de héros ont été déifiés ainsi, à titre militaire ou à titre civil.

Visage de dieu, visage de loup, l'expression alternante du visage de l'homme en présence de l'homme résulte de sa constitution, de sa loi. Naturellement philanthrope, naturellement misanthrope, l'homme a besoin de l'homme, mais il a peur de l'homme. Les circonstances règlent seules le jeu de ces deux sentiments qui se combattent, mais se complètent.

Je ne crois pas qu'ils puissent disparaître jamais. C'est une niaiserie, il me semble, de l'espérer. Les sociétés les plus vastes et qui fondaient les plus étroites « fraternités » furent aussi les plus terribles pour tout ce qui tentait de vivre en dehors d'elles. J'en atteste les souvenirs de l'empire romain qui, en se dilatant par toute la terre habitée, ne pardonnait qu'à ses vaincus et écrasait le reste. La chrétienté si douce, étant donné la rudesse des temps, aux populations abritées dans son vaste sein, s'abandonnait à la violence naturelle de tout instinct quand elle rencontrait des païens ou des Sarrasins. Aujourd'hui, la civilisation anglaise si modérée, si respectueuse, si juridique envers ses citoyens, ne reconnaît ni droit ni force en dehors de sa force ou de son droit. Trait curieux de l'avis de tous ceux qui l'ont vu de près, l'Anglais moderne est personnellement serviable, hospitalier, humain envers l'étranger, quel qu'il soit, qu'il a accueilli près de lui et avec lequel il a conclu l'alliance. Sa volonté formelle a la puissance de créer de ces acceptions de personne. Mais ce sont, comme on dit en droit, des espèces pures, et en dehors desquelles il se croit le devoir de montrer visage de loup à tous les barbares. Son visage de dieu est réservé aux fils de la vieille Angleterre.

On peut railler ce patriotisme, ce nationalisme ingénu. Mais il est conforme à de grandes lois physiques. Il se rattache aux éléments mêmes du genre humain. Pour créer ou pour maintenir un peuple prospère, une civilisation florissante, on n'a pas trouvé mieux, on n'a même pas trouvé autre chose.

Ne dites pas qu'il peut contribuer à la guerre étrangère ; il épargne à coup sûr la guerre civile, qui est la plus atroce de toutes.[160]

---

[160] Cette dernière phrase postiche a été ajoutée en 1937 pour l'édition de *Mes idées politiques*. Elle est ensuite reprise dans les *Œuvres capitales*.

LE DUC ALBERT DE BROGLIE

1901

Ce texte est paru dans la Revue hebdomadaire *du 2 février 1901.*

La première et dernière fois que je vis le duc Albert de Broglie fut, l'autre hiver, en un rendez-vous que s'étaient donné une centaine de chefs de groupes et d'écrivains royalistes ; le grand air de jeunesse qui était répandu sur toute sa personne m'avait fait hésiter à reconnaître un ancien ministre de Mac-Mahon, académicien depuis 1862 et que je savais presque octogénaire. Il paraissait soixante-cinq ans. Il s'avançait à pas légers, ferme et droit sur des jambes fines, les grands traits du visage extraordinairement clairs. Sur ces traits vifs, je pris plaisir à suivre les mouvements divers qui agitèrent la réunion.

Elle était présidée par un membre du Parlement ; et comme celui-ci affirmait, non sans précaution, que le règne futur de Philippe VIII ne pourrait se passer du parlementarisme, on l'interrompit. Non, non ! criaient des voix nombreuses au fond de la salle, où s'étaient groupées les dernières recrues du « parti », non ! plus de parlementarisme ! Les vétérans légitimistes ajoutaient leur approbation. Je renonce à décrire la suite des petites lueurs brillantes qui coururent à ce moment sur le visage du duc de Broglie. Il avait éprouvé, sans conteste, la sensation du ridicule parfait : — *Plus de parlementarisme ! Quoi, alors ? Une dictature ?* Mais à cette idée nette s'en joignait une autre, confuse, celle d'un vif étonnement. Le ridicule était un fait, ce fait s'était produit ; mais qu'il se fut produit, voilà ce dont le noble duc ne voyait ni l'explication ni la génération. Un embarras très évident, en même temps qu'une ironie visible à souhait, s'était peint sur ce front où la vie intellectuelle abondait.

Albert de Broglie est mort et, selon l'usage établi dans la famille, à quatre-vingts ans. Les Broglie participent d'une extrême longévité. Celui qui fut ministre de Louis-Philippe et qui passe pour le grand Broglie (bien à tort ; si l'on veut comparer, non le succès, mais les talents, il n'y a de grand Broglie que celui qui vient de s'éteindre), le duc Victor de Broglie avait poussé à quatre-vingt-cinq ans sa verte vieillesse. Né sous Louis XVI, ayant vu la Révolution et le premier Empire, il faillit assister à la fin du second, étant mort tout juste huit mois avant le 4 septembre et la proclamation de la troisième République à laquelle il léguait le plan de la Constitution qui la règle aujourd'hui. Des cinq ascendants directs du feu duc, un seul, contemporain de la Révolution, eut une carrière assez courte, mais l'erreur est imputable à la guillotine qui le faucha à quarante ans. Les autres approchèrent le seizième lustre ou le dépassèrent.

Mais, vivant longuement, ils vécurent avec puissance. Ces petits gentilshommes d'une petite république du Piémont arrivaient à peine chez nous, la première année du règne de Louis XIV, qu'ils réussissaient à se nantir des meilleures places dans la diplomatie, l'Église et les armées. Leurs six générations enjambent deux cent cinquante ans d'histoire de France ; pas une qui ne soit marquée d'une distinction rare et forte. Chaque Broglie étant notable à quelque degré et dans un genre, leur suite forme un de ces chefs-d'œuvre de vigueur propagée et continuée qui plaident en faveur du système des sélections héréditaires. Pas de génie, à proprement parler, mais, comme eût dit l'abbé de Musset[161], s'il eût parlé sans rire, des talents, de la facilité et l'application au labeur.

Le feu duc réunit ces qualités de force. Très bien doué par la nature, il a travaillé et, comme on disait autrefois, « labouré » jusqu'au dernier terme. Il n'a cessé de soutenir chez son libraire, dans les revues et les journaux, le poids de sa réputation et de sa politique ; à l'Académie, son parti et ses amitiés ; dans le monde, mille devoirs ; enfin, autour de lui, une clientèle vaste et diverse. Un autre eût été encombré. Il faisait face à tout. Rongé du mal, il s'en accommoda pour vivre et jusqu'à mourir… Ces faits, dont le moindre est constant, nous fournissent sans doute une idée assez différente des images que l'on put se faire de lui tant d'après ses idées que sur sa vie publique ; mais la vie, les idées de M. de Broglie ont eu, entre bien d'autres torts, celui de le défigurer. L'on va voir comment.

I

Albert de Broglie n'est pas le premier de sa race qui ait souffert par la faute de ses idées. Ses idées étaient déjà celles de son père, qui les tenait du sien.

Lorsque Victor Claude de Broglie monta sur l'échafaud, il fit transmettre à son jeune fils, alors enfant, le vœu exprès que celui-ci « restât fidèle à la

---

[161] Cet abbé est un personnage de la comédie d'Alfred de Musset *Il ne faut jurer de rien*. À la scène II de l'acte I, au cours d'un dialogue burlesque, il émet cette réplique :
> Je trouve la scène de l'évêque fort belle. Il y a certainement du génie, beaucoup de talent, et de la facilité. (n.d.é.)

Révolution française, même ingrate et injuste ». La duchesse, remariée, exécuta pieusement la volonté du premier époux et le jeune Victor de Broglie, revivant la vie et les pensées de son père, revécut, à l'échafaud près, les mêmes déboires. Comme son père, qui avait servi la Révolution avant d'en sentir les rigueurs, le duc Victor de Broglie fut l'instrument du libéralisme démocratique avant d'en être la victime. Les meilleurs amis de sa mémoire ont renoncé, je pense, à excuser son attitude sous la Restauration ; lui-même, quand les événements l'eurent averti, dut la déplorer. Son nom et sa situation élevée (il était pair de France), sa fortune, son influence, ses vertus lui donnaient les plus beaux moyens de s'employer avec gloire pour sa patrie. Il pouvait soutenir, maintenir, affirmer le plus sérieux et le plus pratique des gouvernements qu'ait connus la France au dix-neuvième siècle. Il lui plut de faire de l'opposition libérale.

Plus qu'un Guizot, plus qu'un Périer, plus qu'un Thiers, il aida à précipiter Charles X. Ses attaques, comme celles de tous ses collègues du centre droit, eurent une influence que ces politiques profonds n'avaient point calculée. Mais la critique exacte commence à distinguer que les vrais politiques de la Restauration siégèrent sur la droite ; devant les libéraux, aveugles, fanatiques, révoltés contre la leçon de la nature et de l'histoire, c'étaient les disciples de M. de Bonald, dont la sagesse traditionniste évoquait les réformes indispensables à la vitalité de l'État et de la société en France. Les ultras attaquaient, quand les libéraux les défendaient de toute leur force, ces institutions de l'an VIII, ce Code civil, cette théologie de l'individu dont il faut convenir aujourd'hui que la France périt. Le duc Victor de Broglie n'a cessé de soutenir à la tribune de la Restauration nos causes de faiblesse, nos principes de mort, qui étaient alors dans leur nouveauté ; ce qu'il appelait amoureusement « l'état actuel de la société », « l'état de nos idées et de nos habitudes », « l'état intérieur et domestique du pays », enfin « la nation française, telle que les quarante dernières années nous l'ont faite ». Il était l'avocat, le protecteur et, au sens romain, le patron de cette France *dissociée et décérébrée*, dont s'est plaint Maurice Barrès. Grâce à lui, elle put se dissocier et se décérébrer plus encore, en exécution de son principe générateur, selon les prévisions ou les constatations de l'école positiviste, Comte et Le Play, Renan, Taine et Balzac.

Certes, le duc Victor eut ses heures de repentir. Il a écrit, sur sa conduite et sur celle de ses amis, un certain nombre de pages amères et touchantes. Juillet lui ouvrit le pouvoir, mais l'effraya ; et quand la monarchie parlementaire eut causé les explosions démocratiques, qui à leur tour déterminèrent, par la force de leur anarchie, un accès de démocratie césarienne, ce libéral alla jusqu'aux larmes de pénitence. Sa sincérité fut profonde. Mais sa clairvoyance, jusqu'à quel point fut-elle portée ? Il déplora ses actes ; il ne quitta point ses idées. Quatre-vingt-neuf et les idées empruntées à la charte anglaise demeurèrent, dans la stricte force de cette comparaison religieuse, son Évangile. Dans un testament politique écrit à la fin du second Empire, *Vues sur le gouvernement de la France*, ouvrage inédit, publié par son fils, le duc Victor écrit l'élévation suivante sur le droit divin du parlementarisme :

> Admirable mécanisme qui n'est pas fait de main d'homme ; simple développement des conditions attachées, par la Providence, aux progrès des sociétés civilisées ; appareil où chaque organe se trouve à son rang, presque sans qu'il ait été besoin d'y pourvoir ; où chaque fonction s'accomplit par l'énergie de sa propre nature, où toutes les forces du corps social s'entr'aident en se limitant réciproquement ; économie facile et puissante où tous les intérêts sont placés sous la garde de tous les droits.

Telle étant l'atmosphère d'idées politiques dans laquelle vivait le vieux duc même repenti et dans laquelle le duc Albert naquit et grandit, il importe de mesurer quelle fut sur le père et le fils la puissance de ces idées. Victor de Broglie avait épousé, en 1816, Albertine-Ida-Gustavine de Staël, fille de l'auteur de l'*Allemagne*. La duchesse de Broglie était méthodiste zélée, et le duc ardent catholique ; mais cette diversité religieuse était apparente ou ne touchait qu'aux points secondaires du culte. L'un et l'autre avaient le même Dieu, le même rite, la même Église ; ils croyaient également à la Liberté, et sans doute tous les sacrifices, toutes les concessions, toutes les démarches conciliantes qui ne leur étaient point dictées par l'affection ou par une communauté d'habitudes, de vie, d'origine et de monde, leur venaient de cette commune religion de la Liberté. Les contrariétés inhérentes aux divergences confessionnelles, ces époux les offraient joyeusement en holocauste, ou comme un sujet de mortification méritoire, au fantôme métaphysique pour lequel ils ressentaient un égal amour. Nous savons tous les maux que cette Liberté habillée en idole a faits à la France ; n'oublions pas le bien qu'elle a répandu chez les Broglie. Ils lui ont dû la paix, la joie même de leur foyer. L'époux voyant l'épouse cheminer seule vers le temple, l'épouse séparée d'un mari courant à l'église, tous les deux, s'ils sentaient quelque serrement de cœur trop humain, le réprimaient avec délices, en se disant : « Pour la Liberté ! » D'une maxime ridicule, incompréhensible et qu'un honnête homme de notre époque aura toujours du mal à traduire en mots cohérents, « la liberté de chacun n'a d'autres bornes que la liberté d'autrui », de cette misère philosophique et morale, ces époux qui s'aimaient ont su composer du bonheur.

II

Issu d'un libéral et d'une libérale, plutôt que d'une protestante et d'un catholique, Albert de Broglie était appelé à de grandes destinées. En laissant de côté tout ce qui n'est pas sa personne, idées ou circonstances, peu d'hommes semblaient mieux désignés pour jouer un rôle considérable. Il s'y était préparé avec un grand soin ; pratiquement, tant qu'il put participer aux affaires, c'est-à-dire tout jeune encore (il eut trente ans l'année du coup d'État), et plus tard à travers l'étude et les voyages.

Son instruction était étendue, ses lettres solides. Il savait les langues, l'histoire, le droit, la diplomatie, l'administration. Il a donné en se jouant des pages de critique littéraire auxquelles il n'y a rien à redire. Elles sont d'un esprit plus qu'averti et profondément pénétré de l'histoire et de la poésie de notre langage. La petite étude sur Malherbe, écrite à soixante-quinze ans, serait parfaite s'il avait mis plus d'attention à en corriger les épreuves, de manière à ne pas y laisser traîner des citations inexactes et des vers faux.

Moins bon philosophe (le don de la philosophie était réservé à son frère, le malheureux abbé de Broglie, qui est mort tragiquement[162]), il s'était cependant entraîné à cet exercice. Une version critique du *Systema theologicum* de Leibniz, qu'il a traduit *Système religieux*, en témoigne. Ainsi, désireux de gouverner son pays, le jeune patricien s'était rompu lui-même

---

[162] Auguste-Théodore Paul de Broglie, 1834-1895, frère cadet du duc Albert. Polytechnicien, il devint tardivement prêtre (en 1870) et fut l'auteur de nombreux ouvrages. Il mourut abattu au revolver par une paroissienne à qui il rendait visite ; celle-ci, sujette à des crises de folie, l'accusait d'avoir violé le secret de la confession. Cette mort provoqua de nombreuses polémiques, tant sur la fréquentation des femmes par les prélats que sur l'opportunité de revenir à l'enfermement des fous. (n.d.é.)

de bonne heure à toute haute discipline. À son brillant zénith du dix-neuvième siècle, l'heureuse Angleterre a connu cette fortune de n'être, en somme, dirigée dans les voies les plus positives que par une élite d'esprits supérieurement cultivés et instruits, familiers ordinaires de l'élite du genre humain. C'est du vers grec, de la critique biblique et de la controverse philosophique que ses hommes d'État sont partis à la conquête de l'univers.

Cette intelligence si riche était libre. Un juge qui n'est point prévenu (c'est M. Ledrain[163]) n'hésitait point à admirer l'équité, la souplesse, la flexibilité de l'historien de l'Église au quatrième siècle. Si Dom Guéranger[164] attaqua les tendances hétérodoxes de M. de Broglie, je ne vois pas qu'il ait contesté chez lui la volonté et le désir, également fermes, d'être un catholique très strict. M. de Broglie eut pu céder aux objections de Dom Guéranger, lui donner satisfaction sur tous les points, corriger dans les six volumes tout ce qui était trouvé à reprendre, y compris le fameux passage dans lequel le jeune duc paraissait dire, sans le vouloir dire peut-être, que le Christ ne savait sans doute pas le grec ; ces amendements de détail n'eussent rien changé au ton de l'ouvrage. C'était le ton de la sympathie universelle. Un homme est libre qui, à travers toute polémique, peut sentir à l'égard de son adversaire assez de sympathie pour le comprendre tout entier, le goûter, aller à l'aimer. Une âme passionnée se permet ces dérogations. Elles ont leur noblesse, et ne cèdent rien sur le fond.

Avec quelle vive amitié M. de Broglie, pourtant sévère, traite Julien ![165] Rien ne saurait montrer l'ouverture de cet esprit comme la description d'Athènes, quand Julien s'y perfectionnait dans l'étude des poètes et des philosophes, avec Basile et Grégoire de Nazianze[166], les futurs Pères d'une

---

[163] Eugène Ledrain, 1844-1910, érudit spécialiste des questions d'Orient, auteur d'une traduction savante de la Bible. (n.d.é.)
[164] Dom Prosper Guéranger, 1805-1875, restaurateur de l'ordre des bénédictins en France et refondateur de l'abbaye de Solesmes. (n.d.é.)
[165] Flavius Claudius Julianus, 332-363, surnommé Julien l'Apostat par la tradition chrétienne, empereur à part entière de 361 à 363. Il doit son surnom à sa tentative de restaurer la religion antique dans l'empire romain, alors qu'il avait été élevé dans la religion chrétienne. (n.d.é.)
[166] Basile de Césarée, 329-379, et Grégoire de Nazianze, 329-390, furent effectivement condisciples du jeune Julien, avant de devenir les figures emblématiques de la lutte contre l'arianisme. (n.d.é.)

Église que l'audacieux réactionnaire allait ébranler. Je tiens à citer cette page :

> Transporté dans cet asile des Muses, au pied de l'Acropole et du Parthénon, près du temple qui retentissait encore des vers de Sophocle, sur cette Agora qu'ébranlait l'écho des paroles de Démosthène, Julien respira pour la première fois avec délices un air qui ranimait ses sens et qui remplissait sa poitrine. En peu de temps, par son rang aussi bien que par ses talents, il devint le héros de ces écoles brillantes qui animaient la ville de leurs tournois d'éloquence et de leurs jeux d'adresse. Sophistes, rhéteurs, élèves, tout le monde s'empressait autour de lui. C'était pour tous un charme inattendu d'entendre la langue des poètes et des écoles, l'idiome natal du sol attique, parlé avec grâce et dignité par une bouche royale. Lutter d'éloquence ou discuter de métaphysique avec un prince ; le voir admirer des temples, verser quelques larmes sur leurs ruines, quelle consolation pour les sectateurs fidèles, mais humiliés, des divinités déchues ! On ne le pressait sans doute pas trop de s'expliquer ; on ne s'étonnait pas de le voir encore commenter les Écritures et suivre le culte chrétien. On sentait la sympathie dans l'accent de sa voix et dans le tour de sa pensée, avec cette perspicacité discrète qui est le partage des faibles et des vaincus. Et puis, le soir, quand l'ombre était venue, quand l'œil du gouverneur ou des « curieux » ne pouvait plus le suivre, ne se disait-on pas qu'on le voyait souvent se rendre au temple d'Éleusis[167] où siégeait le pontife le plus renommé de la Grèce, l'héritier des mystères de la bonne déesse et le correspondant actif et zélé de tous les philosophes asiatiques ? Puis on se passait, pour le lire avec émotion, un discours composé par le prince lui-même au sujet d'un différend entre Corinthe et Argos. Ce petit écrit aurait pu être composé par un païen de profession, tant on y parlait avec respect des souvenirs homériques d'Argos et des jeux séculaires de Corinthe. Il n'en fallait pas davantage pour que tous les dévots du vieux culte offrissent en secret des sacrifices aux dieux en faveur du jeune prince et de son prochain avènement à l'empire.

Ces succès, ces honneurs, ces jouissances d'artiste, ces extases de

---

[167] Ville proche d'Athènes où se trouvait le grand temple de Demeter (Cérès) qui fut détruit par les Wisigoths en 395. (n.d.é.)

croyants surexcités par de secrètes opérations magiques, tout contribuait à plonger Julien dans une espèce d'ivresse ; mais, n'osant s'y abandonner tout entier, par un reste de prudence et par la crainte des regards qui le surveillaient, tour à tour excité et contenu, rongeant son frein et prêt à le briser, il éprouvait dans tout son être un ébranlement qui se trahissait dans son attitude. « Je le regardais, disait plus tard un de ses camarades d'étude, et je voyais une tête toujours en mouvement, des épaules branlantes et agitées, un œil égaré, une démarche chancelante, un nez en l'air qui aspirait l'ignorance et le dédain... Et je me disais :
— *Quel monstre Rome nourrit-elle ici ?*

Ce tableau délicieux des écoles d'Athènes se complète par les portraits non moins étudiés, non moins délicats, des jeunes Grégoire et Basile, ardents chrétiens. Le duc de Broglie n'avait qu'à jeter les yeux autour de lui, dans la société des Lacordaire, des Montalembert, des Swetchine[168], pour trouver des modèles plus ou moins ressemblants aux deux jeunes héros. Et, de toute façon, la tâche lui était facile. L'auteur n'avait qu'à suivre le cours des sentiments et des passions dont il vivait. Le Julien, d'un art tout aussi compliqué, exigeait de plus un effort de sensibilité et d'intelligence critiques. Le duc de Broglie a fait cet effort toutes les fois qu'il l'a fallu.

Bien muni pour la vie active, il ne manquait pas non plus d'ambition pour s'y élancer. Il eut d'abord l'ambition des Broglie, qui fut souvent de jouer un rôle. Il eut celle du bon citoyen, bien assuré de sa valeur et qui se sait particulièrement utile à tous. Jusqu'à cinquante ans il désira gouverner. Et, ayant perdu la partie à cinquante-six ans, il en porta amèrement le deuil. Vers la fin du règne de Napoléon III, il s'était mis à la tête des libéraux. L'école de Nancy[169] jouissait de ses sympathies. Il la protégeait même un peu. En 1869, il exposait, dans sa profession de foi aux électeurs de Bernay, qu'il n'était point « animé d'une hostilité systématique contre les pouvoirs existants, mais tout dévoué aux principes de 89 ».

---

[168] Anne Sophie Swetchine, 1782-1857, aristocrate russe convertie au catholicisme en 1815, vint s'installer ensuite à Paris où son salon devint le lieu de rencontre attitré des catholiques libéraux. (n.d.é.)

[169] Cette École de Nancy ne préfigure en rien celle des arts décoratifs, née après 1900, qui est la seule à porter ce nom aujourd'hui. Il s'agit du groupe qui, en 1865, rendit public un projet de décentralisation soumis à Napoléon III — voir *L'Idée de la décentralisation*. (n.d.é.)

À défaut de l'Empire libéral, un empire ultra-libéral l'eut peut-être conquis. Le pouvoir semblait fait pour M. de Broglie, comme M. de Broglie pour le pouvoir ; en quoi il ne se trompait pas, aucun Français n'étant plus apte, en temps normal, sous un chef légitime, à présider à la destinée des autres Français. Parallèlement aux princes de la maison de France, il était prétendant à la première place dans leurs conseils. Il se sentait de taille à tenir près d'eux toutes les charges les plus lourdes d'une régence ou d'une vice-royauté.

Cette ambition, si haute qu'on la juge, n'est pas à blâmer. Elle différait de l'ardeur brouillonne d'un Frondeur ou d'un Important[170] ; non seulement justifiée, elle était aussi tempérée par le grand sens qu'avait M. de Broglie du bien public. On ne lira jamais un discours, une circulaire ou un document politique émanant de cet homme sans être frappé de l'ampleur avec laquelle il savait embrasser l'intérêt général français.

Seul peut-être de toute sa génération, il eut l'idée constante, le sentiment pratique de la continuité des affaires d'un même peuple. Par une sorte de miracle de bonne foi, qui n'a été refait par aucun de ses successeurs, il ne manqua jamais de faire le calcul des conséquences de ses actes ou de ses conseils. Cela, presque sans y songer ; tant le souci de l'avenir lui semblait naturel à tout politique sérieux ! Mais, par une candeur dont il se fût gardé à la réflexion, il oublia souvent que ses adversaires n'étaient pas à compter pour des politiques sérieux. Le jeu parlementaire exigeant, pour être bien joué, un égal sérieux des deux camps, le duc de Broglie le supposa. C'était son postulat gratuit, mais nécessaire.

Sans ce postulat, le parlementarisme ne pouvait exister, et, sans le parlementarisme, il ne voyait pas de salut.

III

Nous tenons ici les deux composantes de M. de Broglie. Probe, patriote passionné pour l'ordre moral, comme il disait, pour la grandeur de la France, pour sa gloire propre et la gloire de sa maison, d'esprit libre en tout ce qui échappait à la politique, préparé par l'étude et les traditions tant à l'intrigue de couloir et d'antichambre qu'à la

---

[170] La « cabale des Importants », en mai 1643, précéda la Fronde de quelques années. Toutes deux étaient dirigées contre le cardinal Mazarin. (n.d.é.)

haute administration, de charpente solide et résistante : voilà ce qu'il était. Et c'était tout lui-même, mais n'était que lui-même. Une idée en somme étrangère, un culte que les Broglie ne pratiquaient que depuis deux générations, l'idée, le culte du libéralisme parlementaire, entés sur tous ces dons, eurent le résultat d'un greffage mortel. Talents, savoir, activité, passion, tout fut desséché.

Il ne faut point dire néanmoins que M. de Broglie ait constamment échoué dans sa politique. Des deux actes fondamentaux que l'histoire lui attribue, le premier fut un vrai succès. Le duc de Broglie réussit parfaitement à éloigner du trône Henri V. Il sut inspirer à ce prince le sentiment que le roi, quel qu'il fût, devrait se résigner à l'avoir pour second, c'est à dire pour maître.

Le Comte de Chambord ne s'y résigna point et souleva, pour en finir, la question du drapeau. Il redoutait l'insidieux réseau dans lequel cet agile et ardent diplomate l'eût fatalement impliqué ; M. de Broglie eût apporté à ce travail le même zèle infatigable, le même fini qu'au premier.

Exactement comme son père sous la Restauration, n'eût-il pas combattu contre un despotisme d'ancien régime, pour 89 et pour les principes du droit nouveau ? Ces principes, étant sacrés, devenaient des fins religieuses. Le feu duc devait, à ses moments perdus, regretter la magnifique opposition qu'il eût pu organiser contre les ultras de 1873[171], s'ils avaient triomphé de ses premières embûches. Du moins, ces embûches, fort artistement composées, rendent-elles un bon témoignage de son attachement à l'autel de la Liberté, en même temps que de sa dextérité et de sa finesse. S'il eût été le maladroit que l'on prétend, sa réussite sur ce point eût été moins complète.

Mais, en éliminant le Comte de Chambord, on ne voit pas que le duc de Broglie ait assuré le trône au Comte de Paris, ni même qu'il se soit conservé à lui-même la haute main sur le pouvoir. Plus tôt qu'il ne l'imaginait, il eut son tour de chute. Il avait dédaigné la faveur du peuple, quand il déplaisait à son roi. Il expia cette indépendance d'une âme fière.

On lui organisa l'impopularité, par les plus indignes moyens. Ni les élections partielles ni les élections générales ne se prononcèrent pour lui. Au Seize-Mai[172], ce doctrinaire du parlementarisme devint, en compagnie de

---

[171] C'étaient bien des ultras. Il faut lire dans *Paris pendant les deux sièges* le beau projet de constitution royaliste élaboré par Louis Veuillot sous leur inspiration.
[172] Le 16 mai 1877 est une date charnière dans l'histoire de la Troisième république. Les républicains sont majoritaires depuis un an à la Chambre, mais non au Sénat. Le Président

bonapartistes, le chef du cabinet constitué par le maréchal contre la Chambre... On connaît aujourd'hui que le rôle de M. de Broglie y fut modérateur. Nous n'avons pas à l'en louer. Son premier tort fut de se charger d'une entreprise qui lui convenait mal ; le second, de la manquer une fois qu'il l'eut acceptée. Le troisième, une fois manquée, de ne pas la recommencer.

M. de Cassagnac[173] a raconté que, dans la nuit de leur effondrement électoral, il donna justement au duc de Broglie ce conseil, si simple et naturel, de recommencer. « Je ne peux pas ! » gémit le duc, les bras au ciel. Rien de plus vrai. Il ne pouvait même pas le vouloir. L'équipée naïve du coup d'État légal lui était apparue, dès le premier jour, absurde. Mais un coup d'État illégal lui aurait donné l'idée précise d'une impiété. Toute sa religion originelle protestait contre les actes inconstitutionnels. Son énergie, sa patience, son application, son industrie aux mille ressources étaient disponibles pour d'autres œuvres, fussent-elles héroïques ; aucunement pour celle-ci. Volonté, ambitieux désirs, sourdes envies, rien ne l'y portait. Il avait tout osé contre son roi parce qu'il se disait : « La Liberté le veut. » Il n'osa rien contre les radicaux réélus, parce qu'il se disait : « La Liberté ne le veut pas. » Il eût su tenir tête aux caprices des opinions ; cependant l'Opinion, conçue comme une réalité politique, le troublait et l'intimidait. De Gambetta ou de lui, c'était lui, très certainement, qu'elle impressionnait le plus. Le tribun ne pouvait manquer d'être sceptique sur une quantité qu'il faisait et qu'il défaisait presque à son gré. Le duc la redoutait à l'égal d'un pouvoir inconnu et demi divin.

Dans la politique moderne, il n'existe pas de plus grande cause de faiblesse. Je ne crois pas que le duc de Broglie ait jamais fait monter la formule du libéralisme au même degré de mystique rêverie où l'avait élevée son père. Outre qu'il était beaucoup plus intelligent et plus raisonnable, outre que le dix-neuvième siècle, en France et hors de France, en donnant

---

royaliste Mac-Mahon engage une épreuve de force avec le premier ministre Jules Simon, qui démissionne. Albert de Broglie forme alors un « gouvernement d'ordre moral », mais la Chambre lui refuse sa confiance. Gambetta prend la tête d'un mouvement de protestation. La crise débouche sur de nouvelles élections ; les républicains n'y emportent qu'une courte victoire, mais ils prennent la majorité au Sénat et les royalistes sont laminés. Albert de Broglie démissionne le 19 novembre et Mac Mahon reconnaît sa défaite ; la voie est ouverte au renforcement irréversible du pouvoir républicain. (n.d.é.)

[173] Paul de Cassagnac, 1842-1904, journaliste politique, député bonapartiste du Gers à partir de 1876, connu pour ses nombreux duels. (n.d.é.)

déjà sa mesure, y avait également donné sa leçon, un contemporain de Taine et de Comte ne pouvait s'exprimer comme un collègue de Chateaubriand et de La Fayette. Albert de Broglie a quelquefois atténué son expression de la chimère paternelle, et sa pensée ressemble alors, à s'y méprendre, au sentiment des grands Anglais, qui ne libéralisent point en l'air et s'occupent tout simplement, en esprits justes et pratiques, de trouver le point d'accommodement entre les forces probables de la Couronne, les forces probables des Communes et les forces probables de l'aristocratie. Dans la préface de ses *Essais de littérature et de morale*, le duc de Broglie représente sa doctrine comme un système de « support mutuel », de « conciliation », et finalement de « transaction ». Mais pourquoi nomme-t-il un tel système un « Idéal » ? Le système n'a rien d'un Idéal, quelque sens qu'on veuille prêter à ce mot allemand. Il ressemble plutôt à un expédient. Tous ceux d'entre nous qui ont songé avec courage et résolution aux moyens de régler le présent désordre français savent que rien d'utile ne se fera sans concession ni composition. Un esprit tolérant et conciliateur y est indispensable, comme beaucoup d'intelligence, de diversité, de souplesse. Il faudra des expédients. Les expédients ont du bon, mais à la condition d'être appelés et exigés par les circonstances. Ils se trouvent à la disposition des hommes, mais les hommes ne sont aucunement à leur merci. Loin de former un principe ou de correspondre à un idéal, l'expédient ne vaut rien par lui-même ; il vaut les services qu'il rend. Introduire des expédients libéraux en des sujets qui se passent d'expédients et dans lesquels l'autorité peut réussir à se faire accepter toute seule et dans son entier, constitue une sorte de crime d'État. Compliquer de l'expédient parlementaire l'acte, parfois inévitable, par lequel un pouvoir met quelques soldats dans la rue pour faire taire les mutins, est plus qu'un crime, plus qu'une faute même : c'est un non-sens.

Mais les non-sens les plus forts sont dits et pratiqués par les gens d'esprit s'ils en ont fait une affaire de conscience. Quelque formule qu'il donnât de la Liberté et du gouvernement constitutionnel, le duc de Broglie y tenait sa conscience pour engagée. C'était, comme s'expriment d'après Aristophane, dans le sens d'imagination gratuite, d'utopie et de chimère un peu coupable, les écrivains de l'Action française, c'était la « Nuée » de ce noble esprit. Elle a gâté, réduit, déformé méthodiquement la suite de sa vie et de sa pensée politique. Je crois pourtant qu'il n'a jamais cessé d'y être fidèle.

« Écrivez l'histoire, Monsieur, ne vous mêlez plus de la faire. » Cette dure apostrophe, qu'Armand de Pont-martin[174], après le Seize-Mai, lui jetait de son feuilleton de *La Gazette de France*, ne fut point écoutée du duc de Broglie. S'il se remit à écrire l'histoire, et l'écrivit parfaitement, comme en ont témoigné *Le Secret du Roi* et tant d'autres mémoires délicats, pénétrants, rapides, et d'un pittoresque discret, mais vif, dont le règne de Louis XV faisait les frais, M. de Broglie n'en quitta point le dix-neuvième siècle, ni le souci de donner figure au vingtième. Je ne crois pas qu'il ait senti ni ses fautes, ni l'étendue de son malheur.

Battu devant les électeurs sénatoriaux, battu encore en 1885 devant le suffrage universel, en des conditions qui durent flatter son amour-propre un peu sauvage (toute la liste conservatrice passa, lui excepté), il était battu plus complètement devant l'Opinion, sa précieuse icône. Ni les ignorants ni les doctes, ni la bourgeoisie ni le peuple, ne défendent plus aujourd'hui les doctrines du parlementarisme. Si une institution a perdu tout crédit, c'est bien celle-là. En dépit du testament de son auguste père, le Comte de Paris la quitta et, depuis quinze ans[175], les plus radicales tendances autoritaires et militaires se manifestent dans les profondeurs de la nation. La nation demande qu'on fasse taire les bavards et que l'on mette les avocats à la porte ; les théoriciens expliquent que la machine du parlementarisme est essentiellement inutile et pernicieuse, car elle remplace le travail par le bruit, l'action par la critique, la politique nationale par la politique de clan. Le duc de Broglie eût pu compter autour de lui, et peut-être dans sa maison, ceux qui restaient fidèles au parlementarisme. Le sentiment de sa défaite en aurait été plus amer.

Plus amer encore eût été le même sentiment si son intelligence, demeurée étendue et claire, avait pu constater à quel point le parlementarisme avait mérité le double jugement de la foule et des sages. Du wilsonisme[176] au panamisme, du panamisme à l'affaire Dreyfus, tous nos scandales ont été d'origine parlementaire. L'affaiblissement général de l'ordre français, la

---

[174] Armand Ferrard, comte de Pontmartin, 1811-1890, journaliste et critique littéraire légitimiste. (n.d.é.)
[175] Écrit en 1901 (note de 1928).
[176] Daniel Wilson, 1840-1919, richissime député radical, épouse en 1881 la fille du Président Jules Grévy. En octobre 1887 éclate le scandale du trafic des décorations, dont il est la plaque tournante. Jules Grévy est contraint à la démission, mais son gendre reste député et n'est pas inquiété. C'est le premier de la longue série des gros scandales qui secouent la Troisième République ; l'affaire de Panama le suit de quelques années. (n.d.é.)

machine administrative encrassée de routine, les révolutions introduites dans le personnel administratif, l'ancienne centralisation bureaucratique énervée, détruite même, sous l'influence des représentants élus, et cependant le même fonctionnariat renforcé, centralisé plus étroitement en vue du service électoral qu'on attend de lui, des alliances précieuses. mais délicates, tantôt purement négligées, tantôt brusquées et mendiées avec une hâte coupable, la marine et les colonies abandonnées à l'anarchie la plus stagnante, l'armée tour à tour accablée des injures d'en bas et des injustices d'en haut, finalement livrée au bon plaisir des fanatiques ou des sots, pourvu qu'ils soient de la clientèle d'un ministère, enfin les finances à la disposition de mandataires chargés de ruiner le public en faveur des particuliers, ce sont d'autres fruits, très directs, du parlementarisme. Ils étaient suffisamment clairs ; le duc de Broglie, qui les voyait, a, je pense, rendu le dernier soupir sans rattacher ces fruits corrompus à leur arbre. Il s'était endormi et rassuré sur une distinction fort ingénieuse que ses amis et lui avaient imaginée, il y a un quart de siècle. « Le parlementarisme est faussé, disaient-ils, et faussé en vertu du mécanisme républicain. » Mais ils n'ont jamais expliqué ce qu'un pareil faussage avait d'accidentel et non d'essentiel. En quoi d'ailleurs un souverain, même héréditaire, une fois superposé à ce mécanisme, l'aurait-il empêché de devenir ce qu'il est devenu ? L'unique supériorité de la monarchie sur la présidence élective aurait été de le pouvoir supprimer plus facilement. Mais à quoi bon constituer une machine à supprimer ? Ne vaudrait-il mieux épargner au prince la peine de signer l'ordonnance de suppression ? Le duc de Broglie ne se l'est jamais demandé. Toutes les constitutions qu'il a jetées sur le papier jusqu'au dernier jour comprenaient, comme celle qu'il nous a confectionnée et votée, le vieux rouage du parlementarisme.

Un de ses derniers articles du *Moniteur*, qui fut remarqué à bon titre, commentait une réponse de son jeune ami, M. Godefroy[177], aux juges de la haute Cour. M. Godefroy avait dit : « Les *deux* se valent ! » Les *deux*, c'était,

---

[177] Eugène Godefroy, responsable parisien de la Jeunesse Royaliste (voir à ce sujet l'article de François Callais : « La Jeunesse Royaliste. Préfiguration de l'action française », *Histoire, économie et société*, 1991, no 4, p. 561-589.). Le procès en Haute Cour dont il est question est celui du « complot » de Paul Déroulède, suivi par le fameux épisode du « Fort Chabrol ». Le verdict fut rendu le 4 janvier 1900 ; entre autres condamnés au bannissement, André Buffet et Eugène de Lur-Saluces, les représentants en France du duc d'Orléans, durent s'exiler à Bruxelles, où Maurras alla les rencontrer pour commencer à écrire ce qui allait devenir l'*Enquête sur la monarchie*. (n.d.é.)

d'une part, la troisième République, et, de l'autre, une dictature. Le mouvement, le nerf, la flamme revinrent sous la plume d'Albert de Broglie pour décrire et flétrir le régime et le nom maudits : Dictature ! Son sens délié de la politique et de l'histoire l'abandonnaient ; une âpre fougue, une froide rage, les mêmes qui parurent dans ses actes de 1873 contre les projets de dictature royale, étincelaient parmi les beaux plis de son ample phrase quand il lui arrivait de toucher à son grand sujet. On sentait, à le lire, un extrême désir de se montrer fort désagréable et pointu envers qui en jugeait d'une autre manière que lui. Innocemment, du reste, sans intention mauvaise, ni d'offense ! Mais son dieu le tenait, et cet homme si poli confessait sa foi.

Ainsi la Liberté, entendue religieusement, ne s'est pas contentée de perdre une belle vie. Elle a aigri un beau caractère, ou elle l'a laissé s'aigrir. N'inspirant point de tolérance, ne créant point d'aménité, à quoi donc servait le sentiment de la Liberté ?

L'autorité peut être dure dans le privé, mais elle rachète son inconvénient par des avantages publics. Les libéraux confessionnels ont, en un vain partage, la liberté sans ses plaisirs, l'autorité sans sa puissance ; tristesse de Zénon et relâchement d'Épicure... C'est ce dont la plupart des Français se sont aperçus. Beaucoup d'entre eux renoncent déjà à l'illusion, à la Nuée qui perdit successivement trois ducs de Broglie. Ah ! si l'histoire de ces grandes et malheureuses personnes hâtait, dans notre peuple, une abjuration, tranchait une indécision, dissipait enfin quelque doute, cet immense service posthume rendu au public les déchargerait de tout blâme. On les plaindrait, mais on plaindrait aussi la France dépouillée, par leur faute autant que par la sienne, du service de leurs talents et de leurs vertus.

Le Mirage d'Orient

1901

Une philosophie de soleil où tout se distingue...
Pierre Lasserre (1901).

Moi aussi, j'ai vu l'Orient. Je l'ai vu quelques heures et lui dis adieu sur-le-champ ; avec quelles mélancolies, ce mardi d'une fin avril 1896, comme je descendais à la tombée du soir les pentes de l'Hymette sur la route d'Athènes ! En rapportant l'idée des berceaux brillants du soleil, chaque pas qui m'éloignait me pénétrait d'une amertume salubre et mâle comme l'accent du vent de mer.[178]

L'Attique n'est pas l'Orient. C'est exactement le contraire de tout ce que notre imagination peut attacher à ce terme d'oriental. C'est le pays de la nuance et du sourire, de la grâce dépouillée de toute mollesse, des plaisirs vigoureux bien tempérés par la vertu. Il m'était difficile de ne point en aimer tous les moindres aspects, que je découvrais chaque jour, quand un heureux caprice m'entraînait à travers la campagne d'Athènes. Je connaissais Colone et Cephisia, Éleusis, les deux Phalères et la péninsule d'Acté. Sans quitter ces choses divines, il me vint le désir de les embrasser toutes à la fois d'un regard, et c'est ainsi qu'un beau matin, après avoir gravi la fine aiguille du Lycabète, je pris la route de l'Hymette qui me paraissait tout voisin. L'air de ce beau pays est si pur qu'il est presque impossible à un étranger de ne pas se tromper souvent sur les distances.

Je dus cheminer fort longtemps, sous le dur soleil, dans une campagne chauve comme la main et parfaitement solitaire. Une multitude de petites collines à la croupe desquelles se jouent des sentiers paresseux, défend l'abord de la montée proprement dite. Quelques bouquets de thym (visités par l'abeille, en dépit des mauvais propos des voyageurs) échappent çà et là d'entre la pierre incandescente. De loin en loin un pin couleur de bronze étend son ombelle pieuse et charge le vent chaud du rude parfum de ses

---

[178] Paru dans la *Gazette de France* du 14 novembre 1901, le récit de l'ascension du mont Hymette ne figure pas dans *Anthinéa*. *Anthinéa* connaîtra de nombreuses éditions, mais ce texte n'y sera jamais intégré, sinon en 1918 sous le titre *L'Hymette*, dans *Athènes antique*, un ouvrage illustré de grand luxe qui reprend quelques passages d'Anthinéa. Entre temps, il aura été publié en 1916 dans *Quand les Français ne s'aimaient pas*, sous le titre *Le Mystère d'Orient* ; puis repris en 1937 dans *Les Vergers sur la mer*, cette fois appelé *L'Orient du mont Hymette*, enfin au tome I des *Œuvres capitales*. Ce premier paragraphe a été retiré de l'édition d'*Athènes antique*. Il reviendra dans *Les Vergers sur la Mer*.
Comme celle-ci les notes suivantes sont des notes des éditeurs.

fleurs. Mais un détour soudain modifie absolument le paysage. Un bocage apparaît, si touffu et chargé d'une senteur si fraîche qu'on ne se défend pas de songer aux berges d'un fleuve et à la profondeur d'une vaste forêt.

Un filet d'eau froide a creusé ce vallon, procréé cet ample jardin. Les Athéniens m'avaient averti des délices de Césariani, mais le lieu me surprit, rien ne m'ayant permis de le concevoir si charmant.

Des arbres éternels, ces nobles arbres, orgueil et joie du bassin des mers helléno-latines, aucune essence ne manquait ; pin, olivier, laurier, cyprès, chacune prospérait et riait selon sa manière. Mais j'y comptai aussi le chêne vert et blanc et, je crois, les dieux me pardonnent, de grands tilleuls, sous leur pâle feuille nouvelle. Tout cela magnifiquement élancé. De beaux troncs lisses projetés et comme étirés jusqu'au ciel, attendaient presque d'y toucher pour épanouir leur ramure.

L'ancien couvent de Césariani, sa chapelle, la métairie qu'on a essayé de tirer de toutes ces ruines disparaissent dans ce petit océan de claire verdure. Trois colonnes d'un marbre rose, peut-être le dernier débris d'un antique temple à Cypris que les archéologues ont cru relever en ce lieu, semblent naines et misérables dans la forêt de ces troncs sveltes et délicats, blancs comme de la chair. Seule, à l'écart des arbres et des herbes qu'elle nourrit, la fontaine dégorge son petit flot glacé sous le rocher natal ajusté en forme de toit. Je me couche à l'entrée de cette grotte vénérable, abreuvoir des troupeaux et therme rustique des pâtres, où se fit la rencontre[179] des Chloé primitives et des anciens Daphnis. C'est en effet le pur paysage de l'idylle et, comme si la flûte allait éveiller les échos, je m'attardai longtemps à y réciter l'églogue de Virgile et le sonnet bucolique de Cervantès.

Midi me remit en chemin. Reposé, rafraîchi, le manteau roulé à l'épaule, il était maintenant délicieux de faire un effort. Le sentier fut vite perdu. Mon plaisir en fut prolongé. L'Hymette se compose, à cet endroit, d'un étagement de terrasses, dont chacune fort médiocre semble annoncer à chaque instant la découverte de l'autre versant. Mais les plateaux superposés se multiplient au fur et à mesure de la montée.

Elle dura deux heures. Enfin un petit cône qui était sur la gauche me parut dominer de beaucoup tous les environs. Les pieds en sang, les cheveux collés à la tempe, je me traînai vers lui comme au sommet probable de toute l'échine.

---

[179] Ici, la version de *Quand les Français ne s'aimaient pas* indique : « antique rendez-vous ».

J'y fus accueilli d'un grand vent et d'un froid extrême, mais l'horizon qui se découvrait à la vue me fit négliger ces misères. J'en oubliai même de me retourner pour donner, comme je m'en étais fait la promesse, mon premier regard aux lieux de l'Attique. Cette belle Attique fut oubliée. L'Orient seul épanoui depuis la moitié de l'Eubée jusqu'à l'extrême pointe de Sunium, l'Orient et le chœur des premières Cyclades, Céos, l'île d'Hélène, la fine Belbina bombée comme un bouclier sur le plat de la mer, cette mer elle-même aussi fluide, aussi légère, aussi éthérée que le ciel et trempée dans ses profondeurs d'une magnifique lumière, l'Orient et son ciel où l'oblique soleil promenait des flammes limpides et creusait une suite indéfinie d'arceaux azurés, cet imperturbable Orient m'enveloppa de sa stupeur pacifique et sereine[180], et je le saluai comme un grave mystère d'unique volupté. Les nymphes insulaires glissaient nonchalamment sous le pli de la nappe bleue. Ni la mer, ni les terres, ni même le ciel ne paraissaient capables de défaire le lien qui les entremêlait, et la douce beauté de toutes ces choses sensibles y tenait le cœur prisonnier.

C'est en vain que, du côté du nord, de hautes et massives montagnes encore coiffées de leur neige, le Pélion, la chaîne de l'Olympe de Thessalie me rappelaient quantité de fables austères comme la naissance du monde ou les premières origines de la défense de l'Hellène nouveau-né contre les peuplades d'Asie. Je cherchais sur la mer le sillage brillant de la fuite d'Hélène ou la conque de roses sur laquelle apparut la déesse dans sa beauté. Toutes les séductions chantaient vers ce lointain d'une pureté sans pareille, sur les roches d'onyx et d'or, sur les fines écailles de la mer et du ciel. Les déclivités molles du paysage depuis la cime d'où je le contemplais jusqu'à l'horizon éloigné invitaient elles-mêmes à la rêverie du bonheur et du plus indulgent. Plus de héros : des dieux. Et les dieux eux-mêmes semblaient s'évanouir dans un immense amour sans bornes, dans le pur sentiment d'une complaisance infinie.

Tel était, du haut de cette seconde montagne de l'Attique (le Pentélique est la première), l'abîme oriental où se noyaient ensemble mon esprit et mes yeux. L'aboiement d'un chien de berger, qui courait avec son troupeau, me tira tout à coup du songe. En me retournant j'aperçus[181], dessinée avec ses

---

[180] La version de *Quand les Français ne s'aimaient pas* indique ici : « sa sereine stupeur pacifique ».
[181] Ici, la version de *Quand les Français ne s'aimaient pas* indique : « Je me retournai donc et revis ».

hameaux, son port, son Acropole, avec son golfe et les grandes îles prochaines, la plaine attique en sa merveille de diversité. De sorte que ce caractère se détacha avec une force inouïe. Face à cet Orient qui opposait sa vague et brillante unité, trop semblable à la confusion, je ne pus m'empêcher de crier en moi-même : *Netteté ! netteté !* comme en d'autres affaires on peut s'écrier *volupté !* La distinction, la découpure de ces détails et de leur ensemble éclataient si bien que, par un phénomène harmonieux, le ciel participait de la diversité des figures, chargé d'une flotte de petits et de gros nuages qui le marbraient. Ces théories de longues vapeurs subtiles, voguant sur le sol déboisé, s'y peignaient aussi bien que sur le miroir de la mer.

Tout vivait et luttait ; tout disait la peine ou la joie, le rire et les larmes, avec les innombrables nuances qui tiennent le milieu entre ces états. Que d'humanité ! Que de grâce ! Que de légèreté et de profondeur !

En me récitant cette litanie, je disais, en songeant aux ouvriers de tant de merveilles :

— Le beau naturel, l'art divin !

Mais le ciel mouvant se chargeait de nuées de plus en plus lourdes. Le golfe Saronique se teignit de cendre et de nuit. Et, bien que l'Orient toujours serein fût échauffé de l'ardeur céleste et marine, le froid se faisait vif ; la position devenait presque intenable sur la montagne. D'ailleurs, comme jadis au milieu des dèmes attiques, Athènes souriait sous l'orage et me conseillait doucement de chercher un abri. Pourquoi ne pas le dire ? On le devinerait. En me rendant au juste conseil athénien, je rêvais en secret de lui échapper. Je rêvais au mystique brasier de l'Orient sur lequel m'attachaient de longs regards chargés de curiosité douloureuse. Blondes îles pétries dans l'argent liquide et dans l'or ! Onde merveilleuse épanchée, m'eût-on dit, des substances supérieures ! Clarté vaste et profonde où le monde entier communie ! Lorsque j'eus consenti à les quitter enfin, ce fut à reculons que je descendis de la crête, mais je la remontai dix fois, découvrant à chaque retour une beauté nouvelle aux vapeurs éloignées, mourantes, de Céos, au long corps élégant de l'île d'Hélène, au bouclier de Belbina fondu dans l'azur !

Dix fois, je ne sais quel lyrisme, uni comme un parfum aux noms des beaux lieux répétés, noya ma volonté dans toute sorte de vœux absurdes et d'impossibles espérances. Je savais et savais fort bien quelles Cyclades se découvrent de l'Hymette, et je me demandais cependant si ma vue ne saurait pas joindre les autres par-delà l'horizon, les nommant toutes jusqu'à Samos, jusqu'à Lesbos, et je ne sais pourquoi le nom de Milo me retint aussi fort longtemps :

— Cette Milo, disais-je, en forme de croissant de lune !

La descente eut lieu cependant. Elle fut lente. Elle fut vaine, ou à peu près. Ma mémoire flottait dans la poudroyante lumière. C'est en vain que l'Hymette se vêtit, ce soir-là comme tous les autres, d'un réseau de pourpre dorée et que les asphodèles ondulèrent en chœur sur les pentes de mon chemin. Au seuil de la grave déesse, devant les fanaux allumés, je chancelais encore comme l'homme que le vin d'Asie a troublé.

Novembre 1901.

Madame Paule Minck

1901

Oui, c'est dans un omnibus jaune[182] que j'ai rencontré pour la dernière fois Paule Minck ; comme l'écrit quelqu'un au *Gil Blas*, la rencontre fut orageuse. On était en pleine Affaire. Mme Minck tenait vivement pour Dreyfus. Cette « sainte révolutionnaire » ne me parlait que du martyr. Elle croyait à ce martyr de toute son âme, qu'elle avait exaltée, généreuse et tendre.

Comment non ? Toute l'éducation qu'elle s'était donnée lui demandait de prendre chaque fantaisie de son cœur pour règle du vrai. Elle était fille spirituelle de Michelet, de Quinet, de Sand, de Hugo, de tout ce que le XVIIIe siècle et le XIXe ont compté de déistes, de romantiques et de libéraux depuis Jean-Jacques. Elle avait découvert, aspiré et compris cette philosophie de la sensibilité venue du pays de la Réforme, et, si l'on remonte plus haut, des tabernacles de Sem. Elle avait ou détruit ou laissé se détruire en elle tout souvenir des traditions politiques civilisées. Elle était devenue comme une barbare, au sens où Le Play dit que les enfants nouveau-nés sont de petits barbares ; comme une protestante au sens où Comte dit que le protestantisme est la sédition de l'individu contre l'espèce. À la civilisation comme à la nation, Paule Minck préférait *a priori* la cause de l'individu. Comment eût-elle pris un autre parti que celui de l'intéressant individu arrêté, jugé, condamné, déporté ? Quel qu'il fût, il avait raison.

Je ne craindrai jamais d'y insister. Il est trop simple d'expliquer les maux de l'affaire Dreyfus par les millions du Syndicat que Liebknecht a vus opérer d'un bout à l'autre de la planète. Croit-on qu'en un siècle moins sot et moins imprégné de philosophie libérale, ces millions auraient aussi bien opéré ? Il faut admettre à la base du dreyfusianisme les moyens financiers de la Jérusalem terrestre ; mais la Jérusalem céleste, le chœur de ces idées juives vulgarisées de 1517 à 1789, à 1848, à 1898, explique et peut seule expliquer un succès si profond et si général de l'or juif. La psychologie d'une Paule Minck ou d'un Ranc[183] est autrement riche et curieuse, elle a des racines historiques autrement compliquées que n'imaginent nos amis nationalistes ou royalistes qui croient avoir tout dit, dès qu'ils ont dit : « vendu ».

---

[182] Omnibus aujourd'hui disparu, comme les autres ; j'avais aussi l'avantage d'y rencontrer M. Eugène Ledrain se rendant du fond de la rue de Vaugirard, à l'École du Louvre où il faisait son cours.

[183] Arthur Ranc (1831–1908), républicain exalté, figure majeure de la Commune, puis chef de file des opposants au boulangisme, fut l'un des principaux soutiens du capitaine Dreyfus. (n.d.é.)

Il ne faut pas croire avec Lucrèce que le savoir ou l'intelligence des causes procure le bonheur parfait, le pouvoir absolu. Mais si le savoir n'est pas tout, il est quelque chose. S'il ne remplace ni la force ni la vertu, il les dirige et seul les empêche de se dépenser en vain. Pourquoi nos amis s'obstinent-ils à fermer les yeux à des vérités évidentes ? Pourquoi refusent-ils le secours qui naîtrait de la connaissance exacte de nos fléaux ? La cause une fois dégagée, il reste, assurément, à batailler contre elle. Mais qui lutterait avec avantage contre un adversaire qu'il ne voit pas ?

On n'a pas voulu voir les causes, les vraies causes du dreyfusianisme. On n'a pas voulu voir qu'avant même qu'Alfred Dreyfus ne fût au monde, la France était bien infectée du virus dreyfusien. On n'a pas voulu voir que le grand secret de notre faiblesse, pendant les trois années tragiques de l'Affaire, tenait à ce que le parti national était dénué d'idées directrices qui fussent propres à balancer la doctrine des dreyfusiens. Le parti national subissait à son insu la loi d'un anarchisme fortement systématisé. Mais, depuis que l'Affaire est ou paraît finie, il subit cette loi plus vivement encore. Il travaille donc contre soi, contre la nation. En votant à l'unanimité l'affichage des Droits de l'Homme, la Droite de la Chambre vient d'accroître les chances du futur syndicat. En buvant à la « démocratie » française, de pauvres royalistes boiraient également à la ruine française. Et la Ligue de la Patrie française a certainement fait la même brillante besogne, lorsque, deux ou trois jours après la condamnation de Dreyfus, elle afficha sur ses estrades tous les détritus libéraux.

Ah ! je tiens qu'une Paule Minck valait mieux que ces patriotes inconséquents. Intellectuellement, politiquement et moralement, cette femme savait du moins ce qu'elle désirait ; elle cherchait, d'une passion qui avait sa noblesse, à se confirmer dans cet utile savoir et elle s'appliquait de toute son âme à réaliser son désir. Voulant certaines choses, elle en voulait aussi les conditions, sans déclarer l'une trop dure ni l'autre trop difficile. *Si tu veux ceci, consens à cela*, disent les lois de la nature. Mme Minck souscrivit toujours à toute condition qui lui sembla incluse dans ses rêveries. Pour le bonheur du genre humain elle prit part à la Commune, comme, pour le bonheur des malheureux d'Auteuil, elle installa un merveilleux petit hospice dans sa maison. Désordonnée par rapport à la structure des sociétés, alarmante pour la patrie et la tranquillité publique, la philosophie politique de Mme Minck établissait du moins en elle un ordre constant. Elle ne vivait pas pour se nier ou s'affaiblir. Si sa manière d'être pouvait déterminer les mêmes ruines qu'un explosif, ce n'était pas une de ces pâtes chétives privées de consistance comme d'activité, dont les prétentions et les ambitions politiques ne semblent faites que pour fournir des types à la comédie. Nos libéraux bourgeois qui veulent l'ordre sans les conditions de l'ordre, la patrie sans les conditions de la patrie, la prospérité et la force sans les conditions de la force et de la prospérité devraient être contraints de suivre le cortège de Mme Paule Minck en chemise, la corde au cou, un cierge de quinze livres à la main.

Les journaux révolutionnaires annoncent pour ce soir la dernière cérémonie. Je ne sais s'il me sera possible d'y prendre part. Du moins aurai-je écrit quelques notes de souvenir. J'ai connu bien des fanatiques. Celle-ci fut peut-être la plus ferme, la plus raisonneuse, la plus pratique. C'est à l'automne de 1894, rue Paul Lelong, dans les bureaux de *La Cocarde*, que je la vis pour la première fois. Cette *Cocarde* de Barrés était alors le plus amusant des journaux. Il était révolutionnaire et conservateur, nationaliste et insurgé. « Nous sommes » déclarait Barrés au premier article, « individualistes et décentralisateurs ». Des gens de toute condition, de toute culture et de tout parti se coudoyaient sur le jeune et hardi bateau. Depuis le blanc, pur de tout individualisme que nous représentions, mon grand ami regretté Amouretti[184] et moi, jusqu'au rouge incarnat de M. Gabriel[185], ancien député de Nancy, champion du socialisme, jusqu'au rouge sanglant de Pierre Denis, l'ancien secrétaire du Général[186], mais champion de l'anarchisme, il n'était pas une nuance qui fût oubliée. L'Empire même avait les deux Pascal, Paul et Joseph, les fils de l'ancien préfet de Bordeaux, et je ne suis pas sûr qu'en cherchant bien, le libéralisme honni, l'opportunisme méprisé et vomi chaque soir, n'eussent quelque suppôt dans notre joyeuse Cocarde. Antisémitique, elle comptait, ainsi qu'il convient, ses bons juifs ; on les admirait sur des bouts de tables. La campagne anti-protestante n'allait pas sans des marques de considération données à M. Renouvier et, bien que nous eussions fortement appuyé les tragédies tauromachiques alors en fleur

---

[184] On ne sait si Amouretti, très malade, était déjà parti se retirer à Cannes en fin avril 1901. Mais il ne devait y mourir que deux ans plus tard ; il est donc vraisemblable que l'adjectif « regretté » ait été ajouté par Maurras dans l'édition de *Quand les Français ne s'aimaient pas*, en 1916. (n.d.é.)

[185] Alfred Gabriel (1848–1915), né à Nancy, député de cette ville de 1889 à 1893, voisin et ami de Barrès. Républicain socialiste, il se rallia au général Boulanger. (n.d.é.)

[186] Il s'agit toujours du général Boulanger. (n.d.é.)

dans le Midi, *La Cocarde* priait Mme Séverine ou M. Eugène Fourmère de présenter les plaintes de la Société protectrice des animaux.

C'est dans ce monde étrange que, plus étrange encore, apparut Paule Minck. Son énergique petit visage parcheminé, ses traits aigus comme ses yeux et sa voix disaient sans phrase d'où elle était, d'où elle venait, où elle courait.

— La Révolution, n'est-ce pas ?

Elle se montrait fort surprise toutes les fois qu'on omettait de répondre :

— Parfaitement.

Ce fut mon cas. Chargé de recevoir, d'examiner et de classer la rédaction philosophique et littéraire, ce nouveau collaborateur m'embarrassait. À sa prière et à la mienne, on changea Mme Minck de service. Elle fut classée dans la rédaction politique ; ce qui me fut d'un très grand prix, car les sujets de discussion immédiate étant écartés entre nous, Mme Minck put librement, et à mon vif plaisir, m'exposer sa doctrine, tandis que j'essayais sans grand succès, de lui montrer combien son « idéal » était un rêve dépourvu de toute beauté... Le béret basque sur l'oreille, la natte battant les talons, tout en feignant de corriger les épreuves de son mari, Mme Willy[187] écoutait quelquefois ces doctes déluges ; ni *Claudine à l'école* ni *Claudine à Paris* ne diront jamais de quel air. Je revis Paule Minck en octobre 1895, au Congrès inter-fédéraliste international de la rue du Helder. Mais on s'était groupé sur une double équivoque :

> Dans ce Congrès, quelques révolutionnaires ne consentirent d'abord point à donner son vrai sens au mot d'internationalisme, qui veut dire l'alliance entre les nations, nullement la destruction des nationalités historiques. Une seconde équivoque, assez plaisante celle-ci, était née entre proudhoniens sur le sens de fédéralisme ; les uns, défenseurs de la fédération ibérique ou de la balkanique, ne songeaient qu'à unifier des États distincts, au lieu que d'autres, partisans d'une France fédérative, aspiraient à donner un régime distinct à chaque fraction naturelle de l'unité française. Le même mot était donc pris en sens inverses.

---

[187] Née en 1873, la future Colette avait épousé en 1893 Henry Gauthier-Villars, dit Willy, dont elle divorcera en 1906. La série des *Claudine* a été d'abord publiée sous le nom de Willy, bien que Colette en soit le seul auteur. (n.d.é.)

Ces remarques sont tirées d'une brochure sur l'idée de la décentralisation. L'auteur, qui est de mes amis, oublie de dire que Mme Minck se signala à l'extrême gauche par la vivacité de ses déclarations anti-nationales.

Selon la rude logique des démocraties, Mme Minck était, tout au fond, favorable à l'uniformité centralisatrice. Elle montra, au cours de cette réunion et dans le banquet qui suivit, la frénésie presque religieuse de sa pensée ; je sais quelqu'un (ce n'est pas moi) qu'elle traita comme un coupable : le malheureux avait osé soutenir au dessert que, si les peuples doivent s'estimer et s'aimer, ils ne doivent pas se confondre !

Il y a peine à concevoir que tant d'ardeur, tant de passion, tant de charité ne fasse plus demain qu'une pincée de cendres. Non, ce n'est pas son dur Lucrèce, c'est Virgile consolateur que je réciterais au bûcher de Mme Minck, si toutefois c'est lui verser une consolation que de prédire à cette ombre tumultueuse de nouvelles agitations :

> *Hic quos durus amor crudeli tabe peredit*
> *secreti celant calles et myrtea circum*
> *Silva tegit...*[188]
> *His Phaedram, Procrinque...*[189]

Qui fut mieux destinée à la forêt des myrtes que cette âme, qui fut brûlée toute sa vie par le même poison ? La mort même ne lui ôtera aucune inquiétude, car, plus folle que Phèdre, que Procris, qu'Évadné, qu'Ériphyle et que toutes les autres anciennes victimes d'Amour, ce n'est pas seulement sa vie particulière qu'elle a voulu suspendre à l'autel du fragile dieu, c'est la vie même des cités, des nations, des sociétés. Il n'y a pas d'erreur plus fausse. Il n'y en a pas de moins belle. Cependant elle est d'un grand cœur.

---

[188] Vers de Virgile, *Énéide*, 442–444, à propos de la descente de Didon aux Enfers : « à cet endroit, tous ceux qui ont été cruellement rongés par un implacable amour sont cachés le long de chemins secrets et tout autour abrités par des forêts de myrtes »... (n.d.é.)

[189] C'est la suite de la description du « Champ des Pleurs », que Maurras prolonge au paragraphe suivant :

> *...curae non ipsa in morte relinquunt.*
> *His Phaedram Procrinque locis maestamque*
> *Eriphylen crudelis nati monstrantem vulnera cernit,*
> *Evadnenque et Pasiphaen*

Soit : « même la mort ne pourra les délivrer de leur désespoir. En ce lieu, voici Phèdre, Procris, la triste Ériphyle montrant la blessure que lui fit son fils cruel, Évadné et Pasiphaé... » (n.d.é.)

Qu'est-ce que la civilisation ?

1901

Ce texte est paru dans la Gazette de France *du 9 septembre 1901, repris dans* Principes, *en 1937 dans* Mes idées politiques, *plus tard dans les* Œuvres capitales.

Peu de mots sont plus employés, peu de mots sont moins définis que celui-là. On entend quelquefois par *civilisation* un état de mœurs adoucies. On entend d'autres fois la facilité, la fréquence des relations entre les hommes. On imagine encore qu'être civilisé, c'est avoir des chemins de fer et causer par le téléphone. En d'autres cas, au minimum, cela consiste à ne pas manger ses semblables. Il ne faut pas mépriser absolument ces manières un peu diverses d'entendre le même mot, car chacune est précieuse ; chacune représente une acception en cours, une des faces de l'usage, qui est le maître du sens des mots. Trouver la vraie définition d'un mot n'est pas contredire l'usage. C'est au contraire, l'ordonner ; c'est l'expliquer, le mettre d'accord avec lui-même. On éprouve une sorte de plaisir sensuel à survenir dans ce milieu troublé et vague pour y introduire la lumière avec l'unité.

Les faiseurs de dictionnaires ont trop à écrire pour s'encombrer sérieusement de ce souci. Le seul petit lexique que j'aie sous les yeux au moment où j'écris, s'en tire à bon compte, et je ne crois pas que ses confrères fassent de beaucoup plus grands frais. Je le copie : « *Civiliser*, rendre civil, polir les mœurs, donner la civilisation. *Civilisation*, action de civiliser, état de ce qui est civilisé. *Civilisateur*, qui civilise. *Civilisable*, qui peut être civilisé. » Et voilà tout. Pas un mot de plus. Le seul menu lumignon qui soit fourni par cet ingénieux lexicographe est dans « polir les mœurs », qui n'éclaire que médiocrement le sujet. Nous pourrions dépouiller quantité de doctes volumes sans être plus avancés. Mieux vaut peut-être concentrer avec force son attention, songer aux sociétés que nous appelons civilisées, à celles que nous appelons barbares et sauvages, les comparer entre elles, voir leurs ressemblances, leurs différences et tâcher d'en tirer des indications.

Je vous épargnerai cette besogne d'analyse, qui risquerait de vous paraître fatigante, et ne vous en soumettrai que le résultat. Celui-ci me paraît se défendre assez bien par la simple évidence qui lui est propre.

Ne vous semble-t-il pas que le vrai caractère commun de toute civilisation consiste dans un fait et dans un seul fait, très frappant et très général ? L'individu qui vient au monde dans une « civilisation » trouve incomparablement plus qu'il n'apporte. Une disproportion qu'il faut appeler infinie s'est établie entre la propre valeur de chaque individu et l'accumulation des valeurs au milieu desquelles il surgit. Plus une civilisation prospère et se complique, plus ces dernières valeurs s'accroissent et, quand même (ce qu'il est difficile de savoir) la valeur de chaque humain nouveau-né augmenterait de génération en génération, le progrès des valeurs sociales environnantes serait encore assez rapide pour étendre sans cesse la différence entre leur énorme total et l'apport individuel quel qu'il soit.

Il suit de là qu'une civilisation a deux supports. Elle est d'abord un capital, elle est ensuite un capital transmis. Capitalisation et tradition, voilà deux termes inséparables de l'idée de civilisation. Un capital... Mais il va sans dire que nous ne parlons pas de finances pures. Ce qui compose ce capital peut être matériel, mais peut être aussi moral.

L'industrie, au grand sens du mot, c'est-à-dire la transformation de la nature, c'est-à-dire le travail de l'homme, c'est-à-dire sa vie, n'a pas pour résultat unique de changer la face du monde ; elle change l'homme lui-même, elle le perfectionne, comme l'œuvre et l'outil perfectionnent l'ouvrier, comme l'ouvrier et l'œuvre perfectionnent l'outil. Le capital dont nous parlons désigne évidemment le résultat de cette triple métamorphose simultanée.

Le sauvage qui ne fait rien ou qui ne fait que le strict nécessaire aux besoins pressants de la vie, laisse à la forêt, à la prairie, à la brousse leur aspect premier. Il n'ajoute rien aux données de la nature. Il ne crée point, en s'ajoutant à elles, un fort capital de richesses matérielles. S'il a des instruments ou des armes, c'est en très petit nombre et d'un art aussi sommaire que primitif... Mais cet art étant très sommaire n'exige pas non plus, comme le fait toute industrie un peu développée, des relations multiples et variées entre voisins, congénères, compatriotes. Il contracte, sans doute, comme en toute société humaine, des mœurs, mais elles sont rudimentaires, sans richesse ni complexité. La coopération est faible, la division du travail médiocrement avancée ; les arts et les sciences sont ce que sont l'industrie et les mœurs. Tout le capital social en est réduit à son expression la plus simple ; ni pour le vêtement, ni pour l'habitation, ni pour la nourriture, l'individu n'obtient des sociétés qui le forment autre chose que les fournitures essentielles ou les soins indispensables. Le fer fut longtemps ignoré ; on assure même qu'il y a des sauvages qui n'ont aucune idée du feu.

Mais les capitaux particuliers à l'état sauvage ont encore cette misère d'être fragiles et bien rarement sujets à durer. C'est la hutte qu'il faut reconstruire sans cesse. C'est la ceinture ou le pagne d'écorce sèche. C'est la provision à rassembler quotidiennement. Aucun moyen d'éterniser les acquisitions. Je ne parlerai même pas de l'écriture ! Mais les langues parlées ne supportent qu'un très petit nombre d'associations de pensées. Il y a des secrets utiles, précieux, découverts par fortune ou selon d'ingénieuses observations personnelles, sujettes à se perdre irréparablement dans la nuit. Point de mémoire collective, point de monument, nulle continuité. Ou l'on se fixe, et le mouvement naturel des choses de la terre qui se renouvellent sans cesse, ne s'arrête pas d'effacer méthodiquement toute trace de chaque effort. Ou l'on erre de lieux en lieux, et la course de l'homme vient ajouter sa turbulence aux autres causes de déperdition et d'oubli. Chaque tentative de constituer en commun des capitaux solides est exposée à des risques indéfinis. Là encore la tradition n'est pas absente, parce qu'il n'y a point de société sans tradition, ni d'hommes sans société ; mais elle est au plus bas. L'individu ne pourrait subsister sans elle ; mais parce qu'elle est misérable et faible, la faiblesse et la misère des individus sont évidentes. Cependant, en présence d'un si maigre héritage, le nouveau-né peut se considérer, sans qu'il ait à rougir du peu qu'il apporte en regard de ce qu'il reçoit. S'il doit beaucoup à la société, il lui est facile de la rendre sa débitrice.

Mais, tout au contraire, le civilisé, parce qu'il est civilisé, a beaucoup plus d'obligations envers la société que celle-ci ne saurait en avoir jamais envers lui. Il a, en d'autres termes, bien plus de devoirs que de droits.

Et quand je parle, en ceci, des civilisés, je ne veux point parler d'un de ces favoris de la nature et de l'histoire qui, nés Français, ou Italiens, ou Espagnols, ou même Allemands ou Anglo-Saxons, bénéficient des plus brillants, des plus heureux et des plus merveilleux processus du genre humain. Je ne désigne même pas le membre d'une de ces petites nationalités secondaires qui participent, par leur position dans l'espace ou dans le temps, à nos vastes développements généraux. Au-delà même de diverses clientèles de notre civilisation occidentale, l'étendue et l'immensité du capital accumulé, l'influence du nôtre crée des réserves trop nombreuses, trop puissantes, trop bien transmises, et trop éclatantes pour qu'il ne soit pas tout à fait ridicule d'y opposer, ou d'y comparer la frêle image d'un nouveau-né à peine distinct de sa mère. En des cas pareils, il est certain que l'individu est accablé par la somme des biens qui ne sont pas de lui et dont cependant il profite dans une mesure plus ou moins étendue. Riche ou pauvre, noble ou manant, il baigne dans une atmosphère qui n'est point naturelle, mais humaine, qu'il n'a point faite, et qui est la grande œuvre de ses innombrables prédécesseurs directs et latéraux, ou plutôt de leur association féconde et de leur utile et juste communauté.

Non, ne comparons pas des incomparables. Prenons plutôt des civilisations moins avancées, encore inachevées et barbares, où le chœur des idées, des sentiments et des travaux ne fait que bégayer ses antiques paroles. Prenons les âges héroïques, les tribus aux premiers temps de leur migration, ou les cités aux premiers temps de leur édifice, ou la mer aux jours de ses premiers matelots, les champs aux premiers jours de leur défrichement. Quel capital démesuré représentent le simple soc, incurvé, d'une charrue, la toile d'une voile, la taille d'un quartier de roc, le joug d'un chariot, l'obéissance d'un animal de course ou de trait ! Quelles observations, quels tâtonnements signifient les moindres données précises sur les saisons, sur la course des astres, le rythme et la chute des vents, les rapports et les équilibres ! Non seulement aucun homme isolé ne peut comparer son savoir au Savoir général qu'exprime ceci, mais jamais une génération unique, en additionnant ses efforts, ne réaliserait rien de tel. Du point de vue individuel, si ce point de vue était admissible pour une intelligence et pour une raison humaine, on ne saurait voir une bêche ni une rame sans vénération. Ces deux pauvres outils passent infiniment ce que peut concevoir une imagination solitaire, à plus forte raison ce que peut accomplir un art personnel.

Comme les bêches et les rames se sont multipliées et diversifiées, comme les instruments de l'industrie et cette industrie elle-même n'ont cessé par une activité séculaire de s'accroître et de s'affiner, ainsi les civilisations accroissent, perfectionnent leurs ressources et nos trésors. Le petit sauvage était nourri par sa mère et dressé par son père à certains exercices indispensables. Rien de durable autour de lui, rien d'organisé. Ce qu'il avait de vêtement, il le lui fallait emprunter de ses mains aux arbres et aux herbes. Ainsi de tout. Mais, autour de l'homme civilisé, tout abonde. Il trouve des bâtiments plus anciens que lui et qui lui survivront. Tout est confectionné ou préparé d'avance pour le couvrir, et répondre aux besoins inscrits soit dans sa chair, soit dans son âme. Comme les instruments physiques sont appropriés à la délicatesse des choses, il est des disciplines, des sciences et des méthodes qui lui permettent d'accélérer sa vue du monde et de se conduire lui-même. Je n'examine pas s'il a plus d'heur ou de malheur, car c'est une question tout à fait distincte de celle qui se pose ici ; mais je suis simplement forcé de constater qu'il a, beaucoup plus qu'un sauvage, la figure et l'attitude d'un débiteur.

Sa dette envers la société est à peu près proportionnée à l'intensité de sa vie. S'il vit peu, il doit relativement peu ; mais s'il profite des nombreuses commodités que ses contemporains, les ancêtres de ces derniers et les siens propres ont accumulées à son service, eh bien ! sa dette augmente dans la même large proportion. Mais, dans un cas comme dans l'autre, il n'a point à espérer de la solder. Quelques services que rende un individu à la communauté, il peut être vénéré par ses successeurs, c'est-à-dire rangé au nombre des communs bienfaiteurs de la race, mais, au point du temps où nous sommes, il ne s'acquittera jamais envers les devanciers. Inventez le calcul différentiel ou le vaccin de la rage, soyez Claude Bernard, Copernic ou Marco Polo, jamais vous ne paierez ce que vous leur devez au premier laboureur ni à celui qui fréta la première nef. À plus forte raison le premier individu venu et, comme on dit, l'Individu, doit-il être nommé le plus insolvable des êtres.

Mais, de tous ces individus, le plus insolvable est sans doute celui qui appartient à la civilisation la plus riche et la plus précieuse. S'il y a donc une civilisation de ce genre, ses membres seront par excellence des débiteurs. Ils pourront tous se définir par ce caractère.

Nous devrions, je crois, protester contre une erreur assez commune du langage. On dit très indifféremment la civilisation et les civilisations. Non cela n'est point la même chose du tout. Il y a en Chine une civilisation, c'est-à-dire un capital matériel et moral que l'on se transmet. Il y a des industries, des arts, des sciences, des mœurs. Il y a des richesses, des monuments, des doctrines, des opinions, des qualités acquises, favorables à la vie de l'être humain. Même phénomène aux Indes, au Pérou, si on le veut, à certains égards, au fond de l'Afrique, où se fondèrent des royautés puissantes, et jusque dans les îles de l'Océanie. Ce qui est exceptionnel, sur la planète, ce n'est peut-être pas un certain degré de civilisation, mais plutôt une certaine sauvagerie. L'homme est conservateur, accumulateur, capitalisateur et traditionniste d'instinct. Quelque développées que soient pourtant ces différentes civilisations, elles ne sont pas, à proprement dire, la Civilisation. La Civilisation ne sera définissable que par l'histoire. Il y eut un moment dans les fastes du monde, où, plus inventif et plus industrieux qu'il ne l'avait jamais été, l'homme s'aperçut néanmoins que tant d'art s'épuisait en vain. À quoi bon, en effet, majorer le nombre des biens et la quantité des richesses ?

Toute quantité est susceptible d'accroissements nouveaux, tout nombre d'une augmentation indéfinie. Le merveilleux, le sublime, le grandiose ou l'énorme, tout ce qui dépend de la quantité ou du nombre des éléments utilisés, ne peut promettre à l'avidité de l'homme que déception. Une colonne de cent pieds peut être haussée de cent autres pieds qui, eux-mêmes, peuvent être multipliés de même manière. Qu'est-ce donc que ces progrès tout matériels ? Ni en sciences, ni en art, ni même pour les simples commodités de la vie, cet amas de choses n'est rien. Plus il s'enfle, plus il excite, en nous décourageant, nos désirs.

Un poète, un pauvre poète tard venu dans un âge de décadence et qui assistait à la baisse de la Civilisation, Baudelaire, n'a pas mal exprimé la nature insatiable d'un désir qui essaye de se satisfaire par le nombre de ses plaisirs :

> La jouissance ajoute au désir de la force,
> Désir, vieil arbre à qui le plaisir sert d'engrais,
> Cependant que durcit et grandit ton écorce
> Tes branches veulent voir le soleil de plus près.
> Grandiras-tu toujours, grand arbre plus vivace
> Que le cyprès... ?[190]

Les vers sont assez médiocres. Le sentiment est vrai, l'idée est profonde. Oui, le désir grandira toujours et, avec lui, la peine, le déboire et l'inquiétude. Les civilisations, en imposant la dette à l'homme, ne lui promettront cependant qu'une course absurde et sans fin jusqu'à ce qu'il éprouve le sentiment de « l'infinie vanité de tout », comme disait le désespéré Leopardi[191]. Mais lorsqu'ils ont senti cette vanité des recherches, les Grecs n'ont pas voulu admettre qu'elle fût infinie. Ils ont cherché un terme à la course perpétuelle. Un instinct merveilleux, beaucoup plus que la réflexion, ou plutôt si l'on veut, un éclair de divine raison leur a fait sentir que le bien n'était pas dans les choses, mais dans l'ordre des choses, n'était pas dans le nombre, mais dans la composition, et ne tenait nullement à la quantité, mais à la qualité. Ils introduisirent la sainte notion des limites, non seulement

---

[190] Vers tirés du *Voyage* (quatrième partie), long poème dédié à Maxime du Camp, cent vingt-sixième et dernière pièce des *Fleurs du mal* dans l'édition de 1861. (n.d.é.)

[191] Le poète italien Giacomo Leopardi (1798–1837) dont le plus célèbre poème, *L'Infini*, en 1819, illustre bien la remarque de Maurras. (n.d.é.)

dans l'art, mais dans la pensée, dans la science des mœurs. En morale, en science, en art, ils sentirent que l'essentiel ne tenait point aux matériaux, et, tout en employant les matières les plus précieuses, ils y appliquaient leur mesure.

L'idée du point de perfection et de maturité domina ce grand peuple aussi longtemps qu'il resta fidèle à lui-même.

Le roi Salomon croyait faire de la science en dressant la nomenclature des plantes depuis la plus ténue jusqu'à la plus haute. Un Grec, Aristote, nous enseigna que ce catalogue de connaissance n'est qu'un point de départ, qu'il n'y a point de science véritable sans ordre et que l'ordre de la science n'est ni celui de la grandeur, ni celui de la petitesse. De même les artistes d'Égypte et d'Asie envoyèrent en Grèce des échantillons de leur savoir-faire ; en se développant sur cette terre et dans cette race favorisées, les modèles orientaux témoignèrent que l'art ne consiste pas à faire des colosses, ni à déformer la nature en grimaces de monstres, ni à la copier du plus près qu'il soit possible jusqu'au succès de la ressemblance parfaite. L'art grec inventa la beauté. Et pareillement, dans le gouvernement de soi-même, les moralistes de la Grèce enseignèrent que le bonheur ne tient pas à l'infinité des éléments que l'on s'approprie, ni non plus à l'avare sécheresse d'une âme qui se retranche et veut s'isoler ; il importe que l'âme soit maîtresse chez elle, mais il importe aussi qu'elle sache trouver son bien et le cueillir en s'y élevant d'un heureux effort.

Ainsi, l'ardeur chagrine et mécontente qui entraîne l'homme à changer la face du monde n'a pas interrompu en Grèce son effort. Elle l'a réglé seulement. Elle a enfin trouvé le moyen de se satisfaire en considérant la qualité et la perfection de son œuvre, non l'énormité du travail, ni la masse du résultat. Toute perfection se limite aux points précis qui la définissent et s'évanouit au-delà. Son effet propre est de mettre d'accord l'homme avec la nature, sans tarir celle-ci et sans accabler celui-là. Cette sagesse nous enseigne à chercher hors de nous l'équivalent d'un rapport qui est en nous, mais qui n'est pas notre simple chimère. Elle excite, mais elle arrête ; elle stimule, mais elle tient en suspens. Source d'exaltation et d'inhibition successive, elle trace, aux endroits où l'homme aborde l'univers, des figures fermes et souples qui sont mères communes de la beauté et du bonheur.

Cette Civilisation tout en qualité s'appela seulement dans ses beaux jours, la Grèce. Elle fut plus tard l'atticisme, puis l'hellénisme. Elle fut Rome qui la dispersa dans l'univers, d'abord avec les légions de ses soldats et de ses colons, ensuite avec les missionnaires de sa foi chrétienne. Rome conquit de cette sorte à peu près le monde connu et, par la Renaissance, elle se retrouvait et se complétait elle-même quand la Réforme interrompit son magnifique développement.

Les historiens et les philosophes sans passion commencent à évaluer exactement quel recul de la Civilisation doit exprimer désormais le nom de la Réforme. Nous devons en France de profondes actions de grâce au bon sens de nos rois et de notre peuple qui, d'un commun effort, repoussèrent cette libération mensongère. C'est leur résistance qui a permis le développement de notre nationalité au XVIe, au XVIIe siècle et même au XVIIIe siècle : si complet, si brillant, d'une humanité si parfaite que la France en est devenue l'héritière légitime du monde grec et romain. Par elle la mesure, la raison et le goût ont régné sur notre Occident ; outre les civilisations barbares, la Civilisation véritable s'est perpétuée jusqu'au seuil de notre âge contemporain.

Malgré la Révolution, qui n'est que l'œuvre de la Réforme reprise et à peu près réussie, malgré le romantisme qui n'est qu'une suite littéraire, philosophique et morale de la Révolution, on peut encore soutenir que la civilisation montre en ce pays de France d'assez beaux restes. Notre tradition n'est qu'interrompue, notre capital subsiste. Il dépendrait de nous de le faire fleurir et fructifier de nouveau. Un nouveau-né, selon Le Play, est un petit barbare. Mais quand il naît en France, ce petit barbare est appelé à recevoir par l'éducation un extrait délicat de tous les travaux de l'Espèce. On peut dire que son initiation naturelle fait de lui, dans la force du terme, un homme de qualité.

Quelques-uns de nos voisins et de nos rivaux s'en doutent... Les Allemands sont des barbares, et ils le savent. Je ne parle ni des Moscovites, ni des Tartares. Le genre humain, c'est notre France, non seulement pour nous, mais pour le genre humain. Cela peut mesurer nos obligations envers elle.

De l'état de sauvagerie à l'état de civilisation barbare, de l'état de barbarie civilisée à l'état de pleine Civilisation, je me suis efforcé d'établir une suite de définitions qui soient claires. Je ne prétends pas en déduire une morale, ni les règles de la justice. Un gouvernement fort peut en tirer, pourtant, les principes d'une direction intellectuelle et civile.

D'Emma Bovary au Grand Tout

1902

Ce texte a paru dans la Gazette de France *du 24 août 1902, et a été repris en 1925 dans le recueil* Barbarie et Poésie.

Voici un petit livre qu'une quinzaine, une vingtaine de personnes emporteront peut-être à la promenade, en voyage, ou mettront au chevet de leur lit. Quoiqu'il soit écrit sèchement, selon une dure technique, elles n'en liront pas certaines pages sans en être touchées aux larmes ; et, bien qu'il n'y ait pas la trace d'une plaisanterie, d'autres pages les feront rire jusqu'aux éclats. Elles réfléchiront surtout, et rêveront, comme on réfléchit, comme on rêve à quelque chose de profondément commun à toute l'espèce des hommes. Tour à tour psychologue, moraliste et même constructeur d'univers idéologiques, M. Jules de Gaultier[192] intéressera, il me semble, tous ceux qui auront la curiosité de le suivre et la patience de le pénétrer, quinze ou vingt personnes, ai-je dit, sans compter les cuistres et les badauds. Mais ses commentateurs le mettront quelque jour à portée d'un public plus vaste. Tentons le premier l'aventure.

M. Jules de Gaultier était l'auteur d'une suite de considérations sur la philosophie européenne et surtout allemande : *De Kant à Nietzsche*. Il intitule son nouveau livre *Le Bovarysme*. On y voit l'analyse des modes par lesquels un homme sort de soi, se modifie et change. On y trouve fixée, croissante ou décroissante, la valeur de ce changement. On y rencontre enfin une comparaison entre ce qui se passe chez l'homme et les modes du changement universel.

I

M. de Gaultier, qui est surtout un naturaliste très attentif aux choses concrètes, a voulu partir d'une observation aussi précise que possible, c'est-à-dire telle que l'histoire réelle ou l'analyse d'un personnage vivant ne saurait la fournir. L'histoire, en effet, comme la nature elle-même, ne donne jamais des caractères absolument purs ; la fable seule a ce mérite, quand elle émane d'un esprit supérieur, car elle résume et fait converger puissamment d'innombrables traits dispersés. La fiction à laquelle M. Jules de Gaultier s'est appliqué n'est autre qu'Emma

---

[192] Jules Achille de Gaultier de Laguionie (1858–1942), auteur de nombreux ouvrages d'inspiration philosophique dont plusieurs ont été récemment réédités. (n.d.é.)

Bovary. C'est dans le cœur de ce personnage central du principal ouvrage de Gustave Flaubert que l'auteur du *Bovarysme* a creusé comme un puits profond d'où recueillir l'abrégé limpide de tous les cieux.

Exactement, qu'est-ce donc qu'Emma Bovary ? Mais rappelez-vous le roman. Cette femme d'un modeste médecin de campagne se conçoit dans un personnage de grande dame. De tempérament fougueux et vouée à toutes sortes d'expériences successives, elle conçoit l'amour « sous les formes d'une passion exorbitante et unique », « dans un décor de faste, et parmi des péripéties de roman ». Il faut que tout se plie à cette conception et d'abord sa propre pensée, son propre cœur ; ensuite les conditions de son existence, les prétextes de ses passions. Tel est du moins son vœu, que sa vie ne réussit jamais à réaliser.

Rodolphe Boulanger de la Huchette peut bien dire à Emma les phrases qu'elle attend de lui ; mais quand il s'agit d'actes, quand, dit M. de Gaultier, « l'amour absolu, tel qu'elle imagine l'éprouver, tel qu'elle imagine l'inspirer », doit, par exemple, décider Rodolphe à s'enfuir avec elle, oh ! alors, le Rodolphe n'hésite plus à rentrer en lui-même. « Il cesse de répondre à la fiction par la fiction, et le rêve d'Emma se brise au contact de la réalité » ; cette réalité dont ses actes de forcenée ont provoqué la brusque et dure révélation. De même, quand elle a imité la signature de son mari sur les billets qu'elle a souscrits ; son imagination ne change pas la loi du monde. Les effets souscrits sont représentés à leur échéance. Impayés, ils sont protestés. Emma, plutôt que d'avouer, choisit la mort.

Baudelaire disait :

> ... Je sortirai quant à moi satisfait
> D'un monde où l'action n'est pas la sœur du rêve.[193]

Mais l'âme d'Emma sort du monde gémissante et désespérée. Elle paye de sa vie ses fautes de critique, dit M. Jules de Gaultier.

Quelle est cette faute de critique, on l'a deviné sur notre analyse. Madame Bovary s'est « conçue autre qu'elle n'était » et elle a tenté d'asservir sa personne réelle à sa personne imaginaire, les conditions de sa vie réelle aux conditions de l'existence qu'elle se rêvait. Mais tout cela avec une énergie farouche ; énergie de l'intelligence, énergie de la volonté. C'est, je crois, le

---

[193] Début de la huitième et dernière strophe du *Reniement de saint Pierre*, cent dix-huitième pièce des *Fleurs du mal* dans l'édition de 1861. (n.d.é.)

même Baudelaire qui reprochait à l'héroïne de Flaubert de se former des représentations trop nettes pour une femme et de commettre un perpétuel excès d'imagination visuelle. Ses rêves sont de véritables hallucinations ; ils ont la couleur et le relief de la vie. D'après M. Jules de Gaultier, cette prépondérance des images pures sur les sensations est un trait commun à tous les personnages de Gustave Flaubert. C'est leur maladie générale ; d'où un effet de tragédie ou de comédie, suivant le cas et les personnages en scène. Le pharmacien Homais est comique en vertu du même mécanisme qui rend Madame Bovary tour à tour touchante et terrible ; il est « vide et dénué », « il veut être un homme de science ». L'écart entre son fantoche visible et l'idée qu'il s'en forme donne la mesure de son ridicule, comme l'écart entre les passions d'Emma et ce qu'elle en attend donne la mesure de son risque tragique. Le Frédéric Moreau de *L'Éducation sentimentale*, le saint Antoine de la *Tentation*, *Bouvard et Pécuchet* eux-mêmes procurent des impressions du même ordre, par les mêmes moyens.

M. Jules de Gaultier appelle tous ces héros par le même nom : ce sont des *bovaryques* et leur bovarysme consiste dans leur pouvoir extrême, quelquefois prodigieux, de s'échapper à eux-mêmes, et, pour ainsi dire, de s'aliéner et de s'altérer :

> Pourvus d'un caractère déterminé, ils assument un caractère différent sous l'empire d'un enthousiasme, d'une admiration, d'un intérêt, d'une nécessité vitale. Mais cette défaillance de la personnalité (réelle) est toujours accompagnée chez eux d'une impuissance, et, s'ils se conçoivent autres qu'ils ne sont, ils ne parviennent point à s'égaler au modèle qu'ils se sont proposé. Cependant l'amour de soi leur défend de s'avouer à eux-mêmes cette impuissance.
>
> Aveuglant leur jugement, il les met en posture de prendre le change sur eux-mêmes et de s'identifier à leur propre vue avec l'image qu'ils ont substituée à leur personne. Pour aider à cette duperie, ils imitent du personnage qu'ils ont résolu d'être tout ce qu'il est possible d'imiter, tout l'extérieur, toute l'apparence ; le geste, l'intonation, l'habit, la phraséologie, et cette imitation *qui restitue les effets les plus superficiels d'une énergie sans reproduire le principe capable de causer ces effets*, cette imitation est, à vrai dire, une parodie.
>
> Les voici, négligeant tous les actes où leur énergie eût pu réussir et s'évertuant à des modes d'action, de sentiment, de pensée, qu'ils ont

bien pu concevoir et admirer, mais qu'ils ne peuvent reproduire, en sorte que toute leur énergie, détournée des buts accessibles et stimulée vers l'impossible, se dissipe en vains efforts, avorte et fait faillite.

Rien de plus naturel, ni de plus nécessaire. L'énergie individuelle étant divisée, l'effort total de chaque individu étant tiraillé sans cesse entre ce qu'il est et ce qu'il croit être, il s'ensuit des déperditions infinies. Lors même qu'elle se conçoit vertueuse et résiste par exemple au jeune Léon, Emma Bovary ne fait qu'accumuler en elle des germes de ruine future. En se jouant la comédie d'une vertu qu'elle n'a pas, elle se crée des droits au bonheur et des titres aux compensations de la vie, qui ne servent qu'à préparer plus sûrement la série de ses autres chutes. Tel est le bovaryque ; se concevant pareil à autrui, mais ne pouvant réaliser ce *double* fictif, il en doit languir et mourir. Ne pouvant se recomposer, il se décompose.

II

Quel est le principal facteur de cette opération ? Quittant ici Gustave Flaubert et ses personnages, M. Jules de Gaultier se livre à l'analyse du bovarysme en général, de *la faculté de nous concevoir autres que nous ne sommes*. Qu'est-ce donc qui entretient cette faculté, qu'est-ce qui la surexcite, la stimule, la développe ?

— La connaissance.

M. Jules de Gaultier remarque, non sans subtilité, mais avec justesse, qu'il y a rarement rapport et proportion, chez l'animal humain, entre le pouvoir d'invention et d'activité d'une part et, d'autre part, les représentations, les notions, les images qui lui viennent à la pensée et qui le provoquent plus ou moins à l'action. Or, prenons garde, si quelques-unes de ces images concordent avec nos aptitudes et nos goûts naturels, combien d'autres sont divergentes ! Combien d'autres permettent à l'homme de concevoir « des manières d'être qu'il ne peut réaliser, des sentiments auxquels il est impropre, des buts qui lui sont inaccessibles » !

Entre ces deux groupes, le choix se fait suivant l'énergie du tempérament primitif et aussi suivant les tendances imprimées au jeune être par l'éducation. Sortez-vous d'une race forte, nettement caractérisée ? Avez-vous reçu de l'éducation des plis conformes aux premières données de la nature héréditaire ? En ce cas, dit M. Jules de Gaultier, le choix du sujet tenté par la diversité des connaissances toutes fraîches se fera bien et heureusement : « Entre divers buts proposés avec une égale insistance, il choisira nécessairement ceux vers lesquels le dirige déjà une impulsion naturelle. » Ligne du moindre effort, ligne du plus grand rendement. Les tendances intérieures et celles venues du dehors par la voix de la connaissance seront en fait additionnées les unes aux autres, au lieu d'avoir à être soustraites les unes des autres, et, comme un arbre vers son soleil, l'on croîtra vers son *idéal* naturel, comme pourrait dire un lecteur des Allemands.

Mais supposons des impulsions héréditaires ou faibles ou déjà contrariées, supposons encore une éducation qui dénature, dépayse, déclasse ou déracine ; les imaginations étrangères risquent de l'emporter sur le premier fonds naturel, et ainsi le bovarysme de prévaloir. Au lieu de sentir et de vivre tel que l'on est, l'on se voit et l'on vit d'après un type extérieur, c'est-à-dire que l'on s'expose aux dangers que l'œuvre de Flaubert nous décrit.

III

Arrivé à ce degré de son analyse, M. Jules de Gaultier en élargit par une sorte de mouvement de spirale le champ et l'objet. Où sont les bovaryques les plus caractérisés ? se demande-t-il.

Et la nature lui en présente de toute sorte. Non seulement la nature malade, mais aussi la nature saine. Voici l'enfant par exemple. Eh bien ! l'enfant a une aptitude prodigieuse à se concevoir tout autre qu'il n'est. Précisément parce que sa nature réelle n'est encore ni arrêtée ni exprimée, les imaginations qui lui traversent la pensée semblent lui pétrir une multitude de vies diverses. Il se joue à lui-même toutes sortes de comédies dont on ne saurait dire s'il n'est pas la dupe enchantée. Où commence la mauvaise foi de ce grand acteur ? Ceux qui ont tenté seulement la psychologie de la poupée savent que le problème n'est pas aussi simple qu'il en a l'air.

Mais l'enfant n'est pas seul à se donner la comédie. On a noté que le talent ou le génie, celui surtout des lettres et des arts, consiste, en très grande partie, dans le pouvoir de se présenter de pareils spectacles à soi-même, en transformant, jusqu'aux données fondamentales, la pensée de l'auteur. C'est en ce sens que les poètes sont de si grands menteurs. Ils mentent d'abord à eux-mêmes, c'est à eux-mêmes qu'ils font les premiers contes, c'est eux qu'ils bercent des premières fables de leur esprit. C'est en ce sens que la naïveté leur est nécessaire ; elle s'allie d'ailleurs à la plus parfaite rouerie.

Voilà pour les individus. Il y a d'autres bovaryques, qui sont les collectivités. M. Jules de Gaultier compte parmi les crises de bovarysme qui ont affecté des sociétés, en premier lieu, la Révolution française, sur laquelle il adopte les vues de Taine (esprit classique, a-priorisme, etc.), sur quoi je ne ferai que des réserves de détail[194] ; en second lieu la Renaissance du seizième siècle, où je me sens dans l'obligation de me séparer de lui. Il serait, en effet, facile de démontrer que, si l'élan de la Renaissance fut un peu brusque et donna lieu à des excès, il ne sortait pas de l'action d'une cause étrangère ni nouvelle. C'était un germe héréditaire, en travail depuis fort longtemps, qui arrivait au jour. Les tendances dites naturelles qu'il contraria complètement étaient d'une grande faiblesse, d'une insignifiance suprême ou d'un complet épuisement. Celles qui subsistaient et conservaient quelque énergie, si elles parurent parfois choquées par cet élan, ne tardèrent pas à se combiner avec lui ; en attestent tant de chefs-d'œuvre dans les lettres comme dans la philosophie et les arts.[195]

Si tels exemples de M. de Gaultier sont parfois discutables, et sa thèse d'une application délicate, le fond de cette thèse est cependant certain. Il y a un bovarysme des sociétés. Les sociétés se conçoivent, à de certains moments, autres qu'elles ne sont, et cela aboutit à de grandes, fâcheuses et parfois irréparables déviations.

Sous quelle influence ? M. de Gaultier en cite plusieurs. J'aime la pénétrante analyse qu'il a donnée du bovarysme déterminé par un modèle étranger, tel qu'il sévit dans la France contemporaine. La légitimité de nos soulèvements contre le nouveau-venu, contre le Métèque, est établie avec la modération et la vigueur qui conviennent au vrai philosophe :

> Par suite de diverses circonstances, parmi lesquelles il faut mettre au premier rang sa richesse, la douceur de ses mœurs et la décroissance de sa population, la France, parmi toutes les nations pourvues depuis très longtemps d'une personnalité sociale, est celle qui est la plus

---

[194] Voir dans *Trois idées politiques : Chateaubriand, Michelet, Sainte-Beuve*, la note sur Taine et l'esprit classique.
[195] M. de Gaultier se range finalement à cet avis.

largement ouverte à l'immigration étrangère. Cet état de choses a donné lieu, à la suite du nombre croissant des naturalisations, à la formation d'un groupe important de *nouveaux venus* qui apportent de leur pays d'origine une hérédité, des traditions, des coutumes et des idées morales différentes de celles qui ont été élaborées chez nous au cours des siècles. On ne saurait douter d'ailleurs que ces nouveaux venus n'aient été attirés dans la patrie nouvelle qu'ils ont choisie par des considérations d'intérêt personnel et parce qu'ils prévoyaient y rencontrer des facilités pour améliorer leur état.

Un but déterminé les stimule et accroît leur énergie. Venus souvent de pays moins riches, ils apportent des exigences moindres ; ouvriers, commerçants, industriels, banquiers, ils rendent plus ardente la concurrence pour le gain et sont un élément qui s'ajoute aux complications de la question économique. Leur éducation les a-t-elle préparés aux carrières libérales, le même stimulant leur fait convoiter, avec une ardeur précise, les meilleurs emplois dans la politique, dans l'administration, dans l'enseignement. Ils apportent dans ces carrières une activité qui peut être un gain pour la collectivité. Mais s'ils viennent à prévaloir dans ces divers domaines qui touchent à la haute direction du pays, le pays, de fait, va courir un risque ; *celui de se voir appliquer, d'une façon plus ou moins sensible, un ensemble de mesures où se trahira une conception morale et politique empruntée à une autre hérédité sociale, où se trahira tout au moins l'ignorance de la coutume nationale.* Cette conception étrangère fût-elle supérieure à la coutume héréditaire, le groupe n'en subira pas moins le dommage de se voir imposer des manières d'être auxquelles il n'est point adapté. Prenant conscience de lui-même dans le cerveau des nouveaux venus, il va se concevoir autre qu'il n'est, *s'essayer à des gestes auxquels il est inhabile et qui ne sont pas appropriés à son anatomie.*

Il est impossible de donner un schème plus pur de la théorie des Métèques, telle qu'on a essayé d'en fournir un développement illustré dans *Les Monod peints par eux-mêmes.*[196] Les idées, les goûts, les tendances

---

[196] Voir la *Revue d'Action française*, 1899–1902 : *Histoire naturelle et politique d'une famille de protestants étrangers dans la France contemporaine.* [Note de 1902.]
Elle est résumée dans *Quand les Français ne s'aimaient pas* (Nouvelle Librairie Nationale, 1916), sous le titre *Sentinelle allemande dans l'Université.* [Note de 1925.]

apportés par la tribu des Monod risquent d'agir sur l'imagination française à la manière des lectures romanesques d'une Emma Bovary ; si peu tentante que soit la mentalité de ce pauvre peuple pasteur, elle diffère de la nôtre, elle est autre, et cela suffit à provoquer les premières imitations. Que la presse, l'administration, les pouvoirs publics donnent à cette mentalité étrangère l'estampille d'État, son influence deviendra facilement incalculable, quelle qu'en soit au reste la valeur intrinsèque ou, pour dire mieux, l'indignité fondamentale, le néant profond. C'est un grand risque, on le voit bien, qu'un tel bovarysme. M. de Gaultier réitère un peu plus loin l'avertissement :

> L'essentiel, en pareille matière, est de n'être pas dupe ; en un temps où les nations existent et sont constituées plus fortement qu'elles ne le furent jamais, il y a place pour des conventions internationales où le droit des gens, défini avec une précision plus grande et constamment amélioré, peut, au moyen de clauses réciproques, assurer aux hommes des différentes nations une sauvegarde, une protection, une liberté croissante dans tous les pays du monde. Mais tout ce qui est proposé sous le masque d'une idée cosmopolite, à quoi rien ne répond dans la réalité, est entrepris en fait au nom *de l'utilité d'un groupe déterminé,* de ce groupe des nouveaux venus, qui, en tout État organisé, a des intérêts à débattre et à régler avec le groupe national.

L'utilité d'un groupe déterminé, le groupe des nouveaux venus : qui ne reconnaîtrait à ce signalement précis le moteur essentiel de la politique du Vieux Parti Républicain, Juifs et Protestants, Maçons et Monod-Métèques coalisés ? Mais, s'il le reconnaît, comment donc M. Jules de Gaultier peut-il fermer les yeux à la nécessité qui découle de cette philosophie nationaliste, fortifier l'élément national héréditaire, arracher le gouvernement aux fantaisies bovaryques du régime électif et remplacer cette élection républicaine par l'hérédité monarchique ? Je ne puis qu'indiquer les grands traits de cette conclusion ; elle se trouve, en quelque sorte, aspirée par toutes les parties de la thèse.

IV

Mais revenons aux spéculations générales. Si les nations, les races, sont capables de bovarysme, pourquoi la race humaine tout entière en serait-elle garantie ? Mais elle ne l'est pas. Le genre humain a, lui aussi, la faculté de se tromper sur soi-même. Deux exemples de ce bovarysme fondamental (car je néglige le troisième qui donnerait lieu à de vives discussions) sont examinés par M. Jules de Gaultier : dans l'amour et dans la science, l'homme atteint d'autres résultats que ceux pour lesquels il se figure travailler. Adoptant les explications que Schopenhauer a données de la nature sous-jacente de l'amour, l'auteur du Bovarysme admet que « l'homme en proie à la passion amoureuse, tandis qu'il croit poursuivre un but personnel, accomplit le vœu de l'espèce. » On croit désirer ou réaliser son bonheur ; on n'aspire, on ne tend qu'au bien secret des germes infinis qui rêvent de naître. J'aime la gravité dure et mélancolique de ces formules :

> Le génie de l'espèce qui les possède (les hommes) leur promet un bonheur hors de proportion avec tous ceux qu'ils ont pu jusqu'alors imaginer. C'est par l'appât de cette promesse qu'il les contraint à réaliser son propre vœu qui est unique ; assurer la vie à l'espèce, faire naître des êtres en abondance dont le type perpétue celui des êtres de la même espèce, des vivants qui vont mourir et qui, s'il n'y prend garde, emporteront avec eux, dans la terre où ils vont se dissoudre, le secret de cette forme particulière que la vie, au prix de tant d'efforts et de tâtonnements, a créée. Cependant, l'illusion qui fait agir les amants avec tant de force se dissipe ou s'amoindrit, lorsque le dessein poursuivi par le génie de l'espèce a été réalisé, lorsque l'individu nouveau, celui qui perpétuera le type, est conçu.

Je suis un peu surpris que M. de Gaultier s'en soit tenu ici à la théorie de Schopenhauer. Étant donné les prémisses de son étude et leurs conclusions, il lui était possible d'intercaler, à titre de moyenne, une théorie de l'amour à la fois plus neuve et plus traditionnelle, plus générale et peut-être plus haute que celle de Schopenhauer. Y a-t-il dans l'économie de ce monde un Génie de l'Espèce ? Je n'en sais rien, j'en doute et je suis certain qu'on ne prouvera jamais l'être de ce personnage mythologique ; mais il y a en nous, il y a dans chaque être et jusque dans le moindre atome une extraordinaire tendance à sortir de soi. Appelez-le Génie de l'émigration éternelle, s'il vous faut des génies comme dans les contes arabes ; mais n'est-ce, au juste, l'Amour même ? Il est aussi bovaryque que M. de Gaultier peut le souhaiter, et il explique plus de choses que le génie invoqué par Schopenhauer.

M. de Gaultier qualifie également de bovarysme cette ardeur de la connaissance qui aiguillonne l'homme à découvrir en vue d'inventer. L'homme découvre, invente, mais, d'une génération à l'autre, cet industrieux artisan ne se procure ni bonheur, ni même accroissement sensible de ses plaisirs. Les connaissances, la civilisation, l'être même de l'homme croissent, mais nullement sa capacité d'être heureux.

> À bien considérer les choses, il apparaît que le propre de l'homme est une faculté de mécontentement. C'est là ce qui le distingue vraiment de toutes les autres espèces, et c'est à cause de cette humeur spéciale qu'il change tout autour de lui les conditions du milieu auxquelles les autres animaux s'adaptent dans la mesure qu'ils peuvent et dans les limites permises à leur organisme... Mû par ce sentiment de malaise qui fait partie de sa constitution la plus intime, l'homme se croit propre à lui porter remède en modifiant l'univers ; de là tout son effort scientifique pour comprendre et utiliser les lois, son effort pittoresque pour les interpréter à son profit, son effort artistique pour se créer des puissances nouvelles. Mais il ne peut modifier cette faculté même de mécontentement qui constitue son être, et tous les changements qu'il apporte à l'univers sont le terrain où se fortifie cette plante vivace qui porte aux extrémités de ses branches tout le fruit de la connaissance. L'homme se conçoit doué du pouvoir d'augmenter ses joies, il ne réussit qu'à augmenter son pouvoir.
>
> Grandiras-tu toujours, grand arbre plus vivace
> Que le cyprès ?[197]

---

[197] Ce sont les strophes 18 et 19 (sur 36) du *Voyage*, poème dédié à Maxime du Camp, cent vingt-sixième pièce des *Fleurs du mal* dans l'édition de 1861, déjà mises à contribution quelques mois plus tôt dans l'article « Qu'est-ce que la Civilisation ? », également paru dans la *Gazette de France*.

> La jouissance ajoute au désir de la force,
> Désir, vieil arbre à qui le plaisir sert d'engrais,
> Cependant que grossit et durcit ton écorce,
> Tes branches veulent voir le soleil de plus près !
> Grandiras-tu toujours, grand arbre plus vivace

À ce degré de profondeur et de généralité, le bovarysme apparaît lié à l'essence même de l'être. La vie consciente semble définie par la faculté de se concevoir autre ; tout ce qui se conçoit se trompe sur sa nature, et le fait même de penser devient une erreur, dans l'industrieuse généralisation de M. de Gaultier.

V

Qui n'aperçoit les conséquences ? Un secret bovarysme étant au fond de tout, « la faculté de mécontentement et d'insatiabilité » apparaissant à tous les points de la toile du monde et arrivant même dans l'homme à son degré supérieur, partout l'hétérogène (comme dirait Spencer) pénétrant l'homogène et le pressant de ses sollicitations et de ses caresses afin de l'entraîner et de le jeter hors de soi, quelles conclusions morales et politiques en peuvent donc être tirées ? Il serait amusant d'imaginer sur la donnée métaphysique de M. de Gaultier une sorte de dialogue entre la Constance et l'Inconstance, entre la Volonté conservatrice et le Désir perturbateur, dans la querelle indéfinie qu'ils se font à travers les espaces et les temps comme les démons rivaux de Manès et les divinités concurrentes d'Empédocle.[198] Ce serait un trop grand sujet, et trop beau, pour le profaner en quelques lignes d'une chronique si rapide, mais je ne saurais m'empêcher de regretter que monsieur de Gaultier, homme heureux, doué de loisirs, ne se soit pas abandonné plus longtemps à ce noble jeu. Je ne sais rien au monde de passionnant comme la contemplation des racines divergentes de l'Être, et je n'ai trouvé nulle part moraliste, ni philosophe, ni poète qui ait su prendre dans son réseau et peindre au naturel Arès et Cyprine[199] ainsi enlacés. Voilà pourtant l'image de la réalité primitive pour

---

Que le cyprès ? – Pourtant nous avons, avec soin,
Cueilli quelques croquis pour votre album vorace,
Frères qui trouvez beau tout ce qui vient de loin !
(n.d.é.)

[198] On ne sait si ce rapprochement inversé, à huit siècles de distance, entre le système d'Empédocle et l'hérésie manichéenne renvoie à Höderlin ou à Nietzsche, ou bien n'est qu'un simple effet de style de Maurras. (n.d.é.)

[199] Évocation précieuse de l'antinomie entre la Guerre et l'Amour ; *Cyprine* est ici synonyme d'Aphrodite. (n.d.é.)

ceux d'entre nous qui n'ont pas oublié la maxime du vingtième chapitre de *Candide* :

« La vérité, dit-il, est que je suis manichéen.

— Vous vous moquez de moi, dit Candide, il n'y a plus de manichéens dans le monde.

—Il y a moi, répondit Martin. »

Une jeune Emma Bovary, toute divisée contre elle-même, éternelle ennemie de sa paix et de son bonheur, est peut-être cachée dans chacun des millionièmes de millionièmes de particules infinitésimales qui composent le tissu de chacun de nous et, si elle n'y était pas, rien ne serait ou tout dormirait dans un repos éternel. Telle est du moins la thèse de M. de Gaultier. Tous les biens et les maux du vaste univers sont dérivés, dit-il, du pouvoir qu'ont les choses de sortir d'elles-mêmes par quelque chose qui ressemble à de la pensée.

Deux témoins de la France Courtenay Bodley et Gabriel Hanotaux

1902

Paru dans la revue Minerva[200] *en 1902.*

DEUX TÉMOINS DE LA FRANCE

Il y eut autrefois, dans Nîmes romaine, une petite fille qui vendait des fleurs. Sa devise nous est restée, sur un fragment de marbre que l'on garde au musée de la Maison carrée. « Je ne vends mes fleurs qu'aux amoureux », disait-elle. NON. VENDO. NIS. AMANTIBVS. CORONAS.[201] Cela peut vouloir dire que les amoureux seuls achetaient ses bouquets. Et cela peut signifier aussi que, pour or ni pour argent, elle ne consentait à céder ses couronnes qu'à ceux qu'elle jugeait familiers de l'amour. La première interprétation doit être la vraie. Mais je retiendrai volontiers la seconde, comme la belle. Il n'est pas impossible d'en étendre le sens à tout. Il n'est pas un sujet au monde où la couronne n'appartienne, presque de droit, aux amoureux et ne soit refusée, également de droit, à ceux qui, n'étant pas visités de l'amour, se trouvent ainsi manquer d'âme. Qu'ils s'adressent à la petite marchande de Nîmes ou qu'ils demandent à la nature infinie un de ses secrets ; qu'au lieu d'être flâneurs et simples chalands, ils se soient faits géographes ou géomètres, historiens, philologues ou philosophes, tout leur échappe tristement malgré les sueurs et les veilles. Que dis-je ? ils n'ont jamais coupé un bon habit, ni creusé un sillon bien droit, car l'amour est indispensable même aux industries les plus humbles ; mais les ouvrages de l'esprit lui sont, je crois, subordonnés plus directement que les autres et, par exemple, en fait de livres il n'existe guère que des enfants de l'amour. Les autres ne sont presque pas.

Ces malheureux, succédanés du néant, nous attristent parfois en raison de la noblesse de leur matière. Un livre froid, sous un beau titre et sur un beau sujet, c'est peut-être la plus dure épreuve du genre. Quand M. Courtenay Bodley publia, voici quelques années, l'édition anglaise de son ouvrage sur *la France*, je ne pus me défendre de quelque tremblement. On m'avait dit cet étranger fort au courant de nos affaires ; on ajoutait qu'il était plein de sympathie pour notre pays. Mais la sympathie pour la France est peut-être une des monnaies les plus courantes en Europe. Je fis comprendre à un Anglais de mes amis que je me moquais de la sympathie de M. Bodley.

---

[200] Minerva, année 1, no 1–4, 15 avril 1902, p. 535–561.
[201] « *Je ne vends pas mes couronnes* [de fleurs], *sinon aux amoureux* » (n.d.é.)

« Est-il amoureux ? » demandai-je, « car tout est là ». L'insulaire n'ayant point balancé à répondre que son compatriote nous aimait de tout cœur, je me procurai cette *France* dont une lecture hâtive me fit comprendre l'importance et l'agrément. La traduction, exécutée peu de temps après par l'auteur, est venue, depuis une année environ, à l'appui de cette impression.

Parce qu'il était amoureux de la France, M. Bodley y a longuement séjourné ; il y a beaucoup vu, beaucoup réfléchi et, en homme pratique, beaucoup conclu. Les passions fortes ne laissent pas l'esprit en chemin, mais le poussent, le hâtent jusqu'à ce qu'il soit satisfait et qu'il puisse enfin prendre son repos dans une idée juste. Sans doute un sot se satisfait à bon marché. Mais si M. Courtenay Bodley n'a rien d'un sot, si sa culture est vaste, son information complète et profonde, les dons de son esprit ne l'auraient pas mené bien loin, sans l'amitié vivace que lui inspirait notre terre. Cet Anglais épris de la France semble écrire pour élever un monument à la dame de ses pensées. Il y a mis le plus possible de lui-même et de son objet. Comme on se lasse des meilleurs livres, il arrive bien que l'on ferme celui-ci ; mais on le met dans la réserve de sa librairie, sur la tablette des livres exceptionnels, témoins intéressants auxquels il faut consacrer plus d'une séance.

M. Courtenay Bodley, qui nous aime, déclare cependant qu'un Français est comme un loup pour tout autre Français. *Gallus Gallo lupus*. Il faut donc, pour le démentir, s'exprimer avec la douceur d'un agneau sur le compte de ce Français qui vient aussi de faire un livre sur la France, *l'Énergie française*, M. Gabriel Hanotaux. Rien au monde n'étant plus malaisé que de tels livres composés de fragments épars, je ne reprocherai même pas à l'ancien ministre une cinquantaine de pages dont le ton officieux ou même officiel jure avec la liberté d'esprit qui est une des beautés de l'ensemble. Il est vrai qu'elles gênent un peu la liberté de notre jugement. De M. Gabriel Hanotaux, ancien élève de l'École des Chartes et docteur ès lettres, la critique a le droit de demander sans embarras s'il est amoureux de la France. Le moyen de poser, sans injure mortelle, la même question sur un personnage public, qui a été plusieurs fois ministre des affaires étrangères ! car s'il fallait faire une réponse négative, le lecteur ne manquerait pas de déduire : « Quel scélérat ! » Je conclus que M. Hanotaux a bien fait de mettre en dernier lieu, et tout à la fin de son livre, les feuillets oratoires dont le fumet électoral et parlementaire est flagrant. Jusque-là, il nous a permis d'oublier sa carrière et sa profession.

Les trois cents autres pages composent une œuvre satisfaisante. Elles établissent, non sans force, que l'écrivain a, lui aussi, le sens et la passion de son pays. Ses formules nous toucheront peut-être un peu moins que celles de M. Courtenay Bodley, précisément à cause de l'accent étranger qui relève et fait valoir ces dernières. Une aimable banalité sur la France, dite par un Français, n'a aucun prix. S'il a du goût, il évitera de l'écrire. Mais, venu du dehors, le mot le plus simple, s'il part du cœur, nous vient au cœur. Je n'ai point entendu sans un mouvement de plaisir un sujet britannique déclarer que notre territoire est « la partie de l'Europe la plus agréable et la plus riche » ni que nous parlons « une langue de grâce et de clarté » ; que l'on trouve « des traces » de « la civilisation française » « dans toutes les classes de la société » ; qu'elle est « un héritage des siècles » et que c'est ainsi que nos « ministres » et nos « hauts fonctionnaires, quoique très rarement recrutés dans les rangs élevés de la nation, arrivent à remplir leurs fonctions importantes sans la maladresse qui caractérise les hommes nouveaux dans d'autres pays ». Lorsque, enfin, nous contant qu'avant de parcourir la France, son imagination avait beaucoup travaillé et qu'il était dès lors en droit de s'attendre à « quelque déception » il déclare qu'il « n'en a éprouvé aucune », cet hommage si simple, mais si persuasif, nous le rend tout à fait ami. Nous l'approuvons de prendre place, non comme un hôte mais à peu près comme un naturel du pays, à la droite de nos foyers : sa phrase sur les Vosges et l'au-delà des Vosges et sur son « voyage émouvant dans le territoire perdu », aurait pu nous choquer, dite autrement ou dite trop tôt ; mais elle nous charme. M. Bodley apparaît plus qu'un ami, et comme un parent.

M. Gabriel Hanotaux ne peut rêver de nous charmer à si bon compte. Étant du cercle national, il doit bien davantage à la communauté. Il ne peut non plus invoquer, comme son confrère étranger, quelques noms de Français pour répondants. Le meilleur des métèques a besoin de patrons. M. Courtenay Bodley en cite beaucoup, et d'illustres : M. Renan, M. Taine, M. de Mun, Monseigneur Freppel, M. Clemenceau. Monseigneur Perraud, M. Henri Schneider, M. Jules Ferry, M. Buffet le père, le cardinal Lavigerie, M. Ludovic Halévy, M. Paul Leroy-Beaulieu et M. Janssen, l'astronome. Cette variété, ce choix, provoquent notre curiosité, éveillent notre confiance. Mais quand nous écoutons M. Gabriel Hanotaux, c'est lui qui a la parole. Ce sont des vues à lui qu'on exige de lui et, s'il se contentait de formules tribunitiennes, c'est la défiance qu'il éveillerait immédiatement.

M. Gabriel Hanotaux s'est galamment tiré d'affaire. Son livre est bien imaginé. Il nous présente tout d'abord une sorte de panorama moral et physique, d'abord du territoire et ensuite de la nation. « L'Europe est un toit dont la crête va se dirigeant des Pyrénées jusqu'à l'Oural... Il n'y a en Europe que deux pays qui soient franchement à cheval sur le toit : c'est la France et la Russie. La France est située au carrefour des peuples. C'est un chemin... C'est une place... La capitale — Paris — c'est pour la France la tente du centurion, au milieu du camp, avec les enseignes des légions et les faisceaux des licteurs. » Cette nation se compose donc de deux peuples : le peuple parisien et le peuple de la province, « Paris vaut plus que la France, mais la France vaut mieux que Paris. » Ces distinctions préliminaires sont d'une généralité assez vaste pour ne pas venir d'un esprit froid. La bonne impression est confirmée par la suite de la lecture. L'amitié de M. Hanotaux pour sa Terre-Mère le ramène de la synthèse à la patiente et difficile analyse. Comme autrefois l'auteur du *Roman de l'énergie nationale*[202] s'élevait sur la tour Constance afin de prendre conscience d'un paysage digne de son cœur, l'auteur de *l'Énergie française* cherche le belvédère de la France physique. Il a découvert sur la carte le point « d'où les eaux coulent dans trois sens opposés », et gagnent qui la Manche, qui l'Océan, qui la mer Méditerranée : ce point central qui se trouve entre Autun, Beaune et Semur, il y fit un pèlerinage d'étude et de piété. Or, que rencontre-t-il, de village en village et jusque dans la solitude des Grands-Chaumes ? Un nom, un souvenir, une trace, la même trace, le même souvenir le même nom qui se rencontrent sur tous les autres points de la France, comme pour organiser et pour unifier nos diversités. M. Hanotaux rend hommage à ce grand vestige romain. Il y eut près des Grands-Chaumes le village de Saint-Romain. Non loin, une agréable statue de Cérès et, sur le même territoire, « isolée, élégante et fine, une colonne du galbe le plus pur, couronnée par un chapiteau corinthien ». Voilà, au cœur du territoire, le cœur de l'histoire de France, s'il est vrai que le cœur soit, pour une nation comme pour un être vivant, le premier des organes qui soient dégagés du chaos. De l'union violente de la Gaule avec Rome date, au sens organique du mot, notre conception. Avant ce grand événement, les traits du génie national ne sont ni assemblés, ni même tous présents : aussitôt après, la figure se dessine, embryonnaire, mais complète, il ne lui manque que son nom, quand l'invasion franque se fait.

---

[202] Maurice Barrès. C'est le titre donné à la trilogie que forment *Les Déracinés* (1897), *L'Appel au soldat* (1900) et *Leurs Figures* (1902). (n.d.é.)

Religion, langue, civilisation, administration, unité, tout jaillit comme un sang généreux du cœur romain de la France. M. Hanotaux a bien soin de dater de là le détail de son pèlerinage historique. Ce qu'il visite en premier lieu, dès sa descente des Grands-Chaumes, c'est un temple helléno-romain, la Maison carrée de Nîmes. Il examine ensuite un temple gothique, la cathédrale de Chartres, puis un cimetière, Saint-Maclou, à Rouen ; un village, Beaurieux, qui doit être rapproché de son lieu natal, si ce n'est ce lieu même[203] ; une ville moyenne, Laon, qui est dans sa province d'origine ; un atelier, Le Creusot ; une industrie, celle que meut, de plus en plus, la houille blanche descendue des glaciers éternels, dans les Alpes du Dauphiné ; une région, la Normandie ; un port, Le Havre ; une colonie, l'Algérie...

Ce plan tout seul a pour l'esprit quelque chose qui le contente. Grande variété, unité convenable. Un esprit sans amour aurait été assez vite rassasié de toujours retrouver sous des formes diverses cette immense réalité sous-jacente de la patrie. L'application, le zèle, l'ingéniosité parlent donc en faveur de M. Hanotaux : vraiment, la marchande de fleurs lui accordera des couronnes. Il faut ranger son livre avec celui de M. Bodley dans le petit nombre de ces témoignages de bonne foi qui renseignent bien sur la France.

I

— J'ai laissé quelque temps les deux témoins non dos à dos, mais plat à plat sur le même rayon pour mieux confronter leur langage. Et leur langage est très pareil.

Bien qu'ils soient très contents de nous, ces deux amateurs de la France s'accordent à nous déclarer médiocrement satisfaits de nous-mêmes. Dans un vocabulaire que je ne saurais approuver, car il permet de grands calembours ou de détestables coq-à-l'âne, MM. Hanotaux et Bodley nous déclarent pessimistes. Le pessimisme, étant un système du monde, ne devrait pas servir à désigner un simple état de notre humeur. Il peut y avoir des pessimistes très gais et, à l'inverse, des optimistes chagrins et sombres. Le découragement peut s'allier à l'optimisme, comme au pessimisme l'enthousiasme de l'espérance et du désir.

Quoi qu'il en soit du mot, la France est depuis longtemps de mauvaise humeur. On disait autrefois « C'est une femme qui s'ennuie. » Voilà quatre

---

[203] Gabriel Hanotaux est né en 1853 à Beaurevoir, dans l'Aisne. (n.d.é.)

ou cinq ans, que la France ne s'ennuie plus. Vous paraît-elle plus rassurée sur son avenir ou moins âpre contre elle-même ? L'Angleterre vaincue, ou tout au moins humiliée, donne aux nations le plus magnanime spectacle de fermeté et de sang-froid. Rome fut à peine plus grande, après Cannes, quand le Sénat s'en vint aux portes féliciter Varron de n'avoir pas désespéré de la République. Nos difficultés extérieures sont beaucoup moindres, et notre cœur semble encore inférieur.

M. Gabriel Hanotaux n'insiste pas ; mais il avoue dans sa préface, et cela est sensible à chaque ligne de son livre, qu'il n'a pris la plume que pour combattre ces accès de misogallisme et nous rendre la confiance.

« Regardez-vous, dit-il à la France comme on dirait à une jeune fille qui boude. Que vous êtes jolie ! Que vous nous semblez belle ! » Il lui parle de ses campagnes et de ses cités, de ses forêts et de ses fleurs, de ses mers et de son beau ciel. Il lui rappelle aussi fortement que possible son activité, son histoire, son industrie, son art. Il affirme la force, la santé, le courage. Ainsi prétend-il en créer. « Tu seras énergique, lui dit-il, si tu prends conscience de l'énergie qui vit en toi. » Il faut bien avouer que ce ne sont point là de mauvais révulsifs. Leur seul risque, c'est, à tout instant, de dégénérer en des morceaux d'une éloquence un peu grossière. De ces tirades d'encouragement amical aux parades publiques, il n'y a peut-être qu'un pas. Il faut de la sagesse pour échapper à ce péril. Tout ce que je peux dire est que l'auteur de *l'Énergie française* ne nous choque presque jamais ; sur plus d'un point, il réussit même à nous rassurer.

La médecine de M. Courtenay Bodley est un peu différente. Le mal étant flagrant, et les pareils de M. Gabriel Hanotaux n'hésitant pas à l'avouer, le voyageur anglais tient à en dégager la cause. Sa recherche est analytique. Tout d'abord il visite pendant huit années entières, non seulement Paris, mais les provinces, la Corse, l'Algérie elle-même. Il fait de longs séjours dans les lieux les plus différents. Il interroge même le passé et se fait une idée précise des changements qui ont été apportés depuis un siècle à l'état du pays.

Ce n'est pas tout. Si le milieu physique est la première source des sentiments d'un peuple, si les successions de l'histoire en sont la deuxième origine, un troisième principe doit être interrogé, car c'est de lui que dérive toujours le principal caractère des mœurs : quelles sont nos institutions ?

M. Bodley examine les idées maîtresses de notre système politique, Liberté, Égalité, Fraternité, Patriotisme, il lit (chose admirable ! entreprise que peu de Français ont tentée), il lit les quatre lois constitutionnelles de 1876, sans oublier les amendements qu'on leur a votés par la suite. Qu'est-ce que le Président de la République ? Qu'ont été les hommes qui ont rempli depuis vingt-cinq ans cette magistrature ? Qu'est-ce que le Sénat ? Qu'est-ce que la Chambre ? Qu'est-ce que les ministres ? Mais, puisque tout cela dépend du jeu des partis, qu'est-ce que les partis en France ? Royalistes, bonapartistes, ralliés, centre-gauches, opportunistes, radicaux et socialistes sont ramenés à leurs composants. De retour de ce long périple, accompli avec le scrupule particulier à la méthode anglaise, mais aussi avec le désordre naturel à l'esprit anglais, M. Bodley se voit tout d'abord confirmé dans sa double impression. Il est, pour son compte, ravi. Les inconvénients qu'il a relevés chemin faisant lui ont semblé compensés par des avantages. Ainsi nous sommes dévorés par le fonctionnarisme. Mais les Anglais le sont bien par les gens de loi. Nous sommes accablés par l'impôt, mais, « à part les octrois », « c'est un bonheur de l'acquitter si l'on songe aux tracasseries auxquelles sont exposés les contribuables anglais pour le paiement de leurs taxes impériales ou locales ». Il ajoute que peut-être même il y a un léger avantage au compte de la vie française. Qu'importe, s'il n'est pas senti ! L'Anglais porte son mal d'un cœur allègre. Il ne cesse de célébrer sa joyeuse et vieille Angleterre. Mais le Français dit : « Pauvre France ! » à tout venant.

« Pessimisme aigu et contagieux », écrit M. Bodley. « Les publicistes les plus éminents et les maîtres de la pensée contemporaine inspirent encore le découragement par leurs critiques âpres et ironiques. » C'est M. Jules Roche qui écrit que « nous sommes le pays le plus mal gouverné qu'on puisse voir dans le monde, ou l'un des plus mal gouvernés, pour n'humilier personne. » C'est M. Jules Lemaître : « Voilà vingt-sept ans[204] qu'il n'y a plus guère de plaisir à être Français. » C'est M. Anatole France : « Ce peuple, autrefois ardent et généreux est devenu tout d'un coup incapable de haine et d'amour, d'admiration et de mépris. »

Voilà les signes de l'humeur. Mais d'où vient-elle ? Les tâtonnements de M. Bodley aboutissent à une solution bien curieuse et l'on est assuré de produire un effet de comique assez net si on la transcrit sans préparation. Le pessimisme des Français leur vient, assure M. Bodley, de la *combinaison du gouvernement parlementaire et de la centralisation*.

---

[204] Ces citations sont du *Figaro* de 1897.

II

— Ne nous hâtons pas de sourire, car la formule est très sérieuse et vaut la peine d'être examinée de près. Sans décider encore si M. Bodley dit vrai ou s'il se trompe, les esprits réfléchis l'approuveront d'avoir bien marqué le lieu du débat. Oui, c'est ici qu'il faut discuter. On ne comprendra rien à aucun état de l'esprit et des mœurs de la France contemporaine si on ne le rapporte aux institutions de l'an VIII.[205] Pour ma part, je les crois funestes. En tout cas, leur puissance ne saurait faire un doute. Elles sont l'élément constant et invariable de nos pires variations. Tout ce qui nous arrive de bon ou de mauvais est nécessairement conditionné par elles. Bien on mal, il est impossible qu'elles n'aient pas agi sans cesse, puisqu'elles ont duré sans cesse. J'admire que M. Bodley, arrivé du dehors, ait si bien observé cela.

Son originale formule est, d'ailleurs, méritoire à un autre point de vue. Un bon Anglais ne l'a point conçue sans effort. Car faites attention, d'une part, que M. Bodley ne nous blâme pas d'avoir combiné la centralisation au régime parlementaire, mais bien d'avoir associé le régime parlementaire à la centralisation. Il admet la centralisation. Il rejette le parlementarisme. Ce régime du Parlement et des partis, qui forme l'arche sainte de son droit national, il nous en reproche l'usage. Cette centralisation, qui serait honnie chez les siens, il nous reproche de ne pas la maintenir à l'état pur, car elle seule, à son sentiment, nous convient. Oh ! comme pour venir à une pareille formule il a dû lui falloir corriger et modifier ce qu'il appelle « ses préjugés anglais » ! Il en était déjà, nous dit-il, un peu libre avant d'aborder notre sol gaulois. La pratique administrative, ses anciennes fonctions de chef de cabinet au ministère du *Local Government* lui avaient appris dans sa jeunesse « combien peut être salutaire un contrôle exercé par des fonctionnaires impartiaux sur les autorités élues ». Mais cette « centralisation bénigne » était sans rapport avec ce qu'il devait voir en France : à cette vue, le « préjugé anglais » dut se réveiller.

Le « préjugé anglais » considère la centralisation non seulement comme une œuvre absurde et mauvaise, mais comme une œuvre nulle ou destinée à annuler. La centralisation, pour un bon Anglais, ne tue pas un peuple ; elle est elle-même signe de mort. Rien d'*actif* ne peut sortir d'un pareil principe. Se trouvant à Lyon chez M. Jules Cambon, alors préfet du Rhône, M.

---

[205] Il s'agit de la constitution du Consulat en 1799. (n.d.é.)

Bodley s'étonne beaucoup de voir ce fonctionnaire « entouré de l'élite des citoyens lyonnais ». « Ces hommes distingués, qui consacrent leur vie aux institutions locales de la seconde ville de France et qui se font gloire de leur esprit indépendant », n'avaient point l'idée de considérer le commissaire du gouvernement comme un ennemi : bien au contraire, ils acceptaient « complaisamment » cette « direction d'une autorité imposée ». M. Bodley ne pouvait tenir sa surprise, et il se disait en lui-même : « Si un fonctionnaire anglais, ayant la haute valeur du préfet du Rhône, était envoyé à Manchester pour l'administrer en qualité d'agent politique de la Reine, cette ville loyale serait en insurrection au bout d'une semaine. » Mais le bon sens natif l'obligea tout de suite à s'incliner (un peu vite) devant le fait : mauvaise en Angleterre, la centralisation doit être bonne en France puisqu'elle « concorde avec les sentiments de la communauté ». Quant « aux pamphlets » publiés depuis un siècle contre ce système, ils ne signifient que des mots.

Il y a toujours quelque péril à s'affranchir absolument des préjugés. M. Bodley ressemble à ces excellents gentilshommes qui, ayant échappé à quelqu'une des habitudes d'esprit de leur classe, en arrivent à se savoir trop de gré de cet effort émancipateur : ils ne pensent plus que pour contrarier les imaginations de leurs pairs. Souvent ce n'est pas notre France que M. Bodley a en vue ; c'est, plus simplement, le contraire de son Angleterre.[206] La prudence devrait lui commander au moins l'examen de quelques-unes de ses assertions.

Ainsi M. Bodley justifie le régime centralisateur par le consentement implicite de ceux auxquels il est superposé. Ni révolution, ni guerre, dit-il, n'ont rien changé en fait à l'œuvre napoléonienne. Les théories de décentralisation n'y touchent pas sérieusement. (M. Bodley est-il bien certain de ceci ?) De plus, la population de la France ne prend aucun intérêt aux délibérations de ses conseils locaux. Un conseil général délibère dans le désert. Enfin ni le Peuple ne se mutine contre la centralisation ; ni l'élite, l'élite étrangère à la politique, n'y fait d'objection sérieuse. (Ceci est-il encore très sûr ?) Il faut donc qu'il existe en somme un certain accord entre ce système administratif et « le tempérament national ». M. Bodley aurait dû se contenter de dire :

---

[206] Il dit quelque part : « De tous les traités sur la centralisation qui se sont multipliés en France, aucun parmi les plus hardis n'entame, *au point de vue anglais*, le système décentralisateur. » Comment M. Bodley ne s'est-il pas dit qu'il y a peut-être un système de décentralisation qui vaudrait pour la France et non pour l'Angleterre ?

— Donc la centralisation ne froisse jusqu'ici, sensiblement, aucun intérêt très immédiat.

Cette conclusion serait vraie. Mais elle obligerait un philosophe et un observateur comme lui à rechercher d'autres conclusions plus profondes. Quand on cherche jusque dans les institutions la racine d'un état d'esprit, on ne peut juger de ces institutions sur le plus ou moins de contentement immédiat qu'elles procurent.

N'y a-t-il que des biens ou que des maux immédiats ? Et, pour être réels, faut-il qu'un bien, un mal soient directement ressentis ? M. Bodley, qui a été constamment abreuvé de la Bible en son jeune temps, me pardonnera de lui rappeler une bonne image biblique. Le voyant de l'Apocalypse parle d'un livre qui est « fort doux à la bouche », mais « qui est amer au ventre ». La centralisation plaît-elle aux Français ? Voilà une question, et M. Bodley la résout par l'affirmative. La centralisation rend-elle aux Français de bons services et ne leur est-elle pas « amère » plus profondément ? c'est une seconde question : M. Bodley ne la pose pas. Enfin, les Français sont-ils capables de décentralisation ? Troisième et dernière question que l'auteur de *la France* résout assez légèrement, sur les seules données de son premier problème.

Que la centralisation favorise aujourd'hui la paresse des Français, qu'elle leur représente un certain nombre de loisirs et même de commodités d'apparence et de premier abord, cela ne se conteste plus. L'administration et la bureaucratie jouent à l'égard de notre peuple le même rôle que les intendants auprès des jeunes dissipateurs : ils abrègent les comptes, aplanissent les embarras, servent de tuteurs et de guides, au besoin même d'argentiers. Les écrivains et les philosophes français qui ont signalé le péril n'ont rien méconnu du charme propre à cette substitution constante de l'État aux communes, aux régions, aux compagnies, aux corps autonomes. Mais, répétaient-ils, prenez garde. Un pareil charme est plein de pièges. Ce régime sépare de la vie publique les meilleurs citoyens. Les plus directement intéressés au bien de tous. C'est en vain que vous leur accordez un bulletin de vote pour décider des relations avec le Saint-Siège ou avec la maison d'Autriche, s'il leur est à peu près interdit en pratique d'agir sur les affaires qui les touchent le plus. Leur bon sens naturel les préviendra que, s'il est vrai qu'ils sont de piètres administrateurs communaux, il est encore plus vrai qu'ils seront de mauvais administrateurs nationaux. Ils se sépareront. Ils se réfugieront dans l'inertie et l'abstention, bien convaincus de la vanité de leurs meilleurs efforts. Utiles dans leur petit monde où vous les annulez, ils se sentiront noyés dans l'énorme masse votante. De leurs *qualités* professionnelles et locales, vous ne tirez rien qu'un *nombre* insignifiant. Au moment même où vous les constituez en souverain, vous les dépouillez de toutes les réalités qui *font* un citoyen.

Le peuple anglais s'est élevé du gouvernement local au gouvernement national. M. Bodley nous est témoin des sentiments autonomistes de la plus « loyale » des villes de son pays. Mais c'est, dit-il, que le « tempérament » de la nation anglaise lui permet cette autonomie locale au lieu que le « tempérament » de la nation française ne l'a jamais permis. Et voilà comment un mot, d'ailleurs significatif et utile, peut égarer une intelligence, d'ailleurs critique ! Écartons ce mot de « tempérament », qui boucherait toute avenue à la réflexion, et voyons les faits. Les faits diront si les Français sont incapables de gouvernement local, jusqu'à quel point, et depuis quand.

Pour voir les faits, je prierai volontiers M. Bodley de se reporter aux études de M. Hanotaux. L'historien de Richelieu n'appartient nullement au monde des Français décentralisateurs. Cependant, il lui est impossible de ne pas mentionner certains traits caractéristiques. En faisant la revue de nos provinces depuis la Provence et la Bretagne jusqu'à la Bourgogne et l'Aquitaine, M. Hanotaux n'oublie pas d'observer que « partout, sur tous les points du vieux sol gaulois, il y a eu une vie locale intense et comme une formation spontanée de civilisation » ; que « partout ç'a été comme une poussée féconde qui a donné à l'histoire du pays cette physionomie touffue et ombreuse qui caractérise si vivement l'aspect de ses plaines, de ses vallons et de ses coteaux ». S'occupant des Français de Normandie dont il énumère les institutions locales, le Parlement, la Charte, le Coutumier, les *Us et Coutumes de mer*, les *Établissements*, les États longtemps conservés, M. Hanotaux écrit une page où l'on note un accent de vraie sympathie en même temps que de résignation un peu trop facile aux accidents de l'histoire :

> Ainsi, ils y tenaient (les Normands) à leurs lois, à leurs usages et à leurs coutumes ! Le chancelier d'Aguesseau disait de la province qu'il *serait plus facile de la faire changer de religion que de jurisprudence*. Et quand à la fin il fallut céder devant le grand courant qui rapprochait dans une pensée commune tous les Français, ce fut l'un de ses représentants, Achard de Bonvouloir, député à l'Assemblée constituante, qui fit entendre la dernière protestation et la dernière

plainte au moment où l'on arrachait la racine des traditions particulières. Dans la séance du 31 mars 1791, il s'éleva avec énergie contre le projet du Comité qui instituait l'unité de législation ; il déclara que *la majorité des ci-devant Normands entendait conserver sa coutume* et il se prononça pour *une variété de lois et de règlements en rapport avec les mœurs et les habitudes particulières de chaque province.*

Ce que note M. Hanotaux pour une région de l'Ouest qui confinait à la banlieue de Paris s'était reproduit aussi bien à l'autre extrémité du territoire, dans ma Provence. Il n'est point malaisé de voir, en compulsant quelque document de l'époque, que, là aussi, on se prononçait énergiquement pour l'unité nationale dans la variété des provinces. Quand les privilèges des communautés furent abolis dans cette étrange nuit du 4 août, plus d'une communauté provençale, en approuvant cet acte, demanda qu'il fût pourtant soumis à la ratification des États locaux et suivi de l'établissement d'un « régime provincial ». Contradiction touchante ! Et vivace témoin des véritables dispositions du pays !

Par la Révolution tout fit défaut en même temps : gouvernement local et gouvernement national. Quand donc, en restaurant le centre, on confisqua le pouvoir local, les bienfaits de l'ordre moral et matériel rétablis, plus tard le vertige guerrier, plus tard les luttes de la politique toute pure, enfin le développement industriel et les conflits économiques qui en résultaient eurent pour effet d'insensibiliser le pays sur l'extinction, d'ailleurs graduelle, de sa vie locale. M. Courtenay Bodley n'a peut-être pas vu, au reste, quel obstacle physique avait été opposé à tout effort de groupement particulier entre Français. Les anciens cadres naturels, provinces, pays, étaient disloqués ; bien pis, ils étaient remplacés par le cadre nouveau de l'arrondissement[207] et du département. Se figure-t-on à quel point l'action locale est embarrassée quand elle groupe des intérêts divergents et quand elle exclut des intérêts qui convergent ! Pour prendre l'exemple du Havre, dont M. Hanotaux a précisément admiré les grands efforts d'initiative municipale, sa lutte avec Rouen ne devient parfois si aiguë qu'en raison de l'étroitesse du cadre administratif commun aux deux cités : on a souvent parlé de couper en deux le département de la Seine-Inférieure pour faire

---

[207] L'arrondissement qui coïncide souvent avec l'ancien pays est la plus naturelle de nos circonscriptions administratives ; mais c'est aussi la plus mal dotée, la moins organisée pour le gouvernement local.

honneur de chacune de ses moitiés à l'une des cités rivales. Je ne sais ce que vaut ce remède de l'ablation. On ne peut s'empêcher d'y préférer la réunion des deux villes en un tout plus vaste que le malheureux cercle départemental. Ni Rouen n'eût gêné Le Havre, ni Le Havre n'eût gêné Rouen dans l'enceinte de la Normandie historique si toutefois les liens établis entre les deux villes eussent été suffisamment lâches et flottants. Aix était la tête de l'ancienne Provence ; Marseille, sorte de ville libre, « terre adjacente », comme on disait, en avait des coudées plus franches sur la mer et sur l'Orient.

Cette organisation que je tiens à nommer naturelle pour ne point la confondre avec un décalque de l'ancienne organisation, supposez-la restituée avec sagesse : les bons éléments, les éléments excellents feraient-ils défaut à ces assemblées ? Telles qu'elles sont aujourd'hui, M. Hanotaux, qui les connaît, tient à leur faire rendre justice, du moins en ce qui touche à son département de l'Aisne. Elles ne sont pas mal composées. L'élément politicien semble y faire la loi moins tyranniquement que dans nos assemblées centrales : sur trente-sept membres, dix industriels, trois cultivateurs, un entrepreneur, un architecte, sept rentiers forment une majorité qui doit être parfois capable d'assurer la prédominance des intérêts sur les opinions, ce qui, en fait de gouvernement local, est d'un avantage infini. De plus, le ton de ces conseils est celui qui convient. Si bienveillantes que paraissent les impressions de M. Hanotaux, les éléments que je possède m'en font admettre la justesse :

> Les délibérations sont graves, mesurées, sur le ton d'une conversation soutenue et digne : peu d'éloquence, peu de longueur, du bon sens, une argumentation utile, de la compétence. La bourgeoisie, qui a gardé jusqu'ici, comme une sorte de monopole, la représentation dans les conseils généraux, se montre digne de cette faveur que lui fait le suffrage universel. Elle apporte dans ces assemblées son esprit appliqué et méticuleux, son bon sens un peu froid et court, sa finesse avisée...
>
> Les hommes qui font partie du conseil général, quel que soit le parti auquel ils appartiennent, sont certainement par l'intelligence, par l'instruction, par le mérite à la tête de l'étroite circonscription qui les a nommés. La plupart d'entre eux conservent leur mandat durant de longues années et acquièrent ainsi une précieuse expérience...

Quoi qu'il en soit, il ne me semble pas qu'il y ait dans notre organisation constitutionnelle d'assemblées où l'on puisse acquérir une connaissance plus complète et plus exacte des affaires publiques. C'est là qu'apparaissent les aptitudes de la race à se gouverner elle-même. Les louanges que recueillent souvent chez nous certaines institutions étrangères pourraient, en partie du moins, être accordées à ces assemblées locales, sages et modestes, qui, dans un rôle quelque peu effacé, sont véritablement l'ornement de nos mœurs politiques et de notre système constitutionnel.

Admettons que ce Conseil général modèle ait parfois tenu ses séances à Salente[208] plutôt qu'à Laon. Il reste vrai qu'une « aptitude » se dessine ou plutôt qu'elle reparaît. Elle s'accuserait sans doute davantage si, d'une part, les attributions des Conseils généraux n'avaient rien de proprement politique, si elles ne comportaient pas l'électorat au Sénat, si elles ne supposaient pas, en certains cas, un double du mandat parlementaire, et si, d'autre part, la circonscription à laquelle président ces Conseils était moins fictive. Le développement de l'association en France depuis quelques années[209], syndicat chez le paysan et chez l'ouvrier, cercle, club, union de touristes chez l'aristocrate et chez le bourgeois, vient au secours des appréciations de M. Hanotaux, et confirme les protestations qu'il élèverait peut-être avec nous contre les conclusions extrêmes de M. Bodley. Loin de s'accommoder des bureaux, la France tend par maint effort à les remplacer, ce qui est la manière la plus radicale de les détruire : n'est-ce pas une preuve que ces bureaux lui ont causé, tout au moins obscurément et secrètement, un peu d'amertume et de gène, partant qu'un peu de la mélancolie nationale venait de là ?

---

[208] République utopique du *Télémaque* de Fénelon. (n.d.é.)

[209] Cette phrase, publiée moins d'un an après le vote de la loi de 1901 créant le statut d'association, montre à l'évidence que ladite loi n'a fait qu'avaliser un état de fait. Son objectif essentiel, bien compris ainsi à l'époque, était la confiscation des biens de certaines congrégations. Ce n'est que plusieurs décennies plus tard qu'elle a acquis, abusivement, son statut actuel de matrice fondatrice des libertés associatives. (n.d.é.)

III

— Oh ! je ne prétends point que la coexistence du système parlementaire et de la politique des partis ne contribue également à cette humeur noire. Mais, en vérité quel mérite y a-t-il à le constater ? M. Bodley, qui a du goût, n'y appuie que le nécessaire. Nous qui avons de la piété et que les polémiques mêlent matin et soir à ce commun malheur, évitons de lui donner trop raison à cet égard. Il a d'ailleurs bien tort d'imputer à Louis XVIII l'importation du régime parlementaire ; ce fléau date de plus loin que 1814. Avant la Constituante, avant Mirabeau, nous avons eu Voltaire : avant Voltaire, Montesquieu. La grande erreur du XVIIIe siècle français a été de ne pas sentir que l'Angleterre continuait son histoire ; chez nous, l'anglomanie n'a fait que contredire notre mouvement naturel. La base du parlementarisme manque aux Français, nous n'avons pas de partis au sens anglais, et nos partis, au sens français, ne sont que des pillards qui vivent de l'État. En temps ordinaire, la politique ne séduit que les gens qu'elle peut nourrir, c'est-à-dire les classes les moins recommandables de la nation. Quand il a traversé quelques groupes de ces politiciens sportulaires, M. Bodley ne manque jamais de dessiner un geste de dégoût, comme le jeune stoïcien dont on a souillé la tunique. Il a besoin de reporter ses yeux et de les rafraîchir sur des tableaux d'un autre monde. Il cherche les Français étrangers à la politique. Ils sont nombreux, observe-t-il. Ils forment, ajoute-t-il, la vraie force de la nation. M. Bodley sort d'un café, où il vient d'assister à des discussions de commis-voyageurs :

> Je suivis l'avenue Gambetta, déserte à cette heure, dont les façades réverbéraient les rayons d'un soleil torride, et j'entrai dans une modeste habitation. Là, dans un appartement frais, où ne filtraient que de minces flèches de lumières, à travers les volets, il y avait un grand calme et une clarté très douce, après la chaleur éclatante de la rue et le vacarme des politiciens.
>
> C'était la maison de l'atelier d'un sculpteur en bois. Habile et connu dans toute la région, il n'avait plus besoin de son métier, mais il l'aimait avec la passion d'un artisan du moyen âge. C'était une famille provinciale formant un groupe bien français : le père, vieilli dans l'œuvre d'un travail intelligent ; sa femme, vaillante et robuste, tenant ses livres aussi bien que son ménage ; la fille, jolie comme sa

mère l'avait été avant la guerre, mariée récemment à un jeune cultivateur des environs, qui venait d'achever son service militaire.

Dans ce logis plein de gens contents, je trouvai rassemblés tous les éléments qui font la prospérité et la vraie gloire de la France : industrie, économie, esprit d'ordre, sentiment de la famille, instinct d'art, culture du sol, bonne volonté dans l'accomplissement du devoir patriotique, collaboration constante de la femme dans le règlement de la vie, — tout cela comme imprégné d'un vieil air de civilisation latine.

Désireux de m'informer des tendances politiques de la région, je demandai si le bruit de la retraite du député était bien fondé. Je n'obtins qu'une réponse, qui, depuis, m'a été répétée bien des fois :

— Je ne m'occupe pas de politique, Monsieur.

Je ne sais pas si nous avons en France beaucoup d'écrivains capables de nous peindre, d'une touche aussi pure et aussi élégante, un petit tableau comparable à ce Greuze modernisé. Mais qui n'en sent la vérité, ou même temps que la grâce ? M. Bodley tient à noter le vrai ton de la phrase : « je ne m'occupe pas de politique, Monsieur. » Ce n'était pas le ton de colère et de mépris, noté chez les habitants du château voisin. Les membres de la « digne famille » si représentative observée par M. Bodley s'accommoderont de tout régime qui leur permettra de vaquer « en paix à leurs affaires » ; mais « à leur point de vue la politique n'était pas une occupation pour les gens sérieux et travailleurs ». Comme, en France, la morale politique est moins élevée que dans la nation, celle-ci « remarquable par son honnêteté, son abnégation et son esprit d'ordre », cette abstention « est un appoint aux ressources du pays » : « elle ajoute à cette réserve de bon sens et d'assiduité de travail, qui ont empêché les folies de ses gouvernants de faire déchoir la France du rang élevé qu'elle occupe parmi les nations. »

M. Hanotaux paraît avoir vu aussi cette vraie force de la France. Ce qu'il dit des industriels grenoblois, acharnés durant une vie d'homme à conquérir les forces mystérieuses accumulées sur les pentes de la montagne, témoigne d'un sentiment de la France plus net et plus fort que tous les dithyrambes. Il écrit une page pénétrante en l'honneur de l'épargne des petites gens.

Ce peuple a suivi son inclination et s'est mis à épargner, de père en fils, sans discontinuer. Il a fait des révolutions pour avoir cette sécurité : il en profite. Toutes les parties de la nation divisées sur tant d'autres points suivent les mêmes voies quand il s'agit de l'économie. Toutes elles s'efforcent de créer la richesse et de la développer par le même procédé de l'héréditaire parcimonie.

Déjà, il est presque impossible d'évaluer l'accumulation de fortune qui s'est ainsi constituée. Le « bas de laine » est devenu un des facteurs les plus puissants de l'économie moderne. De grands établissements financiers l'ont compris, et tandis que la France s'agite, ils ont établi leur puissance et étendu celle du pays au dehors par la concentration et l'utilisation de cette infinie quantité de petits capitaux...

M. Hanotaux semble penser que l'emploi de ces valeurs immenses est sans reproche : à ce détail près que les intermédiaires financiers qui en disposent ne sont pas tous des Français.[210] Quant à M. Bodley, il croit fermement que la distribution publique des mêmes forces est viciée par la machine parlementaire et l'anarchie qu'elle produit. Le propre des Français, d'après M. Bodley, est de ne pouvoir souffrir même la plus simple apparence du désordre. Leur caractère éminent est un amour de la méthode et la faculté méthodique. Avant de contrarier les conclusions de M. Bodley, je veux me donner le plaisir d'admirer et de faire admirer la force et la vérité de son principe. De tout ce qu'il a dit de la France, rien ne vaut cette définition de l'esprit français. Elle mérite de devenir classique chez nous :

> Malgré le côté bouillant du caractère français qui, dans les temps troublés, éclate avec férocité et qui prend dans les divertissements la forme d'une gaieté excessive... *il n'y a pas de créatures humaines plus ordonnées que les Français*. Leur économie, le soin qu'ils apportent à tenir leurs comptes, leur habileté à organiser des plaisirs simples qui leur font oublier leur fatigue, la toilette soignée des femmes, la bonne ordonnance des repas, même dans les intérieurs humbles, tout, dans la vie privée du peuple, atteste un *tempérament prévoyant et systématique*, s'accommodant mal avec l'improvisation.

Il s'en va de même de leur façon de penser. *Ils sont accoutumés instinctivement à classer et à formuler leurs idées*, et leur éducation à tous les degrés développe cette tendance. Un prêtre anglais, attaché jadis au diocèse de Paris, me raconta combien il avait été frappé du

---

[210] *L'Énergie française*, page 151.

contraste qu'offraient dans les deux pays les confessions qu'il avait reçues des jeunes filles, à l'âge où le sacrement n'est pas encore une révélation psychologique ou une pratique dont on s'occupe par routine. La jeune pénitente anglaise lui débitait des histoires sans queue ni tête, embrouillées et irréfléchies ; la jeune Parisienne, au contraire, développait un thème tranquillement préparé, modèle d'ordonnance lumineuse et de clarté, où tout ce qui devait être dit était rangé en bon ordre et classé en catégories assez distinctes.

M. Bodley éclaire cette anecdote lumineuse par des formules décisives, également dignes d'un maître écrivain français. Les Français, dit-il, « aiment voir cette même disposition, cet esprit d'ordre et de méthode dans leur gouvernement ».

Leur profession n'est pas d'improviser, mais de hiérarchiser. Ils aiment voir chaque chose méthodiquement rangée à sa place, aussi bien dans leur gouvernement que dans leurs cahiers de comptes ou dans leurs armoires de ménage : et c'est cette même nation qui doit continuellement accepter l'imprévu, où les formes extérieures du gouvernement s'improvisent et se renouvellent constamment, où l'aventure inattendue est toujours imminente. Ainsi le côté passionné et énergique du caractère national qui, bien dirigé, a maintes fois conduit à la victoire la France sur le champ de bataille ou sur le terrain pacifique, est maintenu dans un *état perpétuel d'irritation*.

Quel peuple ou quel individu ainsi doué supporterait sans en souffrir un régime si opposé à son penchant ? L'irritation perpétuelle est précisément ce qui engendre ce noircissement de la bile d'où procèdent d'âcres tristesses. M. Bodley, avec qui je suis bien d'accord jusqu'ici, est convaincu qu'il faut à la France un ordre stable, au moyen d'une hiérarchie établie d'en haut. Cela doit dire vrai, cela est assurément vrai pour le petit nombre des affaires dites d'État. Ce sera de moins en moins vrai des autres affaires françaises, si l'on prend garde aux tendances contemporaines. Les organisations autonomes tendent à prendre partout l'avantage sur les mécanismes officiels : l'instinct français de l'ordre y trouve son compte, car dans une affaire concrète, qui intéresse puissamment les associés, chacun de ces derniers se trouve intéressé à faire l'économie du mouvement d'humeur qui gênerait l'œuvre commune. Cette humeur se dépense, il est vrai, dans la politique où les intérêts sont trop généraux pour être sentis nettement de chaque particulier. C'est là, dira M. Bodley, que les bureaux doivent régner. Sans doute, à la condition que quelqu'un règne sur eux et les empêche d'empiéter sur le libre domaine des affaires locales, des affaires privées.

Supposons en effet que cet empiétement ait lieu : les Français, à peine revenus au plaisir des anciennes franchises, souffriront de se les voir aussitôt retranchées et leur mal de langueur ou d'irritation pourra changer de forme, non de vivacité. Qu'auront-ils donc gagné au règne des bureaux ? La centralisation pure de parlementarisme n'aura pas mieux valu pour eux que la centralisation mêlée et adultérée de cet élément.

Mais faisons au contraire la supposition inverse.

Supposons la bureaucratie d'État maintenue par une main ferme à la tête de l'État, mais retenue dans ses attributions d'État et ne se mêlant que par un léger contrôle, analogue au contrôle anglais ou belge, aux affaires locales, corporatives ou privées : assurément, ce ne sera pas un mauvais régime ; assurément cette harmonie constitutionnelle ferait aux oreilles françaises une belle musique, et la mélancolie nationale en serait peut-être purgée ; mais, si les conclusions de M. Bodley aspirent bien à ce régime, je prie M. Bodley de ne plus l'appeler centralisé ni centralisateur, ni bureaucratique, ni d'aucun autre nom napoléonien. Un tel nom, ni aucun souvenir des institutions de l'an VIII ne convient plus ici. Bonne chose, assurément, mais toute autre chose et, s'il me fallait trouver une périphrase pour la nommer je l'appellerais, comme Rouchon-Guigues, l'historien provençal, « la constitution fédérative de l'ancienne France ».

IV

— M. Bodley a vu chez nous tant de choses intéressantes qu'il lui est difficile tantôt de les classer dans son livre, tantôt d'en distinguer le rapport naturel. Je me demande si son enthousiasme pour la bureaucratie moderne n'eût pas été considérablement réduit s'il avait donné toute l'attention convenable à un fait qu'il a d'ailleurs décrit à merveille. Ce fait est en voie de se développer depuis fort longtemps. Croît-il toujours ? Diminue-t-il un peu ? une chose est certaine. Ou on l'arrêtera, ou c'est de lui que procédera la plus grande cause d'affliction parmi les Français. Il est des maux qu'il est convenable de laisser dans quelque nuage. Mais d'autres maux doivent être mis à nu clairement ; puissent-ils agir de toute la terreur qu'ils recèlent !

Je veux parler de *la dissociation de la France*.

M. Bodley a remarqué, dans une page que l'on a vue citée toute entière, le schisme qui s'est fait entre les politiciens et les classes les plus honorables de la nation. On peut calculer, dès à présent, que, à droite comme à gauche, les contacts occasionnels établis entre cette élite et ce rebut se solderont, en fin de compte, par le dégoût croissant de l'élite, l'insolence non moins croissante du rebut. Les distances ne feront que s'accentuer et, déjà, sous nos yeux, elles s'accentuent. Voilà donc un large fossé, et qui s'élargit. Il n'est pas impossible que les divisions des partis créent un jour, et un jour assez prochain, des disparates géographiques assez frappantes pour que la dissociation soit mise en état de créer plus que des fossés, des frontières. La Ligue du Midi en 1870 et 1871 n'a guère été qu'un mythe créé par les papiers publics, entretenus par les intérêts politiques. L'avenir nous réserve peut-être des scissions beaucoup plus réelles. Nos grands électeurs savent bien que l'Est tend à un genre de sentiment étiqueté nationaliste et que, si le socialisme et le catholicisme se compensent assez heureusement vers le Nord, le Sud-Est et le Sud-Ouest accusent des tendances presque uniformément radicales, sauf des îlots et des enclaves que la justice des majorités saurait étouffer. Ne parlons que des schismes présents : ceux qu'a vus et comptés l'observateur anglais.

Paris est apparu à M. Hanotaux comme un organe d'une unité remarquable. Moins intéressé à couvrir les vérités pénibles, M. Bodley a précisément senti, avec netteté, dans Paris, les indices de la dissociation menaçante.

> Paris, dit-il, renferme les éléments de la société la plus agréable du monde ; mais ces éléments sont malheureusement si désorganisés, si émiettés et si adultérés par l'élément cosmopolite, uniquement avide de plaisir, que la brillante ville est en train de perdre le caractère sociable qui convient à une grande capitale. *La classe élégante n'a presque pas de rapport avec la classe gouvernante ; les intellectuels de génie ou d'esprit ont peu de relation avec l'une et l'autre.* Çà et là, la ligne frontière reste un peu indistincte entre ces divers groupes ; mais, en règle générale, l'élégance, la politique et la culture se rencontrent rarement sur un terrain commun. Si un étranger exprime ses regrets

de cette situation, on lui répond qu'elle est inévitable ; les mondains frivoles réprouvent la moralité des politiciens ; les politiciens dénigrent les facultés mentales du gens à la mode ; les travailleurs et les penseurs qui maintiennent le prestige de la France ont un dédain tranquille pour ces deux catégories, qui ont détruit la gloire de la société française, le salon.

Ces remarques n'ont pas vieilli. Je vois ce qu'on y peut objecter, d'après des faits récents. Ces faits sont déjà dépassés, et l'on retourne doucement aux mœurs antérieures à l'an de grâce 1897. Le salon est détruit. L'intellectuel, après avoir établi quelques légers contacts avec le peuple, les néglige ou les perd, faute de lui tenir un langage compréhensible et faute d'entendre le sien : il n'a rejoint ni le mondain, ni le politicien. Ce qui manque toujours, c'est « une haute classe, respectable, bien organisée et vigilante » qui seule pourrait exercer, tout au moins par correction, tempérament, censure et exemple, « une influence sérieuse » en politique comme ailleurs. Cette classe servant de rond-point à toutes les autres eût continué l'unité de la pensée, du goût, du sentiment français. M. Bodley l'a cherchée de toute son âme, il ne l'a point trouvée : parmi leurs débris, trois grandes organisations l'Armée, c'est-à-dire le corps des officiers ; l'Université, c'est-à-dire le corps des professeurs ; l'Église, c'est-à-dire le corps du clergé séculier et régulier, lui ont révélé quelles grandes puissances matérielles et morales recélait encore la France. Il a cherché en vain le lieu où se concentrent ces trois magnifiques efforts. Ainsi nos richesses abondent, et c'est de leur mauvais concours que vient notre mal.

Moral comme le sont les hommes de sa race, M. Bodley aime à louer et à blâmer. Mais je n'ai pas vu sans plaisir qu'il se montrait clément, c'est-à-dire équitable, pour les hautes classes françaises. L'histoire explique tant de choses ! Et, pour qui sait un peu notre histoire, ce n'est pas du déchet de l'aristocratie et de la haute bourgeoisie qu'il conviendrait de s'étonner, mais des personnalités éclatantes qui s'y élèvent çà et là. D'abord, les femmes font exception presque toutes à la médiocrité générale.

> La vie des Françaises de la classe soi-disant aristocratique forme souvent un admirable contraste avec celle des hommes. Leurs vertus sont celles généralement attribuées aux femmes de la bourgeoisie ; ce sont des mères dévouées, des femmes d'intérieur excellentes, des

modèles de piété. La régularité de leur existence, l'exacte observation de leurs devoirs et leurs qualités solides contrebalancent l'irrégularité de la vie de leurs époux. Dans beaucoup de ménages, la femme est, moralement ou intellectuellement, supérieure à son seigneur et maître.

Toutes les femmes de l'aristocratie ne sont malheureusement pas des Françaises. Elles sont nées soit au-delà de l'Océan, soit au-delà du Rhin... M. Bodley craint que leur influence ne pervertisse les héritières françaises. L'argent qui se mêle de tout est donc en train de tout corrompre, puisqu'il n'y a point d'autre facteur puissant à lui opposer.

M. Bodley abonde en observations piquantes sur l'histoire de la noblesse française comparée à celle de son pays. Ses nobles soumis à une discipline légale n'ont pu se livrer à l'orgie d'usurpation qui caractérise les nôtres ; maintenus aux affaires, ils n'ont pu tourner au type d'oisiveté qu'il nous est donné d'observer sans pouvoir l'admirer. Oisiveté détermine forcément dégénérescence. Mgr d'Hulst, au rapport de M. Bodley, déplorait en termes amers la situation des bonnes familles dans le pays :

> Je lui demandai, dit M. Bodley, s'il n'y en avait pas six qui, nés dans la seconde moitié du siècle, eussent donné même l'espoir d'une brillante carrière. Le prélat érudit me répondit : *vous n'en trouverez même pas trois*. Il est malheureusement vrai que les plus jeunes membres de cette classe qui sont arrivés à se distinguer à la fin du XIXe siècle sont plus âgés que n'était Napoléon quand il est mort. M. de Mun et ses collègues de l'Académie française, M. d'Haussonville et M. de Vogüe[211], sont tous nés dans les dernières années de la Monarchie de Juillet qui prit fin en 1848, et l'on chercherait en vain leurs successeurs.

En vain est dur. Pour nous en tenir à la dernière promotion littéraire, une Noailles, un Régnier, deux Montesquiou, tiennent la tête. Mais la thèse de M. Bodley subsiste dans son ensemble. Sous la monarchie de Juillet, la moitié des noms réputés dans les lettres « étaient nobles ou passaient pour nobles ». M. Bodley nomme Chateaubriand, Lamartine, Rémusat, Ségur,

---

[211] Il aurait fallu citer pour être équitable leur maître à tous, le marquis de La Tour du Pin, auteur des beaux travaux de philosophie politique et chef d'une école importante.

Barante, Hugo, Vigny, Musset, Tocqueville, Montalembert, Balzac, dont on n'aperçoit pas les équivalents. Voilà pour les individus. Mais la classe ! Le grand grief qui lui est adressé d'un bout à l'autre du territoire, c'est d'une part l'arrogante barrière qu'elle oppose aux plus honorables familles du pays, quand celles-ci ont dédaigné l'adjonction d'une particule à leur nom, et, d'autre part, l'extrême facilité d'accès à tous les gens que Maurice Barrès désigna un jour d'un grand mot sommaire *les rastaquouères*.[212] Cependant, ces noms, ces titres, ces souvenirs ce sont des trésors nationaux ; plus d'un gouvernement l'a senti et a tenté de les défendre. Impossible. M. Bodley a vu pourquoi. La société aristocratique ou prétendue telle n'a jamais eu de considération pour aucun souverain postérieur à Charles X. Elle refusa de faire enregistrer ses titres sous Napoléon III. Il est douteux qu'elle y consente en République. En sorte que la France semble à perpétuité condamnée à jouir, comme les Vénitiens, d'un Livre d'or fermé où toutefois peuvent s'inscrire à peu près tous les personnages n'ayant ni feu ni lieu, mais capables de se fabriquer un blason.

Tel est le point auquel se retrouve la plus ancienne société de l'Europe, la plus cultivée, la plus fine, celle qui arrachait des cris d'admiration à lord Beaconsfield, « Rien ne me frappe plus dans cette ville brillante », dit un de ses héros, « que le ton de la société tellement supérieur au nôtre. Que de vraie convention, et combien peu de bavardage ! Chaque femme, à Paris, est aussi agréable que le sont cinq ou six des plus remarquables à Londres. Les hommes aussi, et même les grands hommes, cultivent leur esprit. En Angleterre, au contraire, un grand homme en compagnie n'est généralement distingué que par sa morgue. »

Cela s'écrivait en 1842. J'ai cherché vainement dans M. Bodley, qui nous aime tant, un équivalent quelconque de ce passage. Feindrai-je de l'avoir trouvé ? il ne faut pas mentir pour plaire. La vérité est que l'ancien nœud vital de la France, le point où tout se raffinait, s'épurait et donnait la fleur s'est évanoui de chez nous. C'était le but de l'activité spontanée de la race entière : de là partait la direction sous forme de conseil ou d'ordre, de précepte ou d'indication, et là convergeait en conséquence le total de nos énergies. J'ai demandé au livre de M. Hanotaux si cela était remplacé. Mais il ne m'a rien répondu. Il ne peut rien répondre. S'il répondait, ce serait :

---

[212] « Ces nobles qui, dans la nuit du 4 août, ont presque comiquement annulé leurs pouvoirs, que reste-t-il d'eux ? Voyez ! ils ne savent même point se purger des rastaquouères, qui leur donnent peu à peu les plus ignobles couleurs. » Maurice Barrès.

« Non. Tranquillement et sûrement, la régression se fait de la France moderne au régime du clan gaulois. L'Administration nous masque ce travail régressif : il éclatera au premier tumulte. » Ce ne sont point des mots à dire pour un ancien ministre qui le redeviendra.

M. Hanotaux peut se taire, non M. Bodley. Dans la théorie de M. Bodley, la bureaucratie napoléonienne doit tenir le rôle de hautes classes, puisqu'elle doit tenir aussi bien tous les rôles. Je n'aurai pas la cruauté de lui demander comment il se fait qu'elle ne l'ait jamais tenu, ni hier, ni même il y a quarante ans.

***

La mélancolie nationale s'explique, ce me semble, au milieu de notre vigueur, par les trois causes aperçues, mais inégalement distribuées, par M. Bodley. Et M. Hanotaux ne serait pas venu parler d'énergie nationale si des plaintes de plus en plus nombreuses ne lui avaient signalé le dommage que le parlementarisme cause au pays, s'il n'avait senti, à quelque degré, les entraves que la bureaucratie centralisée oppose à la libre expansion des personnes et surtout des communautés, si enfin il n'avait aperçu la dissociation évidente de tous les éléments de la race et de la civilisation de la France. Cela ne fait-il pas trois sortes de gémissements dont chacun est assez distinct de nos jours ?

Nous ne sommes ni centralisateurs ni libertaires. Nous ne sommes pas un peuple de géomètres purs ; la lumière, l'air et la vie sont dans nos souhaits naturels, en sorte que les beautés de l'alignement nous paraîtront toujours trop sèches. Mais il reste très vrai que le jardin anglais, voisin des confusions de la pure nature, ne serait pas non plus pour nous retenir bien longtemps. N'est-il plus de jardins, ni de parcs français ? Est-il impossible d'en reconstituer ? Une incomparable combinaison de pierres, de forêts et d'eaux vives, d'architecture et de nature, de feuillages taillés et de marbres frissonnant au fond des bosquets, voilà, je pense, notre marque et notre degré.

Nous pouvons admettre mille sortes de libertés, en les faisant toutes fléchir et convenir, comme les rayons d'une étoile ou les allées convergentes d'une rotonde, aux maîtresses nécessités de l'État. Notre plaisir est sous la charmille traditionnelle. Les plus sensitifs d'entre nous ont déjà reconnu pour les plus complets et les meilleurs ceux de leurs plaisirs qu'ils reconnaissent pour français : une Renaissance classique se prépare dans les Lettres et dans les Arts. Mais ce qui n'est encore qu'un goût, un désir et tout au plus une idée charmante, peut-il redevenir un objet ? Dans l'œuvre de dissociation, soit muette, soit tapageuse, qui se poursuit, referons-nous le commun centre organique où recommence de vibrer, avec toutes ses anciennes délicatesses, le sens commun qui fit les délices du genre humain ? Une société française est-elle encore possible ? C'est-à-dire un peuple français, organisé sur ses franchises naturelles ? C'est-à-dire un État français construit avec autorité ? C'est-à-dire la fleur du peuple et de l'État, des franchises et du Pouvoir ?

Je suspends mes questions, comme un historien ou comme un analyste qui se soucie peu d'aller faire le prophète. On doit prédire cependant que la plainte française subsistera autant que ce triple malheur : désordre politique, embarras administratif, dissociation générale. J'avoue que c'est une grande affaire que les ôter ; mais l'amour, qui fait de bons livres, est aussi excellent politique que médecin. Une poignée de bons citoyens suffirait peut-être à résoudre la triple peste. M. Bodley qui la déplore et M. Hanotaux qui s'aveugle dessus y font pareillement réfléchir leur public. Ils travaillent au concert des bons citoyens.

INVOCATION À MINERVE

1902

L'homme, et non l'homme qui s'appelle Callias.
Aristote.

I

Déesse athénienne, invoquée sous le nom romain, rassure-toi sur le sens de notre cortège ; ne fais aucune erreur sur nos intentions, Minerva. Prends garde, Jeune fille, de ne pas nous confondre avec ces savants oublieux qui, t'ayant gravée au frontispice de leur volume, n'ont pas pu se défendre de rider ton front délicat. Les pauvres gens te voulaient faire à leur image ; puisses-tu nous former, au contraire, sur ta beauté.

Ô Minerve[213], nous ne sommes pas des archéologues et, bien que plusieurs d'entre nous soient versés dans le doux mystère de ta fable, ce n'est pas la mythologie, ni l'épigraphe, ni aucune science particulière qui les a conduits dans nos rangs. N'alléguons même pas cette profession de poète ou de sage qui appartient également à certains. Des hommes, des hommes mortels, voilà leurs titres auprès de toi ! Mais ils s'avancent, ennemis des prétentions, des ambages vains ; simples, usant des mots qui sont entendus de chacun, celui-ci grave, un autre plus riant ou plus familier, tous des fruits à la main, la tête ceinte de couronnes, mus par une raison aussi générale que toi.

Des hommes, ô Minerve ! Des hommes conscients autant que soucieux de ce qui leur manque, dévorés du sacré désir. Que d'autres, moins pieux ou moins réfléchis, t'aient donné pour prison une case de leur pensée, qu'ils t'enferment en un point du temps, ou dans un lieu du monde ! Entends mieux nos propos ; c'est la vie, la vie toute entière et non un fragment de la vie, toute science, et non telle science unique, tout art, toute morale, toute rêverie, tout amour qui te sont exposés afin que tu leur marques la cadence de l'univers.

---

[213] Ce paragraphe, ainsi que les deux premières phrases du paragraphe suivant, sont absents de l'édition des *Œuvres capitales*. (n.d.é.)

II

Bien plus tôt qu'on ne l'a écrit, et beaucoup au-delà des temps qui lui sont assignés, ton histoire, ô déesse, te révèle l'amie de l'homme. De tous les animaux qui étaient épars sur la terre, tu connus qu'il était sans comparaison le plus triste, et tu choisis ce mécontent pour en faire ton préféré. Déesse, tu rendis sa mélancolie inventive ; il languissait, tu l'instruisis, tu lui montras comment changer la figure d'un monde qui lui déplaît.

Une bonne nourrice sait endormir la plainte de son petit enfant ; ainsi tu fis des pauvres hommes. Que de jouets tu fis descendre de la tête de Jupiter ! Les poètes n'ont oublié ni le feu de ton Prométhée, ni l'olive athénienne, ni les ruses de guerre suggérées aux héros, ni ta flûte savante qui accompagna les chanteurs. Mais il sied de te rendre une justice plus complète. La charrue, le vaisseau, le double pressoir, la navette, les murailles des villes et celle du toit familier, le pavé des chemins, les conduites de l'eau, les métaux devenus dociles, il n'y a rien du matériel primitif que le genre humain ne t'ai dû.

Ce que la tradition te refuse, ou ce qu'elle attribue à d'autres inventeurs, la réflexion qui nous ressaisit te le rend. Mais elle fait bien voir que nos derniers trésors sont également ton bienfait. Qu'il s'agisse de détruire ou d'édifier, l'ingéniosité, l'audace, la patience, l'heureux concept, cela est tien. Ce qu'on nomme progrès n'est que la conséquence d'impulsions que tu nous donnas. S'il est certain que l'invention du labourage ou l'idée de se confier aux forces des eaux ont mérité sans doute une admiration plus profonde que l'appareil de notre télégraphie sans fil, celle-ci n'est point méprisable ; j'y reconnais tes mains sublimes, ma déesse. La découverte occupe, elle exerce, elle amuse, et si le succès la couronne, elle rendra aux hommes des services inattendus. Fidèle compagne d'Ulysse, ô trois fois chère au genre humain, sois bénie de ta compassion ! Un impie seul te refusera son tribut.

Un impie ne peut être que l'esclave de sa paresse ! Il ne te connaît pas. Il ne sait point le vol suave des moments de la vie qui s'écoulent sous ton autel. Leur nombre est infini ; cependant, ils se meuvent ! Les abîmes qu'ouvre le Temps se laissent franchir. L'œuvre a beau varier, ton ouvrier participe des durées éternelles. Son effort, tant il est facile, est une grâce, et son plaisir, tant il est noble, une vertu. Content de soi, ou pour mieux dire, tout à fait oublieux de soi, l'homme que tu distrais se rue aux Heures éphémères sans en éprouver l'aiguillon.

III

En un seul cas, Minerve, on pourra se plaindre de toi. C'est quand il nous arrive d'arrêter le travail et de considérer la seconde nature que tu nous permis de créer. Ô Chaos ! Ô père des monstres ! Car il se trouve que notre œuvre est effroyablement touffue et dense, comme si la forêt primitive, à peine éclaircie, avait donné le jour à de nouveaux peuples de ronces, moins faciles à pénétrer.

Que de fer ! Que de feu ! Que d'engins variés et que de complexes organes ! Que d'opérations presque inouïes, surajoutées ! Que de connaissances disparates amoncelées ! Supputons les terres nouvelles, les nations sorties de la nuit, les profondeurs du ciel ouvertes, l'imperceptible appréhendé. L'homme, qui inventait afin de s'asservir le monde, est tenu maintenant par les serviteurs nés de lui. Il en est à se demander ce qu'il fera des biens dont il perd le compte. Ô déesse, voilà l'inquiétude moderne. L'état de nos esprits réfléchit l'état de nos cœurs. L'industrie et la civilisation les ont gravement compliqués.

Mais, Minerve, rien ne permet de conjecturer que tu ignoras notre mal. N'as-tu pas assisté à la naissance des civilisations de l'Asie ? Elles étaient tes filles, et tu sentis leur tumultueuse fureur. Tu vis bâtir les villes des ingénieux Mycéniens. Tu connus Tyr, Sidon, l'Égypte, l'Assyrie lointaine, les empires plus éloignés sur les deux bords du fleuve Indus. Athéna, Athéna, dis-nous ce que dit ta sagesse quand, d'entre ces barbares dociles à son conseil, de la plus belle époque de ces barbaries avancées, tu fis paraître en Grèce quelque chose de différent, qui fut meilleur.

Tes Grecs athéniens étaient les plus intelligents et les plus sensibles des hommes. Ils virent donc beaucoup plus vite les maux attachés à tout bien, et le génie leur parut un don plus cruel. Les premiers ils sourirent de la vanité des passe-temps que tu fournissais et de la monotonie inséparable des successions que tu variais. Ni le plaisir de faire une œuvre, ni la joie de la posséder, ni l'ivresse d'en imaginer de nouvelles ne composent un état qui soit satisfaisant. Ouvriers, artisans, législateurs, sages ou poètes, et je dirai même amoureuses et courtisanes, ce peuple magnanime ne fut point ta dupe longtemps. Il riait de ta peine comme Apollon ton frère de l'effort des mauvais chanteurs. Sa tristesse, dorée d'une courte espérance, n'avait fait que s'approfondir. Elle ressemblait à la nôtre, de notre temps ; débordés comme nous, quoique autrement que nous, par les créatures de leur génie, ils étaient où nous en serons quand nous aurons grandi un peu au-dessus de nous-mêmes. Tu les vis, Athénienne, et ton tendre cœur se rouvrit ; mais le nouveau présent passa de beaucoup le premier.

IV

On ne l'a pas nommé encore. Je ne peux appeler un nom ces désignations flottantes, riches en équivoques, passibles d'objections de la part de tes adversaires. Tantôt l'on dit Sagesse, tantôt Mesure, ou Perfection, ou Beauté, et peut-être Goût. D'autres préfèrent Rythme, Harmonie. Et d'autres, Raison. N'est-ce pas aussi la Pudeur ? N'est-ce pas le flambeau des Compositions éternelles ? La victorieuse du Nombre, la claire et douce Qualité ?

On l'a figuré comme un Lien mystérieux autour d'une gerbe, comme le Frein mis à la bouche de célestes chevaux, comme la Ligne pure cernant quelque noble effigie, comme un Ordre vivant qui distribue avec convenance chaque parcelle. Ô mélancoliques images, imparfaite allusion à la splendeur qui n'est qu'en toi ! J'arrive après les autres pour tenter de la définir. Mais j'aime mieux te dire, ô déesse, ce que j'en vois.

Qui la trouve, trouve la paix en même temps. Il s'arrête, sachant que l'au-delà ni l'en-deçà n'enferment plus rien qu'il ne tienne. L'homme vulgaire pense ; celui-ci pense bien. Les Grecs nous semblent aujourd'hui avoir bien abusé de cette fine particule qu'ils ont reçue de toi. Dis, la comprenons-nous ? Savons-nous ce que c'est que bien être, bien vivre, bien mourir, bien penser ? Sentie d'abord exactement, puis négligée, puis méconnue, la leçon de Minerve n'a cependant jamais été oubliée tout à fait ; nos pires déchéances se souviennent qu'il est des règles, des figures, pour tout dire des lois divines en vertu desquelles le bonheur se conçoit et se peut fixer la beauté.

Comme un navire qui descend sous le pli de la vague est trop bien construit pour sombrer, ta Civilisation, celle que l'on désigne entre toutes les autres quand on veut nommer l'excellente, ne s'est jamais perdue, quoiqu'on l'ait perdue quelquefois. On dit que l'homme crée un règne nouveau dans le monde ; l'homme classique forme un règne dans le règne humain. Il s'étend sur le meilleur de l'œuvre romaine et française. L'Église a mis ton nom, Minerve, sur plus d'un autel ; en Italie, en Thrace, tu triomphes près de sa croix. Des coins de France gardent, eux aussi, ton vocable. La douceur de notre langage, la politesse de nos mœurs, le raffinement de l'amour ne seraient point nés sans Minerve. Ton influence agit de tout temps. Si elle a pu faiblir au cours d'un siècle, le dernier, la douce vérité, la vérité cruelle est qu'il en a souffert ; plus il se compliquait, plus il eût été sage de s'adresser à toi, tant pour mettre en bon ordre des notions qui l'enrichissaient que pour distribuer le flot d'une humeur vagabonde.

Le siècle nouveau-né comprendra que l'heure le presse. Un degré de malaise permet le traitement ; un autre n'admet que la mort. Déesse, vois nos bras et nos mains que chargent les œuvres, écoute quels démons nous soufflent la vie ; le plus lâche refuse de se retirer sans combattre. Ah, nous ne sommes pas une race de suicides. L'activité circule dans les veines de notre peuple, aucun effort ne nous coûtera pour guérir. De tous les lieux, de tous les âges, Immortelle, pourquoi refuserais-tu ton conseil ? Fille de la nature et supérieure à ta mère, ainsi produis de notre sol des générations meilleures que lui.

Nous relisons tous tes poètes. Ronsard, Racine, La Fontaine, Molière ont reparu à notre chevet. Comme nous reprenons le chemin de Versailles ! Sans dédaigner les jeunes merveilles du gothique, nous rendons à la colonnade unique, celle du Louvre, son rang. Notre Poussin commence d'être relevé de l'oubli. Lorsque nous parlons du grand siècle, nous ne pourrons plus ajouter comme Michelet autrefois « c'est le dix-huitième » et, bien que nous n'ayons rejeté aucune vraie gloire, nous savons quelle est la plus belle. Le sentiment de nos destinées nous revient.

Cependant il est vrai que le cœur chaud est resté sombre ; les mains sont maladroites et les têtes appesanties. Il dépendrait de toi de récompenser tant de vœux ! N'a-t-on pas dit que ton image, taillée en marbre très pur, vient de reparaître au soleil d'une vieille ville ?[214] C'était à la fin du premier mois de l'année nouvelle. Cette statue te représente long voilée, tenant une pique, armée du bouclier où montent les hydres. Une découverte semblable annonça pour l'Italie la première des renaissances ; mais comme ce n'était

---

[214] Il s'agit de Poitiers. Cette statue romaine de marbre blanc se trouve aujourd'hui au musée Sainte-Croix. (n.d.é.)

qu'un portrait de Cypris, quelque chose manquait à la Renaissance italienne. Déesse amie de l'homme, ton charme seul est apte à nous introduire au divin !

Mademoiselle Monk ou la Génération des événements

1902

Préface donnée par André Malraux en 1923 à *Mademoiselle Monk*.[215]

C'*est bien mal comprendre Charles Maurras que de voir en lui un artiste obligé à des travaux de journaliste ; le considérer comme le chef du parti d'Action française se délassant à écrire* Anthinéa, *c'est le diminuer.*

Né en 1868 il a aujourd'hui 55 ans ; et pas une contradiction profonde n'apparaît dans sa vie publique. Aller de l'anarchie intellectuelle à l'Action française, ce n'est pas se contredire, mais construire. S'il eût aimé vivre en Grèce, c'est que les philosophes y avaient accoutumé de mettre en harmonie leur vie et leur philosophie ; mais je l'imagine surtout au Moyen Âge, prêtre fervent, confesseur de grands, architecte de cathédrales et organisateur de croisades.

On a dit : pour lui, toute pensée se convertit en action. Cela est un peu injurieux, et d'ailleurs inexact. Il serait plus juste de dire que son système est formé de théories dont la force que représente leur application fait une partie de la valeur. Son œuvre est une suite de constructions destinées à créer ou à maintenir une harmonie. Il prise par-dessus tout et fait admirer l'ordre, parce que tout ordre représente de la beauté et de la force. De là son amour pour la Grèce, qu'il n'a pas découverte, mais choisie. Que sa naissance l'ait incité à ce choix, c'est vraisemblable ; mais elle ne l'y déterminait point, et il y a plus de mérite à bien choisir lorsque le choix est facile que lorsqu'il est malaisé. Choisir comme le feraient des esprits simples semble vulgaire ; et rien ne peut, plus que le désir de n'avoir rien de commun avec des esprits simples, inciter à l'erreur un esprit supérieur.

Parler de Comte comme l'a fait Maurras ; proposer la soumission de l'individu à une collectivité particulière, n'était point facile ; la séduction des différentes anarchies qu'il combat aujourd'hui est profonde et le rôle de directeur pénible souvent et parfois douloureux. Car les hommes ne se résignent point aisément à lutter contre eux-mêmes ; et le prix qu'ils donnent à tout ce qu'ils doivent supprimer en eux est si grand qu'ils s'y attachent volontiers plus qu'à ce qui constitue leur valeur réelle.

---

[215] Le texte de Maurras est paru en 1902 dans la *Gazette de France* avant d'être repris en 1905 dans *L'Avenir de l'intelligence* sous le titre *Mademoiselle Monk*. Il figurera ainsi dans les rééditions successives de *L'Avenir de l'intelligence*, mais il est également édité à part en 1923. Le nom de Monk, que l'on orthographie plus volontiers Monck aujourd'hui, fait référence au général George Monck, duc d'Albemarle, principal artisan du rétablissement de la monarchie en Angleterre après la mort de Cromwell.

La raison est peu puissante contre la sensibilité ; c'est seulement grâce à l'aide d'un sentiment qu'elle peut en modifier d'autres. Cette aide, Charles Maurras l'a trouvée dans l'amour de la France. Si sa doctrine ne pouvait exister sans une grande admiration de la France, et surtout sans une préférence pour tout ce qui fut créé par le génie français, c'est que cette admiration était dès l'origine, dans l'ordre esthétique, si profonde en lui qu'il n'eût pu établir un système qui ne reposât point sur elle. Il n'a passionnément aimé, en Grèce et en Italie, que ce qui devait déterminer le mode du génie français.

Mais la satisfaction complète de ses désirs, il ne devait la trouver que des jardins de Versailles à ces paysages des bouches du Rhône somptueux et tragiques comme des cadavres de rois. Qu'importe, pour son œuvre et pour lui, ce qu'il a voulu supprimer ! Charles Maurras est une des plus grandes forces intellectuelles d'aujourd'hui.

> *L'amour meno, et l'art nous ajudo.*
> Pascal Cros.[216]

Qu'une vie, dit Pascal, *est heureuse quand elle commence par l'amour et qu'elle finit par l'ambition !* Melle de Coigny[217] avait commencé sa vie par l'amour et elle l'acheva de même. Mais il lui arriva de servir par amour certaines ambitions légitimes et pures, elle en conçut de la fierté, et ses *Mémoires*, découverts tout dernièrement, nous racontent comment la Restauration de la monarchie très chrétienne fut conspirée entre une dame très païenne et un ancien évêque assermenté et marié. L'un de ces sages Grecs, réalistes subtils, qui prenaient leur plaisir à exprimer le sens secret des réalités de la vie, y aurait trouvé la matière de réflexions bien instructives. Ce qu'on peut appeler la *Génération des événements*, et la mesure dans laquelle l'intelligence et la volonté des humains contribuent aux faits de l'histoire, devient sensible en un chapitre des *Mémoires* d'Aimée de Coigny.[218] Les rois et les guides du peuple devraient le lire comme une petite fable au travers de laquelle apparaît clairement la morale de la nature.

L'écrivain qui a mis au jour ce document précieux est placé malheureusement ; il ne peut en distinguer le sens politique, et, s'il vient à le voir, il en sera embarrassé. Il eût fallu un philosophe pour commenter et élucider l'apologue, mais le manuscrit est tombé entre les mains d'un homme d'État intéressé à faire l'innocent. Gardons-nous de parler à M. Étienne Lamy[219] de restaurer la monarchie, car il a été le premier, et il reste le plus éloquent des catholiques républicains. Son introduction esquive tant qu'elle peut la haute leçon des *Mémoires :* au point de vue des intérêts de son parti, M. Lamy ne pouvait rien faire de mieux.

---

[216] Pascal Cros, félibre marseillais que Ch. Maurras cite en plusieurs occasions. (n.d.é.)

[217] Le regretté marquis d'Ivry, ayant lu dans la *Gazette de France* les pages qui suivent, ne voulait plus nommer la belle Coigny autrement que Melle Monk. Que ces feuillets conservent, s'ils le peuvent, le souvenir de cet homme charmant, heureux, magnifique, qui aima et comprit toute chose, en gardant le don de *choisir !*

[218] *Mémoires d'Aimée de Coigny*. Introduction et notes par Étienne Lamy. Paris, C. Lévy (1902). In-8, 293 p.

[219] Étienne Lamy, 1845-1919, ancien député du Jura, entra à l'Académie française en 1905 et y fut élu secrétaire perpétuel en 1913. (n.d.é.)

I – Mademoiselle de Coigny

Combien elle fut aimable, et surtout combien elle aima, c'est ce qu'il importe de dire avant d'en arriver à son bout de rôle historique.

Anne-Françoise-Aimée Francquetot de Coigny était née à Paris, rue Saint-Nicaise, le 12 octobre 1769. Elle perdit sa mère à l'âge de six ans, et fut élevée, au château de Vigny, « par la maîtresse de son père », une princesse de Rohan-Guéménée.[220] On l'avait mariée, à l'âge de quinze ans, au duc de Fleury, d'un mois plus jeune qu'elle.

Elle était fine, vive, cultivée et presque érudite, au point de savoir le latin et de se plaire aux deux antiquités ; comme dans la cantilène[221],

Bel avret cors e bellezour anima

elle avait un beau corps et un esprit plus beau. D'ailleurs, « le charme même de son corps était fait de pensée », dit M. Étienne Lamy. Mais ce n'était pas une sainte. Pour ses débuts, elle enleva Lauzun à sa cousine, la marquise de Coigny, la femme dont Marie-Antoinette disait :

— Je suis la reine de Versailles, mais c'est elle qui est la reine de Paris.

Cette petite fille ne tarda point à souffrir cruellement des légèretés du beau Lauzun. Elle promena son désespoir jusqu'à Rome, où l'attendait sa première consolation.

Lauzun touchait à la quarantaine ; lord Malmesbury n'avait que vingt-quatre ans, et tout l'agrément de son âge. Il plut si bien qu'elle le suivit en Angleterre. Dans le même temps, on la séparait légalement du duc de Fleury, et, sans grande vergogne, plus tard même pour des raisons qui lui font peu d'honneur, elle s'efforçait de maintenir son premier lien avec Lauzun. Mais Lauzun, devenu le général Biron, avait quelques autres soucis, dont le premier était de défendre sa tête.

---

[220] Les Rohan-Guéménée, à force de multiplier les fêtes somptueuses, de dépenser sans compter et d'emprunter à tout-va, se retrouvèrent en faillite en 1782. Le château de Vigny, près de Pontoise, est le dernier domaine dans lequel ils durent se replier après avoir cédé tout le reste à leurs créanciers. (n.d.é.)

[221] La *Cantilène de Sainte Eulalie*, texte du neuvième siècle dont Maurras cite ici le deuxième vers. (n.d.é.)

Malmesbury lassé, ou lasse elle-même de lui, Melle de Coigny était rentrée en France.[222] Elle pouvait passer pour avoir bénéficié de la Révolution, puisqu'elle lui devait son divorce, mais n'en fut pas moins arrêtée et emprisonnée comme tout le monde sous Robespierre. Son séjour à la prison de Saint-Lazare dura du 26 ventôse an II au 13 vendémiaire an III.[223]

M. Étienne Lamy prend en pitié le *Grand Dictionnaire Larousse*, qui veut qu'André Chénier ait succédé au duc de Fleury, à Lauzun et à Malmesbury. Je ne reprocherai au savant biographe que la vivacité de sa contestation. Il me semble en effet bien vif de décréter un caractère « misérablement banal » à la rencontre de cette jolie femme et du grand poète. Les hommages qu'elle avait reçus jusque-là, ceux qu'elle reçut par la suite ne valurent peut-être pas *La Jeune Captive*. D'après M. Lamy, Chénier aurait été converti à la plus austère vertu par les crimes de la Terreur. Il rappelle les cris de rage inspirés à Chénier par la stupide résignation des victimes :

> Ici-même, en ces parcs où la mort nous fait paître,
> Où la hache nous tire au sort,
> Beaux poulets sont écrits, maris, amants sont dupes,
> Caquetage, intrigue des sots.
> On y chante, on y joue, on y lève des jupes,
> On y fait chansons et bons mots...

Mais depuis quand les poètes ont-ils perdu le droit de faire leur propre satire ? C'est les connaître mal que de les élever au-dessus de leur blâme. Qu'il fut « d'âme tragique », comme l'observa M. Lamy, et qu'il fît des iambes, à certains jours de sa prison, cela le rendait-il incapable de suivre le cours d'une idylle ? Les hommes politiques sont peut-être faits de ce bronze ; mais la Jeune Captive atteste qu'il en est autrement des poètes. André Chénier n'avait changé ni ses dieux, ni sa foi, ni l'autel, ni le rite. La Muse aux yeux serrés, au sombre visage, n'avait pas eu le temps de secouer les roses

---

[222] Maurras résume là de façon rapide et quelque peu inexacte la vie d'Aimée de Coigny. À sa décharge, ceci ne touche en rien l'histoire qu'il veut nous conter ni la leçon qu'il entend en tirer. Une autre hypothèse, à vérifier, serait que dans ses *Mémoires*, Aimée de Coigny réarrange quelque peu son passé, que la véritable chronologie de sa vie n'ait été établie que plus tard, et que Maurras n'ait pas souhaité alors revenir rectifier son texte de 1902. (n.d.é.)

[223] C'est à dire du 16 mars au 4 octobre 1794. (n.d.é.)

de l'ancienne couronne, et ses fleurs ne respirent que le tendre amour de la vie selon l'idée que s'en était faite l'Antique :

> Pour moi Palès encore a des asiles verts,
> Les amours des baisers, les muses des concerts ;
> Je ne veux pas mourir encore !

Il sied de relire la pièce à la lueur des renseignements biographiques recueillis sur Melle de Coigny. Certes, le poète, comme son génie s'y plaisait, a généralisé et sublimé la belle image ; une jeune femme en péril lui a rappelé l'agonie injuste de la jeunesse. Il a posé, moins durement, mais avec force, la question de Lucrèce[224] :

> *Quare mors immatura vagatur ?*

L'âme de sa composition semble condensée dans une demi-strophe aussi impersonnelle qu'il est possible de le souhaiter :

> Brillante sur ma tige et l'honneur du jardin
> Je n'ai vu luire encore que les feux du matin,
> Je veux achever ma journée.

Malgré tout, et quelque élévation qu'ait gagné la pensée, les traits particuliers de Melle de Coigny ne se sont pas tous évanouis du poème. On peut bien supposer qu'elle s'écria presque mot pour mot :

> Qu'un stoïque aux yeux secs vole embrasser la mort.

---

[224] Au livre V du *De rerum natura*, vers 221. C'est une suite d'interrogations sur la cruauté de la nature :
> *Praetera genus horriferum natura ferarum*
> *Humanae genti infestum terraque marique*
> *Cur alit atque auget ? Cur anni tempora morbos ?*
> *Adportant ? Quare mors immatura vagatur ?*

c'est-à-dire : *Pourquoi la nature accepte-t-elle que se multiplient, sur terre et dans la mer, toutes ces espèces malfaisantes et cruelles, ennemies du genre humain ? Pourquoi chaque saison qui vient apporte ses maladies ? Comment souffrir que la mort fauche la jeunesse en sa fleur ?* (n.d.é.)

Aimée de Coigny était philosophe. Si elle avait suivi Aristippe plus que Zénon[225], sa délicate volupté donnait et recevait d'autres biens que ceux du vulgaire, quoiqu'elle y fût parfaite aussi. « Tant de beauté qu'on lui eût permis d'être sotte, et tant d'esprit qu'on lui eût pardonné d'être laide ». Ainsi parle M. Lamy. « La grâce », dit Chénier de son côté,

> La grâce décorait son front et ses discours.

Ses *discours*. Mais M. Lamy nous apprend que cette sirène tenait aussi d'un autre dieu de la mer, du sage Protée. « Il y avait en elle trop de femmes pour qu'on se défendît contre toutes ; qui résistait à l'une cédait à l'autre, voilà le secret de l'empire exercé par elle et par celles qui lui ressemblent. » Chénier avait-il lu M. Étienne Lamy ? Presque aussi amoureux que notre critique, il a senti autant que lui cet « empire » du charme. Il évoque le poids de la chaîne odorante :

> Et comme elle *craindront* de voir finir leurs jours
> Ceux qui la passeront près d'elle.

Il ne pouvait mieux confesser quel lâche sommeil menaçaient de lui distiller ces beaux yeux. Signe qu'il y était bien pris.[226]

Incontestablement, Melle de Coigny fait le centre du petit poème, il est trop facile de voir qu'un peu d'amour s'en est mêlé. On ne discute que de savoir comment fut reçu l'amoureux. Plein d'objections, de répugnances, M. Lamy raisonne de Chénier comme d'un rival. Comment croire qu'on ait accordé la moindre faveur à un poète ainsi bâti ? « De stature massive, de taille épaisse, il avait cet aspect de puissance stable qui sied aux orateurs et aux combattants, mais qui, hors de l'action, paraît lourdeur. » On était peut-

---

[225] Aristippe, dont on dit traditionnellement, non sans raccourci, qu'il voyait le souverain bien dans le plaisir, est opposé ici à Zénon de Citium, pris comme figure emblématique du stoïcisme. (n.d.é.)

[226] *La Jeune Captive* ne fut publiée que le 20 nivôse de l'an III (9 janvier 1795), dans *La Décade philosophique, littéraire et artistique*, avec la note suivante :
> André Chénier fut massacré le 7 thermidor avec le malheureux Roucher et vingt autres prisonniers de Lazare, convaincu comme eux d'être auteurs ou complices de la conspiration des prisons. Les amis des sciences et des lettres joindront le nom de cette victime de la tyrannie de nos anthropophages, avec les noms de Lavoisier, de Bailly et de Condorcet. (n.d.é)

être dans le feu de l'action en 1794. M. Étienne Lamy insiste : les yeux étaient vifs, mais petits ; les boucles de la chevelure avaient été abondantes, mais à trente-deux ans, le crâne était déjà à nu. « Une femme de ses amies a dit qu'il était à la fois très laid et très séduisant. » Mais, ajoute fort sensément le biographe, c'est un mauvais début de séduction que la laideur. Rien de plus juste. On verra plus loin que Garat fit oublier le même défaut par la magie de l'éloquence. Pourquoi Melle de Coigny, si longtemps amoureuse du « petit homme à l'air chafouin », aurait-elle nécessairement dédaigné un poète qui, sans être de beaucoup plus laid que Garat, aurait pu se montrer tout aussi éloquent ? Je ne tiens pas du tout à ce qu'elle ait rendu à Chénier réalité pour poésie et faveur pour hommage... — *Pourquoi pas, alors, à Suvée[227], qui fit son portrait ?* interrompt vivement M. Étienne Lamy. En effet, pourquoi pas ?... Tout ce que je dis ne tend qu'à noter la faiblesse des raisons mises en avant par M. Lamy. Si l'idée de cette liaison lui déplaît, que ne la nie-t-il simplement ?

Aimée de Coigny fut simultanément la maîtresse de Lauzun et de Malmesbury. Peut-on tirer un grand avantage contre le bonheur de Chénier de ce que ce fut justement à Saint-Lazare qu'elle fit la rencontre du sieur Mouret de Montrond[228], lequel ne tarda pas à tenir une place considérable dans la vie de la prisonnière ? Montrond avait été écroué le même jour qu'elle et, au lieu de forger des églogues à sa belle amie, il prit le bon parti, qui était de la délivrer. L'homme pratique eut la chance de réussir, environ deux mois avant Thermidor.[229]

---

[227] Joseph-Benoît Suvée, 1743–1807. Membre de l'académie royale de peinture en 1780, Suvée obtint l'année suivante le grand prix de Rome, pour lequel il fut préféré à David. Il fut interné à Saint-Lazare le 18 prairial (6 juin) et y peignit, quelques jours plus tard, un célèbre portrait d'André Chénier. (n.d.é.)

[228] Ce n'est pas le cas, mais Maurras l'ignorait peut-être. Étienne Lamy était-il explicite sur ce point ? Montrond était un ami du duc de Fleury et avait rencontré la duchesse bien avant 1789. Militaire à Nancy comme le duc, ils étaient tous deux joueurs acharnés et le plus souvent malchanceux, se prêtant l'un à l'autre des sommes qu'ils n'avaient plus. Rapidement ils devinrent les victimes des usuriers de la ville. Après la faillite des Rohan, le démon du jeu... Aimée de Coigny aura ainsi été un témoin rapproché, et une victime directe, du suicide collectif tant financier que moral qui fut celui d'une partie de la haute noblesse avant la Révolution. Elle retrouva Montrond lors de son séjour à Londres après les massacres de septembre 1792. Après y avoir accouché d'un enfant semble-t-il mort-né, elle rentra avec Montrond en France en novembre. Les deux amants s'installèrent alors au château de Mareuil, puis furent arrêtés et emprisonnés ensemble. (n.d.é.)

[229] Cette fois Maurras laisse passer une coquille qui est une véritable erreur ; il faut bien entendu lire deux mois *après* Thermidor. (n.d.é.)

Fût-ce reconnaissance, fût-ce admiration pour son sauveur, tout jeune encore et si habile ? Il ne suffit pas à Melle de Coigny de se donner, elle travailla du mieux qu'elle put à l'avancer. Elle l'épousa. Cette grande dame de l'ancien régime prenait le nom d'une espèce d'aventurier. Une fois établi dans l'une des premières familles de France, Montrond, comblé, ne put s'empêcher de laisser voir le fond de son caractère, qui était sec et froid. L'union malheureuse dura sept ans, au courant desquels la pauvre femme eut à connaître tous les dégoûts. Mais l'oubli lui revint avec la première espérance ; elle divorça de nouveau et recommença.

Son premier mari l'avait ruinée à moitié ; Montrond, joueur, avait dévoré la moitié de ce qui restait. Le dernier quart consistait, vers 1802, dans le château et le parc de Mareuil. Ce fut Garat qui les fondit. Mailla Garat, membre du Tribunat[230], parlait avec l'emphase de son hideux métier. Ainsi donnait-il l'impression d'une âme enthousiaste ; son attitude, son langage promettaient d'autres joies que celle de l'intrigue. De plus, Garat n'était pas libre. Il fallait le prendre à Melle de Condorcet. Il fallait les obliger à une rupture. Melle de Coigny était née guerrière et ne détestait pas d'unir la rapine à l'amour. Le tribun fut conquis. Il fut même adoré et c'est lui qui paraît s'être le plus puissamment implanté dans ce cœur d'amante. Huit billets d'une mâle écriture de femme, que détient M. Gabriel Hanotaux, ne laissent aucun doute sur la vivacité du lien de chair qui la tint assujettie durant six années. Ils vécurent ensemble. Trompée, ruinée, un peu battue, la triste esclave, toujours belle, eut bientôt cessé de songer à la liberté et à la nation ; que lui faisaient les phrases rondes du marchand de paroles ? C'était à l'homme qu'elle s'attachait de toute son âme. Il en bâillait. « C'est elle, dit M. Étienne Lamy, qui s'obstina à le retenir ; quand il fut parti, à le reprendre ; quand il eut disparu, à le pleurer. »

---

[230] Dans la constitution de l'an VIII, le Tribunat prend la place du conseil des Cinq Cents. Les Garat étaient une famille basque unie par l'esprit de clan, dont plusieurs représentants firent une carrière politique. On a dit de Mailla, brillant orateur et habile politicien manœuvrier :
> Pourquoi ce petit homme est-il au Tribunat ?
> Parce que ce petit homme a un oncle au Sénat. (n.d.é.)

II – Un dernier ami

Que ce deuil suprême ait été porté dans la solitude ou qu'on l'ait éclairci de nouvelles expériences, rien de certain n'est digne d'être retenu jusqu'à l'apparition du marquis de Boisgelin[231], vers 1811 ou 1812. On peut dire de ce dernier ami, ami parfait, qu'il fut le seul ; pour la première fois peut-être dans cette vie, il sut mettre d'accord la passion et l'honneur, l'amour et l'estime. Elle se sentit adorée, mais aussi comprise et chérie. « Mon âme », dit-elle, « réunie à celle d'une noble créature, se sentait relevée et mise à sa place. J'étais devancée et soutenue dans une voie où notre guide était l'honneur. » Langage singulier. Mais il faut patienter un peu. En ce temps-là, Napoléon faisait la campagne de Dresde.

Les amants habitèrent trois mois, en deux fois, au château de Vigny que leur prêta la princesse Charles de Rohan. Melle de Coigny avait passé là son enfance. Elle y revenait, sa vie faite. Un esprit arrivé à ce point d'initiation qui fait apprécier la vie, un cœur mûri par les meurtrissures et les mélancolies de l'épreuve, une beauté intacte et un charme croissant sonnaient alors, on peut le dire, et sonnaient bien ensemble l'heure parfaite d'un beau jour. On en goûte mieux la profonde lumière sur cette page écrite à la mémoire du dernier séjour à Vigny :

> Rien ne me presse, je veux me rappeler les impressions que m'a fait éprouver le séjour à Vigny. C'est le seul endroit où l'on ait conservé mémoire sur moi, depuis mon enfance. On voit encore mon nom écrit sur des murs, des êtres vivants parlant de ce que je fus ; enfin là je me crois à l'abri de cette fatalité qui semble avoir attaché près de moi un spectre invisible qui rompt à chaque instant les liens qui unissent mon existence avec le passé, et qui efface la trace de mes pas. Je retrouve à Vigny tout ce qui pour moi compose le passé et j'acquiers la certitude d'avoir été aussi entourée d'*intérêt doux* dans mon enfance et de quelques espérances dans ma jeunesse. Voilà la chambre de cette amie qui protégea mes premiers jours, je vois la place où je causais avec elle, où je recevais ses leçons. Voilà le rond où je dansais le dimanche, voilà les petits fossés que je trouvais si grands,

---

[231] Bruno de Boisgelin, 1767–1827, ancien officier devenu pair de France sous la Restauration. (n.d.é.)

et le saule que mon père a planté au pied de la tour de sa maîtresse. Hélas ! sa maîtresse, à la distance d'une chambre, gît là, dans la chapelle, derrière le lit qu'elle a si longtemps occupé et où peut-être elle a rêvé le bonheur ! Ah ! mon père, lors de ce dernier voyage à Vigny, était vivant, et la douce idée de sentir encore son cœur battre embellissait pour moi un avenir où il n'est plus !

Ces grands arbres, sous lesquels mon enfance s'est écoulée, qui ont reçu sous leur ombre protectrice nos parents, le duc de Fleury, un moment après, M. de Montrond, après un espace de dix-huit années, je les revoyais, j'étais sous leur abri ! j'habitais cette même chambre verte où les mêmes portraits semblaient jeter sur moi le même regard ! Eux seuls n'ont point changé ! La belle Montbazon, la connétable de Luynes avaient traversé intactes cet espace de temps nommé *révolution* qui a attaqué, dispersé toutes les nobles races et leur descendance. Les rossignols de Vigny nichent dans les mêmes arbres, les hiboux dans les mêmes tours ; moi, j'ai la même chambre, et le vieux Rolland et sa femme le même pavillon. Quel charme est donc attaché à ce retour sur la vie ? Quelle émotion me saisit en montant ces vieux escaliers en vis ? Pourquoi la vue de ces meubles vermoulus, de ce billard faussé, de cette grande et triste chambre à coucher fait-elle couler les larmes de mes yeux ? Ô existence ! Tu n'attaches que par le passé, et tu n'intéresses que par l'avenir ! Le moment présent, transitoire et presque inaperçu, ne vaudra que par les souvenirs dont il sera peut-être un jour l'objet !

Je ne crois pas être dupe de ce langage ; mais voilà un accent de sereine tristesse qui donne la mesure de l'intelligence et de la passion qu'enveloppait cette âme et que développa capricieusement une vie rude et inconstante. Le souvenir de l'intérêt doux qui avait entouré cette enfance, celui des espérances qui avaient suivi la jeunesse accusent une certaine force de sentiment. Mais, de là jusqu'à sa rencontre avec M. de Boisgelin, Melle de Coigny avait été seule au monde. Nulle loi, aucune espérance que dans le plus ou moins d'adresse et de succès à se suspendre à la chevelure de la fortune.

Elle ne crut à rien du tout, non pas même à l'amour imaginé comme un droit ou comme un devoir. Il était cependant le seul bien qu'elle désirât. Elle avait la religion de Chénier ou des libertins du grand siècle, plutôt que des vertueux radoteurs du sien. Lucrèce, Démocrite en avaient arrêté le dogme.

Cette religion ne conteste pas la bonté des fruits de la vie, mais elle reconnaît qu'ils sont rares et courts. *Brevis hic est fructus homullis*[232], pouvait-elle dire avec son poète. « Le ciel lui paraissait plus vide encore que la terre », ajoute le biographe, « et Dieu fut absent de sa mort comme de sa vie ». Ses désespoirs, ses rêves, ses amours furent donc des parties dans lesquelles elle était engagée sans réserve ; elle risquait son tout là même où les croyants, fussent-ils des pêcheurs, n'aventurent qu'une fraction de leur destinée, cette terre. Au-delà, rien. Nul avenir. La retraite coupée ; la consolation impossible. C'est ce qui donne à la rapide élégie de sa vie et de ses amours une intensité d'intérêt et d'émotion particulière. Si elle semble, par le langage et le style, l'élève négligente de Chateaubriand, de Mme de Staël et de Rousseau, elle diffère de ces chrétiens spiritualistes, toujours tournés aux compensations d'outre-tombe, par la frénésie, la nudité, la pureté de son sentiment, même impur. — Ô monde, ô vie, ô songe, chantent ses soupirs, ô amour ! me voici tout entière. Si vous ne me rendez rien de ce que je donne, je demeure vide à jamais.

Telle quelle, je la préfère aux dames protestantes dans le goût de Mme Sand. Ce doit être le sentiment de M. Étienne Lamy qui, par contenance, s'en cache. Mais il nous conte une triste histoire. À l'entendre les trois ou quatre dernières années d'Aimée de Coigny auraient été sombres. Moins heureuse qu'Hélène et que Ninon[233], elle aurait survécu à son charme quelques saisons. M. de Boisgelin se serait détourné non de l'amie, mais de l'amante qui lui avait dédié sa dernière fleur. Le souci de mieux tenir sa place à la cour, des remords, des scrupules religieux seraient nés, au cœur de ce preux chevalier, en même temps que la première ride de sa maîtresse. Le biographe s'avance un peu en opinant que dès lors Melle de Coigny

---

[232] Au livre III du *De rerum natura*, de Lucrèce, vers 914, ce manifeste épicurien :
    Hoc etiam faciunt ubi discubuere tenentque
    Pocula saepe homines et inumbrant ora coronis,
    Ex animo ut dicant : « brevis hic est fructus homullis ;
    Jam fuerit neque post umquam revocare licebit ».
C'est à dire : *Voilà des gens attablés, repus, brandissant leur coupe, le front ceint de couronnes, et que disent-ils du fond de leur cœur ? Que les bonheurs de la vie humaine sont éphémères, que tous passeront très bientôt et ne reviendront jamais.* (n.d.é.)
[233] Hélène de Sparte, d'après l'*Odyssée*, et Ninon de Lenclos sont connues pour avoir vécu jusqu'à un âge très avancé en conservant toute leur étincelante beauté. (n.d.é.)

commença d'être malheureuse. Cessa-t-elle d'aimer ? de voir celui qu'elle aimait ? ou de le lui dire ?

M. Lamy a remarqué l'inflexion vraiment tendre de ce *Mémoire* politique, où les « caresses des mots » ne peuvent se cacher à la première ligne. « Dans un espace de près de trente années », dit-elle, « je ne mets de prix à me rappeler avec détail que les trois ou quatre dont les événements se sont trouvés en accord avec les vœux que M. de Boisgelin et moi nous formions pour notre pays. » La phrase entortillée se traduit d'au moins deux façons. L'amitié qui survécut à un noble amour en garde ce ton d'équivoque. Un souvenir était entre eux, cette Restauration du trône et de l'autel qui dut sanctifier aux yeux du dévôt pénitent ce que ses souvenirs lui peignaient de trop illicite, tandis qu'Aimée devait se complaire secrètement à la belle ordonnance de son dernier amour ; il avait commencé par toutes les folies convenables entre deux esprits qui se plaisent ; à son déclin, il se parait de l'incomparable service rendu ensemble à la plus grande des réalités naturelles, la déesse de la Patrie.

III – Un théoricien de la monarchie

M. Étienne Lamy simplifie beaucoup ; pour lui, notre jeune captive, d'avant et d'après ses prisons, s'était toujours liée sans le savoir aux sentiments politiques de ceux qu'elle aimait. Elle portait la couleur de ses favoris. Libérale et constitutionnelle avec ce Lauzun qui finit par servir la Révolution, elle devint aristocrate avec lord Malmesbury, *ralliée* avec M. de Montrond, frondeuse avec Mailla Garat ; le commerce de Boisgelin suffirait donc à l'incliner à la monarchie légitime.

M. Lamy a tort de passer si vite. Est-il sûr que chacun des ralliements divers exécutés par Melle de Coigny ne fut point précédé d'une lutte piquante légère, mais approfondie, comme celle dont les *Mémoires* nous donnent idée et qui est fort intéressante ? Aimée ne dut se rendre sans combat ni aux vues de Lauzun, ni aux arguments de Malmesbury ni aux discours de Mailla Garat. Elle dut accorder tour à tour à chacun le plaisir délicat de la vaincre et de la fixer pour quelque temps dans le voisinage de sa pensée. Celui d'entre eux qui aurait dédaigné ce plaisir eût été un esprit bien superficiel.

Les doutes, les questions d'une intelligence de femme, si elle est cultivée et forte, reflètent merveilleusement les principaux obstacles qu'il reste à surmonter pour une idée nouvelle. J'oserai soutenir contre une opinion satirique que les vraies femmes incarnent à merveille le sens commun, si l'on entend bien par ce mot une synthèse, et la plus fine, de ces idées reçues qui constituent la masse profonde d'un esprit public. Le philosophe ou l'agitateur qui se propose d'émouvoir et de déplacer exactement cet esprit ne connaîtra exactement les positions et les forces de l'adversaire qu'auprès d'une femme informée, curieuse, et, comme elles aiment à se dire, sans parti pris.

À ce point de vue, le dialogue de Bruno de Boisgelin, qui veut faire la monarchie avec son amie qui s'en moque, mais qui est fort intéressée par tout ce que pense Bruno, forme une page d'un grand sens. Melle de Coigny y révèle son goût solide, modéré et sûr. Elle voit tout d'abord, très nettement, ce qui est prochain. Il faut que son ami la pousse, et même qu'il la presse un peu, pour qu'elle s'élève au-dessus de ses prétendues solutions « pratiques » qui, de tout temps, passèrent pour les plus vraisemblables mais qui manquent toujours dans le jeu concret de l'Histoire, précisément parce qu'elles sont tout à fait contiguës au système en voie de crouler. Ces grands esprits pratiques oublient toujours de calculer la réaction !

En 1812, l'idée de la chute de l'Empereur avait rang de chimère. Pourtant les analyses de M. de Boisgelin furent si précises, et si claires, que son amie n'y put tenir.

— Eh bien, dit-elle, il ne faut plus le garder pour maître ; renonçons à lui et même à l'Empire.

— Retournons au royaume, poursuivit Boisgelin, fier de l'avantage. Mais l'idée d'une royauté paraît extrêmement surannée à Melle de Coigny.

— Qu'à cela ne tienne ! Je veux, dit Boisgelin, quelque chose de savamment combiné, de fort, de neuf ; en conséquence, j'opine pour rétablir la France en royaume et pour appeler Monsieur, frère du feu roi Louis XVI, sur le trône.

Melle de Coigny considéra cette opinion tantôt comme une ingénieuse plaisanterie, tantôt comme un « sophisme insoutenable ». Boisgelin tenait bon. Il développait sa théorie de la France nouvelle, théorie trop constitutionnelle pour notre goût, et trop parlementaire. Mais elle avait des parties justes, elle impliquait la Monarchie.

Quand on n'a point de troupes à insurger, ni de bandes populaires à diriger, la théorie demeure le meilleur mode de l'action ; elle en étudie le terrain. Bruno de Boisgelin s'appliquait donc à théoriser fermement pour endoctriner sa maîtresse et la mieux préparer aux surprises de l'avenir. Sans aucun doute, ces leçons risquaient de ne servir à rien. Comme tout ce qui est d'avenir, elles ne pouvaient être utiles que moyennant une occasion, c'est-à-dire par aventure, conjoncture et *combinazione*, mot admirable que les Français traduisent mal. Toute la Politique se réduit à cet art de guetter la *combinazione*, ou l'heureux hasard, de ne point cesser d'épier un événement comme s'il était là, l'esprit tendu, le cœur alerte, la main libre et presque en action. Celui qui guette de la sorte ne dédaigne rien. Il sait que, de ce point de vue, les hommes et les choses n'ont que valeur de position et, par conséquent, de renouveler les valeurs. La plus petite force, le plus maigre concours peut, par *combinazione*, et d'un léger coup de fortune, être affecté soudain d'une puissance inattendue, qui décidera de tout.

— Aucun Empire n'est possible. Eh bien ! dit Aimée, puisqu'il faut unir la liberté et l'ordre...

— Arrêtez, dit Bruno, pas de République, pas de président, pas de Congrès ! Ces institutions ne valent rien pour la situation de la France.

— Et Napoléon II ? Une régence ?

Bruno démontre l'impossible. Elle songe à celui qui devait être Louis-Philippe.

— Peut-être ces considérations-là, lui dis-je, pourront-elles décider à appeler M. le duc d'Orléans.[234]

Quand une fois j'eus dit ces paroles, étonnée du chemin que j'avais fait, j'ajoutai :

— Eh bien, trouvez-vous que je vous cède assez. Êtes-vous content ?

— Non, certes, me dit-il, vous embrouillez toutes les questions et vous faites de la révolution. Vous prenez un roi électif dans la famille des rois légitimes et vous introduisez la turbulence dans ce qui est destiné à établir le repos.

Boisgelin s'empresse de démontrer que le candidat de sa maîtresse serait dans une position bien fausse. Mais son amie insiste. Elle a le préjugé de la France moderne. Son cœur est révolutionnaire. Le mot de royauté légitime

---

[234] Lauzun avait été au début de 1789, avec Choderlos de Laclos, l'un des chefs du « parti des Orléans ». Aimée de Coigny avait alors fait la connaissance du futur Philippe-Égalité et de ses fils. Elle était restée depuis en relations avec le futur Louis-Philippe. (n.d.é.)

l'effraie. Elle voit venir les ultras. Voilà pourquoi le nom de « monsieur le duc d'Orléans », avec qui elle a d'ailleurs été élevée, revient dans la conversation.

— Mon Dieu ! lui dit M. de Boisgelin, que vous raisonnez mal !

Et, très bon royaliste, encore qu'un peu teinté des nuances du libéralisme à l'anglaise, Bruno développe quelle politique imposeraient les nécessités entrevues :

> Ce que vous dites aurait quelque apparence, si dans un moment de repentir et d'élan, le peuple français en larmes se prosternait aux pieds du roi Bourbon, pour lui rendre la couronne en se mettant à sa merci. Je ne répondrais point alors de la cruauté de sa vengeance, que je ne me fais garant ni de sa générosité ni de sa force. Mais je ne parle que d'une combinaison d'idées dans laquelle la légitimité entrerait comme le gage du repos public, qui mettrait le peuple à l'abri des mouvements que cause l'ambition de parvenir à la suprême puissance, et d'une forme de gouvernement dans laquelle le trône ayant une place attitrée, légale et précise, se trouverait partie nécessaire du tout, mais serait loin d'être le tout.
>
> Sur ce trône, au lieu d'un soldat turbulent ou d'un homme de mérite aux pieds duquel, comme vous l'avez bien observé, notre nation, idolâtre des qualités personnelles, se prosternait, je demande, dis-je, qu'on y place le gros Monsieur, puis M. le comte d'Artois, ensuite ses enfants et tous ceux de sa race, par rang de primogéniture ; attendu que je ne connais rien qui prête moins à l'enthousiasme et qui ressemble plus à l'ordre numérique que l'ordre de naissance, et conserve davantage le respect pour les lois, que l'amour pour le monarque finit par ébranler.

Cette observation assez fine est suivie d'une vue plus fine encore. Boisgelin, parlant en philosophe politique, vient à dire que, somme toute, la royauté légitime, qui est le plus personnel de tous les gouvernements, est aussi celui qui se ressent le moins des défauts de la personne du roi. « Je m'inquiète peu, comme vous le voyez, de l'union qu'il pouvait y avoir entre ses bons sentiments et ses mauvaises actions. »

Tout autre prétendant que Louis XVIII devient en conséquence un usurpateur aux beaux yeux de Melle de Coigny :

« — Vous avez raison : ou Bonaparte ou le frère de Louis XVI. Eh bien, vive le Roi, puisque sous le voulez. Mon Dieu, que ce premier cri va étonner ! On dit qu'il n'y a que le premier pas qui coûte ; le premier mot à dire sur ce texte-là est bien autrement difficile... Allons, vive le Roi ! »

IV – La théorie est pratiquée

Ici, la grande page, la page qu'il faut lire et méditer, parce qu'elle dégagera les esprits empêtrés d'histoire métaphysique quant à ce que nous avons nommé tout à l'heure la génération des événements. Cette page révèle que le mot *impossible*, qui jadis n'était pas français, est du moins celui qu'il faut se garder le plus d'introduire arbitrairement dans les calculs de politique à venir. Le réalisme ne consiste pas à former ses idées du salut public sur la pâle supputation de chances constamment déjouées, décomposées et démenties, mais à préparer énergiquement, par tous les moyens successifs qui se présentent, ce que l'on considère comme bon, comme utile, comme nécessaire au pays. Nous ignorons profondément quels moyens se présenteront. Mais il dépend de nous d'être fixés sur notre but, de manière à saisir sans hésiter ce qui nous rapproche de lui.

Oui, on était en 1812, et rien ni personne ne pouvait faire qu'on n'y fût point. Voilà ce qui était donné aux conspirateurs : une multitude de forces surhumaines en travail. Et, sur l'essence, sur le *quantum* de ces forces, résultante de tous les siècles de l'histoire, on ne pouvait rien. Mais on pouvait prévoir que leur rencontre déterminerait une crise. Laquelle ? À quel moment ? Au profit de qui ? Là revenait l'incertitude. Là donc l'effort humain pourrait s'exercer avec foi. Un effort très simple, appliqué à la juste place où des énergies presque égales se contrarieraient, pourrait développer des conséquences infinies. Napoléon régnant, les armées impériales couvrant l'Europe, un homme obscur conversait avec sa maîtresse. Il venait de la rallier à la cause qu'il croyait juste. Elle venait de répéter : « Vive le Roi ! »

> M. de Boisgelin, enchanté de ce cri, avait l'air rayonnant. Je lui ris au nez, en songeant au temps qu'il lui avait fallu pour acquérir à son parti une seule personne, pauvre femme isolée, ayant rompu les liens qui l'attachaient à l'ancienne bonne compagnie, n'en ayant jamais voulu former d'autres, et étant restée seule au monde ou à peu près.

— Vous avez fait là, lui dis-je, une belle conquête de parti. C'est comme si vous aviez passé une saison à attaquer par ruses et enfin pris d'assaut un château fort abandonné au milieu d'un désert.

— Je ne suis point de cet avis, me répondit M. de Boisgelin, ce fort-là nous sera utile ; j'en nomme M. de Talleyrand commandant, et je suis bien trompé si, l'ennemi commun succombant par sa propre folie, le pays ne peut se sauver par la sagesse de M. de Talleyrand.

Melle de Coigny connaissait Talleyrand !

Ce petit détail est de ceux qui intervertissent les rapports des choses humaines. En politique plus encore que dans les autres ordres de la nature, il n'y a pas de proportion entre un effet produit et ses causes immédiates. Tout y est concours, conjonction, brusque mise en rapport de réactifs d'une imprévisible énergie. Assurément, le compte fatal se trouve après coup, quand on fait le dénombrement de toutes les causes en jeu. Mais, à l'heure d'agir, on les ignorait. Elles s'ignoraient d'elles-mêmes ou ne savaient pas leur valeur. Melle de Coigny ne se doutait absolument pas de sa force, qui résultait du fait qu'elle voyait M. de Talleyrand chaque jour. Mais le théoricien avait fait un calcul exact fondé sur une vue juste ; l'ancien évêque d'Autun devait tenir un jour la clef de la situation.

Melle de Coigny eut à recommencer avec plus de finesse, auprès de Talleyrand, la campagne brillante qu'avait menée contre elle-même Bruno de Boisgelin. Une année se passa. Les événements, à leur ordinaire et selon le cours inégal qui leur est propre, se précipitaient ou dormaient. La retraite de Russie étonna un instant et fut oubliée, car on l'oublia ! Pour se distraire ou nous faire prendre patience, Aimée de Coigny donne des croquis faits à coups de griffe (le mot est de M. Lamy) d'après l'entourage mâle et femelle du Monk ou du Warwick futur. Elle se moque des rêveurs de constitutions. « Vouloir faire une bonne chose toute seule et sans précédent, c'est rêver le bien et faire le mal », dit-elle en une phrase qui ne saurait manquer de plaire à l'auteur de *L'Étape*. Elle juge entre temps l'éloquence des bulletins de la Grande Armée : un « jargon moitié soldatesque et moitié rhéteur qu'on appelait son style ». Un peu plus tard, sont appréciées avec dureté, mais justesse, les coûteuses merveilles de 1814 :

> Je ne me charge pas de rappeler les trois mois de la campagne la plus savante de Bonaparte. Cette partie fatale dont la France était

l'enjeu fut admirablement bien jouée par l'empereur, et si tous les habitants, tous les citoyens doivent le regarder comme leur destructeur, pas un militaire, dit-on, n'a le droit de le critiquer. Comme athlète, il est tombé de bonne grâce ; son honneur de soldat est à couvert, sa vie comme homme a été conservée ; *il n'y a eu que notre pays et nous de perdus*. On n'a donc aucun reproche à lui faire, tels sont les raisonnements de certaines gens.

— Il y a longtemps que vous n'avez été voir M. de Talleyrand, dit un jour Boisgelin à l'intelligente disciple.

Elle fit trois ou quatre visites coup sur coup. Et, cette fois, elle endoctrina sans biaiser. Le vieux catéchumène la fit passer par la filière qu'elle avait parcourue : Napoléon II, le duc d'Orléans...

— Pourquoi pas le frère de Louis XVI ? dit-elle enfin.

Il ne donnait pas de réponse. C'est que Talleyrand eût mieux aimé attendre la Restauration et se donner le mérite de l'avoir faite. Mais l'agile bon sens de cette Française n'admettait pas que l'histoire se fît toute seule :

« Comme l'événement que je voulais avait besoin d'être fait, et qu'il ne serait point arrivé naturellement, la nonchalance de M. de Talleyrand m'était insupportable. »

Enfin, le mot décisif fut prononcé :

— Madame de Coigny, je veux bien du Roi, moi, mais...

Mais elle lui sauta au cou. L'ex-évêque ne stipula rien, que sa propre sûreté, ce qui fut accordé sans peine, et, bientôt, dans la vacance du pouvoir, qui ne tarda point, M. de Talleyrand osa, risqua et réussit.

On me demandera si Talleyrand n'eût pas conçu, de toute façon, la même entreprise ; un tel projet n'était-il pas alors dans l'air du temps, dans la force des choses ? Je n'aime pas beaucoup l'air du temps, je ne sais pas bien ce que c'est que la force des choses. Aimée de Coigny a raison, les événements n'arrivent point naturellement. Il faut quelqu'un pour leur donner figure humaine, tour utile et heureux. Dégageons nos esprits de ce fatalisme mystique. En 1814, plusieurs solutions se montraient. Si la meilleure prévalut, c'est en majeure partie par un effet de l'adresse de Talleyrand. Mais rien ne prouve que Talleyrand s'y fût employé sans les instances et les assurances précieuses dont il était l'objet de la part de Melle de Coigny et du marquis de Boisgelin, celui-ci expressément accrédité par le Roi.

Les vieux routiers de la politique excellent à exécuter un projet. Ils en ont rarement le premier éclair. Habitués à chercher le moyen le plus commode, il leur arrive de chercher aussi (ce qui est tout différent) le but le plus voisin, au lieu du but utile. En rappelant à Talleyrand les hautes doctrines qu'elle tenait de son ami, la jeune femme lui signala un ouvrage enfin digne de son talent. Elle lui apporta ce que l'on nomme ordinairement une bonne idée, et qui n'est point si méprisable.

Conclusion

Il est permis de préférer à l'amusant détail de cette intrigue de château et de salon la poétique aventure de Jeanne d'Arc. Ainsi notre XVe siècle apparaît-il supérieur au XIXe siècle. Mais, à peu près comme les chevauchées de la Pucelle, les allées et venues de Melle de Coigny laissent voir le jeu naturel de l'histoire du monde. Il ne s'agit pas d'être en nombre, mais de choisir un poste d'où attendre les occasions de créer le nombre et le fait. La chétive bergère souleva par le centre même, qu'elle avait discerné avec infiniment de sagesse et de tact, la force immense de la mysticité de son siècle. La grande dame déclassée toucha au point sensible les intérêts du premier politique contemporain. Ces passions et ces intérêts, une fois qu'ils sont mis en branle, se recrutent d'eux-mêmes leurs auxiliaires, courtiers, sergents et partisans. Les foules, les événements, en sont pour ainsi dire aimantés et polarisés. Dans l'écoulement infini des circonstances sublunaires, un être seul, mais bien muni et bien placé, si, par exemple, il a pour lui la raison, peut ainsi réussir à en dominer des millions d'autres et décider de leur destin. L'audace, l'énergie, la science et l'esprit d'entreprise, ce que l'homme enfin a de propre comptera donc toujours. Un moment vient toujours où le problème du succès est une question de lumières et se réduit à rechercher ce que nos Anciens appelaient *junctura rerum*, le joint où fléchit l'ossature, qui partout ailleurs est rigide, la place où le ressort de l'action va jouer.

La Comtesse de Noailles

1903 et 1905

Version de 1903[235]

Née à Paris, de père roumain et de mère grecque, élevée en France, devenue Française par son mariage, Mme de Noailles a dédié son premier volume de vers « aux paysages d'Île-de-France, ardents et limpides, pour qu'ils les protègent de leurs ombrages ». Elle s'est écriée, dès la première pièce, « ma France », et cette prise de possession forme un petit hymne au « pays » : « les chansons de Ronsard », « le cœur de Jean Racine », sont invoqués d'un accent qui ne manque pas de tendresse. Mais le même livre a pour titre « le Cœur innombrable ». La violente alliance d'un adjectif et d'un nom si peu faits l'un pour l'autre sentait son étrange pays et ne laissait pas d'inquiéter au premier abord. L'inquiétude se confirme quand on ouvre le livre ; on ne tarde pas à s'apercevoir que, si Racine et Ronsard sont aimés en ce lieu, ils n'y ont jamais été préférés. Le suffrage qu'on leur accorde est partagé en très nombreuse compagnie. Une petite âme gloutonne s'est contentée de les convier à la posséder, en commun avec une infinité d'autres poètes d'un rang beaucoup moindre. Les véritables favoris sont des poètes plus récents, plus jargonnants, moins purs. Pour la quatrième fois, nous avons à saluer l'influence persistante des romantiques sur un brillant esprit féminin.[236] C'est bien d'eux que Mme de Noailles a mémoire quand elle vit, quand elle songe, quand elle écrit. La face épanouie de la lune l'émeut à peu près des mêmes pensées qui auraient visité l'imagination d'un poète du Cénacle.[237] Elle l'interpelle et l'invoque sur le même ton qu'employait Alfred de Musset pour Phœbé la blonde.[238] À propos d'animaux, des « sobres animaux », quand elle

---

[235] Version parue dans la revue *Minerva*, 1er mai 1903. (n.d.é.)
[236] « Pour la quatrième fois » : cet article vient après ceux consacrés à Renée Vivien, Gérard d'Houville alias Mme de Régnier et Lucie Delarue-Mardrus. (n.d.é.)
[237] Ce terme, qui semble avoir été introduit par Sainte-Beuve en 1829, dans la *Vie, Poésies et Pensées de Joseph Delorme*, désigne à l'origine le groupe qui se réunissait chez Victor Hugo avant la bataille d'*Hernani*. L'histoire du romantisme dénombrera ensuite plusieurs Cénacles, précurseurs et successeurs, le mot finissant par s'appliquer à toute réunion littéraire parisienne participant au courant romantique. (n.d.é.)
[238] Phœbé, divinité mythologique secondaire, associée à la Lune, parfois confondue avec Artémis. Phœbé apparaît à plusieurs reprises dans la *Ballade à la lune* d'Alfred de Musset, comme ici à la dixième strophe (sur 34) :
> Va, lune moribonde,
> Le beau corps de Phœbé La blonde

les admire et les salue un à un, en suppliant une divinité champêtre de la rendre elle-même pareille à ces doux bestiaux,

Rendez-nous l'innocence ancestrale des bêtes,

le souvenir de Baudelaire s'entre-croise à celui de Vigny, qui voulait que les animaux fussent nos « sublimes » modèles. Enfin, elle s'est exercée à fusionner, sur les savants exemples de Victor Hugo, le matériel et le mystique, le pittoresque et le rêvé, le sentiment et la chair :

Ah ! le mal que ces deux cœurs, certes,
Se feront ;
Le vent éperdu déconcerte
L'astre rond,
La lune au ciel et sur l'eau tremble,
Rêve et luit ;
Nos deux détresses se ressemblent,
Cette nuit.
Il monte des portes de l'âme
Un encens ;
C'est l'appel du cœur, de la flamme
Et du sang.

Il y a des imitations que l'on fait comme des devoirs. Je le demande : comptent-elles ? Mais celle-ci, toute incohérente, est fiévreuse, l'auteur dirait pleine de cœur et de sang. C'est donc l'invention même qui se fait reconnaître à sa fougue, à sa vérité, à son naturel. Laissons là Ronsard et Racine. Voici le centre du poète, voici la date fatidique de son avènement au ciel troublé de la poésie : 1830. S'il était possible d'en douter, nous n'aurions qu'à ouvrir ce roman, *La Nouvelle Espérance*, nouveau Werther qui ressuscite littéralement les sentiments de la génération de *René* et de celle d'*Adolphe*, avec cette couleur précise, le costume, le revêtement que les années 1830 vinrent y ajouter. « Mélancolie ! mélancolie ! axe admirable du désir ! Défaite du rêve à qui aucun secours, hors le baiser, n'est assez proche !

Dans la mer est tombé.
(n.d.é.)

pleur de l'homme devant la nature ! éternel repliement d'Ève et d'Adam !... »
Ceci fixe définitivement la date des lectures prépondérantes.

Autre signe du même choix : la demi-Grecque a le sentiment de l'antique, et de beaucoup plus pur que chez Renée Vivien, en ce sens qu'on ne trouve chez elle aucune réminiscence même confuse d'un océan barbare, ni aucun trouble propre à la conscience chrétienne. La comtesse de Noailles oublie la notion du péché. Elle songe la mort comme l'ont songée nos Anciens. La mort est un endroit où l'on pense à la vie avec quelque regret et où l'on demande des nouvelles du monde. Les morts sont consolés quand un trou creusé dans la terre fait descendre, jusqu'aux endroits où l'ombre se mêle à la cendre, la collation légère composée de miel, de lait et de vin. Le poète raffiné du Cœur innombrable y ajoute le présent royal d'elle-même, du moins en parole et en rêve. Comme on le voit, son paganisme se trouve un peu plus satyrique et païen que nature. Elle charge un faune de ses commissions pour le Styx ; il est permis de les trouver plus féroces encore que tendres :

> Dis-leur comme ils sont doux à voir
> Mes cheveux bleus comme des prunes,
> Mes pieds pareils à des miroirs
> Et mes deux yeux couleur de lune,
> Et dis-leur que, dans les soirs lourds,
> Couchée au bord frais des fontaines,
> J'eus le désir de leurs amours,
> Et j'ai pressé leurs ombres vaines.

Quelque application au paganisme orthodoxe que puissent révéler ou supposer ces vers, ils montrent néanmoins en quel sens la comtesse de Noailles déforme et transforme l'antique. On le verra mieux en lisant un autre poème, moins réussi, l'historiette de la petite Bittô. Bittô n'est rien qu'une bergère qui vient de se donner, en une vingtaine de strophes, à son berger, Criton. Bittô vaincue, le poète pousse une exclamation : « Comme elle est grave et pâle... » et continue :

> Bittô, je vous dirai votre grande méprise.

Le commentaire de cette méprise de Bittô dure six bonnes strophes, où la vagabonde pensée noue et dénoue, sans rien indiquer de trop net, ses molles écharpes flottantes. L'objet s'est évanoui dans le rêve, le sujet dans le commentaire et l'églogue dans un lyrisme intempestif. L'équilibre est rompu entre les figures vivantes et le mouvement dont on veut les animer ; ces figures nous apparaissent, dès lors, tout rongées et consumées des fournaises de l'âme, en une heure où l'âme se repose et languit un peu.

Question d'ordre, on le voit. Un Racine, un Chénier, un Ronsard étaient beaucoup moins attentifs que le premier poète romantique venu à ne point modifier le costume antique, à ne point violer les couleurs de l'histoire ou de la fable grecque. Ils étaient chrétiens ou musulmans à leur aise, dans ce sujet. Ce qu'ils retenaient uniquement, c'était le goût, je veux dire le sens d'un certain ordre, et, comme ils écrivaient, d'un rapport, ils entendaient d'une répartition, seule juste, seule convenable, seule vraie. Assurément, cela se définit à peine, et nous sommes ici dans le *je ne sais quoi*. Mais comme cela se voit bien ! Comme, en l'absence de cet ordre, on éprouve qu'un livre, un poème, une strophe n'ont rien que des semences et des éléments de beauté.

On doit avouer cependant que le second recueil de Mme de Noailles, *L'Ombre des jours*, précise avec force la valeur de ces éléments précieux. Il annonce et il définit quel trésor de puissance poétique accumule cette frémissante nature. Sous la manière, assez sensible encore, on sent cela. On le sent beaucoup mieux dans le roman de *La Nouvelle Espérance*, qui, par endroits, fait une espèce de poème plein de passion. La sensibilité diffère extrêmement de l'art ; elle est toutefois la matière première de l'art, et je crois qu'un certain degré de sensibilité, également distribuée et répartie, doit suppléer l'intelligence, la raison, et constituer l'essentiel du goût. Il est vrai que ceci suppose la justesse, et par là-même exclut l'excès. Ici, l'excès préside à tout, si l'on peut dire. Mais n'y a-t-il point là une belle et forte sensibilité naturelle, dont une volonté mauvaise abuse méthodiquement ? Cette jeune femme s'exerce à sentir, à se voir sentir et par conséquent souffrir. Sa frénésie de sentiment, toujours consciente et voulue, l'expose, l'étale, la dévoile, l'écorche même, afin d'apparaître plus nue. Le poète de *L'Ombre des jours* semble se soucier de moins en moins de forger des représentations cohérentes, des images suivies, et c'est peut-être pour cela, par cette négligence, qu'il en rencontre d'aussi heureuses que celle-ci :

> J'entendrai s'apprêter dans les jardins du Temps
> Les flèches de soleil, de désir et d'envie
> Dont l'été blessera mon cœur tendre et flottant.

Le poète néglige pareillement certaines descriptions auxquelles il s'appliquait jadis avec une méritoire constance, et ces héros obscurs du jardin potager, haricots, fleurs de pois, radis, pour qui l'on se damnait dans le premier volume[239], sont relégués en un second plan à peine honorable. Ce que l'auteur demande aux arbres, aux buissons, à la nature entière, c'est d'exciter ses nerfs, d'extasier son rêve et de lui apporter quelques mouvements passionnés. À ce titre, les vraies fleurs reparaissent dans le jardin de cette poésie qui leur préféra des légumes, et, à défaut de roses, jugées encore un peu trop simples, voici déjà brûler dans l'air amoureux de la nuit « l'héliotrope mauve aux senteurs de vanille ». À la description se substitue donc l'émotion, d'ailleurs extraite, autant que faire se peut, des régions les plus végétatives de l'âme :

> Mon âme si proche du corps !
> ... Mon âme d'ombre et de tourment
> Et celle qui veut âprement
> Le sang de la tendresse humaine !
> ... Ô mes âmes désordonnées !

Ces petites âmes diverses, brutales, avides, curieuses, sont expressément chargées de tout agiter. Un train qui part, « le beau train violent », est invoqué comme le « maître de l'ardente et sourde frénésie ». Des idées d'une simplicité certaine, celle-ci par exemple : « devenir une vieille » sont appelées, acceptées, considérées, dans la mesure exacte où elles se feront d'utiles prétextes aux furies de l'anxiété et du désespoir. Autre thème : la fatalité de l'amour, de l'amour hasardeux, qui peut venir « comme une flèche » et le conseil d'être peureux du destin, qui peut amener cet amour :

> Qui vient hardiment, à son jour,
> Menant l'étincelant vacarme,

---

[239] C'était l'application littérale du programme démagogique de Hugo : *Plus de mots sénateurs, plus de mots roturiers,* etc. Encore Hugo ne fit-il pas tout ce qu'il prêchait. Mais l'esprit féminin veut de la logique.

Ah ! tant de plaisirs et de larmes !

Les délices et les cruautés de ce même amour :

> Tu ne dors, ne ris, ni ne manges,
> Mais n'importe, c'est le bonheur.

Et, dans cet état de tension morale naturel ou appris, jaillit, de nécessité, en aigrettes ou en étincelles, parfois en bulles de savon plus éphémères, quelque superbe agencement de mots, tels que le début de la deuxième strophe, dans le *Dialogue marin*, où la double épithète donnée à la mer pourrait être du plus magnifique poète :

> *Visage étincelant du monde, battement*
> *Du temps et de la vie !...*

Il va sans dire : ce ne sont, ce ne peuvent être que des fragments. Nulle composition réelle, quoique l'auteur sache toujours où il va et, de biais ou de droit, qu'il y sache toujours aller. Ni providence, ni pensée. Les éléments se groupent au hasard et selon leurs poids ou leur venue. Ne demandez pas à l'auteur d'avoir tracé un plan une heure avant d'écrire. Il soigne une chose : les cris. *La Nouvelle Espérance* est conçue n'importe comment, et le récit général procède comme il peut. Une jeune dame qui s'ennuie essaye d'aimer son mari, et, successivement tous les amis de son mari. Elle trouve enfin, un peu plus loin que son entourage habituel, quelqu'un à qui se donner. Mais cet amant aimé n'est cependant pas le bonheur, pour deux raisons majeures : il n'y a pas de bonheur pour Sabine et, d'ailleurs, cet amant ne peut être toujours à sa disposition. Un beau matin qu'il est à la campagne, dont il ne reviendra que dans quinze jours, un jour dont le lendemain semble long à passer sans Lui, Sabine se tue. Cette fin qu'on traite d'absurde semble la seule raisonnable si l'on admet un seul instant la donnée première de l'héroïne. On se demande si la mort est assez tranquille, assez froide et assez calmante pour éteindre éternellement ce démon.[240] Tout le démoniaque, dans ce livre, est parfait. Quand il s'agit de peindre des personnages que l'amour n'habite pas, qui sont « lâches devant l'amour », ou quand il faut imaginer des anecdotes, des aventures, des circonstances, le livre tombe tout

---

[240] Le même démon fit dire au poète : *Et ma cendre sera plus chaude que leur vie.*

aussitôt au-dessous de tout. Non faiblesse, ni même parti pris. Je dirais plutôt ironie. Ironie et négligence. À quoi bon préparer, machiner, combiner ? Un seul point a de l'intérêt : ce qui se passe dans une âme amoureuse et qui erre dans les environs de l'amour, la rencontre de ceux qui s'aiment, leurs conversations qui sont les étreintes, les caresses immatérielles des âmes. Un artiste plus docte aurait effacé tout ce qui n'est pas cela. Celui-ci s'est contenté de le gribouiller. Mais il s'est, au contraire, enfoncé de toutes ses forces dans l'analyse de états de la passion et dans la formule, aussi sensuelle que possible, de cette passion enfin trouvée et sentie.

Il ne s'agit pas, à vrai dire, de nous émouvoir de pitié ou d'horreur comme l'ont fait de grands poètes en nous exposant les infortunes de leurs Amants. Le poète ici se confesse. Je voudrais oser dire qu'il s'extériorise. Comme le jeune auteur d'*Occident*[241] cherchait des paroles qui pussent la dire, elle réelle, elle vraie, elle littérale, le jeune auteur de *La Nouvelle Espérance* cherche de quoi exposer avec vérité ce que c'est que son cœur de femme, conçu non au repos, mais en mouvement, au plus violent, au plus rapide, au plus effréné de ces mouvements ; non dans le rêve et dans l'attente, mais à la fleur des heures où brûle le plus haut la plus vive passion. Je suis loin de nier la curiosité d'un spectacle fou. Mais tant d'efforts de description intérieure participent de la science plus que de l'art. Il me semble que le succès en sera toujours nécessairement relatif. Si d'un tableau à un autre il n'existe jamais de copie parfaite, comment serait-on jamais satisfait de la transcription de nos états intérieurs dans le langage extérieur ? Quelque concret et sensuel que soit un style, les mots sont toujours une algèbre et leur signe n'égalera jamais la réalité.

Oh ! je sais que les romantiques de tout temps ont justement rêvé de remédier à cela. Les jeunes gens de 1882 ont vécu sur la théorie du mot-chose, du mot-couleur, du mot-parfum, et Hugo leur avait enseigné, quarante ans plus tôt, la théorie du mot-dieu, *nomen numen :*

> Car le mot, qu'on le sache, est un être vivant...

Entre Hugo et M. Ghil, Arthur Rimbaud avait établi sa théorie des voyelles, dont nos aînés ont été les dupes charmées. Notre génération a pris plaisir à rectifier les sens divers de cette gageure. Elle garde quelque délice pour Mme de Noailles. Il est vrai que l'auteur de *La Nouvelle Espérance*

---

[241] Il s'agit de Lucie Delarue, qui n'était pas encore Mme Mardrus. (n.d.é.)

l'adoucit, la tempère avec les timidités et les finesses du sens féminin, et, d'autre part, elle y ajoute l'emportement d'une passion qui vivifie, échauffe, embellit, dore tout. Sabine de Fontenay pousse la sensualité verbale à un degré voisin de l'hallucination. Cependant l'auteur réussit à faire admettre ce paroxysme :

« *Où*, s'écria-t-elle, en se tenant la tête comme devant un danger, un accident, *où, dans quelle portion de l'air puis-je goûter la forme délicieuse et mouillée de certains mots que tu dis ?* Ce n'est cependant pas un cri de passion pure. Cela découle d'une Poétique secrète. « Vous aimez beaucoup le mot *cœur ?* — Oh oui, avoua-t-elle, n'est-ce pas ? C'est le mot charmant et sensible, le mot dans lequel il y a du sang. — Et le mouvement de ses mains modelait ses phrases. »

Voilà bien le mot romantique, le mot centre de l'art. C'est le dernier cercle de la méprise. Il y fallait tomber, du moment que l'on se mettait à écrire dans la seule intention de se traduire, soi. C'est un logicien très conséquent, l'écrivain romantique qui, dupe de soi, se laisse prendre ainsi au sortilège du mot. Il est aussi plus conséquent encore, celui qui, prenant sa conscience distincte pour l'unique réalité, travaille à tout rendre conscient en lui-même, cultive, avive, passionne et enflamme jusqu'au voisinage de la folie tout ce qu'il peut sentir de soi et risque ainsi, de jour en jour, une décomposition générale. On ne naît pas ainsi, mais on y vient quand on veut se donner la peine, par essais graduels, par entraînement méthodique. La couleur des mots apparaît, leur arôme s'annonce. En même temps qu'il se colore et se parfume, l'univers intellectuel se hérisse. Ce qui chatouillait blesse, ce qui blesse déchire. L'effroyable tension nerveuse développée avec tant d'art devient un jour insupportable ; comme le gentilhomme dont M. Huysmans a établi la monographie[242], on commence à se trouver assez mal portant, comme Sabine de Fontenay, on court chez le docteur.

— Docteur, cela va très mal.
Il lui répondit :

---

[242] Très vraisemblablement le duc des Esseintes, héros de l'ouvrage *À Rebours*, publié par Huysmans en 1884. On a souvent rapproché ce personnage de celui de Robert de Montesquiou (1855-1921) ; il ne s'agit sans doute que d'une ressemblance imaginée *a posteriori*, compte tenu des dates en présence. En revanche, Montesquiou comptera bien Anna de Noailles parmi ses admirateurs, mais vers la fin du siècle. Autre coïncidence : dans le roman de Huysmans, Jean des Esseintes habite Fontenay, le nom que la comtesse donne à son héroïne. (n.d.é.)

D'abord, asseyez-vous tranquillement. Mais elle reprit :
— Je n'ai pas la force de m'asseoir tranquillement, on ne se repose que quand on est bien portant.

Elle ajouta :
— Il faut que vous me guérissiez tout de suite, je vous en supplie, de cette douleur que j'ai dans la nuque tout le temps, et d'une tristesse qui me met des larmes dans toutes les veines.

Il lui conseilla le calme, le sommeil, la nourriture. Il la pria de regarder doucement la vie, indifférente et drôle.

Il l'assura des plaisirs prudents qui attendent l'observateur et l'amoureux de la nature.

Elle lui dit :
— Alors, docteur, le soleil et les soirs violets, et des bouts de nuit où semblent s'égoutter encore les lunes qui furent sur Agrigente et sur Corinthe, ne vous font pas un mal affreux ?

Le docteur répond que la pensée des vieilles lunes lui est, au contraire, fort agréable et reposante. Sabine s'en va indignée, en se disant : « La satisfaction seule console. La faim, la soif et le sommeil ne se guérissent point par tel envisagement de l'univers, mais par le pain, l'eau ou le lit, et de même la douleur ne se guérit que par le bonheur. »

Mais l'idée du bonheur elle-même s'est pervertie. Son amant lui a demandé un jour :

— Qu'est-ce qu'il vous faut, à vous, pour que vous soyez heureuse ?

Elle tourna vers lui ses yeux d'enfant brûlante, appuya sa tête contre l'épaule de Philippe et répondit :
— Votre amour.

Puis, jetant dehors sa main nue, faible, puissante, elle ajouta :
— Et la possibilité de l'amour de tous les autres.

Quelque temps après, elle ajoute, dans une lettre, autre chose d'infiniment plus net : « Ce n'est pas vous que j'aime ; j'aime aimer comme je vous aime. Je ne compte sur vous pour rien dans la vie, mon bien-aimé. Je n'attends de vous que mon amour pour vous. »

Ainsi un certain genre d'attention sur soi-même et de culture de soi-même en arrive à faire tourner jusqu'à l'amour, comme certains corpuscules tournent le vin. Il se retourne, il se résorbe dans cet élémentaire amour de l'amour que tous les psychologues distingueront de l'amour vrai, dont il est le contraire et la corruption, ou peut-être le résidu sentimental. Aimer l'amour, c'est s'aimer soi, et voici que le livre de Mme de Noailles en atteint un très rare caractère de profondeur et de vérité. À force de s'aimer, d'accorder à chaque fragment, à chaque minute de soi l'indulgence absolue et l'adoration infinie, il arrive qu'un de ces fragments, un de ces états éphémères devient meurtrier de tous les autres ; il ne supporte plus seulement la pensée des instants vécus ou à vivre, s'ils ne sont identiques à lui. L'être en aspire donc à s'anéantir, il s'anéantit et se dissout, en effet, par amour absolu de soi. « Tu es loin, écrit Sabine à son amant, tu es loin, il faudrait vivre demain sans toi. Je ne peux pas. » Le premier coup de minuit qui sonne a raison d'elle-même, comme elle a eu raison de tout. Je ne sais pas de suicide romantique mieux motivé ; on y peut voir et y toucher comment cette anarchie profonde défait une personne aussi exactement qu'elle décompose les arts.

VERSION DE 1905

Grecque et roumaine d'origine, née à Paris, élevée en France, devenue Française par son mariage, Mme de Noailles a dédié le premier recueil de ses vers « aux paysages d'Île-de-France, ardents et limpides, pour qu'ils les protègent de leurs ombrages ». Elle s'est écriée, dès la première pièce, « ma France ! » et cette prise de possession forme un petit hymne au « pays ».

« Les chansons de Ronsard », « le cœur de Jean Racine », sont invoqués d'un accent qui ne manque pas de piété. Mais le même livre a pour titre « le Cœur innombrable », et cette alliance violente d'un adjectif avec un nom qui n'est pas fait pour lui sentait son étrange pays et ne laissait pas d'inquiéter.

L'inquiétude se confirme par la suite du livre ; on ne tarde pas à s'apercevoir que, si Racine et Ronsard sont aimés ici, ils n'y sont aucunement préférés. Le suffrage qu'on leur accorde est très partagé. Une petite âme gloutonne s'est contentée de les convier à la posséder, en commun avec une nombreuse société de poètes inférieurs. Les véritables favoris sont bien plus récents et moins purs. Pour la quatrième fois, nous avons à saluer l'influence persistante et vivace des romantiques sur le plus brillant esprit féminin. C'est bien d'eux que Mme de Noailles a mémoire quand elle songe, écrit et vit. La face épanouie de la lune l'émeut à peu près des mêmes pensées qui auraient visité l'imagination d'une affiliée du Cénacle. C'est la rêverie de Musset devant Phœbé la blonde. À propos d'animaux, des « sobres animaux », quand elle les admire et les salue un à un, en suppliant une divinité champêtre de la rendre elle-même pareille à ces bestiaux suaves,

> Rendez-nous l'innocence ancestrale des bêtes !

le souvenir de Baudelaire s'entrelace à celui de Vigny, qui voulait que les animaux fussent nos « sublimes » modèles. Enfin, elle s'est exercée à fusionner, sur les savants exemples de Victor Hugo, le matériel et le mystique, le pittoresque et le rêvé, le sentiment et la chair :

> Ah ! le mal que ces deux cœurs, certes,
> Se feront ;
> Le vent éperdu déconcerte
> L'astre rond,
> La lune au ciel et sur l'eau tremble,
> Rêve et luit ;
> Nos deux détresses se ressemblent,
> Cette nuit.
> Il monte des portes de l'âme
> Un encens ;
> C'est l'appel du cœur, de la flamme
> Et du sang.

Nous avons distingué des imitations que l'on fait comme des devoirs ces reprises sincères et fiévreuses, que l'auteur dirait pleines de cœur et pleines de sang. À la fougue, à la vérité, au naturel, se reconnaît l'invention. C'est seulement une invention qu'il faut dater et situer. Laissons donc Ronsard et Racine. Voici le centre du poète, voici la date fatidique de son avènement au ciel troublé de la poésie : dix-huit-cent-trente.

S'il était possible d'en douter, nous n'aurions qu'à ouvrir ce roman, *La Nouvelle Espérance*, nouveau Werther qui nous ressuscite à la lettre les sentiments de la génération de *René* et de celle d'*Adolphe*, avec cette couleur précise du costume et de la parure que la vogue de 1830 y vint ajouter.

« Mélancolie ! mélancolie ! axe admirable du désir ! Faiblesse du rêve à qui aucun secours, hors le baiser, n'est assez proche ! pleur de l'homme devant la nature ! éternel repliement d'Ève et d'Adam !... » Ceci fixe la qualité des lectures prépondérantes.

Le sens de l'antique est plus pur que chez Renée Vivien ; on ne trouve chez la comtesse de Noailles aucune réminiscence, même confuse, de l'Océan barbare, ni des troubles particuliers à la conscience chrétienne. La demi-grecque oublie la notion du péché. Elle songe la Mort comme l'ont songée les plus anciens d'entre les Anciens. C'est un obscur endroit d'où l'on pense à la vie avec quelque regret et d'où l'on veut savoir les nouvelles de notre monde. Les morts sont consolés, quand un trou creusé dans la terre insinue jusqu'au séjour où l'ombre se mêle à la cendre, un rayon de miel, un filet de lait et de vin. Le poète raffiné du *Cœur innombrable* charge un faune de ses commissions pour le Styx, mais la collation rituelle est augmentée d'un mets nouveau ; c'est le don royal d'elle-même, et ce présent fait à des Ombres, qui n'en peuvent goûter (elle le dit), pourra paraître assez méchant :

> Dis-leur comme ils sont doux à voir
> Mes cheveux bleus comme des prunes,
> Mes pieds pareils à des miroirs
> Et mes deux yeux couleur de lune,
> Et dis-leur que, dans les soirs lourds,
> Couchée au bord frais des fontaines,
> J'eus le désir de leurs amours,
> Et j'ai pressé leurs ombres vaines.

Cette offrande fera voir en quel sens baudelairien la comtesse de Noailles transforme l'antique. On le sentira mieux en lisant un autre poème, moins réussi, l'historiette de la petite Bittô. Bittô bergère vient de se donner, en une vingtaine de strophes, à son berger, Criton. Quand elle est bien vaincue, le poète pousse une exclamation : « Comme elle est grave et pâle... » et continue :

> Bittô, je vous dirai votre grande méprise.

Le commentaire des méprises de Bittô dure six bonnes strophes, où la vagabonde pensée noue et dénoue, sans rien indiquer de bien net, de molles écharpes. L'objet s'est évanoui dans le rêve, le sujet dans la paraphrase et l'églogue dans un lyrisme intempestif. Voici l'équilibre rompu entre les figures vivantes et le mouvement dont on veut qu'elles soient animées ; ces figures paraissent, dès lors, tout agitées et consumées du feu intérieur, en une heure où l'âme devrait se reposer, languir. Les Anciens n'auraient jamais péché ainsi contre l'ordre. Sans l'ordre qui donne figure, un livre, un poème, une strophe n'ont rien que des semences et des éléments de beauté.

Le second recueil de Mme de Noailles, *L'Ombre des jours*, précise la valeur de ces éléments précieux. Il achève de révéler quel trésor de puissance poétique accumulent certaines natures frémissantes.

La sensibilité diffère de l'art ; mais elle est la matière première de l'art. Un certain degré de sensibilité, également distribuée et répartie, peut suppléer à la raison et tenir la place du goût. Or, l'excès fait la loi ici. Bien plus, de cette belle et forte sensibilité naturelle, une volonté résolue abuse méthodiquement. La jeune femme ne se complaît qu'à sentir, à se voir sentante et souffrante. Sa frénésie de sentiment, toujours consciente et voulue, la dévoile, l'écorche même, afin de la faire apparaître plus nue. Le poète de l'Ombre des jours se soucie donc de moins en moins de forger des représentations cohérentes, des images suivies, mais, dans la négligence, se font les rencontres heureuses :

> J'entendrai s'apprêter dans les jardins du Temps
> Les flèches de soleil, de désir et d'envie
> Dont l'été blessera mon cœur tendre et flottant.

Le poète abandonne semblablement les descriptions auxquelles il s'appliquait jadis avec une méritoire constance, et ces héros obscurs du jardin potager, haricots, radis, fleurs de pois, auxquels était dévoué le premier volume sont relégués en un second plan à peine sensible. Ce que l'auteur demande désormais aux arbres, aux buissons, à la nature entière, c'est d'exciter ses nerfs, d'extasier son rêve, de lui apporter l'occasion du mouvement passionné. À ce titre, les vraies fleurs, ces fleurs du vieux temps qui charmèrent tous les poètes, refleurissent dans le jardin qui leur avait préféré des légumineuses. En l'absence des roses, jugées sans doute un peu trop simples, voici déjà brûler dans l'air amoureux de la nuit « l'héliotrope mauve aux senteurs de vanille ». À la description se substitue donc une émotion, mais élancée, autant que faire se peut, des régions les plus végétatives et les plus nocturnes de l'âme :

> Mon âme si proche du corps !
> ... Mon âme d'ombre et de tourment
> Et celle qui veut âprement
> Le sang de la tendresse humaine !
> ... Ô mes âmes désordonnées !

Ces petites âmes diverses, avides, curieuses, brutales, – un physiologiste dirait : ces petits centres nerveux de systèmes inférieurs – ces âmes d'impression plus que de réflexion et d'organisation, ces petites volontés toutes sensuelles sont expressément chargées de tout passionner. Un train qui part, « le beau train violent », est invoqué comme le « maître de l'ardente et sourde frénésie ». Dans le thème d'amour, le détail de physiologie alterne avec le cri :

> Ah ! tant de plaisirs et de larmes !
> Tu ne dors, ne ris, ni ne manges,
> Mais n'importe, c'est le bonheur !

Un tel état de tension morale ne peut manquer de laisser jaillir, en aigrettes ou en étincelles, de purs et nobles agencements de syllabes, tels que le début de la deuxième strophe, dans le *Dialogue marin*, où la double épithète accordée à la mer pourrait être du plus magnifique poète :

> Visage étincelant du monde, battement
> Du temps et de la vie !...

Il va sans dire : ce ne sont, ce ne peuvent être que des fragments. Nulle composition réelle, quoique l'auteur sente toujours où il va et, de biais ou de droit, qu'il y puisse toujours aller. Ni providence, ni pensée. Les éléments se groupent, selon leurs poids ou leur venue. Ne lui demandez pas de « soigner » autre chose que ses clameurs.

La Nouvelle Espérance, véritable roman-poème animé d'une rare passion, est conçue n'importe comment et le train du récit marche comme il peut. Une jeune dame qui s'ennuie essaye d'aimer son mari, et, successivement tous les amis de ce mari. Elle trouve enfin, un peu en dehors de son entourage ordinaire, quelqu'un à qui se donner. Mais cet amant aimé n'est cependant pas le bonheur, pour deux raisons majeures : il n'y a pas de bonheur pour Sabine et, de plus, cet amant ne peut être toujours à sa disposition. Certain soir dont le lendemain semble vraiment trop long à vivre sans lui, Sabine s'arrête à la pensée de mourir. Cette fin qu'on traite d'absurde paraît la seule raisonnable si l'on comprend la donnée première. Encore la mort même n'est peut-être pas assez calme, assez froide, assez « morte » pour éteindre éternellement ce forcené démon d'amour qu'il s'agit de tuer. Tout le démoniaque, dans ce livre, est parfait.

Quand il s'agit de peindre des personnages que le démon d'aimer n'agite pas, qui sont « lâches devant l'amour », ou quand il faut imaginer des anecdotes, des aventures, des circonstances, le livre tombe. Non faiblesse. Non parti pris. On dirait plutôt ironie et négligence. Pourquoi machiner, composer ! Un seul point a de l'intérêt : ce qui se passe dans une âme quand elle aime ou qu'elle erre dans les environs de l'amour, la rencontre de ceux qui s'aiment, leurs conversations, ces étreintes, ces « caresses immatérielles des âmes ». Un artiste plus docte aurait effacé tout ce qui n'est pas cela. Celui-ci s'est contenté de le gribouiller. Mais il s'est enfoncé de toutes ses forces dans l'analyse du désir de la passion et dans la formule, aussi réelle que possible, de cette passion enfin trouvée et sentie.[243]

De grands poètes qui exposent les infortunes des amants veulent nous émouvoir de pitié ou d'horreur. Celui-ci n'a aucune arrière-pensée théâtrale. Il n'a point d'autre but que de dire l'amour, ou plutôt de le confesser. Il nous confesse son amour. Je voudrais oser dire qu'il l'extériorise. Comme le jeune auteur d'*Occident* tendait à trouver des paroles qui pussent la dire, vivante, vraie, dans les caractères particuliers de son imagination, le jeune auteur de *La Nouvelle Espérance* cherche à faire voir avec vérité ce que c'est que son cœur de femme, conçu, non au repos, où il n'est point lui-même, mais au plus vif, au plus rapide, au plus effréné des mouvements qui mettent le fond bien à nu ; non dans le rêve et dans l'attente, mais à la fleur des heures où brûle le plus haut sa plus chaude flamme d'amour. Je suis loin de nier

---

[243] Dans un livre suivant, Mme de Noailles a pris le meilleur parti. De circonstances, d'anecdotes, d'aventures, il n'y en a plus du tout dans *Le Visage émerveillé*.

l'éminente curiosité du spectacle. Cependant, ces efforts de description intérieure participent de la science plus que de l'art. Il me semble que le succès en sera toujours relatif. Si, d'un tableau à un autre, il n'existe jamais de copie parfaite, comment serait-on jamais satisfait de la version de nos états intérieurs dans le langage extérieur, de notre vie propre dans un mode qui est commun et qui doit l'être ?[244] Quelque concret et sensuel que soit un style, les mots sont toujours une algèbre, leurs symboles ne feront jamais la réalité ; ils ne la refléteront même pas.

Aussi n'est-on jamais satisfait, même de l'outrance, et faut-il toujours la porter plus avant. Par essais graduels, par entraînement méthodique, les phénomènes insensibles ou à peine perçus jusque-là prennent une forme distincte. L'hyperesthésie maladive s'accentue volontairement et s'accompagne de perversions bizarres. La couleur des mots apparaît, leur arôme s'annonce. En même temps qu'il se colore et se parfume, l'univers intellectuel commence à revêtir un aspect plus aigu, dont le patient commence à souffrir. Ce qui chatouillait blesse, ce qui blessait déchire. Cette tension nerveuse, développée, accrue par la volonté complaisante, devient un jour insupportable ; comme le gentilhomme dont M. Huysmans a dressé la monographie, on commence à se trouver assez mal portant ; comme Sabine de Fontenay, on court chez le docteur.

— Docteur, cela va très mal.

Il lui répondit :

— D'abord, asseyez-vous tranquillement.

Mais elle reprit :

— Je n'ai pas la force de m'asseoir tranquillement, on ne se repose que quand on est bien portant.

Elle ajouta :

— Il faut que vous me guérissiez tout de suite, je vous en supplie, de cette douleur que j'ai dans la nuque tout le temps, et d'une tristesse qui me met des larmes dans toutes les veines.

Il lui conseilla le calme, le sommeil, la nourriture. Il la pria de regarder doucement la vie, indifférente et drôle.

Il l'assura des plaisirs prudents qui attendent l'observateur et l'amoureux de la nature.

Elle lui dit :

---

[244] C'est le contraire du *proprie communia dicere*.

— Alors, docteur, le soleil et les soirs violets, et des bouts de nuit où semblent s'égoutter encore les lunes qui furent sur Agrigente et sur Corinthe, ne vous font pas un mal affreux ?

Le docteur répond que la pensée des vieilles lunes lui est, au contraire, bien reposante.

Sabine s'en va indignée, en se disant :

— La satisfaction seule console. La faim, la soif et le sommeil ne se guérissent point par tel envisagement de l'univers, mais par le pain, l'eau ou le lit, et de même la douleur ne se guérit que par le bonheur.

Mais l'idée du bonheur elle-même s'est aiguisée. Son amant lui a demandé un jour :

— Qu'est-ce qu'il vous faut, à vous, pour que vous soyez heureuse ?

Elle tourna vers lui ses yeux d'enfant brûlante, appuya sa tête contre l'épaule de Philippe et répondit :

— Votre amour.

Puis, jetant dehors sa main nue, faible, puissante, elle ajouta :

— Et la possibilité de l'amour de tous les autres.

Quelque temps après, elle ajoute, dans une lettre, autre chose d'infiniment plus net : « Ce n'est pas vous que j'aime ; j'aime aimer comme je vous aime. Je ne compte sur vous pour rien dans la vie, mon bien-aimé. Je n'attends de vous que mon amour pour vous. »

Ainsi un certain degré d'attention sur soi-même en arrive à faire tourner jusqu'à l'amour, comme le mauvais œil faisait jadis tourner le vin. Oui, l'amour se meurtrit, une fois revenu dans le cœur aimant qui ne l'avait créé que pour se répandre et se fuir. Il se résorbe dans cet élémentaire amour de l'amour que tous les psychologues distingueront de l'amour vrai, dont il est la corruption ou le résidu. L'amour de l'amour tue l'amour, observation plus haut. Ou peut-être n'existe-t-il que pour avoir tué l'amour. Aimer l'amour, c'est s'aimer soi ; le livre qui le montre atteint par là un rare caractère de profondeur et de vérité. À force de s'aimer, à force d'accorder à chaque fragment, à chaque minute de soi l'indulgence absolue et l'adoration infinie, il arrive qu'un de ces fragments, éphémère hypertrophié, devient le meurtrier des autres. Il ne peut même plus supporter la pensée des instants à vivre, s'ils ne sont identiques à lui, s'ils sont autre chose que son propre prolongement, et l'être à ce degré de despotisme n'aspire plus qu'à s'anéantir. Il s'anéantit et se dissout en effet, par amour absolu de soi. « Tu es loin, écrit Sabine à son amant, tu es loin, il faudrait vivre demain sans toi. Je ne peux pas. » Le premier coup de minuit qui sonne aura probablement raison d'elle toute, comme elle a eu raison de tout. Je ne sais pas de suicide romantique mieux motivé ; on y peut voir, toucher comment une anarchie profonde défait une personne, aussi exactement qu'elle décompose un style ou un art, une pensée ou un État.

Auguste Comte

1903

Paru dans la revue *Minerva*[245] le 15 mai 1903.

AUGUSTE COMTE[246]

15 janvier 1798 – 5 septembre 1857

Quelquefois, au milieu des paisibles nuits de travail, une crise d'incertitude, causée par la fatigue, jette l'esprit dans le trouble et la confusion. La plume échappe, les idées cessent de se suivre régulièrement. On se lève, on secoue l'espèce de torpeur que donna l'immobilité, mais, ni la promenade, ni le repos physique ne rendrait à l'esprit l'assurance perdue ; il lui faut un secours qui soit spirituel et qui l'émeuve avec des images dignes de lui. Ce n'est pas le moment du recourir au conseil des poètes, ni d'ouvrir quelque répertoire de science, car la science toute pure semblerait froide et la poésie toute seule paraîtrait d'un vide infini. J'estime heureux les hommes de ma génération qui, sans être positivistes au sens propre du terme, peuvent, en pareil cas, se souvenir de la morale et de la logique de Comte. S'il est vrai qu'il y ait des maîtres, s'il est faux que le ciel et la terre et les moyens de les pénétrer ne soient venus au monde que le jour de notre naissance, je ne connais aucun nom d'homme qu'il faille prononcer avec un sentiment de reconnaissance plus vive. Son image ne peut être évoquée sans émotion.

Ce petit vieillard émacié, aux yeux doux, dont le masque tragique nous rappelle à la fois Baudelaire et Napoléon, amassa de grandes et précieuses ressources contre nos faiblesses soudaines et les trahisons du destin. Je ne suis pas de ceux qui se récitent quelques-unes des formules de Comte en les accompagnant de signes de cabale et de religion ; mais familiarisé avec elles

---

[245] Revue *Minerva*, Paris, no 6, 15 mai 1903, p. 174–204. (n.d.é.)

[246] Nous ne publions pas de table de nos références, car elle serait infinie. Il suffira de signaler aux curieux qu'il existe à Paris deux sources bien distinctes de **renseignements** bibliographiques et biographiques sur Auguste Comte et que toutes deux sont précieuses : le célèbre immeuble de la Société positiviste, rue Monsieur-le-Prince, 10, et le local de l'Exécution testamentaire, 41, rue Dauphine. Ce dernier rendez-vous est le plus ignoré. C'est de là cependant que part la propagande la plus active. L'*Appel aux Conservateurs,* le *Testament*, la *Synthèse*, un volume de *Lettres*, ces dernières absolument inédites, ont été publiés rue Dauphine en très peu de temps. En tout cas, il ne faut jamais perdre de vue que tel livre de Comte épuisé rue Monsieur-le-Prince abonde parfois rue Dauphine. Et réciproquement.

depuis longtemps, je ne puis donner à aucune un sens indifférent. Les plus abstraites en apparence me touchent, en passant, d'une magnétique lumière. À demi voix, dans le silence de la nuit, il me semble que je redis des syllabes sacrées :

« Ordre et Progrès.
« Famille, Patrie, Humanité.
« L'amour pour principe et l'ordre pour base, le progrès pour but.
« Tout est relatif, voilà le principe absolu.
« Induire pour déduire, afin de construire.
« Savoir pour prévoir, prévoir pour se pourvoir.
« L'esprit doit toujours être le ministre du cœur, et jamais son esclave.
« Le progrès est le développement de l'ordre.
« La soumission est la base du perfectionnement.
« Les phénomènes les plus nobles sont partout subordonnés aux plus grossiers.
« Les vivants seront toujours et de plus en plus gouvernés nécessairement par les morts.
« L'homme doit de plus en plus se subordonner à l'humanité ».

Le poids même de ces sentences, leur rude austérité, y ajoutent le charme d'une vigueur naïve. On ne le sent complètement qu'après le temps et le loisir de l'initiation. Un lecteur coutumier de Comte est toujours surpris d'en voir critiquer le tour abstrait ou la sécheresse rugueuse. Il ne peut s'empêcher d'égaler ces sentences aux meilleurs vers moraux et gnomiques d'un Lysis, d'un Virgile ou d'un Pierre Corneille.

Il les trouve gonflées de subtiles consolations, d'encouragements délicats, en même temps que de vérités qui défient le doute. Douceur, tendresse, fermeté, certitudes incomparables, c'est tout ce que renferme pour un habitué de Comte ce terrible mot si peu compris[247] de Positivisme ? Nous ne comprendrions rien au maître si nous ne nous formions d'abord une idée précise de son lecteur. C'est par celui-ci qu'il faut commencer.

---

[247] Le positivisme est généralement donné pour n'admettre que ce qui se voit et se touche.

I — L'anarchie au XIXe siècle

Dans les derniers jours de l'année 1847, ou les premiers de 1848, un jeune homme à peine majeur entendait au Collège de France je ne sais qui prononcer du haut d'une chaire ces paroles, peut-être soulignées d'applaudissements :

« Le vainqueur, dans la grande lutte à laquelle nous assistons encore, c'est le principe de l'examen ; le vaincu, c'est le principe de l'autorité. Ainsi le gouvernement de l'avenir sera le gouvernement de l'examen. Je ne dis pas que ce soit un bien, j'en reconnais tous les inconvénients, mais je le constate comme un fait. » Voilà les paroles du siècle. Tous les enfants du siècle dernier furent plus ou moins asservis au constat de ce prétendu fait.

Pourtant ce fait, même approuvé par un docteur et couronné de l'enthousiasme d'une salle de cours, n'aurait jamais été facile à accepter pour un esprit normal dans un des âges normaux de l'humanité. Quoique né dans une période de crise, le jeune Charles Jundzill[248] (ainsi se nommait l'auditeur du Collège de France) s'était de bonne heure contraint à donner un sens précis aux mots dont il se servait. Il s'efforçait en vain de trouver une signification quelconque à ces termes « gouvernement de l'examen. » Et personne n'en aurait trouvé non plus à sa place. Qui examine ne gouverne pas encore ; qui gouverne n'examine plus. L'acte propre du gouvernement, l'acte propre de l'examen s'excluent l'un l'autre. Un gouvernement peut commencer par s'entourer des lumières de l'examen : du moment qu'il gouverne, il a pris son parti, l'examen a cessé. De même, l'examen peut aboutir, par hasard, au gouvernement : tant qu'il reste lui-même, il ne gouverne pas.

Et, sans doute, Jundzill voyait bien que l'habitude d'examiner était établie dans son siècle et dans sa propre intelligence : mais il ne voyait pas comment tirer de cette habitude aucun genre de direction, et son expérience lui montrait qu'on devait en tirer le contraire.

« Étrange gouvernement que celui de l'examen », se dit-il. « Étrange situation mentale et sociale que celle qui consiste à examiner toujours, puis à examiner encore. Étranges esprits qui se décernent mutuellement, ou qui

---

[248] Jeune étudiant issu d'une illustre famille polonaise. Amené au positivisme par Auguste Comte, il meurt prématurément. Comte a reproduit en tête de la *Synthèse subjective* un certain nombre de documents le concernant. Auteur de *La Philosophie positive* en 1849. On orthographie plus volontiers *Yundzill* aujourd'hui. (n.d.é.)

s'attribuent eux-mêmes, les titres de philosophe et de penseur, et dont la vue est à ce point bornée, qu'ils prennent le *moyen pour le but, qu'ils regardent comme le résultat de la crise ce qui n'est que la crise elle-même...* » Charles Jundzill traduisait ici l'étonnement et le scandale que lui inspirait la gageure que son siècle entier soutenait en matière politique ; mais il en souffrait à beaucoup d'autres égards. Il en souffrait dans la direction de sa vie : car le principe d'examen ne fournit non plus aucun moyen d'ordonner une conduite privée ; il en souffrait encore dans la marche de sa pensée : examiner n'apprend ni à choisir, ni à classer, ni à organiser les notions utiles et vraies.

Il en souffrait. J'aurais dû dire qu'il en avait souffert, car le malaise personnel de Charles Jundzill se trouvait déjà dissipé, grâce à la philosophie positive quand il l'exposait à Auguste Comte dans une lettre que je résume et développe d'après les vraisemblances de son état d'esprit.[249] Ce malaise préliminaire était éminemment typique et significatif. Il représente avec beaucoup de vigueur le malaise de presque tous les esprits nés catholiques, mais devenus étrangers au catholicisme. Charles Jundzill, originaire de Pologne, était de naissance et de formation très purement romaines : or, dès avant sa dix-neuvième année, il avait constaté jusqu'à l'évidence son inaptitude à la foi, et surtout à la foi en Dieu, principe et fin de l'organisation catholique.

Était-ce la philosophie, était-ce la science qui l'avait réduit à l'impossibilité de croire ? Quelle que fût l'influence subie par le jeune homme, tel était le fait : il ne croyait plus, et de là venait son ennui. On emploierait un langage bien inexact si l'on disait que Dieu lui manquait. Non seulement Dieu ne manquait pas à son esprit, mais son esprit sentait, si j'ose m'exprimer ainsi, un besoin rigoureux de *manquer de Dieu* : aucune interprétation théologique du monde et de l'homme ne lui était plus supportable. Je n'examine pas ici s'il avait tort ou s'il avait raison, ni s'il avançait, ni s'il reculait. Il en était là. Mais, Dieu éliminé, subsistaient les besoins intellectuels, moraux et politiques qui sont naturels à tout homme civilisé et auxquels l'idée catholique de Dieu avait longtemps pourvu avec plénitude.

Charles Jundzill et ses pareils n'admettent plus de Dieu, mais il leur faut de l'ordre dans leur pensée, de l'ordre dans leur vie, de l'ordre dans la société dont ils sont les membres. Cette nécessité est sans doute commune à tous

---

[249] Auguste Comte a placé cette lettre en tête de la *Synthèse subjective*.

nos semblables ; elle est particulièrement vive pour un catholique, accoutumé à recevoir sur le triple sujet les plus larges satisfactions. Un nègre de l'Afrique ne saurait désirer bien vivement cet état de souveraine ordonnance intellectuelle et morale auquel il n'eût pas grand accès. Un protestant, fils et petit-fils de protestants, s'est de bonne heure entendu dire que l'examen est le principe de l'action, que la liberté d'examen est de beaucoup plus précieuse que l'ordre de l'esprit et l'unité de l'âme, et cette tradition, continuée d'un âge à l'autre, a effacé de son esprit le souvenir du magnifique tout catholique ; sa pensée, naturellement sujette aux mêmes appétits d'unité et d'ordre que le commun des autres pensées, n'est pas obsédée de l'image d'un paradis perdu.

Cette espèce de nostalgie devient parfois si consciente chez les catholiques éloignés de la foi que les apologistes de la religion en ont fait un argument d'une extrême vivacité. La vie humaine n'a qu'un axe, disent-ils, faute duquel elle se dissocie et s'écoule. Sans l'unité divine, et ses conséquences de discipline et de dogme, l'unité mentale, l'unité morale, l'unité politique disparaissent en même temps ; elles ne se reforment que si l'on rétablit la première unité. Sans Dieu, plus de vrai ni de faux, plus de loi, plus de droit. Sans Dieu, une logique rigoureuse égale la pire folie à la plus parfaite raison. Sans Dieu, tuer, voler, violer sont des actes d'une innocence parfaite ; il n'y a point de crime qui ne devienne indifférent, ni de subversion qui ne soit légitime : car, sans un Dieu, le principe de l'examen subsiste seul, et ce principe, qui peut tout admettre, ne peut exclure rien. Le clergé catholique donne, en définitive, le choix entre son dogme, avec la haute organisation qu'il comporte, et ce manque absolu de mesure et de règle qui annule l'activité. Dieu ou rien, quelle alternative proposée aux esprits tentés de douter !

Quelques-uns qui l'acceptent choisissent nettement le rien. Plutôt que d'admettre une organisation à laquelle leur esprit se refuse, ils se résignent à la déchéance fatale de leur personne. C'est le cas des natures les moins heureuses pour lesquelles l'idée de Dieu apparaissait plutôt un frein et une gêne qu'un principe excitateur et régulateur. Et c'est également le cas des natures débiles, promptes au désespoir, chez lesquelles toute ferme habitude une fois perdue ne peut pas être remplacée. Charles Jundzill, dont je continue à vous décrire le cas, n'était ni des uns ni des autres. Mais, en donnant raison aux prêtres catholiques contre les imbéciles ou les malades qui profitaient de leur doute philosophique pour consentir à troubler l'ordre, il devait en outre se prononcer contre une troisième et une quatrième classe d'esprits qui, non résignés au néant, quittaient le Dieu catholique sans le quitter : c'était d'abord ces chevaliers de l'examen qui, ayant usé une fois de la liberté intellectuelle contre l'idée de Dieu, se répétaient complaisamment que cette liberté, placée sur le trône de Dieu, leur fournirait un type suffisant de pensée, de moralité et de civilisation (autant demander à la hache de rendre les services de la boussole ou du niveau) ; c'était ensuite ceux qui, ayant quitté le dogme catholique, en ont maintenu subrepticement toutes les déductions de l'ordre moral. Nous connaissons en France, en Angleterre, en Amérique, en Russie, beaucoup de ces athées chrétiens qui construisent une morale et refusent de la fonder.

Ils prescrivent aux hommes une discipline « indépendante » de toute conviction, un ensemble de devoirs qui ne se trouvent rattachés à aucune foi, un système de dépendances humaines qui ne dépendent d'aucun système du monde. Un pareil bâtiment ne peut se maintenir que par d'honorables sophismes, qui recouvrent et masquent, quelquefois grossièrement, les liens réels et forts qui relient ces esprits à la doctrine qu'ils se sont flattés d'abandonner. Si quelques têtes faibles nous ont fourni la preuve de leur débilité en acceptant le désordre en haine de Dieu, celles-ci manifestent un nouveau genre, bien équivalent, d'impuissance : après avoir rompu avec l'idée de Dieu, ils n'ont pas su poursuivre la critique clairvoyante de toutes celles de leurs idées qui se fondaient sur cette idée centrale ou qui en dérivaient, de sorte qu'il n'y a même pas un accord entre leur négation fondamentale de l'Absolu divin et leur position non moins fondamentale de la Conscience morale absolue. Ils quittent le Dieu des théologiens et ne prennent pas garde qu'en subissant la souveraineté de leur Conscience individuelle, selon Rousseau et les Allemands, ils ne font que s'adjuger d'anciens attributs de Dieu.

— Si vous croyez à l'absolu, soyez franchement catholiques, crierait à ces gens-là un Charles Jundzill. Si vous n'y croyez pas, il vous faut réorganiser comme nous sans l'absolu : à moins que le prêtre n'ait raison contre nous, comme il a raison contre vous, et que cette réorganisation ne soit une chimère...

II — L'ordre positif d'après Comte

Était-ce une chimère ?

Quand Jundzill écrivit à Comte, il y avait exactement vingt-cinq années que le philosophe poursuivait son programme de réorganiser, en effet, *sans Dieu ni roi*.[250]

Plus que Jundzill et plus sans doute que personne, le jeune Auguste Comte avait senti les blessures de l'anarchie et les tares qu'elle laisse immanquablement : rien ne peut mieux marquer la noblesse de cet esprit et le sang latin de sa race que la vigueur de sa réaction contre un si grand mal. Né, comme il l'a dit dans son *Testament*, à Montpellier, sous le Peyrou[251] louis-quatorzien « d'une famille éminemment catholique et monarchique », il avait, depuis le milieu de son adolescence, avant même d'entrer à l'École polytechnique, répudié le théologisme en politique aussi bien qu'en religion. Mais il n'avait pas concédé pour cela aux idées d'examen, de liberté ou d'égalité, qui lui avaient servi à atteindre cette négation radicale, les qualités de l'Être divin ni du Souverain absolu. Ces idées ont bien pu être acceptées pour un instant comme des « dogmes », et « dogmes absolus », du temps qu'elles étaient nécessaires à ruiner le théologisme ; elles n'ont pas de valeur propre : elles ne peuvent, à proprement parler, dominer ; elles sont condamnées à mort.

Par exemple, on ne peut conserver, en politique, une doctrine « qui représente le gouvernement comme étant, par sa nature, l'ennemi nécessaire de la société, contre lequel celle-ci doit se constituer soigneusement en état continu de suspicion et de surveillance », une doctrine d'après laquelle il faut « examiner toujours sans se décider jamais » ; une doctrine contredisant ou méconnaissant ce « progrès continu de la civilisation » qui « tend par sa nature à développer extrêmement » les « inégalités intellectuelles et morales ».[252] Cette doctrine du libéralisme et de la démocratie ne pouvait que pousser au comble une anarchie dont le jeune Auguste Comte, saisi de dégoût et d'horreur, voulait se tirer à tout prix. Platon a remarqué que certaines questions politiques nous posent en gros caractères des problèmes

---

[250] Les mots de *royauté* et de *roi* ont chez Comte une acception bien définie : ils veulent dire roi et royauté de droit divin. À proprement parler, ni Louis XVIII, ni Louis XIV, ni Henri IV, ni Louis XI ne sont pour lui des rois. Il les appelle plusieurs fois des dictateurs, pour marquer qu'il n'y a rien de commun entre leur genre d'autorité et la souveraineté théologique des princes du moyen âge.

[251] La promenade du Peyrou est un ensemble classique de jardins dominant Montpellier, aménagé au XVIIe siècle pour régler par son château d'eau l'alimentation de la ville. Il comporte une statue équestre de Louis XIV. (n.d.é.)

[252] *Cours de philosophie positive*, tome IV.

écrits en traits menus et fins dans les cas individuels. Auguste Comte aurait peut-être été moins clairvoyant si les événements dont il était témoin n'avaient pas posé devant lui, en des termes politiques et sociaux très pressants, sous une forme révolutionnaire, ce qu'il appelle, dans la plus sèche et la plus émouvante de ses formules (on ne peut la lire sans larmes), *l'immense question de l'ordre*. Pour trouver l'ordre, l'ordre intellectuel et l'ordre moral autant que l'ordre politique, il pressa donc et circonscrivit de son mieux le domaine de l'anarchie.

Un fait original le frappa.

Il observa que, si l'anarchie tenait : 1° la société presque entière ; 2° diverses provinces du cœur ; et 3° plusieurs départements de l'intelligence, de sereines régions existaient néanmoins où cette anarchie ne régnait pas ou ne régnait plus. On trouve dans un de ses opuscules de 1822 cette remarque digne d'une longue mémoire, car elle inaugure une époque : « Il n'y a point de liberté de conscience en astronomie, en physique, en chimie, en physiologie même, en ce sens que chacun trouverait absurde de ne pas croire en confiance aux principes établis dans ces sciences par des hommes compétents. S'il en est autrement en politique, c'est uniquement parce que, les anciens principes étant tombés et les nouveaux n'étant point encore formés, il n'y a point encore, à proprement parler, de principes établis ». Établir des principes politiques nouveaux et les établir de manière à ce qu'ils fussent inébranlables, c'est-à-dire les fonder sur les mêmes bases qui supportaient les sciences inébranlées, voilà le projet que roulait ce cerveau de vingt-quatre ans quand il méditait son *Plan des travaux scientifiques nécessaires pour réorganiser la société*.

« Pour réorganiser » c'était son idée principale. Il se marquait ainsi son but. « Les travaux scientifiques » étaient « nécessaires ». Il marquait son moyen et le définissait. Ce mot de scientifique est à prendre dans un sens strict. L'astronomie, la physique, la chimie, la physiologie cherchent et trouvent les lois des apparences qu'elles étudient : il faut examiner comme elles s'y prennent pour cela et, cette étude faite, fonder ainsi une science de la vie supérieure de l'homme. Cette science sera, comme les autres, relative à des apparences et ces apparences seront, comme les autres, reliées par des lois. Substituer à la recherche des causes et des substances, qui, réelles ou imaginaires, sont insaisissables, la simple recherche des lois, telle fut la méthode nouvelle destinée à fournir la doctrine nouvelle qui devait être le principe d'une nouvelle autorité, destinée elle-même à vaincra l'anarchique esprit d'examen.

Mais l'esprit d'examen n'est pas le seul fauteur de l'anarchie intellectuelle. Nos notions acquises, et les mieux établies, sont mal coordonnées entre elles. À l'intérieur de chaque science, on divise et on subdivise à l'infini. Un esprit cohérent n'y retrouve jamais l'unité dont il porte en lui-même le modèle et l'amour. Mathématicien de profession, Auguste Comte s'efforça tout d'abord d'organiser chaque embranchement de la science qu'il enseignait. Et le même ouvrage d'organisation était à construire de science à science. De science à science, en effet, les spécialités luttaient pour la vie et leurs dominations éphémères, succédant à leurs confuses disputations, les balancent de l'anarchie stérile à la tyrannie sans issue. Les spécialistes s'érigent en seigneurs et en maîtres dans chaque branche ; le souci du détail qui les intéresse noie la conception de l'ensemble. Un esprit de détail asservit ainsi et immobilise l'esprit humain. Est-ce tout ? Nullement. Un esprit qui s'est élevé jusqu'à désirer que l'ensemble prévale enfin sur le détail se sent ici contraint de rechercher quel est au juste, en matière scientifique, le détail et quel est l'ensemble, quelle est la sphère la plus vaste et la sphère subordonnée : ces déterminations du rapport des sciences ou n'existent pas ou n'ont jamais été faites avec la rigueur nécessaire. Au démon de la liberté qui agite et divise chaque science, s'est ajouté ainsi un démon d'égalité entre les sciences. Pour le chasser, il faut les examiner une à une, leur assigner le rang et la dignité convenable à chacune d'elles. Ainsi s'obtient une hiérarchie de sciences.

Comte a voulu que cette hiérarchie fût conforme 1° aux rapports intrinsèques des apparences ; 2° à leur rapport avec nos besoins logiques, et 3° à leur rapport avec, l'histoire de l'esprit humain. Il a disposé les sciences dans l'ordre de la généralité décroissante ou de la complexité croissante : mathématique, astronomie, physique, chimie, biologie, sociologie, morale. Chaque science possède, en quelque sorte l'autonomie de sa sphère ; mais d'une part, les sciences nées les premières sont la condition d'existence des sciences postérieures et, d'autre part, ces dernières éclairent leurs aînées et leur ouvrent même des directions et des « destinations » précises : comme la mathématique est indispensable à l'astronomie, l'astronomie à la physique, la physique à la chimie, la chimie à la biologie, la biologie à la sociologie, la sociologie à la morale, ainsi inversement la morale explique, perfectionne, dirige la sociologie, la sociologie la biologie, la biologie la chimie, la chimie la physique, la physique l'astronomie et l'astronomie la mathématique.

Si l'on comprend le jeu de ces influences alternatives, on comprendra que la sociologie et la morale (cette politique suprême à laquelle l'homme aura foi quand il saura cette foi toujours démontrable) ne puissent être conçues convenablement sans le secours de toutes les sciences antécédentes, mathématique comprise ; mais la mathématique est à son tour attirée et comme aspirée par le développement de la sociologie, qui seule, d'après Comte, peut la régénérer, la systématiser et l'utiliser. Elle lui fournit ses conditions d'existence, mais elle en reçoit les règles de ses derniers mouvements.

Par cette vue, qu'il n'a cessé de préciser et de développer, Comte introduit dans les sciences un élément qui leur semble étranger. Subordonner ainsi la mathématique à la science des sociétés, n'est-ce subordonner la science elle-même à son utilité pratique et tomber ainsi sous la critique limite de l'utilitarisme par Auguste Comte lui-même ?

Il avait écrit en 1830 :

« Les applications les plus importantes dérivent constamment des théories formées dans une simple intention scientifique et qui souvent ont été cultivées pendant plusieurs siècles sans produire aucun résultat pratique. On peut en citer un exemple bien remarquable dans les belles spéculations des géomètres grecs sur les sections coniques, qui, après une longue suite de générations, ont servi, en déterminant la rénovation de l'astronomie, à conduire finalement l'art de la navigation au degré qu'il a ces derniers temps et auquel il ne serait jamais parvenu sans les travaux si purement théoriques d'Archimède et d'Apollonius ; tellement que Condorcet a pu dire avec raison à cet égard : *Le matelot qu'une exacte observation de la longitude préserve du naufrage doit la vie à une théorie, conçue deux mille ans auparavant, par des hommes de génie qui avaient en vue de simples spéculations géométriques.* »

Mais Auguste Comte pouvait répondre à la difficulté qu'il s'était ainsi opposée à lui-même en remarquant que la situation des géomètres grecs et celle de nos mathématiciens modernes sont différentes. Du temps des premiers, la science des sociétés était réduite à un vague empirisme, et l'utilité sociale dont on pouvait s'aviser alors était très bornée : la science des sociétés est fondée aujourd'hui ; aux lois statiques découvertes par Aristote sont venues s'ajouter d'autres lois statiques découvertes par Comte, et les lois dynamiques, inconnues autrefois, viennent d'être trouvées par lui. Une science arrivée à ce degré d'organisation est devenue digne de son objet, et se subordonner à elle n'est pas sortir de la sphère scientifique, mais c'est subir la loi générale des connaissances humaines, la soumission de l'analyse à la synthèse et du détail à l'ensemble, unique explicateur et unique révélateur.

Mais classer véritablement de véritables sciences, c'est aussi classer les objets de la science. Si toutes les sciences convergent à la science des sociétés, c'est, clairement, que l'homme en société représente le corps entier de la nature. Il le résume et il le couronne. Nombre mathématique, membre du système solaire, élément physique, élément chimique, être vivant, l'homme est, de plus, un être sociable : c'est par cette dernière qualité qu'il est homme, et le meilleur type de l'homme, celui qui sera le plus normal et le plus humain, sera donc le plus éminemment sociable. Ce sera l'homme chez lequel la sociabilité s'imposera et régnera. Dans le plexus de nos instincts, cette prééminence de l'instinct social établit un nouveau principe de classement, grâce auquel l'anarchie morale peut être éliminée, comme l'anarchie mentale l'a été grâce à la classification des sciences. La sociabilité, instinct des instincts, joue le même rôle que la sociologie, science des sciences : elle se subordonne complètement le reste. Comme nous savons l'ordre dans lequel l'homme doit penser, nous atteignons ici l'ordre dans lequel il doit sentir.

Peut-il sentir ainsi ? Un être comme l'homme, qui ne vit que d'autrui et par autrui, peut-il vivre en autrui et pour autrui ? Peut-il vivre de plus en plus hors de lui-même ? On ne saurait nier qu'il y prenne souvent plaisir et que le désintéressement, le dévouement et le sacrifice n'appartiennent à l'ordre humain. Mais, comme dit Comte, « le saint problème humain » consiste à « instituer » d'une manière continue et permanente, « habituelle », cette « prépondérance », ordinairement temporaire et accidentelle, « de la sociabilité sur la personnalité ». Il s'agit de subordonner constamment « l'homme à l'humanité ». Comment faire ?

La sociologie fait saisir la nature éminemment sociable de l'homme, la morale précise quelle est la règle qui doit prévaloir pour développer le meilleur élément, l'élément sociable de la nature humaine. Grâce à ces deux sciences, nous connaissons ce qu'il faut faire. Reste la pratique. Reste à trouver les moyens d'assurer l'avantage au meilleur type humain, et, ces moyens trouvés, reste encore à trouver une force qui les actionne. Auguste Comte est un des rares moralistes qui n'aient pas confondu ces deux ou trois points de vue très distincts. Dès 1826, il écrivait : « Ni l'individu, ni l'espèce ne sont destinés à consumer leur vie dans une activité stérilement raisonneuse en dissertant continuellement sur la conduite qu'ils doivent tenir. C'est à l'activité qu'est appelée essentiellement la masse des hommes. » Or, les bons sentiments ne suffisent pas à diriger l'activité. « Les meilleures impulsions sont habituellement insuffisantes pour diriger la conduite privée ou publique quand elle reste toujours dépourvue des convictions destinées à prévenir on à corriger ces déviations. »[253] La « règle volontaire » doit toujours reposer sur « une discipline involontaire » et cette discipline doit être « chérie ». « Toute consistance est interdite aux sentiments qui ne sont point assistés par des convictions. »[254] Donc, ces convictions, pour être présentées aux imaginations et pour retentir dans les cœurs, exigent un ensemble de pratiques habituelles : le dogme veut un culte. À cette condition seulement la religion sera complète, et la religion est indispensable à toute morale.

Sans religion, point du morale efficace et vivante ; or, il nous faut une morale pour mettre fin à l'anarchie. Auguste Comte institua donc une religion. Si la tentative prête à sourire, je sais bien, par expérience, qu'on n'en sourit que faute d'en avoir pénétré profondément les raisons.

Le dogme catholique met à son centre l'être le plus grand qui puisse être pensé, *id quo majus cogitari non potest*[255], l'Être par excellence, l'Être des Êtres, celui qui dit : « *sum qui sum* ». Le dogme positiviste met à son centre le plus grand Être qui puisse être connu « positivement », c'est-à-dire en dehors de tout procédé théologique ou métaphysique. Cet Être, les sciences positives l'ont saisi au dernier terme de leur enchaînement : il est le même que propose à tout homme, comme son objet naturel, l'instinctive révélation de l'amour dans la silencieuse solitude d'un cœur qui ne cherche que Lui : Être semblable et différent, extérieur à nous et présent au fond de nos âmes, proche et lointain, mystérieux et manifeste, mort et vivant, tout à la fois le plus concret, le plus abstrait de tous les Êtres, nécessaire comme le pain et misérablement ignoré de ce qui n'a vie que par lui ! Ce que dit la synthèse, ce que la sympathie murmure, une synergie religieuse de tous nos pouvoirs naturels le répétera : le Grand-Être est l'Humanité. Comme le fait très justement remarquer l'un des meilleurs disciples de Comte, M. Antoine Baumann, humanité ne veut pas dire ici l'ensemble des hommes répandus

---

[253] *Synthèse subjective*, 1856.
[254] *Appel aux conservateurs*, 1855.
[255] Saint Thomas résumant saint Augustin et saint Anselme (*Sum. Theol.*, *Prima primae*, II, art. I, 2)

aujourd'hui sur notre planète, ou le simple total des vivants et des morts : c'est seulement l'ensemble des hommes qui ont coopéré au grand ouvrage humain, ceux qui se prolongent en nous et dont nous sommes les débiteurs véritables, les autres n'étant guère que des « parasites » ou des « producteurs de fumier ». Mais cette immense élite humaine n'est pas une imagination. Elle est ce qu'il y a de plus réel au fond de nous-mêmes, Nous la sentons dès que nous avançons au secret de notre nature. Sujets des faits mathématiques et astronomiques, sujets des faits physiques, des faits chimiques et des faits de la vie, nous sommes plus sujets encore des faits particuliers à la société humaine. Nous dépendons de nos contemporains. Nous dépendons bien plus de nos prédécesseurs. Ce qui pense en nous, avant nous, c'est le langage humain, qui est non notre œuvre personnelle, mais l'œuvre de l'humanité, c'est aussi la raison humaine qui nous a précédés, qui nous entoure et nous devance, c'est la civilisation humaine dans laquelle un support personnel, si grand qu'il soit jamais, n'est qu'une molécule plus ou moins énergique dans la goutte d'eau ajoutée par nos contemporains au courant de ce vaste fleuve. Actions, pensées ou sentiments, ce sont produits de l'âme humaine : notre âme personnelle n'y est presque pour rien. Le vrai positiviste répète à peu près comme saint Paul : *in ea vivimus, movemur et sumus*[256], et, s'il a mis son cœur en harmonie avec sa science et sa foi, il ne peut qu'ajouter, en un acte d'adoration, la parole légèrement modifiée du psalmiste : *Non nobis, Domina, non nobis, sed nomini tuo da gloriam !*[257]

Assurément, la religion ainsi conçue n'est bonne que pour nous : elle n'a de rapport qu'avec la race humaine et le monde où vit cette race. L'infini et l'absolu lui échappent, mais il faut observer ici que cette condition ne s'impose pas moins à la science. « Rien n'empêche, dit Comte[258], d'imaginer hors de notre système solaire, des mondes toujours livrés à une agitation inorganique entièrement désordonnée, qui ne comporterait pas seulement une loi générale de la pesanteur. » Cette imagination du désordre doit servir à nous faire apprécier mieux et même chérir (le mot revient souvent) les bienfaits de l'ordre physique qui règne autour de nous et dont nous sommes

---

[256] Soit : « En elle nous avons la vie, le mouvement et l'être. » Allusion au discours de saint Paul devant l'Aréopage (Ac., 17, 28) : *In ipso* (= Deo) *enim vivimus et movemur et sumus sicut quidam vestrum poetarum dixerunt ipsius enim et genus sumus.* Le texte de saint Paul est lui-même une allusion au poète grec Épiménide et à la tradition platonicienne. (n.d.é.)

[257] Soit : « Pas à nous, Maîtresse, pas à nous mais à ton nom rends gloire. » Ps. 113 (115), 9 : *Non nobis Domine non nobis sed nomini tuo da gloriam.* (n.d.é.)

[258] *Système de politique positive*, t. II.

l'expression la plus complète. Ce point bien médité, inutile de s'arrêter aux curiosités spéculatives : la logique humaine, ou philosophie, n'est que « l'ensemble des moyens propres à nous révéler les vérités qui nous conviennent ».[259]

Les vérités qui nous conviennent. Non les autres : qu'en ferions-nous ? Comte ne cessa du formuler son indifférence à ce dernier égard, on même temps que d'élargir et de préciser la sphère de « ce qui nous convient ». Mais en s'élargissant ainsi, sa philosophie tendait aux confins de la religion quelle ne tardait pas à rejoindre. La définition que l'on vient de lire, est de 1851. Il la corrigea cinq ans plus tard.[260] La vraie logique ne lui parut plus bornée à « dévoiler les vérités » qui nous conviennent : elle embrassa le domaine de l'action. Elle le systématisa et elle le régla, « car nous devons autant systématiser nos conjectures que nos démonstrations, les unes et les autres devant être mises au service de la sociabilité, *seule source de la véritable unité.* » La vraie logique se définit donc « le concours normal des sentiments, des images et des signes pour nous *inspirer* (au lieu de *dévoiler*) les *conceptions* (au lieu de *vérités*) qui conviennent à nos besoins moraux, intellectuels et physiques. » Cette philosophie, cette logique enveloppera et soulèvera toute l'âme.

Connaissant les besoins humains, nous leur fournirons, en vue de les satisfaire, tout ce que nous aurons : vérités quand nous posséderons une vérité, et fables, lorsque les vérités nous feront défaut, l'esprit humain, ni l'âme humaine n'attendent pas. Celui qui meut le soleil et les autres étoiles dans le *Cantique*[261] de Dante, l'amour, qu'Auguste Comte appelle « le moteur » de toute activité, cet amour nous jette en avant. Prenons garde de rien mépriser qui nous appartienne. La poésie est « plus large » et « non moins vraie » que la philosophie. Ce que le philosophe peut exiger de la poésie, c'est seulement de ne pas contredire la science. Sous cette condition, que la poésie ait champ libre ! Elle ne pourra qu'ajouter par ses ornements à la magnificence de la religion. Veut-elle attribuer aux corps des qualités imaginaires ? Il suffit qu'elles ne soient point « en opposition avec les qualités constatées ».

---

[259] *Système de politique positive*, t. I.
[260] *Synthèse subjective*.
[261] Dante n'a pas écrit de *Cantique*. Plus qu'à la *Divine Comédie* il s'agit sans doute d'une référence au *Banquet*, composé vraisemblablement dans les années 1304-1307, et dont le thème, d'inspiration platonicienne, est effectivement l'Amour qui meut le monde. (n.d.é.)

Veut-elle concevoir des êtres absolument fictifs ? Il suffira qu'ils servent le Grand-Être et contribuent à rendre la synthèse aussi émouvante qu'elle est vraie. Auguste Comte donne l'exemple. Puisque le Grand-Être nous manifeste, aussi réellement que possible, « l'entière plénitude du type humain, où l'intelligence assiste le sentiment pour diriger l'activité », pourquoi ne pas associer aux hommages rendus au Grand-Être cette planète et le système entier qui lui sert de demeure ? Pourquoi s'arrêter là et ne point ajouter à ce couple de dieux les espaces cosmiques qui entourent notre système ? Que la terre et que les planètes se meuvent, rien n'empêche d'y voir un acte de volonté. Que l'espace se laisse franchir, rien n'empêche d'expliquer ce libre parcours ainsi laissé au chœur de nos astres par l'acte continu de sympathies immenses. Rien n'empêche non plus de rêver que, si l'Espace fut, ce fut pour que la terre, son satellite, ses compagnes et son soleil y puissent fleurir ; il n'est pas difficile non plus d'imaginer supplémentairement que la terre, qui était indispensable à « la suprême existence », ait voulu concourir en effet au Grand-Être. Le poète a le droit de ne pas tenir la rencontre pour fortuite. Comme le savant explique les hommes par la loi de l'Humanité, l'attrait de ce Grand-Être rendra compte au poète de la subtile bienveillance des innombrables flots de l'Éther[262] et du courage que la Terre (et aussi le Soleil et la Lune « que nous devons spécialement honorer ») ont déployé et déploieront pour le commun service de l'Humanité triomphante.

Ici, le philosophe, peut-être soucieux à l'excès de sa philosophie de l'histoire et voulant, comme il dit, incorporer le fétichisme en même temps que le polythéisme à sa religion de l'humanité, eut le tort déplorable de gâter d'un mot malheureux ces rêveries qui sont fort belles. Avant de rire de son Grand Fétiche, car c'est le nom qu'il a osé donner à la Terre-Mère, j'aimerais que l'on consultât moins sur le mot que sur la chose, les esprits compétents, et c'est-à-dire les poètes. Je le demanderais, par exemple, non à M. Sully-Prudhomme, qui n'a presque rien d'un positiviste, mais à M. Charles de Pomairols, qui a parlé de la Terre avec des inflexions d'une grâce pieuse et qui sait fort bien le sens des termes dont il s'est servi, car il est aussi bon philosophe et, dit-on, comtiste aussi orthodoxe que poète élégant et pur. Le Grand-Fétiche anime la cadence de ces beaux vers :

... J'ignorais tout de toi, vierge, ô blanche voisine :

---

[262] Ou Grand Milieu.

> *Mais notre pays même avec grâce et douceur*
> *M'a conduit vers le bien qui manquait à mon cœur,*
> *Et, m'étant approché du parfum des prairies,*
> *Invité par l'éclat des pelouses fleuries,*
> *Un jour, il m'a suffi, le plus doux de mes jours,*
> *De faire sous mes pas plier leur fin velours,*
> *De suivre à l'abandon le ruisseau qui serpente,*
> *De me laisser aller comme lui sur la pente,*
> *D'entendre d'un esprit docile le conseil*
> *Que la forme du sol, sous l'éternel soleil,*
> *Avait déposé là dès l'origine ancienne, —*
> *Vierge ! et je t'ai trouvée et je t'ai faite mienne !*[263]

Les poètes de tous les temps ont accordé à la Terre un corps vivant, un esprit, une volonté, des désirs. Mais cette attribution, ordinairement due à la fantaisie de l'instinct, est chez M. de Pomairols assez systématique et telle que l'esprit de Comte l'eût souhaitée. L'auteur de la *Synthèse subjective* ne se flattait pas de créer ses matériaux ; à peine eût-il osé dire comme Pascal : « L'ordre est de moi. » Il se contentait de mettre en systèmes rigoureux des sentiments, des idées et des habitudes qui ont toujours été plus ou moins flottants. Il a formulé, en moraliste mathématique, les plus nobles ressorts de l'homme moderne, *honneur, gloire, pudeur, enthousiasme, dignité, intégrité*. Il ne les a pas inventés. Avant que Comte eût pu parler d'immortalité subjective, Danton avait lancé au tribunal révolutionnaire sa fière réponse : « Ma demeure ? Demain dans le néant, et mon nom au Panthéon de l'histoire ».[264] Comte observe ce qui nous émeut : il le creuse, l'analyse et le codifie.

Le culte même, qu'il ajoute à la religion de l'humanité, n'est que le développement du culte catholique, et c'est sans doute ce qui en fait au premier abord la bizarrerie. Ces invocations, ces confessions, ces effusions, ces neuf sacrements, ce calendrier dans lequel les jours et les mois de l'année sont consacrés aux « grands types de l'humanité », prennent tantôt l'aspect d'un décalque tout pur et tantôt celui d'une charge. De même les anges gardiens (la mère, la fille, l'épouse qui sont aussi nommées déesses domestiques), l'utopie de la Vierge-Mère, le sacerdoce, le temple de

---

[263] Ch. de Pomairols, *Regards intimes*.
[264] Émile Antoine, *Revue occidentale* du 1er mars 1893.

l'humanité. Celui qui s'approche et regarde saisit promptement les raisons de chaque rite ou de chaque rêve. Toute critique doit se borner à l'observation qu'il n'y a pas d'exemple d'un culte ainsi formé de pied en cap dans une seule tête ; encore vient-on de voir qu'il y a réponse à cela, et, les prémisses de Comte une fois posées, on ne peut s'écarter très loin des conséquences qu'il en a déduites.

Le culte rendu à l'humanité, c'est proprement l'excitateur continuel et régulier des puissances d'enthousiasme et des énergies accumulées dans le dogme. Ou l'humanité ne sera qu'un terme vague, général et sans efficacité, ou nous devrons préciser rigoureusement ce qu'il faut vénérer en elle, le moment, le lieu, les personnes. Il faudra nommer les grands hommes, leur consacrer des jours, des semaines, des mois. Il faudra vous montrer l'élément religieux, la poussière d'Humanité qui est diffuse autour de vous, et comme toujours la classer et l'organiser. Vous la verrez dans la famille : vous lui élèverez un autel domestique. Vous la verrez dans la patrie, et le patriotisme en aura ses rites particuliers. La femme que vous aimerez vous sera aussi, nécessairement, l'image sensible, et d'autant plus puissante, de la grande réalité qui chasse l'homme loin de lui-même et lui apprend qu'il est fait pour d'autres que lui. Et, si le fondateur de votre culte aima avant vous, qui voudra refuser à son élue le rang de patronne et de bienheureuse ? Elle figurera la femme dans l'Humanité, c'est-à-dire, avec une exactitude qui touchera vos sens eux-mêmes, le règne du cœur[265], mais d'un cœur retrempé de toutes les clartés de l'intelligence, d'un cœur réorganisé et régénéré, son triomphe sur l'esprit pur ou, pour mieux dire, sur l'esprit tout sec et tout nu. — Rien d'inorganique, rien d'impersonnel, ni rien de flottant.

Tous les détails minutieux auxquels Comte descend se défendent de même. La religion, la morale, la politique, la poésie se donneront la main, ou la synthèse positive faite dans les esprits n'agira point sur la conduite. Un positiviste peut s'abstenir, par aridité naturelle, de répéter les célèbres formules formées par Auguste Comte avec des fragments des poètes qu'il préférait :

---

[265] Il faut s'entendre, en effet, quand on écrit que la morale de Comte n'établit que le règne du sentiment. Avec quel dédain il écrit d'une personne qui lui déplaît : « Émanée d'un père stupide et anarchique, cette jeune dame croit et *dit* que la vie n'a jamais besoin d'être systématiquement réglée et que le sentiment suffit pour nous conduire. (90e lettre au Dr Audiffrent).

> *Vergine Madre, figlia del tuo figlio,*
> *Quella che'm paradisa la mia mente*
> *Ogni basso pensier dal cor m'avulse, etc.*[266]

Mais ce positiviste est exactement dans le même cas que le catholique dénué de mysticité. Leur culte n'est pas complet, précisément parce que leur type est inachevé. Ce n'est là qu'une infirmité personnelle ; elle ne peut arrêter notre jugement. Les différentes parties du positivisme de Comte concourent à tirer de l'anarchie l'esprit ou le cœur qu'elle fait souffrir : mais l'œuvre entière ou quelque œuvre conçue sur un plan analogue sera seule capable d'organiser complètement, définitivement, tête et cœur, personne et État. Et, à la vérité, la vertu de cette œuvre peut être infinie : ce n'est pas vainement que, dans un langage digne de la plus haute algèbre et d'une poésie splendide, Comte se flatte de pouvoir un jour rendre l'homme « plus régulier que le ciel ».[267]

Régulier, nullement esclave. Dans la religion positive, l'ordre devenu la condition du progrès impose partout le respect de la tradition, bien mieux « l'amour » de ce « noble joug du passé » et, d'une façon plus générale, le sentiment de la supériorité de l'obéissance et de la soumission sur la révolte. Si donc le culte du Grand-Être se propageait et s'imposait, les relations de dépendance universelle et d'universelle hiérarchie seraient précisément l'objet de ces exaltations, de ces enthousiasmes et de toutes les agitations sensitives qui s'exercent aujourd'hui en sens opposé : l'humeur de l'homme, ce grand facteur révolutionnaire, devient l'auxiliaire de la paix générale ; qui a de grands devoirs doit avoir aussi de grands pouvoirs, même matériels, même pécuniaires ; on ne chicane plus aux gouvernements qui sont chargés de si lourdes responsabilités les capitaux matériels et moraux qui leur sont nécessaires pour en supporter le faix. Le régime électif est remplacé, en sociocratie positive, par une sorte d'adoption qui donne aux « dignes chefs » le droit de désigner leurs successeurs. Les forts se dévouent aux faibles, les faibles obéissent aux forts. Un puissant patriciat est constitué, les prolétaires se groupent autour de lui, toute « source envieuse des répugnances

---

[266] Soit :
>   Vierge Mère, fille de ton propre fils,
>   Toi qui emparadise mon âme,
>   Et rend étrangère à mon cœur toute basse pensée (n.d.é.)

[267] *Système de politique positive*, tome IV.

démocratiques » étant comblée : maîtres et serviteurs se savent tous formés les uns en vue des autres. Les dirigeants se règlent sur les avis du sacerdoce, pouvoir spirituel qui se garde bien d'usurper, sachant que sa fonction n'est que de conseiller, non d'assumer en aucun cas le commandement.[268] La discussion stérile est finie à jamais, l'intelligence humaine songe à être féconde, c'est-à-dire à développer les conséquences au lieu de discuter les principes. Quant aux dissidences, elles sont de peu. Les conquêtes de l'ordre éliminent nécessairement les derniers partisans des idées de la Révolution, « le plus nuisible et le plus arriéré des partis ». Tous les bons éléments du parti révolutionnaire abjurent le principe du libre examen, de la souveraineté du peuple, de l'égalité et du communisme socialiste, « dogmes révolutionnaires que toute doctrine vraiment organique doit préalablement exclure », et pour lesquels on impose « aujourd'hui matériellement un respect légal » : ces dogmes subversifs vont mourir de faiblesse. Les bons éléments du parti rétrograde abjurent, tout au moins en politique, la théologie et le droit divin. Les positivistes font avec les premiers une alliance politique, avec les seconds l'alliance religieuse. « Sans devoir devenir pleinement positivistes, les vrais conservateurs peuvent en faire sagement des applications ».[269] L'homme abdique ses prétendus droits et remplit ses devoirs, qui le perfectionnent. L'esprit d'anarchie se dissout, l'ordre ancien se confond peu à peu avec l'ordre nouveau. Au catholicisme, que Comte ose appeler « le polythéisme du moyen âge », se substitue sans secousse le culte de l'Humanité, au moyen de la transition ménagée par la Vierge-Mère, « déesse des Croisés », « véritable déesse des cœurs méridionaux », « suave devancière spontanée de l'humanité ».[270] Le conflit entre l'enthousiasme politique et l'esprit scientifique est pacifié.[271] Paix dans les âmes. Paix au monde. La violence aura disparu avec la fraude. Avec la guerre civile, la guerre étrangère s'apaisera sous le drapeau vert d'une République occidentale, présidée par Paris, étendue autour du « peuple central » (la France) à l'Allemagne, à l'Angleterre, à l'Italie et à l'Espagne. Le Grand-Être,

---

[268] Si cette usurpation pouvait se produire, on aurait, selon, Comte, la *pédantocratie*, ou le plus affreux des régimes.
[269] *Appel aux conservateurs*.
[270] *Passim, Système de politique positive*, t. III ; *Appel aux conservateurs* et *Synthèse subjective*.
[271] *Synthèse subjective*.

qui n'est pas encore, Comte l'avoue[272], le Grand-Être sera enfin : les hommes baigneront dans la délicieuse unité des cœurs, des esprits, des nations.

III — Valeur de l'ordre positif

M. Pierre Laffitte, qui a dirigé le positivisme depuis la mort de son maître jusqu'à ces derniers temps[273], a coutume de dire que Comte s'est trompé sur la vitesse des transformations prévues par son génie. Une critique exacte des méprises de Comte n'a pas été faite encore et les proportions de son encyclopédie la rendent difficile. On peut douter de certains points très importants. La sociologie est-elle aussi avancée que le soutient Comte ? La loi de dynamique sociale, sa chère loi d'après laquelle l'humanité passe nécessairement par les trois états d'affirmation théologique, de critique métaphysique et de science ou de religion positive, doit-elle être tenue pour démontrée ? Enfin, la division des instincts en altruistes et en égoïstes a-t-elle l'évidence que l'on souhaiterait ?

Quelque graves que soient ces doutes, ils n'altèrent pas la doctrine, dont les grands traits subsistent et continuent de figurer une vaste organisation politique, morale et intellectuelle.

L'histoire de l'Europe contemporaine, celle qui va des environs de 1854 à 1902, donne également un démenti aux rêveries pacifiques de la religion de l'Humanité, mais ces démentis partiels semblent en même temps communiquer au système total une vigueur, un intérêt que l'on peut nommer actuels, et le positivisme paraît d'autant plus vrai et utile que ses plus belles espérances semblent mieux déjouées : c'est qu'il est, par-dessus tout, une discipline.

Pas plus qu'il ne détruisait la famille au nom de le patrie, Comte ne ruinait la patrie au nom de l'humanité : la constitution de l'unité italienne et de l'unité allemande, l'extension de l'empire britannique et de l'empire américain, nos défaites de 1870 auraient probablement inspiré à Comte, s'il eût atteint, suivant son rêve, à la longévité de Fontenelle, des retouches très sérieuses, mais très faciles, et que plusieurs de ses disciples n'ont pas craint d'accomplir, sur l'article de la défense française et du renforcement de notre

---

[272] *Système de politique positive*, t. II.
[273] M. Charles Jeannolle lui a succédé.

nationalité.²⁷⁴ Jusqu'à nouvel ordre, pour fort longtemps peut-être, la patrie représentera le genre humain pour chaque groupe d'hommes donnés : cet « égoïsme national ne laissera pas de les disposer à l'amour universel ».²⁷⁵ Auguste Comte l'a observé de lui-même.

Sous ces réserves et sous ces compléments, les uns et les autres bien secondaires en un sujet qui tient à l'ensemble même des choses, la critique doit avouer qu'Auguste Comte a résolu, quant à l'essentiel, le problème de la réorganisation positive. S'il n'a pas réglé le présent « d'après l'avenir déduit du passé »²⁷⁶, on peut dire qu'il a, comme il s'en vante, convenablement, « pleinement systématisé le bon sens ».²⁷⁷ Il l'a fait avec un bon sens incomparable. Les utopies que l'on rencontre dans son œuvre y sont appelées en toutes lettres des utopies, les fictions des fictions, les théories des théories ; encore se défie-t-il des théories pures, jeux d'esprit qu'il renvoie aux académiciens. « La dégénération académique » dit-il.²⁷⁸ Ce qu'il théorise, c'est la pratique.²⁷⁹ Et, chose admirable, chose unique peut-être dans la succession des grands hommes, ce théoricien de l'altruisme n'a pas été un optimiste : il a sans cesse, comme il dit, appelé « les impulsions personnelles au secours des affections sociales »²⁸⁰, se gardant ainsi de dénaturer le mécanisme de l'homme pour l'améliorer en imagination. Trait non moins rare et sur lequel il est aussi sans rival (Maistre et Bonald ne lui ont que montré la voie), il a senti profondément ce qu'il y avait d'anarchique et de « subversif » à concentrer « la sociabilité sur les existences simultanées », c'est-à-dire à croire que nous n'avons de relations sociales qu'avec nos contemporains, à méconnaître « l'empire nécessaire des générations antérieures »²⁸¹ et enfin à faire prévaloir la solidarité dans l'espace sur la

---

²⁷⁴ Il serait aisé de trouver dans la *Revue occidentale* de M. Pierre Laffitte des traces expresses de ces retouches nécessaires. De son côté, M. Antoine Baumann, qui n'appartient pas à l'obédience de M. Laffitte, a plus profondément accusé les mêmes tendances.
²⁷⁵ *Système de politique positive*, t. II.
²⁷⁶ *Système de politique positive*, t. III.
²⁷⁷ *Cours de philosophie positive*, VI.
²⁷⁸ *Système de politique positive*, t. III.
²⁷⁹ Il a le sens du détail et de l'exception, lui qui ne cesse de ramener le détail à l'ensemble. *Adversaire acharné du divorce, il n'hésite pas à l'admettre dans certains cas.*
²⁸⁰ *Système de politique positive*, t. II.
²⁸¹ *Système de politique positive*, t. II.

continuité qui n'est autre que la solidarité dans le temps : en renversant un rapport si défectueux, il a fondé sa philosophie et sa gloire.

IV — Le fondateur du positivisme

Le bon sens, la faculté maîtresse de Comte, a réglé souverainement ses autres puissances, hormis pour une période d'un an et demi environ (1826– 1828). Cette crise d'aliénation qui alla jusqu'à la folie furieuse pourrait témoigner elle-même de l'extraordinaire violence de l'imagination et de la sensibilité auxquelles cette raison devait présider. La persistance des images était chez lui si forte, sa mémoire était si parfaite qu'il avait coutume de composer de tête, phrase par phrase, les sept ou huit cents pages de ses traités, et cette méditation conduite jusqu'au dernier mot du dernier feuillet, il rédigeait tout d'un trait, presque sans rature ; ses imprimeurs ne pouvaient le suivre dans la rapidité de sa rédaction.

Claire et forte dans ses opuscules de jeunesse, on trouvera l'expression diffuse et longue dans les livres de sa maturité ; mais les derniers, principalement le *Système de politique positive*, témoignent d'un progrès immense. La phrase, raccourcie, grave et chante les saintes lois. Il s'était imposé, pour la rédiger, une sorte de rythme ; il aggrava ce rythme de nouveaux artifices mathématiques, dont l'explication tiendrait trop de place ici, quand il écrivit la *Synthèse subjective*. Ce régime austère qu'il eût voulu imposer à la poésie de son temps, comme à son art particulier, tendait, dit-il, « à concentrer la composition, esthétique ou théorique, chez les âmes *capables d'en apprécier l'efficacité sans en redouter la rigueur* ». Les cadres immuables de ce régime « ne conviennent d'ailleurs qu'aux grandes intelligences fortement préparées où ces formes secondent la convergence et la concision. »

Il se rendait justice en se classant parmi les grandes intelligences : ainsi Dante se mit entre les grands poètes. Si la mémoire lui fournissait un champ infini de matériaux de tout ordre, puisés dans la science, l'histoire, la poésie, les langues ou même dans l'expérience de chaque jour, l'emploi en était fait par un esprit critique et un pouvoir de systématisation non moins vigoureux. Mais ce travail était d'autant plus énergique qu'il était activé par une âme plus véhémente. Peu de sensibilités de poètes sont comparables à celle de Comte. Une vie médiocre, parfois déchue jusqu'au dernier cercle de l'infortune, ne cessa de l'aiguillonner.

Il faut être fort pour souffrir utilement. Auguste Comte débuta par où débute le commun des jeunes hommes. Mais il semble y avoir ajouté une complaisance peu ordinaire. Pareil au grand poète qu'il préférait à tous les autres et que j'aime à citer à propos de lui, Comte aurait pu avouer que, « presque au commencement de la montée de sa vie », la panthère, la bête au souple corps, à peau bigarrée, bondissait devant lui :

> *Temp era dal principio del matino*
> *E'l sol montava...*[282]

« C'était l'heure où se développe le matin, et le soleil montait », et le jeune savant courait, avec la fougue de son sang du Midi, le bel animal tacheté qui symbolise une juvénile luxure. Les lettres adressées plus tard à Clotilde de Vaux témoignent de l'aventureuse existence juxtaposée à tant de labeur. Cherchant l'amour, trouvant la débauche et le mariage lui paraissant concilier l'un et l'autre de ces doux biens avec le soin de sa tranquillité, sa jeune maîtresse Caroline Massin devint Madame Comte.

Il en a trop gémi, il l'a trop flétrie par la suite, la voix de ses disciples a trop accompagné la sienne pour qu'il soit indiscret de dire aujourd'hui la vérité. Ce mariage, contracté en des circonstances affreuses, l'unit à son mauvais démon. Sans manquer d'esprit, Caroline fut une sotte. Aussi longtemps que l'âge le permit, elle eut, au su de son mari, la tenue d'une fille. Bovary parisienne qui, lorsqu'elle n'était pas dominée par d'autres ardeurs, ne pouvait songer qu'à transformer son époux en « machine académique », lui gagnant de l'argent, « des titres et des places ».[283] Ignorante d'ailleurs de la valeur intellectuelle de Comte, au point de lui déclarer un jour devant témoins qu'elle plaçait Armand Marrast bien au-dessus de lui[284], ses sottises et ses folies durent contribuer à la crise mentale de 1826. Quatre fois, pour des périodes fort longues, elle quitta le toit commun.[285] Jugeant que « l'homme doit nourrir la femme », Comte ne fut jamais complètement débarrassé, lors même qu'il se sépara d'elle, après dix-sept ans de mariage, en 1842. En 1870 cette mégère, secondée par Littré ou le secondant, s'attachait encore à poursuivre la cendre de cet infortuné philosophe et mari.

---

[282] Dante, *Inferno*, I, 37–38. (n.d.é.)
[283] *Testament*.
[284] *Ibid.*
[285] *Ibid.*

Pour lui, bien avant de mourir, il avait trouvé une paix sur laquelle Littré ni Mme Comte ne pouvaient rien entreprendre. C'est en 1845, au mois d'avril, comme dans les sonnets des poètes de la Renaissance, qu'Auguste Comte rencontra celle qu'il devait appeler « sa véritable épouse », « sa sainte compagne », « la mère de sa seconde vie », « sa vierge Positiviste », « sa patronne », « son ange », et enfin « la médiatrice » entre l'Humanité et lui. Ce langage de myste ne nous abuse pas. Le pauvre Comte commença par être épris le plus terrestrement du monde. Clotilde de Vaux surexcita les vivacités d'une nature dont il ne laissait pas d'avouer la faiblesse. Mélancolique et pauvre amour d'un homme de quarante-sept ans pour une jeune femme de trente ! Celle-ci, brisée par une aventure extraordinaire[286], avait aimé, était disposée à aimer encore ; mais enfin elle n'aimait point et n'était pas femme à se donner sans amour.

L'intelligence de Clotilde était digne du philosophe. Il nous a conservé des maximes touchantes tombées des lèvres ou de la plume de son amie, celle-ci notamment fort belle : « Il est indigne des grands cœurs de répandre le trouble qu'ils ressentent. » Elle éprouvait l'influence de son esprit et le lui prouvait en écrivant, par exemple, de la société : « Ses institutions sont respectables, comme le labeur des temps. » Mais une influence si pure impatientait le philosophe dévoré, brûlé d'autres vœux. Sa misère, qui serait plaisante au théâtre, fait écho dans le livre aux gémissements les plus pathétiques. On oublie le lai d'Aristote[287], et l'on ose même songer à la *Vie nouvelle*[288]. Le Père Gruber, dans son excellente biographie de Comte, plaisante le pauvre docteur : « Il est malheureux lorsqu'une lettre éprouve un léger retard à la poste. Il numérote toutes les lettres ; il les conserve comme des reliques ; il les relit sans cesse pour mieux goûter ce qu'elles renferment. » Le Père Gruber en parle à son aise. Comte n'est pas si ridicule. La rigueur même des formules qu'il emploie pour se définir à lui-même ses épreuves ne peut éveiller que des sourires navrants, lorsque, par exemple, il rassure Mme de Vaux sur le sentiment qu'il lui a voué : « À vingt ans, dit-il, je vous eusse respectée comme une sœur... Pourquoi serais-je aujourd'hui moins délicat, puisque je suis au fond plus pur qu'alors, et même plus tendre,

---

[286] Son mari avait été condamné à la prison perpétuelle peu de temps après leur mariage.
[287] L'expression, aujourd'hui vieillie sauf en histoire de l'art, désigne depuis le moyen-âge l'épisode bien connu d'Aristote séduit et chevauché par Phyllis. (n.d.é.)
[288] Œuvre de Dante, la première qu'il ait composée, entre 1285 et 1295 environ. (n.d.é.)

sans être moins ardent ? »[289] La pauvre femme se défendit, puis finit par céder l'ombre d'une promesse. Mais elle était mourante, dans son agonie elle regrettait, au dire de Comte[290], de « n'avoir pas accordé » à l'amour « un gage ineffable ». « Ce regret spontané, ajoute le philosophe transformé par l'amour en prêtre et en poète, « me laissera toujours un souvenir plus précieux que n'aurait pu l'être désormais la mémoire trop fugitive d'une pleine réalisation ».[291]

Le 5 avril 1846, après un an d'intimité, Clotilde de Vaux s'éteignit. Elle ne mourut pas. Elle entra dans « l'immortalité subjective ». Vivant toujours et vivant mieux dans la mémoire d'Auguste Comte, elle s'incorpora par lui au Grand-Être, qui ne doit jamais l'oublier.

Un tel oubli n'est pas possible. L'Humanité ne saurait oublier que, par cette femme, le premier philosophe qui ait formulé le positivisme, prit une conscience entière de ses aspirations et des aspirations communes du genre humain. Quelque exagéré que paraisse ce langage, qui résume celui de Comte, il est de fait que l'amour alluma dans la pensée de Comte une lumière qui se développa chaque jour. Son système gagna en étendue, en cohérence, en profondeur. Le sentiment aviva le discernement, et cette dernière faculté devint aussi beaucoup plus prompte à saisir dans toutes les choses les étincelles du foyer universel : l'adoration perpétuelle de Clotilde inspirait ce progrès constant. Je ne pense pas que, sans elle, Comte eût écrit tant de remarques où la délicate pénétration le dispute à la magnifique netteté, celle-ci par exemple, dont on ferait honneur à Pascal ou à Vauvenargues :

> Les moindres études mathématiques peuvent ainsi inspirer un véritable attrait moral aux âmes bien nées qui les cultivent dignement. Il résulte de l'intime satisfaction que nous procure la pleine conviction d'une incontestable réalité, qui, surmontant notre personnalité, même mentale, nous subordonne librement à l'ordre extérieur. Ce sentiment est souvent dénaturé surtout aujourd'hui, par l'orgueil qu'excite la découverte ou la possession de telle vérité. Mais il peut exister avec une entière pureté même de nos jours. Tous ceux qui, à quelques égards, sont sortis de la fluctuation métaphysique, ont

---

[289] *Testament*, lettre du 5 décembre 1845.
[290] *Testament*, confession annuelle de 1847.
[291] *Ibid.*

certainement éprouvé combien cette sincère soumission de l'esprit affecte doucement le cœur. Il peut ainsi sortir un véritable amour, peu exalté, mais très stable, pour les lois générales qui dissipent alors l'hésitation naturelle de nos appréciations.[292] *Car l'homme est tellement disposé à l'affection qu'il l'étend sans effort aux objets inanimés, et même aux simples règles abstraites*, pourvu qu'il leur reconnaisse une liaison quelconque avec sa propre existence.

Cette page est tirée d'un volume du *Système de politique positive*[293], paru en 1852. Il n'y en a point de pareille dans les six in-octavo de la *Philosophie positive*. Je crois fermement que sous l'idée de Clotilde, cette page aurait toujours dormi dans son cœur. Cette douce Béatrice, dont un culte trop détaillé ne pourra détruire le charme, éveilla chez Comte la « grande âme », « l'âme d'élite » qui s'ignorait d'abord en lui. La naïveté du philosophe put s'en accroître, avec cet orgueil fait de confiance naturelle sans lequel il n'eût jamais osé ses travaux ; il y gagna ainsi de la véritable noblesse, dirai-je de la sainteté ? Lorsque, deux ans avant sa mort, il écrivit son testament, le travail se prolongea pendant trois semaines ; mais comme il faisait à ses disciples et à ses amis l'abandon et la distribution de ses propriétés matérielles, il nota ce que lui inspirait cet effort du détachement en esprit : c'était l'expérience de la mort à soi-même. « Volontairement dépouillé de tout », il considérait désormais d'un œil refroidi par la mort intérieure les objets dont il ne se sentait déjà plus que le gardien ou le dépositaire, car ils avaient reçu « des possesseurs déterminés » par les termes de son écrit. « Son éternelle amie » lui était purement subjective depuis neuf ans entiers : à son tour il fut ou se crut, pendant deux années, comme subjectif à lui-même. « Habitant une tombe anticipée, je puis désormais tenir aux vivants un langage posthume, qui se sera mieux affranchi des vieux préjugés surtout théoriques, dont nos descendants se trouveront privés ». C'est en exécution de cette pensée que la *Synthèse subjective* est supposée écrite en 1927, en pleine « réorganisation occidentale » et peut éclairer les démarches des hommes de ce temps-là.

Le 5 septembre 1857 vint cependant lui retrancher son reste de vie.

… J'ai écrit : sainteté ; j'aurais pu écrire aussi : magnanimité. J'entends de douces voix me conseiller plutôt : folie pure, folie raisonnante. Mais non.

---

[292] Jusque dans ses dernières années, Comte paraît avoir été insensible au mauvais effet de ces finales en *tion*. Elles lui ont gâté de bien belles phrases.
[293] Tome II.

Presque autant que le manque de cohérence, un excès de l'ordre dans le rêve, dans le sentiment, dans la vie, *joue* parfois l'aliénation. Toutefois, un point nous est assuré. Le jugement d'Auguste Comte, d'après ses lettres, garda toujours la vivacité, la clairvoyance, la nuance même. Rien ne justifie donc les calomnies de Littré. Mais tout, il est vrai, les autorise. Peu d'esprits voudront suivre sans un effroi sacré une opération comme celle de Comte, réduisant en systèmes, en systèmes qui lui commandaient de grands actes, les impulsions les plus soudaines et les intérêts les plus délicats. De tels prodiges sont plus faciles à concevoir dans le reculé de l'histoire que près de nous, dans un cerveau contemporain. Cependant de grands fondateurs et réformateurs religieux ont bien vécu ainsi leur foi ; je voudrais oser dire qu'ils ont su *la* mourir ainsi. L'étonnement de Comte fut de n'avoir pas inspiré ces *dévouements complets* qui ne manquèrent point, disait-il, à saint Paul et à Mahomet. Mais l'étonnement qu'inspirent ces sentiments et ces paroles résulte au fond des difficultés qu'il y a toujours à se représenter la fulgurante intersection d'une pensée par un sentiment, d'une pure formule théorique par une action.

Auguste Comte n'était pas fou, et plus il étonna en avançant en âge les hommes de son temps, plus il se rapprochait de la raison même. Cette approche vertigineuse est peut-être la plus poétique des sensations que donnent ses livres et qu'un livre puisse donner.

Vous n'avez pu manquer d'en imaginer la secousse en examinant ces dessins bizarres de Vinci, dans lesquels une courbe vivante, chef-d'œuvre d'un art souverain, effleure et tente par endroit la courbe régulière, régulière *autrement*, des dessins de géométrie. Les êtres que Vinci montre là sont déjà des idées, leurs concrets touchent à l'abstrait, et nous nous demandons, avec quelle angoisse ! si la vierge ou la nymphe ne vont pas éclater en un schématisme éternel. Auguste Comte éveille la même impression, mais dans le sens inverse : sa pensée sévère, dure et méthodique tend à la vie ; elle y aspire ; elle en approche, comme approche de l'infini le plus élevé des nombres, ou du cercle le plus acharné des myriagones. Quelque chose manque toujours à ces deux efforts héroïques, mais rien n'égale le spectacle de tels efforts pour tonifier la vertu et donner au courage l'aile de la Victoire.

Nous ne serions pas des Français, ni du peuple qui, après Rome, plus que Rome, incorpora la règle à l'instinct, l'art à la nature, la pensée à la vie, si la biographie et la philosophie éminemment françaises, et classiques, et romaines, d'Auguste Comte n'étaient propres qu'à nous inspirer quelques doutes sur la santé intellectuelle de ce grand homme. Il a trouvé pour nous, qui vivons après lui dans le vaste soin du Grand-Être, d'immenses sources de sagesse, d'énergie et d'enthousiasme. Quelques-uns d'entre nous étaient des anarchies vivantes. Il leur a rendu l'ordre ou, ce qui équivaut, l'espérance de l'ordre. Il leur a montré le beau visage de l'Unité, souriant dans un ciel qui ne paraît pas trop lointain. Ne le laissons pas sans prières. Ne nous abstenons pas du bienfait de sa communion.

INTELLIGENCE ET PATRIOTISME

1903

Les pages qu'on va lire ici ont paru il y a vingt ans.[294] *L'Action française, sans chercher sa voie, qui était trouvée, en était aux débuts de ses études : il lui fallait justifier l'idée de patrie contre les antipatriotes et aussi contre les patriotes timorés qui prétendaient tout résoudre par un appel au cœur. Persuadé que les nations se refont comme elles se défont, à savoir par la tête, Charles Maurras précisait, dans* La Gazette de France *du 5 janvier 1903, les principales directions dans lesquelles l'esprit national devait se substituer à l'esprit révolutionnaire.*

En comparant ce que nous avons fait à ce que nous disions vouloir faire, on jugera de notre fidélité au programme initial souscrit et aussi de la valeur effective de ce programme.

1923

On nous offre la discussion sur le terrain de l'intelligence : il faut l'accepter.

On nous parle d'idées : il faut montrer que ce ne sont pas des idées, mais de lamentables associations de vocables aussi incohérentes que celle d'un cercle carré ou d'un triangle à cinq côtés.

On nous parle d'idées françaises : il faut montrer, et ce n'est pas très difficile, que ces prétendues idées françaises sont des suisses ou des juives, encore reconnaissables sous le déguisement que leur ont imposé, depuis Jean-Jacques, nos écrivains romantiques.

On nous parle de l'héritage intellectuel de la France : il faut rétablir en quoi consiste cet héritage et faire sentir qu'il n'a rien, mais absolument rien, de commun avec l'héritage intellectuel de la Révolution.

On nous parle enfin d'humanité, d'universalité, de civilisation : il faut faire sentir que ce qui est universel, c'est la durée de la réalité française et qu'en fin de compte, si l'on comprend ce que l'on dit, l'idée d'humanité se confond et doit se confondre avec l'idée de la France.

Pour nous ?

Non pas pour nous tout seuls. Pour nous et pour les autres. Je souffre d'entendre soutenir que, « du point de vue de la vérité absolue, peut-être la

---

[294] Ces deux paragraphes introductifs datent de 1923, dans l'*Almanach* d'Action française. L'article qui suit est en effet paru vingt ans plus tôt, dans *La Gazette de France* du 5 janvier 1903. (n.d.é.)

Réforme allemande valait-elle plus que la Renaissance latine » et « la Raison pure de 93 plus que la tradition », mais que « du point de vue français, c'est à coup sûr la Réforme qui a eu le tort de n'être qu'un demi-succès et la Raison de 93 un succès trop complet ». Non et non. Je ne sais ce que c'est que la vérité absolue. Si l'on veut dire par là un point de vue plus général que le point de vue français, j'en connais un et je n'en reconnais pas d'autre : c'est le point de vue des intérêts de la civilisation et du genre humain dans son ensemble et dans son devenir.

Eh ! bien, de ce haut belvédère, le plus haut de ceux auxquels peut s'élever un esprit, l'identité est complète, la coïncidence parfaite entre la vérité que l'on nomme française et celle qu'on pourrait appeler humaine, plutôt qu'absolue. *La raison pure de 93* n'est qu'un abominable tableau de la dégénérescence intellectuelle à laquelle étaient parvenus les déistes et les panthéistes du dix-huitième siècle. Quant à la prétendue réforme religieuse du seizième siècle, toute méthode positiviste étant universelle et humaine, la mettra au nombre des reculs de l'esprit humain.

Comme dirait Auguste Comte, elle est proprement caractérisée par *la sédition de l'individu contre l'espèce* et jamais le capital intellectuel esthétique, politique et moral emmagasiné depuis trente siècles ne courut de risques plus forts que dans la période affreuse, il faut même dire honteuse, de la Réforme luthérienne et calviniste. Les protestants peuvent se ranger malaisément à cette pensée et je le regrette pour eux dont ce n'est pas la faute ; mais ceux qui les jugent ainsi ne sont point seulement des philosophes catholiques ou des chauvins français. Ce jugement découle avec rigueur d'une vue générale, aussi laïque et positive que possible, de l'histoire du monde ; et comme personne ne se lève pour la discuter sérieusement, il n'y a qu'à l'enregistrer.

Il nous faut propager la culture française non seulement comme française, mais encore comme supérieure en soi à toutes les autres cultures de l'Univers.

La France a hérité de Rome et d'Athènes les caractères de la présidence et de la royauté, par rapport au reste des peuples civilisés. Il convient donc à des nationalistes complets de lui donner des titres que l'antique Rutillius décernait à la patrie : « *Roma pulcherrima rerum* ».[295]

---

[295] « Rome, la plus belle des choses » ; Rutilius Namatianus — ou Namantianus — est l'un des derniers grands poètes païens latins, redécouvert à la Renaissance. La formule se trouve aussi chez Virgile ; Maurras l'utilise à plusieurs occasions, voir par exemple la fin du chapitre II de *Pour un réveil français*. (n.d.é.)

Donc, en recommençant l'énumération par la fin :
1. préséance de la culture française et de la tradition française ;
2. identité de l'humanité et de la France, de la civilisation et de la France, de la cité du monde et de la France ;
3. définition de l'héritage français, théorie de la France conçue comme dépositaire et continuatrice de la raison classique, de l'art classique, de la politique classique et de la morale classique, trésors athéniens et romains qui font le cœur, le centre de la civilisation ;
4. opposition profonde des théories protestantes et révolutionnaires avec ce legs sacré ;
5. caractère hébraïque, anglo-saxon, helvétique de ces théories de liberté, d'égalité et de justice métaphysiques ;
6. leur caractère de désordre, d'incohérence et, si l'on va un peu profondément, d'absurdité.

Il y aura des difficultés à cet exposé ? Où n'y en a-t-il pas ?

Celles qu'on m'a montrées sont bien faciles à résoudre. Que de fois l'on m'a objecté que Taine avait fait consister l'esprit générateur de la Révolution dans la raison classique. Eh bien, relisez ce chapitre du premier volume des *Origines de la France contemporaine*. Vous verrez que c'est une pure logomachie et que Taine s'est bien trompé, ce qui peut arriver d'ailleurs à tout le monde.

Je conseille d'écarter pour quelques instants les éplucheurs de basse critique et de songer aux avantages de cette manière d'engager le débat. Bien qu'ils soient en nombre presque infini, je les puis ramener à deux groupes principaux :

1° Elle est révolutionnaire, car elle nie un très grand nombre d'idées en cours professées par beaucoup de personnages haut placés et placées elles-mêmes dans les milieux officiels au-dessus de la discussion. Or, voilà justement de quoi faire bondir le cœur de la belle jeunesse. Nous lui présentons des idoles à massacrer, des poupées à abattre, des conventions et des illusions à ruiner. Que ces idoles soient funestes, ces poupées malfaisantes, ces conventions et ces illusions destructives, elles n'en sont pas moins vivantes et régnantes, d'une vie et d'un règne qui insultent il tout ce qu'un jeune cœur sent de noble et de fort en lui. Il mettra donc à détruire ces destructrices et ces ruineuses toute la verve magnifique de sa jeunesse et ainsi les passions révolutionnaires tourneront à servir la cause nationale de la contre-révolution.

Observez que ceci n'est pas seulement vrai dans l'ordre théorique. C'est également vrai dans l'ordre pratique. Nous qui demandons la restauration de la monarchie, nous demandons également des destructions infinies. Nous en voulons à la puissance juive, à l'hégémonie protestante, au Concordat, au Code Civil, à la bureaucratie, à la Centralisation, à tout ce qui ligote et, comme dit Drumont, à tout ce qui « *ficelle* » les énergies de la nation. En construisant, certes ! nous sommes obligés à détruire beaucoup systématiquement : il y a tant et tant à détruire dans l'œuvre napoléonienne et révolutionnaire ! Mais cette destruction utile, bienfaisante et nécessaire donne un cours naturel à ce qu'il y a de négatif et de brisant dans les passions et les volontés de toute jeunesse. Cette observation donnera peut-être la clef de l'influence qu'a obtenue, en fort peu d'années, le nouveau royalisme dans la jeune génération.

2° Le second avantage de notre tactique est d'enorgueillir les élèves au lieu de les humilier.

La tactique contraire ressemble à celle d'un croyant qui, harcelé par des incrédules, se contenterait de répondre : « Je n'approfondis pas. Je crois ce qu'on m'a enseigné. Je suis le pauvre charbonnier... » Appuyée sur dix-neuf siècles de discussions théologiques, l'Église catholique a toujours réprouvé cette faible, timide et dangereuse défense. Elle a voulu que le sentiment religieux fût soutenu par des convictions précises, que ces convictions fussent ramassées en un dogme, que ce dogme fût motivé par un ensemble de raisons théoriques, elles-mêmes avancées aussi loin que peut s'avancer la raison. Même hors de l'Église, on ne peut que professer un respect profond pour les théologiens qui écrivent catégoriquement comme Mgr d'Hulst : « On démontre la divinité de Jésus-Christ. »

En revanche, on méprise ces faibles et mous fidéistes, quand bien même ils s'appellent Pascal ou Lamennais, qui font consister tout le mécanisme de l'apologétique ou de la simple psychologie dans leur sentiment personnel. Ce Système peut ébranler, toucher par l'éloquence, ou par la poésie, ne peut guère convertir, ou quelque chose manque à des conversions ainsi obtenues. Quoi donc ? La *consistance*, nous l'avons vu.

Au contraire, tentez le moyen opposé. Adressez-vous à l'intelligence de votre élève. Apprenez-lui à bien sentir, par la comparaison et par l'analyse, quel titre de haute noblesse vaut son simple nom de Français, enseignez-lui son rang dans la hiérarchie des peuples, dites-lui, faites-lui sentir, en lui en montrant les raisons, qu'il est patricien du monde et que, du seul fait de ses pères, il a le pas sur les fils des autres nations. Donnez des idées et des faits en nourriture à l'honnête flamme qu'il porte en lui et qui peut s'éteindre faute d'un aliment, comme elle peut grandir, si vous lui en fournissez les moyens ! vous formerez certainement, au lieu d'un citoyen passif qui gémira en se résignant ou se résignera en gémissant, un patriote actif, résolu, acharné qui ne sera jamais fort embarrassé de prendre l'offensive contre les ennemis de l'intérieur ou ceux du dehors.

D'une part, les Pressensé, les Monod et les autres Dreyfus de l'enseignement historique auront dès lors à qui parler, et, d'autre part, je ne crois pas que son bagage historique ou philosophique doive l'empêcher de bien mourir, s'il le faut, pour la cause qu'il saura bonne.

La Querelle du peuplier

1903

*E*n 1903, André Gide réunit divers articles anciens dans un volume intitulé Prétextes. Y figurait notamment son article de 1897 rendant compte des Déracinés de Barrès, augmenté d'une note visant directement Charles Maurras.

À ce dernier qui, soutenant la thèse barrésienne de l'enracinement, se demandait « à quel moment un peuplier, si haut qu'il s'élève, peut être contraint au déracinement ? », Gide fit observer que le peuplier en question avait dû faire l'objet de plusieurs transplantations et que, loin de nuire à son développement, le déracinement était au contraire utile à sa bonne croissance.

Maurras répondit dans la Gazette de France, nourrissant une controverse connue depuis sous le nom de Querelle du peuplier, où intervinrent ensuite divers auteurs dans plusieurs revues françaises ou étrangères : Remy de Gourmont, le baron de Beaucorps, Eugène Rouart, Christian Beck, Marc Lafargue, Émile Faguet...

Les Deux Patries est daté du 11 janvier 1903 et La Querelle du peuplier du 14 septembre de la même année. Ces textes ont ensuite été repris et remaniés, dans L'Étang de Berre en particulier.

La réponse d'André Gide à Charles Maurras est, elle, parue dans L'Ermitage de novembre 1903.

Quelques corrections ont été apportées au texte quand il était évidemment fautif, des mots illisibles dans l'exemplaire numérisé consulté ont été repris de L'Étang de Berre, ils sont signalés entre crochets.

Les Deux Patries

M. André Gide a publié le mois dernier, dans *L'Occident*, quelques notes d'un intérêt très général, sur les conditions de ses origines personnelles. Né en Normandie d'un père languedocien et d'une mère neustrienne, il a essayé de donner à ses lecteurs une idée approximative de ce qu'il éprouvait de la double influence. En quoi le ciel natal et la terre natale l'avaient-ils prédéterminé ? Mais ayant passé son enfance et quelque temps de sa jeunesse en Languedoc, en quoi ce séjour avait-il accentué les dépôts de son ascendance languedocienne ? Le problème indiqué pour le talent particulier de M. André Gide n'est pas indifférent ; j'aurai peut-être occasion de revenir, ces temps prochains, au jeune auteur du *Roi Candaule* et de *L'Immoraliste*. Mais il faut prendre garde que le cas n'est pas unique ; étant, il est vrai, très fréquent, les effets en sont aussi divers qu'il comporte lui-même de solutions et d'appréciations distinctes.

Le père de Chénier était languedocien, de la noble ville de Carcassonne. Sa mère était de race grecque. Lui-même divisa ses jeunes années entre les campagnes du Languedoc et les rues de Paris. Que lui est-il resté du triple élément ? Renan expliquait son penchant à la rêverie par ses origines et par sa naissance bretonnes ; quant à son ironie, elle lui paraissait l'héritage gascon qu'il tenait du sang maternel. Maurice Barrès est né en Lorraine, de mère Lorraine : voilà pour le goût précis des réalités et le don de caricatures. Mais les Barrès viennent de Haute-Loire, des pentes du massif central, le pays des Pascal, forte race passionnée et spéculative. Anatole France, né à Paris d'un Parisien, tire, je crois, son extraction grand'maternelle des campagnes du Maine et de l'Anjou ; son œuvre délicate offre aux nymphes de Seine je ne sais quoi de gai, de luxuriant, d'opulent, comme un ressouvenir des paysages de la Loire ; elle est seizième siècle, en même temps que dix-septième ; elle paraît Valois presque autant que Bourbon. Je dirai quelque jour ce qu'il y a de provençal et ce qu'il y a de celtique dans l'œuvre, si curieuse, de M. Frédéric Plessis[296], ce latin de Bretagne et ce breton classique. Qu'il écrive en vers ou en prose, qu'il mesure les fines cadences de *Vesper* ou compose les fermes moralités du *Chemin moulant*, ses livres restent marqués de la double griffe, pensée et rêverie, romantisme natif et

---

[296] Frédéric Plessis, 1851–1942, latiniste, professeur en Sorbonne, fut proche de l'Action française. *Comme celle-ci les notes suivantes sont des notes des éditeurs.*

classicisme héréditaire. Réussirai-je à l'expliquer à ce latiniste éminent ? dans l'idée même qu'il se fait de la force romaine, il y a du génie breton.

Il est inutile de dire que l'on ne prétend pas tout expliquer, tout dévider de ce fait de double origine, chez des esprits si différents les uns des autres et eux-mêmes si variés. Aux explications *monistiques* du monde, aux plus ingénieuses réductions unitaires qui se doivent jamais tenter, l'on peut toujours répondre, comme dans *Hamlet*, qu'il y a beaucoup plus de choses dans l'univers que n'en soupçonnera notre humaine sagesse. Mais cette sagesse elle-même est un élément du mystère universel et elle contribue à la merveille immense. Notre monde serait-il monde, s'il se diminuait de la réflexion des humains ? Elle laisse sans doute beaucoup de faits puissants dans l'ombre. Mais ceux qu'elle enveloppe dans les réseaux de sa lumière, pour les présenter en bon ordre, aident à deviner le reste et le font paraître meilleur.

... C'est en remuant ces pensées ou ces songeries, pour mieux dire, que je relisais de mémoire l'article de M. Gide. Une admirable journée d'hiver venait de s'éteindre. Le foyer de sarments et de ceps s'allumait à peine ; il n'avait fait ni vent, ni froid, ni humidité : non pas même légère. Sous le ciel ondoyé de douces vapeurs, l'air était resté sec comme aux plus beaux jours de l'été, l'allumage du feu au tomber de la nuit n'avait que la valeur d'un rite de famille, peut-être destiné à activer le cours de la méditation et à fixer les yeux, depuis que, dans les vitrages de la croisée, le ciel occidental avait laissé mourir ses dernières bandes rougeâtres. Le jeu du bois incandescent, des charbons dévorés, de la cendre, de la flamme et de la fumée avive plus qu'on ne peut dire nos secrètes activités.

Les premières minutes que je passai ainsi furent surtout données à jouir de la surprise extrême que me cause, depuis dix beaux jours, mon pays. Ce coin de la Provence palustre et maritime, il y a peut-être quinze ans, et davantage, que je ne l'avais vu (ou si bien vu) à cette époque des calendes d'hiver où toute lumière renaît. À mes plaisirs d'admiration, il s'est mêlé une joie de saisissement. L'année dernière, sur les pentes toujours fleuries de Tamaris[297] le nouveau regard entr'ouvert de mimosas fut d'un grand charme. Mais je n'y trouvais rien que d'ordinaire, de prévu et de naturel. Les vastes abris de rocher qui dominent la région toulonnaise et la suite de la Rivière

---

[297] Le tamaris est une plante méditerranéenne bien connue. La capitale à l'initiale semble indiquer un nom propre, peut-être un lieu appelé ainsi près de Martigues ? il y a encore plusieurs lieux appelés *Tamaris* ou *les Tamaris* en Provence.

forment les vallons et les plaines en véritables serres et en jardins d'hiver. Mais quoi de plus démuni que l'étang de Berre et de plus exposé aux rafales du nord-ouest ? Nos plateaux, nos collines sont trop peu élevés et percés de trop de couloirs pour déterminer aucun abri important. Une terrasse, un mur, une niche de quelques pieds de hauteur, ce sont bien nos seules ressources aussitôt que descend des Cévennes un flot d'air glacé. Cette année, il n'en descend point. Une [fine] atmosphère dont on n'ose exactement dire qu'elle est tiède, enveloppe les sens qui se tiennent à l'ombre. S'ils vont au soleil, l'astre oblique les contraint à se dépouiller. Il fait véritablement chaud et cette chaleur pénétrante forme un contraste singulier avec la discrétion, la pâleur, les nuances de la lumière au ciel, qui semble traverser une phase de maladie.

Quelle est jolie, ainsi ! Quelle grâce elle ajoute au sévère dessin du pays ! Ce que j'en éprouve ne peut être senti que par comparaison. Imaginez le plus beau visage, mais de lignes un peu trop sèches, trop fines, trop aiguisées et dont c'est le défaut peut-être, défaut divin, d'exprimer trop vivement les saillies de l'esprit, les traits de l'ironie et les divinations de l'intelligence. [Il faut donc qu'une peine, presque une larme,] un rapide nuage de mélancolie le traverse et, pour un instant, brouille ces beaux feux toujours pétillants : la langueur, la mollesse de la lumière ainsi voilée donne à un tel visage sa perfection, celle-là même qu'on n'osait désirer pour lui, car il en semblait incapable et paraissait même devoir s'en passer à jamais. Tel, dans nos clairs parages, ce ciel d'hiver, tout tempéré, tout attendri par l'écharpe de brume qui s'envole des eaux et qui vient y flotter. Plus de verts, ni de roses, plus de lilas : le glauque, l'améthyste, l'aurore se diluent à l'infini dans un air diaphane, qu'il faut dire couleur de fleur, je ne trouve point d'autres mots.

Détachez là-dedans d'élégantes masses d'arbustes, des rivages courbés avec une grâce hardie et ces tendres collines en forme de mamelle, pleines de cyprès et de pins. Les vapeurs montent en colonnettes légères ou rampent longuement sur le flanc des petites hauteurs prochaines ; mais l'horizon, montagnes ou rivage, montagnes teintes de safran et qui feraient hennir les cavales de Darius, rivages éloignés du désert de Camargue où roule un soleil pourpre sombre, l'horizon trace un cadre d'une pureté magnifique à ces beautés que l'incertitude ennoblit. Tous les bords de la vasque sont dorés et définis par un jour d'été ; au creux approfondi, les vapeurs, les tristesses, les cendres automnales d'un Élysée. Mais ce n'est point [le pas des sages que j'écoute venir. La voix de la sirène aura frissonné doucement et peut-être ai-je déjà vu émerger sa tête brumeuse.]

... Avons-nous deux patries, ou trois, ou quatre en une seule ? Car la mienne, qui tient en quelques lieues carrées est bien profondément variée, changeante et complexe ! À la moindre pente gravie, tout l'aspect est renouvelé. Je pense que M. André Gide est un bien honnête homme de se contenter, comme il fait, d'une double patrie. La mienne vient de me montrer, dans son temps de Noël, une de ces têtes divines que les Germains océaniques voyaient au couchant de leur mer, comme le raconte Tacite ![298] Je tiens de Barrès qu'il y a des rapports entre nos plus pauvres quartiers et ce que l'on rencontre à Murano et à Ghioggia, faubourgs de Venise ; mais pourquoi cette lumière d'aquarium, ces étangs, ces quais et ces canaux morts ne me mèneraient-ils à quelque bourgade des Flandres ? Quelque chose me parle aussi, à des égards tout autres et tout aussi réels, des beaux lacs du nord-italien. Quand l'évêque Augustin rencontra, sur le sable, le petit enfant qui voulait, avec sa coquille, épuiser l'abîme des mers : — Quelle folie, gémit le saint. L'Océan dans ta pauvre conque ! — La folie de tout homme, hélas ! lui répondit, je crois, le petit enfant. N'est-ce pas notre univers entier qu'aspire le misérable souffle d'une âme ?

Si j'ai un peu modifié l'histoire augustinienne[299], on voudra bien me le pardonner. Je ne suis d'ailleurs pas très sûr de la justesse de mon interprétation. Si médiocre, si commune que soit notre âme, elle se découvre parfois et tout d'un coup des étendues ou des profondeurs sur lesquelles l'habitude avait fait la nuit. En continuant de songer au coin de notre feu aux deux patries de M. Gide, il m'est souvenu en effet que, par-delà la complexité de la terre natale, une autre patrie, celle des origines paternelles me ferait pénétrer dans un nouveau monde. Elle n'est pas très loin d'ici. Dix lieues au plus, et c'est toutefois un pays aussi différent que possible de celui-ci. M. André Gide parlait de Normandie ? C'en est une, en pleine Provence. Elle est composée de prairies, de chaque côté du petit fleuve d'Huveaune, qui descend de la Sainte-Baume, vert rouleau de pelouse étoilé de marguerites et de boutons d'or, planté de gros pommiers, arrosé d'une eau

---

[298] Tacite, *Mœurs des Germains*, XLV, sans doute.
[299] Saint Augustin, méditant sur le mystère de la Trinité, vit un enfant sur la plage jouer avec un coquillage, à l'aide duquel il essayait de transvaser l'eau de la mer dans un trou qu'il avait creusé. Le saint en aurait tiré cet enseignement qu'il est aussi vain pour l'intelligence de s'essayer à appréhender entièrement le mystère divin que d'entreprendre de transvaser la mer entière dans un simple trou creusé sur la plage.

toujours fraîche, que de hautes futaies accompagnent jusqu'à la mer. De grands ifs, des peupliers robustes, des houx, des noisetiers, des sureaux, des osiers, des tilleuls odoriférants, tous les arbres du Nord et de l'Ouest, ceux que l'on voit se dépouiller aux mois d'hiver, mais fleurir et prendre leurs feuilles à la belle saison, sortent d'une terre abondante, dénuée de légèreté ; sans doute le cyprès, l'olivier et le pin dressent, non loin, sur les coteaux, leur ferme stature éternelle, entre les bouquets de câpriers qu'on couvre de terre au temps froid. Mais le fond de cette vallée veut ignorer tout l'ordinaire des végétations provençales ; la race ingénieuse, active, mais d'un réalisme effrayant, montre des goûts et des besoins, qui passent le niveau de la commune frugalité. Je ne peux m'empêcher de me représenter ces âpres terriens comme le vivant repoussoir de nos matelots : je les vois étendus sur leur pré d'émeraude, en train d'éventrer la pastèque ou de boire d'un incomparable muscat, figues, jujubes et azeroles, pommes, pêches et poires ventrues jonchant la nappe et le tapis que l'on étend sur l'herbe pêle-mêle avec les sucreries et les salaisons. Simples goûters, au reste ; mais dans leur repas de moisson, tous les animaux concevables sont mis à toute sauce et largement arrosés de tous les alcools. Pauvre paysan, pauvre pêcheur de mon Martigue, rassasié de ta demi-douzaine d'olives et d'un peu de pain frotté d'ail ou de quelques anchois marinés de saumure, comme l'idée de tels festins me rapproche de toi ! Mais ce Gargantua ne m'est pourtant pas étranger, et le sourire qu'il me donne ne saurait mépriser le bord où les pères des pères de mes pères ont vécu. Je ne puis oublier ni ce lit de verdure ni cet arceau de fleurs, de ma petite enfance, et je m'en sens embarrassé à peu près comme M. Gide de celle de ses deux patries qui lui est la moins chère.

Je revois une côte de ma Normandie provençale qui porte le caveau où gisent les morts de mon nom. Elle est si clairement exposée au soleil que tout y paraît blanc et or, on n'y respire que l'odeur de la menthe sauvage ou celle du thym, et les touffes de lauriers-rose y sont presque toujours en fleurs. Je connais peu de lieux au monde plus avenants, plus propres, mieux faits pour nous donner à sentir tout le prix du sommeil éternel. Pourtant jamais l'idée ne m'est venue de venir reposer sous ces pierres blanches. Mais un vaste plateau bien nu, bien tourmenté par le fléau de chaque vent qui passe, complanté de ces longues tiges amères que le vent salin corrode, que la brume pourrit avant que le soleil les tue, ce cimetière populeux et décoré pourtant d'édicules doriques dont la pierre fauve joue mal les marbres athéniens, le pas des pêcheurs graves, celui des rustiques timides, l'illumination annuelle la nuit qui précéda le jour des Morts, un certain plain-chant que je connais bien aux cérémonies mortuaires, des rites, tels et tels, dont le manque m'affligerait, tous ces signes, d'autres encore, qu'il est importun de noter, me déclarent où il convient que je fixe mon lit funèbre : non, il est vrai, par élection délibérée, mais par une nécessité dérivant de l'ensemble de tout ce que j'aime et je suis.

M. André Gide a-t-il fait ce choix de la place où il dormira ? Cette option de sépulture pourra le renseigner sur sa véritable patrie.

La Querelle du peuplier

Dans un petit livre, *Prétextes*, qui vient de paraître à la libraire du Mercure de France, M. André Gide, fait une objection grave à la doctrine régionaliste de « l'enracinement » :

« Né à Paris d'un père Uzétien et d'une mère Normande, où voulez-vous, Monsieur Barrès, que je m'enracine ? »

Ces lignes rappellent la célèbre entrevue du Phoque et du roi Salomon.

On n'a pas oublié que ce monarque hébreu fut le premier naturaliste de son temps et de son pays. Il venait de classer le bétail de la création : celui qui se cache sous l'onde, celui qui vole dans les airs, celui qui s'appuie sur la terre. Le Phoque se fit annoncer et, parvenu aux pieds du trône, laissa voir au fond de ses yeux l'expression d'une dignité si blessée et d'un désespoir si honnête, que toutes les certitudes du roi Salomon furent ébranlées. L'animal pathétique, plus profond, plus sommaire encore que ne devait l'être de nos jours M. André Gide ne dit que deux mots :

— Et moi ?

Il voulait dire :

— Je peux descendre sous les eaux et presser le sol de la terre : où voulez-vous, roi Salomon, que je m'aille coucher ?

L'histoire impartiale ajoute que l'objection porta. C'est à la requête du Phoque que le roi Salomon ouvrit dans ses vitrines une classe nouvelle pour les bêtes qui vivent dans deux éléments à la fois, celle-là même que les Grecs ont nommée depuis *amphibie*.

M. Barrès aura-t-il l'esprit de justice du roi Salomon ? Allons-nous voir formuler par l'auteur des *Déracinés* un système de provincialisme amphibie qui réponde aux revendications de M. André Gide ? M. Gide ayant dit : Et moi ? il est certain qu'il faut combler ce vœu particulier ou renoncer à toute science générale.

À la vérité, sans chercher infiniment, on trouverait dans l'œuvre de M. Maurice Barrès, à la fin d'*Amori et dolori sacrum* par exemple, un moyen d'obtenir la résolution d'un problème qui n'effraya jamais que M. André Gide. Les angoisses du Phoque sont bien prévues dans *Amori*, et l'on y voit comment deux départements aussi éloignés que la Meurthe-et-Moselle et la Haute-Loire peuvent avoir coopéré à la genèse d'un Français soigneux de toutes ses racines. La lecture de ce chapitre enlèverait à M. Gide le plus délicat et le plus subtil de ses doutes sur le sujet.

Mais il en serait bien fâché. L'auteur de *Prétextes* est un de ces précieux qui deviennent malades dès qu'il leur faut renoncer aux mélancolies qu'ils ont élaborées à la sueur de leur front. L'intelligence saine cherche dans l'affirmation non seulement le pain quotidien mais ses plus chères friandises. L'esprit de M. Gide ne se plaît qu'à douter de ce qui est clair ou facile à élucider. Ainsi les enfants soufflent sur le verre des lampes pour y faire de la buée : mais la flamme a vite fondu ces vapeurs inutiles.

Puisque M. Gide cherche où se « raciner », je m'en vais le lui dire avec précision. Plus que de Normandie, de Languedoc ou de Parisis, il est de la région, du Pays, de l'État protestant ; il est de Nation protestante. Il s'en doute, il n'en est pas sûr. Je l'en prie, qu'il n'hésite plus ! L'on n'a aucun sujet de contester son loyalisme envers la France, sa grande patrie : mais sa petite patrie, c'est le Consistoire, c'est le Temple, c'est cette table de famille où la lecture de la Bible alternait avec le récit des persécutions. Il y a longtemps qu'on ne persécute plus les religionnaires. Mais la mémoire en est inscrite dans les moelles de leurs petits-enfants. Les doux, (et M. Gide ne manque pas de douceur), en conservent une pointe d'acidité ; les tranquilles, de l'inquiétude sans sujet et de l'incertitude sans objet, ni raison. Il leur faut dire *si*, il leur faut dire *mais*. Ils portent en critique l'âme agitée du lièvre qui voit partout fusils, épieux, chiens et chasseurs. Incapables d'élever contre le système qu'ils examinent un système opposé, même un simple système d'objections cohérentes, l'obscur malaise qui les ronge, leur stérilité éternelle les contraignent sans cesse à murmurer, à cabaler, finalement à se détruire eux-mêmes, à force d'appréhensions.

On ne m'accusera pas de vous avoir peint M. André Gide en trop beau afin de le déprécier plus tard par mes citations. Non, non. Je veux qu'on dise : « — Il a de l'esprit, le garçon. Il a même de la malice… » et que l'on évalue ensuite avec précision ce que cette malice, ce que cet esprit et leurs antécédents de théologie et d'histoire ont coûté au développement normal de son intelligence et de sa raison.

Je ne compare pas M. Gide au critique vil ou à l'innommable écrivain qui, pour mieux triompher d'un texte, le fausse et le tronque. Son caractère est sincère, sa volonté loyale, mais, qu'il y veille un peu : son esprit n'est ni l'un ni l'autre ; le premier mouvement de son intelligence est de se mettre en mesure de ne point comprendre. Une attitude négative de la pensée. Il n'est rien de plus dangereux. Non pour les autres, mais pour soi.

Cet homme ainsi bâti, me fait, dans le chapitre même où il a posé à Barrès la question du Phoque au roi Salomon, une querelle absurde et précieuse. Absurde, on le verra. Précieuse, comme toutes les querelles où l'adversaire semble avoir un instant le dessus. Elle nous permet de compter quels sont nos amis. Oh ! nous en avons d'excellents qui ne s'étaient jamais crus à pareille fête.

Avec *Le Pèlerin passionné* de Jean Moréas, la *Thaïs* d'Anatole France, et le *Poème du Rhône*, de Frédéric Mistral, *Les Déracinés* de Barrés sont certainement l'un des livres qui m'ont le plus occupé dans cette période de la vie que l'on peut appeler la seconde jeunesse. Non content de faire un article sur *Les Déracinés*, j'en fis deux, j'en fis trois, et des défenses et des réponses aux objections, ainsi qu'il convenait pour une œuvre où se proposait une doctrine favorite.

Comme elle a le devoir de donner la chasse aux mauvais ouvrages, la critique, il me semble, est l'auxiliaire des bons. Elle se doit de les commenter, de les expliquer et de les traduire. Le critique est un truchement, et les ignorants seuls croient que cette tâche d'interprétation est facile ou qu'elle exclut l'effort d'imaginer et d'inventer. Nul ne peut se flatter d'avoir réussi ce genre de critique, qui veut, dit notre maître à tous, dit Sainte-Beuve, une « création perpétuelle ». Pourtant on s'y applique, avec le sentiment de ne rien entreprendre d'inférieur.

Vous savez la thèse des *Déracinés* : — *il ne faut pas couper les jeunes Français de leurs racines provinciales*. Ce qui ne signifie pas du tout qu'il ne faut pas les transplanter, ni qu'on doive leur interdire les voyages. Au surplus, l'auteur des *Déracinés*, si lorrain dans ses goûts, et jusque dans ses habitudes de langage, est le plus mobile des hommes et le plus vagabond. Du coin de sa terre natale, soit qu'il y fixe son séjour, soit qu'il se contente d'y revenir de temps en temps, tout homme peut apercevoir l'immensité du ciel étoilé, considérer le doux visage de la vérité consolante et se sentir le citoyen de l'univers. Les mots que je souligne sont tirés d'une lettre du plus enraciné des patriotes qui fut aussi le plus errant des pèlerins, le vieux Dante. Il les écrivait à Can Grande, du fond de son exil, et cette profession de l'universalité de l'esprit ne l'empêchait point de dater toute sa pensée du seul endroit du monde qu'il sentit bien à lui, le baptistère de Florence et son beau San Giovanni, où tout prenait pour lui d'intimes accents de haine et d'amour. J'oserai hasarder cette définition : la patrie est un point de vue. Un point de vue constant. À qui manque ce point d'où regarder le flot des êtres et des choses, manque aussi le plus ferme de la pensée.

Les objections faites aux *Déracinés* m'agacèrent, celles surtout qui n'émanaient point d'anarchistes conscients, mais plutôt de ces libéraux que le chant de *L'Internationale* effarouche et qui lisent sans sourciller *La Marseillaise de la Paix*. Je ne saurais souffrir ces moitiés ou ces quarts d'académiciens qui veulent, de toute leur âme étroite et peureuse, l'ordre, la paix publique, le maintien de certaines garanties nationales et qui hennissent d'inquiétude quand on leur propose, en ce cas d'assurer les communes conditions de tous ces bonheurs. M. René Doumic[300] est un bon type de l'espèce. Il ne contesta point la thèse des *Déracinés*. Il y apporta des réserves qui la détruisaient. Dans un petit traité de cinquante pages sur *L'Idée de la Décentralisation* où l'œuvre de Barrés était analysée avec soin, je témoignai à M. Doumic l'extrême mauvaise humeur où m'avait jeté son article :

> M. Doumic dans la *Revue des Deux Mondes*... admet la thèse des *Déracinés*, mais sous la réserve suivante :
>
> Le propre de l'éducation est d'arracher l'homme à son milieu formateur. Il faut qu'elle le déracine. C'est le sens étymologique du mot élever... En quoi ce professeur se moque de nous. M. Barrès n'aurait qu'à lui demander à quel montent un peuplier, si haut qu'il s'élève, peut être contraint au déracinement. Pour rêver à la monarchie universelle et pour s'élever jusqu'à la sphère métaphysique de la cité de Dieu, Dante n'en est pas moins l'exact citoyen de Florence ; Sophocle l'athénien et Sophocle l'universel ne sont pas deux figures contraires qui s'excluent, mais bien le même personnage. Et ainsi de Goethe à Weimar, dans la mesure où il atteignit au génie classique.
>
> Napoléon lui-même eut besoin de fortes racines pour nous déraciner. Comme Taine l'a bien montré, il nous coupa de nos conditions ; mais ce puissant travail d'arrachement n'eût jamais abouti si sa propre personne, ses propres énergies n'eussent plongé au

---

[300] René Doumic, 1860–1937, critique littéraire, longtemps directeur de la *Revue des Deux Mondes*, secrétaire perpétuel de l'Académie française en 1923, apparenté par sa première femme à Jean et Pierre Veber, par sa seconde épouse à José-Maria de Heredia, Henri de Régnier et Pierre Louÿs.

fond d'un passé très vivace, pays, famille, clan...

Essentiellement la réplique était juste. L'éducation n'arrache pas l'homme à son milieu formateur. Mais, du milieu originel et sans l'en retrancher, elle l'introduit à un milieu plus étendu, à des idées plus larges, à des sentiments dont les objets sont plus généraux. L'éducation ne dépayse pas ; elle civilise, et c'est tout à fait différent.

Mais, tout en disant vrai, j'avais eu cependant le tort considérable d'imiter, un de ses procédés, M. Doumic. Il avait abusé de l'étymologie du mot élever. Je m'étais, à mon tour, permis de jouer sur la double acception de ce même terme. Mon tort était plus grave que celui de mon incomparable modèle. Il avait le droit de céder à cet entraînement naturel. Je ne l'avais point, quant à moi, qui ne cessais de répéter en cent façons, dès 1897, date de cette erreur, que, si tout bon esprit ne saurait penser sans image, on a l'étroit devoir de ne pas se laisser glisser au cours des symboles, quand on argumente ou raisonne, sous peine de tisser, en lieu d'arguments ou de raisons, de simples Nuées. Le premier jeu de mots de M. Doumic, constituait sans doute une grande reprise. Mais le dérèglement d'imagination auquel je cédais à sa suite était trois et quatre fois criminel.

Faut-il me chercher des excuses ? Plus j'y songe, plus je reconnais qu'il n'y en a qu'une et que le grand coupable, en tout ceci, fut un peuplier. Je ne sais pas comment se forment les rêves des autres hommes, mais il me semble que chacun de nous, pour peu qu'il ait été élevé à la campagne, doit avoir pour toile de fond, de sa pensée une ou deux rangées de beaux arbres qui dentellent un horizon. Pour ma part, la toile de fond se compose d'une belle ligne de grands peupliers déployés du levant au couchant et mêlés s'il faut être exact, de quelques ifs sombres. Tantôt droits, immobiles, purs comme des colonnes et tantôt balancés de droite à gauche par le vent du soir qui s'éveille, leurs silhouettes hautes et robustes ont obsédé mes yeux bien avant de les enchanter, dès les toutes premières années de mon enfance, et l'idée de végétal un peu vigoureux ou d'être florissant, de nature vaste et puissante, se propage toujours en moi jusqu'à cette rangée de peupliers sublimes. La comparaison un peu ridicule établie par M. Doumic entre l'éducation et le déracinement fit surgir aussitôt, par la loi des contrastes, les nobles sentinelles de mon paysage provençal et, ce caprice aidant, c'est ainsi que je mis par écrit ce qu'il eût mieux valu garder pour ma songerie personnelle et dont je fais excuse, non à M. Doumic, d'où vint l'exemple du péché, mais au bon sens, au sens commun et à cette raison dont j'avais bien sujet d'écouter la voix.

« M. Barrès n'aurait qu'à lui demander à quel moment un peuplier si haut qu'il s'élève peut être contraint au déracinement. »

C'est là-dessus, qu'après six années de mûre réflexion, le bon apôtre de *Prétextes*, M. André Gide, intervient. Il nous adresse, à voix emmiellée, ce petit discours qu'il n'a pas été seul à trouver fort ingénieux : M. Faguet y goûte des « badinages agréables ». M. Léon Blum, une polémique charmante et décisive et M. Remy de Gourmont l'une des meilleures leçons de logique, de grammaire et de convenances qu'il ait jamais lues. J'oserai affirmer à M. de Gourmont qu'il a infiniment plus de lecture qu'il ne dit et que ce n'est pas difficile.

Je copie M. Gide :

— Non, M. Maurras, j'en suis bien désolé, mais celui qui se moque de nous ici, ce n'est pas M. Doumic, c'est vous ; et pour peu que M. Doumic ne soit pas aussi ignorant en arboriculture que vous paraissez l'être, il vous aura répondu, je suppose, que le peuplier dont vous parlez, pour être beau et bien fait, n'était sans doute pas né sur le sol qu'il ombrageait à présent, mais venait tout vraisemblablement d'une pépinière, comme celle sur le catalogue de laquelle je copie pour votre édification cette phrase :

« Nos arbres ont été transplantés (le mot est en gros caractère dans le texte) 2, 3 et 4 fois et plus suivant leur force (ce qui veut dire ici : suivant leur âge) opération qui favorise la reprise ; ils sont distancés convenablement afin d'obtenir des têtes bien faites... » (*Catalogue des pépinières Croux*, 61e année, p. 72).

Ignorez-vous aussi l'opération qu'en culture, on appelle le repiquage ? Permettez que, pour vous, je copie encore ces phrases instructives :

« Dès que les plantes ont quelques feuilles, on doit, selon les espèces et les soins qu'elles exigent ou les éclaircir ou les repiquer. Le repiquage est de la plus haute importance pour la plus grande majorité des plantes. — Et en note : Toutes ces plantes pourraient à la rigueur être repiquées. (Vilmorin-Andrieux. *Les fleurs de pleine terre*. p. 3). »

Ou repiquer ou éclaircir. Voici l'affreux dilemme que vous

proposent vos savants copartisans, MM. Croux et Vilmorin-Andrieux. Renoncez à chercher vos exemples dans leur domaine...

Cette leçon de jardinage... — mais parlons mieux, cette leçon d'arboriculture a fait mon bonheur. Si j'avais été libre de suivre mon penchant, j'aurais pris le train de Provence pour chercher quelque part dans Marseille, où l'on me dit qu'il s'est retiré, mon vieux jardinier Marius que nous ne quittions pas d'une ligne, mon frère et moi, quand le vieil homme reportait, d'une planche sur l'autre, ses verts plançons de seboulas. M. André Gide a découvert le repiquage dans le traité de M. Vilmorin-Andrieux et la transplantation dans le catalogue des pépinières Croux : c'est probablement faute d'avoir su regarder le Languedoc, la Normandie et le Parisis. Ses yeux d'enfants n'ont jamais vu ni l'un ni l'autre ni le troisième.

Ceux d'entre nous qui, moins abondamment partagés, eurent une seule patrie purent toujours, si elle était bonne, riche et riante, se contenter de croître pour s'initier en détail à toutes les habitudes de la campagne. L'étonnement naïf que fait paraître M. Gide en nous révélant repiquage et transplantation leur est, sans aucun doute, absolument étranger ; mais si cette émotion merveilleuse leur manque, ils sont aussi gardés d'introduire dans le langage d'aussi honnêtes gens que MM. Émile Faguet et Remy de Gourmont, ou même M. Léon Blum, qui, tout juif, passe pour galant homme, une confusion ridicule entre transplantation et déracinement. À la place de M. André Gide, écrivain délicat, critique difficile, on ne se consolerait pas de la mésaventure.

En doute-t-il ? J'en doutais aussi ! pour ma part. J'en doutais par l'excès de la bonhomie qui m'est naturelle. Comment, me disais-je, un esprit d'une telle sécurité dans la censure peut-il faire une erreur de ce poids et de cette sorte ?... Je me suis adressé non à un Manuel non à un Catalogue, mais à quelqu'un de ces grands amateurs de jardinage qui allient les plaisirs de leur art à la haute culture intellectuelle. L'antiquité connut plusieurs de ces philosophes rustiques, et Virgile a chanté l'un d'eux qui vécut vieillard à Tarente. Le mien habite un coin de Bourgogne, dont les vertes prairies me paraissaient tout à fait propres à l'éducation du bel arbre qui fait le sujet du débat.

— Je ne plante point de peupliers, me répond ce Sage, mais je vis littéralement au milieu de peupliers. C'est la culture principale de ce coin de vallée arrosé d'un ruisseau. Donc j'ai appelé en conseil maître Michel, mon jardinier, habile profès que vous connaissez et lui ai posé la question :

— Comment élève-t-on le peuplier ?

— Il y a deux manières d'élever le peuplier a répondu maître Michel. Pour la première, tous les trois ou quatre ans, au printemps, on ébranche ces peupliers destinés à la charpente. On met à part les plus belles branches, de la grosseur du poignet, de trois ou quatre mètres de haut. On les rebat, puis on les met dans l'eau, ensuite on les plante en bon terrain, isolés si l'on n'en veut que quelques-uns, en pépinière, si l'on travaille pour la vente. Ces grosses branches s'appellent des plançons.

Au bout de trois ou quatre ans, à l'automne, on les relève...

— On les déracine ?

— Ah ! mais non. On les relève bien soigneusement, car, vous savez, la racine c'est tout.

— Mais, poursuit mon correspondant...

(On me saura gré, je l'espère, de donner cette lettre dans son texte complet. Elle est toute semée de ces vieilles et fortes locutions du métier champêtre, qui gardent de très anciens parfums de notre langage. Comme cela nous change du vocabulaire savant ! ou de ces pâles mots usés ! ou des termes trop neufs qui luisent d'un éclat si faux !)

— Mais de jeunes peupliers plantés un peu trop près les uns des autres ?

— On les arrache pour les replanter.

— On les déracine ?

— Mais non. On creuse tout autour, afin de respecter les racines, pour leur faire le moins de mal. On en conserve le plus possible, surtout des radicelles munies de leurs petits suçoirs. Les peupliers arrachés, on les met en place, en les espaçant de deux, trois, quatre mètres, selon l'usage auquel on les destine.

— Très bien. Voyons la seconde manière.

— Il s'agit de belles espèces, des peupliers, destinés aux jardins et aux parcs de luxe. Au printemps, on enlève sur des peupliers de choix des branches d'une année de la grosseur du pouce, munies d'un bon talon. On rabat l'extrémité, on les pique en terre, en pépinière, les uns près des autres. Au bout d'un temps quand ces boutures ou quillettes ont des feuilles et paraissent bien pourvues de racines...

— On les déracine ?

— Mais non ! Où éclaircit le plant, c'est-à-dire qu'on enlève à volonté les plants les plus forts pour en faire des arbres de dix, ou les plus nombreux et les plus délicats pour les repiquer en rayons moins serrés, afin de permettre aux racines de se bien développer.

— Et quand on expédie ?

— On enveloppe les racines avec beaucoup de soin pour qu'elles ne gèlent ni ne sèchent en route...

En somme poursuit mon correspondant, relever, dépiquer, repiquer, replanter, même arracher sont des opérations qui n'ont rien de commun avec le déracinement. On ne déracine que des arbres morts ou ceux qu'on sacrifie. Appeler déracinement le repiquage ou le relèvement, « c'est absolument comme si l'on disait qu'on déracine un jeune Français quand on l'envoie à l'école, au catéchisme la messe, au lycée et chez les grands-parents à l'époque des vacances ».

De fait, ce n'est ni l'école ni le lycée qu'avait attaqués l'auteur de *Déracinés* : c'est un certain enseignement à l'école et une certaine philosophie au lycée, la doctrine qui déracina, dissocia et décérébra tant d'esprits : le kantisme universitaire, la morale et la politique de Rousseau.

J'ai promis que mon correspondant serait philosophe. Entendez la fin de sa lettre :

— J'expliquai alors à mon jardinier ce qu'on appelle maintenant, selon la juste et forte expression de Barrès, un déraciné. Je dis comment la mauvaise éducation d'un lycée de l'État renforcée par la détestable philosophie du professeur Bouteiller avait jeté sept jeunes Lorrains hors de leur province, sur le pavé de Paris où quelques-uns s'étaient perdus, deux d'entre eux étant allés jusqu'au crime. J'expliquai que cette éducation avait chez ces jeunes gens tranché la racines qui les attachaient à leur Lorraine, croyances, biens de famille, attachement au sol et à sa culture, religion des morts dont plusieurs furent des héros ; ces jeunes gens (pas tous) ne s'étaient repris qu'en raison de ce qu'ils avaient gardé de leurs racines morales (par exemple le petit propriétaire rural Saint-Phlin vite rentré au pays). Ceux-là sont revenus à la vie morale comme notre passiflore gelée durant le grand hiver de 1894 : n'a-t-elle pas repoussé, l'année suivante, grâce à un œil unique resté sur un fragment de racine que la rude saison avait respecté ?

— Je comprends, répliqua maître Michel : ces jeunes gens-là étaient des peupliers qu'on avait envoyés à Paris mal emballés, de sorte que les racines exposées à l'air ont séché pendant le voyage.

On élève donc le peuplier. On fait son éducation. Jamais un jardinier ne contraint le peuplier qu'il élève au déracinement. Un peu de réflexion, moins que cela, le soin de la propriété des mots qu'il emploie, aurait épargné à l'auteur des *Prétextes* une sotte querelle avec les conséquences qu'elle entraîne pour lui et dont voici, je pense, la plus grave de toutes : cette querelle contribue à le faire connaître.

Son esprit, son talent, son tour d'imagination sont d'une coquette achevée, ils perdent donc à être connus de toutes parts. Ils ne peuvent être soufferts qu'à la faveur d'une pénombre officieuse et d'un propice clair-obscur. Au plein jour, il devient trop facile de démêler le rythme constant d'un jeu pareil. C'est un jeu de mots régulier, dont le point de départ consiste à se tromper, mais à se tromper de grand cœur, sur le sens même et la portée de la thèse qu'on veut combattre. C'est ainsi que M. Gide procède avec Lemaitre, sur le sujet du nationalisme littéraire, comme il a procédé avec Barrès et avec moi, sur le sujet des *Déracinés*.

L'Avenir de l'Intelligence

1903

Préface à la première édition

À René-Marc Ferry
en souvenir de MINERVA
qu'il a fondée et dirigée.

Mon cher ami, j'hésitais bien à vous offrir ce petit livre qui me vaudra la calomnie des pires et l'inattention des meilleurs, qui ne sera pas lu par les intéressés, ou qui sera moqué par ceux qu'il voudrait avertir. Mais vous êtes du petit nombre qui s'occupe d'avoir raison. Peu nous importe de savoir si nous serons bien vieux ou si nous serons morts quand l'événement nous apportera son témoignage ! Les trois quarts de ces feuilles sont déjà tout à vous. Vous me les avez demandées en fondant *Minerva* qui les a publiées, vous avez voulu les avoir recueillies en volume. Tous les risques vous tentent. Je publie ma reconnaissance et notre amitié.

I

Minerva n'a pas eu le sérieux bonheur de vieillir.[301] Mais cinq trimestres lui suffirent pour plaire, et pour déplaire considérablement. Du premier jour, elle eut en partage l'éclat. *Minerva* fut splendide. Vous lui aviez donné tous les avantages extérieurs qui contribuent à rendre douce une bonne lecture ; mais, si j'ai bien compris la manière dont fut dirigée *Minerva*, ce qui manque de solidité vous aurait déplu. Vous vous appliquiez à produire des spécialités fortes, initiant le grand public au dernier état des questions. Dans son langage simple et clair, *Minerva* voulait rendre tour à tour les services d'une revue philosophique, d'une revue d'histoire, même d'une revue critique. Elle y mettait l'entrain et la verve de sa jeunesse. Belle et vive, enivrée des passions de l'intelligence, on peut dire qu'elle a aimé la justesse, la raison et la vérité. Très beaux mots à graver sur le marbre d'une épitaphe !

Mais celle-ci comporte également de très beaux noms. Vos collaborateurs furent en nombre, et bien choisis. Vous aviez Paul Bourget, et Maurice

---

[301] *Minerva* parut du 1er mars 1902 au 15 mai 1903.

Barrès. Vous aviez Maurice Croiset, le général Bonnal, Gebhart, Sorel, Frantz Funck-Bruntano. Vous aviez Moréas, Plessis et Lionel des Rieux. Vous aviez Faguet et Bainville. Vous aviez Charles Le Goffic, Pierre Gauthiez, Henry Bordeaux. Le ciel, qui vous avait conduit chez M. Albert Fontemoing[302], paraissait disposé à répondre à vos soins habiles :

> D'un dextre éclair...[303]

Nous obtînmes un autre miracle. À peine étions-nous annoncés, le sol gallo-romain d'une vieille ville de France s'entr'ouvrit ; on nous informa qu'une Pallas[304] de marbre, entière et fort bien conservée, venait d'être rendue au jour. Le présage fut interprété comme heureux. Il l'était. La déesse tendrement invoquée assista la revue qui se publiait sous son nom. Elle nous épargna les erreurs à la mode, en nous accordant la connaissance et le sentiment de sa tradition.

Notre chimère fut de croire à la durée d'un coup de bonheur. Nous nous étions imaginé que l'olivier d'Attique et le laurier latin, unis à la mode française, feraient immanquablement accourir les honnêtes gens. Nous ne tenions pas compte d'un petit fait. Les honnêtes gens étaient morts. Cette société polie et cultivée qui fut la parure et le charme de l'ancienne vie de Paris n'existe plus. Les étrangers le disent et l'écrivent depuis trente ans. Mais nous ne voulions pas le croire. Plus que tous, vous refusiez d'accepter pareille disgrâce. Votre optimisme naturel nous pénétrait.

Tout compte fait, vous êtes trop bon pour votre siècle, mon cher ami. Examinons-le de plus près. Commençons par ce qui subsiste du vieux monde français. Nous rencontrerons des amateurs de musique, des collectionneurs de peinture, d'armes et autres bibelots. L'histoire garde ses fidèles, et aussi la pure science. Ce que nous aurons peine à trouver en un

---

[302] L'éditeur de la collection « Minerva », qui publia la première version de *L'Avenir de l'Intelligence* en 1905.
[303] Ronsard, *Premier Livre des Amours*, XIX :
   Ainsi disoit la Nymphe qui m'affolle,
   Lors que le Ciel tesmoin de sa parolle,
   D'un dextre éclair fut presage à mes yeux.
Les commentateurs disputent depuis Ronsard de savoir si le « dextre éclair » infirme ou confirme les paroles de la nymphe : interprété à la grecque, il infirme leur sens funeste, interprété à l'étrusque, il les confirme. Maurras semble considérer ici le premier cas. (n.d.é.)
[304] Voir l'*Invocation à Minerve*. (n.d.é.)

siècle où tout le monde écrit et discute, ce qui ne s'y rencontre à peu près nulle part, c'est l'amour éclairé des lettres, à plus forte raison le goût de la philosophie. Ni le *Discours sur la méthode* ni l'*Augustinus* n'auraient beaucoup de lecteurs ou même de lectrices parmi nos personnes de qualité, qui vont écouter M. Ferdinand Brunetière. La notion d'un certain jeu supérieur de l'esprit est donc perdue complètement. Les livres, les vrais livres, sont complètement délaissés, et voilà un bien mauvais signe ! Je ne fais tort ni aux arts ni à la science. Il est cependant vrai que ces puissantes disciplines ont besoin des lettres humaines. Exactement, elles en ont besoin pour se penser. Elles attendent de l'expression littéraire un charme lumineux et une influence sublime qui paraissent tenir à la dignité du langage plus encore qu'à la beauté magnifique du style. Les échecs, les reculs du livre intéressent, au plus vif et au plus sensible, notre civilisation ; le goût, les mœurs, la pensée même ! Je voudrais me tromper ; mais, après tant de siècles de vie intellectuelle très raffinée, une haute classe française qui n'aime plus à lire me semble près de son déclin.

On dit que la culture passe de droite à gauche, et qu'un monde neuf s'est constitué. Cela est bien possible. Mais les nouveaux promus sont aussi des nouveaux venus, à moins qu'ils ne soient leurs clients ou leurs valets, et ces étrangers enrichis manquent terriblement, les uns de gravité, de réflexion, sous leur apparence pesante, et les autres, sous leur détestable faux vernis parisien, de légèreté, de vraie grâce. Je trouve superficiel leur esprit si brutal ! Si pratiques, si souples, ils laissent échapper le cœur et la moelle de tout. Comment ces gens-là auraient-ils un goût sincère pour nos humanités ? Qu'est-ce qu'ils peuvent en comprendre ? Cela ne s'apprend point à l'Université. Tous les grades du monde ne feront pas sentir à ce critique juif[305], d'ailleurs érudit, pénétrant, que dans Bérénice, « lieux charmants où mon cœur vous avait adorée » est une façon de parler qui n'est point banale, mais simple, émouvante et très belle. Le mauvais goût des nouveaux maîtres nous fait descendre un peu plus bas que la rusticité ou la légèreté de l'ancienne aristocratie. Eux aussi préfèrent au livre le salon de peinture ou l'art industriel. Mais rendons-leur cette justice : un vieux tact mercantile leur a donné le sentiment des valeurs personnelles. Nos Juifs se trompent rarement sur le prix d'une intelligence. Ils ne commettraient pas les erreurs, les oublis et ces confusions pitoyables où se laisse égarer la bonne foi de nos amis.

---

[305] Il s'agit certainement de Marcel Schwob. (n.d.é.)

Mais qu'importe, mon cher ami ? Les barbares sont les barbares, et nos amis sont nos amis ! Même aveugles, même un peu morts, c'est à eux que nous destinions *Minerva*. Nous les aurions certainement suspendus à nos feuilles, comme l'exemple de *L'Action française*[306] le prouve bien, si nous avions rempli vos livraisons de la querelle des intérêts ou des sentiments nationaux. Peut-être rendions-nous un service égal en proposant dans *Minerva* des renseignements, des clartés, sur autre chose que la politique pure. Notre grande utilité était là. Une revue de tradition et de sentiment purement français, mais libre, mais laïque et qui se dévouerait à la seule littérature ! La dureté des temps s'est opposée à ce beau rêve. Observez qu'il en fut de même à peu près partout. De très grandes publications, qui se distinguaient autrefois par l'étude et la méditation désintéressées, prennent la croix ou le turban et partent pour la guerre. Cette guerre doit être de première nécessité, puisqu'on la déclare de toutes parts et qu'il faut se jeter dans un camp ou dans l'autre. De longtemps, on ne saura plus se promener en discutant sous le platane.[307] Votre gymnase de critiques, d'historiens et de psychologues eût été fréquenté aux matins de la préparation et de l'exercice. Aujourd'hui, chacun s'est armé et entraîné. Tout est prêt. À l'action ! Et je ne demande pas mieux. Mais ce ne sera point sans tourner des yeux de regret vers le noble palestre et le généreux pentathle de *Minerva*. Écrivains et public y seraient devenus meilleurs.

À René Marc Ferry[308]

---

[306] *L'Action française* est la revue de philosophie politique publiée sous la direction de M. Henri Vaugeois, et à laquelle collaborent des nationalistes de toutes origines : Léon de Montesquiou, Lucien Moreau, Jacques Bainville, le marquis de la Tour du Pin, Louis Dimier, Richard Cosse, Augustin Cochin, Lucien Corpechot, Antoine Baumann, Robert Launay, Xavier de Magallon, Henri Mazet, ainsi que l'auteur de ce livre. (Note de 1905.)
[307] Sans doute, le platane de Taine dont parle Barrès dans *Les Déracinés* (voir *L'Idée de la décentralisation*). Lui-même devait sans doute quelque chose au platane du *Phèdre* de Platon. (n.d.é.)
[308] Ici commence, avec cette dédicace simplifiée, la partie de la préface qui est reprise dans l'édition des *Œuvres capitales*. (n.d.é.)

II

Nul esprit ne peut se flatter d'une connaissance vraiment satisfaisante et certaine de l'avenir. Prévoir, essayer même de prévoir est une maladie du cœur. Nous l'avons reçue de nos mères avec les inquiétudes que leur inspirait notre vie. L'avenir, c'est de la crainte ou de l'espérance. Mais on peut craindre à juste titre et espérer à contresens. Où n'atteint pas la précision de la science, l'appréciation délicate du jugement et de la raison, un mélange d'intuition et de calcul peuvent entrevoir et saisir ce que vaut promesse ou menace. J'avouerai que le meilleur guide en ces sortes d'enquêtes est encore un refrain des poètes de ma Provence : « L'amour mène et l'art nous seconde. » Gardez-vous donc bien d'être dupe de la sécheresse et du tour abstrait de ce petit livre. La philosophie n'y paraît que pour éclaircir et fixer le sentiment.

Heureux qui songe de sang-froid aux profonds changements qui s'opèrent autour de nous ! Je ne suis pas ce contemplateur altissime. Le spectacle est trop beau et trop riche d'indications, n'y voulût-on frémir de l'enthousiasme de la curiosité. Mais nous n'en sommes plus, ni vous, ni moi, mon cher ami, à la belle saison où l'œil ne peut se distinguer des chaudes couleurs qu'il admire. Voici la vie, l'expérience. Et voici la faiblesse humaine enfin sentie. La sensibilité se mêle à la pensée. Elle organise de profonds retours sur nous-mêmes ; ce mécanisme des mœurs modernes qui s'institue ! cette distribution nouvelle des énergies, qui tend à effacer vie moyenne et classes moyennes ! ce char électrique qui passe, redivisant le monde en plèbe et en patriciat ! Il faut être stupide comme un conservateur ou naïf comme un démocrate pour ne pas sentir quelles forces tendent à dominer la Terre. Les yeux créés pour voir ont déjà reconnu les deux antiques forces matérielles : l'Or, le Sang.

En fait, un homme d'aujourd'hui devrait se sentir plus voisin du Xe siècle que du XVIIIe. Quelques centaines de familles sont devenues les maîtresses de la planète. Les esprits simples qui s'écrient : « révoltons-nous, renversons-les », oublient que l'expérience de la révolte a été faite en France, il y a cent quinze ans ; et qu'en est-il sorti ? De l'autorité des princes de notre race, nous avons passé sous la verge des marchands d'or, qui sont d'une autre chair que nous, c'est-à-dire d'une autre langue et d'une autre pensée. Cet Or est sans doute une représentation de la Force, mais dépourvue de la signature du fort. On peut assassiner le puissant qui abuse ; l'Or échappe à la désignation et à la vengeance. Ténu et volatil, il est impersonnel. Son règne est indifféremment celui d'un ami ou d'un ennemi, d'un national ou d'un étranger. Sans que rien le trahisse, il sert également Paris, Berlin et Jérusalem. Cette domination, la plus absolue, la moins responsable de toutes, est pourtant celle qui prévaut dans les pays qui se déclarent avancés. En Amérique elle commence à peser sur la religion, qui ne lui échappe en Europe qu'en se plaçant sous la tutelle du pouvoir politique, quand il est fondé sur le Sang.

Sans doute, le catholicisme résiste, et seul ; c'est pourquoi cette Église est partout inquiétée, poursuivie, serrée de fort près. Chez nous, le Concordat l'enchaîne à l'État[309] qui, lui-même, est enchaîné à l'Or, et nos libres penseurs n'ont pas encore compris que le dernier obstacle à l'impérialisme de l'Or, le dernier fort des pensées libres est justement représenté par l'Église qu'ils accablent de vexations ! Elle est bien le dernier organe autonome de l'esprit pur. Une intelligence sincère ne peut voir affaiblir le catholicisme sans concevoir qu'elle est affaiblie avec lui. C'est le spirituel qui baisse dans le monde, lui qui régna sur les argentiers et les rois ; c'est la force brutale qui repart à la conquête de l'univers.

Heureusement, la force conquérante n'est pas unique. Le Sang et l'Or luttent entre eux. L'Intelligence garde un pouvoir, celui de choisir, de nommer le plus digne et de faire un vainqueur. Le gardera-t-elle toujours ? Le gardera-t-elle longtemps ? Les idées sont encore des forces par elles-mêmes. Mais dans vingt ans ? mais dans trente ans ? S'il leur convient d'agir, de produire une action d'éclat, elles seront sages et prudentes de faire vite. L'avenir leur échappe, hélas !

III

Cette position du problème gênera quelques charlatans qui ont des intérêts à cacher tout ceci. Ils font les dignes et les libres, alors qu'ils ont le mors en bouche et le harnais au dos. Ils nient la servitude pour en encaisser les profits, de la même manière qu'ils poussent aux révolutions pour émarger à la caisse du Capital. Un critique vénal, qui dénonce la littérature industrielle et qui la pratique, m'a déjà reproché de diminuer la fonction des écrivains et de me montrer complaisant envers les

---

[309] La suppression du Concordat, fin 1905, ne supprima point la lutte d'un État serf de l'Or contre un pouvoir spirituel unique au monde. (Note de 1927.)

pouvoirs. Il faut répondre aux misères par le mépris. Constater la puissance, ce n'est pas la subir, c'est se mettre en mesure de lui échapper. Mais on la subit au contraire, lorsqu'on la nie par hypocrite vanité.

Rien n'est plus faux que la profonde sécurité générale. Les promesses de barbarie et d'anarchie compensent largement les autres, et, la plupart de ceux qui disent le contraire étant payés pour mentir, il ne faut les entendre que pour les comprendre à rebours. Ah ! que l'Intelligence use vite de ce qui lui reste de forces ! Qu'elle prenne parti ! Qu'elle décide, qu'elle tranche, entre l'Usurier et le Prince, entre la Finance et l'Épée ! On l'a vu : la nature des deux puissances en conflit lui donne à elle, à elle seule, une faculté surhumaine, le don féerique de créer ou de déterminer une belle chose, quelque chose de purement, d'uniquement beau. Dans notre France des premières années du XXe siècle, l'Intelligence peut préférer, exalter et par là faire triompher, aux dépens d'un métal et d'un papier sans âme, la Force lumineuse et la chaleur vivante, celle qui se montre et se nomme, celle qui dure et se transmet, celle qui connaît ses actes, qui les signe, qui en répond.

L'or, divisible à l'infini, est aussi diviseur immense ; nulle patrie n'y résista. Je ne méconnais point l'utilité de la richesse pour l'individu. L'intérêt de l'homme qui pense peut-être d'avoir beaucoup d'or, mais l'intérêt de la pensée est de se rattacher à une patrie libre, que pourra seule maintenir l'héréditaire vertu du Sang. Dans cette patrie libre, la pensée réclame pareillement de l'ordre, celui que le Sang peut fonder et maintenir. Quand donc l'homme qui pense aura sacrifié les commodités et les plaisirs qu'il pourrait acheter à la passion de l'ordre et de la patrie, non seulement il aura bien mérité de ses dieux, mais il se sera honoré devant les autres hommes, il aura relevé son titre et sa condition. L'estime ainsi gagnée rejaillira sur quiconque tient une plume. Devenue le génie sauveur de la cité, l'Intelligence se sera sauvée elle-même de l'abîme où descend notre art déconsidéré.

Mais rien n'est possible[310] sans la réforme intellectuelle de quelques-uns. Ce petit nombre d'élus doit bien se dire que, si la peste se communique par

---

[310] Ici s'intercale, dans la préface de 1905, une présentation des textes publiés dans le même volume, après *L'Avenir de l'Intelligence* proprement dit : *Auguste Comte, Le Romantisme féminin, Mademoiselle Monk*, l'*Invocation à Minerve*. Dans les *Œuvres capitales* ces lignes sont absentes. Maurras y donne le sens de la réunion de ces textes :
> La seconde moitié de ce petit livre est un cahier de notes relatives à l'exécution de ce dessein.

simple contagion, la santé publique ne se recouvre pas de la même manière. Leurs progrès personnels ne suffiront pas à déterminer un progrès des mœurs. Et d'ailleurs ces favorisés, fussent-ils les plus sages et les plus puissants, ne sont que des vivants destinés à mourir un jour ; eux, leurs actes et leurs exemples ne feront jamais qu'un moment dans la vie de leur race, leur éclair bienfaisant n'entr'ouvrira la nuit que pour la refermer, s'ils n'essaient d'y concentrer en des institutions un peu moins éphémères qu'eux le battement de la minute heureuse qu'ils auront appelée sagesse, mérite, vertu. Seule l'intelligence, durable à l'infini, fait durer le meilleur de nous. Par elle, l'homme s'éternise ; son acte bon se continue, se consolide en habitudes qui se renouvellent sans cesse dans les êtres nouveaux qui ouvrent les yeux à la vie. Un beau mouvement se répète, se propage et renaît ainsi indéfiniment. Si l'on veut éviter un individualisme qui ne convient qu'aux protestants, la question morale redevient question sociale ; point de mœurs sans institutions. Le problème des mœurs doit être ramené sous la dépendance de l'autre problème, et ce dernier, tout politique, se rétablit au premier plan de la réflexion des meilleurs.

Je n'ai pas essayé de résoudre ici ce problème.[311] Je l'ai supposé résolu. J'ai supposé ma solution démontrée, ou pour mieux dire, mes démonstrations connues.[312] Je me suis appliqué simplement à rendre

---

Avant de réorganiser la France moderne, l'élite des esprits français doit rétablir la discipline de sa propre pensée. Comment ? Cela ne fait aucune difficulté pour les catholiques ; ceux qui veulent guérir de misère logique n'ont qu'à utiliser les ressources que leur présent l'économie intime de leur religion. Mais j'ai résumé pour les autres la règle magnifique instituée par le génie d'Auguste Comte sous le nom de Positivisme.

Parce que la rigueur de cet appareil de redressement peut faire dire aux esprits timides et aux cœurs faibles : « mieux vaut le mal », j'ai fait suivre la traduction d'Auguste Comte de quelques études précises, et faites sur le vif, de ce mal romantique et révolutionnaire. Mes doux monstres à tête de femme n'effraieront sans doute personne. Peut-être feront-ils réfléchir un petit nombre d'intelligences libres et de volontés courageuses. (n.d.é.)

[311] Ce paragraphe est absent de l'édition des *Œuvres capitales*. (n.d.é.)

[312] Mon ami M. Lucien Moreau me fait l'honneur de réunir en un corps d'ouvrage, qui paraîtra bientôt, l'ensemble de ces démonstrations aujourd'hui dispersées dans l'*Enquête sur la monarchie*, la *Gazette de France* et *L'Action française*. [Note de 1905.]

La publication de ce grand travail fut annoncée à la *Bibliographie de la France* ; elle fut ajournée lors de la transformation de la revue *L'Action française* en organe quotidien. Ce souvenir me donne enfin l'occasion d'adresser le témoignage de ma gratitude profonde à mon ami M. Lucien Moreau ; jusqu'au 2 août 1914, tous mes livres lui doivent le concours de

confiance à ceux qui, admettant cette solution pour la vraie, concluent piteusement qu'elle n'est pas possible. Mon chapitre final, *Mademoiselle Monk*, invite le lecteur à considérer la façon dont les événements se suivent dans la vie du monde, et tous les merveilleux partis que l'industrie de l'homme peut en tirer. L'homme d'action n'est qu'un ouvrier dont l'art consiste à s'emparer des fortunes heureuses. Mais cette matière première lui est donnée avec abondance et fertilité à travers l'espace sans bornes, sur les flots sans nombre du temps.

Je comprends qu'un être isolé, n'ayant qu'un cerveau et qu'un cœur, qui s'épuisent avec une misérable vitesse, se décourage, et tôt ou tard, désespère du lendemain. Mais une race, une nation sont des substances sensiblement immortelles ! Elles disposent d'une réserve inépuisable de pensées, de cœurs et de corps. Une espérance collective ne peut donc pas être domptée. Chaque touffe tranchée reverdit plus forte et plus belle. Tout désespoir en politique est une sottise absolue.

1904/1905.

---

suggestions précieuses et de révisions attentives. Cela est particulièrement vrai de celui-ci. [Note de 1917.]

Avertissement à l'édition de 1927

Quand un jeune homme vient me demander s'il doit faire de la science, je lui réponds :

— Si vous avez une fortune qui assure votre indépendance, oui. Mais si vous devez demander à votre travail de vous servir de gagne-pain, ne vous lancez pas dans une carrière où vous ne pourrez avancer en gardant la tête haute... Notre démocratie a rendu le vae miseris plus dur qu'il ne l'a jamais été...

Le 15 juin 1919, lorsque M. Henri Le Chatelier, de l'Académie des sciences, écrivait au journal *Le Temps* ces graves et tristes paroles, l'étude que voici sur *L'Avenir de l'Intelligence* circulait depuis quatorze ans dans le public français. D'anciennes prévisions, qui avaient été formées presque uniquement pour le monde des Lettres et des Arts, étaient ainsi vérifiées pour le monde savant.

Autrefois, ce monde-là avait passé pour favorisé. On m'avait dit, en forme d'objection :

— Et le savant ? Et l'ingénieur ? Et l'inventeur ? N'est-ce pas aussi un intellectuel ? Cependant, quel succès !

Mais le succès n'a pas duré. La logique de la démocratie a suivi son cours. Huit années ont couru depuis le pronostic de M. Henri Le Chatelier. Elles ont aggravé la commune misère de quiconque pense, écrit, rime, chante ou peint. Tous les autres salaires ont été relevés dans des proportions variables, en général assez fortes ; les travailleurs intellectuels ont été les plus mal partagés. Des savants éminents, des doyens de faculté, des recteurs d'Université annoncent tristement qu'ils vendent leur bibliothèque afin d'assurer leur existence et celle des leurs. Quant aux élèves, pour acheter des livres ou pour manger, beaucoup sont réduits à rechercher un travail manuel rémunérateur.

Jusqu'où ira-t-on en ce sens ? Nul signe favorable n'a été aperçu encore. Le destin de l'Intelligence s'assombrit chaque jour.

Il y a vingt-cinq ans, on gardait un espoir dans la Révolution. Mais elle est venue. L'expérience révolutionnaire est faite. Son espoir a été trompé ; c'est aux intellectuels que s'est attaquée le plus violemment la révolution russe, elle en a tué par le fer ou le feu trois cent cinquante-cinq mille deux cents cinquante, et cette belle statistique ne parle pas de ceux, instituteurs ou professeurs, avocats ou poètes, dont elle a eu raison par la famine ou par le froid.

Le règne de l'or, maître du fer, devenu l'arbitre de toute pensée séculière, se prolongera donc si l'on n'essaye pas une voie nouvelle qui permette de lui échapper. Quelle voie ? C'est ce que peut toujours montrer un petit livre né en 1905.

L'Illusion

Un écrivain bien médiocre, mais représentatif, est devenu presque fameux pour ses crises d'enthousiasme toutes les fois qu'un membre de la République des lettres se trouve touché, mort ou vif, par les honneurs officiels. Tout lui sert de prétexte ; remise de médaille, érection de statue, ou pose de plaque. Pourvu que la cérémonie ait comporté des uniformes et des habits brodés, sa joie naïve éclate en applaudissements.

— Y avez-vous pris garde, dit-il, les yeux serrés, le chef de l'État s'est fait représenter. Nous avions la moitié du Conseil des ministres et les deux préfets. Tant de généraux ! Des régiments avec drapeau, des musiciens et leur bannière. Sans compter beaucoup de magistrats en hermine et de professeurs, ces derniers sans leur toge, ce qui est malheureux.

— Et les soldats faisaient la haie ?

— Ils la faisaient.

— En armes ?

— Vous l'avez dit.

— Mais que disait le peuple ?

— Il n'en croyait pas ses cent yeux !

Pareille chose ne se fut jamais vue depuis vingt-six ans. Des tambours, du canon et le déplacement des autorités pour un simple gratte-papier ! Jadis, un bon soldat, un digne commis aux gabelles purent ambitionner ces honneurs ; les auteurs, point. Ces amuseurs n'étaient pris au sérieux que d'un petit cercle condescendant.

Grâce aux dieux, la corporation écrivante se trouve désormais égale aux premiers de l'État. Elle les passe même tous. Ils ne sont que des membres, et elle est leur tête superbe. Rien ne nous borne. Rien ne nous manque non plus. Nous avions les plaisirs de la vie intellectuelle, il s'y ajoute la satisfaction des grandeurs selon la chair : pouvoir et richesse. Les Lettres et les Sciences mènent à tout. Combien d'anciens élèves de l'École normale, de l'École des Chartes ou de l'École des Hautes Études devinrent présidents d'assemblées, ministres d'État ! Nulle dignité ne nous pare, et c'est nous qui la relevons quand nous daignons en accepter une.

Comment ne régnerions-nous pas ? Le plus certain des faits est que nous vivons sous un gouvernement d'opinion ; or cette opinion, nous en sommes les extracteurs et les metteurs en œuvre. Nous la dégageons de l'inconscient où elle sommeille et nous la modelons en formules pleines de vie. Mieux que cela. À la lettre, nous la faisons, nous la mettons au monde. Par cette fille illustre, simple et sonore, répercussion de notre pensée, une force des choses nous rend maîtres de tout.

Il faut le dire sans surprise. La puissance que nous exerçons est la seule bien légitime. Soyons plutôt surpris qu'on lui mette une borne. Mais les bornes disparaîtront. Le flot de notre fortune monte toujours. Le règne de l'Esprit sur les multitudes s'annonce, le Dieu nouveau s'installe sur son trône immortel. Rangés sous les pieds de ce monarque définitif, les Forts des anciens jours, les débris des pouvoirs matériels détruits, ceux qui représentaient soit l'énergie brutale, soit la ruse enrichie, soit l'héritage perpétué de l'une ou de l'autre de leur alliance, les dominateurs foudroyés sont à attendre les ordres que leur dicte notre Sagesse. En lui faisant la cour, en devenant nos plus diligents serviteurs, ils espèrent se laver des crimes passés. Voilà qui vaut mieux que le rêve des premiers poètes. Le fer du glaive n'est point changé en fer de charrue ; l'instrument se met au service d'un peu de substance pensante, il obéit aux injonctions de notre encre d'imprimerie. N'en doutons plus, rendons justice à l'aurore des temps nouveaux.

Et ce n'est qu'évidence pure ! ajoute le simple docteur, qui n'est point seul dans sa croyance ; des esprits aussi dénués de candeur que M. Georges Clemenceau osent écrire, peuvent écrire : « La souveraineté de la force brutale est en voie de disparaître, et nous nous acheminons, non sans heurts, vers la souveraineté de l'intelligence. »

Je ne demande pas s'il faut souhaiter ce régime. La dignité des esprits est de penser, de penser bien, et ceux qui n'ont point réfléchi au véritable caractère de cette dignité sont seuls flattés d'un beau rêve de domination. Les esprits avertis feront la grimace et remercieront. Il ne s'agit point de cela, dans ce petit traité ! Car, de quelque façon qu'on y soit sensible, qu'on sourie d'aise ou qu'on soit choqué, nulle conception de l'avenir n'est plus fausse, bien qu'on nous la présente avec autant de netteté que de chaleur. Sans doute les faits qui la fondent ont une couleur de justesse. Mais est-ce qu'on les interprète bien ? Les comprend-on ? Les voit-on même ? Les nomme-t-on exactement ?

Oui, la troupe suit le convoi des auteurs célèbres ; on décore, on honore, on distingue aux frais du Trésor ceux d'entre nous qui semblent s'élever du commun. Ce sont des faits ; mais tous les faits veulent être éclaircis par des faits antérieurs ou contemporains, si on tient à les déchiffrer.

Grandeur et décadence

I — Grandeurs passées

Tout d'abord, précisons. Nous parlons de l'Intelligence, comme on en parle à Saint-Pétersbourg : du métier, de la profession, du parti de l'Intelligence. Il ne s'agit donc pas de l'influence que peut, en tout temps, acquérir par sa puissance l'intelligence d'un lettré, poète, orateur, philosophe. La magie de la parole, la fécondité de la vie et de la pensée sont des forces comme les autres ; si elles sont considérables ou servies par les circonstances, elles entrent dans le jeu des autres forces humaines et donnent le plus ou le moins suivant elles et suivant le sort. Un juriste dirait : voilà des espèces. Un casuiste : des cas. Nous traiterons du genre écrivain.

Un saint Bernard, pénétrant un milieu quelconque, y agira toujours et, comme dit le peuple, il y marquera à coup sûr. Un esprit de moitié moins puissant que ne le fut celui de saint Bernard, mais soutenu, servi par une puissante collectivité telle que l'Église chrétienne, dégagera de même, et dans tous les cas, une influence appréciable. Mais le sort des individus d'exception, fussent-ils gens de plume, et le sort des grandes collectivités morales ou politiques dans lesquelles un homme de lettres peut être enrôlé, n'est pas ce que nous examinons à présent. Nous traitons de la destinée commune aux hommes de lettres, du sort de leur corporation et du lustre que lui valut le travail des deux derniers siècles.

Ce lustre n'est pas contestable ; nous fîmes tous fortune il y a quelque deux cents ans. Depuis lors, avec tout le savoir-faire ou toute la maladresse du monde, né bien ou mal, pauvre ou riche, entouré ou seul, et de quelque congrégation ou de quelque localité qu'il soit originaire, un homme dont on dit qu'il écrit et qu'il se fait lire, celui qui est classé dans la troupe des mandarins a reçu de ce fait un petit surcroît de crédit. Avec ou sans talent il circula, il avança plus aisément, car on s'écartait devant lui comme autrefois devant un gentilhomme ou devant un prêtre. Quelque chose lui vint qui s'ajoutait à lui. On le craignit, on l'honora, on l'estima, on le détesta ; de tous ces sentiments fondus en un seul s'exhalait une sorte d'estime amoureuse et jalouse pour le genre de pouvoir ou d'influence que sa profession semblait comporter. Il avait l'auréole et, si quelque uniforme l'avait fait reconnaître des populations, c'est à lui qu'on aurait fait les meilleurs saluts.

II — Du seizième siècle au dix-huitième

L'histoire de notre ascension professionnelle a été faite plusieurs fois. Il n'y a, je suppose, qu'à en rappeler la rapidité foudroyante. Au XVIIe siècle, les dédicaces de Corneille, les sombres réticences de La Bruyère, la triste et boudeuse formule du vieux Malherbe, qu'un poète n'est pas plus utile à l'État qu'un bon joueur de quilles, permettent de nous définir la condition d'un homme qu'élevait et classait la seule force de son esprit.

On fera bien d'apprendre la langue du temps avant de conclure d'une phrase ou d'une anecdote que c'était une condition toute domestique. Ni l'éclat, ni l'aisance, ni la décence, ni, à travers tous les incidents naturels à une carrière quelconque, l'honneur proprement dit n'y faisait défaut. Le rang était considérable, mais subordonné. Les Lettres faisaient leur fonction de parure du monde. Elles s'efforçaient d'adoucir, de polir et d'amender les mœurs générales. Elles étaient les interprètes et comme les voix de l'amour, l'aiguillon du plaisir, l'enchantement des lents hivers et des longues vieillesses. L'homme d'État leur demandait ses distractions, et le campagnard sa société préférée ; elles ne prétendaient rien gouverner encore.

La Renaissance avait admis un ordre de choses plus souple et moins régulier ; le roi Charles IX y passait au poète Ronsard des familiarités que Louis XIV n'eût point souffertes. Cependant, au XVIe siècle comme au XVIIe, les orateurs, les philosophes, les poètes observèrent les convenances naturelles et, lorsqu'ils agitèrent de la meilleure constitution à donner à l'État, c'était presque toujours en évitant de rechercher l'application immédiate et la pratique sérieuse. Leurs esprits se jouaient dans des combinaisons qu'ils sentaient et nommaient fictives. Ils laissaient la politique et la théologie à ceux qui en faisaient état. Tirons notre exemple du plus délicat des sujets, de l'ordre religieux ; Ronsard et ses amis pouvaient se réunir pour offrir des libations à Bacchus et aux Muses, ou feindre même de leur immoler un bouc qu'ils chargeaient de bandelettes et de guirlandes. Quand il conte cette histoire de sa jeunesse, et d'un temps où la querelle de religion n'existait pas encore, le poète a bien soin de spécifier que c'était par amusement ; on n'avait pas songé, en se couronnant des fleurs de la fable, à faire vraiment les païens, non plus qu'à s'écarter des doctrines de l'Évangile.

Voilà la mesure et le trait. Les Lettres sont un noble exercice, l'art une fiction à laquelle l'esprit s'égaye en liberté. Les effets sur les mœurs sont donc indirects et lointains. On les saisit à peine. L'écrivain et l'artiste ne peuvent en tirer ni vanité ni repentir. Ils en sont ignorants autant qu'innocents. Plaire au public, se divertir entre eux, c'est le but unique. La Fontaine ne savait guère que son livre de Contes eût fait songer à mal. Ils ne se doutent qu'à demi de leur influence sur le public. S'ils déterminent quelque altération ou quelque réforme, c'est, à peu près, à leur insu.

III — Les lettrés deviennent rois

Or, c'est, tout au contraire, la réforme, le changement des idées admises et des goûts établis qui fut le but marqué des écrivains du XVIIIe siècle.

Leurs ouvrages décident des révolutions de l'État. Ce n'est rien de le constater ; il faut voir qu'avant d'obtenir cette autorité, ils l'ont visée, voulue, briguée. Ce sont des mécontents. Ils apportent au monde une liste de doléances, un plan de reconstitution.

Mais ils sont aussitôt applaudis de ce coup d'audace. Le génie et la modestie de leurs devanciers du grand siècle avait assuré leur crédit. On commence par les prier de s'installer. On les supplie ensuite de continuer leur ouvrage de destruction réelle, de construction imaginaire. Et la vivacité, l'esprit, l'éloquence de leurs critiques leur procurent la vogue. Jusqu'à quel point ? Cela doit être mesuré au degré de la tolérance dont Jean-Jacques réussit à bénéficier. Il faut se rappeler ses manières, ses goûts et toutes les tares de sa personne. Que la société la plus parfaite de l'Europe, la première ville du monde l'aient accueilli et l'aient choyé ; qu'il y ait été un homme à la mode ; qu'il y ait figuré le pouvoir spirituel de l'époque ; qu'un peuple tributaire de nos mœurs françaises, le pauvre peuple de Pologne, lui ait demandé de rédiger à son usage une « constitution », cela en dit plus long que tout. Charles-Quint ramassa, dit-on, le pinceau de Titien ; mais, quand Titien peignait, il ne faisait que son métier, auquel il excellait. Quand Rousseau écrivait, il usurpait les attributs du prince, ceux du prêtre et ceux même du peuple entier, puisqu'il n'était même point le sujet du roi, ni membre d'aucun grand État militaire faisant quelque figure dans l'Europe d'alors. L'élite politique et mondaine, une élite morale, fit mieux que ramasser la plume de Jean-Jacques, elle baisa la trace de sa honte et de ses folies ; elle en imita tous les coups. Le bon plaisir de cet homme ne connut de frontières que du côté des gens de lettres, ses confrères et ses rivaux.

La royauté de Voltaire, celle du monde de l'*Encyclopédie*, ajoutés à cette popularité de Jean-Jacques, établirent très fortement, pour une trentaine ou une quarantaine d'années, la dictature générale de l'Écrit. L'Écrit régna non comme vertueux, ni comme juste, mais précisément comme écrit. Il se fit nommer la Raison. Par gageure, cette raison n'était d'accord ni avec les lois physiques de la réalité, ni avec les lois logiques de la pensée ; contradictoire et irréelle dans tous ses termes, elle déraisonnait et dénaturait les problèmes les mieux posés. Nous aurons à y revenir ; constatons que l'absurde victoire de l'Écrit fut complète. Lorsque l'autorité royale disparut, elle ne céda point, comme on le dit, à la souveraineté du peuple ; le successeur des Bourbons, c'est l'homme de lettres.

IV — L'abdication des anciens princes

Une petite troupe de philosophes prétendus croit spirituel ou profond de contester l'influence des idées, des systèmes et des mots dans la genèse de la Révolution. Comment, se disent-ils, les idées pures, et sans corps, retentiraient-elles sur les faits de la vie ? Comment des rêves auraient-ils causé une action ? Quoique cela se voit partout à peu près chaque jour, ils le nient radicalement.

Cependant, aucun des événements publics qui composent la trame de l'histoire moderne n'est compréhensible, ni concevable, si l'on admet pas qu'un nouvel ordre de sentiments s'est introduit dans les cœurs et affectait la vie pratique vers 1789. Beaucoup de ceux qui avait pris part à la conduite des affaires nommaient leur droit un préjugé ; ils doutaient sérieusement de la justice de leur cause et de la légitimité de cette œuvre de direction et de gouvernement qu'ils avaient en charge publique. Le sacrifice de Louis XVI représente à la perfection le genre de chute que firent alors toutes les têtes du troupeau. Avant d'être tranchées, elles se retranchèrent ; on n'eut pas à les renverser, elles se laissèrent tomber. Plus tard, l'abdication de Louis-Philippe et le départ de ses deux fils Aumale et Joinville, pourtant maîtres absolus des armées de terre et de mer, montrent d'autres types très nets du même doute de soi dans les consciences gouvernementales. Ces hauts pouvoirs de fait, que l'hérédité, la gloire, l'intérêt général, la foi et les lois en vigueur avaient constitués, cédaient, après la plus molle des résistances, à de simples échauffourées. La canonnade et la fusillade bien appliquées auraient cependant sauvé l'ordre et la patrie, en évitant à l'humanité les deuils incomparables qui suivirent et qui devaient suivre.

« *Che coglione* », disait le jeune Bonaparte au 10 août. Ce n'est pas tout à fait le mot ; ni Louis XVI, ni ses conseillers, ni ses fonctionnaires, ni Louis-Philippe, ni ses fils n'étaient ce que disait Bonaparte, ayant fait preuve d'énergie morale en d'autres sujets. Mais la Révolution s'était accomplie dans les profondeurs de leur mentalité. Depuis que le philosophisme les avait pétris, ce n'étaient plus eux qui régnaient ; ce qui régnait sur eux, c'était la littérature du siècle. Les vrais rois, les lettrés, n'avaient donc qu'à paraître pour obtenir la pourpre et se la partager.

L'époque révolutionnaire marque le plus haut point de dictature littéraire. Quand on veut embrasser d'un mot la composition des trois assemblées de la Révolution, quand on cherche, pour ce ramas de gentilshommes déclassés, d'anciens militaires et d'anciens capucins, un dénominateur qui leur soit commun, c'est toujours à ce mot de lettrés qu'il faut revenir. On peut trouver leur littérature de tous les signes de la caducité ; temporellement, elle triompha, gouverna et administra. Aucun gouvernement ne fut plus littéraire. Des livres d'autrefois aux salons d'autrefois, des salons aux projets de réformes qui circulaient depuis 1750, de ces papiers publics aux « Déclarations » successives, la trace est continue ; on arrange en textes de loi ce qui avait été d'abord publié en volumes. Les idées dirigeantes sont les idées des philosophes. Si les maîtres de la philosophie ne paraissent pas à la tribune et aux affaires, c'est que, à l'aurore de la Révolution, ils sont morts presque tous. Les survivants, au grand complet, viennent jouer leur bout de rôle, avec les disciples des morts.

Le système de mœurs et d'institutions qu'ils avaient combiné jadis dans le privé, ils l'imposaient d'aplomb à la vie publique. Cette méthode eût entraîné un grand nombre de mutilations et de destructions, alors même qu'elle eût servi des idées justes ; mais la plupart des idées d'alors étaient inexactes. Nos lettrés furent donc induits à n'épargner ni les choses ni les personnes. Je ne perds pas mon temps à plaindre ceux que l'on fit périr ; ils vivaient, c'étaient donc des condamnés à mort. Malheureusement, on fit tomber avec eux des institutions promises, par nature, à de plus longues destinées.

V — Napoléon

Si l'on considère en Napoléon le législateur et le souverain, il faut saluer en lui un idéologue. Il figure l'homme de lettre couronné. Comme il s'en vante, lui qui disait : « Rousseau et moi »[313], ce membre de l'Institut continue la Révolution, et avec elle tout ce qu'a rêvé la littérature du dix-huitième siècle ; il le tourne en décrets, en articles de code. La Constitution de l'an VIII, le Concordat, l'Administration bureaucratique reflètent constamment les idées à la mode sur la fin de l'ancien régime. Mais, par un miracle de sens pratique dont il faut avouer le prix, Napoléon tira de ces rêveries sans solidité une apparence de réalités consistantes.

Assurément tous nos malheurs découlent de ces apparences menteuses ; elles n'ont pas cessé de contrarier les profondes nécessités de l'ordre réel. Cependant nos phases de tranquillité provisoire n'eurent point d'autres causes que l'accord très réel des fictions administratives avec les fictions littéraires qui agitaient et dévoyaient tous les cerveaux. De la rencontre de ces deux fictions, et de ces deux littératures, l'une officielle, l'autre privée, naissait le sentiment, précaire, mais réel, d'une harmonie ou d'une convenance relative.

Nos pères ont appelé ce sentiment celui de l'ordre. Ceux d'entre nous qui se sont demandé comme Lamartine : « Cet ordre est-il l'ordre ? » et qui ont dû répondre : « non », tiennent le rêveur prodigieux qui confectionna ce faux ordre pour le plus grand poète du romantisme français. Ils ajoutent : pour le dernier des hommes d'État nationaux. Ils placent Napoléon Ier vingt coudées au-dessus de Jean-Jacques et de Victor Hugo, mais plus de dix mille au-dessous de M. de Peyronet.[314]

Il est vrai que Napoléon se présente sous un autre aspect, si, du génie civil, qui, en lui, fut tout poésie, on arrive à considérer le génie militaire. Rien de plus opposé à la mauvaise littérature politique et diplomatique que

---

[313] Stanislas de Girardin écrit dans son *Journal* :
> Arrivé dans l'île des Peupliers, le Premier Consul s'est arrêté devant le tombeau de Jean-Jacques et a dit : « Il aurait mieux valu, pour le repos de la France, que cet homme n'eût pas existé ! — Et pourquoi, citoyen consul ? lui demandai-je. — C'est lui qui a préparé la Révolution française. — Je croyais, citoyen Consul, que ce n'était pas à vous de vous plaindre de la Révolution.
> — Eh bien ! répliqua-t-il, l'avenir apprendra s'il n'eût pas mieux valu, pour le repos de la terre, que ni Rousseau, ni moi, n'eussions jamais existé. »

[314] Ministre de Louis XVIII, dans le cabinet de M. de Villèle (décembre 1821).

Napoléon chef d'armée. Rien de plus réaliste ni de plus positif ; rien de plus national. Comme les généraux de 1792, il réveille, il stimule le fond guerrier de la nation. Il aspire les éléments du composé français, les assemble, heurte leur masse contre l'étranger ; ainsi il les éprouve, les unit et les fond. Les nouvelles ressources du sentiment patriotique se révèlent, elles se concentrent et, servies par l'autorité supérieure du maître, opposent à l'idéologie des lettrés un système imprévu de forces violentes. De ce côté, Napoléon personnifie la réponse ironique et dure des militaires du XIXe siècle aux songes littéraires du XVIIIe.

VI — Le dix-neuvième siècle

Caractère général du XIXe siècle : le courant naturel de sa littérature continue les divagations de l'âge précédent. Mais la suite des faits militaires, économiques et politiques contredit ces divagations une à une.

Par exemple, considérez l'histoire des réalités européennes après la Révolution. La littérature révolutionnaire tendait à dissoudre les nations, pour constituer l'unité du genre humain, et les conséquences directes de la Révolution furent, hors de France, de rallumer partout le sentiment de chaque patrie particulière et de précipiter la constitution des nationalités. Mais les lettres allemandes, anglaises, italiennes, slaves servirent, chacune dans son milieu natal, ces violentes forces physiques, et la littérature française du XIXe siècle voulut favoriser au dehors cet élan ; pour son compte, dans son esprit, elle demeura cosmopolite et humanitaire. Elle se prononçait, en France, à l'inverse des faits français et étrangers qu'elle avait déterminés elle-même ; elle n'utilisait les guerres de l'Empire qu'au profit des idées de la Révolution. Les faits lui offraient l'occasion d'un Risorgimento[315] français ; elle l'évita avec soin.

Autre exemple : les lettrés du XVIIIe siècle avaient fait décréter comme éminemment raisonnable, juste, proportionnée aux clartés de l'esprit humain et aux droits de la conscience, une certaine législation du travail d'après laquelle tout employeur, étant libre, et tout employé, ne l'étant pas moins, devaient traiter leurs intérêts communs d'homme à homme, d'égal à égal, sans pouvoir se concerter ni se confédérer avec leurs pareils, qu'ils

---

[315] Entendu ici au sens du mouvement littéraire et intellectuel qui suscita et accompagna la marche de l'Italie vers son unité. (n.d.é.)

fussent ouvriers ou patrons. Ce régime, qui n'était pas assurément le meilleur en soi, qui était même en soi détestable, paraissait néanmoins applicable ou possible dans l'état où se trouvaient les industries humaines aux environs de 1789 ou de 1802 ; c'est à peine si la moyenne industrie avait fait son apparition, la grande industrie s'indiquait faiblement, la très grande industrie n'existait pas encore. Un fait nouveau, l'un des faits que Napoléon méconnut, la vapeur, stimula les transformations. La législation littéraire de la Révolution et de Napoléon dut se heurter dès lors aux difficultés les plus graves ; de gênante et de périlleuse pour l'avenir, ou de simplement immorale, elle devint un danger immédiat, pressant et vraiment elle conspira contre l'ordre et la paix à l'intérieur. Car, dans la très grande industrie, le patron personnel s'évanouit presque partout. Il fut remplacé par le mandataire d'un groupement ; quel que fût, d'ailleurs, ce nouveau chef, il acquérait, du fait des conditions nouvelles, une puissance telle qu'on ne pouvait lui opposer sans ridicule, comme un co-contractant sérieux, comme un égal légal, le malheureux ouvrier d'usine perdu au milieu de centaines ou de milliers d'individus employés au même travail que lui, et de ceux qui s'offraient pour remplaçants éventuels.

Les faits économiques, s'accumulant ainsi, révélaient chaque jour le fond absurde, odieux, fragile, des fictions légales. D'autres idées, une autre littérature, un autre esprit, auraient secondé des faits aussi graves, mais les lettrés ne comprenaient du mouvement ouvrier que ce qu'il présentait de révolutionnaire ; au lieu de construire avec lui, ils le contrariaient dans son œuvre édificatrice et le stimulaient dans son effort destructeur. Considérant comme un état tout naturel l'antagonisme issu de leurs mauvaises lois, ils s'efforcèrent de l'aigrir et de le conduire aux violences. On peut nommer leur attitude générale au cours du XIXe siècle un désir persistant d'anarchie et d'insurrection. Hugo et Béranger donnaient à la force militaire française un faux sens de libéralisme, et Georges Sand faussait les justes doléances du prolétariat.

Ainsi tout ce qu'entreprenait d'utile ou de nécessaire la Force des choses, l'Intelligence littéraire le dévoyait ou le contestait méthodiquement.

C'est le résumé de l'histoire du siècle dernier.

VII — Premières atteintes

De ces deux pouvoirs en conflit, Intelligence et Force, lequel a paru l'emporter au cours de ce même siècle ?

On n'y rencontre pas une influence comparable aux dictatures plénières du siècle précédent. On avait dit *le roi Voltaire*, mais personne ne dit *le roi Chateaubriand*, qui ne rêva que de ce sceptre, ni *le roi Lamartine*, ni *le roi Balzac*, qui aspiraient de même à la tyrannie. On n'a pas dit *le roi Hugo*. Celui-ci a dû se contenter du titre de « père », et de qui ? des poètes, des seuls gens de son métier.

En outre, les souverains qui ont gouverné la France après Napoléon se sont presque tous conformés à ses jugements, peu bienveillants, en somme, sur ses confrères en idéologie. La Restauration s'honora de la renaissance des Lettres pures ; elle les protégea, les favorisa d'un esprit si curieux et si averti que c'était, par exemple, le jeune Michelet qui allait donner des leçons d'histoire aux Tuileries. Mais le gouvernement n'en était plus à prendre au sérieux les pétarades d'un sous-Voltaire. On le fit voir à M. de Chateaubriand. Villèle lui fut préféré, Villèle qui n'était ni manieur de mots, ni semeur d'images brillantes, mais le plus appliqué des politiques, le plus avisé des administrateurs, peut-être le meilleur citoyen de son siècle.

Quoique fort respectueux envers l'opinion, Louis-Philippe montra une profonde indifférence envers ceux qui la font. Il ne les craignit pas assez ; en s'appuyant sur les intérêts, il négligea imprudemment l'appui de ceux qui savent orner et poétiser le réel. Son fils aîné avait pratiqué ce grand art, et la mort du duc d'Orléans, le 13 juillet 1842, fut un des malheurs qui permirent la révolution de février.

Le Second Empire, qui adopta peu à peu une politique toute contraire à l'égard des lettrés, en parut châtié par le cours naturel des choses. Les hommes de main, Persigny, Maupas, Saint-Arnaud, Morny, marquent précisément l'heure de sa prospérité ; quand l'Empereur se met à collaborer avec les diplomates de journaux, qu'il s'enflamme avec eux pour l'unité italienne ou s'unit à leurs vœux en faveur de la Prusse, la décadence du régime se prononce, la chute menace. Mais il faut prendre garde qu'un Émile Ollivier, plus tard un Gambetta, se donnaient déjà pour des praticiens ; on les eût offensés en les mettant dans la même compagnie que Rousseau.

Sous ces divers régimes, en effet, les lettrés purent bien accéder au gouvernement. Ce n'était plus la littérature en personne qui devait régner sous leur nom. Leur ambition commune était de se montrer, avant tout, gens d'affaires et hommes d'action.

Un trait les marque assez souvent, plus que Bonaparte. C'est le profond dédain qu'ils affichent, dès la première minute du pouvoir, pour leur condition de naguère ; c'est l'autorité rogue, même un esprit d'hostilité dont ils sont animés envers leurs compagnons d'hier. Ils les casent assurément, car le cercle de leurs relations n'est étendu que de ce côté. Ils s'entourent du personnel de leur origine ; mais, cette origine, ils la renient volontiers, ils n'éprouvent aucune piété particulière pour le fait de tenir une plume, de mettre du noir sur du blanc. Ils se croient renseignés sur ce que vaut la Pensée et toute Pensée, car ils se rappellent la leur. De quel air, de quel ton, ce Guizot devenu président du Conseil reçoit le pauvre Auguste Comte ! Un ancien secrétaire de rédaction, passé ministre des Affaires Étrangères, dit à qui veut l'entendre qu'il fait peu de cas des journaux ! Un journaliste, un écrivain qui a été élu député étudie ses intonations pour écraser d'anciens confrères :

— *Vous autres théoriciens !...*

LA DIFFICULTÉ

VIII — Les anciens privilégiés

Du jour de leur élévation les nouveaux promus ont fait une découverte. Ils s'aperçoivent que tout n'est pas dans les livres. Ils se disent que l'expérience, l'habitude des hommes, le maniement des grands intérêts sont des biens. Ils découvrent aussi les antiques distinctions de vie et de mœurs, la supériorité des manières ; chez les femmes, l'affinement et la culture souveraine du goût. Ils en font aussitôt grand état et le laissent voir. Les anciens privilégiés ne peuvent manquer d'y prendre garde à leur tour et s'aperçoivent en même temps de leur force. Avec ce sentiment se forme en eux quelque dédain pour une espèce d'êtres autrefois redoutés, qu'ils ne regardent bientôt plus qu'en bêtes curieuses.

Je ne prétends pas que, pendant les cinquante ou soixante dernières années, le vieux monde français ait su cultiver le dédain avec ce vif discernement qui aurait égalé un profond calcul politique. La sagesse eût été de réprimer de mauvais sourires et de retenir des affronts qui furent souvent payés cher. L'état inorganique de la société, l'instabilité des gouvernements ne permettaient, de ce côté, que des mouvements de passion. Ni politique orientée, ni tradition suivie. Confrontée avec les parvenus de l'Intelligence, la vieille France s'efforçait de faire sentir et de maintenir son prix ; tout en les accueillant parfois, elle fut loin de les subir, comme elle avait subi le monde de l'*Encyclopédie*. Ces sauvages ne demandaient qu'à s'apprivoiser ; ils étaient donc moins intéressants à connaître. Ils la cherchaient ; elle avait donc intérêt à se dérober. Elle le fit, plus d'une fois à son dommage.

Cependant, une grande bonhomie, bien conforme au caractère de la race, présida longtemps encore aux relations, quand il s'en établit, entre les deux sphères. Rien n'était plus aisé, au sens complet d'un mot charmant, que l'accès de certaines demeures anciennes et de leurs habitants, fidèles aux mœurs d'autrefois. La plus exquise des réciprocités, celle du respect, faisait le fond de la politesse en usage. Une vie parfaitement simple annulait en pratique la plus voyante des inégalités, qui est celle des biens. À l'idôlatrie, dont la fin de l'ancien régime avait honoré le moindre mérite intellectuel, succédait un procédé beaucoup plus humain, qui avait l'avantage de convenir aux esprits délicats, qu'eût choqués l'excès de jadis. Un homme de haute intelligence, mais sans naissance et sans fortune, fut longtemps assuré de trouver dans les classes supérieures de la nation cet accueil de plain-pied, dont tout Français né patricien, même s'il vient du petit peuple, éprouve au plus haut point la nécessité, presque la nostalgie, pour peu qu'il se soit cultivé. Ce que Paul Bourget appelle un désir de sensations fines se trouvait ainsi satisfait par le jeu de quelques aimables conjonctures. Le roman, le théâtre, les *Mémoires* des deux premiers tiers de ce siècle témoignent de cet état de mœurs, devenu à peu près historique de notre temps, car il ne s'est guère conservé qu'en certaines provinces.

IX — Littérature de cénacle ou de révolution

Mais, d'une part l'Intelligence, d'autre part la Force des choses, ayant continué de développer les principes contraires dont chacune émanait, l'intelligence française du XIXe siècle poursuivait sa carrière d'ancienne reine détrônée, en se séparant de plus en plus de cette autre reine vaincue, la haute société française du même temps. Dès 1830, Sainte-Beuve l'a bien noté, les salons d'autrefois se ferment. C'est pour toujours. La France littéraire s'est isolée ou révoltée. Elle a pensé, songé, écrit, je ne dis pas toujours loin de la foule, mais toujours loin de son public naturel ; tantôt comme si elle était indifférente à ce public et tantôt comme si elle lui était hostile. Le romantisme avait produit une littérature de cénacle ou de révolution.

Le plus souvent, en effet, le romantisme ne se soucia que du jugement d'un très petit nombre d'initiés fait pour goûter le rare, le particulier, l'exotique et l'étrange. Les influences étrangères, surtout allemandes ou anglaises, depuis Rousseau et Mme de Staël, avaient agi sur certains cercles informés, plus vivement que sur le reste du public. Ces nouveautés choquèrent donc à titre double et triple le très grand nombre des lecteurs fidèles au goût du pays, qui ne voulurent accepter ni l'inconvenance ni la laideur. Et c'est pourquoi, de 1825 à 1857, c'est-à-dire de Sainte-Beuve et de Vigny à Baudelaire, et de 1857 à 1895, c'est à dire de Baudelaire à Huysmans et à Mallarmé, d'importants sous-groupes de lettrés se détachent du monde qui achète et qui lit, et se dévouent dans l'ombre à la culture de ce qu'ils ont fini par appeler leur hystérie.

La valeur propre de cette littérature, dite de « tour d'ivoire », n'est pas à discuter ici. Elle exista, elle creusa un premier fossé entre certains écrivains et l'élite des lecteurs. Mais, du seul fait qu'elle existait, par ses outrances, souvent assez ingénieuses, parfois piquantes, toujours infiniment voyantes, elle attira vers son orbite, sans les y enfermer, beaucoup des écrivains que lisaient un public moins rare. On n'était plus tenu par le scrupule de choquer une clientèle de gens de goût, et l'on fut stimulé par le désir de ne pas déplaire à un petit monde d'originaux extravagants.

Plus soucieuse d'intelligence (c'était le mot dont on usait) que de jugement, la critique servait et favorisait ce penchant. De sorte que, au lieu de se corriger en se rapprochant des meilleurs modèles de sa race et de sa tradition, un Gautier devenait de plus en plus Gautier et abondait fatalement dans son péché, qui était la manie de la description sans mesure ; un Balzac, un Hugo ne s'efforçaient que de se ressembler à eux-mêmes, c'est-à-dire de se distinguer par les caractères d'une excentricité qui leur fût personnelle. L'intervalle devait s'accroître entre le public moyen, bien élevé, lettré, et les écrivains que lui accordait le siècle. Ils commencèrent presque tous par être non pas méconnus, mais déclarés bizarres et incompréhensibles. En tous cas, peu de sympathie. Le talent pouvait intéresser les professionnels et le très petit nombre des connaisseurs ; ceux-ci, sensibles aux défauts, n'ont jamais témoigné beaucoup d'enthousiasme, et les professionnels ne composent pas un public, trop occupés de leur œuvre propre pour donner grand temps aux plaisirs d'admiration ou de critique désintéressée. Cette « littérature artiste » isola donc les maîtres de l'intelligence.

Mais, quand ils ne s'isolaient point, ils faisaient pis, ils s'insurgeaient. La communication qu'ils établissaient entre leur pensée et celle du monde se prononçait contre les forces dont ce monde était soutenu. Le succès des romans de Mme Sand, des pamphlets de Lammenais, des histoires de Lamartine et de Michelet, des deux principaux romans de Victor Hugo, des *Châtiments* du même, leur retentissement dans la conscience publique est un fait évident ; mais c'est un autre fait que ces livres s'accompagnèrent de révolutions politiques et sociales, dont ils semblaient tantôt la justification et tantôt la cause directe. Au total, dans la même mesure où elles étaient populaires, nos Lettres se manifestaient destructives des puissances de fait.

Cela n'est pas de tous les âges. Ronsard et Malherbe, Corneille et Bossuet défendaient, en leur temps, l'État, le roi, la patrie, la propriété, la famille et la religion. Les Lettres romantiques attaquaient les lois ou l'État, la discipline publique et privée, la patrie, la famille et la propriété ; une condition presque unique de leur succès parut être de plaire à l'opposition, de travailler à l'anarchie.

Le talent, le talent heureux, applaudi, semblait alors ne pouvoir être que subversif. De là, une grande inquiétude à l'endroit des livres français. Tout ce qui entrait comme un élément dans les forces publiques, quiconque même en relevait par quelque endroit, ne pouvait se défendre d'un sentiment de méfiance instinctive et de trouble obscur. L'Intelligence fut considérée comme un explosif, et celui qui vivait de son intelligence en apparut l'ennemi-né de l'ordre réel. Ces méfaits étaient évidents et tangibles, la pensée des bienfaits possibles diminua. Les intérêts qui sont vivants se mettaient en défense contre les menaces d'un rêve audacieux.

Certes on craignit ce rêve. Mais il y eut dans cette crainte tant de haine qu'au moindre prétexte elle put se changer en mésestime.

X — La bibliothèque du duc de Brécé

Les Lettres furent donc sensiblement délaissées, partie comme trop difficiles et partie comme dangereuses. On bâilla sa vie autrement qu'un livre à la main, l'on se passionna pour des jeux auxquels l'intelligence avait une part moins directe. Il arriva ce dont M. Anatole France s'est malignement réjoui dans une page de son *Histoire contemporaine*. La bibliothèque des symboliques ducs de Brécé, qui avait accueilli tous les grands livres du XVIIIe siècle, ne posséda que la dixième partie de ceux du commencement du XIXe, Chateaubriand, Guizot, Marchangy...[316] ; quant aux ouvrages publiés depuis 1850 environ, elle acquit « deux ou trois brochures débraillées, relatives à Pie IX et au pouvoir temporel, deux ou trois volumes déguenillés de romans, un panégyrique de Jeanne d'Arc..., et quelques ouvrages de dévotion pour dames du monde ».[317] On peut nous raconter que c'est la faute aux Jésuites, éducateurs des jeunes ducs grâce à la loi Falloux ; on peut crier à la frivolité croissante des hautes classes. Pour peu que l'on raisonne au lieu de gémir, il faut tenir compte de la nature révolutionnaire ou cénaculaire des Lettres du siècle dernier.

La bonne société d'un vaste pays ne peut raisonnablement donner son concours actif à un tissu de déclamations anarchiques ou de cryptogrammes abstrus. Elle est faite exactement pour encourager tous les luxes, sauf celui-là. Le sens national, l'esprit traditionnel étaient deux fois choqués par ces nouvelles directions de l'intelligence. Il n'est point permis d'oublier que les Lettres françaises furent jadis profondément conservatrices, alors même qu'elles chantaient des airs de fronde ; favorables à la vie de société, alors qu'elles pénétraient le plus secret labyrinthe du cœur humain.

XI — Le progrès matériel et ses répercussions

L'intelligence rencontrait, vers le même temps, son adversaire définitif dans les forces que les découvertes nouvelles tiraient du pays.

Ces forces sont évidemment de l'ordre matériel. Mais je ne sais pourquoi nos moralistes affectent le mépris de cette matière, qui est ce dont tout est formé. Le seul mot de progrès matériel les effarouche. Les développements de l'industrie, du commerce et de l'agriculture, sous l'impulsion de la science

---

[316] Louis-Antoine-François de Marchangy, 1782-1826, littérateur et publiciste, ferme soutien de Louis XVIII, auteur notamment de *La Gaule poétique*, somme historique en six volumes. (n.d.é.)
[317] *Histoire contemporaine, L'Anneau d'améthyste*, par Anatole France, p. 74, 75, 76. — Paris, Calmann-Lévy.

et du machinisme, l'énorme translation économique qu'ils ont provoquée, l'essor financier qui en résulte, l'activité générale que cela représente, l'extension de la vie, la multiplication et l'accroissement des fortunes, particulièrement des fortunes mobilières, sont des faits de la qualité la plus haute. On peut les redouter pour telle ou telle de leurs conséquences possibles. Plus on examine ces faits en eux-mêmes, moins on trouve qu'il y ait lieu de leur infliger un blâme quelconque ou de les affecter du moindre coefficient de mélancolie.

Car d'abord ils se moquent de nos sentiments et de nos jugements, auxquels ils échappent par définition. Puis, dans le cas où on leur prêterait une vie morale et une conscience personnelle, on s'aperçoit qu'ils sont innocents de la faute qu'on leur impute. Elle ne vient pas d'eux, mais de l'ordre mauvais sous lequel ils sont nés, des lois défectueuses qui les ont régis, d'un fâcheux état du pays et surtout de la niaiserie des idées à la mode.

Combinés avec tant d'éléments pernicieux, c'est merveille que d'aussi grands faits n'aient point déterminé des situations plus pénibles. Ils ne rencontraient ni institutions, ni esprit public. À peine des mœurs. L'organe mental et politique, destiné à les diriger, ou leur manquait totalement ou s'employait à les égarer méthodiquement. De là beaucoup de vices communs à toute force dont l'éducation n'est point faite, et qui cherche en tâtonnant ses régulateurs. Une force moindre se fût perdue dans cette recherche, qui continue encore énergiquement aujourd'hui. L'organisation du travail moderne et des affaires modernes n'existe pas du tout. Mais ce travail éparpillé et ces affaires en désordre témoignent de l'activité fiévreuse du temps ; orageux gâchis créateur.

Il crée, depuis cinquante ans, d'immenses richesses, en sorte que le niveau commun de la consommation générale s'accroît, que l'argent circule très vite, que les anciennes réserves de capital se détruisent si l'on n'a soin de les renouveler. Les besoins augmentent de tous les côtés et ils se satisfont autour de nous si largement, que, surtout dans les villes, l'on sent une mauvaise honte à rester en dehors de ce mouvement général. D'un bout à l'autre de la nation, la première simplicité de vie disparaît. Qui possède est nécessairement amené à prendre sa part des infinies facilités d'usufruit qui le tentent. Ce n'est pas simple désir de jouir, ni simple plaisir à jouir ; c'est aussi habitude, courant de vie, entraînante contagion. Ce progrès dans le sens de l'abondance ne pouvait d'ailleurs se produire sans de nombreuses promotions d'hommes nouveaux aux bénéfices de la vie la plus large, ces promus ne pouvaient manquer aux habitudes de faste un peu insolent qui, de tout temps, les ont marqués.

Mais, trait bien propre à ce temps-ci, le faste n'est plus composé, comme autrefois, d'un certain nombre de superfluités faciles à dédaigner ni des objets du luxe proprement dit. Le nouveau luxe en son principe fut un accroissement du confortable, un aménagement plus intelligent de la vie, le moyen de valoir plus, d'agir davantage, la multiplication des facilités du pouvoir. Pour prendre un exemple, comparez donc un riche d'aujourd'hui en état de se déplacer comme il le veut à cet homme prisonnier du coin de son feu par économie ou par pauvreté. La faculté de voyager instituera bientôt des différences personnelles ; bientôt, au bénéfice du premier, que de supériorités écrasantes !

On se demande ce que fût devenue l'ancienne société française si elle s'en était tenue à ses vieilles mœurs.

Ou se résorber dans les rangs inférieurs, ou se plier à la coutume conquérante, elle ne put choisir qu'entre ces deux partis. Pour se garder et se conserver crédit ou puissance, il lui fallut adopter à bien des égards la manière éclatante des parvenus. Le mariage, l'agriculture, certaines industries, et quelquefois telle spéculation heureuse, se chargèrent de pourvoir aux besoins qui devenaient disproportionnés. Le Turcaret[318] moderne disposait de l'avantage du nombre et d'autres supériorités qu'il fit sonner et qui le servirent. Il arriva donc que l'argent, qui eut jadis pour effet de niveler les distinctions de classe et de société, accentua les anciennes séparations ou plutôt en creusa de toutes nouvelles. Il s'établit notamment de grandes distances entre l'Intelligence française et les représentants de l'Intérêt français, de la Force française, ceux de la veille ou ceux du jour. Une vie aristocratique et sévèrement distinguée était née de l'alliance de certaines forces avec la plupart des noms de la vieille France ; incorporelle de sa nature, incapable de posséder ni d'administrer l'ordre matériel, l'Intelligence pénètre en visiteuse cette nouvelle vie et ce monde nouveau. Elle peut s'y mêler, et même y fréquenter ; elle commence à s'apercevoir qu'elle n'en est point.

---

[318] *Turcaret ou le Financier*, 1709, pièce majeure de l'œuvre théâtrale d'Alain-René Lesage (1668-1747). Turcaret, le personnage principal, est un concentré de toutes les bassesses de l'homme riche et avide. (n.d.é.)

XII — Le barrage

Voici donc la situation. L'industrie et son machinisme fait abonder la richesse, et la richesse a compliqué la vie matérielle des hautes classes françaises. Cette vie est donc devenue de plus en plus différente de la vie des autres classes. Différence qui tend encore à s'accentuer. Les besoins satisfaits établissent des habitudes et engendrent d'autres besoins. Besoins nouveaux de plus en plus coûteux, habitudes de plus en plus recherchées, et qui finissent par établir des barrages dont l'importance augmente. Tantôt rejetés en deçà de cette limite, tantôt emportés par-dessus, les individus qui y passent se succèdent avec plus ou moins de rapidité ; en dépit de ces accidents personnels, les distances sociales s'allongent sans cesse. Ni aujourd'hui ni jamais, la richesse ne suffit à classer un homme ; mais aujourd'hui plus que jamais, la pauvreté le déclasse. Non point seulement s'il est pauvre, mais s'il est de petite fortune et que le parasitisme ou la servitude lui fasse horreur, le mérite intellectuel se voit rejeté et exclu d'un certain cercle de vie.

Il n'en doit accuser ni les hommes, ni les idées, ni les sentiments. Aucun préjugé n'est coupable, ni aucune tradition. C'est la vie générale qui marche d'un tel pas qu'il est absolument hors de ses moyens de la suivre, pour peu qu'il veuille y figurer à son honneur. Il la visite en étranger, à titre de curieux ou de curiosité.[319] Absent pour l'ordinaire, on le traite en absent ; c'est-à-dire que des mœurs qui se fondent sans lui font abstraction de sa personne, de son pouvoir, de sa fonction. On l'ignore, et c'est en suite de l'ignorance dans laquelle il a permis de le laisser qu'on en vient à le négliger. De la négligence au dédain, ce n'est qu'une nuance que la facilité et les malignités de la conversation ont fait franchir avant que personne y prenne garde.

Au temps où la vie reste simple, la distinction de l'Intelligence affranchit et élève même dans l'ordre matériel ; mais, quand la vie s'est compliquée, le jeu naturel des complications ôte à ce genre de mérite sa liberté, sa force. Il

---

[319] C'est la condition des écrivains mariés qui permettrait d'apprécier avec la rigueur nécessaire le sens de cette distinction. La Bruyère disait, ce qui cessa peut-être d'être absolument vrai dans une courte période, à l'apogée de l'Intelligence, et ce qui redevient d'une vérité chaque jour plus claire : « Un homme libre et qui n'a point de femme, s'il a quelque esprit, peut s'élever au-dessus de sa fortune, se mêler dans le monde et aller de pair avec les plus honnêtes gens ; cela est moins facile à celui qui est engagé ; il semble que le mariage met tout le monde dans son ordre. » Et si cela redevient vrai, il faut donc que des ordres tendent à se consolider ? Tout l'indique.

a besoin pour se produire d'autre chose que de lui-même et, justement, de ce qu'il n'a pas.

Les intéressés, avertis par les regards et par les rumeurs, en conviennent parfois entre eux. Mais leur découverte est récente, parce que d'autres phénomènes, plus anciens et tout contraires en apparence, empêchaient de voir celui-ci.

XIII — L'industrie littéraire

Pour les mieux voir, supposons-nous plus jeunes d'un siècle et demi environ. Supposons que, dans la seconde moitié du XVIIIe siècle, le monde des ducs de Brécé, avec la clientèle à laquelle ils donnaient le ton de la mode, se fût détourné des plaisirs de littérature et de philosophie. Cette défaveur se serait traduite tout aussitôt par ce que nous appellerions aujourd'hui une crise de librairie. Constatons que rien de pareil ne s'est produit de nos jours, sauf depuis une dizaine d'années et pour des causes qui n'ont rien à voir avec tout ceci ; dans la seconde moitié du XIXe siècle, les personnes de qualité ont pu renoncer au livre ou se mettre à lire plus mollement sans que la librairie en fût impressionnée. Ces personnes ne forment donc plus qu'un îlot négligeable dans l'énorme masse qui lit.

Et cette masse lit parce qu'elle a besoin de lire, d'abord en vertu des conditions nouvelles de la vie qui l'ont obligée à apprendre à lire. Ayant appris à lire elle a dû chercher dans cette acquisition nouvelle autre chose que le moyen de satisfaire à la nécessité immédiate ; elle a demandé à la lecture des émotions, des divertissements, de quoi sortir du cercle de ses travaux, de quoi se passionner et de quoi jouer. Le genre humain joue toujours avec ses outils. Et, du fait de ce jeu, ce qu'on appelle le public s'est donc trouvé soudainement et infiniment étendu. L'instruction primaire, la caserne, le petit journal paraissent des institutions assez solides pour qu'on soit assuré de la consistance et de la perpétuité de ce public nouveau. Il s'étendra peut-être encore. Dans tous les cas, aussi longtemps que la civilisation universelle subsistera dans les grandes lignes que nous lui voyons aujourd'hui, la lecture ou une occupation analogue est appelée à demeurer l'un de ses organes vitaux. On pourra simplifier et généraliser les modes de lecture au moyen de graphophones perfectionnés. L'essentiel en demeurera. Il subsistera, d'une part, une foule attentive, ce qui ne veut pas dire crédule ni même croyante, et, d'autre part, des hommes préposés à la renseigner, à la conseiller et à la distraire.

Un débouché immense fut ainsi offert à la nation des écrivains. Bien avant le milieu du siècle, ils se sont aperçus qu'on pouvait fonder un commerce, et la littérature dite industrielle s'organisa. On usa de sa plume et de sa pensée, comme de son blé ou de son vin, de son cuivre ou de son charbon. Vivre en écrivant devint « la seule devise », observait le clairvoyant Sainte-Beuve.[320] Le théâtre et le roman surtout passèrent pour ouvrir une fructueuse carrière. Mais la poésie elle-même distribua ce qu'on appelle la richesse, puisqu'elle la procura simultanément à Lamartine et à Hugo. Ni Alexandre Dumas, ni Zola, ni Ponson du Terrail, dont les profits furent donnés pour fantastiques, n'ont dépassés sur ce point les deux grands poètes. La vraie gloire était évaluée en argent, les succès d'argent en reçurent, par une espèce de reflet, les fausses couleurs de la gloire.

XIV — Très petite industrie

En tous cas, ces succès permirent à l'homme de lettres de se dire qu'il assurait désormais son indépendance, ce qui est théoriquement possible, quoique de pratique assez difficile ; mais, quand il se flattait de maintenir ainsi la prépondérance de sa personne et de sa qualité, il se heurtait à l'impossible. La faveur d'un salon, d'un grand personnage, d'une classe puissante et organisée, constituait jadis une force morale qui n'était pas sans solidité ; cela représentait des pouvoirs définis, un concours énergique, une protection sérieuse. Au contraire, que signifient les cent mille lecteurs de Georges Ohnet[321], sinon la plus diffuse et la plus

---

[320] Bien qu'un peu polémique de ton, l'article de Sainte Beuve sur « La Littérature industrielle » contient des vues de prophète. On le trouvera au deuxième volume des *Portraits contemporains* (Paris, Calmann-Lévy).
« De tout temps, la littérature industrielle a existé. Depuis qu'on imprime surtout, on a écrit pour vivre... En général pourtant, surtout en France, dans le cours des XVIIe et XVIIIe siècles, des idées de liberté et de désintéressement étaient à bon droit attachées aux belles œuvres. » On avait sous la Restauration gardé des « habitudes généreuses ou spécieuses... un fonds de préjugés un peu délicat... mais depuis, l'organisation purement mercantile a prévalu, surtout dans la presse... Ensemble dont l'impression est douloureuse, dont le résultat révolte de plus en plus ». La pensée est « altérée », l'expression est « dénaturée », voilà le sentiment de Sainte Beuve dès 1839.
[321] Georges Ohnet, 1848-1918, romancier à succès, archétype de la littérature populaire de l'époque. (n.d.é.)

molle, la plus fugitive et la plus incolore des popularités ? Un peu de bruit matériel, rien de plus, sinon de l'argent.

Comptons-le, cet argent. Nous verrons qu'il est loin de constituer une force qui permette à son possesseur d'accéder à la vie supérieure de la nation, de manière à ne rencontrer, dans sa sphère nouvelle, que des égaux. Il se heurtera constamment à des puissances matérielles infiniment plus fortes que la sienne. Les sommes d'argent qui représentent son gain peuvent être considérables, soit à son point de vue, soit à celui de ses confrères. Mais l'argentier de profession, qui est à la tête de la société moderne, ne peut que les prendre en pitié.[322]

On a remarqué que le plus gros profit de l'industrie littéraire de notre temps est revenu à Émile Zola. Mais ce profit, évalué au chiffre de deux ou trois millions, est de beaucoup inférieur à la moyenne des bénéfices réalisés dans le même temps, et à succès égal, par les Zola du sucre, du coton, du chemin de fer. C'est par dizaines de millions que se chiffre en effet la fortune du grand sucrier ou du grand métallurgiste. En tant qu'affaire pure, la littérature est donc une mauvaise affaire et les littérateurs sont de très petits fabricants. Il est même certain que les Zola des denrées coloniales et de la pharmacie réalisent des bénéfices dix et cent fois supérieurs à ceux des Menier[323] et des Géraudel[324] de la littérature. Ces derniers sont condamnés à subir, toujours au point de vue argent, ou le dédain, ou la protection des premiers. La hauteur à laquelle les parvenus de l'industrie proprement dite auront placé leur vie normale dépassera toujours le niveau accessible à la maigre industrie littéraire.

La médiocrité est le partage des meilleurs marchands de copie. S'ils s'en contentent, ils gagnent de rester entiers, mais ils se retirent d'un monde où leur fortune ne les soutient plus. Ils s'y laissent donc oublier et perdent leur rang d'autrefois. Ils le perdent encore s'ils se décident à rester, malgré l'infériorité de leurs ressources ; ils reviennent à la servitude, au parasitisme, à la considération, bref à tout ce qu'ils se flattaient d'éviter en vivant des produits de leur industrie. Mais il n'y auront plus le rang honorable des

---

[322] La page qu'on va lire a été publiée en 1903 ; j'ai cru devoir n'y rien changer.
[323] Il s'agit de la dynastie des Menier, pharmaciens devenus producteurs de chocolat. À la fin du XIXe siècle, l'empire industriel des Menier est considérable ; maires et députés de père en fils, puissants et redoutés, ils sont parmi les premiers à recourir en grand à la « réclame », qui ne s'appelait pas encore « publicité ». (n.d.é.)
[324] Auguste-Arthur Géraudel, 1841-1906, pharmacien ayant bâti une immense fortune en vendant des pastilles contre la toux grâce à des innovations publicitaires. (n.d.é.)

parents pauvres que l'on aide ; ce seront des intrus qu'on subventionne par sottise ou par terreur.

Et voilà bien, du reste, ce que craignent les plus indépendants ; ils mettent toute leur habileté, toute leur souplesse à s'en défendre. Pendant que l'on envie l'autorité mondaine ou le rang social conquis d'une plume féconde, ces heureux parvenus de la littérature ne songent souvent qu'au problème difficile de concilier le souci de leur dignité et le montant de leur fortune avec les exigences d'un milieu social qu'il leur faut parfois traverser. Exercice assez comparable à celui qui consiste à couvrir d'encre noire les grisailles d'un vieux chapeau, et qui n'est ni moins laborieux ni moins compliqué. Oblique prolongement de la vie de bohème !

XV — Le socialisme

On me dit que le socialisme arrangera tout. Lorsque le mineur deviendra propriétaire de la mine, l'homme de lettres recevra la propriété des instruments de publicité qui sont affectés à son industrie. Il cessera d'être exploité par son libraire ; son directeur de journal ou son directeur de revue ne s'engraisseront plus du fruit de ses veilles, le produit intégral lui en sera versé.

Devant ce rêve, il est permis d'être sceptique ou d'être inquiet. Je suis sceptique, si la division du travail est maintenue ; car, de tout temps, les Ordres actifs, ceux qui achètent, vendent, rétribuent et encaissent, se sont très largement payés des peines qu'ils ont prises pour faire valoir les travaux des pauvres Ordres contemplatifs. S'il y a des libraires ou des directeurs dans la chiourme socialiste, ils feront ce qu'ont fait leurs confrères de tous les temps ; avec justice s'ils sont justes, injustement dans l'autre cas, qui n'est pas le moins naturel.

Mais, si l'on m'annonce qu'il n'y aura plus ni libraires ni directeurs, c'est pour le coup que je me sentirai inquiet ; car qu'est-ce qui va m'arriver ? Est-ce que le socialisme m'obligera à devenir mon propre libraire ? Serai-je en même temps écrivain, directeur de journal, directeur de revue, et, dieux du Ciel ! maître-imprimeur ? J'honore ces professions. Mais je ne m'y connais ni aptitude, ni talent ni goût, et je remercie les personnes qui veulent bien tenir à ma place ces fonctions et s'y faire mes intendants pour l'heureuse décharge que leur activité daigne me procurer ; la seule chose que je leur demande, quand traités sont signés et comptes réglés, est de faire au mieux leurs affaires, pour se mêler le moins possible de la mienne qui n'est que de mener à bien ma pensée ou ma rêverie.

Ces messieurs ne feraient rien sans nous assurément ! Mais qu'est-ce que nous ferions sans eux ? L'histoire entière montre que, sauf des exceptions aussi merveilleuses que rares, les deux classes, les deux natures d'individus sont tranchées et irréductibles l'une à l'autre. Ne les mêlons pas. Un véritable écrivain doué pour faire sa fortune sera toujours bien distancé par un bon imprimeur ou un bon marchand de papier également doué pour le même destin. Le régime socialiste ne peut pas changer grand-chose à cette loi de la nature ; il y a là, non point des quantités fixées qui peuvent varier avec les conditions économiques et politiques, mais un rapport psychologique qui se maintient quand les quantités se déplacent.

Qu'espèrent les socialistes de leur système ? Un peu plus de justice, un peu plus d'égalité ? Je le veux. Mais, que la justice et l'égalité abondent ou bien qu'elles se raréfient dans la vie d'un État, le commerçant reste commerçant, le poète, poète ; pour peu que celui-ci s'absente dans son rêve, il perd un peu du temps que l'autre continue d'utiliser à courir l'or qu'ils cherchent ensemble. L'or socialiste reste donc aux doigts du commerçant socialiste dont le poète socialiste reste assez démuni.

Il faut laisser la conjecture économique, qui ne saurait changer les cœurs, en dépit des braves prophéties de Benoît Malon.[325] Il faut revenir au présent.

XVI — L'homme de lettres

Devenue Force industrielle, l'Intelligence a donc été mise en contact et en concurrence avec les Forces du même ordre mais qui la passent de beaucoup comme force et comme industrie. Les intérêts que représente et syndique l'Intelligence s'évaluant par millions au grand maximum, et les intérêts voisins par dizaines et par centaines de millions, elle apparaît, à cet égard, bien débordée. Ce n'est point de ce côté-là qu'elle peut tirer avantage, ni seulement égalité.

Tout ce que l'on observe de plus favorable en ce sens, c'est que, de nos jours, un écrivain adroit et fertile ne manquera pas de son pain. Comme on dit chez les ouvriers, l'ouvrage est assuré. Il a la vie à peu près sauve et, s'il n'est pas trop ambitieux de sensations et de sentiment, son cœur-enfant, de

---

[325] Militant ouvrier, 1841-1893, au carrefour de différents courants, fondateur de la *Revue socialiste* en 1885. (n.d.é.)

qui dépend l'effort cérébral quotidien, est assez fort pour se raidir contre les tentations ou réagir contre les dépressions ou contre les défaites. Il peut se flatter de rester, sa vie durant, propriétaire de sa plume, maître d'exprimer sa pensée.

Je ne parle que de sa condition présente en 1905. Elle peut devenir beaucoup plus dure avec le temps. Aujourd'hui, elle est telle ; débouchés assez vastes pour assurer sa subsistance, assez variés pour n'être point trop vite entraîné au mensonge et à l'intrigue alimentaire. Aucun grand monopole n'est encore fondé du côté des employeurs ; du côté des employés, aucun grand syndicat n'a acquis assez de puissance pour imposer une volonté uniforme. Mais gare à demain.[326]

Asservissement

XVII — Conditions de l'indépendance

Non contentes, en effet, de vaincre l'Intelligence par la masse supérieure des richesses qu'elles procréent, les autres Forces industrielles ont dû songer à l'employer. C'est le fait de toutes les forces. Impossible de les rapprocher sans qu'elles cherchent à se soumettre et à s'asservir l'une l'autre.

Une sollicitation permanente s'établit donc, comme une garde, aux approches de l'écrivain, en vue de le contraindre à échanger un peu de son franc-parler contre de l'argent. Et l'écrivain ne manque pas d'y céder en quelque mesure, soit qu'il se borne à grever légèrement l'avenir par des engagements outrés, soit qu'il laisse fléchir son goût, ses opinions devant la puissance financière de son journal, de sa revue ou de sa librairie ; mais qu'il sacrifie les exigences et la fantaisie de son art ou qu'il aliène une parcelle de sa foi, l'orgueilleux qui se proposait de mettre le monde à ses pieds se trouve aussitôt prosterné aux pieds du monde. L'Argent vient de le traiter comme une valeur et de le payer ; mais il vient, lui, de négocier comme une valeur ce qui ne saurait se chiffrer en valeurs de cette nature. Il est donc en train de perdre sa raison d'être, le secret de sa force et de son pouvoir, qui consistent

---

[326] Ce *demain*-là, promis en 1904 et 1905, est venu pour l'homme de lettres de façon si certaine qu'il serait de mauvais goût d'y insister. (Note de 1921.)

à n'être déterminé que par des considérations du seul ordre intellectuel. Sa pensée cessera d'être le pur miroir du monde et participera de ces simples échanges d'action et de passion, qui forment la vie du vulgaire. La seule liberté qui soit sera donc menacée en lui ; en lui, l'esprit humain court un grand risque d'être pris.

Il peut même lui arriver de se faire perdre par un fallacieux espoir de se délivrer ; les sommes qu'on lui offre ne sont-elles point le nerf de sa liberté ? Riche, il sera indépendant. Il ne voit pas que ce qu'il nomme la richesse sera toujours senti par lui, en comparaison avec le milieu, comme étroite indigence et dure pauvreté. Il peut être conduit, par ce procédé, d'aliénation en aliénation nouvelle, à l'entière vente de soi.

L'indépendance littéraire n'est bien réalisée, si l'on y réfléchit, que dans le type extrême du grand seigneur placé par la naissance ou par un coup de fortune au-dessus des influences et du besoin (un La Rochefoucauld, un Lavoisier, si l'on veut), et dans le type correspondant du gueux soutenu de pain noir, désaltéré d'eau pure, couchant sur un grabat, chien comme Diogène ou ange comme saint François, mais trop occupé de son rêve, et se répétant trop son *unum necessarium* pour entrevoir qu'il manque des commodités de la vie. Pour des raisons diverses, ils sont libres, étant sans besoins, tous les deux. Ils ne connaissent aucune autre joie profonde. Pour ceux-là, les seuls dans le vrai, écrire est peut-être un métier. Ce ne sera jamais une profession. Ces âmes vraiment affranchies comprennent assez mal ce qu'on veut entendre par les mots de traité, de marché ou de convention en littérature. Qu'on échange un livre contre de l'or, la commune mesure qui préside à ce troc n'apparaît guère à leur jugement. Elles ont, une fois pour toutes, distingué de la vie pratique l'existence spéculative, celle-ci à son point parfait.

Belles vies, qui sont menacées de plus en plus ! Moins encore par cette faiblesse des caractères qu'on ne saurait être étonné de trouver chez des hommes qui font profession de rêver, que par la souple activité des industriels qui battent leur monnaie avec du talent. Du moment que l'Intelligence est devenue un capital et qu'on peut l'exploiter avec beaucoup de fruit, des races d'hommes devaient naître pour lui faire la chasse, car on y a le plus magnifique intérêt.

XVIII — L'autre marché

Bien des lettrés ressentent un charme vaniteux à se dire qu'ils sont l'objet d'aussi vives poursuites. Ces profondes coquettes s'imaginent triompher de nos pronostics.

— Comment nierez-vous sans gageure l'importance d'une profession si courue ? Comment oser parler de la décadence d'un titre qui est « demandé » au plus haut cours ? Certes nous valons mieux que tous les chiffres alignés ; mais, même de ce point de vue, notre valeur marchande ne laisse pas de nous rassurer contre l'avenir.

… Ce qui revient à dire :

— Valant très cher, nous sommes à l'abri de la vente ; étant fort recherchés, n'étant exposés à nous vendre qu'à des prix fous, nous sommes défendus du soupçon de vénalité…

Eh ! les prix fous bien mis à part et frappés d'un doute, c'est cette recherche de la denrée intellectuelle sur un marché économique qui fait le vrai péril de l'Intelligence contemporaine. Péril qui paraît plus pressant quand on observe qu'elle est aussi demandée de plus en plus et répandue de mieux en mieux sur un autre marché : le marché de la politique.

XIX — *Ancilla ploutocratiae*

En effet, par la suite de nos cent ans de Révolution, la masse décorée du titre de public s'estime revêtue de la souveraineté en France. Le public étant roi de nom, quiconque dirige l'opinion du public est le roi de fait. C'est l'orateur, c'est l'écrivain, dira-t-on au premier abord. Partout où les institutions sont devenues démocratiques, une plus-value s'est produite en faveur de ces directeurs de l'opinion. Avant l'imprimerie, et dans les États d'étendue médiocre, les orateurs en ont bénéficié presque seuls. Depuis l'imprimerie et dans les grands États, les orateurs ont partagé leur privilège avec les publicistes. Leur opinion privée fait l'opinion publique. Mais, cette opinion privée, il reste à savoir qui la fait.

La conviction, la compétence, le patriotisme, répondra-t-on, pour un certain nombre de cas. Pour d'autres, plus nombreux encore, l'ambition personnelle, l'esprit de parti, la discipline du parti. En d'autres enfin, moins nombreux qu'on ne le dit et plus nombreux qu'on ne le croit, la cupidité. Dans tous les cas, sans exception, ce dernier facteur est possible, il peut être évoqué ou insinué. Nulle opinion, si éloquente et persuasive qu'on la suppose, n'est absolument défendue contre le soupçon de céder, directement ou non, à des influences d'argent. Tous les faits connus, tous ceux qui se découvrent conspirent de plus en plus à représenter la puissance intellectuelle de l'orateur et de l'écrivain comme un reflet des puissances matérielles. Le désintéressement personnel se préjuge parfois ; il ne se démontre jamais. Aucun certificat ne rendra à l'Intelligence et, par suite, à l'Opinion l'apparence de liberté et de sincérité qui permettrait à l'une et à l'autre de redevenir les reines du monde. On doute de leur désintéressement, c'est un fait, et, dès lors, l'Intelligence et l'Opinion peuvent ensemble procéder à la contre-façon des actes royaux ; c'en est fait pour toujours de leur royauté intellectuelle et morale.

Elles seront toujours exposées à paraître ce qu'elles ont été, sont et seront souvent, les organes de l'Industrie, du Commerce, de la Finance, dont le concours est exigé de plus en plus pour toute œuvre de publicité, de librairie, ou de presse. Plus donc leur influence nominale sera accrue par les progrès de la démocratie, plus elles perdront d'ascendant réel, d'autorité et de respect. Un écrivain, un publiciste, donnera de moins en moins son avis, dont personne ne ferait cas ; il procédera par insinuation, notation de rumeurs « tendancieuses », de nouvelles plus ou moins vraies. On l'écoutera par curiosité. On se laissera persuader machinalement, mais sans lui accorder l'estime. On soupçonnera trop qu'il n'est pas libre dans son action et qu'elle est « agie » par des ressorts inférieurs. Le représentant de l'Intelligence sera tenu pour serf, et de maîtres infâmes. Un pénétrant critique notait, au milieu du siècle écoulé, que la tête semblait perdre de plus en plus le gouvernement des choses. Il dirait aujourd'hui que les hommes sont de plus en plus tirés par leurs pieds.

XX — Vénalité ou trahison

Un fanatisme intempéré pose vite ses conclusions. Tout ce qui lui échappe ou lui déplaît s'explique avec limpidité par les présents du roi de Perse. L'étude des faits donne souvent raison à cette formule simpliste, qui a le malheur de s'appliquer à tort et à travers. Lors même qu'elle est juste, cette explication n'est pas toujours suffisante.

Deux exemples, choisis dans une même période historique, peuvent éclaircir cette distinction. Il est certain que les campagnes de presse faites en

France pour l'unité italienne furent stimulées par de larges distributions d'or anglais ; mais, si caractéristique que soit le fait au point de vue de la politique européenne, il mérite à peine un regard de l'historien philosophe, qui se demandera simplement quel intérêt avait l'Angleterre à ceci. Tout ce que nous savons de la direction de l'esprit public en France, de 1852 à 1859, et des dispositions personnelles de Napoléon III, montre bien que, même sans or anglais, l'opinion nationale se serait agitée en faveur de « la pauvre Italie ». Les germes de l'erreur étaient en suspension dans l'atmosphère du temps ; le problème, une fois posé, ne pouvait être résolu que d'une façon par la France du milieu du siècle. On peut aller jusqu'à penser que la finance anglaise faillit commettre un gaspillage ; cette distribution accomplie au moment propice, appliquée aux meilleurs endroits, n'eut d'autre effet que de faciliter leur expression aux idées, aux sentiments, aux passions, qui s'offraient de tous les côtés. Peut-être aussi la cavalerie de Saint-Georges servit-elle à mieux étouffer la noble voix des Veuillot et des Proudhon, traités d'ennemis du progrès. L'opinion marchant toute seule, on n'avait qu'à la soutenir.

Elle fut bien moins spontanée, lors de la guerre austro-prussienne. Certes, la presse libérale gardait encore de puissants motifs de réserver toute sa faveur à la Prusse, puissance protestante en qui revivaient, disait-on, les principes de Voltaire et de Frédéric. Le germanisme romantique admirait avec complaisance les efforts du développement berlinois. Cependant le mauvais calcul politique commençait d'apparaître ; il apparaissait un peu trop. Plusieurs libéraux dissidents, qu'il était difficile de faire appeler visionnaires, sentaient le péril, le nommaient clairement à la tribune et dans les grands journaux. Ici, le fonds reptilien formé par M. de Bismarck s'épancha. La Prusse eut la paix tant qu'elle paya, et, quand elle voulut la guerre, elle supprima les subsides. Rien n'est mieux établi que cette participation de publicistes français, nombreux et influents, au budget des Affaires étrangères prussiennes.

Fût-ce un crime absolument ? Ne forçons rien et, pour comprendre ce qu'on put allier de sottise à ce crime, souvenons-nous de ce qu'était la Prusse, surtout de ce qu'elle semblait être, entre 1860 et 1870. Le publiciste français qui en ce moment toucherait (c'est le mot propre) à l'ambassade d'Allemagne ou d'Angleterre se jugerait lui-même un traître. Mais une mensualité portugaise ou hollandaise ou, comme naguère encore, transvaalienne, serait-elle affectée du même caractère dans une conscience qu'il faut bien établir au niveau moyen de la moralité d'aujourd'hui ? Peut-être enfin que recevoir une mensualité du tsar ou du pape lui paraîtrait, je parle toujours suivant la même moyenne, œuvre pie ou patriotique. Et le Japon ? Doit-on recevoir du Japon ? Cela pouvait se discuter l'année dernière. La Prusse de 1860 est une sorte de Japon, de Hollande en voie de grandir. Beaucoup acceptèrent ses présents avec plus de légèreté, d'irréflexion, de cupidité naturelle que de scélératesse.

C'est un fait qu'ils les acceptèrent ; si le moraliste incline à l'excuse, le politique constate avec épouvante que de simples faits de cupidité privée retentirent cruellement sur les destinées nationales. On peut dire : la vénalité de notre presse fut un élément de nos désastres. L'étranger pesa sur l'Opinion française par l'intermédiaire de l'Intelligence française. Si cette opinion ne réagit point avant Sadowa, si, après Sadowa, elle n'imposa point une politique énergique à l'empereur, c'est à l'Intelligence mue par l'argent, parce qu'elle était sensible à l'argent, qu'en remonte toute la faute. Non seulement l'Intelligence ne fit pas son métier d'éclairer et d'orienter les masses obscures ; elle fit le contraire de son métier, elle les trompa.

XXI — Responsabilités divisées

On se demande seulement jusqu'à quel point l'Intelligence d'un pays est capable de discerner, par elle-même, en quoi consistent son métier et ses devoirs. On peut déclamer contre la Presse sans Patrie. Mais c'est à la Patrie de se faire une Presse, nullement à la Presse, simple entreprise industrielle, de se vouer au service de la Patrie. Ou plutôt, Patrie, Presse, tout cela est de la pure mythologie ! Il n'y a pas de Presse, mais des hommes qui ont de l'influence par la Presse, et nous venons de voir que, étant hommes et simples particuliers, ils sont menés en général par des intérêts privés et immédiats.

Beaucoup d'entre eux purent traiter avec les amis de Bismarck, comme ils traiteraient aujourd'hui avec les envoyés du roi de Roumanie ou de la reine de Hollande. L'étourderie, le manque de sens politique suffisait à les retourner presque à leur insu contre leur pays. Si l'on dit que le patriotisme les obligeait à ne pas faire les étourdis et à se garder vigilants, je répondrai que le patriotisme ne se fait pas également sentir à tous les membres d'une même Patrie. Pour quelques-uns, il est le centre même d'une vie physique et morale ; pour d'autres, c'en est un accessoire à peine sensible. Il faut des maux publics immenses pour en avertir ces derniers.

Le devoir patriotique ne s'impose à tous et toujours que dans les manuels ; il s'y impose en théorie et non pas comme sentiment, comme fait. Dès que nous parlons fait, nous touchons à de grands mystères. Une patrie destinée à vivre est organisée de manière que ses obscures nécessités de fait soient senties promptement dans un organe approprié, cet organe étant mis en mesure d'exécuter les actes qu'elles appellent ; si vous enlevez cet organe, les peuples n'ont plus qu'à périr.

L'illusion de la politique française est de croire que de bons sentiments puissent se maintenir, se perpétuer par eux-mêmes et soutenir ainsi d'une façon constante l'accablant souci de l'État. Les bons sentiments, ce sont de bons accidents. Ils ne valent guère que dans le temps qu'ils sont sentis ; à moins de procéder d'organes et d'institutions, leur source vive, qu'il faut alors défendre et maintenir à tout prix, ils sont des fruits d'occasion, ils naissent de circonstances et de conjonctures heureuses. Il faut se hâter de saisir conjoncture, circonstances, occasions, pour tâcher d'en tirer quelque chose de plus durable. C'est quand les simples citoyens se sont fait, pour quelques instants, une âme royale, qu'ils sont bons à faire des rois. L'invasion normande au IXe siècle, l'invasion anglaise au XVe n'auraient rien fait du tout si elles s'étaient bornées à susciter ou à consacrer le sentiment national en France ; leur œuvre utile aura été, pour la première, de susciter et, pour la seconde, de consacrer la dynastie des rois capétiens. Les revers de l'Allemagne en 1806 lui donnèrent le sentiment de sa vigueur. Ce sentiment n'eût servi à rien sans les deux fortes Maisons qui l'utilisèrent, l'une avec Metternich, et l'autre avec Bismarck.

Nous ne manquions pas de patriotisme. Il nous manquait un État bien constitué. Un véritable État français aurait su faire la police de sa Presse et lui imprimer une direction convenable ; mais, en sa qualité d'État plébiscitaire, l'Empire dépendait d'elle à quelque degré. Il ne pouvait ni la surveiller, ni la tempérer véritablement. Elle était devenue force industrielle, machine à gagner de l'argent et à en dévorer, mécanisme sans moralité, sans patrie et sans cœur. Les hommes engagés dans un tel mécanisme sont des salariés, c'est-à-dire des serfs, ou des financiers, c'est-à-dire des cosmopolites.

Mais les serfs sont toujours suffisamment habiles pour se tromper ou se rassurer en conscience quand l'intérêt leur a parlé ; les financiers n'ont pas à discuter sur des scrupules qu'ils n'ont plus. Ce n'est pas moi, c'est M. Bergeret qui en fait la remarque : « les traitants de jadis » différaient en un point de ceux d'aujourd'hui ; « ces effrontés pillards dépouillaient leur patrie et leur prince sans du moins être d'intelligence avec les ennemis du royaume » ; « au contraire », leur successeurs vendent la France à « une puissance étrangère » ; « car il est vrai que la France est aujourd'hui une puissance et qu'on peut dire d'elle ce qu'on disait autrefois de l'Église, qu'elle est parmi les nations une illustre étrangère ».[327]

XXII — À l'étranger

Force aveugle et flottante, pouvoir indifférent, également capable de détruire l'État et de le servir, *l'Intelligence nationale*, vers le milieu du siècle, *pouvait être tournée contre l'intérêt national, quand l'or étranger le voulait*. Il n'en fut pas tout à fait de même dans les pays où l'Opinion publique ne dispose pas d'une autorité sans bornes précises. Ces gouvernements militaires, nommés royautés ou empires et renouvelés par la seule hérédité, échappent en leur point central aux prises de l'Argent. En Allemagne ou en Angleterre, l'Argent ne peut pas constituer le chef de l'État puisque c'est la naissance et non l'Opinion qui le crée. Quelles que soient les influences financières, voilà un cercle étroit et fort qu'elles ne pénétreront pas. Ce cercle a sa loi propre, irréductible aux forces de l'Argent, inaccessible aux mouvements de l'opinion : la loi naturelle du Sang. La différence d'origine est radicale. Les pouvoirs ainsi nés fonctionnent parallèlement aux pouvoirs de l'Argent ; ils peuvent traiter et composer avec eux, mais ils peuvent leur résister. Ils peuvent, eux aussi, diriger l'Opinion, s'assurer le concours de l'Intelligence et la disputer aux sollicitations de l'Argent.

Changeons ici notre point de vue. Regardons chez nous du dehors, avec des yeux d'Allemand ou d'Anglais ; si la France du Second Empire, gouvernement d'opinion, eut un rôle passif vis-à-vis de l'Argent et se laissa tromper par lui, l'Angleterre et l'Allemagne, gouvernements héréditaires, exercèrent sur lui un rôle actif et l'intéressèrent au succès de leur politique. Elles se servirent de lui, elles ne le servirent pas. En le contraignant à peser sur l'Intelligence française, qui pesa à son tour sur l'Opinion française, elles le firent l'avant-garde de leur diplomatie et de leur force militaire. Avant-garde masquée, ne jetant point l'alarme, mais d'autant plus à redouter.

Même à l'intérieur de l'Allemagne ou de l'Angleterre, l'argent, guidé par la puissance politique héréditaire, obtient la même heureuse influence sur

---

[327] Anatole France, *Le Mannequin d'osier*, page 240, Paris, Calmann-Lévy, 1897.

l'Opinion ; M. de Bismarck eut ses journalistes, sans lesquels il eût pu douter du succès de ses coups les mieux assénés. Le coup de la dépêche d'Ems suppose la complicité enthousiaste d'une presse nombreuse et docile ; il donna ainsi le modèle de la haute fiction d'État jetée au moment favorable, et calculée pour éclater au point sensible du public à soulever.

Les journalistes démocrates, qui répètent d'un ton vainqueur qu'on n'achète pas l'Opinion, devraient étudier chez Bismarck comment on la trompe.

XXIII — L'État esclave, mais tyran

Heureux donc les peuples modernes qui sont pourvus d'une puissance politique distincte de l'Argent et de l'Opinion ! Ailleurs, le problème n'est peut-être que d'en retrouver un équivalent. Mais ceci n'est pas très facile en France, et l'on voit bien pourquoi.

Avant que notre État se fût fait collectif et anonyme sans autres maîtres que l'Opinion et l'Argent, tous deux plus ou moins déguisés aux couleurs de l'Intelligence, il était investi de pouvoirs très étendus sur la masse des citoyens. Or, ces pouvoirs anciens, l'État nouveau ne les a pas déposés, bien au contraire. Les maîtres invisibles avaient intérêt à étendre et à redoubler des pouvoirs qui ont été étendus et redoublés en effet. Plus l'État s'accroissait aux dépens des particuliers, plus l'Argent, maître de l'État, voyait s'étendre ainsi le champ de sa propre influence. Ce grand mécanisme central lui servait d'intermédiaire ; par là, il gouvernait, il dirigeait, il modifiait une multitude d'activités dont la liberté ou l'extrême délicatesse échappent à l'Argent, mais n'échappent point à l'État. Exemple : une fois maître de l'État, et l'État ayant mis la main sur le personnel et sur le matériel de la religion, l'Argent pouvait agir par des moyens d'État sur la conscience des ministres des cultes et, de là, se débarrasser de redoutables censures. La religion est, en effet, le premier des pouvoirs qui se puisse opposer aux ploutocraties, et surtout une religion aussi fortement organisée que le catholicisme ; érigée en fonction d'État, elle perd une grande partie de son indépendance et, si l'Argent est maître de l'État, elle y perd son franc-parler contre l'Argent. Le pouvoir matériel triomphe sans contrôle de son principal antagoniste spirituel.

Si l'État vient à bout d'une masse de plusieurs centaines de milliers de prêtres, moines, religieux et autres bataillons ecclésiastiques, que deviendront devant l'État les petites congrégations flottantes de la pensée dite libre ou autonome ? Le nombre et l'importance de celles-ci sont d'ailleurs bien diminués, grâce à l'Université, qui est d'État. Avec les moyens dont l'État dispose, une obstruction immense se crée dans le domaine scientifique, philosophique, littéraire. Notre Université entend accaparer la littérature, la philosophie, la science. Bons et mauvais, ses produits administratifs étouffent donc, en fait, tous les autres, mauvais et bons. Nouveau monopole indirect au profit de l'État. Par ses subventions, l'État régente ou du moins surveille nos différents corps et compagnies littéraires ou artistiques. Il les relie ainsi à son propre maître, l'Argent. Il tient de la même manière plusieurs des mécanismes par lesquels se publie, se distribue et se propage toute pensée. En dernier lieu, ses missions, ses honneurs, ses décorations lui permettent de dispenser également des primes à la parole et au silence, au service rendu et au coup retenu. Les partis opposants, pour peu qu'ils soient sincères, restent seuls en dehors de cet arrosage systématique et continuel. Mais ils sont peu nombreux, ou singulièrement modérés, respectueux, diplomates ; ce sont des adversaires qui ont des raisons de craindre de se nuire à eux-mêmes en causant au pouvoir quelque préjudice trop grave. L'État français est uniforme et centralisé ; sa bureaucratie atteignant jusqu'aux derniers pupitres d'école du dernier hameau, un tel État se trouve parfaitement muni pour empêcher la constitution de tout adversaire sérieux, non seulement contre lui-même, mais contre la ploutocratie dont il est l'expression.

L'État-Argent administre, dore et décore l'Intelligence ; mais il la musèle et l'endort. Il peut, s'il le veut, l'empêcher de connaître une vérité politique et, si elle voit cette vérité, de la dire, et, si elle la dit, d'être écoutée et entendue. Comment un pays connaîtrait-il ses besoins, si ceux qui les connaissent peuvent être contraints au silence, au mensonge, ou à l'isolement ?

XXIV — L'esprit révolutionnaire et l'argent

Je sais la réponse des anarchistes :
— Eh bien, on le saura et on le dira ; l'Opinion libre fournira des armes contre l'Opinion achetée. L'Intelligence se ressaisira. Elle va flétrir cet Argent qu'elle vient de subir. Ce n'est pas d'aujourd'hui que la ploutocratie aura tremblé devant les tribuns.

Nouvelle illusion d'une qualité bien facile !

Si des hommes d'esprit ne prévoient aucune autre revanche contre l'Argent que la prédication de quelque Savonarole laïque, les gens d'affaires ont pressenti l'événement et l'ont prévenu. Ils se sont assuré la complicité révolutionnaire. En ouvrant la plupart des feuilles socialistes et anarchistes et nous informant du nom de leurs bailleurs de fonds[328], nous vérifions que les plus violentes tirades contre les riches sont soldées par la ploutocratie des deux mondes. À la littérature officielle, marquée par des timbres et des contre-seings d'un État qui est le prête-nom de l'Argent, répond une autre littérature, qui n'est qu'officieuse encore et que le même Argent commandite et fait circuler. Il préside ainsi aux attaques et peut les diriger. Il les dirige en effet contre ce genre de richesses qui, étant engagé dans le sol ou dans une industrie définie, garde quelque chose de personnel, de national et n'est point la Finance pure. La propriété foncière, le patronat industriel offrent un caractère plus visible et plus offensant pour une masse prolétaire que l'amas invisible de millions et de milliards en papier. Les détenteurs des biens de la dernière sorte en profitent pour détourner contre les premiers les fières impatiences qui tourmentent tant de lettrés.

Mais le principal avantage que trouve l'Argent à subventionner ses ennemis déclarés provient de ce que l'Intelligence révolutionnaire sort merveilleusement avilie de ce marché. Elle y perd sa seule source d'autorité, son honneur ; du même coup, ses vertueuses protestations tombent à plat.

La Presse est devenue une dépendance de la finance. Un révolutionnaire, M. Paul Brulat[329], a parlé récemment de sauver *l'indépendance de la Pensée humaine*. Il la voyait donc en danger. « La combinaison financière a tué l'idée, la réclame a tué la critique. » Le rédacteur devient un « salarié », « son rôle est de divertir le lecteur pour l'amener jusqu'aux annonces de la quatrième page. » « On n'a que faire de ses convictions. Qu'il se soumette ou se démette. La plupart, dont la plume est l'unique gagne-pain, se résignent, deviennent des valets. » Aussi, partout « le chantage sous toutes ses formes, les éloges vendus, le silence acheté... Les éditeurs traitent ; les théâtres feront bientôt de même. La critique dramatique tombera comme la critique littéraire. »

---

[328] *L'Humanité*, de M. Jean Jaurès ; *L'Action*, etc. Dans un autre ordre d'idées qui confine à celui-ci, le « Château du Peuple » propriété du groupe anarchiste « La Coopération d'idées » est dû à la générosité d'un riche capitaliste, demi-juif lyonnais, M. V...
[329] Journaliste dreyfusard, 1866-1940, par ailleurs biographe d'Émile Zola. (n.d.é.)

M. Paul Brulat ne croit pas à la liberté de la Presse, qui n'existe même point pour les bailleurs de fonds des journaux : « Non, même pour ceux-ci, elle est un leurre. Un journal, n'étant entre leurs mains qu'une affaire, ne saurait avoir d'autre soucis que de plaire au public, de retenir l'abonné. »[330] Sainte-Beuve, en observant, dès 1839, que la littérature industrielle tuerait la critique, commençait à sentir germer en lui le même scepticisme que M. Paul Brulat. Une même loi « libérale », disait-il, la loi Martignac, allégea la Presse « à l'endroit de la police et de la politique », mais « accrut la charge industrielle des journaux ».

Ce curieux pronostic va plus loin que la pensée de celui qui le formulait. Il explique la triste histoire de la déconsidération de la Presse en ce siècle-ci. En même temps que la liberté politique, chose toute verbale, elle a reçu la servitude économique, dure réalité, en vertu de laquelle toute foi dans son indépendance s'effaça, ou s'effacera avant peu. Cela à droite comme à gauche. On représentait à un personnage important du monde conservateur que le candidat proposé pour la direction d'un grand journal cumulait la réputation de pédéraste, d'escroc et de maître-chanteur : « Oh ! » murmura ce personnage en haussant les épaules, « vous savez bien qu'il ne faut pas être trop difficile en fait de journalistes ! » L'auteur de ce mot n'est cependant pas duc et pair ! Il peignait la situation. On discuta jadis de la conviction et de l'honorabilité des directeurs de journaux. On discute de leur surface, de leur solvabilité et de leur crédit. Une seule réalité énergique importe donc en journalisme : l'Argent, avec l'ensemble des intérêts brutaux qu'il exprime. Le temps paraît nous revenir où l'homme sera livré à la Force pure, et c'est dans le pays où cette force a été tempérée le plus tôt et le plus longtemps, que se rétablit tout d'abord, et le plus rudement, cette domination.

XXV — L'âge de fer

Une certaine grossièreté passe dans la vie. La situation morale du lettré français en 1905 n'est plus du tout ce qu'elle était en 1850. La réputation de l'écrivain est perdue. Écrire partout, tout signer, s'appliquer à donner l'impression qu'on n'est pas l'organe d'un journal, mais l'organe de sa propre pensée, cela défend à peine du discrédit commun. Si l'on ne cesse pas d'honorer en particulier quelques personnes,

---

[330] Cet article de M. Brulat a paru dans *L'Aurore* du 9 janvier 1903.

la profession de journaliste est disqualifiée. Journalistes, poètes, romanciers, gens de théâtre font un monde où l'on vit entre soi ; mais c'est un enfer. Les hautes classes, de beaucoup moins fermées qu'elles ne l'étaient autrefois, beaucoup moins difficiles à tous les égards, ouvertes notamment à l'aventurier et à l'enrichi, se montrent froides envers la supériorité de l'esprit. Tout échappe à une influence dont la sincérité et le sérieux font le sujet d'un doute diffamateur.

Mais l'écrivain est plus diffamé par sa condition réelle que par tous les propos dont il est l'objet. Ou trop haut ou trop bas, c'est le plus déclassé des êtres ; les meilleurs d'entre nous se demandent si le salut ne serait point de ne nous souvenir que de notre origine et de notre rang naturel, sans frayer avec des confrères, ni avoir soucis des mondains. L'expédient n'est pas toujours pratique. Renan disait que les femmes modernes, au lieu de demander aux hommes « de grandes choses, des entreprises hardies, des travaux héroïques », leur demandent « de la richesse, afin de satisfaire un luxe vulgaire ». Luxe vulgaire ou bien désir, plus vulgaire encore, de relations.

L'ancien préjugé favorable au mandarinat intellectuel conserve sa force dans la masse obscure et profonde du public lisant. Il ne peut le garder longtemps. La bourgeoisie, où l'amateur foisonne presque autant que dans l'aristocratie, s'affranchit de toute illusion favorable et de toute vénération préconçue. Son esprit positif observe qu'il y a bien quatre ou cinq mille artistes ou gens de lettres à battre le pavé de Paris en mourant de faim. Elle calcule que, des deux grandes associations professionnelles de journalistes parisiens, l'une comptait en 1896 plus du quart, et l'autre plus du tiers de ses membres sans occupation.[331] Elle prévoit un déchet de deux ou trois mille malheureux voués à l'hospice ou au cabanon. Les beaux enthousiasmes des lecteurs de Hugo et de Vacquerie[332] paraissent donc également devoir fléchir dans la classe moyenne.

Ils se perpétuent au-dessous, dans cette partie du gros peuple où la lecture, l'écriture et ce qui y ressemble, paraît un instrument surnaturel

---

[331] J'emprunte cette donnée au livre de M. Henry Béranger, *La Conscience nationale*, Paris, Colin.

[332] Auguste Vacquerie, littérateur et journaliste, 1819-1895. Admirateur passionné de Victor Hugo, dont son frère Charles épousa la fille Léopoldine. Les deux époux périrent dans un naufrage quelques mois après leur mariage, en 1843. Auguste Vacquerie devint alors entièrement dévoué à Hugo, jusqu'à la mort du poète. Il fut son exécuteur testamentaire et s'occupa de la publication de ses œuvres posthumes. (n.d.é.)

d'élévation et de fortune. Par les moyens scolaires qui lui appartiennent, l'État s'applique à prolonger une situation qui maintient le crédit de cette Intelligence, derrière laquelle il se dissimule, pour mieux dissimuler cet Argent par lequel il est gouverné. Mais il provoque le déclassement, par cela même qu'il continue à le revêtir de teintes flatteuses. Encombré de son prolétariat intellectuel, l'État démocratique ne peut en arrêter la crue, il est dans la nécessité de la stimuler.[333] Les places manquent, et l'État continue à manœuvrer sa vieille pompe élévatoire. Les finances en souffrent quand il veut tenir parole, et le mal financier aboutit aux révolutions. Mais, s'il retire sa parole, c'est encore à des révolutions qu'il est acculé. La société ploutocratique s'est assurée tant bien que mal contre ce malheur. Elle espère le canaliser, le détourner d'elle. Mais l'État s'effraie pour lui-même, et ses premières inquiétudes se font sentir.

XXVI — Défaite de l'Intelligence

Il faut bien se garder de croire que ces turbulences puissent ruiner de fond en comble les intérêts fondamentaux, les forces organiques de la vie civilisée. La Finance, l'activité qu'elle symbolise, doit vaincre, associant peut-être à son triomphe les meilleurs éléments du prolétariat manuel, ces ouvriers d'état qui se forment en véritable aristocratie du travail, sans doute aussi des représentants de l'ancienne aristocratie, dégradée ou régénérée par cette alliance. Le Sang et l'Or seront recombinés dans une proportion inconnue. Mais l'Intelligence, elle, sera avilie pour longtemps ; notre monde lettré, qui paraît si haut aujourd'hui, aura fait la chute complète, et, devant la puissante oligarchie qui syndiquera les énergies de l'ordre matériel, un immense prolétariat intellectuel, une classe de mendiants lettrés comme en a vu le moyen âge, traînera sur les routes de malheureux lambeaux de ce qu'auront été notre pensée, nos littératures, nos arts.

Le peuple en qui l'on met une confiance insensée se sera détaché de tout cela, avec une facilité qu'on ne peut calculer mais qu'il faut prévoir. C'est sur un bruit qui court que le peuple croit à la vertu de l'Intelligence ; ceux qui ont fait cette opinion ne seront pas en peine de la défaite.

---

[333] M. Henry Béranger, qui a les doctrines de l'État, semble convenir tout à la fois que ce mouvement d'ascension est funeste et qu'on n'a pas le « droit » de le ralentir.

Quand on disait aux petites gens qu'un petit homme, simple et d'allures modestes, faisait merveille avec sa plume et obtenait ainsi une gloire immortelle, ce n'était pas toujours compris littéralement, mais le grave son des paroles faisait entendre et concevoir une destinée digne de respect, et ce respect tout instinctif, ce sentiment presque religieux étaient accordés volontiers. L'éloge est devenu plus net quand, par littérature, esthétique ou philosophie, on a signifié gagne-pain, hautes positions, influence, fortune. Ce sens clair a été trouvé admirable, et il est encore admiré. Patience, et attendez la fin. Attendez que Menier et Géraudel aient un jour intérêt à faire entendre au peuple que leur esprit d'invention passe celui de Victor Hugo, puisqu'ils ont l'art d'en retirer de plus abondants bénéfices ! Le peuple ne manquera pas de générosité naturelle. Il n'est pas disposé à « tout évaluer en argent ». Mais lui a-t-on dit de le faire, il compte et compte bien. Vous verrez comme il saura vous évaluer. Le meilleur, le moins bon, et le pire de nos collègues sera classé exactement selon la cote de rapport. Jusqu'où pourra descendre, pour regagner l'estime de la dernière lie du peuple, ce qu'on veut bien nommer « l'aristocratie littéraire », il est aisé de l'imaginer. Le lucre conjugué à la basse ambition donnera ses fruits naturels.

Littérature deviendra synonyme d'ignominie. On entendra par là un jeu qui peut être plaisant, mais dénué de gravité, comme de noblesse. Endurci par la tâche, par la vie au grand air et le mélange de travail mécanique et des exercices physiques, l'homme d'action rencontrera dans cette commune bassesse des lettres et des arts de quoi justifier son dédain, né de l'ignorance. S'il a de la vertu, il nommera aisément des dépravations les raffinements du goût et de la pensée. Il conclura à la grossièreté et à l'impolitesse, sous prétexte d'austérité. Ce sera fait dès lors de la souveraine délicatesse de l'esprit, des recherches du sentiment, des graves soins de la logique et de l'érudition. Un sot moralisme jugera tout. Le bon parti aura ses Vallès, ses Mirbeau[334], hypnotisés sur une idée du bien et du mal conçue sans aucune nuance, appliquée fanatiquement. Des têtes d'iconoclastes à la Tolstoï se dessinent sur cette hypothèse sinistre, plus qu'à demi réalisée autour de nous... Mais, si l'homme d'action brutale qu'il faut prévoir n'est point

---

[334] Octave Mirbeau, 1848-1917, dreyfusard et tolstoïen, est d'une génération postérieure à celle du communard Jules Vallès, 1832-1885. On les rattache volontiers l'un et l'autre au courant naturaliste. Maurras les réunit autour d'un point commun de leur littérature : le bourgeois y est toujours décrit sans nuances comme porteur de tous les vices, dépravé et maléfique, tandis que le pauvre et le prolétaire sont parés de toutes les vertus. (n.d.é.)

vertueux, il sera plus grossier encore ; l'art, les artistes se plieront à ses divertissements les plus vils, dont la basse littérature des trente ou quarante dernières années, avec ses priapées sans goût ni passion, éveille l'image précise. Cet homme avilira tous les êtres que l'autre n'aura pas abrutis.

Le patriciat dans l'ordre des faits, mais une barbarie vraiment démocratique dans la pensée, voilà le partage des temps prochains. Le rêveur, le spéculatif pourront s'y maintenir au prix de leur dignité ou de leur bien-être. Les places, le succès ou la gloire récompenseront la souplesse de l'histrion. Plus que jamais, dans une mesure inconnue aux âges de fer, la pauvreté, la solitude, expieront la fierté du héros et du saint : jeûner, les bras croisés au-dessus du banquet, ou, pour ronger les os, se rouler au niveau des chiens.

L'AVENTURE

À moins que...
Je ne voudrais pas terminer ces analyses un peu lentes, mais, autant qu'il me semble, réelles et utiles, par un conte bleu. Cependant il n'est pas impossible de concevoir un autre tour donné aux mouvements de l'histoire future. Il suffirait de supposer qu'une lucide conscience du péril, unie à quelques actes de volonté sérieuse, suggère à l'Intelligence française, qui, depuis un siècle et demi, a causé beaucoup de désastres, de rendre le service signalé qui sauverait tout.

Elle s'est exilée à l'intérieur, elle s'est pervertie, elle a couru tous les barbares de l'univers ; supposez qu'elle essaye de retrouver son ordre, sa patrie, ses dieux naturels.

Elle a propagé la Révolution ; supposez qu'elle enseigne, au rebours, le Salut public.

Imaginez qu'un heureux déploiement de cette tendance nouvelle lui regagne les sympathies et l'estime, non certes officielles, ni universelles, mais qui émaneraient de sphères respectées et encore puissantes.

Imaginez d'ailleurs que l'Intelligence française comprenne bien deux vérités :

– ni elle n'est, ni elle ne peut être la première des Forces nationales,

– et, en rêvant cet impossible, elle se livre pratiquement au plus dur des maîtres, à l'Argent.

Veut-elle fuir ce maître, elle doit conclure alliance avec quelque autre élément du pouvoir matériel, avec d'autres Forces, mais celles-ci personnelles, nominatives et responsables, auxquelles les lumières qu'elle a en propre faciliteraient le moyen de s'affranchir avec elle de la tyrannie de l'Argent.

Concevez, dis-je, la fédération solide et publique des meilleurs éléments de l'Intelligence avec les plus anciens de la nation ; l'Intelligence s'efforcerait de respecter et d'appuyer nos vieilles traditions philosophiques et religieuses, de servir certaines institutions comme le clergé et l'armée, de défendre certaines classes, de renforcer certains intérêts agricoles, industriels, même financiers, ceux-là qui se distinguent des intérêts d'Argent proprement dits en ce qu'ils correspondent à des situations définies, à des fonctions morales. Le choix d'un tel parti rendrait à l'Intelligence française une certaine autorité. Les ressources afflueraient, avec les dévouements, pour un effort en ce sens. Peut-être qu'une fois de plus la couronne d'or nous serait présentée comme elle le fut à César.

Mais il faudrait la repousser. Et aussi, en repoussant cette dictature, faudrait-il l'exercer provisoirement. Non point certes pour élever un empire reconnu désormais fictif et dérisoire, mais, selon la vraie fonction de l'Intelligence, pour voir et faire voir quel régime serait le meilleur, pour le choisir d'autorité, et, même, pour orienter les autres Forces de ce côté ; pareil chef-d'œuvre une fois réussi, le rang ultérieurement assigné à l'Intelligence dans la hiérarchie naturelle de la nation importerait bien peu, car il serait fatalement très élevé dans l'échelle des valeurs morales. L'Intelligence pourrait dire comme Romée de Villeneuve dans le Paradis :

> *e ciò gli fece*
> *Romeo, persona umile e peregrina*[335]
> « et Romée fit cela,
> personne humble et errant pèlerin. »

En fait, d'ailleurs, et sur de pareils états de services, le haut rôle consultatif qui lui est propre lui reviendrait fatalement par surcroît.

Les difficultés, on les voit. Il faudrait que l'Intelligence fît le chef-d'œuvre d'obliger l'Opinion à sentir la nullité profonde de ses pouvoirs et à signer l'abdication d'une souveraineté fictive ; il faudrait demander un acte de bon

---

[335] Le *Paradis* de Dante, chant VI, vers 135-136. (n.d.é.)

sens à ce qui est privé de sens. Mais n'est-il pas toujours possible de trouver des motifs absurdes pour un acte qui ne l'est point ?

Il faudrait atteindre et gagner quelques-unes des citadelles de l'Argent et les utiliser contre leur propre gré, mais là encore espérer n'est point ridicule, car l'Argent diviseur et divisible à l'infini peut jouer une fois le premier de ces deux rôles contre lui-même.

Il faudrait rassembler de puissants organes matériels de publicité, pour se faire entendre, écouter, malgré les intérêts d'un État résolu à ne rien laisser grandir contre lui ; mais cet État, s'il a un centre, est dépourvu de tête. Son incohérence et son étourderie éclatent à chaque instant. C'est lui qui, par sa politique scolaire, a conservé à l'Intelligence un reste de prestige dans le peuple ; par ses actes de foi dans la raison et dans la science, il nous a coupé quelques-unes des verges dont nous le fouettons.

Les difficultés de cette entreprise, fussent-elles plus fortes encore, seraient encore moindres que la difficulté de faire subsister notre dignité, notre honneur, sous le règne de la ploutocratie qui s'annonce. Cela, n'est pas le plus difficile ; c'est l'impossible. Ainsi exposé à périr sous un nombre victorieux, la qualité intellectuelle ne risque absolument rien à tenter l'effort ; si elle s'aime, si elle aime nos derniers reliquats d'influence et de liberté, si elle a des vues d'avenir et quelque ambition pour la France, il lui appartient de mener la réaction du désespoir. Devant cet horizon sinistre, l'Intelligence nationale doit se lier à ceux qui essayent de faire quelque chose de beau avant de sombrer. Au nom de la raison et de la nature, conformément aux vieilles lois de l'univers, pour le salut de l'ordre, pour la durée et les progrès d'une civilisation menacée, toutes les espérances flottent sur le navire d'une Contre-Révolution.

Préface au *Manuel du royaliste* de Firmin Bacconnier

1903

— *Quand nous donnera-t-on l'abrégé de ce qui se dit et s'écrit sur la royauté nationale ? À côté des gros livres et des fortes brochures, il y a place pour un petit Manuel. Il nous faut ce Manuel pour la propagande. Pourquoi tarde-t-on à nous le donner ?*

Ainsi parlent beaucoup de nos amis, et même quelques-uns de ces indifférents que nos doctrines intéressent. Depuis le commencement de l'été dernier, j'avais réponse à leur demande : Firmin Bacconnier m'avait prévenu qu'il mettait la dernière main à ce travail si nécessaire.

Firmin Bacconnier est un orateur et un écrivain bien connu des royalistes parisiens. Son groupe de *l'Avant Garde*, qu'il a fondé et qu'il préside, a provoqué dans le quartier Notre-Dame des centres importants d'action et d'étude. Ce jeune homme au front découvert, à la barbe d'un châtain blond et dont les yeux indiquent l'obstination d'une volonté âpre et nette, donne tous ses loisirs à la cause de la royauté et de la nation.

Je le rencontrai pour la première fois, voici quelques années, dans les bureaux de la *Gazette de France*. Son premier mot fut pour me dire l'admiration que lui inspirait la *Théorie du pouvoir*[336] ; ses journées étant occupées, il passait la soirée à lire Bonald. Le choix d'un pareil maître jugeait, ce semble, ce disciple ; je ne pus retenir un mouvement d'amitié intellectuelle et, depuis, je n'ai jamais revu Firmin Bacconnier sans plaisir.

Assurément, au cours de nos conversations, sa grande expérience des assemblées populaires m'a fourni plus d'un renseignement utile. D'après la contexture de ce petit livre, nullement systématique mais méthodique et qui ressemble à un dialogue de philosophie familière plutôt qu'à un traité en forme, on verra quel profit nous aurions tous à consulter Firmin Bacconnier sur la meilleure manière d'aller au peuple. Certes, cela est très précieux ; sur ce grand point, nous lui devons beaucoup.

Mais, pour ma part, j'éprouve une satisfaction plus intime encore à songer en l'apercevant :

— Voici un esprit passionné, une âme claire et forte, en qui la tradition bonaldienne revit.

Bonald est, en effet, une des sources les plus hautes de cette *Enquête sur la Monarchie*, qu'on a accusée, bien à tort, d'originalité comme de nouveauté. L'Enquête n'a fait qu'adapter aux nécessités du moment une doctrine aussi ancienne que la France et que la civilisation. Bonald nous en

---

[336] Ouvrage de Louis de Bonald, en 1796. *Comme celle-ci, les notes suivantes sont des notes des éditeurs.*

avait donné des formules qui sont peut-être les plus fortes qu'on eût présentées depuis Bossuet. Il suffisait donc de traduire dans la langue moderne ces deux maîtres, auxquels je ne peux m'empêcher d'associer Auguste Comte (à mon sens, le plus grand des trois), en utilisant les études accumulées par leurs successeurs et par leurs devanciers. La politique est une science comme les autres ; elle avance comme elles, assez lentement et sur un plan fondamental qui ne change guère ; on ne révise pas la théorie de l'addition en arithmétique, ni, en physique, le principe d'Archimède.

C'est à des vertus primitives que Bacconnier fait appel dans le *Manuel* qu'on va lire. Par le nombre des faits qu'elles enveloppent, par la variété infinie de leurs applications, par l'heureuse influence qu'elles exercent, ces vérités ont quelque chose de sublime. Mais l'expression que Bacconnier en a découverte est simple. Les voilà mises à la portée de tous, grâce à notre ami. Grâce à lui, la propagande royaliste se trouve désormais munie d'un organe nouveau.

Jamais propagande n'avait été plus nécessaire. La République meurt. Elle meurt d'elle-même. Car son principe est aussi son vice central. Le duc de Luynes l'a fortement établi dans son dernier discours à Lyon.

Parce qu'elle est une religion, la religion de l'anarchie, il faut bien que la République persécute les autres cultes, et, parce qu'elle est un parti, qu'elle moleste toutes les associations, toutes les collectivités, tous les groupes qui essayent de se soustraire à la tyrannie de sa bande. Étant le pillage organisé du Trésor public au profit de la clientèle de ce parti, elle ne peut que ruiner la fortune française. Étant l'internationale, elle ne peut que conspirer avec les juifs contre la nation. Faisant de l'indiscipline un devoir, de l'élection un dogme, elle énerve l'armée et finalement la détruit ; il ne peut y avoir d'armée sans discipline, et nos chefs militaires ne sauraient être élus.

Parce qu'une République fidèle à son principe ne peut avoir ni armée forte, ni saines finances, ni équité vraie, ni ordre constant, nulle République sincère ne remplit les fonctions inhérentes aux gouvernements. Un instant, notre République avait essayé de se soustraire à ses principes. Elle avait voulu être patriote, économe, respectueuse de la religion, de l'armée ; elle visait même ce but inaccessible au gouvernement des partis : un peu de justice. Inutiles velléités ! Depuis vingt-cinq ans[337], la République est ce qu'elle doit

---

[337] Maurras fait allusion à la démission de Mac-Mahon, le 30 janvier 1879, qui sonne définitivement le glas d'une République dominée par les conservateurs et préparant une Restauration.

être : République républicaine, République des républicains. Ils en ont trop fait, comme dit, avec sa concision merveilleuse et limpide, M. Jules Lemaitre. Le clergé, l'armée, la flotte, les finances publient le résultat de la gestion républicaine.

Il est abominable. Partout la République a semé son désordre, son iniquité, son gâchis, ses persécutions, sa terreur. Les partis en se dévorant dévorent le meilleur du vieux patrimoine français. Tandis que les nations étrangères se développent, quelquefois au moyen de capitaux français que l'inquiétude nationale fait émigrer, tout s'arrête et tombe chez nous. Grevée, entamée par l'impôt, menacée par les inepties d'un socialisme en délire, la propriété se demande anxieusement si elle existera demain. Au dedans, trouble des intérêts, trouble des esprits et des cœurs ; au dehors, décroissance quotidienne de la nation ; voilà ce qu'a produit en un quart de siècle la République.

Elle meurt donc. Les républicains ont beau faire les braves, comme les écoliers qui chantent dans la nuit pour se donner du cœur ; ils savent bien que le régime n'en a pas pour longtemps et, tout en jurant qu'il est éternel ou en criant, dans leurs journaux, que l'image des Princes s'estompe dans l'oubli, on les voit se tourner sans cesse de ce côté, comme vers une image vive de l'Avenir.

La personne, l'influence, l'entourage, les idées de notre Prince préoccupent singulièrement les républicains ! Il est vrai que cette politesse leur est rendue. Tant pour distinguer ceux d'entre eux qu'il pourra employer un jour à l'œuvre française que pour prendre les noms des mauvais citoyens, des pillards et des traîtres, Monseigneur le duc d'Orléans ne perd pas de vue les républicains. Il ne leur permet pas d'oublier les menaces et les promesses enfermées dans les seules syllabes de son nom. Celui qui doit venir approche. Ils l'entendent. Ils se renseignent sur le caractère, le goût et le tour d'esprit de leur roi.

Nous ne sommes pas courtisans. Nous ne répondons pas aux questions dont le Prince est l'objet par des adjectifs louangeurs, mais par des faits précis. Nous rappelons comment en 1890 ce fils de France vint réclamer sa place de soldat dans l'armée française. On crut spirituel de le railler en l'appelant *Prince Gamelle* ; il accepta le sobriquet de très bon cœur. Dès lors, il s'est mêlé à toute inquiétude française, il s'est associé à tout mouvement national. Il a dénoncé le complot contre l'armée aux premières approches de l'affaire Dreyfus. Il a montré le péril juif dans le discours de San Remo et, dans sa lettre au colonel de Parseval, le péril maçonnique. Il n'a jamais perdu une occasion de redire ce que le comte de Chambord et le comte de Paris avaient tant dit : la royauté n'est pas un parti. Monseigneur le duc d'Orléans l'a rappelé dans la réunion d'York-House, en termes neufs et saisissants : *tout ce qui est national est nôtre*. On peut plagier ces paroles, on ne peut pas les oublier.

En d'autres circonstances, le Chef de la Maison de France a déclaré très nettement à tous les citoyens, propriétaires et prolétaires des villes et des campagnes, que le salut et le progrès seraient dans une politique d'association libre et de large décentralisation. Il a rappelé aux catholiques l'ancienne entente de l'Église et de la Monarchie. À ces croyants persécutés comme aux ouvriers déçus, Monseigneur le duc d'Orléans n'a cessé d'engager par des actes publics sa parole de roi.

Aussi bien, dès janvier 1895, quelques mois à peine après la mort du comte de Paris, un républicain qui est trois fois républicain puisqu'il est dreyfusard et juif, M. Joseph Reinach, après avoir lu une lettre du Prince, ne se retenait pas d'écrire :

— Je dis qu'il y a là quelqu'un... Je prends date pour avertir les républicains.

Avertis, les républicains se sont appliqués à déployer quantité de fables grossières au-devant de cette vérité évidente.

Je ne crois pas que l'opinion ait été sérieusement trompée par les mystifications de police. En un temps de communication rapide et de publicité universelle, il est bien difficile de mentir longtemps avec vraisemblance et succès. La fortune malicieuse excelle, d'ailleurs, à détruire les plus savants châteaux de cartes. Elle a d'heureux caprices ; nous avons vu cent fois bonapartistes et républicains combiner leurs efforts pour dénaturer les actes ou les paroles de notre Prince ; mais qui eût pu prévoir qu'un écrivain bonapartiste, dans un journal républicain, se chargerait précisément de rétablir la vérité ? C'est pourtant ce qu'a fait M. Jean de Mitty. Bonapartiste dévoué, collaborateur du *Matin*, il nous a apporté dans son journal, le 24 septembre 1903, son témoignage loyal, courtois, désintéressé.

Nous avons le droit d'invoquer un témoignage aussi peu suspect.

M. Jean de Mitty a vu Monseigneur le duc d'Orléans à Marienbad, le mois dernier. On me pardonnera de citer ce portrait physique, car il est expressif :

Le prétendant est de haute stature. Il porte la barbe comme Henri IV. Et il a un grand air d'autorité. Son port est noble. Il ferait merveille à cheval, sous les arcs de triomphe, au bruit du canon et des acclamations. Ses traits sont énergiques et parfois même il s'y lit quelque hauteur.

Ce qui frappe surtout chez le duc d'Orléans c'est qu'il a, au plus haut point, je m'excuse de l'expression, la physionomie de l'emploi. C'est extrêmement rare...

L'observation de M. de Mitty est très juste. Cela est si rare, me disait naguère un étranger de distinction, *que je ne vois guère en Europe que trois princes portant dans leur personne le signe certain de leur race. Le plus âgé n'est autre que l'empereur allemand ; le cadet est le prince de Bulgarie ; quant au plus jeune, c'est le futur roi de France.*

M. de Mitty, qui m'excusera de l'avoir interrompu, conte qu'il a été reçu sans grand scrupule d'étiquette. Dès les premiers mots, le Prince s'est montré souriant et aimable. Il a bien voulu lui parler de ceux qui soutiennent sa cause en France, puis d'un admirable écrivain nationaliste qu'il lui serait agréable de connaître.

J'ai rappelé alors au duc d'Orléans la visite que Prévost-Paradol fit, selon les usages, le lendemain de sa réception à l'Académie française, à l'empereur Napoléon III, dont il était l'adversaire. — *Monsieur, dit l'empereur à Prévost-Paradol en lui offrant la main, je suis dans la peine qu'un homme d'autant d'esprit ne soit point de mes amis.*

— Et quelle fut la suite de cette entrevue ? demanda le Prince en souriant.

— Monseigneur, je crois que Prévost-Paradol accepta, quelque part en Amérique, un poste de diplomate.

— C'est qu'il aimait peut-être les voyages !...

La conversation se prolonge. Elle montre le Prince tel que nous l'avons vu, dans sa solitude pleine de méditation et d'étude, au milieu de livres, bons conseillers mais consolateurs insuffisants d'un exil cruel.

Il fut ensuite question de Paris, de voyages, de théâtre et même de politique.

— Que faire durant les interminables journées de traversée, sinon travailler ? Je lis beaucoup. C'est ma distraction favorite. Mes livres me suivent partout. Je leur dois des joies qui me consolent un peu d'être loin de mon pays. Ces volumes, ces brochures, ces journaux ne sont-ils pas d'ailleurs la pensée de la France ? C'est quelque chose de sa vie qu'ils m'apportent dans l'exil.

J'avais apporté au Prince, pour lui en faire hommage, un *Napoléon* inédit de Stendhal, que j'ai découvert à la bibliothèque de Grenoble.

Il prit le volume, me remercia et me parle de M. de Stendhal, et non de Napoléon, comme je l'espérais.

— Si grand que fut le culte de l'auteur pour l'empereur, dis-je au Prince, sa piété ne l'empêche pas d'en parler avec indépendance.

— C'est le droit de l'historien, me répondit-il. Il ne faut pas craindre les jugements équitables. L'opinion d'un adversaire est utile à connaître, à la condition cependant qu'elle soit sincère et ne fausse pas la vérité. Je ne me fâche jamais d'une attaque lorsqu'elle est courtoise et qu'elle vient d'un ennemi politique qui ne peut pas admettre mes idées, mais qui rend justice à mon amour de la France et à mon désir de la servir. Dans mes voyages, j'aime à m'entretenir avec des adversaires. Il y en a qui sont devenus mes amis et auxquels je porte de l'affection. Je tâche à les convaincre. Si je n'y réussis point toujours, je ne les estime pas moins pour cela. Je ne leur demande que de bien aimer notre pays.

Le prince reprit après un moment de silence :

— J'accueille ici, dans l'exil, tous ceux qui me font l'amitié de venir me voir. Je ne veux pas savoir leurs opinions. Partisans ou adversaires, ils m'apportent un peu de joie. Je leur en suis reconnaissant. Vous allez retourner à Paris ; vous verrez quelques-uns de ceux qui m'aiment et qui défendent ma cause, la cause nationale. Dites-leur, je vous prie, que ma pensée est avec eux constamment, que je ne les oublie point et qu'ils peuvent compter sur mon affection...

Ce ne sont pas là simples épanchements d'un cœur généreux. Celui qui nous rapporte cette conversation voit bien comment la pensée, la pensée politique du Prince, se trouve constamment au milieu de nous, inspire nos travaux, suit nos discussions, hâte ou retient l'élan des meilleurs.

M. Jean de Mitty écrit :

> De l'exil où il est condamné à vivre, le prétendant surveille inlassablement et activement ses partisans. Il règne de loin. Il possède une organisation complète, toute une administration qui le tient au courant, jour par jour, des événements. Tantôt près de la frontière, tantôt en Angleterre, en Autriche ou dans quelque ville d'Italie, il reçoit ses amis, discute avec eux de l'intérêt du parti, les consulte au besoin et les renvoie en France avec des instructions précises.
>
> Les longues heures de l'exil, heures de tristesse et de solitude, les responsabilités graves qu'il a assumées et dont il veut être seul à avoir la charge ont mûri beaucoup, assure-t-on, le prétendant. Des royalistes qui l'ont approché récemment et qui ne l'avaient pas revu depuis l'affaire de Clairvaux assurent qu'il est devenu méconnaissable. Ils disaient de lui, jadis : le jeune Prince. La conscience de représenter un principe (discutable ou non, ce n'en est pas moins un principe), et l'ambition de justifier le dévouement que lui portent ses partisans, le rôle historique, enfin, qu'il aspire à jouer dans les destinées de la France ont donné à sa pensée cette gravité qui convient aux conducteurs des peuples.

Encore une fois, ce n'est pas nous qui parlons. Telle est l'observation sincère, précise, détaillée d'un esprit que tout disposait au respect, nullement à la bienveillance. Ce qu'il a vu, ce qu'il a entendu, il le répète avec le scrupule d'exactitude qui s'impose à un véritable écrivain.

— *Parlez-moi encore de Paris !*

Ce sont les derniers mots que M. de Mitty ait transcrits de son entretien avec Monseigneur le duc d'Orléans.

Ainsi les royalistes ont réponse aux deux x, aux deux inconnues du problème français. Ils savent le nom du régime nécessaire à la France. Ils savent le nom de son chef.

Dans le *Manuel* qu'on va lire, Bacconnier établit quels sont nos Principes, qu'ils sont les vrais et les seuls. En tête de ce *Manuel* tout doctrinal, j'ai voulu rappeler que ces principes sont incarnés dans un Prince. J'ai voulu dire quel est ce Prince et montrer que ce jeune Prince possède, autant que les meilleurs de sa vieille race, les dons puissants de charme, de sagesse et d'autorité qui font entrevoir un grand règne.

Ah, comme l'écrivit magnifiquement un de nos Maîtres[338] :

> *Qu'il règne cinquante ans, qu'il groupe autour de lui des hommes âpres au travail, fanatiques de leur œuvre, et la France aura encore un siècle de gloire et de prospérité.*

---

[338] Ernest Renan, dans *La Réforme intellectuelle et morale de la France*, en 1871.

À CHEMULPO

1904

Ce texte a paru dans la Gazette de France *du 18 février 1904, repris dans* Quand les Français ne s'aimaient pas.

À CHEMULPO OU LE CENTENAIRE DE KANT

Le centenaire de la mort d'Emmanuel Kant fait beaucoup moins de bruit dans le monde que ne l'avaient pensé les pacifistes des deux hémisphères ; depuis quelques jours, la parole n'est plus aux professeurs, elle est au canon.

Une pensée de Pascal décrit très bien le petit frisson qui court le monde en ce moment-ci : « Quand, dit Pascal, la force attaque la grimace[339], quand un simple soldat prend le bonnet carré d'un premier président et le fait voler par la fenêtre... » La phrase n'est pas achevée ; mais, au ton allègre de ce départ, on comprend ce qui suivait dans l'esprit de Pascal. Il se réjouissait de voir la réalité succéder aux figures, et les choses aux signes, et les faits aux discours. Ce véritable philosophe se moqua de la philosophie ; il eût trouvé philosophique de la négliger au menu sifflement des torpilles de Chemulpo.[340]

Emmanuel Kant a rêvé d'un système de paix universelle beaucoup plus radical que celui de notre Henri IV ou des illustres auteurs de la Paix romaine. Aucun traité d'arbitrage partiel ne lui suffisait. Il prétendait lier les peuples par un acte qui les forçât à n'échanger désormais que des salves de papier timbré, bourrées de sommations et de textes de lois. Mais, le lien dont parlait ce « chrétien allemand » étant d'un ordre tout moral, c'est

---

[339] *Pensées*, 797–310 :
Roi, et tyran.
J'aurai aussi mes pensées de derrière la tête. Je prendrai garde à chaque voyage.
Grandeur d'établissement, respect d'établissement.
Le plaisir des Grands est de pouvoir faire des heureux.
Le propre de la richesse est d'être donnée libéralement.
Le propre de chaque chose doit être cherché. Le propre de la puissance est de protéger.
Quand la force attaque la grimace, quand un simple soldat prend le bonnet carré d'un premier président et le fait voler par la fenêtre. (n.d.é.)

[340] Le 9 février 1904, dans la rade de Chemulpo (aujourd'hui Incheon, en Corée du Sud), la flotte japonaise attaque les deux navires de guerre russes qui s'y trouvent, et ceux-ci se sabordent après avoir été durement touchés. La guerre entre les deux pays ne sera formellement déclarée que le lendemain. (n.d.é.)

moralement qu'il oblige ; car, en fait... je vous dis de relire les nouvelles de Chemulpo.

Le petit malheur infligé à cette mémoire n'éveillerait que le sourire, tout au plus le discret applaudissement de quelque adversaire juré, si en France, la philosophie de Kant n'était qu'une curiosité de salle d'étude. Mais il est grave de voir ainsi contester et accabler en quelque sorte, sous le témoignage des faits, la doctrine qui a obtenu chez nous une si extrême importance ! L'on ne nous croyait pas quand nous disions, avec l'auteur des *Déracinés*[341], dès 1894, dans *La Cocarde* de Barrès, que le Kantisme était la religion de la troisième République. Un des piliers de cette religion et de ce régime, M. Victor Basch, dans la *Renaissance barbare*[342] vient d'en faire l'aveu.[343]

Nous fûmes kantisés du haut en bas de l'enseignement, et les écoliers pauvres, les primaires, comme dit Léon Daudet, plus kantisés peut-être que nos condisciples de l'enseignement secondaire et supérieur. Grâce à M. Buisson installé à la direction de l'Enseignement primaire, la morale kantienne plus ou moins diluée, succéda au catéchisme traditionnel et devint la base de la morale populaire. Mais nos professeurs de philosophie, tant au collège et au lycée qu'à la Faculté, furent aussi, pour l'immense majorité, des disciples de Kant souvent influencés par M. Renouvier. Les faux positivistes, les positivistes naïfs qui, tels que Gambetta, Ferry, Léon Bourgeois, se flattaient que, en laïcisant la morale, ils feraient enseigner une morale scientifique, auraient eu lieu d'éprouver quelque étonnement s'ils étaient trouvés en mesure de contrôler l'exécution de leurs programmes. Seul enseigné, seul recommandé, le Kantisme donna ce qu'il portait en germe,

---

[341] Roman de Maurice Barrès en 1897. (n.d.é.)

[342] C'était le nom familier que nous donnions à une revue nommée sans doute par antiphrase la *Renaissance latine*. (Note de *Quand les Français ne s'aimaient pas*.)

[343] Dans l'édition de 1928 de *Quand les Français ne s'aimaient pas*, cette fin de paragraphe renvoie à une note ainsi rédigée :

> On a vu page 83, en note, le texte des aveux de M. Victor Basch. En supprimant ce texte, qui eût fait répétition, je tiens à dire que, à cela près, je réimprime mot pour mot mon ancienne appréciation du Kantisme. Sauf quelques corrections de pure forme dans les premiers paragraphes, le reste est littéral.

Et à cette page 83 du même recueil, on trouve la note suivante :

> « Lorsqu'après la guerre on chercha à refaire une âme à la nation, c'est dans la morale du kantisme que l'on puisa une règle de vie, des principes d'énergie, des motifs d'espérer et de croire ; pendant près d'un tiers de siècle, c'est le kantisme qui a fourni la substance de l'enseignement philosophique de notre jeunesse. » — Victor Basch, *Le Centenaire de Kant*, dans la *Renaissance latine*, février 1894. (n.d.é.)

une mentalité anarchique et cosmopolite. On commença de le constater aux environs de 1895, quand tout notre jeune monde universitaire prit fait et cause pour Ravachol et Émile Henry. On le vérifia par l'attitude des maîtres et des élèves aux premiers mouvements dreyfusiens de 1897 et 1898. Le Kantisme est une discipline essentiellement dreyfusienne. Il est beau de la voir rentrer sous terre au premier bruit guerrier, mais il est triste de songer à toutes les intelligences françaises qu'elle a dégradées.

Je n'ai pas l'intention de nier la puissance personnelle de Kant.

Intellectuellement, moralement, ethniquement, il est l'ennemi ; nous lui devons donc une estimation exacte de sa valeur, et nous nous nuirions à nous-mêmes si des passions philosophiques ou nationales parvenaient à fausser nos poids. Mais il faut nous garder de l'exagération de ses thuriféraires.

Cette vaine critique qui demande aux hommes supérieurs d'avoir des idées personnelles, c'est-à-dire sans antécédent historique et nées de leur seule pensée, aurait très beau jeu contre Kant. Son système de morale est presque en entier dans Rousseau. Sa critique de la raison pure se montre déjà chez Hume. Mais ne voyons pas à la date, voyons à la valeur comparée des trois hommes. Je ne sais s'il faut préférer Rousseau à Kant ou Kant à Rousseau dans leur morale, car tous les deux me semblent avoir bâti le plus funeste château de nuées, et je n'ai qu'à ouvrir l'un ou l'autre pour m'écrier aussitôt que voilà le pire. Ce qui me semble bien certain, c'est que le parallèle entre Hume et Kant n'est certes pas à l'avantage de Kant. Le pénétrant critique anglais a vu, a dit tout l'essentiel sur la critique de nos idées directrices, mais avec une finesse d'analyse près de laquelle la scolastique du Prussien paraît guindée, empruntée et fausse. Or, il reste que Hume est venu le premier.

Résumer seulement un de ces résumés populaires que l'on trouve partout, notamment dans l'*Allemagne* de Mme de Staël ou dans l'*Allemagne* d'Henri Heine, et qui sont censés exposer la doctrine de Kant, ne serait pas une besogne bien facile ni bien utile. Je ne peux qu'esquisser. Kant se donnait pour le Copernic de la philosophie. Il eût mieux fait de s'en dire le Ptolémée. Comme Ptolémée supposait tous les astres du ciel en voyage autour de la terre immobile, Kant vit l'esprit humain installé au centre de la nature à laquelle il dictait ses lois. Tous les éléments directeurs de notre connaissance sont des catégories de notre entendement, sans lequel ils n'auraient aucune réalité. Ce que nous prenons pour les lois de l'univers n'est que loi de notre pensée. Le monde est un grand rêve sur lequel la pensée humaine applique ses formes. « Pas de soleil sans œil humain qui le contemple », devait dire un Kantien plus radical que son maître, et l'intelligence ne saisit qu'elle-même quand elle croit saisir les lois de l'Être en soi. Nous ne savons rien du dehors, nous n'atteignons rien de fixe ni d'absolu. Tout nous est relatif, y compris l'idée que nous avons de nous-même. Descartes avait dit : *Je pense donc je suis*, mais cette déduction semblait beaucoup trop aventureuse à Kant, et sa doctrine laisse voir clairement pourquoi ; la pensée, y compris la pensée de la pensée, n'est encore qu'un fantôme de notre moi.

Pour sortir de son scepticisme, le philosophe de Koenigsberg eut recours à autre chose que la pensée. Il prétendit trouver dans le Devoir une réalité certaine, dont l'existence constatée entraîne nécessairement l'existence de l'âme libre et immortelle, d'une part, et, d'autre part, l'existence de Dieu. On comprendra, je pense, la position kantienne de ces problèmes, si je dis que l'étonnement de Voltaire devant l'ordre du monde et sa conclusion qu'une telle horloge devait avoir un horloger parut à Kant une médiocre argumentation. Vous prêtez à ce monde un ordre ? L'ordre est en vous. Vous déduisez de cet ordre l'idée d'un ordonnateur, qui en serait la cause ? Mais cette idée d'ordonnateur et de cause, elle est en vous, elle est de vous. Dieu ne se prouve pas ainsi. Dieu se prouve par le langage de la Conscience, quand elle nous dit, d'un accent auquel personne ne se trompe, qu'il faut faire le bien, ou que le bien est là, et qu'il n'est point ailleurs...

> ... Conscience ! Conscience ! instinct divin, immortelle et céleste voix ; guide assuré d'un être ignorant et borné, mais intelligent et libre ; juge infaillible du bien et du mal, qui rend l'homme semblable à Dieu ; c'est toi qui fais l'excellence de sa nature et la moralité de ses actions, sans toi, *je ne sens rien en moi qui m'élève au-dessus des bêtes, que le triste privilège de m'égarer d'erreurs en erreurs à l'aide d'un entendement sans règle, et d'une raison sans principes...*

Vous avez, à ces beaux accents, reconnu notre ami Rousseau.[344] Observez, s'il vous plaît, comme ce Kantisme antérieur à Kant est déjà de stricte observance. Le Genevois ne se contente pas de dire avant le Prussien que sa conscience l'avertit du bien et du mal ; il dit plus... La conscience est

---

[344] *Émile*, livre IV.

un « guide assuré », et tous les autres guides sont sujets à l'erreur. Le privilège de connaître, arraché à notre intellect qui en est cependant l'organe naturel, est transféré à la conscience. Maître de Kant dans la dogmatique morale, Rousseau professait déjà comme lui, plus que lui peut-être, le scepticisme à l'égard des opérations de l'esprit pur. Ils ont été deux parfaits sceptiques religieux, et, comme leur religion fondait tous ses temples et toutes ses prescriptions en eux-mêmes, c'était la religion de leur individu, l'anarchie.

Kant a beau invoquer sa règle universelle. Qui en est le juge et l'appréciateur souverain ? Jean-Jacques répond :

> Je n'ai qu'à me consulter sur ce que je veux faire : tout ce que je sens être bien est bien, tout ce que je sens être mal est mal ; le meilleur de tous les casuistes est la conscience... Trop souvent la raison nous trompe, nous n'avons que trop acquis le droit de la récuser ; mais la conscience ne trompe jamais, elle est le vrai guide de l'homme ; elle est à l'âme ce que l'instinct est au corps ; qui la suit obéit à la nature et ne craint point de s'égarer...[345]

La philosophie romantique a développé après Kant, quelquefois d'après Kant qu'elle connut en gros, ces beaux points de vue. La Conscience, appelée quelquefois le Cœur, fut assignée pour guide à la conduite de la vie personnelle, à la direction des États et même au développement de diverses sciences. Michelet fut admirable dans ces jeux-là, d'ailleurs conduits sans badinage. Je me suis assez diverti à chercher ce que pouvait donner, dans l'imagination d'une femme à tempérament comme George Sand, cette religion de la Conscience : j'ai trouvé des équivalents à l'hypocrisie des pires dévotes.[346]

Une étude de l'Hypocrisie dans la littérature et les mœurs de ce siècle feraient peut-être voir tout ce que ce vice ignoble a dû au kantisme latent des écrivains et du public. Les étranges progrès d'une bégueulerie, que n'excluent pas certains abaissements des mœurs, doivent sans doute quelque chose à Kant et à Rousseau. Mais il faudrait un Laclos ou un Bourdaloue pour discerner avec justesse et décrire avec précision l'opération subtile par laquelle l'orgueil, la sécheresse, la férocité, l'indifférence, le simple désir d'une vie correcte, le goût de ses commodités, la peur des complications ou

---

[345] *Émile*, livre IV.
[346] Dans mon livre, *Les Amants de Venise, George Sand et Alfred de Musset*.

même la peur toute simple savent prendre et quitter ce masque insolent du Devoir.

Il y a des devoirs. La sagesse païenne semble ici bien d'accord avec l'Église catholique. Je crains que votre austère Devoir, au singulier, ne soit bien inhumain ou bien vil, je crains qu'il ne mène aux plus bas mensonges ou aux pires atrocités, quand il veut gouverner tous les cas, toutes les circonstances, et régir sans nuance et sans ménagement cet océan troublé de nos conjonctures humaines !

Nier la bienfaisance d'une philosophie qui se présente comme essentiellement pratique, c'est, il me semble, la nier du haut en bas, dans le principe de l'ensemble et dans la portée de détail ; les idées transcendantes auxquelles la conscience kantienne propose la garantie de sa signature n'en ont pas obtenu un précieux surcroît de sécurité, et les gens qui ne croient pas au Dieu créateur ne sont pas touchés de la grâce à l'idée du « postulat de la moralité ». En revanche, les politiciens libéraux et démocrates à qui le *Contrat social* donne un peu la nausée imitent George Sand : ils font les hypocrites et, au lieu de nous dire qu'ils suivent leur habitude ou leur penchant, ils arguent, dans le jargon des thèses de M. Jean Jaurès, des principes posés dans la Politique de Kant. Mais cette Politique ne dit à peu près rien qui ne soit dans Rousseau : l'individu, l'État, la liberté, l'égalité, le pacte initial, les droits inaliénables et sacrés.

Savez-vous où ces fadaises sont réfutées ensemble de manière à la fois « critique » et « pratique » ? À Chemulpo !

APRÈS DOUZE ANS

Quand les Français ne s'aimaient pas, 1916.

L'hypocrisie, reine du monde moderne, n'a pas cessé, en effet, depuis Chemulpo, d'en masquer et ainsi d'en développer les violences.

Il ne faut pas oublier d'autre part comment le stoïcisme individualiste de Kant porta, dans Fichte, la semence du pangermanisme. Dans le recueil de mes articles de guerre, *La France se sauve elle-même*, au 17 octobre 1914, on trouvera le détail de cette filiation.³⁴⁷ Le pangermanisme est un sursaut d'anarchisme ethnique auquel s'applique la définition de la Réforme luthérienne par Auguste Comte, convenablement étendue : une « insurrection de la Germanie contre l'espèce humaine ».

---

[347] Il s'agit de l'article intitulé « M. Boutroux et l'Allemagne », publié dans *L'Action française* sous la signature de Criton. (n.d.é.)

Frédéric Amouretti et l'Europe de 1901

1905

Ce texte est paru dans la Revue d'Action française du 3 septembre 1905.

FRÉDÉRIC AMOURETTI ET L'EUROPE DE 1901

Un disciple de Fustel : Frédéric Amouretti

> Persuadé que la politique est une science d'observation, il érigeait en loi les leçons du passé et réglait sur lui l'avenir comme le présent.
> Guiraud[348] (*Fustel de Coulanges*).

À la veille de la célébration du 75e anniversaire de Fustel de Coulanges, le souvenir de notre malheureux ami Frédéric Amouretti s'impose irrésistiblement à notre pensée. Quelques-uns d'entre nous se proposent de ne pas séparer le disciple du maître dans la pieuse commémoration qui est prochaine. L'auteur de l'*Histoire des institutions politiques de la France* eut de brillants élèves qui ont fait un beau chemin dans le professorat. Je ne sais si personne l'a mieux compris, mieux continué, que Frédéric Amouretti. C'est parce que Fustel avait vu très distinctement l'organisation du passé que les formes de l'avenir se dessinèrent nettement dans la haute intelligence de notre ami.

Amouretti ne nous a laissé, par malheur, que des fragments. La force des choses nous a seule empêchés de réaliser jusqu'ici notre projet de recueillir et de publier ces articles. Nous n'y avons pas renoncé. Si à notre tour nous disparaissions avant d'avoir accompli la tâche, elle serait réalisée par de plus heureux. La durée et le succès de l'Action française nous garantit que ces vestiges ne mourront pas.

La note qu'on va lire est inédite. Elle n'a pas été écrite de la main d'Amouretti, mais presque sous sa dictée, à la suite d'une discussion ou plutôt d'une de ces séries de discussions comme nous en eûmes de 1891 à 1900 et qui se prolongeaient pendant plusieurs jours. Mais la question du Gouvernement des partis en Europe était un sujet sur lequel Frédéric

---

[348] Paul Guiraud (1850–1907), universitaire, auteur d'une biographie de Fustel de Coulanges parue en 1896. (n.d.é.)

Amouretti était passé maître. Je ne pouvais que lui proposer des difficultés à résoudre, demander des éclaircissements complémentaires ou encore resserrer quelque terme d'une formule.

L'ordre des matières apparaîtra comme signé pour quiconque connut le tour d'intelligence d'Amouretti. D'abord les deux pays où le régime des partis est arrivé à sa perfection. Puis, par réaction brusque, les trois pays où ce gouvernement n'est même pas fondé. Vient ensuite le groupe des cinq États où l'oligarchie revêt une forme, aristocratique ou bourgeoise, susceptible de s'améliorer dans le sens national. On passe enfin aux peuples chez lesquels le niveau de l'oligarchie dirigeante s'est abaissé, tandis que le socialisme monte ; mais on note avec soin les éléments de conservation et de défense. Après quoi le tour de l'Europe se trouve fait ; le tsar et le sultan, représentant des types politiques trop particuliers, il ne reste en effet qu'une exception brillante, à notre frontière du Nord, et un monstre, nous-mêmes... Ce petit formulaire en quatre pages est simple, nerveux, élégant, significatif comme une fable d'Ésope.

Est-il nécessaire de faire voir la moralité du tableau ? Les services rendus par le Pouvoir royal sont établis très nettement dans les pays du premier groupe. Il est à peu près seul dans le groupe II, et prépondérant dans la plupart des puissances du groupe III. Il se fait heureusement sentir dans les deux tiers des éléments du groupe IV. Le meilleur vient de lui dans le groupe V, et quant au type no VI (Belgique), c'est lui qui a permis la victoire des honnêtes gens et des hommes d'ordre, ainsi que j'ai pris la liberté de l'expliquer dans une notule qu'on trouvera plus loin. Tous les défauts du type VII viennent, selon le mot de M. Anatole France, de l'absence de Prince ; avec un roi de France, la haute bourgeoisie française eût été guidée dans son ascension et modérée dans sa victoire, la petite bourgeoisie eût ordonné, utilisé ses impatiences et ses enthousiasmes, enfin le prolétariat révolutionnaire pourrait s'installer pacifiquement.

J'ai cru devoir dater ce tableau. Depuis 1901, le double mouvement qui entraîna le monde « vers l'autorité » et « contre la démocratie » s'est remarquablement précisé en divers pays. Le pouvoir royal s'est accru ou fortifié, en Angleterre[349], en Belgique, en Italie, en Espagne même. Mais l'Action française a mis ou mettra ses lecteurs au courant de ces nouveautés.

---

[349] Avec la magnifique impudence de sa nation, M. Joseph Reinach a écrit, dans *Le Temps* du 23 février dernier, que le roi d'Angleterre a moins de pouvoirs que Loubet. Des *pouvoirs* dont on n'use pas, parce qu'on ne *peut* pas en user !

Elles confirment nos doctrines. Et nos doctrines mêmes sont concentrées, pour une grande part, dans les lignes que l'on va lire.

Le gouvernement des partis en Europe en 1901

I. ANGLETERRE, HOLLANDE

Deux partis constitutionnels parlementaires luttent paisiblement et régulièrement, les traditions et la Couronne faisant respecter les règles du jeu.

II. ALLEMAGNE, SUÈDE, AUTRICHE

Le pouvoir est au-dessus des partis.
En Suède, où l'on n'a pas à entretenir une armée puissante, l'opinion publique a sensiblement plus de part au gouvernement du pays. En Autriche, le régime est gâté, affaibli, compliqué par les luttes de nationalités.

III. HONGRIE, ROUMANIE, ITALIE, PORTUGAL, ESPAGNE

Le pouvoir est confisqué par une oligarchie bourgeoise, au profit de sa coterie.
En Italie, le roi fait partie de cette oligarchie, et avec lui tous les Piémontais et Sardes dont il est le souverain héréditaire et qui sont ses loyaux sujets. En Espagne, l'oligarchie gouvernante tend à former un gouvernement national. M. Silvela[350] représente cette tendance.

IV. SUISSE, DANEMARK, NORVÈGE

Un parti radical, composé de paysans riches et de petits bourgeois, gouverne contre une riche bourgeoisie dite conservatrice libérale, mais il est menacé par un parti socialiste, issu lui-même du développement de l'industrie.
Mais ce péril social est atténué :

---

[350] Francisco Silvela (1843–1905), personnage majeur de l'histoire politique espagnole. En 1901, il est le chef du parti conservateur, depuis l'assassinat d'Antonio Canovas del Castillo en 1897. Il se retire de la vie politique en 1903 ; au moment où paraît le présent article de Maurras, il est toujours en vie. (n.d.é.)

– en Suisse, par le régime cantonal et par l'esprit traditionnel de certaines populations catholiques ;
– en Danemark, par l'énergie du roi qui, personnellement, est très aimé ;
– en Norvège, par l'union avec la Suède.[351]

V.   TURQUIE, RUSSIE

États despotico-religieux ; une administration, une religion.[352]

VI.   BELGIQUE

Situation unique : sous le nom de parti catholique sont réunis tous les citoyens ayant des idées d'ordre, quelles qu'elles soient.[353] Ils sont combattus par une masse ouvrière affolée, conduite par de véritables bandits, auxquels se sont joints les niais libéraux et démocrates.

VII.   FRANCE

Régime intermédiaire entre celui de l'Italie (oligarchie bourgeoise, mais sans roi[354], c'est-à-dire sans guide et sans modérateur) et celui de la Suisse (petits bourgeois radicaux, mais sans aucune sorte de contrepoids cantonal ni religieux).

Le pire de tous : despotisme aussi violent qu'ignorant, anarchie sans bornes, cupidité sans frein.

---

[351] La Norvège est devenue indépendante le 7 juin 1905. (n.d.é.)

[352] On comprend comment la propagande d'un révolutionnaire « intellectuel » doit être particulièrement dangereuse pour un régime ainsi constitué.

[353] Il est à remarquer que ces hommes d'ordre n'ont eu à s'occuper que de conquérir la majorité parlementaire pour légiférer et administrer. Aucun problème constitutionnel ne se posait devant eux. L'État politique n'était pas à constituer pour la raison que la Monarchie existait et répondait à tous les besoins de cet ordre. Sans la monarchie régulatrice, les libéraux auraient disposé de pouvoirs plus étendus, et ne se seraient pas laissé arracher le butin. On ne saurait trop se lasser de répéter que, si la monarchie est grande par tout le bien qu'elle entreprend et qu'elle permet, elle est plus grande encore par tous les maux qu'elle empêche.

[354] À vrai dire, nous avons un roi collectif, l'oligarchie des quatre États juif, protestant, maçon, métèque, mais au rebours du roi d'Italie qui tend à se nationaliser, le souverain de la France est nécessairement antinational.

La Question de la Taupe

1905

Ce texte a paru dans la Gazette de France *des 12 et 16 novembre 1905, il a été repris dans certaines éditions du* Dilemme de Marc Sangnier.

I

On agite au Quartier latin la question de la *Taupe*, que Marc Sangnier veut supprimer. Cette société secrète, comme il l'appelle, est l'association des jeunes lycéens qui se préparent à l'École polytechnique. La grande raison de Sangnier, celle du moins qu'il a fait valoir jusqu'ici avec le plus de vivacité et qui lui a gagné l'approbation de quelques-uns de ses adversaires, c'est que les coutumes et les traditions de la Taupe comportent un certain nombre de gravelures écrites ou chantées, écrites et chantées de force, par tout nouvel adepte de cette compagnie. Sur pareil sujet, il n'y a qu'une voix, et, manifestement, le libertinage des taupins est à corriger. Mais ne peut-on pas corriger sans détruire ? Il me semble bien que l'entrée de quelques adeptes du Sillon dans la Taupe y suffirait pour introduire et imposer un grand respect des convenances. Ou cette intense vie morale qu'ils se flattent de réaliser n'est que parade de rhéteurs, ou voilà l'occasion d'agir, d'agir à leur grande manière, qui est, disent-ils, de vivre, de vivre la vie du Sillon et de prêcher, à force d'exemple, la Vertu. Ces messieurs n'auraient qu'à paraître et à vouloir, pour rappeler leurs camarades à la pudeur et tout au moins pour faire respecter leur présence. Pourquoi Sangnier, qui ne croit guère qu'à l'action individuelle, perd-il un aussi beau sujet de la pratiquer ?

La réponse est facile. Sangnier ne veut pas réformer la Taupe. Il veut la supprimer. Ce n'est pas d'un abus accidentel ni d'un excès occasionnel qu'il se plaint. Si les obscénités qu'il flétrit lui déplaisent certainement, elles pourraient bien disparaître et elles pourraient même n'avoir jamais été, sans que diminuât sensiblement l'hostilité profonde que la Taupe a dû lui inspirer de tout temps. Il est l'ennemi de la Taupe en elle-même ; en raison du caractère d'étroite solidarité, de discipline forte, de discipline traditionnelle, non pas créée par un acte de volonté, mais imposée par des précédents et fille du passé, qui distingue cette association.

Il admettrait un syndicat, parce qu'un syndicat est volontaire ou tout au moins doit l'être. Il n'admet pas la Taupe parce que la qualité de taupin est liée à celle de lycéen qui prépare Polytechnique. Cela ne se choisit pas ; pas plus que la famille ou que la patrie, groupements qui n'ont guère la faveur de Sangnier.

Il lui reproche bien l'illégalité. Mais ce n'est pas sérieux. Qu'est-ce qui est légal, en République ? Les Congrégations ne le sont certainement pas, et le catholicisme, hostile à l'esprit de la loi, sera bientôt compris dans les organisations que réprouve la lettre de cette loi. Sangnier accuse aussi la Taupe de commettre des exactions sur les élèves pauvres ou de fortune médiocre. C'est un grief spécieux, violemment contesté, et dont tout l'effet sera détruit par une considération, celle-ci certaine ; que le produit des souscriptions de la Taupe reçoit plus d'une destination charitable. On s'entr'aide beaucoup entre taupins, et les petites misères honteuses y sont couvertes avec un soin délicat et une véritable générosité. Au fond, dit Sangnier, en conclusion de l'un de ses réquisitoires, c'est une question de liberté. Oui, de liberté individuelle. Oui, de liberté anarchique. Sangnier espère que « les élèves de nos lycées auront le courage d'être libres », c'est-à-dire de rompre une ancienne union, d'abdiquer une volonté collective historique et naturelle tout ensemble, de secouer « le poids d'une tradition », de détruire un esprit de corps.

Cet esprit de corps, ces volontés collectives, ces traditions, ces unions particularistes un peu anciennes étant ce qui manque le plus à la France moderne, nous ne pouvons pas nous ranger sans réserve au parti de Sangnier. Même dans cette affaire où les apparences sont bien en sa faveur, même quand il a l'air de combattre pour la vertu, Sangnier continue son métier révolutionnaire. Ce qui s'exprime, au nom de la « conscience », de la « vérité » et de la « justice », dans cette campagne nouvelle, c'est un individualisme de jeune bourgeois, c'est un quant-à-soi de libéral quatre-vingt-neuviste, c'est une rhétorique d'avocat dreyfusien. L'écorce est brillante, généreuse. Grattez un peu, vous trouverez de petites impatiences, de petites révoltes dont la mesquinerie ne dérobera point le grand égoïsme caché. Au lycée comme dans la famille, comme à la caserne, comme à l'atelier, cet esprit du Sillon, tout charitable en apparence, sera justement défini une pure insociabilité.

II

La *Gazette de France* a reçu deux lettres de Marc Sangnier, l'une à notre directeur, tout hérissée des précautions que l'on prend quand on entre au sentier de la guerre, et l'autre à moi, bourrée de toutes les douceurs du calumet de paix. Je les publie l'une après l'autre, non sans me demander pourquoi ce diable d'homme use de deux langages où il n'en faudrait qu'un, et aussi ce qu'il a bien pu vouloir rectifier dans l'article le concernant. Je disais à Sangnier ennemi de la Taupe :

— Réformez cette Taupe, ne la supprimez pas.

Il me répond que la suppression s'impose, mais il néglige absolument de dire pourquoi. Ce *pourquoi*, je l'ai dit, était au fond de sa nature ; dans son sentiment libéral, individualiste et révolutionnaire. La Taupe appartient au type des sociétés naturelles, de ces institutions de fait que Marc Sangnier exècre et aux plus nécessaires, aux plus saintes desquelles (la patrie, la famille) il préférera toujours les groupements formés de main d'homme, nés du vœu individuel, les associations volontaires, celles qui naissent du caprice de l'heure ou de l'air du temps. On verra si je me suis trompé là-dessus.

Voici les lettres :

Paris, le 13 novembre 1905.

Monsieur le Directeur,

Je vous envoie, en réponse à l'article paru dans la *Gazette de France* du dimanche 12 novembre, sous ce titre « La Question de la Taupe », une lettre à Charles Maurras que je vous prie de bien vouloir insérer dans votre plus prochain numéro, à la même place et dans le même caractère que l'article ci-dessus désigné.

Veuillez croire, Monsieur le Directeur, à ma considération la plus distinguée.

Marc Sangnier.

Paris, le 13 novembre 1905.

Mon cher Maurras,

Vous savez combien j'ai toujours aimé discuter avec vous, et quelle utilité nos amis ont même souvent retirée de ces courtoises controverses. Mais vraiment, aujourd'hui, ce n'est pas de cela qu'il s'agit.

Si, comme moi, vous saviez ce que c'est que la Taupe, cette association inexistante chaque fois qu'il ne s'agit pas de monter quelque chahut ou d'imposer aux nouveaux des brimades aussi grotesques qu'immorales, si vous saviez à quel point les taupins sont loin de considérer la Taupe comme quelque chose de sérieux, d'utile, de fraternel, vous n'auriez certes pas songé un seul instant à prendre sa défense, et surtout vous n'auriez pas fait cette involontaire profanation de comparer la Taupe à la famille ou à la patrie.

Rien n'est plus incohérent, inorganique, que la Taupe. Les nouveaux se soumettent par respect humain, par lâcheté, et une fois qu'ils sont soumis, qu'ils ont fait comme les autres, ils sont furieux qu'on éveille l'attention publique sur ce qu'ils ont fait comme malgré eux et en essayant de se persuader que cela n'avait pas d'importance. Ceux qui ont été les plus froissés par les agissements ignobles de la Taupe sont peut-être souvent ceux qui trouvent le plus opportune *(?)* la campagne que nous avons entreprise contre elle. *[Marc Sangnier a voulu peut-être écrire inopportune ou importune ; mais* quod scriptum...*]*

Au reste, mon cher Maurras, croyez bien que, pour réprimer de tels abus, nous comptons beaucoup plutôt encore sur le courage de nos camarades que sur les circulaires ministérielles. Nous avons commencé d'ailleurs à suivre votre conseil, et quelques-uns de nos camarades sont déjà en quarantaine pour avoir voulu résister à cette avilissante tyrannie.

Il importe donc que nous soutenions ces braves. Il ne serait pas juste de les laisser tout seuls souffrir en silence, alors qu'ils se sont compromis avec nous et pour une cause qui, après tout, intéresse également tous les honnêtes gens.

Et maintenant, mon cher Maurras, arrivera-t-on à sauver la Taupe tout en la purifiant des saletés qui, je vous assure, en sont l'essence même ? Je n'ose guère l'espérer. Vous devez comprendre aisément mon sentiment, vous qui m'avez tant de fois affirmé que l'on ne pouvait pas assainir la République et qu'il fallait tout simplement la démolir. Ce que je n'admets pas pour la République, j'ai bien peur d'être contraint de l'admettre pour la Taupe.

Voilà, mon cher Maurras, ce que je voulais dire. Je connais la Taupe et les taupins infiniment mieux que vous. Je vous supplie, si vous avez quelque doute, de me faire la joie de me fixer un rendez-vous ; je vous montrerai beaucoup de documents que je ne pourrais, bien entendu, pas reproduire ici et pour cause, mais qui, je vous assure, éclaireront tout à fait votre religion.

Je suis convaincu que quand vous serez au courant de la question, vous vous unirez à nous pour cette campagne de salubrité publique. Ensuite nous recommencerons à discuter et à nous battre ; il y a assez de questions qui nous divisent ! En attendant, nous aurons eu la joie de nous trouver un instant unis pour une œuvre évidemment nécessaire et bonne.

Veuillez croire, mon cher Maurras, à mes sentiments bien cordiaux et les meilleurs.

Marc Sangnier.

Vous êtes insupportable mon cher Sangnier. Vous avez un journal, *L'Éveil démocratique*, une revue, le *Sillon*, et quantité de tracts, feuillets et folioles de second ordre. Il vous faut encore aller protester continuellement chez les autres. Vous contrariez les usages de la presse, et vous abusez de la loi. Si du moins vos répliques étaient directes ! Mais je n'ai été ni le premier ni le dernier à vous le dire, il vous est impossible de vous fixer sur un sujet. Vous ne cessez de virevolter alentour. Ce que vous maintenez fermement, c'est votre caprice, votre souhait, votre bon plaisir ; mais les raisons dont vous essayez de motiver tout cela changent d'un jour à l'autre et sont plus emmêlées que les nuances de la gorge des tourterelles.

Vous savez ce que c'est que la Taupe ? Vous le savez mieux que personne ? Alors, bon, dites-nous le carrément une bonne fois. On discutera sur vos dires. Le débat pourra se conclure avec sûreté. J'ai passé en revue vos griefs, l'autre jour, on a pu voir ce qu'il en fallait retenir. Vous apportez aujourd'hui des affirmations nouvelles.

Trois d'entre elles qui me concernent manquent d'exactitude.

1. Je n'ai pas songé à « prendre la défense de la Taupe » mais, ce qui est bien différent, j'ai analysé le mode, le système et la cause de votre attaque. J'ai montré en quoi vous vous montriez, dans un petit sujet, fidèle à votre esprit, à l'esprit général du Sillon. Mon ami, M. René de Marans, en deux articles admirables[355], vous a obligé à renoncer définitivement au titre de « chrétien social ». Je me suis occupé de souligner plus clairement encore, s'il est possible, votre humeur individualiste et son fond secret

---

[355] Voir le second article du *Dilemme de Marc Sangnier*. (n.d.é.)

d'anarchie. M. de Marans, comme M. l'abbé Emmanuel Barbier[356], juge cet éclaircissement indispensable à la défense de l'Église. Je le crois nécessaire au salut de mon pays auquel (involontairement, j'en suis sûr), vous pourriez préparer de rudes malheurs.
2. Je n'ai pas non plus « comparé » une société d'écoliers à la famille et à la patrie ; au sens où vous prenez ce mot, on ne « compare » pas le charbon au diamant lorsqu'on dit que ces deux corps sont également constitués par du carbone plus ou moins pur.
3. Encore moins aurai-je commis là une « profanation ». Voulez-vous que je vous apprenne ce que vous profanez sans cesse, vous, Sangnier ? C'est la parole humaine, c'est la langue française, c'est le don magnifique de l'éloquence, et c'est le don même de penser, qui chez vous ne servent jamais qu'à un jeu tantôt misérable, tantôt pernicieux.

Nous avons dit ce qu'on devait dire, ce me semble, sur les faits « immoraux », sur les « saletés » de la Taupe. Je n'y reviendrai pas. Vous ajoutez qu'elle est « grotesque », « incohérente », « inorganique », dénuée de tout caractère « sérieux », « utile », « fraternel ». Tous ces adjectifs mis ensemble me signifient avec clarté que la Taupe vous déplaît fortement, qu'elle vous a peut-être causé jadis des contrariétés violentes, que vous en gardez un souvenir détestable. Cela ne suffit peut-être pas pour motiver sa condamnation capitale. Êtes-vous sûr de l'inutilité absolue de ce groupement ?

D'abord, si on le laisse vivre, si on le respecte comme il faut respecter tout ce qui existe de positif, il peut cesser un jour ou l'autre d'être inutile et rendre des services inattendus. Puis, sa stérilité fût-elle éternelle, il offre toujours cette utilité précise et par là même précieuse, d'être ce qu'il est : de grouper. Il retient, il tient réunies toutes ces jeunes têtes, souvent séparées par leur origine, qui le seront encore davantage par la vie, et que l'émulation du lycée, les concours à l'entrée et à la sortie des grandes écoles, tendent à isoler dans les vues d'amour-propre et d'intérêt étroit.

Vous avez le génie du non-conformisme, mais êtes-vous bien assuré que la maxime « faire comme les autres » soit toujours à fouler aux pieds ? Il y a parfois plus d'héroïsme à faire sa partie dans le chœur qu'à moduler

---

[356] L'abbé Emmanuel Barbier avait écrit une brochure sur les idées du Sillon. Voir les notes 74 et 82 à notre édition du *Dilemme de Marc Sangnier*. (n.d.é.)

précieusement les *soli* de la vanité. Allons plus loin : toutes choses étant égales d'ailleurs, il faut faire comme les autres. La vérité normale est là. Oui, pour ne pas faire comme les autres, il faut avoir une raison particulière, un motif distinct, conscient, de son schisme individuel. Pour faire comme les, autres, il suffit de n'avoir pas de sujet déterminé d'agir différemment. C'est donc le cas le plus fréquent, et j'ajoute le plus utile. La société dont les membres se proposeraient, sous un prétexte de noblesse d'âme, de n'agir qu'en vertu de leur vœu personnel se dissoudrait rapidement dans les plus ignobles désordres.

Une société, tout aussi absurde du reste, qui défendrait d'agir autrement que les autres, succomberait pourtant moins vite, ou même se contenterait de ne plus faire de progrès. L'être d'exception a des droits. Mais il a le devoir de ne présenter de tels droits qu'à leur titre de privilèges. Le citoyen qui transforme son droit privé en droit commun, c'est un parricide. J'ai bien peur que, en croyant nous forger des héros, vous ne prêchiez ce parricide social.

Vous comptez sur l'État, dites-vous, moins que sur l'énergie de vos camarades ? Mais vous n'en appelez pas moins sur d'autres camarades (coupables, entre autres choses, du délit et du crime de société naturelle et de corporation traditionnelle) les forces de l'État central ! Cet État devrait cependant être ici l'ennemi commun. Mais non. Quand un État fait son métier de juger, de punir, de châtier les traîtres selon le seul régime qui soit possible en matière de trahison, vous vous tournez contre l'État, et vous donnez la main à tous les anarchistes. Quand il ferme les yeux sur des illégalités dont le principe au moins est heureux, votre vieille verve juridique s'éveille, et vous lui dénoncez la Congrégation avec une insistance et un soin de ses droits dont il est lui-même inquiet.

Vos camarades sont en quarantaine ? Vous ne pouvez pas les lâcher ? Vous voulez les venger ? C'est très bien, cela. Je continue à redemander obstinément en quoi l'esprit de vengeance ou de châtiment vous force à exiger la mort de la Taupe. Vous n'osez espérer qu'on parvienne à la purifier. Vous m'assurez, mais sans en paraître sûr, que les saletés flétries par tous en forment l'essence, et vous vous sauvez dans le maquis des comparaisons. J'ai affirmé qu'on ne pouvait pas assainir la République et qu'il la fallait démolir ; vous ayez peur d'être contraint d'admettre la même conclusion pour la Taupe. Contraint par qui ? par quoi ? On ne peut pas assainir la République, il faut la démolir, parce que ce qui est mauvais en elle, c'est son principe, l'individualisme. Mais il faut au moins essayer d'assainir la Taupe, parce que son principe à elle est excellent, étant un principe de société et de solidarité entre les écoliers du même âge et du même avenir. Comment êtes-vous si cruel pour les accidents de la Taupe et si tolérant pour l'essence de la République ?

Individualisme ! vous disais-je dimanche. Il me faut bien le récrire aujourd'hui jeudi. Je ne puis appeler « évidemment nécessaire et bonne » votre œuvre, une œuvre qui s'inspire de ce qu'il y a de plus diviseur et destructeur dans la démocratie. Mais, comme il faut toujours s'instruire et comme la confiance de nos lecteurs me fait un devoir du perpétuel examen, j'accepte avec joie la rencontre proposée. Puisque vous me laissez le soin de fixer un rendez-vous, après-demain, onze heures du matin, chez moi, vous conviendrait-il ?[357]

Vous aussi, mon cher Sangnier, quelques rudesses que j'aie pu opposer à votre vivacité, veuillez croire à mes sentiments bien cordiaux, et les meilleurs. Ils se résument dans le vœu de vous voir changer de pensée et retourner en sens utile des forces qui ne tendent qu'à tout perdre et tout ruiner.

---

[357] Ce rendez-vous eut lieu. Marc Sangnier, accompagné de son ami Georges Hoog, trouva chez moi mes amis, MM. Henri Vaugeois, Lucien Moreau et Jacques Bainville. Il entr'ouvrit une serviette en nous proposant l'examen des gravelures de la Taupe. Nous répondîmes que c'était inutile et que la question était autre. On commença à discuter sur les principes et l'on se mit bientôt à parler d'autre chose.

Le Midi esclave

1907

INTRODUCTION

L'*étude qu'on va lire est tirée de la Gazette de France et date de près de quatre ans[358] ayant paru les 19, 22 et 24 décembre 1903.*
À travers les méandres inséparables de ce procédé discursif et de ce mode épistolaire qui sont presque imposés pour un article de journal, le lecteur attentif y trouvera sans peine un exposé et une analyse de la situation présente de notre Midi.

Les causes politiques, *découvertes au temps où elles agissaient dans l'ombre, ont depuis mûri au grand jour. Leur effet se charge de dire qui avait raison, de nos contradicteurs ou de nous. Alors on n'était patriote qu'à la condition de flétrir le Midi. Tout le parti nationaliste et conservateur se plaignait de voir les Jaurès, les Lafferre, les Sarraut, c'est-à-dire, prétendait-on, le Midi entier, devenus les tyrans du reste de la France. Ils sont tout d'abord, répondais-je, les tyrans du Midi lui-même. Loin d'être par eux votre maître, le Midi est autant que vous, plus que vous leur esclave. On douta, on railla. Mais voici que, soudain, en se révoltant contre de prétendus mandataires qui le trahissaient*[359]*, contre les administrateurs envoyés par ces traîtres et qui l'exploitaient, le Midi contre-signe brillamment tous nos aperçus. Encore un diagnostic jugé paradoxal qui se vérifie point par point !*

Il sera juste d'observer que les pages qui suivent sont loin de se suffire. Si l'espace n'eût fait défaut, on se serait fait un devoir de les compléter en réimprimant aussi, en préface, l'étude publiée l'année précédente sur Le Mauvais Midi.

Il faut du moins la résumer.

Je m'étais efforcé de bien établir dans ce travail que le gouvernement républicain, subissant les nécessités de sa composition et de son histoire, favorise (ou plutôt feint de favoriser) les Méridionaux en choisissant systématiquement parmi eux la plupart de ses fonctionnaires, agents et sous-agents : mais, par un rigoureux système compensateur, ce gouvernement s'applique en échange à maintenir le Midi — territoire, races, industries — dans un état aussi voisin

---

[358] Notre texte est celui de la revue *L'Action française* du premier juillet 1907, pour laquelle Maurras ajoute l'introduction qu'on lit ici. (n.d.é.)

[359] On sait que 1907 est l'année de la grande révolte des vignerons du Languedoc soutenus par la population, mouvement qui fit trembler le pouvoir de Clemenceau, un régiment envoyé pour réprimer les troubles ayant fraternisé avec les émeutiers. L'agitation avait atteint son point le plus haut en mai et juin 1907. (n.d.é.)

que possible de l'inertie, de la pauvreté et, par là même, dans l'éternelle impuissance de se suffire, afin de le garder toujours dépendant, sujet, serf. Le Midi esclave *que l'on va lire ne fait donc que développer une des données de mon ancien* Mauvais Midi.

Cette donnée a été contestée dernièrement avec une légèreté incroyable. Un député, M. Plichon, a même cru l'escamoter au moyen d'un bon mot. « En dix-sept ans, dit-il on a fait dix-sept lois en faveur de la viticulture. » M. Donazac, collaborateur de L'Éclair *de Montpellier (26 juin dernier), s'est donné la peine d'analyser ces dix-sept lois. Sous des formules d'une hypocrisie remarquable, elles ont* « presque toutes tourné contre la viticulture et progressivement sanctionné l'emploi du sucre en vinification ». *Il y a donc lieu de maintenir tout ce fondement de notre doctrine. La protection de lois de circonstance, tentée au jour le jour, ou plutôt à l'année, n'aurait valu sans doute que ce que vaut un expédient destiné à pallier et à recouvrir le fond des choses : hostilité fondamentale d'une politique économique dictée par les conditions du régime et du parti qui gouvernait. Mais il faut constater, de plus, que le palliatif demeura tout verbal, manqua d'efficacité, et alla constamment contre sa propre fin. Il ne fit même pas son misérable office.*

J'ai cru devoir annoter copieusement ces pages déjà bien anciennes. Pour les corrections introduites dans le texte, elles ne sont que de pure forme ; aucune ne présente le caractère d'un changement ou d'une addition. On y trouvera même, à la place qu'elles ont occupée l'une après l'autre, une erreur et la rectification qui suivit.

I — Un discours de M. Jules Lemaître[360]

> Ceux des Méridionaux qui pensent comme nous, souffrent peut-être plus que nous des conséquences de la tyrannie parlementaire, *étant opprimés de plus près*.
> Jules Lemaître (*discours de Caen*).

Je voudrais dire quelques mots de la grande querelle du Nord et du Midi. Mais une question délicate se présente d'abord. Je me demande si je suis libre de penser et de parler en un tel sujet. M. Ranc a pris la défense du Midi contre M. Lemaître[361] ; suis-je libre de m'allier à aucun adversaire de mon Midi contre quelqu'un qui le défend, ce quelqu'un fût-il M. Ranc ?[362]

J'y voudrais réfléchir, et je ne peux pas. Ma réponse est toute prête, elle est non.

Non et non.

---

[360] Article tiré de la *Gazette de France* du 19 décembre 1903.

[361] Jules Lemaître, 1853-1914, écrivain et critique dramatique, il joua un rôle dans l'affaire Dreyfus et fut membre de l'Action française. (n.d.é.)

[362] Arthur Ranc, 1831-1908. En décembre 1851, il combat sur les barricades pour s'opposer au coup d'État de Louis-Napoléon Bonaparte. Il est condamné à la déportation en Algérie en 1854. Il réussit à s'évader et à rejoindre l'Italie, puis la Suisse. Il rentre à Paris après l'amnistie de 1859 et collabore au journal *Le Réveil* de Charles Delescluze, puis à *La Rue* de Jules Vallès. Il est condamné à de multiples amendes et peines de prison pour incitation à la guerre civile. Après la proclamation de la République le 4 septembre 1870, il est nommé maire du IXe arrondissement. Pendant le siège de Paris, il rejoint Léon Gambetta à Tours. Le 8 février, il est élu député à l'Assemblée nationale, mais en démissionne le 2 mars pour protester contre la signature des préliminaires de paix avec les Allemands. Le 26 mars, il est élu au Conseil de la Commune par le IXe arrondissement. Il démissionne le 6 avril pour protester contre le décret sur les otages que vient de prendre la Commune.
Après la Semaine sanglante, il se présente en juillet 1871 aux élections municipales de Paris, mais la presse de droite l'attaque et il doit s'enfuir en Belgique. Il est condamné à mort par contumace par le conseil de Guerre en octobre 1873.
Il revient en France après l'amnistie de 1880, puis est élu député de gauche de la Seine en 1881, sénateur en 1891. (n.d.é.)

Non, si M. Lemaître était l'agresseur du Midi, un instinct plus puissant que cette admiration qui est l'amitié de l'esprit, et supérieur même aux plus sages considérations politiques, supérieur à tout, me rangerait contre les ennemis de mon sol natal. Ces instincts sont innés. Ils découlent du sang : du sang qui, dit Mistral, *tire plus fort que les câbles*. L'éducation mistralienne est venue cultiver et développer cette volonté naturelle. Mistral nous a liés par les bénédictions et les malédictions distribuées avec une majesté souriante aux amis et aux ennemis de la patrie.

> *Que i'ague quaucarèn*
> *De plus dous que Prouvènço e qu'amour fugue rèn,*
> *O fraire dóu Miejour, leissas-lou dire en d'autre.*[363]

« Qu'il y ait quelque chose — de plus doux que Provence et qu'Amour ne soit rien, — ô frères du Midi, laissez-le dire à d'autres ! » Ce que l'homme a de plus profondément personnel, son amour, ce qu'il a de plus général, sa race, se trouve ainsi fondu au diamant de la poésie. L'évêque de Marseille, Foulque ou Fouquet, s'étant laissé aller par passion monastique, à prendre une guerre de races pour un conflit religieux, et s'étant oublié jusqu'à traiter les Albigeois comme il n'eût point traité les païens et les Maures, le grand poète ne l'appelle, que Fouquet *l'abominable*. Cet anathème de la muse, ce fatal exemple historique nous sauveraient, je crois, de toute complaisance envers M. Lemaître, si, suivant sa propre expression, il osait jamais proposer aux gens du Calvados « d'aller faire le siège du Grand Café de la Comédie de Tarascon ». Bienheureusement, il se trouve que la question était fort mal posée par M. Ranc, le Midi n'a pas à se plaindre de M. Lemaître : informations bien prises, textes lus et relus, c'est à nous délivrer qu'il a convié ses Normands.

Je ne songe pas seulement à exprimer à M. Lemaître la gratitude des Provençaux décentralisateurs, autonomistes, fédéralistes et même royalistes pour le programme *mistralien* qu'il a exposé à Caen. Ce programme est, sans doute, excellent presque de tous points. On n'y reprendra même pas « l'élection du chef de l'État par un collège électoral beaucoup plus large que le Parlement » : un collège électoral « beaucoup » plus large que le Parlement c'est, en effet, celui qui comprendrait, en outre des quarante millions de Français vivants, le milliard et demi des Français qui sont morts depuis que

---

[363] Mistral, *Lis Isclo d'Or*, Roumanin. (n.d.é.)

la France est la France. Ce mode de votation, qu'un oracle conseillait aux Grecs de Mégare, donnerait infailliblement une puissante majorité royaliste. Sur cette base, on peut discuter.

Où la discussion cesse, où l'accord se fait nécessairement, absolument et sans débat, c'est quant au reste du programme de M. Lemaître. Il se résume dans le mot *décentralisation*. M. Gérault-Richard traduit : fédéralisme, et M. Ranc : séparatisme. Un royaliste, partisan d'un pouvoir monarchique, c'est-à-dire essentiellement unitaire, ne peut être suspect de vouloir rompre l'unité de son pays. Il peut être fédéraliste ; le séparatisme lui est interdit par définition. M. Lemaître qui, de toute façon, demande que le pouvoir exécutif soit consolidé, prolongé et fortifié, ne sera traité de séparatiste par aucun adversaire de bonne foi. Mais il faut compter les perfides en politique. M. Ranc en est un, M. Gérault-Richard en est un autre. L'un et l'autre seraient réduits à l'état de simples jocrisses, si M. Jules Lemaître leur répondait : *Vive le Roi !* Il ne le dira pas ! il ne le fera pas ! et c'est pourtant de la position monarchique seule, c'est uniquement des hauteurs de cette forteresse, qu'il pourrait opposer aux censeurs de son fédéralisme cette réponse péremptoire :

— La Monarchie est le gouvernement d'un seul.

Observons, en passant, que les censures qu'on lui inflige étaient bien attendues ici. Que de fois nous avons signalé la tendance nécessairement centralisatrice de la démocratie ! Les fédéralistes ou décentralisateurs républicains n'en veulent rien croire, leur illusion résiste aux évidences de l'Histoire des ligues suisses et de l'Histoire américaine. Ils ne sont même pas convaincus de la nécessité inhérente au régime électif, au gouvernement des partis. Cependant, tout parti devenu chef d'un gouvernement électif centralise et ne peut vraiment faire autre chose. Avant d'être ministre, M. Millerand disait dans un discours à Troyes : « Nous irons, en ce sens, jusqu'au fédéralisme. » Or, il est allé dans le sens contraire, jusqu'à resserrer l'étau de l'an VIII.[364] Quant aux collectivistes, ils n'eurent longtemps à la bouche que les mots d'autonomie et de fédération spontanée : M. Gérault-

---

[364] M. Clemenceau dans *L'Aurore* du 31 juillet 1903, s'était déclaré le « féroce ennemi de la Constitution de l'an VIII » ajoutant : « Mon idéal de gouvernement est le fédéralisme, tant je suis loin de mériter ce reproche du jacobinisme ! » Un an de ministère a suffi pour conduire M. Clemenceau jusqu'aux massacres de Narbonne et à la proclamation du petit état de siège dans quatre départements. Voyez *La République et la Décentralisation*, par MM. Paul Boncour et Charles Maurras (1904, Paris, Lemoine, 12, rue Bonaparte). Les articles de M. Clemenceau se trouvent reproduits dans ce petit livre.

Richard conseillait avant-hier aux amateurs d'autonomie locale et de fédération régionale de se défier de leur rêve, même sous un régime républicain ! M. Gérault-Richard a raison. De vrais républicains ne sauraient penser à la fois contre le principe et contre la tradition de la République ; son principe : au rebours de la monarchie, la République émiette le pouvoir souverain, mais elle concentre, pour le mettre à la disposition du « parti » régnant toutes les fonctions secondaires de l'administration. Sa tradition : souvenez-vous de l'échafaud des Girondins, l'épouvantail classique qui n'a pas fini de servir.

M. de Ricard et M. Paul Boncour ne manquent pas de raisons, bonnes ou mauvaises, contre ce double sentiment.[365] Je ne serais pas mécontent de les leur voir répandre à cette heure. Leurs réponses à M. Gérault-Richard ne manqueraient pas de saveur. S'ils ne répondent pas, on pensera que les menaces ont semé la terreur parmi la nouvelle Gironde. Quoi qu'il en soit, le programme décentralisateur de M. Jules Lemaître est excellent. Je l'ai appelé mistralien, on pourra le nommer aussi bien nancéen ou barrèsien ; il ressemble à celui que Barrès nous apporta de Nancy et que nous défendîmes Lorrains et Provençaux mêlés, dans *La Cocarde* de 1894 :

> Il faut réclamer la décentralisation administrative et l'extension des pouvoirs et libertés de la commune, du département et, mieux, de la région. — Ne pas oublier, d'ailleurs, que la réduction du fonctionnarisme, donc la possibilité d'économies sérieuses et, par conséquent, la possibilité de certaines lois sociales, sont liées à la décentralisation.

Il n'y a pas une seule de ces lignes substantielles que nos Provençaux ne puissent illustrer d'un vers de ce Mistral, notre inoubliable leçon. Pour la commune et pour la région contre le département, contre le fonctionnariat, pour les joies et pour les fiertés de l'indépendance locale contre le servage administratif : je ne pense pas qu'il y ait au monde poésie plus riche en tableaux de regrets et d'encouragement. Ces larmes du passé et ces élans vers

---

[365] M. Paul Boncour avait publié dans la *Renaissance latine* du 15 juillet 1903 son article « La République et la Décentralisation », M. Louis-Xavier de Ricard lui avait fait écho, dans le *Figaro* du 4 août. Je ne sais ce que pense des récents événements M. de Ricard : devenu conservateur d'un musée de province, je ne sais pas non plus s'il y pourrait changer quelque chose. Mais M. Paul Boncour, chef de cabinet de M. Viviani, collabore avec son ministre à sa répression jacobine. Et c'est éternel !

un avenir de réformes n'auraient aucune raison d'être si nous étions aussi heureux et aussi puissants qu'on le croit. Jules Lemaître ajoute son autorité de Français du Centre à l'influence de nos éducateurs du Midi. Je répète qu'il faut lui en savoir beaucoup de gré.

Mais son titre capital à la gratitude de nos populations, c'est de s'être employé, sans salaire, pour le plaisir, et peut-être sans être tout à fait certain du sérieux de la chose, à la délivrance de Tarascon.

Lorsqu'il parle de Tarascon, M. Jules Lemaître pense à la ville fabuleuse d'Alphonse Daudet. Le Tarascon de chair et d'os est plus intéressant. Sait-on où est Tarascon ? Dans l'arrondissement d'Arles. Or, combien cet arrondissement contient-il d'électeurs ? Exactement vingt-huit mille cent soixante-deux.[366] Et par combien de voix M. Henri Michel, licencié ès lettres, professeur de lycée, est-il envoyé à la Chambre ? Dix mille quatre cent trente et une.[367] Et combien ont voté dans cette élection ? Dix mille neuf cent quatre-vingt-deux. — M. Henri Michel est radical-socialiste.

Prenons l'arrondissement d'Aix, qui est limitrophe, La première circonscription y compte quinze mille sept cent quatre-vingt-quatre électeurs.[368] On a nommé M. Baron, par six mille six cent cinquante-neuf voix.[369] — M. Baron est radical-socialiste.

Même arrondissement, deuxième circonscription. Seize mille huit cent soixante-trois électeurs.[370] Ils ont élu M. Pelletan en 1902 par sept mille trois cent soixante et onze voix[371] ; en 1893, par quatre mille trois-cent soixante et onze voix, M. Pelletan aura gagné des voix en se rapprochant du pouvoir. — Il est radical-socialiste.

Un département tout voisin, le Gard. M. Fournier est député de la première circonscription de Nîmes. Électeurs : 23 398.[372] Il en représente 9 652.[373] — Il est radical-socialiste.

---

[366] Aujourd'hui, c'est-à-dire aux élections de 1906, ce chiffre s'est un peu accru : 29 489.
[367] En 1906 : 11 164.
[368] En 1906 : 15 848.
[369] En 1906 : 7 292.
[370] En 1906 : 17 300.
[371] En 1906 : 7 452.
[372] En 1906 : 25 617.
[373] En 1906 : 9 385.

La deuxième circonscription de Nîmes compte 26 275 électeurs.[374] M. Doumergue en représente 10 735.[375] — Il est radical-socialiste.

Dans l'Hérault, M. Mas rallie, pour la première circonscription[376] de Montpellier, 7 982 électeurs. Il y en a 20 113. — M. Mas est radical-socialiste.

La deuxième circonscription de Montpellier compte 18 013 électeurs[377], M. Salis en représente 5 966.[378] — Il est radical-socialiste.

La première circonscription de Béziers : 30 898 électeurs[379] ; 11 727[380] seulement nomment M. Lafferre, — radical-socialiste.

La deuxième circonscription de Béziers : 30 898 électeurs[381] entre lesquels 11 171[382] nomment M. Auge, — radical-socialiste.

Estime-t-on que de tels chiffres soient à commenter ? Ils témoignent évidemment de l'existence d'énormes minorités hostiles aux élus, et d'une forte majorité de voix silencieuses et non représentées.

Dira-t-on que c'est le cas de la France entière ? Mais nulle part la proportion n'est aussi forte. Cela devrait faire réfléchir les personnes tentées de construire un système d'ethnographie morale et politique de la France d'après le résultat brut du dernier mouvement électoral.

Nous savons par exemple que la France a été désorganisée par la Révolution ; mais cela est particulièrement vrai de la France du Midi où, — en sus des libertés religieuses, scolaires et domestiques communes à tous, — on disposait, en Languedoc, en Provence, en Béarn, de libertés locales prodigieusement étendues. Nous avons donc bien plus perdu à la Révolution que la plupart de nos pays du Nord, de l'Est, de l'Ouest et du Centre. Mais, ayant aliéné plus de puissance politique, nous avons par surcroît subi plus

---

[374] En 1906 : 26 790.

[375] En 1906 : 11 329.

[376] Circonscription dont M. Pierre Leroy-Beaulieu est aujourd'hui le représentant, après les extraordinaires péripéties qu'il est inutile de rappeler. [Pierre Leroy-Beaulieu (1871– 1915), qu'il ne faut pas confondre avec son fils qui porte le même prénom. Faute de pouvoir le citer ici longuement, nous renvoyons le lecteur à l'article de Philippe Secondy intitulé « Pierre Leroy-Beaulieu : un importateur des méthodes électorales américaines en France » dans la *Revue historique* 2/2005 (no 634), p. 309–341. (n.d.é.)]

[377] En 1906 : 17 722.

[378] 7 482. M. Salis a gagné des voix dans une circonscription qui perdait des électeurs.

[379] En 1906 : 31 611.

[380] En 1906 : 12 159.

[381] En 1906 : 26 894.

[382] En 1906 : 11 263. C'est le cas exceptionnel de M. Salis.

de servitudes nouvelles. La Bretagne perdit ses libertés provinciales. Mais elle ne fut pas subjuguée au même moment par une tribu étrangère campée sur la terre d'Armor. Notre Midi fut moins heureux.

Le Midi est, en effet, le point de la France où abondent à la fois les juifs et les protestants. La capitale des Dreyfus est aux entours de Carpentras. Ce département de Vaucluse posséda les ghettos les mieux garnis du territoire. Le Gard, le Tarn-et-Garonne, les Pyrénées-Orientales[383], l'Hérault, l'Ardèche sont des pépinières de huguenots. La Franc-Maçonnerie trouvait donc le terrain aménagé pour elle. Maçons, juifs, protestants s'y fédérèrent et dominèrent d'autant plus facilement que les vieux Français catholiques étaient plus émiettés et plus désunis par le hachoir du premier Consul. Ces quatre petits corps d'État maintenus par la voix du sang purent ce qu'ils voulurent contre notre poussière d'individus non groupé, partant concurrents et rivaux.

Aussi, dès que, sous la troisième République, ces trois États en s'unissant aux métèques, devinrent les quatre États confédérés et se furent emparés du pouvoir central, le Méridional indigène, déjà vassalisé par l'organisation étrangère, perdit son dernier protecteur : l'État français.

Il s'était beaucoup fié à ce protecteur. Ce sentiment est naturel au membre d'une communauté désorganisée. La confiance que le « déraciné » et le « dissocié » aiment à témoigner à l'État providentiel est de tout temps, de tout pays. Les circonstances s'en mêlèrent. Certaines crises agricoles et viticoles, qui furent ruineuses, augmentèrent encore la débilité du Méridional et, par là, sa mendicité. L'État républicain le tint à sa merci. Il lui fallut pour vivre se louer ou se vendre à cet État qui, venant de changer de maître, était passé aux mains des pires oppresseurs locaux. Naturellement, ce trafic indigne outra ce que le pays comptait d'âmes fières. La colère la honte, la commune douleur tentèrent vaillamment de réagir, d'organiser. Mais l'État juif, protestant, maçon et métèque, qui voyait dans ces régions-là son boulevard le plus sûr, se mit en défense dès le premier moment. Défense électorale, défense administrative. Il inventa d'invraisemblables sectionnements. Il recourut aux pressions les plus éhontées. Il ne craignit aucune fraude. Qu'aurait-il craint ? De tomber du pouvoir ? Il prenait justement le moyen de n'en pas tomber. Il appliquait d'avance à ces départements le régime qu'il imposerait au pays entier le jour où l'opposition constitutionnelle et légalitaire deviendrait un peu menaçante. Mais cet État

---

[383] Erreur rectifiée plus loin.

tyran prenait soin de demeurer bon pourvoyeur pour ses amis. Il sut étendre, il sut renouveler une clientèle à qui la sportule ne fit jamais défaut. Les électeurs de ce parti victorieux acquirent ou affermirent, à l'usage de ces moyens, leur mentalité, dite radicale-socialiste. Ils ne parlent pas de socialiser les usines, les mines, les machines et les autres sources de production, comme le voudraient les socialistes purs, mais ils veulent mettre des ressources immenses à la disposition de l'État en imposant les riches aussi lourdement que possible afin d'en partager les dépouilles entre leurs meilleurs paroissiens.

La désorganisation politique, l'émiettement individuel, enfin la domination d'un parti étranger, maintenue par le brigandage administratif et fiscal, ces trois causes, activées par des circonstances critiques, rendent un compte général de la situation du Midi de la France. Elle est grave : des populations jadis fières en sont avilies. Elle n'est pas perdue, tant que subsistent, trois espoirs :

– l'espoir d'une dictature nationale qui, changeant le gouvernement, saurait déposséder les Quatre États confédérés ;

– l'espoir que cette dictature nationale serait aussi royale et par là, ruinerait, de fond en comble, ce régime de l'élection qui est le principal instrument de règne des oppresseurs ;

– l'espoir, enfin, que cette dictature royale serait organisatrice et, en rétablissant les corps, compagnies et communautés qui exprimèrent jadis la pensée du pays, enlèverait aux Quatre États jusqu'au rêve de triompher par le retour offensif de nos divisions.

Mais ces trois espérances sont bien liées au sort général de la France ! Les Provençaux et les Languedocien qui ne consentent pas à servir de bon cœur le parti étranger devront subir, dans leur pays, la pire servitude tant que le gouvernement n'aura point changé, à Paris. Une libération partielle et durable n'est point possible. On peut reprendre quelques mairies ou conseils généraux. Mais on en perdra d'autres. L'État interviendra et sa pression, jointe au sectionnement local et aux fraudes traditionnelles aura toujours le dernier mot.

Le chiffre énorme des abstentions doit être interprété conformément à cette vérité. Ceux qui s'abstiennent sont des clairvoyants ou des timides, qui sentent ou voient les effets de la Terreur imposée par le gouvernement du parti : faire de la politique d'opposition en un pays de petite propriété, de petit commerce et de moyenne industrie comme celui-là, c'est tourner contre soi tous les pouvoirs publics et par là, dans la vie privée, se paralyser et se ruiner nécessairement... Il est très joli de prêcher : *soyez généreux, soyez braves !* Pour donner, il faut posséder. Pour agir vaillamment, il faut n'être point ligoté par une administration sans laquelle rien ne respire. La liberté électorale en certaines situations précaires est du grand luxe.

L'État dispose, en outre de sa puissance propre, de la puissance financière judéo-protestante. Cet instrument s'ajoute à celui du budget. Ceci aidant cela, il n'est point malaisé à l'État de changer l'opinion elle-même par le simple intermédiaire de la presse locale. Dans tout le vaste rayon de Toulouse, un grand journal radical a fait, à ce point de vue, des merveilles. Menaçant, libéral, odieux, magnifique, il est devenu, au temporel aussi bien qu'au spirituel, le véritable administrateur d'un beau territoire. Mais l'œuvre de ce journal n'est point cause, comme on le croit. Elle est effet. Elle suppose la possession du pouvoir ou des avenues du pouvoir. Mais ce pouvoir lui-même est un résultat. Il résulte de la coalition et de la victoire des États consanguins, — juif, protestant, maçon, métèque, — dans la France contemporaine. Mais ni cette coalition ni cette victoire ne sont non plus des phénomènes originels ni primitifs. La coalition ne se fût point faite et le succès en eût été impossible sans cette Révolution désorganisante qui donna notre corps, dissolu et liquéfié à ronger à nos parasites.

Ce sont nos parasites, et ce ne sont pas nos organes.

Lorsque Barrès, dans *La Patrie*[384] de l'an dernier[385] jetait un premier cri de révolte contre les Jaurès, les Pelletan, les Delcassé et les Doumergue, faux élus d'Albi, de Pamiers, de Nîmes ou de Salon qui imposent leur volonté à Nancy ou à Caen, je ne pouvais pas me tenir de l'approuver, tout en traduisant sa formule.

— *Oui : vous êtes menés par des députés du Midi. Mais non : vous n'êtes pas menés par le Midi. La volonté de M. Pelletan n'est pas la volonté de Salon, les idées de M. Doumergue et celles de la campagne nîmoise n'ont rien de commun. Ce sont là des autorités exotiques, qui s'imposent à nos pays contre les traditions, les vœux et les intérêts autochtones. Réclamez donc contre Pelletan ou Doumergue, mais, croyez-moi, laissez tranquille Nîmes et Salon, qui sont plus à plaindre que vous ! La représentation nancéenne défend du moins votre Nancy*

---

[384] Juillet-novembre 1902.
[385] Les articles de Barrès ont été réunis dans une belle et forte brochure *Les Lézardes sur la maison* (Paris, Sansot). Une note de cette brochure me fait l'honneur d'extraire et de signaler ces vieux articles dont voici la réédition.

contre l'État, la représentation provençale est la complice de l'État pour exploiter, pressurer et déshonorer la Provence.

Je fais le même écho au discours de M. Lemaître.

« Si, dit-il, l'État se renfermait dans sa fonction naturelle (police intérieure, défense nationale, législation économique, établissement du budget), sans doute on pourrait encore estimer regrettable que, grâce à notre absurde système d'élections, la part des diverses régions françaises dans le gouvernement soit inégale à ce point ; mais enfin l'on se résignerait, — puisque tel est le tempérament de notre peuple, — ou l'on se contenterait de réclamer mollement la réforme de la loi électorale.

« Mais, comme *l'État* (et ce mot mystérieux ne désigne aujourd'hui que la majorité parlementaire, c'est-à-dire trois cents bonshommes que nous connaissons), — comme l'État, dis-je, outrepasse avec insolence son droit et sa fonction, se mêle de choses qui ne sont point de son domaine et qui devraient ne regarder que la commune, le département et la « région », *il est clair qu'un Normand, un Breton, un Flamand, un Lorrain, n'est que trop fondé à se dire : "En somme, on supprime mes écoles libres, on expulse mes religieuses, on ferme mes couvents, etc., parce que cela plaît à des politiciens qui ne sont pas d'ici et que je n'ai jamais eu, moi, l'idée d'ennuyer chez eux... Il paraît que c'est une conséquence du parlementarisme... Eh bien ! donc je pense qu'un gouvernement qui rend ces choses-là possibles n'est pas un bon gouvernement." »*

« Les politiciens qui ne sont pas d'ici », ne sont pas « de là-bas », non plus, mon cher maître ! Ils ont la patrie de leurs négriers, Jérusalem, ou celle de leurs prêtres et docteurs, Genève, Berlin, Londres. Quand leur « chez eux » n'est pas une de ces villes étrangères, c'est un point de l'espace aussi éloigné du sud que du nord et qui est la Ville des Coucous bâtie dans les Nuées. C'est de là-haut qu'ils font pleuvoir tant de sottises et d'iniquités sur notre patrie. Mais avant d'atteindre le corps de la nation française, elles tombent d'abord sur nos villes et nos régions. Le Midi que vous appelez un tyran est bien plus que vous leur esclave. Vous l'avez bien senti.

Ne craignez pas d'y revenir, le vrai Midi tout entier sera avec vous.

II — Contre une théorie de guerre civile[386]

Je voudrais ajouter quelques réflexions à l'article de samedi sur la querelle du Midi et du Nord soulevée à propos du discours de M. Lemaître. Ces réflexions me sont suggérées par deux articles excellents parus dans *La Libre Parole* et dans *L'Éclair* de Montpellier, le premier signé de Léon Daudet, le second de Jules Véran. Nous sommes, on le voit, entre amis, entre compatriotes et coreligionnaires. Daudet et Véran ne sont pas éloignés de tomber d'accord avec Jules Lemaître que les Méridionaux souffrent plus que les gens du Nord, puisqu'ils en souffrent de plus près, de la domination de l'Étranger de l'intérieur. Mais je voudrais leur faire admettre, à l'un et à l'autre, l'exactitude de l'explication proposée ici samedi.

Cette explication a pour elle de ne pas se borner au seul cas qui nous est soumis : elle se rapporte à un ensemble de faits beaucoup plus vaste. Comment expliquons-nous qu'un Loubet, un Combes, une majorité de trois cents Homais, imbus de sentiments et de volontés anti-patriotes, impose sa loi à la France ? Par la puissance naturelle à toute minorité compacte et unie dans un peuple désorganisé. Nous disons : — La France n'est pas gouvernée par les chefs nominaux de l'État politique ; derrière le gouvernement apparent, existe le gouvernement réel, et ce gouvernement est celui des Juifs, des Protestants, des Francs-Maçons et des nouveaux naturalisés que nous appelons nos Métèques. Chacun de ces quatre groupes forme dans l'État français un petit État très puissant. Ces quatre États se sont confédérés. Leur Conseil fédéral, souvent représenté par les décisions tacites de leur esprit public, est le vrai maître de la France.

Cette explication, admise plus ou moins consciemment par tous les membres de l'opposition nationale, s'applique à toute notre France. Or, voici qu'un problème de détail se présente. Il s'agit d'expliquer le fait que les départements du Midi nomment la majorité favorable au gouvernement anti-français. Il me semble que, avant de se pourvoir d'une autre lumière, il est d'une bonne méthode de chercher si l'explication générale dont nous disposons n'éclaire pas complètement la difficulté particulière. C'est ce que j'ai fait samedi. J'ai essayé de voir si la théorie des quatre États, juste pour

---

[386] *Gazette de France* du 22 décembre 1903.

toute la France, ne se trouvait pas être plus juste encore pour le Midi. Les régions du Midi, qui envoient à la Chambre des radicaux-socialistes, ne seraient-elles pas plus infectées que les autres régions françaises des éléments qui composent ces quatre États ?

Un coup d'œil sur la carte ethnographique et religieuse de la France permet de voir qu'il en est ainsi. Tel département, tel arrondissement du Midi subit l'inondation de ses anciens ghettos. Telles régions abondent en petites enclaves protestantes qui, au XVIIe siècle, servaient « de places de sûreté » à ceux de la Religion. Ces régions et les régions circonvoisines seront donc nécessairement, en toute période anarchique où les divers pouvoirs nationaux et locaux se décomposeront, des foyers actifs d'influence judéo-protestante, de propagande maçonnique. Le fait confirme donc l'hypothèse. Il la vérifie pleinement.

Nous étions sûrs, pour d'autres raisons et d'après d'autres faits, de la domination secrète des Quatre États confédérés sur la France contemporaine. Mais le Midi présente un cas privilégié, qui confirme cette domination : où les juifs et les protestants se trouvent les plus nombreux et les mieux rassemblés, là aussi se trouvent les boulevards et les plateformes de la République *opportuno-radico-socialiste*, ennemie du catholicisme, désorganisatrice des finances et de l'armée. Le radicalisme électoral et parlementaire se révèle ici — toutes choses étant égales d'ailleurs[387], —

---

[387] J'ajoute cette phrase incidente au premier texte pour prévenir une objection : — il y a des enclaves protestantes en Franche-Comté, il y eut de nombreux ghettos en Alsace et en Lorraine... Eh bien, les enclaves protestantes de la Comté ont fait leur office électoral, qui est de provoquer l'élection de radicaux et de francs-maçons ; les ghettos d'Alsace et de Lorraine ont appuyé Dreyfus, soudoyé Picquart, exploité le cristal de la réputation de Scheurer-Kestner. Seulement nos populations, campées sur une frontière où la lutte est récente, ont bénéficié d'une éducation historique et géographique mieux orientée moralement et qui leur a permis de réagir avec plus de vivacité. Dans les conditions où elles étaient, elles comprenaient mieux que le juif, fût-il d'apparence et d'allure indigène, demeurait l'Étranger, demeurait l'Ennemi. De plus, le Juif de l'Est frère du « sale juif » de Pologne et d'Algérie, par ses mœurs répugnantes, par ses petits métiers (colporteur, usurier, cabaretier, marchand de biens), par son vêtement (la forme même de la houppelande est classique) se trouve plus directement désigné à l'aversion et à la méfiance publique. Drumont a fait la différence : le juif du Midi a plus de tenue, de prudence et de pudeur matérielle. Nous devons constater qu'il est d'autant plus dangereux. C'est le juif du Midi, le juif du type Crémieux qui a imaginé de nous exproprier, non par une série de dépossessions de détail opérées sur place et qui risquent de soulever les populations, mais au moyen de la politique et de la presse après s'être emparé du pouvoir central.

proportionnel à la force des judéo-protestants dans telle ou telle région de la France. — Voilà une de ces épreuves qu'on appelle, je crois, en méthode expérimentale l'épreuve des variations : où le judéo-protestant se raréfie, le niveau électoral se relève, et le même niveau s'abaisse dans les lieux où ces corps étrangers deviennent plus compacts et plus agissants.

Je me demande ce qui manque à cette explication.

S'il ne lui manque rien, je me demande à quoi bon en rechercher d'autres. Dans un sujet si délicat, le vrai même mérite d'être dit avec précaution et ménagement. L'erreur est deux fois dangereuse, quand elle risque de froisser, et de froisser à juste titre, des Français excellents qui souffrent plus que nous du mal dont on leur fait un crime.

Cette erreur, ce serait, je crois, de recourir précipitamment à de grandes généralités historiques. Je ne nie pas les grandes lois. Je voudrais en réserver et en mesurer l'usage aux cas d'évidence parfaite. On nous parlait, hier matin, de l'antinomie du Celte et du Latin. Il y a six mois, on remontait à la croisade Albigeoise. Eh bien, je ne sais pas du tout si les Albigeois, les Celtes et les Latins ont quelque chose à voir dans ce phénomène de radicalisme et d'anticléricalisme méridional qui n'est pas vieux de cinquante ans. J'en doute même infiniment, et je pense tout le contraire. Qu'on ne me prenne pas pour un athée à la religion de la race ; mais peut-être faut-il la comprendre ou la limiter, et n'est-il pas bien nécessaire de parler préhistoire ou protohistoire pour expliquer qu'on monte en fiacre ou que l'on s'en va prendre l'air.

Des explications aussi vastes n'expliquent rien et, ne servant à rien, servent parfois à pis que rien. Quand les Celtes auront expliqué aux Latins qu'ils sont des criminels, quand ceux-ci auront répondu : — Vous en êtes d'autres... la question aura-t-elle avancé d'un pas ? Elle aura reculé. Il est trop naturel aux Latins, si Latins il y a, de se préférer aux Celtes, s'il y a des Celtes, et réciproquement. Ce n'est pas une raison de se disputer, car la seule issue d'une telle dispute serait l'appel aux armes ou, du moins, la culture systématique de la haine entre les Français, entre des hommes de même tradition religieuse, politique et morale !

Si vous appelez cela une solution...

Si l'on n'est pas satisfait de cette réponse à une objection, dont le tort est de ne pas tenir compte de causes adventices puissantes, je me ferai un devoir de compléter ou d'éclaircir cette esquisse rapide.

Je n'aime pas non plus que l'on dise que telle région, n'ayant pas connu d'invasion récente, en éprouve nécessairement une moindre affection envers la patrie. Le Gers, le Gard, les Landes n'ont pas été envahis depuis quelque temps. Ces départements en nomment-ils moins des députés patriotes ?

Si le patriotisme n'était que la phobie de l'ennemi, et encore d'un certain ennemi longuement spécifié et localisé, — l'anglais pour celui-ci et pour celui-là l'allemand, — le patriotisme ne serait plus grand-chose. Serait-il le patriotisme ? On oublie d'ailleurs trop que la menace peut exciter les mâles natures, mais qu'elle refroidit d'autant les timides. Je sais bien qu'on distinguera. Il y aura des régions braves et des régions poltronnes, des provinces trembleuses et des départements héroïques. La vérité est que l'esprit militaire varie sans doute avec les climats, mais aussi dans les mêmes climats avec les temps. Dès lors, pour bien nommer ces variations, quels scrupules sont nécessaires !

À feuilleter les vieilles annales militaires de la nation, on trouvera peu de races plus braves que les populations du Dauphiné et de la Gascogne. N'est-ce pas le Midi ? Les habitants de la haute Provence font de bons soldats ; la basse Provence est généralement décriée pour la qualité médiocre de ses recrues, mais il ne faut pas oublier qu'elle fournit d'excellents marins, qui, sans avoir l'endurance et l'impassibilité de leurs frères bretons, montrent, sous de bons chefs, des qualités d'initiative intrépide et d'adresse qu'on ne retrouve pas ailleurs au même degré.

La politique nous les gâte, comme il est naturel ! Mais la cause de cette politique de gaspillage, n'a rien de régional, elle est nationale, et elle gâtera le Nord et l'Est comme elle a pu gâter une part du Midi. Dans le Midi même elle pervertira jusqu'à ces montagnards languedociens dont la tenue émerveillait les connaisseurs aux avant-dernières manœuvres. Elle a déjà touché la région bordelaise. Qu'y faire ? Un remède est possible, un seul. À ce mal politique, un remède politique. Mais, en l'attendant, il est sage de constater que toute région où l'influence des Quatre États, non contente de s'exercer administrativement de Paris, sera immanente et se fera sentir directement, immédiatement, sur place, de près, cette région sera asservie plus rapidement et liquidée plus vite. La nature des choses ne permet pas que le contraire soit. Sachons-le et comprenons-le, en évitant d'invoquer l'activité de facteurs si lointains qu'ils en semblent imaginaires, et dont la mention seule, pour le moins superflue, aura toujours l'inconvénient de hâter la mise en morceaux du pays.

L'antithèse Nord et Midi, au point de vue du patriotisme, est proprement une nuée. Incriminer le patriotisme du Midi, c'est oublier toute l'histoire du Midi. Qui sauva la France de l'invasion des Impériaux sous François Ier ? Les paysans provençaux. Ils coupèrent leurs oliviers, et brûlèrent leurs propres blés pour mieux affamer l'ennemi. Qui soutint Charles VII, alors le simple roi de Bourges, et qui seconda Jeanne d'Arc ? Des capitaines du Midi, Dauphinois et Gascons, des Armagnacs, comme on disait. Ainsi tuèrent-ils dans l'œuf ce « puissant royaume du nord » formé de l'union de l'Angleterre et de la moitié de la France, dont M. Joris-Karl[388] Huysmans porte encore le deuil. L'unité et l'intégrité de la France sont issues de l'effort commun des Français, tant que cet effort a été discipliné par la monarchie ou par ses fondations durables. Eh bien ! (dans « l'Interrègne » comme Henri Vaugeois a coutume de dire) je voudrais que les nationalistes sincères se fissent des âmes de rois.

Nous ne devons connaître, en fait d'ennemis, que l'Étranger, qu'il soit en France ou hors de France. Ce n'est pas de la faute de nos populations de l'Est si leurs provinces ont été occupées les premières par les Allemands. Il ne faut pas leur en faire un mérite. Ce n'est pas de la faute des Provençaux, des Languedociens et des Dauphinois, si les Protestants et les Juifs ont établi au milieu d'eux leurs quartiers généraux. Il ne faut pas leur en faire un grief. Ils sont les premières victimes d'une position défectueuse. Nulle part ne sévissent au même degré que dans le Midi, la délation, la tracasserie et toutes les cruelles formes de l'oppression la plus barbare. Cette occupation étrangère est si bien conçue, que la résistance électorale en est paralysée d'avance. Les actes publics, qui doivent préparer le vote secret s'il est jamais secret, actes de propagande, de publicité, souvent même actes de candidature, sont rendus ou pratiquement impossibles ou tellement difficiles qu'il faudra, aux chefs et aux foules, des âmes de héros et, par surcroît, une fortune de miracle pour en triompher.

L'État tel que l'a fait la Constitution de l'An VIII, l'État présent partout, et, depuis la troisième République, partout le serviteur des Quatre États confédérés et de ses créatures, n'a souvent qu'à se retirer d'un pays ou d'une industrie pour les mettre dans l'alternative de se rendre ou de se ruiner. Et la politique constante de l'Administration à l'égard de tout pays et de toute industrie est de les maintenir l'une et l'autre, pour y maintenir sa tutelle,

---

[388] Maurras inverse ici l'ordre des prénoms. Nous rétablissons. (n.d.é.)

dans une condition de médiocrité, de demi-pauvreté qui rend nécessaires ses fréquentes interventions.

C'est sans doute une chose fort curieuse que tous nos hommes politiques influents soient originaires du Midi, mais c'en est une plus curieuse et plus significative encore que les intérêts économiques du Midi n'aient jamais été aussi négligés que depuis la domination de ces hommes politiques Ce qu'ils dispensent à leurs compatriotes, ce sont les places, par lesquelles ils retiennent et accroissent leur clientèle. Ils ne refusent point de faveur aux personnes, pourvu que ces personnes puissent faire valoir en intérêts électoraux le petit capital de bien-être qui leur est concédé par l'administration, mais c'est de bienfaits collectifs que les méridionaux au pouvoir se montrent singulièrement parcimonieux envers leur patrie. Je relève dans l'article de Jules Véran une note singulièrement propre à faire réfléchir ceux qui me lisent, et je la cite tout au long.

M. Jules Lemaître avait dit que le Midi embêtait le Nord.

« Le Midi peut embêter le Nord au point de vue politique, mais il est certain, répond M. Véran, que, le Nord embête le Midi au point de vue économique, et que, si l'une de ces deux parties de la France est lésée dans ses intérêts matériels, c'est le Midi. Et c'est bien ce que nous reprochons aux députés méridionaux de la majorité. *Ils sont assez actifs, assez intrigants, assez éloquents pour imposer leurs idées politiques au Parlement, et ils semblent perdre toutes ces qualités lorsqu'il s'agit de défendre et surtout de faire triompher les intérêts de leur région.* Le canal des Deux Mers, les canaux du Rhône, les ports francs, la crise, ou plutôt les diverses crises de la viticulture, toutes ces questions, et j'en passe, qui sont d'une importance primordiale pour notre pays, *les ont trouvés à peu près sans voix, sans ardeur, sans passion.* Voilà des années que les Méridionaux ont une part prépondérante dans le gouvernement : *qu'y avons-nous gagné ? Quels avantages pratiques en avons-nous retirés ?*

Eh ! ces avantages pratiques enrichiraient le Midi. Un pays enrichi est un pays indépendant. Qui possède l'indépendance matérielle ne songe plus à mendier les postes de l'État, il n'est plus le client, le sportulaire, ni l'esclave de l'État, il ne rêve plus de socialisme d'État. Il ne rêve plus d'être fonctionnaire de l'État, pour l'amour du salaire fixe, de la retraite. S'il ne fait plus ce rêve, il ne rêve plus de voter pour ceux qui leur font ces promesses.

Or, il importe que le Midi vote ainsi. Il doit vivre pendu aux chausses de l'État. Pourquoi ? Parce que, tant que l'État le tient, les Quatre États confédérés le tiennent aussi. C'est ce qu'il s'agit d'assurer. Toute la haute politique de l'État français ne tend qu'à cette unique fin : l'hégémonie juive, protestante, métèque et maçonne, elle n'est assurée que par un statut de famine. Moins le Midi pourra mettre en valeur ses richesses naturelles, plus il sera forcé de vivre du trésor public ; la pauvreté d'hier explique déjà l'asservissement graduel d'aujourd'hui ; les faits indiqués par Jules Véran montrent qu'on veut encore l'appauvrir davantage pour l'affaiblir plus complètement et l'assujettir de plus près aux oligarchies dirigeantes.

Voilà donc ce Midi dénoncé comme tyran à tous les Français. C'est le plus à plaindre de tous les serfs.

III — ÉCLAIRCISSEMENTS[389]

Les protestants dans la Catalogne française
Rectification

Je dois une amende honorable à nos compatriotes de la Catalogne française. Dès vendredi soir, mon ami M. Jean Forcade me faisait remarquer que j'avais eu tort de compter le département des Pyrénées-Orientales entre ceux où l'État protestant a établi ses pépinières ; de fait c'était à un département limitrophe que j'avais songé en écrivant par mégarde le nom du vieux Roussillon. J'avais omis de rectifier l'erreur lundi soir, mais cette négligence n'est plus à regretter puisqu'elle me vaut une intéressante lettre de notre confrère M. Guixou-Pagès, du *Clairon de la Villette-Belleville*. M. Guixou-Pagès est précisément originaire de là-bas :

> Laissez-moi protester, me dit-il avec raison, pour les Pyrénées-Orientales. Avant 1870 ce département dont la population dépasse 200 000 âmes ne comptait certainement pas dix protestants parmi ses habitants, et encore étaient-ils d'importation étrangère et nullement

---

[389] *Gazette de France*, 24 décembre 1903 — à l'exception de l'appendice *infra*. (n.d.é.)

autochtones. Depuis que nous avons l'insigne avantage de vivre sous le régime républicain, Perpignan a été doté d'un temple protestant et naturellement d'un pasteur. Il faut en conclure que le nombre des huguenots s'est sensiblement accru, mais je ne crois pas qu'il dépasse 200 pour cette ville et deux ou trois autres localités du département. La plupart sont des exotiques qui sont venus planter leur tente en Roussillon, et le plus grand nombre se trouve parmi les fonctionnaires du Gouvernement, qui semble se faire un plaisir de nous choisir[390] parmi les réformés...

M. Guixou-Pagès me permettra de l'interrompre ici. Le plaisir du gouvernement n'est pas douteux. Il importe, à mon sens, de noter que c'est un plaisir systématique. Dès la victoire des républicains, le nouveau régime a dû choisir ses fonctionnaires dans l'une, des deux classes suivantes : *classe a*, ceux qui se seront retranchés du reste de la population, du commerce de la bonne société, au prix d'une bassesse ou d'une infamie ; *classe b*, ceux qui n'auront pas eu la même tradition que la foule et que l'élite de cette population, c'est-à-dire les juifs, les protestants, les métèques fraîchement naturalisés. C'est ainsi qu'un régime, étranger à la nation par son principe anglais et suisse, lui est devenu plus étranger encore par son personnel.

Je continue à lire l'intéressante communication de M. Guixou-Pagès :

> Tous les protestants du Roussillon font preuve d'un très grand prosélytisme, et je me rappelle la femme d'un ingénieur fort riche qui poussait le zèle jusqu'à faire des néophytes à prix d'argent. Les conversions ont été rares, et la population a plutôt vu d'un mauvais œil ces façons de procéder.
>
> En résumé mon cher ami les Catalans des Pyrénées-Orientales sont tous exclusivement de religion catholique fort tièdes peut-être, et peu pratiquants en majorité, mais catholiques tout de même et n'ayant jamais senti le fagot. Le protestantisme n'a point de sérieuses racines chez eux et ne s'y reproduit pas en pépinière. Le Juif pas davantage. Nous en comptons une centaine de spécimens importés de Vaucluse et de Gironde depuis une trentaine d'années. À peine étaient-ils deux douzaines avant la Guerre. Mais, *comme le pays était bon à exploiter, ils ont fait des petits.* Très mal vus aussi ces derniers.

---

[390] *Sic.* Comprendre : « nous choisir des fonctionnaires parmi... ». (n.d.é.)

M. Guixou-Pagès ajoute, en terminant son exposé, un souvenir l'histoire, qui l'explique parfaitement : au moment de la Réforme et tant que le protestantisme fut dans sa période de virulence, le Roussillon dépendait de l'Espagne à qui les rêveries calvino-luthériennes furent heureusement épargnées, — et pour cause.

C'est donc l'influence maçonnique qui contribue à peu près seule, dans les Pyrénées-Orientales, à faire élire des représentants radicaux et socialistes. Il n'en est pas moins intéressant de poser, d'après le tableau que nous trace M. Guixou-Pagès, l'infiltration judéo-protestante dans ce pays. « Vus d'un mauvais œil » et « mal vus », ces nouveaux venus n'en sont pas moins les favoris et les agents du régime. On ne les aime pas. On les craint cependant. Ils sont les maîtres, ou les amis et les parents des maîtres. Ils se tiennent entre eux. La bureaucratie d'une part, les Loges de l'autre leur fournissent plus d'un moyen de modifier, sinon l'opinion, l'attitude des habitants. Guixou-Pagès nous a résumé leur effort de trente ans, sous une République anarchique et flottante : depuis quatre ans, cette anarchie est devenue un anarchisme ; on ne flotte plus, on gouverne, mais droit à l'abîme. Vous nous en donnerez dans dix ans des nouvelles, — s'il existe encore en France dans dix ans !

Les cas de résistance ou de réaction

On me permettra de marquer une distinction assez forte.
La prédominance inévitable des judéo-protestants sur les points de France où leurs groupes sont les plus nombreux et les plus denses est certaine, assurément, comme loi d'ensemble. Dans le détail, il ne peut manquer de se produire des réactions plus compliquées. Précisément à cause de ce qu'il est en nombre et en force, la présence de l'adversaire peut imposer aux nôtres une union presque stable. Ils peuvent oublier alors leurs mauvaises querelles de personne et de coterie, leurs dissentiments et leurs froissements mutuels, de sorte que les résultats électoraux en soient satisfaisants. On a vu cela à Paris en 1900.

Et ces victoires nationalistes dans tel et tel quartier parisien infecté de Juifs s'expliquent sans difficulté par ce mécanisme ![391] La vue nette de la malfaisance de l'Étranger donne entrain et courage, impose discipline, assure

---

[391] Cependant, Paris, en 1903, a beaucoup moins bien voté qu'en 1900.

succès. « Ils en ont trop fait », dit M. Jules Lemaître. Quand une minorité en a fait trop, elle exaspère ses victimes. C'est ce qui est arrivé en plusieurs lieux de France, ce qui arrive en quelques circonscriptions assez rares du Midi, ce qui, théoriquement, pourrait arriver partout, mais ce qui n'arrivera pas, tout au moins dans l'ordre électoral, parce que la minorité gouvernante saura bien faire en sorte (cela n'est pas très difficile) que cette réaction n'éclate pas simultanément.[392]

Mais encore une fois, ceci est réaction. Or, c'est de l'action que nous nous occupons en ce moment. L'action radicale-socialiste du Midi officiel peut s'expliquer, s'explique même uniquement par la prédominance, dans le Midi, des Quatre États dont j'espère avoir appris le nom à notre public.

Insolences séparatistes

M. Jules Lemaître avait dit, à Caen, d'assez gros mots, comme *embêter*, mais le plus doucement et le plus habilement du monde. Tout en désirant le contraire, je crains que les petits mots proprets, gourmés et solennels de M. Jules Delafosse[393], dans *Le Gaulois* de l'autre jour, soient pris pour des aigreurs ou pour de maladroites violences.

Déjà M. Jules Delafosse nous avait expliqué assez doctement, l'année dernière, que toutes les infériorités historiques du peuple français lui venaient de notre élément méridional. J'avais égaré ce vieil article de M. Delafosse. Je suis bien aise de retrouver dans le nouveau quelques-unes des Nuées qu'on y avait saluées au passage. Il m'est permis de les noter avec calme. M. Jules Delafosse est normand ; si je me connais aucun ascendant hors de la Provence, le petit port de mer provençal où j'ai vu le jour a reçu au douzième siècle une colonie de normands ; ce cousinage nous permettra de causer en paix.

Voici des phrases qui m'ennuient, non comme Méridional, mais comme membre de la communauté française : « ... S'il y a persécution, c'est des

---

[392] Quel rêve, en effet, pour l'opposition si la résistance aux dreyfusards, la bataille des inventaires et le soulèvement du Midi avaient été des événements simultanés : successifs, ils sont pacifiées et résolus un par un ; c'est ce qui s'appelle manger l'artichaut feuille à feuille.
[393] Jules Delafosse (1841–1916), député du Calvados en 1877, d'abord bonapartiste, il siège à droite, est partisan de Boulanger et vote régulièrement contre la gauche, en particulier pour s'opposer avec constance au colonialisme de Jules Ferry. (n.d.é.)

Albigeois qu'elle nous vient. Simon de Montfort est aujourd'hui vaincu, opprimé et proscrit. Mais il semble bien, à voir le caractère de la persécution qui sévit sur les catholiques et les Français du Nord, que les Albigeois et leurs frères puinés, les Camisards, ne font qu'exercer avec une triomphante insolence les rancunes ataviques accumulées au cours des siècles. » Si ces rancunes s'exercent quelque part, M. Delafosse peut être assuré que c'est au Midi. Les petites minorités camisardes ou albigeoises, appuyées sur l'État central, y oppriment en tout premier lieu un indigène aussi traditionnellement catholique, aussi patriotiquement français que M. Jules Delafosse pourrait le souhaiter.

Au lieu de regarder la carte religieuse du pays et d'y suivre la répartition des judéo-protestants sur le territoire français, M. Delafosse déclare que « la raison de cet accaparement » du Midi « est aussi régionale » : nous vivons sous le régime du parlementarisme c'est-à-dire de l'éloquence, or, l'éloquence est le fruit du Midi et, le Midi, « considéré dans sa majorité » (je voudrais bien savoir en passant ce que peut être un pays considéré dans sa majorité), le Midi, poursuit M. Delafosse, « est le pays par excellence des cerveaux creux et des imaginations déréglées. On s'y grise de son, comme on se grise d'alcool ailleurs. Il n'est pas de sophisme, de chimère et d'extravagance qui ne trouve à s'y loger. »

Répondons à toutes ces choses qui sont plutôt des mots.

Si l'on prend pour mesure de la chimère, du sophisme et de l'extravagance, de l'imagination déréglée et du songe creux, — tel que les définirait par exemple, un ami de M. Delafosse, M. Leroy-Beaulieu, — le collectivisme de Marx, on trouve qu'un département de la France est et demeure le boulevard du collectivisme ; ce n'est pas un département quelconque du Midi, c'est même celui qui s'appelle par gageure, le *Nord*.

Entre l'ivresse de l'alcool et celle que produit le son de la voix humaine, quel hygiéniste osera préférer l'alcool ?

Si enfin le parlementarisme est le régime de l'éloquence, pourquoi ne vient-il pas du Midi, mais d'une région plus septentrionale encore que notre Nord, l'Angleterre ?

« Industrie purement verbale », « démence électorale », « infirmité ethnique », voilà les mots que l'auteur d'une *Théorie de l'ordre* écrit à une place que devraient occuper les raisons et les faits ! Il n'est point de langage moins politique, et ces qualificatifs semblent même singulièrement impolitiques si l'on se donne la peine de le rapprocher de certaines paroles de M. Delafosse de certains autres propos du même écrivain. Je regrette d'avoir à le lui dire, mais on n'a pas le droit de parler de « provocation au soulèvement, à la rébellion, au séparatisme » douze lignes après avoir employé des expressions comme celles-ci : « Les départements de l'Est, de l'Ouest et du Nord, qui sont les plus nombreux en population, les plus productifs, *les plus équilibrés et les plus sains, ceux qui composent la vraie France...* »

Je souligne des termes que M. Delafosse, que les bons citoyens n'ont jamais le droit d'employer. Le chiffre de la population, le nombre des produits, cela se constate et se compte. Mais aucune région française ne peut dire, n'a le droit de dire : — *Je suis la plus équilibrée,* ni : — *Je suis la plus saine,* ni surtout : — *C'est moi qui suis la vraie France.* Celui qui dit cela déchire le traité de paix intérieure qui préside implicitement aux destinées de toute nationalité définie et complète. Ce tacite engagement, chimérique pour les cas individuels, mais nécessaire pour ces sociétés de sociétés que forment les nations, stipule l'égalité ou l'équivalence des éléments territoriaux en contact. Nous pouvons, à nos heures de paix et de loisir, chercher, dans un esprit de concorde et de bienveillance mutuelles, quels furent les premiers ou les plus actifs de nos éléments nationaux : ces dissertations de science et de littérature n'ont point de sens au regard de l'homme d'État dans les heures sérieuses de la vie du pays. Aujourd'hui elles sont purement odieuses. Elles sont parricides. Tous les Français, du Nord au Midi, de l'Est à l'Ouest, tous les vrais Français sont menacés dans l'existence nationale, aussi bien que dans la tradition religieuse : voici venu pour eux le moment de s'unir et non de se battre.

Que M. Delafosse entreprenne un voyage dans le Midi, il verra si les véritables compatriotes d'Auguste Comte, de Bonald, de Stendhal, de Rivarol, de Montesquieu et de Vauvenargues[394] sont des rhéteurs à la Jaurès et à la Roumestan ou si, pauvres, actifs, persévérants, silencieux et graves, courbés sur leur terre maigre et légère au flambeau de leur magnifique soleil, ils ne se trouvent pas blessés tout les premiers de ce qui blesse leurs compatriotes du Nord ! Il découvrira surtout l'extraordinaire variété de sols, de climats et de races enveloppée sous cette vague étiquette du Midi. Et partout cependant il y verrait uniformément fleurir la domination des

---

[394] Si l'on acceptait les divisions du Nord et du Midi telles que les expose M. Delafosse, il faudrait ajouter les noms de Blaise Pascal et de Joseph de Maistre ; ce dernier était d'ailleurs d'origine provençale.

Quatre États confédérés, Juifs, Protestants, Maçons, Métèques, telle que je vous l'ai montrée. Une fois revenu de voyage, il sera revenu aussi de son préjugé diviseur sur la *qualité* des gens du Midi.

Je le prierai alors de ne pas insister non plus sur leur petit nombre. C'est indécent, mais imprudent. « Le nombre est notre loi commune », dit-il. Je le sais. J'ai beau le savoir, plus j'y réfléchis, plus me semble « naturel et juste » non pas ce qui vient renforcer la loi du nombre, mais ce qui la compense et ce qui en détruit les effets. En Amérique, dans la jeune république qu'on nous offre en modèle, des États insignifiants par l'étendue ou la population ont le même nombre de sénateurs que les États les plus vastes et les plus peuplés ; cet exemple de la plus récente des constitutions trouve ses analogues dans les plus anciennes, en Allemagne, en Angleterre, dans l'empire Austro-hongrois. Il n'est pas juste mais il est bon, il est politiquement bon, il est utile d'une utilité générale et par là même fort généreuse, qu'une circonscription compte 2 500 électeurs, qu'une autre en compte 22 000 ou 100 000 et que les élus de collèges si profondément inégaux deviennent égaux sous la coupole d'un parlement.

Je dis que cela est bon, en thèse générale, et sans souci de la querelle Nord et Midi ; je dis que cela est très bon, sans spécifier pourquoi, faute d'avoir le temps de donner toutes les raisons, en me bornant à dire que, dans un pays de suffrage universel, tout ce qui exprime autre chose qu'un total brut d'unités votantes, tout ce qui représente des unités morales ou locales, géographiques ou historiques, tout cela est certes excellent. Mais, si l'on n'est pas de cet avis, si l'on opte pour le droit des individus-rois et la stricte justice individuelle, je demande à M. Delafosse d'être logique et de commencer par le commencement, soit par la capitale : Paris a quatre-vingts quartiers, les quartiers de la périphérie ont une population immense, chacun d'eux nomme un conseiller ; les quartiers du centre, de population beaucoup plus restreinte, nomment également chacun son conseiller. Tout cela est à réviser. Un homme en vaut un autre, un Parisien de Ménilmontant vaut un Parisien de la Bourse : M. Jules Delafosse réclamera-t-il la révision du sectionnement de Paris ?

Une chose est certaine : ce profond politique plus rusé que Gribouille n'obtiendra pas l'appui de ses meilleurs amis.

Appendice aux « insolences séparatistes »[395]

Il y aurait un dossier à former avec les insolentes grossièretés et les facéties injurieuses prodiguées au Midi dans les journaux parisiens pendant les deux ou trois jours qui ont précédé les massacres.[396] Ce dossier qui contiendrait de véritables provocations ferait peut-être réfléchir les patriotes sur l'inconvenance et l'impropriété d'un certain langage usuel :

Triste langage, écrivais-je dans la *Gazette de France* du 23 juin 1907, langage qui court la France et qui n'est pas français, car il tend à déprécier les 33 centièmes de la population de la France !

Sous prétexte qu'il s'agissait d'une affaire méridionale, on ne pouvait admettre que le mouvement fût sérieux. Le mot « battage », démenti par un ministre, était repris par la presse parisienne à peu près entière, — le Midi parlait et criait, le Midi ne bougerait pas. Pourquoi d'ailleurs bougerait-il ? *L'Action* a soutenu que la crise économique était un mythe pur : il n'y avait même pas de vraie misère dans le Midi ! L'argent y ruisselait par les villes et par les campagnes. M. Henri Amoretti déclarait dans *L'Aurore* que le soleil du Midi était trop lumineux pour éclairer de vrais pauvres. Des mots, des mots, des mots que toutes les plaintes de nos compatriotes ! Leurs actes, de beaux gestes mais inventés pour ponctuer les mots !

> « *Ce qu'on aime surtout, c'est pérorer, c'est prendre des attitudes.*
> « *— Mes bons amis, vous souffrez ? De quoi souffrez-vous ?*
> « *— Nous n'en savons rien, mais il faut nous guérir.*
> « *Et, en attendant, on fait du bruit. Et zou fen de bru.* »

Et, comme le Dr Ferroul[397] et ses amis s'étaient laissés arrêter sans résistance, M. Amoretti concluait :

---

[395] Cet appendice est de 1907. (n.d.é.)
[396] La police, secondée par l'armée sur ordre de Clemenceau, tira sur la foule à plusieurs reprises. Il y eut deux morts le 19 juin 1907, puis cinq autres le 20 juin, à Narbonne. Le terme de *massacre* était aussi utilisé par Jaurès dans *L'Humanité*, qui titra après la confiance votée par les députés : « la Chambre acquitte les massacreurs du Midi ». Il faut préciser, car Maurras l'a sans doute à l'esprit en écrivant ces lignes, que c'est Marie-Georges Picquart, dont on sait le rôle déterminant dans les rangs Dreyfusards, qui était alors ministre de la Guerre. (n.d.é.)
[397] L'un des chefs du mouvement de protestation viticole. (n.d.é.)

« *Le dénouement de leur pièce manque d'originalité. Maintenant qu'elle est jouée, espérons qu'on ne voudra pas la corser d'un épilogue inédit. Mais on se demande qui paiera les chandelles. Sans doute, le gouvernement établira les responsabilités. Qu'il fasse bien la part de l'imagination. Ce sacré tempérament veut qu'on exagère tout. On va jusqu'au crime, mais sans penser à mal.*

« *À présent, la fête est finie. Il n'y a plus rien à voir dans la rue. Que chacun rentre chez soi tranquillement. L'heure est bonne encore pour les réflexions saines, etc., etc.* »

Cette provocation intitulée « Révoltons-nous sans bouger » a paru dans *L'Aurore* du jeudi 20 juin. À cette même date, date d'incendie et de fusillade, un facétieux chroniqueur écrivait à la première page de *Gil Blas* des gentillesses qui donnent une bonne mesure de son jugement :

S'il avait voulu...

Sauf erreur — voyez cependant les dernières nouvelles — il faudra s'en tenir à ces mots. Un député de l'Hérault, interviewé à propos de la grande galéjade méridionale et de l'arrestation du « barbu », c'est-à-dire de Ferroul, répond : « Il n'y a pas eu de sang versé ; c'est à la prudence de M. Ferroul qu'on le doit. S'il avait voulu la population de Narbonne aurait résisté... »

S'il avait voulu !... Mais, naturellement, il n'a pas voulu...

Loin de moi la pensée de prétendre que nos bons Méridionaux vendent leur vin quand ils affirment qu'ils ne le vendent pas. Loin de moi la pensée de prétendre qu'ils le boivent, quand nous savons qu'ils préfèrent le vermouth. *Ils sont bien malheureux ! Et nous donc ? sommes-nous si heureux que cela ?*

Mais enfin, pendant des semaines, un nouveau « rédempteur » se présente à nos yeux éblouis, qui réunit dans un même élan contre les pouvoirs publics, les sectateurs du droit et même ceux de Mahomet... On nous annonce qu'il est, ainsi que le « barbu », protégé contre l'hostilité du gouvernement par des paysans ou des citadins qui veillent la nuit et qui mettront le Midi à feu pour le mettre à sang si on entreprend d'arrêter l'un ou l'autre... *Et puis, l'arrestation de l'un ou de l'autre s'opère sans qu'un seul Méridional lève le plus petit de ses gros doigts !*

S'il avait voulu !

Évidemment, s'il avait voulu !... Mais il n'a pas voulu. Et il a

« bluffé » la France tout entière. Je n'ai point souci de politique et ne dis pas ce qu'on aurait dû faire plus tôt. Je résume seulement les *sommaires* observations psychologiques de tous ceux qui ont observé le mouvement méridional. La France finira par connaître le Midi. Elle l'aimera toujours. Elle ne se laissera plus émouvoir par lui.

Et cependant, si le Midi avait voulu !

S'il avait voulu !...

Tel a été le ton de la presse à Paris. J'aurais horreur de tout citer. Quelques patriotes ne se sont-ils pas égarés dans ces joyeux brocards aujourd'hui devenus funèbres ? Et chacun n'a-t-il pas parlé en anglais de *bluff*, en provençal de galéjade et même quelquefois de verbiage en français. *Le Temps* de mardi soir, dans un article que je garde aussi précieusement que les autres, mettait le « réalisme » et l'esprit politique au compte du président du Conseil — de M. Clemenceau ! du massacreur au cœur léger ! — et prenait sur lui d'annoncer que, devant la « méthode d'action », le peuple du Midi ferait « d'amers retours sur son excitation passée », céderait tout, rentrerait chez lui.

Le Temps du lendemain dut garder devant les faits un silence où je souhaite que le repentir ait pu être égal à l'horreur... Enfin *Le Temps* d'hier soir, après quarante-huit heures de réflexion, a dû convenir qu'il ne s'était rien passé de plus *réel* ni de plus *sérieux* en France depuis les jours de la Commune.

Ce n'est pas sans tristesse, mais ce n'est pas non plus sans une sorte de sombre soulagement que, leurs frères par le sol, par la langue, par la tradition, par l'esprit et par la civilisation, nous voyons accorder aux insurgés méridionaux un hommage qu'ils ont acheté au prix de leur sang. Il faut convenir de leur savoir-faire, et c'est de main de maître que s'est fait leur soulèvement. Ni au Nord ni à l'Est ni au Centre ni à l'Ouest on n'a fait mieux. Peut-être s'en souviendra-t-on. De sottes et fâcheuses habitudes perceront sans doute de temps à autre, et je sais bien qu'elles reprendront tôt ou tard. Tout de même, ce qui aura été restera, et les amateurs d'ethnographie comparée pourront étudier, sur des faits aussi publics que récents, ce que vaut la passion, ou le courage, ou l'entêtement des populations méridionales. Avec une sincérité qui l'honore, M. Gaston Méry l'a, d'ailleurs, reconnu dans *La Libre Parole* d'hier. L'auteur de *Jean Révolte* a fait la distinction que nous avons toujours supplié les bons Français de faire entre le Midi de la politique et le Midi du sol, du travail, de la tradition, et de la pensée.

Le premier ne subsiste que du plus superficiel verbiage : pour quelle cause, je ne désespère pas de recommencer un de ces jours à vous l'expliquer. Le second, avec ses défauts qui ne doivent point effacer de grandes qualités, ne le cède à aucune des provinces qui concourent à l'Unité du nom français.

Note précieuse à retenir : cette année, — à la différence de l'année 1903, — M. Delafosse s'est abstenu de faire du séparatisme normand, de sorte que tous les séparatistes, tous les ennemis du Midi, tous les adversaires de l'apaisement fédéral et de la concorde régionaliste, — y compris M. Ranc, qui demandait dans *L'Aurore* « un peu de Jacobisme s. v. p. » — auront été des républicains orthodoxes. Il faut souhaiter aux conservateurs de savoir persister dans cette attitude. Elle est patriotique. Elle est de bon sens.

Volume V – Principes

Le Prince et l'avenir

1907

Article paru dans la Gazette de France *du 7 février 1907.*[398]

LE PRINCE ET L'AVENIR

Les armées en campagne ont quelquefois moyen de s'accorder une journée de plein repos à l'occasion des solennités nationales ou des fêtes du souverain. Au point où sont venues les affaires de France, le trente-huitième anniversaire de la naissance de Monseigneur le duc d'Orléans[399] impose l'unique devoir de doubler le pas, de presser la marche, de multiplier l'activité par l'activité. Mais ce n'est pas rester inactif que de travailler, tout en avançant, à mieux voir le but.

Notre but, ou du moins notre premier but, c'est le roi. Au-delà du roi est la France, raison finale et décisive des alarmes profondes développées en nous par les événements. Mais nous avons bien reconnu et démontré que ces émotions seraient vaines, ces mouvements stériles, et parfaitement chimérique toute espérance de relèvement national, sans un recours au grand ouvrier, à l'éternel artisan de la Renaissance française. Comme les fidèles de Charles V et de Charles VII, de Henri IV et de Louis XIV, nous savons qu'il n'y a ni Étranger, ni réformés, ni Ligue, ni Fronde qui tienne devant le Roi. Sans le Roi, au contraire, tous les désordres ont beau jeu, jeu constant et jeu régulier, jeu parfaitement naturel, jeu servi et fortifié par la complicité de l'histoire et de la géographie de la France, jeu funeste et fatal car il aboutit, par de misérables déchirements, au démembrement du pays. Le roi de France absent, tous les maux nationaux restent et resteront possibles. Lui présent, tout se recompose en vue de permettre le bien.

Cela est si vrai que notre œuvre, en ce qu'elle a d'heureux, n'aurait été ni exécutée ni même conçue sans l'évocation énergique de la pensée du roi au fond de nos propres pensées. La rappeler, la méditer, c'est renouveler nos sources de force en nous reportant au point même d'où elles ont jailli. Seuls de tous les groupes nationaux et conservateurs, nous savons ce que nous

---

[398] Notre texte est celui publié dans *L'Action française* du 15 février 1907, qui précise en note : « Charles Maurras, dans la *Gazette de France* du 7 février pour l'anniversaire de la naissance de Monseigneur le duc d'Orléans. Nos lecteurs nous sauront gré de leur faire connaître cette page où les vues politiques sont alliées au plus pur loyalisme. C'est un document à faire lire aux Français qui méconnaissent encore la grande figure de leur Roi. » *Les notes sont imputables aux éditeurs.*
[399] Louis Philippe Robert d'Orléans, « Philippe VIII » (1869–1926).

voulons et où nous allons. Seuls nous pouvons inscrire un itinéraire précis dans les brumes, dans l'avenir. Mais, — tout comme, en septembre dernier, nous disions que nous ferions ceci en octobre, et cela en novembre et cela en décembre, et cette autre chose en janvier, — programme net et qui a été exécuté de point en point, — nous pouvons répéter aujourd'hui ce que nous disions hier et il y a neuf ans, dès les premiers efforts de notre pensée politique : — d'abord une élite intellectuelle, morale, sociale se ralliera énergiquement à l'idée du roi ; ensuite, cette élite établira un tel état de l'esprit public que royauté et ordre, royauté et patriotisme, royauté et organisation du travail, royauté et respect de la religion deviendront de purs synonymes admis et compris de quiconque aura un cerveau pour penser ; ensuite, dans l'importante fraction de l'opinion publique ainsi éclairée, un autre couple de synonymes achèvera de se former, l'association nécessaire se scellera entre République et persécution religieuse, République et désorganisation du travail national, République et anti-militarisme ou anti-patriotisme, République et désordre politique et mental ; ensuite, des deux couples bien liés et bien ordonnés en une alternative solidement bâtie, résultera par la force même des choses, — des brutales *choses* inanimées ou animées que la folie, ou la sottise, ou la malice républicaine auront mises en œuvre — l'évidente nécessité de choisir ; et le choix, le choix royaliste, naîtra dans la pensée d'une minorité puissante et résolue, éclairée par l'intelligence, unie, disciplinée et stimulée par tous les sentiments de générosité, de courage et d'audace qu'on prétend parfois morts ou parfois endormis et qui veillent pourtant silencieux et purs, au fond du cœur français : cette minorité énergique et lucide, « la brigade de fer », disait-on, il y a cinq ans, au milieu des sourires de gens trop bien stylés pour avoir une idée ou pour trouver un mot, opérera alors, au mieux des circonstances, de manière à saisir la première occasion. Quelle occasion ? Celle, tout d'abord, d'établir le Roi.

Ainsi devra, non point finir, mais commencer l'action pratique extérieure. Tout ce qui se fait hors de là est préparatifs, déblaiement, organisation de l'action : celle-ci, qu'elle soit militaire ou civile, révolutionnaire et populaire ou administrative, qu'elle parte d'en haut, qu'elle parte d'en bas, l'action pratique tend au roi, et par le chemin le plus court. Que la chose s'opère en vingt-quatre heures, en vingt-quatre jours ou en vingt-quatre saisons, cet objectif unique justifie seul une démarche, un mouvement, parce que, dans ce cas, et dans ce cas seul, on peut essuyer un premier échec : démarche et mouvement n'en sont pas inutiles, ils subsistent, ils peuvent servir, à titre de souvenirs capitalisés, pour plus tard. Avenir défini, sans lequel on s'agite dans le néant ! Tous ceux qui ont horreur du néant vont au Roi. Mais ils y vont sans cesse, de plus en plus nombreux et, suivant le chemin que nous avons suivi, ils découvrent d'eux-mêmes la distincte et brillante figure d'espérances que le temps favorise et caresse avant de les accomplir.

Aux aveugles qui doutent, aux timides qui tremblent, comme c'est leur destin, aux esprits embrouillés qui, nourris d'objections qu'ils ont mal digérées, n'ont de plaisir qu'à voir les autres succomber à leur propre paralysie, nous répétons sans trêve que *cela se verra*, que *cela se fera*, d'un cœur aussi tranquille, d'une voix aussi ferme que nous leur rappelons la réalité de succès antécédents. Un calcul très simple et très fort autorise nos certitudes.

Deux hypothèses sont possibles. Pas une de plus. La crise violente est prochaine ou elle ne l'est point ; or, nous ne nous trompons ni dans un cas ni dans l'autre.

L'anarchie ou la composition avec l'anarchie, le ralliement plus ou moins direct et explicite à l'anarchie peut continuer : en ce cas, tous les éléments de force ordonnée, et aussi tous les forts qui sont amis de l'ordre et tous les hommes d'ordre qui aiment la force seront, les uns implicitement, les autres carrément, nettement, brillamment avec nous ; tout ce qui est initiative personnelle, valeur intellectuelle, influence économique ou sociale se ralliera de près ou de loin à l'idée du roi, et, en ce cas, quelque sorte de Directoire qui ait assumé la surveillance de l'agonie républicaine et démocratique, agonie que l'on suppose lente, insensible et sans crise, il ne peut manquer de venir un moment où la chiquenaude des forts et des sages suffira à précipiter ces institutions contradictoires dans leur néant. Contrairement à une opinion qui a cours, plus elles durent, plus elles s'usent. Mais plus nous durons, plus nous gagnons de vigueur et d'autorité. Les générations nouvelles seront de plus en plus disposées à comprendre et à écouter. Leur éducation se fait sur un plan tel qu'un seul langage correspond à l'écho des malheurs publics. Ce langage est le nôtre. Il sera entendu et pénétré de plus en plus. Cette commune force ne cessera donc de grandir en même temps que l'œuvre à exécuter demandera aussi une dépense de plus en plus faible de cette force.

Oh ! je conviens que l'hypothèse d'une longue décadence pacifique et sans crise n'est pas probable. Nous avons un trop beau pays qui allume au dedans et au dehors trop de convoitises pour que la guerre extérieure et la guerre civile ne soient pas dans l'ordre des probabilités menaçantes. Aucun Français ne peut y songer sans horreur. Aucun Français ne peut s'en désintéresser. Il faut regarder là et très droit.

Il faut voir cette Europe organisée, armée, il faut voir ce socialisme organisé, armé ; il faut voir ces Quatre États confédérés — juif, protestant, maçon, métèque organisés, armés. Toutes ces organisations, toutes ces armes sont tournées contre la patrie. La France voit ligués contre elle son gouvernement public et son gouvernement occulte, son administration, et jusqu'aux électeurs grands et petits. Il reste à la France le roi. Le roi hors des frontières ; toujours prêt à les passer au premier signal[400] ; la pensée du roi au dedans, de plus en plus présente, vivace et agissante dans la pensée et dans la poitrine d'une multitude croissante de citoyens, de patriotes conscients. Tous les maux que j'ai dits, les menaces que j'ai comptées ont trop d'évidence pour être mis en doute, mais le bien est certain aussi. En toute hypothèse il subsiste. Dans l'hypothèse de révolution violente, le roi rallie les hommes d'ordre. Dans l'hypothèse de guerre civile, le roi prend le commandement de toutes les fractions restées saines de l'armée et de la nation. Dans l'hypothèse de la défaite, il renverse les serviteurs de l'Étranger, signe la paix, et organise la revanche. Dans l'hypothèse même du démembrement, il peut rester un coin où réfugier le royaume de Bourges et, si ce coin même est perdu par le poids réuni des fautes accumulées pendant cent dix-huit ans de démocratie et de République, eh bien ! *l'irrédentisme* français n'en gardera pas moins un drapeau, un mot d'ordre, un chef, le chef même de la dynastie nationale, en l'absence duquel se sera consommé le partage de la patrie : nos premiers soulèvements seront royalistes, et la France, un moment conquise et dépecée, sera, de l'est à l'ouest, du nord au sud, trop dure à garder et à digérer pour que notre génération n'assiste pas à un relèvement simultané de la royauté et de la patrie.

Ne dites pas que cette hypothèse est impie. L'impiété, c'est l'aveuglement, c'est l'insouciance. Qui fut l'impie, de Napoléon III ou de Thiers au lendemain de Sadowa, de Lebeuf ou de Niel[401] à la veille de

---

[400] C'est à dire prêt à les repasser pour rentrer en France, puisqu'il était alors frappé par la loi d'exil.
[401] Le maréchal du Second Empire Adolphe Niel, né en 1802 et qui avant sa mort en août 1869 avait plusieurs fois fait part de son inquiétude devant l'Allemagne et ses capacités militaires. La guerre de 1870 sera engagée par le maréchal Lebeuf, resté célèbre par sa

Sedan ? Les académiciens anarchistes qui s'inclinent honteusement devant la politique étrangère de la République, seront frappés un jour du même ridicule sinistre que les aliénés de 1863 et de 1870.

Si le pays a la cataracte, il faut opérer le pays. Notre criterium est celui des bons chirurgiens : l'utilité.

Disons-nous des vérités utiles ? Il ne s'agit pas de savoir si elles sont dures. Rendons-nous un service public en les disant ? En les disant, servons-nous convenablement notre nation, notre pays et notre prince ? Un bon catholique, mais qui savait le sens des mots et qui n'ignorait pas les rapports de la religion et de la politique, — c'est le comte Joseph de Maistre, pauvre païen que je signale à l'animadversion de nos démocrates-chrétiens[402], — ne craignait pas d'écrire que *ce qu'un honnête homme a de mieux à faire dans ce monde, c'est de servir son prince*. Nous l'essayons de notre mieux.

Nous ne l'essaierions point avec autant de ténacité, nous y mettrions moins d'enthousiasme et de bonne humeur si nous servions un autre Prince, si nous servions un Prince moins passionnément attaché au service de son pays, si nous servions un Prince moins vigilant sur la nature des services à lui rendre. On a tout dit, non seulement chez les royalistes, mais même dans le monde républicain, sur l'admirable patriotisme avec lequel la Maison de France, en exil, mais toujours représentée sur bien des trônes, puissante dans toutes les Cours, a favorisé, soutenu, *servi* enfin, tant qu'elle a pu, les efforts et les travaux de nos diplomates, sous le régime qui annule par sa nature même tant d'intelligence et de cœur.

Ce que l'on n'a pas assez dit, ce qu'il faut que l'on sache, ce que nous ne pouvons cesser d'enseigner et de répéter c'est l'œuvre personnelle de Monseigneur le duc d'Orléans ; c'est le trait personnel de sa politique, c'est la nature des directions qu'il adressa à ses fidèles depuis le jour de son avènement. On les définirait d'un mot, et c'est le mot qui est revenu le plus volontiers sous sa plume. Elles sont *nationales*. Sans doute il faudrait tout un livre pour éclaircir le sens exact de ce mot ici. Mais souvenez-vous de deux faits. En janvier 1895 c'est-à-dire en un temps de calme relatif où nos partis extrêmes étaient seuls menaçants, la question présidentielle se posant entre

---

malheureuse phrase selon laquelle il ne manquait « pas un bouton de guêtre » à l'armée française.
[402] C'est bien entendu ironique : Maurras était alors en pleine polémique avec les tenants du Sillon et de Marc Sangnier, qui l'accusaient volontiers de paganisme en lui reprochant de présenter la politique comme supérieure à la morale ou à la foi.

Félix Faure et M. Brisson, c'est-à-dire entre un désordre pur et quelque faillie mais sincère velléité d'ordre intérieur et de dignité extérieure, ce Roi de vingt-six ans donna à son parti l'ordre d'élire M. Faure, et il le fit en termes tels que le plus ignominieux des opportunistes[403] ne put s'empêcher de s'écrier : « il y a là quelqu'un. » Deux ans plus tard[404], le faux ordre étant démasqué, l'opportunisme se révélant agressif, anarchique, anti-judiciaire, anti-militaire, le même jeune Roi, sans changer un iota de sa pensée, ni déranger un atome de ses principes, inaugurait de mémorables discours et des manifestes inoubliables cette admirable politique radicale qui a lentement rendu au monde royaliste sa physionomie de parti historique, sa position de parti national et qui, depuis dix ans, fait dire chaque jour à de nombreux Français, purs échos de M. Reinach, dont M. Reinach se passerait bien :

— *Quelqu'un. Il y a là quelqu'un.*

Grâce à Monseigneur le duc d'Orléans, il est devenu clair que *Vive la nation* ne veut rien dire ou veut dire *Vive le Roi*. Voilà son œuvre et son bienfait. Voilà son titre personnel ajouté à celui des quarante constructeurs royaux de la France. Sa politique le démontre, comme sa naissance l'a déjà désigné : il sera le reconstructeur.

---

[403] Joseph Reinach, comme le texte va le préciser plus loin ; la citation est souvent rappelée par Maurras. Tout ce passage évoque le propos général de *Kiel et Tanger*, alors en partie rédigé, mais resté impublié jusqu'en 1910.

[404] L'allusion est évidemment à l'affaire Dreyfus : c'est en 1894 que Félix Faure est élu et en mars 1896 que Picquart met en cause Esterházy.

La République et la Question ouvrière

Juillet-août 1908

Les pages qui suivent ont été publiées en quatre fois, dans l'Action française, en réaction aux événements de Draveil et Vigneux. Dans ces deux villes ouvrières de Seine-et-Oise, les ouvriers des sablières se mirent en grève en juin 1908, après qu'une première bagarre avec la gendarmerie eut éclaté le 2 juin, faisant un mort chez les grévistes et plusieurs blessés de part et d'autre. Les meneurs ayant été arrêtés, la Fédération du bâtiment décida d'une journée de grève générale le 30 juillet et appela toute la population à manifester. Le gouvernement Clemenceau envoya la troupe à Draveil ; elle y fut accueillie à coups de pierres et répondit par des coups de feu. Il y eut trois morts et plusieurs dizaines de blessés. Le 1er août, le pouvoir fit arrêter huit des principaux chefs de la Confédération générale du Travail (C.G.T.), considérés comme les instigateurs des troubles. Ils furent relâchés le 31 octobre suivant, aucun fait matériel de rébellion n'ayant été relevé contre eux, ni aucun fait de provocation.

Le premier article, daté du 30 juillet, paraît le matin même des événements de Draveil. Le second, daté du 1er août, les commente à chaud ; le troisième, daté du 4 août, revient sur le drame et évoque la pendaison d'un buste de Marianne à la Bourse du travail, survenue la veille (on trouvera en note la reproduction d'une vignette de propagande exaltant ce fait d'armes des militants ouvriers royalistes). Enfin, le dernier article, daté du 11 août, prend quelque recul et tire la leçon politique des tragiques émeutes de Draveil.

Source du texte : *Dictionnaire Politique et Critique*, fascicule 13, p. 263–269. La présente notice s'inspire de la même source, donc d'une rédaction de 1932. Les notes en sont également tirées.

La Question ouvrière (I)

Qu'il fasse beau, qu'il fasse laid, en temps de calme ou les jours de crise, la bourgeoisie ne comprend pas la question ouvrière, et cela, faute de la voir. Quelques-uns apprennent par cœur un rudiment qui ne dit que des vérités : la Révolution a supprimé les organisations ouvrières et confisqué leur patrimoine, c'est depuis lors que l'ouvrier souffre et se révolte... Historique exact, conclusion parfaite et certaine. Mais le bourgeois qui récite cela en est-il moins tout possédé des passions et des préjugés de sa classe ? Comprend-il bien le mal dont il dit la raison ?

Je ne crois pas qu'il faille flétrir la bourgeoisie ni désirer qu'elle disparaisse. À quelque classe qu'on appartienne, on doit en être comme on est de son pays, et j'avoue que ma qualité de bourgeois français m'a toujours parue honorable. Tout sentiment à part, on ne saurait concilier avec l'idée exacte de ce qu'est notre France une appréciation haineuse ou dédaigneuse à l'égard de la bourgeoisie. Les classes moyennes composent, par le nombre et aussi par l'activité, l'élément prépondérant de notre patrie. Créatures et favorites de nos rois, elles leur ont donné une collaboration énergique, utile, dévouée. Ne répétons pas trop qu'elles furent ingrates : en fait d'ingratitude, les deux premiers Ordres n'eurent rien à envier au troisième, tout le monde eut sa part dans la grande entreprise de suicide national appelée Révolution française. Comme l'autel et le trône, comme l'épée, la robe et les autres éléments de la bourgeoisie urbaine ont une grosse part des responsabilités dont nous supportons aujourd'hui les conséquences. S'il faut faire *mea culpa*, qu'on le fasse en commun et sans se renvoyer la balle. Il ne s'agit pas de récriminer, mais de réparer.

Cela dit, ceci reste vrai : quand elle raisonne sur les ouvriers, la bourgeoisie pense et parle comme elle reproche aux ouvriers de vivre ; elle divague sans souci du lendemain, sans prévoyance, sans égard à l'ensemble de la situation. Ne vous en tenez pas aux conversations d'hommes qui traduisent souvent plus que les idées de leur monde ; prenez, à titre d'expression de la sensibilité d'une classe, ce que les femmes disent sur ce sujet, et vous admirerez ce qu'on peut ajouter d'aveuglement à l'esprit de justice, au bon sens, à la charité.

Elles disent :

— L'ouvrier n'est-il pas plus heureux qu'autrefois ? Ne vit-il pas plus largement, ou plus commodément ? N'est-il pas mieux vêtu et logé ? Ne mange-t-il pas mieux ?

C'est vrai. Elles oublient que tel est le cas général. La vie générale a relevé ses conditions de puissance matérielle, et ce progrès commun à tous n'est pas le progrès d'une seule classe : les griefs de celle-ci, s'ils existent, restent intacts.

— Les salaires ont augmenté, ajoutent-elles.

Assurément. Mais tout a augmenté, y compris le prix de la vie. Et la remarque précédente se vérifie encore.

— Oui, mais le patronat ne s'est jamais montré aussi prodigue en bienfaisance, en assistance. Autant de suppléments à la paie, autant de subventions directes du Capital anonyme ou du Maître personnel...

Et l'on ajoute volontiers si l'on parle des siens :

— Mon père, ou mon frère, est si bon. Mon mari est si généreux ! Que veut-on qu'ils fassent de plus ?

Mais rien. Ou plutôt une seule chose. Tout simplement, madame ou mademoiselle, ceci : qu'ils comprennent. Monsieur votre père, monsieur votre frère ou monsieur votre mari ne sont pas immortels. Ils peuvent être amenés à cesser leur exploitation. Leurs bonnes dispositions, mortelles et changeantes, comme tout ce qui vit, peuvent disparaître : d'excellentes, devenir iniques ; de généreuses, avares ; de bienveillantes, contrariantes et difficultueuses. Tout ce qui dépend d'eux variera-t-il ainsi et la condition de l'ouvrier doit-elle être entraînée dans ces variations ?

La bonté de monsieur votre père ou de monsieur votre mari assure aux prolétaires qui dépendent de lui une position stable, un avenir réglé, une vieillesse à l'abri des premières nécessités. Si cette bonté change ? Si un acte de vente le remplace par l'indifférence d'une « société » ? Admettez-vous que tout le reste soit remis en question ? que tout ce qui se croyait stable doive se remettre à branler ? Je ne dis point : *ce n'est pas juste*, je dis : *ce n'est pas possible*, car il s'agit là, non d'une chose, mais d'un homme capable de penser et d'agir, c'est-à-dire de renverser ce système de variations oppressives.

Si vous admettez l'impossibilité d'en rester là, vous discernez la vraie question, question de principe : *l'ouvrier sera-t-il maître de son lendemain ?* La question ne se pose pas très durement dans les petits métiers, surtout quand on les exerce dans des localités de moyenne étendue. Où chacun se connaît, les mœurs établissent d'elles-mêmes un minimum d'ordre et de paix. Ces rigueurs anarchiques sont adoucies en fait. Elles se font sentir, en toute leur violence, dans les vastes agglomérations de grande industrie, où des milliers d'ouvriers embauchés individuellement occupent une place qui vaut parfois de gros salaires, mais ne l'occupent que par chance, pour un jour. Rien qui la garantisse. Ceux qui la perdent, perdent exactement tout ce qu'ils ont. S'ils n'ont rien épargné, il leur reste à tendre la main. Mais là-dessus s'élèvent les voix que nous connaissons :

— Tant pis ! C'était à eux... ! C'était leur affaire, quand ils gagnaient beaucoup. Chacun doit « s'arranger », etc.

On s'arrange en effet, et comme on peut. C'est un fait que l'ouvrier ne peut guère ou ne sait guère économiser. Mais, puisqu'on lui prêche de s'arranger, c'est un autre fait qu'il s'arrange en s'associant, en se coalisant avec les camarades. Son système d'arrangement est de demander, par la coalition et la grève, les plus gros salaires possibles, soit en vue de l'épargne, soit pour d'autres desseins. On n'a pas à lui demander lesquels : c'est son affaire, c'est sa guerre. Oui. La guerre de classes naîtra toutes les fois qu'une classe parlera du devoir des autres au lieu d'examiner si elle fait le sien.

Au lieu de se figurer tout ouvrier paresseux, agité, dissipateur, ivrogne, qu'on se représente un ouvrier normal, ni trop laborieux, ni trop mou, levant le coude à l'occasion, mais non alcoolique, la main large, non pas percée ; qu'on l'imagine ayant à faire vivre une femme et des enfants : je demande si ce prolétaire ainsi fait peut admettre facilement que son avenir ne dépende que de la bonté d'un bon monsieur, même très bon, ou des largesses d'une compagnie qui peut du jour au lendemain le rayer de ses effectifs ? Si l'on ne laisse à cet ouvrier normal d'autres ressources que d'épargner sur de gros salaires instables, ne l'oblige-t-on pas dès lors, en conscience, au nom même de ses devoirs de père et d'époux, à se montrer, devant l'employeur, exigeant jusqu'à l'absurdité, jusqu'à la folie, jusqu'à la destruction de son industrie nourricière ? Songez que, seule, l'exigence lui assure son lendemain.

Situation sans analogie dans l'histoire. Le serf avait sa glèbe et l'esclave son maître. Le prolétaire ne possède pas sa personne, n'étant pas assuré du moyen de l'alimenter. Il est sans « titre », sans « état ». Il est sauvage, il est nomade. On peut souffrir de ce qu'il souffre. Mais plus que lui, en souffre la société elle-même. On comprend la question ouvrière quand on a bien vu qu'elle est là.

L'Action française, 30 juillet 1908.

La Question ouvrière (II) : Causes politiques

À la nouvelle de l'atroce tuerie de Draveil, on crie un peu partout que c'est la guerre sociale. Ce n'est pas la guerre sociale, c'est la guerre civile. La cause première de ces massacres est politique. Si le travailleur et le soldat se sont rués l'un contre l'autre, c'est en vertu de la cause profonde qui égare à la fois l'ouvrier et le bourgeois, mais le bourgeois plus que l'ouvrier, celui-ci ne pouvant que s'agiter dans cette impasse, tandis que le bourgeois pourrait, s'il y voyait, découvrir une issue qui délivrerait tout le monde. On a mis sur les yeux de la bourgeoisie un obturateur.

Une condition absurde et inhumaine ne peut que provoquer des actes déraisonnables et inhumains : l'ouvrier, qui n'a que son travail et son salaire, doit naturellement appliquer son effort à gagner beaucoup en travaillant peu, sans souci d'épuiser l'industrie qui l'emploie. Pourquoi se soucierait-il de l'avenir des choses, dans un monde qui ne se soucie pas de l'avenir des gens ? Tout dans sa destinée le ramène au présent : il en tire ce que le présent peut donner. Qu'il le pressure, c'est possible. Il est le premier pressuré.

— Mais il n'en tue pas moins la poule aux œufs d'or, ce qui n'en est pas moins d'un pur idiot.

— Admettons qu'il soit idiot, mon cher Monsieur ; et vous ? Vous le blâmez de compromettre son avenir : donc, vous le priez d'y songer ; or, voulez-vous me dire sous quelle forme un prolétaire salarié peut concevoir son lendemain : si ce n'est pas sous forme de gros salaire toujours enflé, il faudra bien qu'il se le figure comme la conquête de ce que vous nommez votre bien, et de ce qu'il appelle *instrument de sa production*. Ces prétentions, peut-être folles, sont celles qui devaient naître du désespoir d'un être humain réduit à la triste fortune du simple salarié. Tout lui interdisait la prévoyance raisonnable : sa prévoyance, devenue déraisonnable, n'en a pas moins produit de magnifiques vertus de dévouement mutuel. Elle a étroitement lié les uns aux autres les citoyens de la cité ouvrière, les membres du quatrième État. Qui les vit à Draveil dut admirer leur bravoure, leur obstination héroïque. L'impassibilité des prolétaires sous le feu répondait à l'impassibilité des soldats sous les pierres ; sous le veston et sous l'uniforme, le vieux sang français a rendu un égal témoignage de noblesse et de dignité. La pensée profonde de chaque émeutier était, d'ailleurs, « rien à perdre, tout à gagner », car l'incertitude du lendemain exaspère et affole, comme l'assurance du lendemain calme et pacifie.

— Vous y venez : on se battait donc pour le pain. Cette bataille était bien sociale.

— Elle est politique, et c'est vous qui viendrez à mes évidences. L'état d'esprit des manifestants de jeudi s'explique par leur condition sociale : mais le combat sort d'autres causes, celles-là mêmes qui vous aveuglent vous.

Votre aveuglement est né des injustices dont vous souffrez. Il est injuste qu'un pays comme le nôtre, où le nombre des ouvriers mineurs, par exemple, n'atteint pas le deux centième de la population, soit incessamment fatigué, depuis trente ans, par leurs cris. L'Allemagne, l'Angleterre, la Belgique ont des charbonnages plus importants que les nôtres et qui font beaucoup moins de bruit. L'Angleterre, l'Allemagne, la Belgique ont une grande industrie plus développée que la nôtre, dix-huit millions de ruraux formant le tuf de notre peuple, et leurs ouvriers de grande industrie sont moins turbulents et moins révolutionnaires que nos ouvriers. L'état de révolution permanente vous paraît un scandale ? À nous aussi. Mais les bourgeois allemands, anglais et belges ont peut-être fait des efforts de clairvoyance que vous n'avez pas faits. C'est qu'ils ont pu les faire : vous ne le pouviez pas.

Vous ne le pouviez pas, vous, les bourgeois de France, parce que l'atmosphère politique dont vous êtes enveloppés est corrompue par sa constitution même. Un air calme ne peut convenir à l'État démocratique et républicain. Il lui faut cette agitation et ce trouble qui fait confondre luttes d'idées et de personnes, intérêts de partis et intérêts de classe et qui ne permet pas de voir les difficultés où elles sont : si, en effet, on les voyait, on les résoudrait et, si on les résolvait, que deviendraient les politiciens ?

La paix publique rétablie entre 1890 et 1900 aurait fatalement détruit l'avenir électoral, parlementaire et ministériel de Briand et de Viviani. Que le calme se fasse en 1910, les Jaurès redeviennent petits professeurs toulousains. Imaginez la paix sociale de 61 à 75, et Clemenceau meurt simple médecin de campagne. *Ce régime-ci, c'est la prime aux agitateurs.* Il organise, il règle très exactement leur carrière. Quiconque prêcha la grève et la désertion en est toujours récompensé par l'élection du peuple. On arrive comme cela, on n'arrive pas autrement. Il faut passer par les bas grades de la perturbation et de l'anarchie pour devenir gardien de l'ordre. Le personnel de la République se recrute par la révolution.

Les ouvriers l'ont compris. Leur clairvoyance est née du quadruple scandale donné en un seul ministère par Briand, Viviani, Picquart et Clemenceau : créatures de l'indiscipline, de la grève et de la révolution retournées contre la révolution, l'indiscipline et la grève. Ces lâcheurs, ces renards ont apparu ce qu'ils étaient à la flamme de la solidarité ouvrière : leur procédé d'exploitation, puis de lâchage, a été classé mécanisme central de la démocratie.

Et le patron ne le voit pas ! Et le bourgeois ne comprend pas que, si l'ouvrier et lui n'ont pas encore abordé sérieusement et cordialement, en citoyens du même peuple, en organes d'un même État, la question difficile mais claire qui les obsède, c'est que la politique démocratique républicaine a dû les mettre aux prises avec des questions de façade et de pure apparence ! Lettré, cultivé, maître de grands loisirs pour la réflexion, le bourgeois n'a pas su lire ce que l'ouvrier déchiffre couramment : le nom et le prénom de l'ennemi commun : politique ! démocratie !

Oh ! ce n'est pas infériorité de votre part, monsieur le bourgeois, mais plutôt prévoyance, et dans cette prévoyance, timidité. Vous ne voyez pas la question, parce que vous craignez de la voir, en raison des perspectives très sérieusement inquiétantes qu'elle pourrait vous découvrir. Car la question, la vraie question, qui est d'*établir* le prolétariat, représente et entraîne de votre part certaines concessions de fond, certains sacrifices de forme, qui réviseraient tout le régime économique existant. Or, vous voyez fort bien jusqu'où l'on peut vous faire aller, vous faire marcher et courir si vous entrez dans ce chemin-là. Si vous accordez A, on demandera B, il faudra aller jusqu'à Z. Autant défendre tout, puisqu'on déclare vouloir tout prendre, et qu'entre ceux qui se défendent comme vous et la jeune classe avide et ambitieuse qui vous attaque, personne n'est là pour faire respecter et durer un juste accord réciproquement consenti.

Je suis bien assuré, cher Monsieur, cher bourgeois, de ne pas déformer le principe essentiel de votre aveuglement. Si vous ne voulez rien savoir et si vous ne voulez rien faire, c'est qu'il n'y a *Personne* pour empêcher les nouveautés réformatrices de dégénérer en de nouveaux maux. Les maux de l'ouvrier sont multipliés par l'existence de la République. L'absence du roi vous interdit de trouver, de chercher le remède. La République démocratique tend à faire de tout ouvrier un insurgé, et l'absence du roi fait de tout conservateur une borne. Ainsi la République exclut toute paix sociale, et la réforme sociale n'est pas possible sans le roi.

L'Action française, 1ᵉʳ août 1908.

La Question ouvrière (III) : Liberté d'esprit

Ainsi, c'est la Confédération générale du Travail qui a tort, c'est le syndicalisme qui, d'un bout à l'autre de la presse parisienne, reçoit les réprimandes après avoir reçu les coups : qu'on soit opportuniste ou radical, nationaliste ou conservateur, c'est le travailleur organisé, c'est l'organisation ouvrière que l'on rabroue ! Dans cette unanimité touchante, il n'y a guère qu'une exception. Elle est royaliste. Nous en sommes fiers. Tout esprit soucieux de l'honneur ou du bon renom de sa corporation, de son parti, de son pays serait certainement heureux de pouvoir effacer de l'histoire de la presse française la plupart des appréciations émises les jeudi, vendredi, samedi, dimanche et lundi derniers à propos de la crise ouvrière que nous traversons. Les hommes les plus distingués, quelques-uns éminents, qui diffèrent extrêmement les uns et les autres par le caractère, la tendance politique, la situation personnelle et professionnelle, en sont venus à rédiger, somme toute, le même article. La tragique identité de leurs jugements résultait, avec évidence, de l'identité de leurs inquiétudes. La sensibilité aux intérêts primaires et privés engourdit la raison qui en conçoit de plus généraux et de plus lointains. Des hommes de premier ordre oublient donc les seuls mots qu'il serait juste, raisonnable, utile, nécessaire de prononcer :

— Pourquoi ? comment ? par qui ? par la faute de qui ?

Mais on ne peut chercher les causes quand on est obsédé de l'apparent et de l'immédiat.

Sans doute, nous sommes les premiers à en convenir, l'immédiat était gênant, et ce que nous nommons l'apparence désigne de fort désobligeantes réalités.[405] Il n'est guère amusant d'allumer quinquets et chandelles, les commutateurs ne fonctionnant plus en raison du chômage de l'électricité ! Il convient d'accorder tout ce que l'on voudra au chapitre de l'ennui du

---

[405] La C.G.T. avait décrété la grève générale de 24 heures et Paris fut à peu près privé de lumière. Les typographes en grande partie avaient suivi l'ordre de grève et les journaux eurent le plus grand mal à paraître le lendemain.

public et de la mauvaise humeur des intéressés. Rien n'est plus légitime que l'expression sincère d'un sentiment vrai. Dites que c'est fâcheux, nous répondons : fâcheux en effet. Ajoutez qu'il est soulageant d'en murmurer. Nous répondrons que c'est affaire de nature et, pour qui a le crâne ou le cœur ainsi faits qu'il éprouve une consolation quelconque à projeter des flèches contre le ciel, des malédictions contre le cours des astres ou le flux des rivières, contre le mouvement ou le bruit de la mer, nous donnerons raison à chacun selon la boîte de son crâne ou les mesures de son cœur, et nous dirons *amen* à toutes les paroles de désolation que l'on répandra par goût de l'hygiène ou complaisance dans l'élégie.

Nous aurions sujet de gémir tout autant que les camarades, n'ayant pas été moins éprouvés qu'ils ne l'ont été, quand, à six heures, on est venu nous dire que le journal ne paraîtrait peut-être pas et que nos abonnés, avec qui nous avons un pacte, nos acheteurs au numéro déjà liés à nous par une habitude aussi ferme qu'elle est nouvelle, seraient également déçus et frustrés lundi matin par une cause indépendante de nous, mais, assurait-on, plus forte que nous. Nous nous sommes ingéniés de notre mieux.

Parmi les sourires des uns, les grognements des autres, le journal a paru. Il aurait pu ne pas paraître, et l'on eût souri moins, et l'on eût grogné plus. Mais, de ceux d'entre nous qui, au cours des consultations échangées, ont parlé d'autre chose que du mal en lui-même et recherché les responsabilités du fléau, tous, sans exception, ont fait ou ont reçu exactement, également, la même réponse, car la divergence n'est pas possible pour qui regarde de sang-froid et se détache de soi-même pour juger un fait général : les ouvriers sont agis, ils ne sont pas agents ; la Confédération générale du Travail est, elle-même, cause seconde et non cause première ; elle emploie toutes les armes qu'elle possède pour se défendre, mais l'agression ne vient pas d'elle.

L'agresseur, le coupable, le responsable, c'est le gouvernement de M. Clemenceau ; avec lui et derrière lui, le régime démocratique, le régime républicain. Vérité que l'ouvrier parisien comprend désormais. La pendaison de Marianne devant la Bourse du travail est l'acte le plus significatif de notre histoire depuis le 14 juillet 1789. Bourgeois conservateurs, le comprendrez-vous ?[406]

---

[406] Le 3 août dans l'après-midi, à la Bourse du travail, rue du Château d'Eau, d'une fenêtre du 3e étage descendit un drapeau noir aux plis duquel était attaché par le cou un buste de la République peint en rouge. La même cérémonie recommença quelques instants après avec un drapeau rouge.

Nous ne reviendrons pas sur des démonstrations qui sont faites. La journée de Draveil a été ce que l'on a voulu qu'elle fût. M. Clemenceau n'a pratiqué ni le système du laisser-faire, ni le système des justes mesures préventives, parce que, dans les deux cas, surtout dans le second, il y avait d'énormes chances d'éviter cette effusion de sang qu'il lui fallait pour motiver les arrestations de vendredi et pour aboutir à l'occupation administrative et à la pénétration officielle de la Confédération générale du Travail. Tout cela est si clair qu'on nous l'accorde morceau à morceau et si incontestable que chaque détail en est reconnu exact. *Les Débats* eux-mêmes ont avoué l'insuffisance des troupes envoyées à Draveil, cela règle la première question de fait. Le fait des intentions, des desseins gouvernementaux n'est pas moins clair.

M. Clemenceau a besoin de continuer MM. Combes et Waldeck-Rousseau. Tous trois sont dans la tradition démocratique et dans la pure logique républicaine. La démocratie a besoin de s'emparer de toute organisation indépendante ; une organisation ouvrière d'allures révolutionnaires est particulièrement précieuse aux républicains. Il la leur faut, et comme elle se refuse, il leur faut la liberté, il leur faut la vie des gens qui paraissent inspirer ce refus. M. Clemenceau est l'administrateur de ces nécessités. Il emprisonne, il tue. Les camarades de ses victimes répondent.

Ils répondent selon leurs forces et selon leurs moyens. De ce que ces moyens peuvent occasionnellement nous gêner ou nous blesser nous-mêmes, cela n'est point une raison de ne pas discerner au juste celui qui le premier les a mis en train. Précisément parce que nous sommes des patriotes et des royalistes, parce que nous prétendons à quelque lucidité quand nous intervenons dans les luttes civiles au nom des intérêts supérieurs de la Cité, nous n'avons pas le droit d'être aveuglés par les coups qui nous sont destinés ou même portés.

L'impulsif, l'anarchiste, l'énergumène peuvent être menés par leurs impressions et, comme les enfants, frapper le bâton qui les frappe, l'angle auquel ils se sont cognés. ? Il peut convenir à un malheureux libéral, à un démocrate effréné d'être fou de rage ou fou de terreur. De telles impulsions ne doivent pas franchir le seuil d'une intelligence et d'une volonté véritablement réactionnaires comme les nôtres. La liberté du mouvement est la première condition du succès dans une action publique. Nous maintiendrons cette liberté. Liberté de prévoir, liberté de nous souvenir. L'immédiat et l'apparent ne doivent pas réussir à nous énerver. Attachés impassiblement à l'étude de la situation et poursuivant sans sourciller, quoi qu'il arrive, la confrontation lumineuse des événements successifs et des vérités qui ne passent point, notre exacte fidélité à ces principes, à ces études, établira enfin dans la minorité qui, un jour ou une nuit, aura la charge des destinées du pays, ce degré de constance, de fermeté, de décision, cet esprit d'entreprise et de gouvernement sans lequel rien de grand ne saurait être conçu ni exécuté.

Il y a des âmes d'esclaves. Par la connaissance des causes, par le calcul précis des responsabilités engagées, par un sincère amour de la patrie, de l'armée et de toutes les autres classes du peuple, faisons, dans l'Interrègne, au public royaliste une âme de roi. C'est encore le seul moyen de ramener bientôt le vrai Roi, celui qui nous dispensera de veiller constamment aux affaires publiques et qui, veillant de haut sur l'intérêt de tous, rendra les bons Français à la gestion des intérêts particuliers que les intrigues politiques ne menaceront plus.

L'Action française, 4 août 1908.

LA QUESTION OUVRIÈRE (IV) : LES SYNDICATS DOMESTIQUÉS

Quelque haine sanglante que M. Clemenceau ait vouée à la Confédération générale du Travail, il ne la dissout point ; s'il s'arrange pour qu'on lui en prête le désir, il n'y viendra qu'à la dernière extrémité. La facilité relative de l'opération, son éclat même ne le tentent point. Personne ne croira que l'objection légale l'arrête. L'influence Viviani ? L'influence Briand ? Ces messieurs ont les mêmes intérêts que lui dans l'affaire.

Anciens collectivistes ralliés au socialisme d'État par leur qualité de ministres, ils personnifient, comme le président du conseil, la bataille de la démocratie républicaine, du gouvernement électif, du gouvernement des partis contre la plus puissante des organisations ouvrières. Ils pourraient avoir l'air d'en finir radicalement avec leur ennemi ; ils ne veulent pas de ce succès d'amour-propre : pourquoi ?

M. Clemenceau ne dissout pas la Confédération parce que, cet organisme prolétarien qui lui cause aujourd'hui une gêne cruelle, il compte bien l'utiliser dès qu'il sera sûr de l'avoir en main. Il ne lui serait pas facile de reforger à neuf un instrument révolutionnaire de cette précision, de cette portée, de cette puissance. En se bornant à lui donner des chefs plus dociles, il tiendra le plus merveilleux outil de domination politico-sociale qui se puisse rêver.

La République a brisé les associations religieuses parce que, en leur principe, elles lui échappaient. Par des subventions, des palmes et des croix, elle mène les associations bourgeoises, elle en fait de véritables officines électorales, dépendantes du Juif, du huguenot et du métèque, de simples antichambres de la maçonnerie. Dans le monde ouvrier, où le Juif circule à l'état de simple unité, où l'influence maçonnique, encore que réelle, est souvent combattue, où les décorations n'ont guère cours, on usa jusqu'ici d'un système un peu différent : dès qu'un meneur syndicaliste faisait acte d'indépendance, on l'absorbait, à la vieille manière indiquée par Sieyès, en lui donnant une bonne place. Ce système a cessé d'agir quand l'intéressé vit combien le métier de meneur était plus directement productif que toute prébende.

Tous ceux qui se sentaient les reins solides résistèrent, dès lors, à toutes les avances, ils se tinrent dans l'âpre raccourci des révolutions, où cheminaient naturellement les esprits sincères, dogmatiques et fanatiques. La Confédération générale du Travail dut englober dès lors les appétits les plus féroces, les plus farouches convictions. Le problème était donc de la décapiter afin de la capter : maintenir l'organisation confédérale en la remettant sur la pente où roulaient les syndicalistes du temps de Combes ou de Waldeck.

Convenons-en. C'est la solution éternelle. Transformer les braconniers en gardes-chasses, métamorphoser les chemineaux en soldats, les bandits en soutiens de l'ordre est un des *a b c* de la politique. Seulement, ici, l'ordre à soutenir est un ordre démocratique et républicain. En 1899, cet ordre préposait les révolutionnaires au département de l'outrage à l'autorité militaire : ils la conspuaient de leur mieux. L'ordre républicain consistait, en 1901, à conspuer le clergé, les congrégations, et ce furent encore les révolutionnaires qui tinrent, à la haute satisfaction du gouvernement, cette partie tumultueuse, mais non sans harmonie, du chœur officiel. Ces anciens collaborateurs une fois ramenés par M. Clemenceau à leur premier office, à quoi seront-ils employés, ou plutôt contre quoi ? Il est intéressant de savoir qui ils conspueront.

Cela peut se calculer. On sait très bien à qui le tour. C'est le tour des industriels et des commerçants. C'est le tour des propriétaires.

On a vu se soulever l'étonnante multitude des intérêts particuliers que l'impôt sur le revenu épouvante. Avec son innombrable petite bourgeoisie, sa petite industrie, son immense petit commerce, la France n'ira jamais de plein gré[407] ni à l'inquisition fiscale, ni à la déclaration du revenu personnel. Eh bien ! on l'y fera aller de force. Les protestataires se verront assiéger, qui dans son hôtel, qui dans son magasin ; on cassera quelques carreaux, on démolira quelques glaces, on secouera quelques voitures et, dans cette terreur savamment dosée par le ministre et la police, le contribuable laissera les Quinze mille[408] voter tout ce qu'il leur plaira. Le nouveau pressoir financier une fois construit, le taux de son exigence pourra être exhaussé à plaisir : un petit flot révolutionnaire, bien dirigé et fonctionnant sous les yeux de l'autorité, suffira à faire consentir et payer. Jusqu'à l'épuisement matériel et

---

[407] Elle n'y est allée qu'à la faveur de la guerre.
[408] C'était alors le surnom donné aux parlementaires qui s'étaient voté une augmentation de traitement annuel de six mille francs (de 9 000 à 15 000).

moral du pays, jusqu'à l'invasion et la dépossession générale, ce concours de l'Émeute et du Gouvernement viendra à bout des résistances et des murmures. Par la guerre au syndicalisme, chère au cœur des conservateurs, ils auront obtenu le régime fiscal qui leur cause le plus d'horreur.

Il ne faut jamais dire aux vaincus, même fous de sottise, que c'est bien fait. Mais il importe de féliciter une fois encore ceux de nos amis qui ont su conserver leur tête sur leurs épaules et, devant les menaces, devant la grève, devant le sang, se souvenir, penser, prévoir.

L'Action française, 11 août 1908.

Le Plus Beau Vers

1909

Ce texte est paru dans L'Action française *du 11 mai 1909.*

La décadence littéraire a souvent entraîné à sacrifier les ensembles. L'enquête que je signale[409] est une apothéose du détail. On s'en consolerait si le mal se limitait aux admirateurs et disciples de Catulle Mendès et de José Maria de Hérédia, ou de ce M. Henri de Régnier chez qui la pauvreté d'esprit passe encore le mauvais goût ! Un concours du plus beau vers se conçoit, limité à des romantiques.[410] Ceux qui ne furent pas capables de réussir dans le morceau excellèrent au plus beau vers, au très beau vers, au vers citable et portatif, le vers de mémoire et de poche, comme Voltaire (un précurseur) en retenait et en tournait à la douzaine, au cent. Mais on voit attester dans ce concours l'autorité de grands poètes, dont les plus magnifiques passages valent surtout par position. Ainsi l'instance entrecoupée de l'âpre Roxane :

> Bajazet, écoutez : je sens que je vous aime,
> Vous vous perdez.[411]

Ceci porte le poids de la tragédie tout entière. Le sublime y suppose une immense composition. D'autres fois, les grands vers de nos classiques nous épanouissent la fleur de tout un caractère. Tel le distique raisonneur, absurde et charmant d'Alceste :

> Non, l'amour que je sens pour cette jeune veuve

---

[409] Le journal *L'Intransigeant* faisait une enquête sur « le plus beau vers français ». Il reçut plus de six mille réponses. [Note parue dans le *Dictionnaire politique et critique* en 1933, en liminaire de la reprise de ce court article paru d'abord dans *L'Action française* du 11 mai 1909. (n.d.é.)]

[410] Catulle Mendès et José Maria de Heredia sont des figures emblématiques du mouvement parnassien, créé en réaction contre le romantisme finissant. Henri de Régnier leur est postérieur ; en 1909, c'est un auteur renommé qui publie régulièrement, et que Maurras dénonce depuis dix ans comme poète insignifiant. Aucun des trois ne peut être, *stricto sensu*, qualifié de « romantique » ; mais Maurras s'est longuement expliqué par ailleurs sur son utilisation englobante de ce mot. Derrière cette énumération de trois personnages repoussoirs se profile la silhouette de Mme Henri de Régnier, épouse volage qui fut entre autres la maîtresse et l'égérie de Pierre Louÿs, et par ailleurs fille de José Maria de Heredia. Maurras lui voit un talent infiniment supérieur à celui de son père et de son mari, et lui consacre un des chapitres de son *Romantisme féminin*. (n.d.é.)

[411] Racine, *Bajazet*, acte II, scène 1. (n.d.é.)

Ne ferme point mes yeux aux défauts qu'on lui treuve...[412]

De tels vers dans un beau poème tiennent la place de la tête dans une statue, des yeux d'un portrait. Mais ils ne se laissent pas plus collectionner que les têtes ou les yeux des belles personnes vivantes. Ils font partie d'un monde, ils participent d'une harmonie si complète qu'on ne doit pas les tronquer. Ce qu'on peut détacher pour l'enquête de *L'Intransigeant*, c'est tantôt des exemples de grammaire ou de métrique :

> Ces yeux tendres, ces yeux perçants mais amoureux,
> Ariane, ma sœur...[413]

et tantôt par des contresens inouïs, une échappée de pittoresque, un éclair de peinture naïve pris alors pour des descriptions comme la marche de Junie :

> Triste, levant au ciel ses yeux mouillés de larmes
> Qui brillaient au travers des flambeaux et des armes...[414]

Isoler cela, c'est le dégrader, et ces dégradations multipliées (il paraît que Racine arrive bon premier dans cette Enquête du plus beau vers...) crient hautement que l'on n'aime pas ce qu'on croit tant aimer, ou qu'on l'aime mal, sans comprendre, et que le voile s'épaissit entre ces belles choses et l'esprit des générations corrompues. Pareille admiration perd de vue l'essentiel.

Lisons cette page extraordinaire :

> Un loup n'avait que les os et la peau
> Tant les chiens faisaient bonne garde.
> Ce loup rencontre un dogue aussi puissant que beau,
> Gras, poli, qui s'était fourvoyé par mégarde.
> L'attaquer, le mettre en quartiers,

---

[412] Molière, *Le Misanthrope*, acte I, scène première. (n.d.é.)
[413] Ces deux vers sont de deux sources différentes : le premier vient de la *Psyché* où collaborèrent Molière et Corneille en 1671, à l'acte III, scène 3 ; le deuxième est le début du célèbre vers de Racine dans *Phèdre*, acte I, scène 3. (n.d.é.)
[414] Racine, *Britannicus*, acte II, scène première. (n.d.é.)

> Sire loup l'eut fait volontiers ;
> Mais il fallait livrer bataille,
> Et le mâtin était de taille
> À se défendre hardiment...[415]

Et tout ce qui suit, cursif et léger comme la première histoire venue, et scandé comme une chanson à boire ou à danser ! Voulez-vous bien me dire où est le beau vers là-dedans ? Ils sont tous beaux ! Ils sont la beauté même, et celui-là ne comprend rien à cet heureux chef-d'œuvre de souplesse, de légèreté et de poésie s'il ne commence par sentir que cela est vivant et que distinguer, analyser, c'est tuer. Allez-vous dire que voilà un petit malheur ? Que nous pleurons la mort d'une industrie de luxe ? Il y aurait mauvaise grâce à en trop gémir. Poésie française, goût français, esprit français, qu'est cela ! C'étaient pourtant de grandes choses, et leur dissolution en signifie bien d'autres qui seront plus dures à porter.

---

[415] La Fontaine, *Fables*, I, 5 : *Le Loup et le Chien*. (n.d.é.)

Volume V – Principes

L'Industrie

1909

Certes, aucun de nous n'est capable de donner dans la rêverie qui attend de l'aviation un changement à l'essentiel de notre destin. L'épitaphe de l'homme ne variera jamais depuis la rédaction qu'en ont donnée les sages. Il naît, vit et meurt. Ajoutez qu'il laisse sa trace, ayant été lui-même le vestige de ceux qui vivaient avant lui. Dès lors, le petit nombre des lois qui régissent sa condition ne varient pas non plus. Rien ne les ferait varier, que des changements de structure intime, qui ne dépendent ni des choses, ni de nous. Ces lois qui président à la société humaine sont nos meilleurs soutiens. Il serait puéril de s'en plaindre. Les admirer et les aimer n'est que justice. J'en veux à M. le préfet de police de s'être permis, à l'Hôtel-de-Ville, de railler l'extension naturelle que vont prendre ses charges par la nécessité de veiller désormais à la sécurité des airs. Le garde-champêtre aérien, le gendarme ailé, les escadrons de dirigeables de guerre et d'aéroplanes armés nous signifient l'occupation des espaces par la société humaine et leur réduction à ses lois. Il n'est rien de plus magnifique. Dans le grand désert qui va jusqu'aux astres, un ordre régnera dès que l'homme y sera monté. Le poète romantique[416] demandait un peu simplement :

De frontières au ciel voyez-vous quelque trace ?

On en verra plus que la trace dès que le personnage de l'homme y brillera. Après la vieille terre, l'air sera mesuré, jaugé, délimité, lorsque l'être qui classe, définit et connaît l'aura conquis comme la mer. Nous y mettrons la

---

[416] Lamartine, *La Marseillaise de la Paix*, 28 mai 1841. Il s'agit d'une suite lyrique dédiée au Rhin, trait d'union entre la France et l'Allemagne, dont le pacifisme naïf, généreux et grandiloquent n'en justifie pas moins la revendication française sur la totalité de la rive gauche du fleuve. Le poème est formé de 10 strophes de 9 vers intercalées entre 11 quatrains de facture répétitive ; le vers retenu par Maurras se situe dans la quatrième :

    Et pourquoi nous haïr et mettre entre les races
    Ces bornes ou ces eaux qu'abhorre l'œil de Dieu ?
    De frontières au ciel voyons-nous quelque trace ?
    Sa voûte a-t-elle un mur, une borne, un milieu ?
    Nations ! Mot pompeux pour dire : Barbarie !
    L'amour s'arrête-t-il où s'arrêtent vos pas ?
    Déchirez ces drapeaux ; une autre voix vous crie :
    L'égoïsme et la haine ont seuls une patrie,
    La fraternité n'en a pas !

Charles Maurras a souvent évoqué cette *Marseillaise de la Paix*. Voir en particulier, sur l'origine de ce poème, notre présentation du *Parapluie de Marianne*.
Les notes sont imputables aux éditeurs.

géométrie de nos rêves et ce besoin d'approprier qui hante nos cœurs. Quand le nouvel Ulysse ouvrira sa voile au-dessus des montagnes, des clochers et des tours, ce n'est pas un flocon de fumée qui lui révélera le palais natal.[417] Mais quelque cordon lumineux, quelque jeu d'électriques phosphorescences qui doive annoncer son Ithaque, le battement de son cœur n'aura pas changé ; plus haut il se sera élevé, mieux il sentira comme le matelot d'Homère « qu'il n'est rien de plus agréable à l'homme que sa patrie ».[418] Celle-ci se sera simplement augmentée de la masse des colonnes d'air entre lesquelles se jouera le navigateur aérien, peut-être aussi d'un certain nombre de comptoirs, d'emporiums, de célestes factoreries, Néphélococcygies[419] réelles, amarrées, équilibrées au-dessus du vent, que de nouveaux progrès auront su accrocher et faire subsister par là-haut. À l'homme volant s'ajoutera la ville volante, vertigineuse colonie d'une métropole adorée et dans laquelle la discipline sociale, la stabilité sociale sera, comme aujourd'hui sur le pont d'un navire, la condition première de cet heureux triomphe de l'art humain servi par la richesse et la diversité de lois de l'univers. Bien assurés de l'immuable, émerveillons-nous des belles métamorphoses cachées dans l'abîme du Temps. La vérité politique et sociale qui nous conduit n'a pas la forme du regret. Elle est plutôt désir, curiosité, solide espérance apportant les moyens de réaliser l'avenir avec une imperturbable sécurité.

Qu'il y ait un péril dans l'habitude de caresser de tels rêves, j'en conviendrai à la condition de dire lequel. Il peut conduire à diviniser l'avenir, à considérer le progrès industriel comme une sorte de rédempteur et de messie à la juive qui, moyennant quelques perfections à l'outillage mécanique et à l'ordre physique, nous exempterait peu à peu de tous les maux et procurerait le bonheur. Les lettrés du XIXe siècle, à peu près tous, ont cru ces choses. Elles sont passées aux primaires. On comprend

---

[417] « Il ne demande qu'à voir seulement la fumée de son palais » écrit Mme Dacier à propos d'Ulysse dans sa traduction du premier chant de l'*Odyssée*.
[418] Sans doute une traduction libre de l'*Odyssée* IX, 34. La phrase ne semble pas figurer dans la traduction de Mme Dacier, que Maurras cite souvent. Peut-être faut-il souligner ici que vanter la patrie en citant Homère est un *topos* de l'éloquence classique, l'exemple le plus fameux étant l'*Éloge de la patrie*, court texte attribué à Lucien de Samosate et que Maurras connaît sûrement depuis le collège.
[419] Littéralement « ville suspendue dans les nuées ». C'est le nom que donne Aristophane, dans sa pièce *Les Oiseaux*, à une cité aérienne construite en défi à Zeus. Voir à ce sujet la note 77 de notre édition de *L'Idée de la décentralisation*.

aujourd'hui que le progrès ou, pour mieux parler, les progrès, loin de nous délivrer de notre condition, la précisent en la compliquant. Tous ces changements que nous opérons dans l'économie de notre planète n'ont mené à rien jusqu'ici et rien ne permet d'admettre qu'ils conduisent jamais à rien. Nous y travaillons parce qu'il est dans notre ordre d'y travailler, le seul moyen d'empirer notre condition étant de cesser le travail. Mais je ne crois pas à la grève du génie humain. Il faudrait que la réflexion et que le mécontentement fissent grève du même coup, double mal impossible tant que durera notre espèce.

Son caractère d'animal social n'est peut-être qu'un résultat, sa qualité d'animal raisonnable qu'un moyen. Animal industrieux, voilà, je pense, la définition première de l'homme. Les bêtes peuvent bien pratiquer certaines industries, creuser ou construire sous terre, sous les eaux et dans l'air. Mais ce sont là manies, tics, habitudes cristallisées qui ne semblent pas se modifier à l'usage. Ce qui occupe l'homme n'est pas une industrie, mais toutes les industries à la fois, l'industrie essentielle. Il ne peut rien laisser en place. Il lui faut défaire et refaire, décomposer pour le recomposer sur un autre plan tout ce qu'il trouve autour de lui, et son système de remaniement perpétuel l'aura conduit, de proche en proche, à interposer sa main, son travail, sa peine et son art entre toutes les matières premières que la nature lui fournit et que jadis il utilisait telles quelles.

L'admirable, l'humain et le divin de cette triomphale aventure, c'est que jamais la joie d'aucune réussite n'y fit retarder l'âpre effort industriel. Les plus sages, les mieux douées des races portaient de préférence l'invention du côté des arts. L'effort était le même, répondant à des besoins un peu différents qui, dans les profondeurs de l'âme, rejoignaient du reste les autres ; il n'y pouvait être question que de panser la même vieille plaie, soit de besoin, soit d'inquiétude, la nature des choses, simple et brute, ne plaisant point, ne suffisant point ou suscitant quelque insupportable souffrance. Il fallait se délivrer par les actes ! La cruelle érosion, que le cœur de l'homme est si exactement modelé pour sentir à fond, ne guérit pas, mais se soulage par l'acte continu d'un travail réglé, qui ajuste et met en ordre les efforts rassemblés vers un objet défini et un but fixé.

Le « chef-d'œuvre » de l'artisan le contente peu. Mais « œuvrer » lui procure le moyen de se défendre contre l'univers et contre lui-même. Aubanel disait que la poésie « enchante » le mal d'un poète isolé. Il semble bien que l'industrie rende un service équivalent au genre humain. Sa raison d'être est vénérable et tient au plus profond du terrible mystère de notre sensibilité, à la tristesse juste, à l'ennui motivé, à cet amalgame de révolte et de résignation qui nous fait employer les Lois contre les Lois et tenter de les adoucir l'une par l'autre, en profitant de leurs interstices pour respirer.

SUR LA PEINE DE MORT

1909

*Cet article est paru dans l*Action française *du 12 octobre 1909 sous le titre* La Mort ? *et a été repris en 1923 dans l'ouvrage* L'Allée des philosophes.

SUR LA PEINE DE MORT

Si Ferrer[420] n'est pour rien dans les sanglantes affaires de Barcelone[421], tout le monde est d'accord : la condamnation éventuelle est à réviser.

Mais y a-t-il erreur ?

Jusqu'à présent, l'on n'a pas écrit un mot qui fasse le commencement d'une preuve ou d'un indice de ce côté. La suffisance ou l'insuffisance des témoignages cités contre lui ne peut être appréciée par nous. Nous n'en sommes pas juges. Les membres de la commission militaire constituée pour ce jugement sont mieux placés que personne pour en faire l'estime. Ils voient les pièces, et nous ne les voyons pas.[422] Ils ont devant eux l'accusé, nous ne l'avons pas. Toutes choses étant égales d'ailleurs, ils ont sur nous et sur tous les messieurs de Paris et de Londres[423] qui opinent dans le débat, l'avantage de position.

Dira-t-on que les choses ne sont pas égales d'ailleurs ? Et veut-on tenir compte des passions antimaçonniques de l'autorité espagnole excitée contre Ferrer ? Mais il faut, en ce cas, tenir compte des passions maçonniques et

---

[420] Francisco Ferrer Guardia, né en 1859, théoricien anarchiste espagnol. À l'heure où l'article paraît, Ferrer est incarcéré dans la forteresse de Montjuich, à Barcelone, et jugé en urgence par un tribunal militaire. Son arrestation et son procès ont provoqué un vaste mouvement de protestation de par le monde. (n.d.é.)

[421] Le 26 juillet 1909, une grève générale déclenchée à Barcelone dégénéra en émeute. Pendant la « semaine tragique » qui suivit, la ville fut livrée au pillage, de nombreuses églises furent incendiées et on dénombra une centaine de victimes. La pouvoir décréta la loi martiale et procéda à une répression féroce qui fut immédiatement comparée à celle de la Commune. (n.d.é.)

[422] Le mouvement international de soutien à Ferrer s'appuyait sur l'argumentation inverse : procès expéditif et truqué, pas d'audition de témoins, avocat commis d'office n'ayant eu que quelques heures pour prendre connaissance des six cent pages du dossier... Il est exact que le gouvernement espagnol souhaitait aller vite, afin que les exécutions fussent achevées avant la convocation des Cortès le 15 octobre. Pour ses partisans, l'innocent Ferrer, le grand pédagogue, l'intellectuel aux blanches mains, qui n'était pas présent sur les lieux de l'insurrection, représentait le bouc émissaire idéal ; dès sa mort, qualifiée d'assassinat, il prit le statut de martyr. (n.d.é.)

[423] Entre autres : George Bernard Shaw, Arthur Conan Doyle, H. G. Wells... (n.d.é.)

des intérêts anticléricaux soulevés en faveur du même Ferrer[424], ce qui suffit à rétablir l'égalité. Sur la question de fait, il faut donc attendre sans défiance, faute d'avoir des raisons de se défier. Reste une grande et tragique question de droit.

La question ne se pose que si Ferrer est coupable. Sans savoir ce que le tribunal en a décidé, supposons-le : soit, il est pour quelque chose, il est pour beaucoup dans le sang versé et les incendies allumés à Barcelone. Il les a ou inspirés ou suggérés. Supposons une suggestion très indirecte. Il n'a pas désigné les habitants à massacrer, ni les monuments à livrer aux flammes. Mais il a fait tout ce qu'il fallait pour que les malheurs fussent accomplis. Il a propagé les idées qui tendaient à cela. Et il en doit répondre dans la mesure où, par exemple, je devrais répondre d'une tentative de coup de force opéré contre la République au profit du Roi.

La question de savoir si j'aurais été présent ou absent au moment des délibérations qui auraient abouti à l'acte engagerait ou dégagerait ma responsabilité à un point de vue que j'appellerai stratégique : en cas de décision prise par autrui, je pourrais faire des réserves sur l'opportunité, l'utilité ou la méthode de l'opération. Mais en droit, moralement, je resterais vis-à-vis de la loi, vis-à-vis des auteurs de la tentative, un débiteur entier, un débiteur complet. Étranger à l'avortement de la tentative, je devrais répondre de l'idée génératrice. Une idée ayant engendré des actes punissables serait punissable dans son auteur.

Ce principe, le nôtre, a été pratiqué pour Mattis.[425] Il n'a pas dépendu de nous que la violence, plus idéale que matérielle, faite au président de la République et réprimée dans le seul Mattis ne fût aussi frappée en nous, ses complices moraux. La question Ferrer est une question Mattis aggravée d'une prise d'armes sanglante et de cette loi martiale qu'on applique partout où il s'agit de rétablir l'ordre matériel.

---

[424] Ferrer était loin d'être un inconnu pour Maurras. Il avait vécu à Paris de 1885 à 1901, membre influent du Grand Orient, ardent partisan de Dreyfus et délégué à la Seconde Internationale. Condamnant les attentats anarchistes, il contribua à réintégrer les idées libertaires, tant en matière de mœurs que d'éducation, dans le monde intellectuel de l'extrême gauche honorable et fréquentable. Ayant hérité de la vaste fortune d'une de ses disciples, il retourna en Catalogne en 1901 pour y fonder *l'École moderne*, machine de guerre rationaliste contre l'enseignement catholique. (n.d.é.)

[425] Jean Mattis, garçon de café et camelot du roi, rencontrant le 25 décembre 1908 le président de la République Armand Fallières en promenade, lui avait tiré la barbe. (n.d.é.)

Ferrer a-t-il tué, brûlé, pillé à Barcelone dans la mesure où l'Action française a tiré la barbe de M. Fallières à Paris ? Nous l'avons supposé. La conséquence suit. Alors ? C'est la mort. Pourquoi pas ?

Tout hier, j'emportai cette terrible pensée à la promenade. L'esprit efféminé et la raison sans nerf que le dernier siècle nous composa nous occasionnent de ces querelles avec nous-mêmes. Elles ont l'avantage de vérifier les fondements de notre pensée.

Nous admettons que plusieurs milliers de communards pris les armes à la main aient été passés par les armes, mais il faut un effort pour regretter que les principaux responsables de ces événements aussi justes que douloureux n'aient pas été collés au mur au lieu des autres. Nous nommons régulières les exécutions des insurgés catalans, nous hésitons à la pensée de sacrifier Ferrer. Ferrer, c'est une « opinion » ? Mais cette opinion a tué ! Cause réfléchie de crimes publics, elle est beaucoup plus responsable que l'acte matériel de l'insurgé meurtrier. Le meneur de sang-froid est plus coupable que le mené qui perd la tête. Si l'on ne fusille pas ce dernier, il continuera ses dégâts ; mais, si on le fusille, comment épargner le premier ? L'insurrection a coûté une centaine de morts à la cause de l'ordre, je ne sais pas ce que les représailles auront fait de cadavres dans le parti de l'anarchie. Ce que je sais bien, c'est qu'à la place de Ferrer, le fantôme des uns et des autres saurait me rendre également insupportables la veille et le sommeil. Toute ma vie ne pourrait tendre qu'à les venger. Une condamnation à mort me délivrerait de ce devoir en délivrant la société des malheurs que je lui devrais infliger.

On objecte :

— Mais un homme ! La vie d'un homme !

Qui se place à ce point de vue et érige la vie d'un homme en principe supérieur à toute justice et à tout ordre arrête la marche du monde. Les autres vies (qui ont des droits, je pense !) en sont anéanties ou immobilisées. Ce coup de vent métaphysique suffit à congeler et à cristalliser l'univers. Mais la prohibition faite à la société humaine de toucher à l'être humain qui la compose est inintelligible.

Ne pouvant la justifier, on insiste et on dit :

— Mais un homme de pensée ! Un homme de liberté !

Les hommes de pensée n'ayant aucun privilège contre aucun genre de mort, pourquoi exempterait-on celui-ci de subir les conséquences de ses actions ? Quant à la liberté de penser que promet Ferrer à l'Espagne, nous la voyons, en France, bouleverser les mœurs et les propriétés, exiler les uns, persécuter les autres, pour aboutir à quoi ? À « imposer », selon la prévision d'Auguste Comte, « par des moyens matériels », « un respect légal pour les dogmes révolutionnaires que toute doctrine vraiment organique doit préalablement exclure » ! Cette prétendue libre pensée devrait liguer contre elle tous les hommes intéressés au salut de l'esprit humain. Elle ne peut sauver Ferrer.

On fait une plainte suprême, la seule touchante :
— Ferrer est notre ami.

Une circonstance privée m'a mis, l'année dernière, en présence de la propre fille de Ferrer.[426] Je ne serai pas le dernier à m'incliner devant une angoisse que tout le monde respectera. La jeune artiste catalane qui ciselait des traductions rythmiques de l'ode de Mistral à ses compatriotes et d'autres poèmes des *Iles d'Or*[427], a été visitée par les journalistes. C'est ce qui autorise à écrire son nom ici. Comme toutes les Européennes de son siècle et de sa génération, Madame Paz Ferrer est royaliste[428], car la philosophie anarchiste est jugée une antiquaille à peu près partout, sauf peut-être en Espagne.

Le charme de cette vieille folie s'est-il assez évaporé en Catalogne pour qu'on puisse traiter ses adeptes par la clémence ? Pour être doux avec son peuple, Alphonse XIII n'a-t-il pas des devoirs de sévérité envers les perturbateurs ? Autre question, question royale ! Les particuliers n'ont pas à la pénétrer. Mais le sanctuaire des deuils intimes ne nous est pas moins interdit. On ne peut que leur indiquer avec tristesse le bois sacré des religions et des philosophies. C'est l'unique refuge.

Pour le catholique, rien n'est fini ; quelqu'un fait le départ des intentions, des pensées et des actes, et la pensée de la communion des âmes sauvées ouvre aux affections une magnifique espérance. Mais ceux qui ne croient pas

---

[426] Ferrer eut trois filles de son premier mariage : Trinidad, Paz et Sol. En 1893, il se sépare de sa femme, qui ne partage pas ses engagements, après une violente dispute au cours de laquelle elle tire sur lui trois coups de revolver ; cela fait la une des journaux, mais juste après, l'assassinat du président Sadi Carnot vient éclipser cet événement mondain. Elle ira ensuite vivre en Ukraine avec un aristocrate russe, emmenant sa fille Sol qui deviendra plus tard la biographe de son père. Celui-ci contractera en 1899 un mariage civil avec une égérie de la libre pensée parisienne. (n.d.é.)

[427] *Lis Isclo d'Or*, œuvre de Frédéric Mistral (1876). (n.d.é.)

[428] Le lendemain de la publication de cet article, Ferrer tombait à Barcelone et, pendant que l'émeute battait le seuil de l'ambassade d'Espagne à Paris, c'est dans mon cabinet de l'*Action française*, chaussée d'Antin, que Madame Paz Ferrer venait pleurer le sort de son père, et le sien. (Note de Charles Maurras dans l'édition de *L'Allée des Philosophes*.)

ou qui même supposent que le dernier mot de la tragédie de la vie est écrit quand les douze balles ont frappé, ceux-là sont les derniers qui puissent s'élever contre les duretés partielles imposées par le bien général des sociétés.

La police du monde veut qu'on ne le trouble qu'à bon escient. Plus les risques attachés à la carrière de chef spirituel seront sérieux et graves, plus cette profession aura de dignité, et ceux qui la suivront en mesureront mieux leurs responsabilités. Ni le caractère des hommes, ni les mœurs publiques n'y peuvent perdre.

Mourir pour une idée ne peut pas être un mal.

Les Idées royalistes

1910

M. le Directeur de la *Revue hebdomadaire* a bien voulu nous convier[429] à cette « mêlée des partis » afin d'y produire les « idées royalistes ».

La proposition était deux fois nouvelle pour des hommes qui ne cessent de répéter que le pays meurt des partis et qui se défendent d'avoir aucune idée propre. Ce qu'ils en pensent se réfère à un programme de réforme et de salut public indivis entre bons citoyens. « Tout ce qui est national est nôtre. » « Je ne serai pas le roi d'un parti. » Ces maximes royales contiennent une règle sérieuse et pratiquée. Les royalistes n'aspirent pas à se distinguer des autres bons Français. Mais, dès lors, comment nous décrire, comment nous définir ?

I

D'abord écartons l'utopie. Nous savons bien que les partis ne sont pas toujours les effets du caprice ou de la malice des hommes. Ils résultent souvent de la nature des choses. Pour établir l'accord parfait, spontané, unanime, il ne suffit pas de nier des divisions qui existent et dont quelques-unes ont le droit d'exister. Elles tiennent à la prodigieuse diversité de sentiments et d'intérêts, de climats et de caractères, d'origine et de valeur morale qui se rencontrent dans le composé humain et plus abondamment encore dans le composé français.

Outre les bons et les méchants, les cupides et les intéressés, les ignorants et les sagaces, il y a chez nous les riverains de la mer, échelonnés sur un littoral immense, et les colons de la terre, la plus belle, la plus fertile terre de l'Europe, et la plus diversifiée : plaine et montagne, prés et vergers, jardins et labours ; ici, culture, là cueillette, et, sans parler de la variété des industries et des négoces, il y a celle des cueillettes et des cultures. Ce pays ainsi fait, producteur d'objets de première nécessité, ouvrier réputé d'articles de luxe, s'étend sur plus de 500 000 kilomètres carrés, nourrit près de quarante millions d'habitants, et, n'étant pas d'hier, doit ajouter à ses variétés naturelles celles qui viennent du passé accumulé et que la tradition religieuse

---

[429] Ce texte a d'abord paru dans la *Revue hebdomadaire* (tome III, mars 1910), dans une série d'articles sur les partis politiques qui comptait déjà « les articles de M. Ferdinand Buisson, sur la politique radicale-socialiste ; de M. Jules Delafosse, sur le Bonapartisme ; de M. Jacques Piou, sur l'Action libérale populaire dans les numéros des 12, 19 et 26 février. » (n.d.é.)

ou morale a perpétuées. Rien de tout cela ne saurait s'épanouir un peu librement sans se heurter à l'apparence d'un contraire. De plus, l'esprit français possède le sublime et périlleux talent de transfigurer les éléments en lutte pour leur imposer la couleur des idées éternelles. Il dépasse le fait, il repousse la terre ; il raisonne dans le plein ciel où l'humanité, la justice et le droit sont pris à témoin d'intérêts et de sentiments inférieurs.

De quelque façon qu'on les juge, on n'abolira pas ces caractères fondamentaux de notre patrie tels qu'ils se dessinaient déjà du temps de Vercingétorix et de son père Celtil. Les premiers rudiments de sa géographie annoncent à la France cette menace des factions ; tant que l'on n'aura pas changé la forme et le relief du territoire compris entre la mer, les Alpes, les Pyrénées, le Rhin, et l'Océan, on y verra planer le même esprit de division cruelle. La beauté de l'enjeu devra même augmenter le risque. Cette aire magnifique, si forte et si puissante quand l'ordre et la paix y fleurissent, développe des rivalités d'intérêts, génératrice des partis, absolument comme le Gange porte la peste ou le Mississippi la fièvre jaune ; c'est un véritable endémisme, et, comme l'Européen soucieux de se bien porter adopte aux Indes ou en Amérique un système de précautions appropriées, notre hygiène politique nous prescrit avant tout de nous mettre en défense contre la division. Nos factions remettent le pays en charpie toutes les fois qu'on néglige cette défense.

Or, voici le scandale. Non seulement ces précautions élémentaires ne sont plus prises, mais la France contemporaine a prétendu tirer des partis, c'est-à-dire de son point faible et de son mal, un moyen de conservation, de réforme, d'administration, de gouvernement ! Elle a accepté que les partis la gouvernent. Leur reconnaissance légale et leur fonctionnement normal sont censés fournir à l'État sa propulsion et sa discipline, son ordre et ses progrès ! On ne fait pas garder les brebis par les loups, mais on confie l'intérêt général à son contraire exact : l'intérêt de parti. La convention démocratique a pour but de consacrer, pour résultat de maintenir cette anomalie criminelle. Ce qui devrait tomber sous le coup de la loi est chargé de la faire et de l'appliquer. L'autorité souveraine et la dignité suprême sont attribuées *par la loi* aux plus actifs des compétiteurs en présence, et d'une manière qui n'est jamais définitive, mais toujours temporaire : comme afin de ne décourager aucun chef de clan, de les provoquer tous à de nouveaux bouleversements en vue de rassembler de nouvelles majorités !

Du point de vue français, la perspective ainsi ouverte aboutit nécessairement à la ruine. Sans doute, à d'autres points de vue, l'on peut soutenir que la justice distributive est satisfaite : c'est le *chacun son tour* passé en système ! Si la vie politique se réduit à dominer afin de piller et de profiter, il n'y a rien à répliquer à cette vue du Juste et du Bien. On peut aussi prétendre que, la vie étant un combat, il est conforme à ses lois qu'un pareil combat s'éternise en divisant sans cesse nos tronçons et nos débris les uns par les autres. On peut enfin imaginer d'ingénieuses comparaisons médicales touchant le mal qui se transforme insensiblement en remède comme un virus atténué qui procure l'immunité. On n'oublie qu'une chose : le sérum immunise et le mal des partis, devenu constitutionnel, même décoré des beaux titres de République ou de bien public, n'immunise pas, mais dissout.

L'activité nationale se sent empoisonnée si dangereusement qu'elle s'en inquiète. Un peu partout on accuse la « politique », c'est-à-dire les partis. La noble science d'Aristote, de Machiavel et de Bossuet, l'art profond de Louis XI et de Richelieu n'ont rien à voir avec cette acception du terme : *politique*, aujourd'hui, signifie, la plupart du temps, ce dissolvant économique, moral, social, religieux, né de la force des factions. Ceux qui disent : « Je ne fais pas de politique » sont généralement les patriotes, les laborieux, les prudents et les renseignés ; ils constituent l'une des dernières réserves du fonds national. Fonds riche encore il y a vingt ans[430] et qui s'épuise avec rapidité parce que ceux qui s'écartent de la politique dans le travail ou dans l'étude, la politique les rejoint. Quand ce n'est pas l'État, par ses exactions ou ses vexations, les sergents recruteurs des partis viennent solliciter ces gens de bien d'adhérer, de s'inscrire, de s'embrigader, et c'est parfois au nom d'intérêts sacrés ou de sentiments parfaitement purs.

Mais, quelles que soient les nobles intentions de beaucoup, tous se heurteront à des politiciens de profession inspirés de mobiles moins nobles, quelques-uns tout à fait bas, et ce mélange de bien et de mal compose un état de mœurs qui répond douloureusement à la sombre et prophétique peinture que donnait Fustel de Coulanges dès 1889 :

> Si l'on se représente tout un peuple s'occupant de politique, et,

---

[430] Dans son tableau de la France, M. Bodley appelle ces Français abstinents de la politique « la vraie force de la nation », « un appoint aux ressources du pays ». Leur abstention s'ajoute à « cette réserve de bon sens et d'assiduité au travail qui ont empêché les folies des gouvernants de faire déchoir la France du rang élevé qu'elle occupe parmi les nations ».

depuis le premier jusqu'au dernier, depuis le plus éclairé jusqu'au plus ignorant, depuis le plus intéressé au maintien de l'état de choses actuel, jusqu'au plus intéressé à son renversement, possédé de la manie de discuter les affaires publiques et de mettre la main au gouvernement ; si l'on observe les effets que cette maladie produit dans l'existence de milliers d'êtres humains ; si l'on calcule le trouble qu'elle apporte dans chaque vie, les idées fausses qu'elle met dans une foule d'esprits, les sentiments pervers et les passions haineuses qu'elle met dans une foule d'âmes ; si l'on compte le temps enlevé au travail, les discussions, les pertes de force, la ruine des amitiés ou la création d'amitiés factices et d'affections qui ne sont que haineuses, les délations, la destruction de la loyauté, de la sécurité, de la politesse même, l'introduction du mauvais goût dans le langage, dans le style, dans l'art, la division irrémédiable de la société, la défiance, l'indiscipline, l'énervement et la faiblesse d'un peuple, les défaites qui en sont l'inévitable conséquence, la disparition du vrai patriotisme et même du vrai courage, les fautes qu'il faut que chaque parti commette tour à tour à mesure qu'il arrive au pouvoir dans des conditions toujours les mêmes, les désastres et le prix dont il faut les payer ; si l'on calcule tout cela, on ne peut manquer de dire que cette sorte de maladie est la plus funeste et la plus dangereuse épidémie qui puisse s'abattre sur un peuple, qu'il n'y en a pas qui porte de plus cruelles atteintes à la vie privée et à la vie publique, à l'existence matérielle et à l'existence morale, à la conscience et à l'intelligence, et qu'en un mot il n'y eut jamais de despotisme au monde qui pût faire autant de mal.[431]

Telle est bien la situation. Mais comment a-t-on pu concevoir pour la France le gouvernement des opinions et des partis, sans en prévoir tous ces effets automatiques ? Quand nos concitoyens s'étonnent de l'effroyable fécondité de leurs maux, il faut les prier d'examiner si tout ou presque tout ne provient pas de la faute unique, commise par eux ou par leurs parents, lorsqu'ils ajoutèrent aux trop nombreux sujets de discorde qui leur étaient déjà si naturels un régime qui vient récompenser et couronner les fabricants les plus subtils et les plus heureux de discordes nouvelles. Au lieu de soustraire aux partis les honneurs, les profits et les mirages du pouvoir, vous

---

[431] Note posthume publiée par Guiraud, *Fustel de Coulanges*, p. 234.

leur avez fait entrevoir ces dépouilles opimes.⁴³² L'homme aurait cessé d'être l'homme si les factions et les factieux ainsi tentés n'avaient pas causé tout le trouble possible et dérangé tout ce qu'il était possible de déranger.

Quand le personnel gouvernant ne se recrute et ne se succède que par compétitions, cet art d'ébranler, de secouer, de détruire se confond avec l'art de conduire et de gouverner. Tous vos chefs ont dû commencer par se montrer opposants jusqu'à l'anarchie pour finir par des répressions extravagantes. Ils ont dû outrer le goût du désordre, comme ils ont dû, plus tard, exagérer la fureur de conservation. Et ces palinodies nécessaires déploient, du haut en bas de la vie publique, un exemple si corrupteur, que leur programme de justice politique ou de justice sociale apparaît immoral, non dans l'accident ou l'abus, mais dans l'essence de son principe : le mécanisme républicain ne saurait fonctionner régulièrement sans pervertir les plus petits par les plus grands, les soldats par les chefs et le chœur anonyme par ses plus fameux coryphées.

Cette démoralisation générale n'est pas économique. Elle coûte même très cher. Jadis la politique se donnait la mission de calmer, d'adoucir et de pacifier la concurrence des intérêts naturels : il faut ici qu'elle s'applique à les porter au paroxysme. Chaque parti, avec les classes ou les localités qu'il syndique, sent qu'il est de son intérêt de se montrer irréductible, tout ce qui ne tourne pas au profit de son intérêt devant être capté par l'intérêt antagoniste. Quelquefois la bataille cesse, un parti vient de l'emporter solidement. Mais l'action politique de ce victorieux ne sort guère du médiocre à cause des efforts qu'il lui faut dépenser pour rester sur sa position. Un gouvernement qui servirait l'intérêt général représente les groupements des forces nationales qu'il utilise, par la simple formule :

$$a + b + c + d... x + y + z$$

En entendant par chacun de ces signes l'une de nos variétés françaises, un tel gouvernement estime qu'il suffit de la mettre à sa place et de la classer dans son ordre pour lui épargner tout conflit avec ses pareilles : dans cette formule, les éléments s'additionnent et l'on peut s'appliquer à réduire les

---

⁴³² Avant que l'expression ne s'édulcore quelque peu, les *opima spolia* latines avaient un sens précis : c'était une part des dépouilles prises après la bataille et qu'avait le droit d'emporter pour son usage *personnel* un général romain qui avait tué *de sa main* le chef de l'armée ennemie. (n.d.é.)

déperditions à un minimum insensible. Au contraire, dans le régime des partis cela ne se peut pas ; les intérêts dressés, hérissés, se défendent ou s'attaquent les uns les autres en toute liberté, avec une violence que rien ne borne, puisque le pouvoir politique est en eux tout entier et que leur résultante seule gouverne ! La formule de leurs rencontres et de leurs antagonismes devra donc s'écrire, en mettant les choses au mieux :

$$(a + b + c + d...) (v + w + x + y + z)$$

Au lieu d'un total à peu près pur, on obtient un reste et le faible produit de l'action politique ne s'exprime que par la différence entre la minorité et la majorité. La plus grande partie du groupe vainqueur, s'employant à bloquer le vaincu, est frappée de la même nullité que les forces d'opposition qu'elle doit tenir en balance.

Un tel gouvernement est obsédé jusqu'à l'oppression par la nécessité de se défendre et de durer. L'opposition est excitée et encouragée par la règle même du jeu, par la loi et l'esprit de la constitution, à renverser un gouvernement dont la durée ne dépend que de l'état de l'opinion. Le parti vainqueur est donc obligé de surveiller très durement l'esprit public. Il doit même le capter le plus haut possible et c'est pour y mieux parvenir qu'il voudra instruire les enfants, acheter les agences et les journaux. S'il ne peut le faire ouvertement, il y tendra secrètement. S'il le néglige, il se néglige lui-même et trahit l'intérêt de sa cause et de son idée.

Ne dites pas que tous les gouvernements en sont là. Beaucoup de régimes présents et passés se sont également honorés par un grand respect de la voix populaire et par l'indépendance à l'égard de ses suggestions. La résistance de Bismarck au Landtag[433] aura fait l'origine de la grandeur prussienne, celle de M. Estrup[434] aura peut-être sauvé le petit peuple danois. Aucun régime de

---

[433] Épisode essentiel de l'accession de Bismarck au pouvoir : il est rappelé à Berlin, alors qu'il était ambassadeur à Paris, en raison des difficultés que le parlement prussien fait pour accepter les impôts entraînés par la hausse des crédits militaires estimés nécessaires par le gouvernement de Guillaume premier. Bismarck brise la résistance du parlement et lève les impôts par décret. (n.d.é.)

[434] Figure marquante de la vie politique danoise, Estrup fut président du conseil et ministre des finances de 1875 à 1894, arrivant au pouvoir avec les difficultés économiques considérables qu'avait values au Danemark la deuxième guerre du Schleswig. Ne trouvant pas assez d'appuis pour faire adopter le budget dans les formes requises, il dut imposer des budgets

parti n'aurait permis ces grandes œuvres, réalisées en dépit des majorités. Il faut donc extorquer leur assentiment. Un parti régnant ne s'en passe pas. Ses écoles d'État, sa presse d'État, son Église d'État, sa mainmise croissante sur la vie et les industries privées résultent de sa propre nécessité vitale : pour « tenir » l'opinion, il multiplie les lois, les règlements, les fonctionnaires, il se méfie et s'empare de tout. Mais sa jalousie ombrageuse est aussi fort capable de s'évanouir dans une lâcheté immense. Il est prompt à se faire laquais d'une opinion quand il désespère de la domestiquer. Toute idée qui a quelque vogue, si elle ne le menace pas directement, s'impose à lui. Il l'adopte sans en examiner la vérité ni l'erreur, l'utilité ni le danger. Est-ce un « courant » ? Voit-il le moindre risque à contrarier le « courant » ? Sa décision suit ce mobile. Du fait de son mécanisme plébiscitaire, qui l'asservissait à l'opinion publique, le second Empire, issu d'une conspiration en faveur de l'ordre, finit par coopérer au pire désordre. Afin de se réclamer de thèses avancées ou de traditions révolutionnaires, qui étaient en faveur et qu'il crut propres à lui rallier des suffrages, ce gouvernement de parti bouleversa ou laissa bouleverser l'Europe, sans pouvoir même réfléchir que cette France, dont il avait la garde, en serait brisée forcément.

Faiblesse et tyrannie, abus continu de la force, s'il la possède, sujétion éternelle à la crainte de succomber, ces caractères généraux du gouvernement des partis avaient été décrits et énumérés par des Maîtres[435], avant qu'ils se fussent réalisés à nos dépens. Ce que prévoyait le génie apparaît aujourd'hui au premier venu.

L'expérience parle. Elle montre la crise religieuse et la guerre sociale à l'intérieur, au dehors notre diminution générale. Tous les ressorts de l'État se sont relâchés, ses ressources sont au pillage. Les services publics qui ne servent que la nation accusent nettement une décadence profonde : c'est le cas de l'armée, c'est le cas de la marine et de la diplomatie. Quant aux autres services, ceux qui doivent étendre l'influence de l'État partout où elle n'a que faire, ces services parasitaires prennent un développement qui ne permet plus aux Français que les mouvements de leur petite guerre civile : la centralisation favorise donc l'anarchie, qui éclate. Un ancien ministre avoue que « la France se dissout » et, pour répondre à l'inquiétude de ce coupable, la cohue des victimes, ces Français désintéressés que la politique laissa jadis

---

« provisoires » à plusieurs reprises, solution peu compatible avec la constitution danoise mais de bon sens et qui profita au pays. (n.d.é.)
[435] Maistre, Bonald, Comte, Le Play, Fustel, Renan, Taine, etc.

indifférents, se demandent, le cœur serré, s'il est vrai que leur nationalité puisse s'effondrer de la sorte !

II

Trait singulier de l'intelligence et du sentiment de ce pays-ci : une conscience française se réveille dans les moments de colère et de deuil. Oui, certes, nos diversités sont inhérentes à la forme de notre sol et de notre esprit, mais il faut bien aussi qu'il y ait « une » France. Oui, notre unité fut un chef-d'œuvre d'art historique, mais cette unité-là dut avoir ses raisons, elle dut correspondre à des réalités tangibles, pour avoir résisté à tant de destructeurs ! Une civilisation, un esprit, une langue, un goût, une société, une politesse, des mœurs, ces expressions d'intérêts profonds ou sublimes, ces hauts produits de notre combinaison séculaire ne peuvent donc se renoncer aussi facilement que l'espèrent nos ennemis. Menacés, ils se développent et la sensibilité patriote qui se manifeste par la force de la douleur peut changer, par sa réaction, bien des choses à notre destin.

Mais, surtout, ne supposons pas qu'elle doive jamais devenir assez claire pour commander et régner seule. Le sort de l'Assemblée de 1871 avertit que nous ne sommes pas un pays d'opinion gouvernante. Pure, droite, patriotique, l'opinion française livrée à ses éléments propres est vouée aux déchirements. Mais, de le bien sentir, peut venir le salut. Et, à vrai dire, il vient. Ce que peut créer, ce que crée déjà la renaissance d'un véritable esprit public c'est la vue précise, la pensée clairvoyante de son centre et de ses limites. On revient à cette pensée avec netteté et courage. Comme dans le discours de Ronsard sur les misères de ce temps, on refuse d'admettre que nos longs efforts historiques soient avortés, que la fin de la France approche et que tant de héros et de princes, de citoyens et de soldats aient travaillé, peiné, combattu inutilement. La nouvelle génération, surtout, s'est révoltée contre la résignation à la mort ; elle ouvre de grands yeux sur les enchaînements de causes et d'effets qui ont amené nos malheurs, et la leçon comprise semble devoir être appliquée. Au surplus, la génération antérieure défend avec mollesse l'erreur dont elle fut bercée et, quand elle s'entend âprement reprocher d'avoir élevé sur le trône ou scellé sur l'autel la statue de la Division, l'idée de la Querelle, la notion du Parti, elle cesse de se vanter, comme jadis, d'avoir fait un pas mémorable sur la barbarie des vieux âges : elle tombe d'accord que l'idole était un faux dieu et que les Maîtres avaient raison d'en attendre bien des malheurs. La seule excuse offerte consiste à alléguer que le mal est fait sans remède.

Mais ce remède est simple, et la jeunesse y vole. Si le règne des partis politiques est ruineux ou stérile, pourquoi ne pas y renoncer ? Si l'expérience montre l'impuissance des diversités électorales à créer un ordre français, pourquoi ne pas le redemander, cet ordre, à l'unité héréditaire qui échappe aux partis ? Qui s'éloigne de la théorie des partis et de la doctrine des gouvernements de partage s'éloigne de la République et chemine inconsciemment vers la Monarchie. Il cherche. Il peut s'apercevoir que les royalistes ont trouvé. Il lui suffit de se souvenir avec eux. Au besoin, ceux-ci lui expliquent notre passé, qui n'est pas tout division ni déchirement. Entre l'âge lointain de l'anarchie celtique, mérovingienne ou carolingienne et la première proclamation de la République, s'étend cette longue et compacte période qui va de 987 à 1789. Là, on vit s'élever d'étage en étage la Maison qui porte le nom de la patrie. Là régnèrent par larges espaces la prospérité, le progrès et tous les autres fruits d'une unité vivace. Là, de siècle en siècle, par efforts inégaux mais constants, la France se fit, « la France qui a créé tout ce dont nous vivons, ce qui nous lie, ce qui est notre raison d'être ».[436]

« La France est de la sorte le résultat de la politique capétienne continuée avec une admirable suite ».[437] La zone de neuf siècles comporte d'ailleurs quelques points de fléchissement, mais ils sont instructifs : où l'on note l'éclipse de l'unité française, apparaît aussi un défaut de l'autorité de nos rois ; c'est la prison de Jean le Bon, la folie de Charles VI, la crise politico-religieuse du seizième siècle, la minorité du grand roi. Mais toujours la restauration nationale coïncide avec la royale : à preuve, Louis XIV, Henri IV, Charles V, Charles VII. La magnifique histoire de Jeanne, d'Arc semble même associer le ciel à la terre pour vérifier cette loi, car la sainte bergère n'apporte sa victoire à la France que par le roi, et la bénédiction mystique épanchée par ses voix dans les chênes de Domrémy désigne le dauphin de Bourges et prescrit le sacre de Reims : — Si vous voulez ceci, la restauration de la France, il faut vouloir cela, le retour de la royauté.

L'historien qui constate ces liaisons ne les explique pas toujours. Mais il a le devoir de les reconnaître et de les publier. Toutes nos périodes d'unité

---

[436] Renan, *Réforme intellectuelle*, p. 9.
[437] Renan, *Réforme intellectuelle*, p. 9.

prolongée sont des périodes royales. La défaillance des personnes fut toujours réparée par le nerf de l'institution. Toutes les fois que la France a pensé, senti, travaillé avec la synergie durable de ses éléments les plus opposés, le pouvoir royal apparaît comme distributeur, régulateur et metteur en œuvre. La règle et l'ordre disparaissent quand il disparaît. Ils reparaissent avec lui, si bien que nos synthèses portent toutes des noms de rois.

Il devient donc de plus en plus difficile à des esprits jeunes et purs de ne pas méditer sur ces concordances et de ne pas se demander si nos variétés naturelles, au lieu de se combattre comme elles font, ne pourraient de nouveau composer autour d'un pouvoir incarnant l'intérêt public et qui imposerait le service public. Les constantes de notre histoire montrent que, sous le roi, nos partis se confondraient et s'unifieraient peu à peu : leur personnel s'éclaircirait, puis disparaîtrait à mesure que des satisfactions convenables seraient accordées à ce que chaque subdivision signifie de réel ou propose d'utile. Et le gros du pays serait enfin soulagé de la « politique » ! On pourrait enfin vivre sans avoir à prendre parti !

À tout prix, il faut en finir avec une absurdité ruineuse. Les partis gouvernants redeviendront des gouvernés. Il suffit de réaliser ce que la raison d'être de chacun peut avoir de juste pour briser leurs ambitions de souveraineté.

III

Mais cette opération de synthèse patriotique ne peut s'accomplir sans considérer certains éléments issus de l'histoire administrative et sociale du pays.

Avant d'établir une dynastie, le Premier Consul représentait le parti révolutionnaire, et l'ensemble de ses fondations, encore en vigueur aujourd'hui, se ressent de la nécessité où il se trouva d'émietter la nation pour maintenir sa puissance. La fameuse lettre au roi de Naples, « Établissez le code civil à Naples. Tout ce qui ne vous sera pas attaché va se détruire, etc. »[438], accuse nettement cette volonté et cet intérêt. Tout a été dit sur les destructions méthodiques accomplies ou confirmées alors aux dépens de l'Église, de la Famille, de la Commune, de la Province, des Métiers, de

---

[438] 5 juin 1806.

l'Université, de toutes les Compagnies et Communautés d'ordre local ou professionnel, religieux ou civil. Ce grief général de la nation et de la société française contre les institutions consulaires est classique depuis longtemps. Mais on connaît moins l'autre grief qui résulte de cette « atomisation » des forces du pays. Isolé et « dissocié » par la législation, non seulement le citoyen s'est trouvé sans appui contre l'État, mais il eut la surprise de se sentir aussi battu et dépossédé, dans son propre pays, par des gens qui n'en étaient guère ou qui n'en étaient presque plus. On avait émancipé les juifs, rappelé les exilés protestants de 1685, à qui un séjour d'un siècle à l'étranger avait fait oublier bien des traits nationaux. Le métèque appelé, caressé, adulé, foisonnait en outre. Tout ce monde formait de petites sociétés et des clans ténébreux qui se juxtaposaient à la Maçonnerie ou se confondaient avec elle, comme si elle eût été chargée d'acclimater les nouveaux venus. De toute façon, les nouvelles colonies étaient aussi fortement organisées que notre société l'était peu. D'imperceptibles vagabonds cachés dans leur maison roulante se soustrayaient facilement par les mœurs à nos lois. Ils pouvaient donc être, à leur gré, aussi communautaires que nous étions plus étroitement tenus à l'individualisme. Toujours serrés en groupe, leurs soldats ont livré sur tous les terrains, affaires, politique, littérature et art, de petits combats où les nôtres, toujours désunis, ont eu fatalement le dessous. La qualité inférieure de ces immigrants n'était pas douteuse, mais leur clan apportait la discipline et par là même le nombre relatif. Ainsi se composa dans notre endettement un faisceau international de forces publiques, autour duquel s'aggloméra peu à peu le parti qui devait s'emparer de l'État.[439] L'État, décapité, puis affaibli par les premières applications du gouvernement des partis, ne fit pas de résistance sérieuse. Déjà parlementaire sous la Restauration et le Gouvernement de Juillet, plébiscitaire un peu plus tard, finalement réduit à des cabinets ministériels asservis au Parlement, l'État français était à peine à conquérir. L'Étranger de l'intérieur a pu l'acheter. Centre du vieux parti républicain, se gardant par sa fixité, sa richesse, sa structure héréditaire et religieuse (élément qui rend un hommage indirect mais certain à la vertu politique de l'hérédité), l'État juif, avec ses trois alliés maçon, protestant et métèque, embusque ses fidèles aux points stratégiques de l'administration. Son organisation propre, étant conservée, joue de la

---

[439] Il est à peine nécessaire de rappeler le mot dit en Conseil des ministres par M. Brisson, qui le présidait : « Les juifs, les protestants et les francs-maçons forment l'ossature du vieux parti républicain. »

centralisation pour établir, sans se montrer, sa volonté. Il distribue les places, il fait les élections. Il dirige toute notre politique française.

Les historiens futurs seront plus à l'aise que nous pour voir le détail de sujets ainsi dominés et réglés par les étrangers qui manœuvrent notre mécanisme d'État. Celui qui décrira les phases de l'anticléricalisme sous la troisième République, dans ses relations avec le Kulturkampf de Bismarck et les loges italiennes, a pu collationner bien des textes probants. On ne saura qu'un peu plus tard toute la vérité sur l'histoire de cette idée de Revanche, avec laquelle on a si longuement mystifié le bon cœur des Français. Une histoire secrète du Congrès de Berlin, quelques notes complémentaires sur le boulangisme, le Panama et l'affaire Humbert mèneront jusqu'à cette affaire Dreyfus sur laquelle on a tant écrit et dont on ne peut encore qu'inférer la substructure.

Mais le mystère du détail ajoute à la clarté limpide de l'ensemble. Un rythme saisissable règle depuis quarante ans le pas du régime. À chaque grande crise, il se révèle tel qu'il est essentiellement, et toujours pareil : hostile à l'Église, hostile à l'armée, anti-militaire, anti-catholique. Cela éclate à la Commune, cela reparaît contre le maréchal de Mac-Mahon, contre le général Boulanger, contre l'état-major de 1897 et les congrégations de 1900, contre les officiers catholiques et nationalistes de 1903, 1904, 1905, contre le clergé et le pape dans les mêmes années. Il est palpable que l'on veut nous retrancher nos traditions intellectuelles et morales, en même temps que nous découvrir devant un ennemi matériel. La force militaire est affaiblie méthodiquement, tantôt par des lois qui désarment (1889, 1905), tantôt par le jeu concerté des tracasseries administratives et des intrigues de presse, mais le résultat est certain : notre armée était au plus bas par la volonté d'un général-ministre au moment précis où elle aurait dû atteindre le plus haut point de préparation et d'entraînement, c'est-à-dire en avril et juin 1905, lorsque nous avions à relever le défi de l'Allemagne et qu'il fallut subir, « humiliation sans précédent », le renvoi de M. Delcassé. Notre armée de mer ne s'est pas désorganisée toute seule. Il y a eu, pendant ces dix dernières années au moins, un effort conscient et volontaire, pour faire tomber nos forces navales au-dessous de l'Allemagne, des États-Unis, du Japon. D'autres malheurs sont imputables aux défauts matériels du régime. Ceux-ci ne se comprendraient guère s'ils n'étaient de main d'homme. Il existe certainement une politique religieuse et scolaire qui s'exécute presque sans arrêt : notre désorganisation maritime et militaire doit procéder aussi d'un plan destructeur.

IV

Le pays n'est donc pas seulement divisé, mais trahi, occupé, exploité par un ennemi de l'intérieur. Si donc l'on veut tenter l'œuvre de synthèse et d'union, il importe de surveiller ces corps étrangers ou demi-étrangers. La franc-maçonnerie doit être mise dans l'incapacité de nuire. La communauté protestante, qui nous fait la loi dans l'université, l'administration et la librairie, doit être prévenue qu'elle est sans droits sur nous ; ni le nombre de ses adhérents (le quatre-vingtième de la nation), ni la qualité de ses vues (un fond d'anarchie) ne lui confèrent de privilège quelconque. Enfin, les métèques et les juifs doivent être informés qu'ils ne sont point Français. Ces mesures, qui auraient paru odieuses voici trente ans, exciteraient surtout de l'enthousiasme. « Dehors, les barbares », c'est le nouveau cri national.

Mais, comme ces barbares n'ont prévalu qu'à la faveur des lois d'émiettement déterminées par les idées révolutionnaires, idées et lois causes de ruine seront rejetées de nos matériaux de reconstruction, car elles nous élimineraient à très bref délai si nous ne prenions les devants : l'individualisme égalitaire et libéral détruit l'individu, et l'étatisme, qui boursoufle l'État, finit par le tuer. Et ces propositions auraient fait crier voilà trente ans. Et chacun en convient à peu près aujourd'hui. L'abandon des principes de la Révolution, consenti si gaiement par l'esprit public, reflète aussi un état de choses. Loin de se niveler, notre société a vu se former beaucoup de différences et de hiérarchies nouvelles, le mouvement révolutionnaire lui-même procède sur une base professionnelle et différenciée ; les passions nationales ou régionales sont surexcitées, comme les sentiments de classe ; on a vu enfin renaître le goût de l'autorité politique, le mépris du suffrage et du Parlement. La Révolution a proclamé le règne des assemblées ; la France leur prodigue aujourd'hui son horreur. La Révolution a fait le département ; la France ne parle plus que provinces. Elle a supprimé la corporation et la France est syndicaliste. Elle a nié toutes les traditions, et le cœur de la France s'attache avec passion à tous les « réveils du passé ».[440]

Pour que la contre-révolution aboutisse, il lui suffira donc d'être tenace, conséquente, inflexible à l'égard des principes, en se montrant, tout au contraire, infiniment conciliante avec les hommes et les sentiments exprimés. Le bonheur des temps a voulu que cette double règle d'action politique se trouvât très exactement incarnée, avec un à-propos significatif, dans la personne de celui que le droit national appelle à régner sur la France. On peut en juger, en effet, par le recueil de ses Actes et de ceux du comte de Paris et du comte de Chambord publié par ses soins.

Monseigneur le duc d'Orléans a su rajeunir sa tradition et donner des motifs nouveaux à ses antiques droits en s'associant de très près à chacun des élans organiques de notre temps. Sur la question juive par exemple, Henri V n'apparaît ni plus traditionnel, ni plus légitimiste que l'auguste auteur du discours de San Remo.[441] Mais, associé de la sorte au progrès général de la contre-révolution ambiante, Philippe VIII n'en est pas moins uni à notre lourd passé de révolutions par la chair, par le sang, par les passions et les actes de ses ancêtres. Nul ne s'est exprimé avec plus de tendresse et de sympathie pour tout ce que la France révolutionnaire compte de gloires et de douleurs, de satisfactions et d'épreuves. L'erreur qu'il dénonce a fait partie de son patrimoine, comme du patrimoine de la nation.

De ce passif commun, le prince se détache : tous les autres Français s'en détacheront comme lui. Il personnifie la réaction nécessaire, la réconciliation qui ne l'est pas moins. Son adhésion profonde à la vérité politique, en écartant toutes les déviations malfaisantes, lui rallie les rares familles restées pures de la grande contagion ; et le reste de la nation, la foule de ceux qui ont été entraînés, les fils de jacobins, les descendants des régicides, pourront répéter d'après lui la plus cordiale formule de réparation et d'oubli : — S'il est vrai que les pères se sont trompés ensemble, pourquoi les fils ne reviendraient-ils pas ensemble aux maximes qui les sauveraient de concert ?[442]

Rien ne sera sans la conciliation des personnes. Mais elle se fera sur des principes vrais. Plus ceux-ci auront de fermeté et de force, mieux les intéressés en comprendront le sens impersonnel et supérieur. On finira par

---

[440] Expression de M. Joseph Reinach.
[441] Prononcé par Mgr le duc d'Orléans, le 16 février 1899.
[442] Voyez Jules Lemaitre, *Lettres à un ami*.

voir que nos vieilles méprises serviront à des enseignements d'avenir. Il n'est pas de position historique comparable à celle de ce prince pouvant choisir et grouper dans une direction aussi franche toutes les dispositions, tous les esprits, tous les caractères et toutes les hérédités. La vérité politique fera le reste.

Cette monarchie qui a construit la nation est assez patriote pour solliciter profondément les nationalistes. Les internationalistes, qui recherchent, au fond, des ententes extérieures pour la réglementation du travail, sentiront que l'activité diplomatique du royaume donne des résultats que la République ne peut rêver. Tous les autoritaires, tous les amateurs de bonne administration respireront en apprenant enfin que la tyrannie ravageuse des assemblées va céder au contrôle et à l'initiative d'un grand pouvoir. Les plébiscitaires qui se font illusion sur la valeur des votes populaires réfléchiront qu'en 1870 une majorité de plusieurs millions de suffrages n'a pas su maintenir une femme et un jeune prince contre une mauvaise nouvelle. Telle est la mobilité des partis. Le plébiscite fait dépendre le pouvoir de l'électeur, il est donc infiniment faible : l'hérédité a plus de poids ! Le sentiment bonapartiste proprement dit repose, dans les hommes d'ordre et de bon sens, sur la gratitude qu'inspirent Brumaire et Décembre. La royauté nouvelle peut acquérir prochainement le même titre par un beau coup de force renouvelé de Louis XIV, de Louis XIII, de Henri IV ou de quelque autre prédécesseur. Enfin, quant aux Français de plus en plus nombreux qui regardent avec inquiétude vers la frontière, ils seront de plus en plus sensibles à la puissance des actions et des mouvements de cette royauté à laquelle le Comité de Salut public a dû rendre justice en reconnaissant que, dans toutes les guerres faites par « nos tyrans », « une province nouvelle était la récompense de notre politique et de l'usage de nos forces ».

Les partis et les opinions qui tendent à fortifier l'État sont implicitement royalistes. Mais il en est de même de ceux qui veulent, au contraire, diminuer les pouvoirs de l'État. Sans être ennemie de l'État, la royauté peut tendre et a souvent tendu, beaucoup plus que ne le dit l'école de Tocqueville, à décharger l'État de tout ce qui n'est point son affaire. Où la Révolution et l'Empire ont tout ramené aux règles d'une bureaucratie uniforme, la royauté laissait mille pouvoirs particuliers faire leurs lois et règlements. Les politiques et les écrivains qui font la critique du système successoral et qui veulent rendre la liberté à la famille ; ceux qui font la critique de l'école d'État et demandent la liberté de l'enseignement ; ceux qui font la critique de l'uniformité administrative, se plaignent du département et demandent la liberté des villes et des provinces ; ceux qui critiquent la mainmise de l'État ou des politiciens sur le monde ouvrier et demandent de larges libertés syndicales ; ceux qui censurent les prétentions pontificales de l'État et réclament l'entière liberté religieuse ; tous ceux-là sont inévitablement rencontrés par les royalistes, qui n'ont cependant pas à modifier leur chemin : la ligne droite de leur pensée, éclairée par les instructions des princes, les conduit à toutes ces critiques et au statut des libertés correspondantes. Et cela ne contredit aucunement la partie autoritaire de notre programme. Un État qui veut se fortifier se concentre dans l'objet de sa compétence et se délivre des besognes parasitaires ; un État qui veut délivrer l'intérêt général du contrôle incompétent des particuliers les occupe des intérêts qui sont de leur compétence. Ils trouvent avantage à traiter de ce qu'ils connaissent, comme l'État à recouvrer les pouvoirs qui résultent de ses droits et de ses devoirs.

« À moi, dit l'État, le bien public. » « À nous, répondent les groupes locaux et professionnels, l'administration de nos biens particuliers. » La monarchie a seule le moyen de traduire ces paroles en actes, car chez elle les deux autorités en cause ne sont pas des rivales devant le scrutin. Un État qui n'est pas électif voit sans horreur les sociétés et les associations abonder au-dessous de lui, il n'a crainte que des perturbateurs et des factieux. Mais l'État électif, qui dépend de tout, s'alarme de tout : chaque groupe qui grandit peut receler une machine à scrutiner perfidement contre lui, ce qui est et doit être à ses yeux le pire des maux.

Quand donc l'État républicain ou quelqu'un de ses partisans s'engage à octroyer des libertés, c'est absolument comme s'il promettait la lune. Il se leurre. Ce que l'État royal pourrait, l'État démocratique ne le peut pas. Ce que des royautés ont fait, les républiques n'ont pu le faire. Nul État républicain n'a passé de la position centralisée à la position décentralisée. Et tout État républicain tend à devenir de plus en plus centralisé, Suisse et États-Unis compris. Les beaux travaux d'un républicain, M. Francis Maury, montrent qu'en France l'État a toujours retiré d'une main un peu plus qu'il ne semblait avoir cédé de l'autre. Une Chambre tout entière fédéraliste serait obligée de centraliser pour empêcher les jacobins de mettre à profit la décentralisation pour se faire réélire. Mélancolique jeu de forces, inextricable aux républicains ! Car, sans décentralisation ils n'auront ni liberté religieuse, ni paix scolaire, ni réforme sociale, ni organisation du travail, et tout programme d'amélioration devient utopique ou même pernicieux. Cela se voit de jour en jour sur un point brûlant : les persécutions de l'État mettent les syndicaux dans une alternative de servitude ou d'anarchie.

Mais, aux réactions alternantes, également violentes, de la masse en désordre et des premiers corps sociaux qui voudraient s'y organiser en liberté, la réponse du régime est toujours la même : fidèle à l'esprit consulaire et révolutionnaire, étatiste et individualiste quand même, il resserre les liens de son socialisme d'État démocratique, étendu sur tout le matériel et le spirituel de la société. Vaine machinerie qui prétend imposer une pensée et n'a point de pensée, une morale, et n'a point de morale, dispenser des richesses alors qu'elle fonctionne comme une cause permanente d'appauvrissement. Le coffre vide, le cœur et le cerveau vides, elle offre à tout venant des ressources imaginaires, soutire à chacun quelque bribe et, sous prétexte d'égalité ou de fraternité, en engraisse ses partisans. L'intermédiaire politique, le fonctionnaire de parti absorbent tout, et ainsi, de décadence en décadence, les groupes qui représentaient à l'origine quelque chose d'un peu réel ne signifient plus qu'un parasitisme électoral des plus misérables : — Je vote pour toi, nourris-moi.

Dernier cercle de la bassesse politicienne ! Tout ce qui veut vivre tend à s'en délivrer. Et sans doute l'État arrête et mate facilement les confuses révoltes des producteurs contre leurs frelons. Mais on conçoit une insurrection mieux organisée, dirigée contre l'État électif et démocratique, en tant que démocrate et en tant qu'électif, et cette insurrection peut atteindre son but, parce qu'elle se place dans les réalités et ne cherche point à briser l'État en tant qu'État, qui est un rouage indispensable : cette sage révolution, qui coaliserait dans une minorité énergique et lucide toutes les organisations contre toutes les anarchies, substituerait forcément à la République, dont le peuple se moque, cet État royal qui n'aura qu'à se montrer pour faire avouer à la France qu'il est exactement celui qu'elle rechercha de tout temps.

Alors commencera la grande œuvre royale menée avec l'aide de toutes nos forces historiques et naturelles. Elle s'efforcera d'obtenir que tout ce que l'État fait aujourd'hui si mal, en opérant du centre à la périphérie, s'accomplisse en sens inverse, de la périphérie au centre, par l'action des familles, des communautés et des corps professionnels. N'étant pas obligée de produire invariablement une solution générale et unique de cas variés, la monarchie, tout à son aise, subdivisera les questions ou, pour mieux dire, les traitera ainsi qu'elles se présentent à l'état naturel. La principale raison d'être des partis disparaîtra de notre France, dès qu'une combinaison toute naturelle et toute sage de fédéralisme professionnel et de fédéralisme local permettra à chaque variété de se faire représenter auprès du pouvoir, en ce qui dépend du pouvoir. Pour le reste, l'État laissera à nos républiques intéressées et compétentes, innombrables et variées, le soin de régler les problèmes que la République une et indivisible se réserve jalousement sans parvenir à les raisonner congrûment. L'État royal ne retiendra que les cas royaux, ceux qui touchent au cœur de l'unité française : assez haut placé pour les examiner dans la plénitude de sa lumière, assez puissant pour les trancher.

Si le mot « libéral » avait gardé son noble sens de généreux, de varié et de magnifique, je demanderais s'il existe un système plus libéral. Il est même parlementaire, parlementaire à l'infini, puisque toute organisation réelle et fonctionnant peut et doit s'y donner son chapitre et son assemblée : là, on peut discuter, là, la discussion est de mise.

Mais à la haute place où il ne faut que réfléchir et puis agir, il faut réfléchir en silence et agir sans délai. De toutes les libertés à sauver, la plus précieuse est la liberté du gouvernement, en d'autres mots l'autorité, sauvegarde de l'indépendance de la nation. Le roi de France doit égaler, par la plénitude de son pouvoir, les plus indépendants des souverains de l'Europe. L'État c'est lui. Aucun système n'est plus dictatorial, plus ramassé, plus fort. La discipline et l'unité sont ainsi à leur place, la discussion étant à la sienne. Autorité du roi de France, protection des républiques françaises. Nous voilà loin de ce parlement électif qui ne cesse de gaspiller les paroles en matière militaire ou maritime, dans lesquelles il ne s'agirait que d'agir, et qui réserve lâchement les actes d'énergie pour ces pauvres petites affaires intérieures où tout le monde devrait avoir au moins le temps de s'expliquer.

Le roi met les choses en place.

Libre de tout mandat public, qu'il vienne du prince ou du peuple, l'auteur de ces réflexions ne leur attribue d'autre portée que celle qui pourra résulter de leur évidence et aussi des conquêtes que firent ces idées et qu'elles continuent dans tous les partis, tous les milieux, tous les âges (mais rarement au-delà de la soixantaine). Ce sont spécifiquement, les idées de l'Action française, telles que les rassemble la formule officielle signée par tout ligueur qui nous donne son adhésion :

« Français de naissance et de cœur, de raison et de volonté, je remplirai tous les devoirs d'un patriote conscient.

« Je m'engage à combattre tout régime républicain. La République en France est le règne de l'étranger. L'esprit républicain désorganise la défense nationale et favorise des influences religieuses directement hostiles au catholicisme traditionnel. Il faut rendre à la France un régime qui soit français.

« Notre unique avenir est donc la Monarchie telle que la personnifie Mgr le duc d'Orléans, héritier des quarante rois qui, en mille ans, firent la France. Seule la Monarchie assure le salut public et, répondant de l'ordre, prévient les maux publics que l'antisémitisme et le nationalisme dénoncent. Organe nécessaire de tout intérêt général, la Monarchie relève l'autorité, les libertés, la prospérité et l'honneur.

« Je m'associe à l'œuvre de la Restauration monarchique.

« Je m'engage à la servir par tous les moyens. »

Lorsque Proudhon eut les cent ans...

1909

Le texte suivant a été publié sous le titre À Besançon *dans le premier numéro des* Cahiers du Cercle Proudhon, *en 1912, alors qu'il date de 1910. La version présente est celle reprise par les Cahiers. Le texte a été repris dans le* Dictionnaire politique et critique *(fascicule 18, p. 222 et suivantes). Il a été publié pour la première fois dans l'Action Française du 13 août 1910.*

Texte paru dans les Cahiers du Cercle Proudhon[443] *en 1912.*

LORSQUE PROUDHON EUT LES CENT ANS...

Au lendemain du jour où l'Italie fête le centenaire de Cavour, nous verrons une chose horrible : le monument Proudhon, à Besançon, sera inauguré par M. Fallières. Le fonctionnaire qui représente l'Étranger de l'intérieur, la créature des Reinach, Dreyfus et Rothschild officiera devant l'image du puissant écrivain révolutionnaire, mais français, à qui nous devons ce cri de douleur, qu'il jette à propos de Rousseau : « Notre patrie qui ne souffrit jamais que de l'influence des étrangers... »

Les idées de Proudhon ne sont pas nos idées, elles n'ont même pas toujours été les siennes propres. Elles se sont battues en lui et se sont si souvent entre-détruites que son esprit en est défini comme le rendez-vous des contradictoires. Ayant beaucoup compris, ce grand discuteur n'a pas tout su remettre en ordre. Il est difficile d'accorder avec cet esprit religieux, qu'il eut vif et profond, sa formule « Dieu, c'est le mal », et, dans une intéressante étude du *Correspondant*, M. Eugène Tavernier nous le montre fort en peine d'expliquer son fameux « La propriété, c'est le vol ». Nous remercions Proudhon des lumières qu'il nous donna sur la démocratie et sur les démocrates, sur le libéralisme et sur les libéraux, mais c'est au sens large que notre ami Louis Dimier, dans un très beau livre, l'a pu nommer « Maître de la contre-révolution ».

---

[443] *Cahiers du Cercle Proudhon* no 1, de janvier 1912. Le texte suivant précédait le nôtre dans ce numéro :
> M. Charles Maurras avait bien voulu accepter de prononcer une allocution à la première réunion du Cercle Proudhon qui fut tenue à l'Institut d'Action française, le 17 Décembre 1911. Il ne nous a pas été possible de recueillir ses paroles. Mais voulant rappeler à nos amis et faire connaître à ceux qui les ignorent les jugements que l'auteur de l'*Enquête sur la monarchie* a publiés sur Proudhon, nous lui avons demandé de nous autoriser à reproduire les pages qu'il écrivit au moment de la scandaleuse inauguration du monument Proudhon à Besançon, en juillet 1910. Ce sont ces pages, dont un grand philosophe nous disait qu'elles sont parmi les plus belles que l'on ait écrites sur Proudhon, que nous avons l'honneur de reproduire aujourd'hui.

Proudhon ne se rallie pas à la « réaction » avec la vigueur d'un Balzac ou d'un Veuillot. Il n'a point les goûts d'ordre qui dominent à son insu un Sainte-Beuve. Ses raisons ne se présentent pas dans le magnifique appareil militaire, sacerdotal ou doctoral qui distingue les exposés de Maistre, Bonald, Comte et Fustel de Coulanges. La netteté oblige à sacrifier. Or, il veut tout dire, tout garder, sans pouvoir tout distribuer ; cette âpre volonté devait être vaincue, mais sa défaite inévitable est disputée d'un bras nerveux. On lit Proudhon comme on suit une tragédie ; à chaque ligne, on se demande si ce rustre héroïque ne soumettra pas le dieu Pan.

Son chaos ne saurait faire loi parmi nous, et nous nous bornerions à l'utiliser par lambeaux si ce vaillant Français des Marches de Bourgogne ne nous revenait tout entier dès que, au lieu de nous en tenir à ce qu'il enseigne, nous considérons ce qu'il est. De cœur, de chair, de sang, de goût, Proudhon est débordant de naturel français, et la qualité nationale de son être entier s'est parfaitement exprimée dans ce sentiment, qu'il a eu si fort, de notre intérêt national. Patriote, au sens où l'entendirent les hommes de 1840, 1850, 1860, je ne sais si Proudhon le fut. Mais il était nationaliste comme un Français de 1910. Abstraction faite de ses idées, Proudhon eut l'instinct de la politique française ; l'information encyclopédique de cet autodidacte l'avait abondamment pourvu des moyens de défendre tout ce qu'il sentait là-dessus. Et, là-dessus, Proudhon est si près de nous que, en tête de son écrasant réquisitoire contre les hommes de la Révolution et de l'Empire, à la première page de *Bismarck et la France*[444], Jacques Bainville a pu inscrire cette dédicace : « À la mémoire de P.-J. Proudhon qui, dans sa pleine liberté d'esprit, retrouva la politique des rois de France et combattit le principe des nationalités ; à la glorieuse mémoire des zouaves pontificaux qui sont tombés sur les champs de bataille en défendant la cause française contre l'unité italienne à Rome, contre l'Allemagne à Patay. » — Quoi ? Proudhon avec les zouaves pontificaux ? — Oui, et rien ne va mieux ensemble ! Oui, Proudhon défendit le Pape ; oui, il combattit le Piémont. Au nez des « quatre ou cinq cent mille badauds » qui lisaient les journaux libéraux, il s'écriait, le 7 septembre 1862 : « Si la France, la première puissance militaire de l'Europe, la plus favorisée par sa position, inquiète ses voisins par le progrès de ses armes et l'influence de sa politique, pourquoi leur ferais-je un crime de chercher à l'amoindrir et à l'entourer d'un cercle de fer ? Ce que je ne comprends pas, c'est l'attitude de la presse française dominée par ses

---

[444] 1907. (n.d.é.)

sympathies italiennes. Il est manifeste que la constitution de l'Italie en puissance militaire, avec une armée de 300 000 hommes, amoindrit l'Empire de toutes façons. » L'Empire, c'est ici l'Empire français, dont je vois le timbre quatre fois répété sur mon édition princeps de *La Fédération et l'Unité en Italie*.

« L'Italie », poursuivait Proudhon, votre Italie unie, « va nous tirer aux jambes et nous pousser la baïonnette dans le ventre, le seul côté par lequel nous soyons à l'abri. La coalition contre la France a désormais un membre de plus... » Notre influence en sera diminuée d'autant ; elle diminuera encore « de tout l'avantage que nous assurait le titre de première puissance catholique, protectrice du Saint Siège ».

« Protestants et anglicans le comprennent et s'en réjouissent ; ce n'est pas pour la gloire d'une thèse de théologie qu'ils combattent le pouvoir temporel et demandent l'évacuation de Rome par la France ! » Conclusion : « Le résultat de l'unité italienne est clair pour nous, c'est que la France ayant perdu la prépondérance que lui assurait sa force militaire, sacrifiant encore l'autorité de sa foi sans la remplacer par celle des idées, la France est une nation qui abdique, elle est finie. »

Et, comme ces observations de bon sens le faisaient traiter de catholique et de clérical, « oui », ripostait Proudhon, « oui, je suis, par position, catholique, clérical, si vous voulez, puisque la France, ma patrie, n'a pas encore cessé de l'être, que les Anglais sont anglicans, les Prussiens protestants, les Suisses calvinistes, les Américains unitaires, les Russes grecs ; parce que, tandis que nos missionnaires se font martyriser en Cochinchine, ceux de l'Angleterre vendent des Bibles et autres articles de commerce. » Des raisons plus hautes encore inspiraient Proudhon, et il osait écrire : « La Papauté abolie, vingt pontificats pour un vont surgir, depuis celui du Père Enfantin, jusqu'à celui du Grand Maître des Francs-Maçons », et il répétait avec une insistance désespérée : « Je ne veux ni de l'unité allemande, ni de l'unité italienne ; je ne veux d'aucun pontificat. »

Deux ans après avoir écrit ces lignes, Proudhon expirait ; assez tôt pour ne pas assister à des vérifications qui devaient faire couler à flots notre sang, mutiler notre territoire, inaugurer le demi-siècle de l'abaissement national ! Cet « immense échec » qu'il avait prévu sans parvenir à comprendre, comme il le disait encore, « l'adhésion donnée par la presse libérale française à cette irréparable dégradation », confirma point par point ce regard d'une sublime lucidité. L'unité italienne et l'unité allemande nous ont fait perdre tout à tour *la prépondérance qu'assurait notre force militaire et l'autorité qu'imposait notre foi*. Le cléricalisme a été vaincu, le pape dépouillé, et l'on nous a imposé ce gouvernement dont la seule idée stable est l'abaissement du Saint-Siège, le règne de la franc-maçonnerie et de ses grands maîtres divers. Si l'Empereur a disparu, sa politique dure ; le parti républicain en a été quarante ans légitime et fidèle héritier.

Certes, et nous l'avons dit, avec Dumont, avec Georges Malet, avec le Junius de *L'Écho de Paris*, aux avocats de l'empereur : rien n'efface cette responsabilité napoléonienne que Napoléon III lui-même rattache à la tradition de Napoléon Ier ; mais la vérité fondamentale établie, il faut en établir une autre et rappeler aux hommes de gauche, que leurs aînés, leurs pères, leurs maîtres et, pour les plus âgés, eux-mêmes, en 1860, ils étaient tout aussi Italiens et Prussiens que Napoléon III ! Sauf Thiers, en qui s'était réveillé l'ancien ministre de la monarchie, l'élève de Talleyrand, qui fut l'élève de Choiseul, tous les républicains et tous les libéraux du dix-neuvième siècle ont été contre le Pape et contre la France avec l'Empereur des Français. Il faut relire dans *Bismarck et la France* ces textes décisifs auxquels nous ramène Bainville ; le ministre Ollivier développant à la tribune la thèse idéaliste des nationalités et M. Thiers, traditionnel pour la circonstance, s'écriant :

« Nous sommes ici tantôt Italiens, tantôt Allemands, nous ne sommes jamais Français », toute la gauche applaudissait qui ? Émile Ollivier ! Guéroult défendait l'unité allemande, Jules Favre, un des futurs fondateurs de la République, déclarait le 4 juillet 1868 que nous n'avions « aucun intérêt à ce que les rivalités se continuent entre les deux parties de l'Allemagne » !

Telle était la tradition révolutionnaire impériale ou républicaine et Proudhon s'y étant opposé presque seul, la présence de M. Fallières au monument de Proudhon est plus qu'un scandale, c'est un contresens. Je partage sur la personne de M. Fallières le sentiment de Léon Daudet l'appelant le plus lâche et le plus méprisable des ruminants ; et l'appréciation de Jacques Delebecque, telle qu'on la lira plus loin sur l'harmonie de cet animal et de la fonction constitutionnelle, me semble l'expression de la vérité pure. Mais le nom de Proudhon met en cause plus que la personne ou la magistrature de M. Fallières ; le nom de Proudhon met en accusation le régime avec son revêtement de blagologie nuageuse, avec son fond de sale envie et de bas appétits. Ce grand nom de Proudhon frappe d'indignité et

Fallières, et sa présidence et la démocratie parce qu'il évoque le grand nom de la France et l'étoile obscurcie de notre destin national. Ce régime ne signifie que le pontificat de la maçonnerie que Proudhon avait en horreur. Il ne figure rien que les hommes et les idées que Proudhon combattait en France, en Europe, partout. Proudhon était fédéraliste ; que lui veut cette république centralisatrice ? Il était syndicaliste ; que lui veut cette république étatiste ? Il était nationaliste et papalin ; que lui veut cette république anticatholique, antifrançaise ?

Je ne sais quelles bouffonneries l'on débitera à la louange de ce grand écrivain sorti, comme Veuillot et tant d'autres, des entrailles du peuple ; mais les lettrés devront répondre à la venue de M. Fallières par la dérision et le peuple par les huées.

Volume V – Principes

Si le coup de force est possible

Charles Maurras et Henri Dutrait-Crozon

1910

> Par tout le territoire, nous voulons créer un mouvement d'opinion qui soit assez intense pour susciter, le jour venu, des hommes de coup de main.
>
> Henri Vaugeois (Congrès de 1907).

L'Action française s'adresse au patriotisme, quand il est conscient, réfléchi, rationnel.

Fondée en 1899, en pleine crise politique, militaire et religieuse, l'Action française s'inspirait du sentiment nationaliste ; son œuvre propre fut de soumettre ce sentiment à une discipline sérieuse.

- Un vrai nationaliste, posa-t-elle en principe, place la Patrie avant tout ; il conçoit donc, il traite donc toutes les questions pendantes dans leur rapport avec l'intérêt national.
- Avec l'intérêt national, et non avec ses caprices de sentiment.
- Avec l'intérêt national, et non avec ses goûts ou ses dégoûts, ses penchants ou ses répugnances.
- Avec l'intérêt national et non avec sa paresse d'esprit, ou ses calculs privés, ou ses intérêts personnels.

En se pliant à cette règle, l'Action française fut contrainte de reconnaître la rigoureuse nécessité de la Monarchie dans la France contemporaine.

Étant donnée la volonté de conserver la France et de mettre par-dessus tout cette volonté de salut, il faut conclure à la Monarchie ; l'examen détaillé de la situation démontre, en effet, qu'une Renaissance française ne saurait avoir lieu qu'à cette condition.

Si la restauration de la monarchie paraît difficile, cela ne prouve qu'une chose : la difficulté d'une Renaissance française.

Si l'on veut celle-ci, il faut aussi vouloir celle-là.

L'Action française voulait ceci et cela, elle devint donc royaliste. Chacun de ses numéros, depuis lors, tendit à faire des royalistes.

Les anciens royalistes eurent plaisir à se voir confirmer, par des raisons souvent nouvelles, dans leurs traditions et leur foi.

Mais l'Action française visa plus particulièrement ces patriotes qui sont tout enlisés encore dans le vieux préjugé démocratique, révolutionnaire et républicain ; elle dissipe ce préjugé anarchiste, et, du patriotisme rendu plus conscient, elle exprime et fait apparaître le royalisme qui s'y trouvait implicitement contenu. Beaucoup de républicains ont été ramenés ainsi à la royauté. Bien d'autres y viendront si l'Action française est mise en état de les atteindre et de les enseigner.

Au nom des résultats acquis, en vue des résultats possibles, l'Action française demande à tous les royalistes, anciens ou nouveaux, un concours ardent, dévoué, incessant.

AUX AUTEURS DE
« COMMENT NOUS FERONS LA RÉVOLUTION SOCIALE »
LES CITOYENS
ÉMILE PATAUD ET ÉMILE POUGET[445]
BIENHEUREUX
QUI N'EURENT PAS A EXPLIQUER AU PUBLIC
RÉVOLUTIONNAIRE QUE DEUX ET DEUX FONT QUATRE
ET QUE LES BÂTONS ONT DEUX BOUTS.

---

[445] Émile Pataud (1869–1935) et Émile Pouget (1860–1931) furent de grandes figures du syndicalisme révolutionnaire (ou « anarcho-syndicalisme ») avec lequel l'Action française tenta un rapprochement éphémère. En 1909, ils signèrent ensemble aux éditions de La Guerre sociale une brochure de propagande préfacée par Pierre Kropotkine *Comment nous ferons la Révolution* qui appelle les militants du mouvement syndical français à ne pas hésiter à recourir au sabotage et à l'action directe. (n.d.é.)

Les premiers matériaux de cette brochure appartiennent à une série d'articles publiés dans la revue *L'Action française* en janvier, février et mars 1908, c'est-à-dire dans les trois mois qui précédèrent l'apparition de *L'Action française* quotidienne.

Il est à peine nécessaire de noter que, depuis, la propagande royaliste a fait des progrès magnifiques. Toutes nos prévisions ont été dépassées. Certaines lignes de l'opuscule feront sourire par la réserve et la modestie de nos premières évaluations. On sourira bien davantage quand l'opération que nous conseillons sera faite. Non seulement, dira chacun, le Coup était une chose possible, mais elle était d'une enfantine facilité, et l'Action française a péché par excès de scrupule et de modération.

SI LE COUP DE FORCE EST POSSIBLE

Quiconque lit *L'Action française* y rencontre sans cesse deux idées qu'on ne trouve guère que là.

Il faut, dit-elle, constituer un état d'esprit royaliste.

Et dès que cet esprit public sera formé, on frappera un coup de force pour établir la monarchie.

Ce coup de force est légitime, puisqu'il brise un régime dont toutes les pensées tendent à tuer la patrie.

Ce coup de force est nécessaire, car il est impossible d'en finir autrement avec ce régime démocratique et républicain.

Notre propagande, conclut *L'Action française*, fait donc une conspiration à ciel ouvert. Ayant condamné le régime, travaillons à l'exécuter.

Assurément, tous les royalistes, qu'ils soient ou non ligueurs de l'Action française, admettent la nécessité de constituer un état d'esprit royaliste au moyen d'une propagande énergique.

Quand il s'agit du « Coup », l'entente est moins complète. Les membres de l'Action française se heurtent quelquefois aux objections multiples que soulèvent surtout les esprits désireux de faire montre de bon sens et de modération.

Nous estimons au-dessus de tout la juste mesure. Mais qui donc a dit qu'il ne faut pas être plus sage que la sagesse ou qu'il n'est pas tout à fait sage de l'être trop ? C'est ce qu'il convient de rappeler d'abord à nos doux critiques.

Ici, trop de sagesse conduit à délirer.

Ils sont, en effet, trop lucides pour concevoir que la monarchie, seul principe de l'ordre religieux, civil et militaire, puisse être rétablie par le moyen électoral ou par la simple diffusion des idées justes. À moins d'événements imprévus devant lesquels toutes les objections faites au « Coup » tomberaient aussi d'elles-mêmes, le gouvernement tient les urnes et ne les lâchera point ; d'autre part, une propagande purement intellectuelle, si elle se prolonge sans aboutir à l'acte, trouvera sa limite fixe et sa barrière insurmontable dès qu'elle abordera les détenteurs du pouvoir et leur clientèle. Quelle que soit la force de cette propagande, elle ne pourra les persuader de quitter la place dont ils vivent ; ils s'obstineront à rester tant qu'ils ne seront pas chassés. Les meilleures paroles n'y feront jamais rien.

Mais, si l'on ne peut croire aux effets de la propagande toute nue, ni aux fortunes d'un scrutin qui, de sa nature, est conservateur du désordre, à quelle voie, à quel moyen se confier ? Hors les effets de la persuasion magique ou la mystification du bulletin de vote, qu'espérer et que prévoir ?

On est entre le coup de force et le néant.

Ou l'on croit à ce « Coup », ou l'on ne croit à rien, et l'on n'espère rien, et la France est perdue ; perdus aussi le temps, l'argent, les paroles qu'on ne cesse de prodiguer pour un sauvetage dont on oublie même de proposer et d'imaginer le moyen... Quand on groupe des hommes pour les diriger quelque part, il n'est pas nécessaire de leur indiquer des chemins dont l'accès soit commode. Encore faut-il leur montrer que l'on peut aboutir et que le but reste accessible. On ne saurait leur recommander d'avancer sans leur dire comment.

Dès lors, nous nous croyons tout au moins aussi sages que nos censeurs quand nous estimons que la France peut être sauvée, la république renversée et la monarchie restaurée par un coup de force, à condition que celui-ci soit appuyé et préparé par une fraction suffisante de l'opinion publique, ce à quoi notre propagande doit pourvoir.

I — Différentes sortes de « Coup » : le numéro un

Pour commencer, il faut se garder de faire des réponses directes à qui demande « comment » le coup devra se produire. Il n'y a pas ici devoir moral ni matériel. Nous ne sommes liés par aucun itinéraire arrêté d'avance. En ce sujet, les circonstances sont maîtresses ; il est trop évident que notre effort doit s'y conformer et s'y adapter.

Le coup de force peut être frappé de haut et, moyennant un jour de crise, se réduire à l'opération de Talleyrand en 1814 ou de Monk en 1660. Celle de Talleyrand fut si parfaite qu'elle mériterait à peine le nom de « coup ». C'est un modèle de révolution gantée. Elle se passa en promenades de parlementaires et de diplomates. « La grande populace et la sainte canaille » ne s'en mêlèrent que pour approuver, acclamer et ratifier. Ce que les auteurs libéraux appelleraient la soldatesque n'eut pas à bouger. Étant donnée la situation à laquelle la Révolution et l'Empire avaient acculé le pays, on ne pouvait mieux concevoir, ni manœuvrer plus heureusement. Ce qui subsistait de pouvoirs subordonnés suffit à assurer le transfert du pouvoir suprême.[446]

Quant à Monk, son jeu parlementaire et diplomatique se compliqua d'un rôle de chef d'armée serviteur et conducteur de l'opinion populaire. Ses va-et-vient ressemblent à des manœuvres de police plus qu'à des opérations militaires ; il n'eut pas à verser le sang. Nous ne saurions dissimuler nos préférences de conservateurs-nés pour cette manière de procéder. Le coup d'État ainsi conduit réalise sans contredit la forme la plus pure, la plus nette et, osons dire, la plus « propre » de ces changements de régime, toujours gros d'embarras et de périls publics.

Mais les conservateurs se montrent bien légers quand ils assurent que, dans certains cas, tout pourra se réduire à un marché financier. Non. Qui réserve sa confiance à l'unique pouvoir de l'argent court grand risque d'être déçu. Son obsession digne d'usuriers juifs ou d'écumeurs parisiens n'a rien de politique. L'argent est bien la plus efficace des ruses. C'est aussi la plus vaine. On ne fait rien sans lui ni avec lui seul et, pour l'utiliser, il faut les cerveaux, les cœurs et les bras. Quelques-uns de ces bras doivent tenir le fer. La monomanie du moyen financier conduirait à beaucoup dépenser pour n'obtenir que des complications dangereuses. La propagande, qui ne se fait pas sans argent, importe beaucoup plus que l'emploi direct de l'argent à la réussite du coup de force. Quand Henri IV acheta les chefs de la Ligue, ce fut après les avoir vaincus. Il était trop subtil pour leur offrir grand-chose avant d'avoir prouvé sa force, ses adversaires étant trop à l'aise pour le jouer.

---

[446] On verra au chapitre VIII comment les *Purs* et les *Saints* du Sillon ont dénaturé non seulement la pensée et la signification de cette page, mais, pour nous mieux calomnier, le sentiment dans lequel nous l'avons écrite.

Ce qui vaut plus et mieux que l'argent pour appuyer, servir, consolider, accélérer une propagande, c'est la présence et la menace d'une bande de conspirateurs vigilants. Monk n'aurait pu oser grand-chose sans les royalistes de la cité de Londres. Talleyrand « marche » parce qu'il se souvient de la Vendée, de la chouannerie, de « Georges »[447], parce que les émissaires du roi, assez nombreux, très actifs, résolus à tout, et surtout à donner la mort comme à la recevoir, circulent dans Paris et dans les provinces. Le prince de Bénévent voit son avantage, mais il mesure aussi ses risques, risques qui ne sont pas tous du même côté. S'il n'y a pas sécurité complète à rappeler Louis XVIII, il y a des périls à ne pas le rappeler. La solution bourbonienne lui apparaît, en somme, et commode et satisfaisante ; mais on a su lui faire entrevoir quelles difficultés, quelles crises déterminerait toute solution qui ne serait pas bourbonienne. On prend sa main, on la caresse. On ne craint pas non plus de la forcer un peu. Ces comparses d'histoire rôdant derrière le théâtre et qui y font entendre le froissement discret de leurs armes courtes et sûres ne suffiraient sans doute pas ; mais l'élément est nécessaire pour entraîner et raffermir la décision de l'homme qui reste l'arbitre de tout.[448]

La révolution ainsi opérée par en haut suppose donc un maximum d'action secrète joint à un capital d'efforts antérieurs. Comme dans Platon, le plus beau se trouve être aussi le plus difficile.

L'événement du XIXe siècle qui est pris parfois pour le modèle du genre, le coup d'État typique du 2 décembre 1851, ne s'est pas fait tout seul. Il a requis quatre conditions :

1. le capital moral des grands souvenirs militaires représentés par les guerres du premier Empire ;
2. la transfiguration de ces souvenirs, épurés, expurgés, tournés à la légende par une œuvre d'art collective, à la fois spontanée et concertée, à laquelle ont travaillé presque tous les écrivains, presque tous les artistes de la première moitié du XIXe siècle, même un légitimiste comme Balzac, un démocrate comme Hugo, un libéral comme Thiers ;
3. l'incorporation à cette légende des idées révolutionnaires, alors en vogue extrême et, dès lors, la complaisance ou parfois la complicité active des sociétés secrètes, de la Maçonnerie révolutionnaire ;

---

[447] Georges, c'est-à-dire Georges Cadoudal. (n.d.é.)
[448] Voir notre article *Mademoiselle Monk*.

4. enfin, une conquête préalable des abords du pouvoir (analogie lointaine des victoires d'Ivry et d'Arques[449]), par la résultante des trois premières conditions ou forces précitées : l'élection du prince Louis-Bonaparte à la présidence, le 10 décembre 1848, trois années plus tôt.

De cette élection populaire à la mainmise sur tous les ressorts de l'État, condition nécessaire de la parfaite « propreté » du « Coup », il dut, en effet, s'écouler trois ans entiers de travaux d'approche, de luttes lentes, sourdes ; 1849, 1850, 1851 s'y dépensèrent.

Tantae molis erat !...[450]

Nous ne le disons pas pour contrarier ceux qui espèrent uniquement dans « l'opération de police un peu rude » ; les circonstances ayant changé, d'autres changements sont aussi à prévoir, même l'aplanissement de certains obstacles. Mais il importe de montrer combien la pureté exemplaire de ce coup no 1 implique de difficultés. Sans déconseiller le moins du monde de le désirer, ni de le préparer, nous ajoutons que, si ce moyen-là est tout à fait admirable, il n'est pas l'unique. Et tant s'en faut.

Par conséquent, et à supposer même qu'il soit momentanément peu pratique (aujourd'hui que nul des nôtres ne semble figurer parmi les occupants possibles du pouvoir) on ne devrait pas en abandonner pour cela l'idée générale du Coup, car elle peut se réaliser autrement.

II — Le coup numéro deux : comparaison des deux systèmes – Autres combinaisons

Infiniment plus accessible de nos jours paraîtra le coup no 2. Mais il comporte certains risques de perturbation.

Dans ce système, on ne suppose plus l'intervention directe du maître de l'heure (Talleyrand, Monk) ou du chef de l'État (le prince-président) ou d'un chef d'armée qui règne déjà sur une partie du royaume (Henri IV).

---

[449] Batailles d'Henri IV. (n.d.é.)
[450] « *Tantae molis erat romanam condere gentem* » (Virgile, *Enéide*, I, 33) : « Tant d'efforts ont été nécessaires pour fonder la race romaine ! » (n.d.é.)

On se fie au maître de la minute ou de la seconde, au dépositaire d'une fraction quelconque de la force publique pendant une de ces journées d'ébullition et de tumulte où, comme dit Drumont, il y a de l'électricité dans l'air. C'est l'hypothèse qu'exposait M. de Lur-Saluces à notre banquet du 15 décembre 1908, dans un passage de son discours reconstitué par Bernard de Vesins au *Petit Versaillais*. Une anecdote pleine de saveur et de sens y montre à quelles conditions ce moyen peut être employé :

> À la fin de 1899, lorsque le général Chanoine[451] donna sa démission, un vent de révolution passa sur la capitale. La population parisienne frémissante, prête aux émeutes libératrices, couvrait la place de la Concorde. Partout des troupes ; mais ces troupes elles-mêmes n'étaient pas solides, elles se sentaient en communication intime avec les patriotes qui les entouraient.
>
> Un général passa devant un régiment qui barrait le pont de la Concorde. Et le colonel lui dit en lui montrant la Chambre des députés :
>
> — Mon général, faut-il entrer ? Allez-vous enfin nous dire de marcher ?
>
> — Marcher, lui dit le général, et pour qui ?
>
> Le colonel resta sans réponse, le régiment ne marcha pas ; la partie était perdue pour la France.

Eh bien ! poursuivait M. de Saluces, quand notre propagande aura été menée d'une manière assez complète, quand l'esprit public aura été reconstitué par nos soins et d'après nos plans, quand l'alternative « république ou monarchie » aura été solidement formée dans l'opinion, ce jour-là, les colonels ne resteront pas sans réponse.

À la question *marcher, pour qui ?* ils répondront :

— *Eh ! parbleu, mon général, pour le roi !*

Si l'on voulait descendre au fond des cœurs français, on verrait combien cette pensée, même muette, y tient de place ; ils rêvent tous du chef qui oserait.

---

[451] Le général Charles-Sulpice-Jules Chanoine (1835–1915) fut ministre de la Guerre pendant quelques semaines, avant de démissionner avec fracas le 25 octobre 1898. Il s'agit d'un des épisodes marquants de l'affaire Dreyfus. (n.d.é.)

Les royalistes sont les seuls à bien savoir dans quel cas, dans quel cas unique, ce chef pourrait oser, du moins oser utilement, légitimement et validement, pour le bonheur de la nation. Mais la nation ne fait pas ces distinctions subtiles. Dans l'élément civil, on dit : le général X... tout court, et les conséquences de l'intervention de ce général, quel qu'il soit, n'inquiètent guère les esprits les plus timorés, tant il est vrai qu'on fait confiance à l'évocation militaire !

Mais ces conséquences éventuelles sont l'effroi des vrais soldats, car ils calculent les horreurs de la lutte armée entre enfants du même pays, « le plus grand des maux », observerait avec eux Pascal. Absolument parlant, ces possibilités sont terrifiantes.

Mais, en fait, elles ont peu de chance de se produire.

Celui qui se prononcera ralliera d'abord toute l'opposition, puis l'immense troupeau des tranquilles et des neutres. Fort de ces deux appuis, et la centralisation administrative fonctionnant[452], il ne lui sera point malaisé de dompter la faction régnante, énervée, épaissie par trente ans de curée, et dont les appuis populaires sont bien ébranlés.[453]

Restent, il est vrai, l'appréhension de donner un mauvais exemple, l'exemple de la rébellion militaire, et la crainte d'ouvrir une ère de *pronunciamientos*.

---

[452] Sur la centralisation administrative, ses effets d'aujourd'hui et ses commodités au lendemain du Coup, voir notre appendice I (Centralisation et Conspiration).
On nous objecte :
— Et si le Clemenceau régnant, chassé de la place Beauvau, imitait le Thiers de 1871 et transférait le siège de la centralisation à Versailles ?
Nous avons douté un instant que l'objection fût formée sans sourire. Pourtant il faut tout discuter. Voici trois différences : après quarante ans de démocratisme républicain, la centralisation est et doit être infiniment plus rigoureuse et plus étroite qu'au lendemain de la chute de l'Empire ; en outre, après sept mois d'investissement, le Paris de 1871 avait cessé en fait d'être le cerveau administratif et politique du pays ; enfin le gouvernement parisien se déclarait lui-même en état de révolution et il lui était difficile de rallier *de plano* des éléments administratifs, policiers, militaires, qui, même maniés par les agents du désordre, sont, en eux-mêmes, faiseurs d'ordre.
On pourrait donner les développements infinis à la distinction entre le cas de 1871 et celui de 191... Nous indiquons ceux-ci par déférence pour les personnes qui attirent notre attention de ce côté. Nous nous en excusons devant tous nos autres lecteurs.
[453] Ces lignes sont de janvier 1908. Ce n'est que le 3 août suivant que la République a été pendue en effigie sur la façade de la Bourse du travail (*cf. La République et la Question ouvrière*).

— Nous ne sommes pas des généraux espagnols ni des généraux sud-américains.

L'objection serait valable pour des coups de main en faveur des régimes qui relâcheraient le lien militaire, le lien civil et le lien social. L'objection perd sa force contre des coups de main de la nature de celui que nous méditons et qui, à la faveur d'une courte période d'indiscipline, restaureront une discipline plus forte, c'est-à-dire la monarchie. Moralement, on ne donnera pas de mauvais exemple ; matériellement, la vigueur de la discipline ainsi restaurée constituera, par elle-même, une garde, une garantie. L'institution royale, une fois établie, est de celles dont on peut dire que, à moins de s'abandonner elles-mêmes, comme au temps où Rousseau a régné sous le pseudonyme de Louis XVI, elles tiennent debout par leur masse propre et par leur vertu intrinsèque. L'Espagne en fournit d'ailleurs la preuve exemplaire ; tant qu'ils n'eurent pour objet qu'eux-mêmes, avec la fortune de leurs auteurs, les coups de force successifs répondirent aux coups de force ; mais quand ils se firent pour l'amour du pays, quand l'illustre Canovas del Castillo, Martinez Campos et Pavia[454] eurent agi au nom d'une autorité régulière, tout fut changé ; l'armée se tint tranquille, la souveraine loi monarchique fortifia cet ordre qu'elle avait paru troubler un instant.

Ce coup no 2, moins parfait, moins complet, moins pur que le no 1, comporte donc moins de péril qu'il n'en a l'air. Il trouverait dans les circonstances de notre temps, dans nos particularités nationales et sociales d'aujourd'hui, des adjuvants et des collaborateurs précieux. Car ce genre de coup suppose, chez ses auteurs, du tempérament et le goût de jouer au milieu du danger, qui ne correspond pas mal aux tendances de notre jeunesse sportive.[455]

C'est avec un personnel de préfets accomplis et d'administrateurs parfaits qu'on tente le n°1. Des « partisans » un peu *oseurs* et casse-cou préféreront le n°2.

Mais l'on n'a pas à se guider sur l'esthétique ni à faire des choix de caprice et d'humeur. On choisit ce qui s'offre. On prend le plus facile, le plus commode, le plus court. Et la série des hypothèses concevables que l'histoire future s'offre à réaliser s'allongerait à l'infini, comme l'exposition des modèles correspondants. Il est permis de calculer :

---

[454] Il s'agit de la restauration du roi Alphonse XII, en 1874. (n.d.é.)
[455] Ce pronostic date de janvier 1908. Les camelots du roi l'ont vérifié dès l'automne de la même année.

- soit la mutinerie militaire ;
- soit une émeute populaire ;
- soit un complot proprement dit, ourdi par un petit nombre d'hommes persuadés que la victoire n'est pas aux gros bataillons, mais à la compagnie ou même à la section qui ose ; une maigre escouade, quatre hommes, un caporal, peuvent avoir raison de tout un régime s'ils ont bien choisi le moment et le point où frapper.

Le nombre, au vrai, importe peu.

> ... Un homme du peuple vêtu d'une blouse bleue, âgé de quarante-cinq à cinquante ans, barbe inculte et un peu grisonnante... cet homme, à lui seul, est venu débaucher trois compagnies, et il ne s'est pas trouvé un homme de cœur pour lui imposer silence et lui mettre la main au collet...

Telle était la majesté de ce roi de hasard, déguisé comme Ulysse. Sous cette barbe inculte et cette blouse bleue, il répandait autour de lui le sentiment d'un droit naturel et divin.

Surtout dans les grandes races comme la nôtre, la nature est inépuisable. Par le nombre et le caractère véritablement merveilleux des types d'action déjà réalisés dont toute l'histoire témoigne, on peut juger de la richesse des possibilités que l'avenir recèle et de la foison des espérances qu'il nous permet. Leur nombre et leur diversité ne sauraient être définis. Inutile de s'hypnotiser sur aucun procédé ni sur les objections que peut éveiller l'un ou l'autre. Si le coup ne se fait pas ainsi, il se fera autrement. Il suffit d'une chose ; ce sera de le vouloir avec fermeté.

Cela se démontre. Si nous appelons « tout » le tout des philosophes, c'est-à-dire tout ce qui n'est pas contradiction dans les termes, ce qui n'est pas cercle carré, démocratie organisé ou République démocratique puissante, nous pouvons affirmer sans nulle hardiesse :

— Tout arrive, donc tout se peut. Il n'y a qu'à vouloir. Qu'on veuille le possible, et le réel éclot.

III — Fortes objections résolues

— Oh ! oh ! dira quelqu'un, la chose est un peu rude !

Vous expédiez le problème en faisant bon marché de toutes les données. Passe encore pour les coups tentés de haut ou d'à mi-côte ! Mais quand vous venez nous parler d'une émeute populaire, d'une mutinerie de soldats, de conspirations formées entre civils, vous nous faites l'effet d'un simple revenant de 1820, de 1830 ou de 1848, alors que les régimes mal établis chancelaient aux moindres secousses. Vous ne calculez pas la solidité morale du régime installé en 1877 et qu'ont fortifié les élections de 1881, 1885, 1889, 1893, 1898, 1902, 1906. Vous oubliez romantiquement que ce régime a duré.[456] Vous ne tenez non plus aucun compte de ses moyens policiers qui sont considérables et qu'il a bien en main. Vous ne songez pas davantage à son armée ; cette armée dont les seuls actes effectivement militaires n'ont été, depuis des années, que la répression des troubles civils et qui, par suite, est entraînée à ce genre d'exercice. Elle en a l'habitude et, peut-on dire, la tactique. Mais votre plus grande légèreté consiste à ne pas voir que ce qui put être fait contre les régimes antérieurs ne peut se répéter à cause des progrès de la science... Riez, monsieur, riez. Ce ne sont pas des mythes. Cela existe bel et bien, en dépit de vos antiquailles. Téléphone, télégraphe, bicyclette, automobile, permettent, en un temps très court, presque instantanément, au ministre de l'intérieur, de mobiliser toutes ses forces de défense. Toute action, par surprise, est devenue une chimère à peine digne de repaître des fols comme vous.

Ainsi nous gronde un personnage que l'on aura déjà aperçu dans le théâtre de Musset et les livres d'Henri Monnier.[457] Le bon sens paraît approuver, le sens commun ratifier. Et c'est une raison majeure de nous tenir en garde. Les produits du bon sens et du sens commun sont de très haut

---

[456] Par romantisme, ou autrement, on a tout à fait négligé dans ce qui suit l'objection tirée de la prétendue durée de la République. Mais il ne sera pas mauvais de rappeler au bas de cette page ce qu'en a pensé M. l'abbé Lantaigne [Personnage du roman cité d'Anatole France (n.d.é.)] en un temps où le régime était plus frais et plus vigoureux qu'aujourd'hui : « Bien qu'il dure pour notre châtiment, il n'a pas la durée. Car l'idée de durée implique celle d'identité, et la République n'est jamais un jour ce qu'elle était la veille. Sa laideur même et ses vices ne lui appartiennent pas. Et vous avez vu qu'elle n'était point déshonorée. Des hontes, des scandales qui eussent ruiné le plus puissant empire l'ont recouverte sans dommage. Elle n'est pas destructible, elle est la destruction. Elle est la dispersion, elle est la discontinuité ; elle est la diversité, elle est le mal » (Anatole France, *L'Orme du mail*, 1897).
[457] Henri Monnier (1799-1877), auteur dramatique et lui-même acteur, fut le créateur du personnage de M. Joseph Prudhomme, symbole du bourgeois conformiste, couard et professant des lieux communs. (n.d.é.)

prix, après qu'ils ont passé par l'épreuve de l'analyse ; avant l'épuration, ce n'est que le mélange du préjugé sordide à la plus divine raison.

L'argument du « progrès moderne » produit un bon exemple de cet amalgame dont le résidu fournirait une idée très juste.

Eh ! sans doute, dans une bataille rangée et aussi devant la barricade comme en construisirent nos pères, l'inégalité s'est accrue entre la troupe régulière pourvue de l'armement scientifique moderne et tous les combattants improvisés, équipés au hasard, avec des revolvers et des fusils de chasse ou d'anciens fusils de munition déclassés. Mais ce n'est pas ainsi, ce n'est pas toutes choses étant égales d'ailleurs que se posera la question entre nos deux troupes. On ne verra point face à face deux armées différenciées par le seul armement ! Des conspirateurs réfléchis ne perdront pas leur temps à construire une barricade sur l'avenue de l'Opéra. Ils auront vu cette promenade avant d'y prendre ces dispositions militaires. Ils sauront comment elle est faite. Ils n'ignoreront point que de larges voies exposées à l'arrosage des mitrailleuses se prêtent mal à ces systèmes d'un pittoresque préhistorique. Enfin ils se conformeront aux deux principes de la guerre moderne : la surprise et le bond. Le bond qui est décisif ; la surprise, élément tout moral qui désarme la défensive avant même que l'offensive ait frappé. Reste à savoir si vraiment les « progrès modernes » rendent la surprise impossible.

Ce n'est pas démontré encore ! C'est le contraire qui se démontre. Et d'abord il y a un fait. Nous avons vu tout récemment dans une ville slave outillée à la moderne comme Belgrade, une révolution de palais aboutir absolument aux mêmes résultats qui conquirent Pétersbourg et Moscou du temps des Pierre, des Paul et des Catherine. Le massacre du triste Alexandre et de l'infortunée Draga[458] constitue, indépendamment de sa lâche férocité, un spécimen de la surprise qui réussit. Nous ne discutons pas moralité, mais possibilité.[459] Il y eut, là, surprise ; là, de nos jours.

---

[458] Le roi Alexandre Ier de Serbie, dernier souverain de la dynastie des Obrenovic, fut assassiné avec son épouse Draga le 11 juin 1903 par une conjuration d'officiers opposés à tout rapprochement avec l'Autriche et qu'on retrouvera mêlés, le 28 juin 1914, à l'attentat de Sarajevo. (n.d.é.)

[459] Je ne change pas un mot à ces dernières lignes, publiées en janvier 1908. On ne lira pas sans curiosité le dialogue intervenu au même propos près de deux ans plus tard, en décembre 1909, entre mon distingué confrère Léon Bailby, directeur de *L'Intransigeant*, et mon collaborateur Criton, de *L'Action française*, qui ne possédait point trop mal notre théorie du coup de force, ce à quoi M. Bailby n'est pas obligé. Criton écrivait le 18 décembre 1909 :

M. Léon Bailby, dans *L'Intransigeant*, assure que le progrès matériel garantit les gouvernements contre tous les coups de surprise :

« *Il s'est fait, entre le pouvoir central et les départements, une centralisation facilitée encore par le téléphone ; il est devenu très malaisé, en ces cinquante dernières années, d'opérer un coup de surprise. Les chefs militaires eux-mêmes ont donné la preuve de leur esprit timoré. Et quant aux ouvriers qui descendaient jadis faire des barricades, ils ont tous aujourd'hui acheté dans les grands bazars un lit et une armoire à glace. Et ils n'ont plus le désir de se faire trouer la peau pour des idées ou pour les hommes qui les représentent.* »

On dirait, à lire ces lignes, qu'il ne s'est produit aucune révolution pendant ces dix dernières années, ou que Belgrade et Constantinople aient été dépourvues de téléphone et de télégraphe ! Comme si ces instruments de progrès et de centralisation n'étaient pas en état de servir une conspiration bien ourdie plus que le pouvoir contre lequel elle se fait ! Les généraux ? Tout le monde sait aujourd'hui pourquoi les généraux n'ont pas marché ; on leur proposait des sottises. Quant au refus de se faire trouer la peau pour Fallières et Jaurès, c'est un sentiment naturel dont nous félicitons les ouvriers français et que nous saurons bien utiliser, en outre, car nous sommes parfaitement décidés, quant à nous, à nous faire trouer la peau pour renverser la République et faire la monarchie.

Bailby ajoute :

« *Le jour où le régime actuel cédera la place à un autre, ce sera par des moyens nouveaux, coalitions syndicalistes grève générale des bras croisés, extinction générale de la lumière et de la force. La République, si on n'en rajeunit pas la sève, tombera de l'arbre comme un fruit trop mûr. Et personne n'y aura même touché.* »

Rien n'empêche d'utiliser les moyens nouveaux pour appropier et adapter les anciens. Les fruits mûrs ne tombent pas tous. Il en est que l'on cueille. En quoi maturité exclut-elle cueillette ?

Nous disons : A plus B, plus C, plus D, plus X, le connu plus l'inconnu. Nous ne comprenons rien à la sombre manie qui s'arrête interdite devant la plus simple des opérations de l'esprit : l'addition de moyens nouveaux aux formules antiques.

Sur quoi, réponse de Bailby à laquelle Criton, la résumant, réplique :

Bailby nous disait que le téléphone et le télégraphe étaient depuis quelque cinquante ans des obstacles au coup. Nous lui avons demandé s'il croyait Belgrade et Constantinople tellement démunies des engins de la vie moderne ! Alors, Bailby, raccrochant ses récepteurs, ne parle plus du téléphone, mais des « mœurs ». Il suppose à Paris un coup de force aussi violent, aussi cruel, aussi répugnant que celui de Belgrade, d'où il conclut avec vraisemblance que l'indignation serait générale !

« *Que des officiers conjurés viennent envahir l'Élysée, égorger le président de la République, couper en quatre morceaux inégaux sa femme, cela semble difficile. S'ils étaient peu nombreux et décidés à agir sans tambourins ni trompettes, peut-être, admettons-le, y arriveraient-ils. Et après ? Ils auraient égorgé un homme, voilà tout. Ils se briseraient ensuite contre les mœurs et seraient emportés comme fétus par la tempête de l'indignation populaire. Belgrade a admis. Paris n'admettrait pas et le coup d'État échouerait parce que tout est possible à l'homme, sauf l'anachronisme.* »

En effet, pourquoi pas, si l'énergie des cœurs et la ruse des cerveaux n'ont pas varié ? Les nouveaux moyens qui servent les uns peuvent aussi servir les autres. Le télégraphe, le téléphone, les bicyclettes et les automobiles ne fonctionnent pas seulement au service de l'État ; des particuliers peuvent en user s'ils sont adroits, pour se concerter et se rassembler. Un langage conventionnel bien choisi peut soustraire à la surveillance les communications opérées par les appareils de l'État.

Plus cet État se trouve armé avec puissance et plus (on l'oublie trop) il se trouve aussi surchargé. En temps normal, la pléthore de ses fonctions cause une négligence générale dans les services. Sans doute, aux temps troublés, la surveillance peut redoubler. Est-ce qu'elle redouble toujours, en fait ? M. Lépine est un préfet de police, mais M. Blanc en fut un autre[460], et M. Blanc a traversé des temps plus agités que ceux de M. Lépine. Enfin, dans des temps très troublés, cette surveillance ne fléchit-elle pas et presque inévitablement ? Grande question. Donc, grande marge à des possibilités

---

> Bailby n'oublie qu'une chose. Nous lui avons parlé des téléphones serbes qui n'ont pas empêché la conspiration et non de la boucherie de Belgrade que rien ne nous oblige à renouveler.
> L'idée d'égorger le Bœuf (M. Fallières) est une fantaisie gratuite, on n'a jamais rêvé qu'à faire joujou avec lui. Personne n'a, d'ailleurs, songé à tuer qui que ce soit le jour ni la nuit du Coup, attendu qu'il n'y aurait vraisemblablement aucune résistance et que nos conjurés ne sont pas assez sots pour aller se mettre inutilement à dos le sentiment public. Le coup est l'opération de police (révolutionnaire ou réactionnaire, comme on voudra) qui consiste à s'emparer de la salle des dépêches au ministère de l'Intérieur et des trois ou quatre autres points névralgiques, du haut desquels on occupe, en fait, le pouvoir ; la centralisation, avec ses moyens des plus puissants, s'y trouvant retournée à votre service. La « conscience humaine », voyant les voleurs volés et les bandits sous clef, poussera un *ouf* de soulagement, et la foule dira *bravo* parce que l'acte d'une petite poignée d'hommes aura exprimé ses désirs secrets. Témoin l'état général de complicité dans lequel se trouvaient les curieux, les passants et les habitants au Quartier Latin pendant que Pujo, Maxime del Sarte, André Gaucher et leurs braves troupes opéraient au dedans ou au dehors de la Sorbonne.
> — À moins qu'on ne suppose ce régime-ci populaire ?
> Bailby en doute certainement.
> — Mais après ?
> — Après, ce sera affaire à ce nouveau pouvoir de se faire accepter, aimer et acclamer.
> Il y a moyen. Bailby peut nous croire. (*L'Action française*, du 25 décembre 1909.)
>
> [460] Louis Jean-Baptiste Lépine (1846–1933), qui a donné son nom au célèbre concours, fut préfet de police de Paris de 1893 à 1897, puis de 1899 à 1913. Dans l'intervalle, ces fonctions furent occupées par Marie-Charles Blanc. (n.d.é.)

favorables. Autres chances à inscrire à l'actif des surprises et des conspirations.

Quant à la confiance que donne la longue possession du pouvoir, rien ne vaudra celle que l'ancienne Monarchie a connue. Et cette monarchie a faibli cependant. Dès lors tout peut faiblir de même. L'autorité qu'engendrent les consultations populaires ? Mais elle appartint sans conteste au second empire. Moins de six mois après que le radieux plébiscite de mai lui eut apporté une majorité de plus de 5 700 000 suffrages, dont la République républicaine n'a jamais été honorée, les Parisiens sans armes entrèrent au Corps législatif, à l'Hôtel-de-Ville, comme un faisceau de joncs dans un pâté de sable. Pourtant l'impératrice et le petit Prince avaient des défenseurs plus sûrs que le prestige électoral : les plus beaux préfets de la terre, une police dévouée et vigilante, une gendarmerie piaffante, une garde chamarrée et caracolante ! Tout se détraqua sur une mauvaise nouvelle ; il fallut fuir sans avoir brûlé une amorce. Le même élément avait fait défaut partout à la fois. Un élément moral. Et, chacun démoralisé, il n'y avait plus personne ni rien.

On dira :

— Mais alors, vous calculez les mauvaises nouvelles ! Vous comptez sur les Prussiens, comme au lendemain de Sedan. Ou sur les Alliés, comme après Waterloo !

Nous prions les lecteurs de ne pas se laisser démonter par des mouvements oratoires. Ce ne sont pas des arguments. Ce sont des bêtises.

Nous avons parfois le regret de trouver celles-ci sous des plumes honnêtes, bien intentionnées, et qui croient ce langage patriotique. S'il faut répliquer, répliquons que mieux vaut calculer les mauvaises nouvelles que de les rendre inévitables comme font les drôles au pouvoir ou leurs innocents collaborateurs et complices de la Droite nationaliste ou de la Droite ralliée. Calculer qu'un régime ainsi construit, ainsi conduit et si faiblement attaqué par l'opposition, mène le pays à l'Invasion étrangère et à la Révolution, prévoir ces événements et, de sang-froid, à tête reposée, combiner quelques moyens sérieux d'empêcher tous ces maux, qui sont certains, d'être mortels, c'est le second devoir des patriotes conscients, lorsqu'ils sont clairvoyants et qu'ils ont tenté le premier, qui est de faire l'impossible pour arrêter le train en avant de la catastrophe ! Le véritable crime, ce serait de ne pas faire ce calcul, et de ne pas prévoir ces maux, et de ne pas prendre des mesures de précaution. Sans pouvoir souhaiter ni espérer le mal, nous ne pouvons pas faire que tant de fautes politiques ne l'engendrent pas. Faut-il s'interdire de le prévoir ou doit-on éviter noblement d'y pourvoir ? Faut-il éviter de se dire que l'ennemi de l'intérieur pourra être un jour accablé des conséquences de ses fautes ou de ses crimes et que nous pourrons profiter d'un instant de stupeur pour nous débarrasser de lui ?

Des incidents sans gravité peuvent d'ailleurs produire tous les effets de démoralisation favorables au coup de force. Pour lui permettre de réussir avec le minimum de résistance et de difficulté, il suffirait d'une minute de distraction et d'absence parmi les défenseurs du régime. La cause ou le prétexte du détraquement spontané n'importe pas du tout. Ce peut être Sedan ou Waterloo ; ce peut être Lang-Son[461], ou la première venue de ces fausses rumeurs qui déterminèrent presque tous les mouvements populaires de la première Révolution. Que la force publique montre du flottement, les chefs civils ou militaires de l'indécision, en ces cas-là (ceci a force d'axiome en histoire, par conséquent en politique), devant un groupe d'individus résolus sachant bien ce qu'ils veulent, où ils vont et par où passer, le reste plie, le reste cède, le reste est mené, enlevé. Ce n'est pas seulement la loi de la lutte civile ou de la sédition heureuse. C'est l'éternelle condition du succès des coups de main dans toutes les guerres connues.

IV — C. Q. F. D.

L'axiome d'histoire est axiome de politique. En d'autres termes, ce qui s'est fait se refera. Arrêtons un instant sur cette vérité.

Est-il besoin de démontrer une identité manifeste ? Pour soutenir une autre opinion, il faudrait pouvoir trouver et pouvoir penser la raison pour laquelle ce qui s'est toujours fait ne se renouvellerait pas. Nous avons constaté que le « progrès moderne » n'a pu changer grand-chose au cœur ou à l'esprit humain, tant chez ceux qui organisent le coup de force que chez ceux qui ont la charge de le repousser. Pourquoi une force publique qui n'a su défendre ni Louis XVI, ni Robespierre, ni Charles X, ni Louis-Philippe, ni, au 18 mars, M. Thiers, ferait-elle la sauvegarde éternelle de M.

---

[461] Le 28 mars 1885, la garnison française de Lang Son, au Tonkin, est attaquée par l'armée chinoise. Bien que l'assaillant ait été repoussé, le commandement français, sans doute désorienté par la blessure du général de Négrier, ordonne la retraite. Celle-ci s'effectue dans des conditions désastreuses, si bien que la nouvelle qui parvient à Paris le 30 mars est celle de la victoire et de la prise de la ville par les Chinois, ce qui provoque la chute du gouvernement de Jules Ferry. (n.d.é.)

Fallières ? Pourquoi le général Dalstein[462] réussirait-il, nécessairement et toujours, là où le maréchal Bugeaud a si bien échoué jadis ?

Nous avons le plus grand respect pour M. le Gouverneur de Paris, mais enfin son étoile bonne ou mauvaise lui a refusé, somme toute, de participer à de grands faits de guerre. Même pour la guerre des rues, son expérience se borne, croyons-nous, à la prise du fort Chabrol. Bugeaud avait servi, non seulement avec Napoléon et en Afrique, mais encore rue Transnonain.[463] Il ne put rien contre une émeute insignifiante. Nous ne disons pas que son successeur de l'an 1910 ou 1911 sera, de toute nécessité, aussi malheureux qu'il l'a été en février 1848. Nous disons que, si la réussite est douteuse, la défaite l'est tout autant. Les deux issues sont possibles. Nulle des deux n'étant d'avance fixée par la nature des choses, le plus vulgaire bon sens doit tomber d'accord que l'avenir reste, pour une grande part, en suspens. La résolution, la volonté, l'esprit, l'énergie, éléments moraux, conservent donc leurs avantages éternels et la victoire peut pencher du côté où ces avantages abonderont.

Cette possibilité subsiste de nos jours exactement telle qu'elle a été à tous les moments de l'histoire. C'est tout ce qu'on avait à démontrer ici.

V — De quelques occasions

Or, aujourd'hui, demain, après-demain, qu'est-ce qui pourra rendre ces *possibles réels ?*

Réponse : — *L'occasion.*

Nous ajoutons :

— Une occasion qui se montre de temps en temps...

— Mais se montre-t-elle ?

On en sera certain si nous prouvons qu'elle s'est déjà montrée quelquefois depuis l'origine de la troisième République, période sur laquelle doivent porter raisonnablement les calculs.

---

[462] Le général Jean-Baptiste-Jules Dalstein (1845-1923), né à Metz, fut gouverneur militaire de Paris de 1906 à 1909. (n.d.é.)

[463] L'affaire de la rue Transnonain fut ce qu'aujourd'hui on appellerait une bavure. Des échauffourées eurent lieu le 13 avril 1834 et furent sévèrement réprimées par les forces de l'ordre, dont Bugeaud commandait une partie. D'une fenêtre du no 12 de la rue Transnonain (aujourd'hui faisant partie de la rue Beaubourg) partirent des coups de feu en direction de la troupe, laquelle envahit l'immeuble et en massacra tous les occupants. L'incident a été immortalisé par une lithographie de Daumier. (n.d.é.)

Le fait est là ; cette occasion s'est présentée à plusieurs reprises.

Lorsque, en 1885, le revers de Lang-Son fut connu de Paris, la foule s'assembla devant la Chambre des députés, qui aurait été envahie si la majorité républicaine n'avait pris immédiatement le parti de chasser le ministre responsable, Jules Ferry. En 1887, le Congrès de Versailles céda également devant la menace d'une Révolution ; il n'osa pas élire Ferry président de la République, quelque forte envie qu'en ait eue sa majorité.

Dans les deux cas, les parlementaires eurent peur et refusèrent le combat ; preuve qu'ils doutaient de l'issue et qu'ils se sentaient vulnérables.

Deux ans après l'élection de Carnot, le soir du 27 janvier 1889, l'Élysée s'ouvrait à Boulanger ; police, armée et peuple se préparaient à escorter faubourg Saint-Honoré l'élu de Paris. Aucune résistance, de quelque genre que ce fût, ne se serait produite. Barrès a écrit là-dessus une page si lumineuse que la leçon y filtre du simple exposé des faits. Le grand écrivain ne cache pas ce qu'il en pense :

> Malgré ces acquiescements de son intelligence à la légitimité et à la possibilité d'une intervention de soldat, l'âme droite, honnête et naïve du général Boulanger garde des préjugés d'éducation. Il se rappelle que son père récitait les invectives de Victor Hugo contre l'Homme du Deux-Décembre. Il redoute le jugement des rédacteurs de l'histoire.
>
> Tout à fait ignorant du métier littéraire, il s'épouvante d'un bruit de plumes.
>
> Moins honnête et poussé par des appétits, il aurait marché. Un sage aussi, un homme clairvoyant et soutenu par des idées maîtresses, eût mis, au nom de la science politique, son épée au service des volontés confuses de la France. Avec les pleins pouvoirs que lui donne Paris, le général devait être le cerveau de la nation et diriger ce que sollicite l'instinct national. Il défaille, faute d'une doctrine qui le soutienne, et qui l'autorise à commander ces mouvements de délivrance que les humbles tendent à exécuter. Autour de lui, l'inconscient se soulève en magnifique état, mais l'indigence des principes empêche qu'on aboutisse à un programme positif.

Absence de « science politique », « indigence des principes », « faute d'une doctrine » qui « soutienne » et qui « autorise » c'est toujours la même lacune de l'élément directeur, celui qui doit savoir et qui doit vouloir. En 1885 et 1887, l'absence de volonté, fille de l'ignorance, était si complète qu'on ne songeait même pas à regretter ce vide immense ouvert au centre de l'esprit public. Pour 1889, ce regret salutaire s'ébauche. Une inquiétude naît.

Le nationalisme français sort de son sommeil.

Neuf ans plus tard, le 25 octobre 1898, au moment où le général Chanoine, ministre de la guerre, se démettait à la tribune de la Chambre après avoir porté témoignage de la culpabilité de Dreyfus, l'émeute était maîtresse de la place de la Concorde. Elle tenait même le pont. Un chef nationaliste pénétra dans le Palais-Bourbon pour avertir un autre chef, ce dernier membre du Parlement :

— Je viens de parler à un officier, dit-il. Il laissera entrer le peuple. Je n'ai qu'à faire un signe.

— Gardez-vous-en bien, repartit Déroulède, le moment n'est pas venu.

Le moment favorable fut perdu de la sorte. Et toutefois, quelque incroyable que puisse paraître le fait aux moralistes qui soutiennent que ce moment passé ne se retrouve plus, il devait se remontrer quatre mois plus tard !

Le 17 février 1899, jour de la rentrée de Loubet à Paris après l'élection de Versailles, le pouvoir était à la merci de quiconque l'eût voulu prendre. L'accueil fait à l'élu des dreyfusiens et des panamistes ne laissa aucun doute aux témoins de la scène. La police assistait gouailleuse et ne demandait qu'à laisser faire. « Ça marche, » disaient les gardiens de la paix en se frottant les mains. Sans tout raconter, il suffira de citer un incident qui se produisit devant la Madeleine et dont les journaux n'ont malheureusement jamais parlé. La voiture présidentielle s'était arrêtée quelques instants par suite d'un remous de la foule ; une femme, franchissant le cordon des agents, s'approcha de la portière, monta sur le marchepied et vida sur les genoux de Loubet son tablier qu'elle avait rempli de crottin de cheval. Nous ne citons pas le procédé pour le faire admirer, mais pour constater que l'audacieuse propagandiste par le fait se retira sans être inquiétée, au milieu des éclats de rire de la foule auxquels s'associaient toujours les bons agents. Si quelqu'un de pratique avait poussé jusqu'à l'Élysée et à la place Beauvau, il se serait installé sans rencontrer de résistance au siège du Gouvernement. Quant à Loubet, personne ne l'aurait revu.

Qu'a-t-il donc manqué en ce 18 février ? Ce qui avait manqué le 25 octobre précédent, ce qui avait manqué dix ans plus tôt à Boulanger ; encore et toujours l'élément moral, une décision. Mais peut-être que cette décision nécessaire serait née toute seule, peut-être que des volontés se seraient orientées et que leur ressort se serait déclenché de lui-même si, d'abord, n'avait fait défaut l'élément intellectuel : idée précise, but rationnel bien arrêté...

Or, c'est là justement ce qui ne peut faire défaut aux conspirateurs royalistes. Fussent-ils, par gageure ou malchance, les derniers des nigauds ou les pires des pleutres, il leur resterait de savoir par cœur cette simple syllabe qui, résumant tout ce qu'ils sont, les dirige et les sauve tous : le roi.

VI — Scénario d'après nature

On objecte encore :

— Moralement aussi, les temps ont changé. Lors de votre affaire Dreyfus, l'esprit public n'était pas indifférent comme il l'est aujourd'hui. Ce qui était possible en 1899 ne l'est plus... En 1899, on vibrait... on réagissait. Aujourd'hui on accepte, on subit, on s'amuse, on dort...

Soit. Et c'est proprement la raison pour laquelle nous irons tranquillement nous coucher ce soir. Mais ce ne sera pas sans avoir tout disposé, soigneusement et diligemment, en vue de demain. Demain, l'esprit public peut se réveiller. Demain, il peut se trouver prêt à recevoir toute l'impulsion désirable.[464]

Rien n'est capricieux comme l'état des nerfs d'une femme ou d'un peuple. Le calme plat ne veut rien dire. Les cyclones moraux et politiques arrivent de loin, mais avec une telle vitesse qu'il est à peu près impossible de les annoncer. Le devoir du bon capitaine est de rester paré, non seulement pour éviter le point dangereux, mais pour tirer un bon parti des forces de la mer et du ciel déchaînées. Attendons et guettons, afin qu'au premier des indices favorables, quand l'énergie de la nature et de la rue se proposera, nos énergies et celles de nos proches soient en état de la capter et de l'utiliser. Ce n'est pas de sujets de commotions publiques ni d'occasions de troubles civils que la République nous est avare. Elle n'est qu'un état de crise permanente,

---

[464] Ce texte a paru mot pour mot le 15 janvier 1908. En avril suivant, commençait le premier réveil de la jeunesse des écoles provoqué par le scandaleux voyage du professeur Andler en Allemagne. Enfin, à l'automne, éclataient au Quartier latin les inoubliables manifestations des étudiants contre Thalamas, insulteur de Jeanne d'Arc.

une profonde génératrice d'agitations ; or celles-ci, un jour ou l'autre, ne peuvent manquer d'éclater.

Si du reste l'état vibrant de l'opinion fait une préparation des plus convenables, cela n'est pas absolument indispensable à toute hypothèse de « Coup ». Pour un complot proprement dit, le calme général est une occasion de surprise qui diminue d'autant les chances de l'ennemi.

Au point où le voici, le régime, dont tout le monde se détache, a tué l'esprit d'initiative et de décision dans cette force armée qu'il a chargée de sa défense. D'ordinaire, en toute circonstance critique, l'à-propos d'un subordonné peut sauver la situation ; mais ce régime-ci, au cas de surprise brutale, trouvera difficilement le subordonné généreux capable de s'intéresser à son salut. Les illusions sont mortes, le Capitole a perdu ses dernières oies.

— Il faudrait pourtant tenir compte de la composition des cadres dans les régiments de Paris. Si les hommes y viennent de l'Ouest catholique et royaliste, les officiers sont recrutés en grand nombre dans l'élite des fabricants de fiches ou parmi ces mamelouks du régime (juifs, protestants, maçons, métèques) spécialement intéressés à faire bonne garde autour de lui. Ils ne sont peut-être pas des officiers d'une valeur exceptionnelle, mais la nécessité donne de l'esprit aux enfants.

— Croyez-vous qu'elle leur donnera l'esprit militaire ? Ou la confiance des hommes ? Ou l'assurance du devoir ? Votre nécessité empêche-t-elle un ordre bâclé à la hâte, sous l'empire de la terreur, d'être exécuté de travers ? Et supprimerez-vous les lenteurs calculées d'une troupe mal entraînée ou la mauvaise volonté d'un gradé peu enthousiaste ? Ce que nous ferons avec zèle, entrain, passion, y répondra-t-on autrement qu'avec une lente mollesse ? Attaquant avec force et confiance, est-ce que nous pourrons être repoussés d'un aussi bon cœur ? Nos chefs seront très bien obéis, suivis et servis ; en sera-t-il autant des leurs ? Questions, n'est-ce pas ? questions ! Ces questions nous permettent de tout espérer.[465]

---

[465] Le correspondant parisien du journal républicain *Le Petit Marseillais*, homme remarquablement informé, écrivait à son journal à propos de l'alerte donnée à la police par le duc d'Orléans dans la nuit de Noël 1909 :

> On m'affirme, d'autre part, que le prince a su s'assurer dans l'armée de Paris quelques amitiés puissantes auxquelles il souhaiterait à faire appel à l'occasion et qui ne lui refuseraient pas leur concours. Sans doute, on a pris grand soin de ne placer dans la garnison parisienne que des officiers des opinions républicaines desquels on est

Le scénario

... Un régiment de la garnison de Paris se mutine. Les hommes s'assemblent dans la cour du quartier, pillent le magasin aux cartouches ; tambours battants, clairons sonnants, ils se mettent en route pour l'Élysée. Où sont les officiers ? Partis, éclipsés, disparus ! À moins qu'ils ne soient « débordés ». Il en va de même des sous-officiers. Voici, par contre, un grand nombre de caporaux. Et ces derniers se sont partagé le commandement.

On prétend qu'une troupe a été rassemblée d'urgence pour barrer le chemin à cette folie. Arrivera-t-elle à temps sur les lieux ? On en doute. Mais non ; les « progrès modernes » ont fait leur service, elle accourt et balance ses harmonieuses rangées de képis et de baïonnettes. Une, deux, une... Rien, presque rien, ne semble changé au bel ordre des troupes, et les pauvres mutins auront à qui parler. Ils approchent d'ailleurs, eux aussi, dans un très bel ordre, mais, Dieux bons, quelle allure ! Ils sont au pas de course et vous chargent comme des diables. Le choc impie va se produire entre les deux armes françaises. Les statues de la patrie et de la loi vont crouler... Eh ! nullement. Rien de semblable. Aucun choc. Nul conflit. On ne s'est pas touché. Le régiment fidèle a donc passé à l'ennemi ? Pas même ! Il s'est ouvert paisiblement, comme le flot devant l'étrave du navire. Il s'est effacé et rangé. L'émeute passe donc ; l'émeute militaire. La voilà au milieu de la place de la Concorde. Aux chevaux de Marly, errent des pelotons de gardes municipaux. Est-ce d'eux que la réparation va venir ? Est-ce en eux que va triompher la discipline immortellement outragée ? Ils prennent le trot.

— C'est la charge ?

— Pas du tout, car les pelotons tournent bride, ils se dispersent vers les rues Boissy d'Anglas, Royale, Saint-Florentin, même Rivoli.

— Et l'Élysée n'est plus gardé ?

— Il ne l'est plus.

— Toutes les voies sont libres... ?

— Jugez.

— C'est la révolte.

---

certain. C'est pourquoi, aussi, on a introduit au ministère de la guerre un grand nombre d'officiers israélites, qui sont tous très attachés au régime républicain et, par surcroît, adversaires déclarés du duc d'Orléans, à cause des opinions antisémites qu'il a publiquement manifestées. Mais, malgré ces précautions, ce prince pourrait compter encore des partisans dans l'armée de Paris.

Il n'est pas inutile de répéter une fois de plus que la page à laquelle s'ajoute cette note a été publiée le 15 janvier 1908, avant que l'Action Française possédât son journal quotidien !

— *Mieux : la Révolution.*
— *Et pour qui ?*
— *Pour le roi.*
Vous ne saviez donc pas les dernières nouvelles ? Vous ignoriez que le mouvement anti-juif s'est poursuivi dans les casernes, d'abord parallèlement à l'antimilitarisme, puis en le recouvrant et en le noyant, celui-ci devenu en quelques mois désuet, vieillot et périmé ? La propagande royaliste n'a pas traîné. Ce fut l'affaire de quelques gradés résolus. Les entendez-vous chanter maintenant ?
— *Qu'est-ce que cet air ?*
— Vive Henri IV.
— *On le sait donc ?*
— *On l'a rappris.*
— *Et que crient-ils ?*
— *Vive le roi !*
Le roi des flics est gardé à vue dans son cabinet. M. Fallières déguerpit aussi vite que le permet sa corpulence. Et, pendant que les hommes de main vaquent rapidement à la conquête générale de Paris et de nos provinces au moyen de quelques coups de télégraphe ou de téléphone bien assénés (Vivent les progrès modernes, Monsieur !), un grand concours de brave peuple, en attendant l'entrée de Philippe de France et l'antique ruisseau des fontaines de vin, monte la garde autour des meubles et immeubles de quelques notoires pillards de ses vieilles économies, pour en exiger le séquestre et la prompte conversion en biens nationaux.
— *Assurément, ça vaudra mieux que de brûler les Tuileries ou de flamber Finances, mais tudieu ! comme vous y allez ! Je ne vois d'ailleurs pas pourquoi vous contez ce roman. Hélas ! l'étranger de l'intérieur campe toujours place Beauvau, on ne crie pas « vive le roi » dans les jardins de l'Élysée, aucun régiment ne s'est mutiné, et d'abord et surtout, la force armée ne s'est pas divisée respectueusement, comme une Mer Rouge, devant une émeute militaire quelconque ; les gaillards qui s'y frotteraient seraient fort proprement cueillis avant même d'avoir dit* ouf *et, en cas de sérieux grabuge, fusillés sans merci. Ainsi les rêves que vous faites fondent-ils sur des suppositions impies et d'ailleurs (malheureusement) sans valeur.*
— *Sans valeur ?... J'avouerai que l'épilogue de ce récit est pour le moment de mon cru. Chants de* vive Henri IV, *cris de* vive le roi, *nous n'en sommes pas*

là[466], il vous est encore permis de conclure à ma fantaisie sur ce point. Mais douteriez-vous que cette fantaisie fût réalisable moyennant quelque propagande intelligente, si l'hypothèse de l'insurrection militaire se réalisait ?

— Je pourrais concéder cela, pour l'amour de vous. Oui, si votre insurrection militaire se produisait, j'admettrais qu'elle pût se faire contre les juifs et, même pour le roi, pour peu que le roi fût connu. Vous le savez d'ailleurs aussi bien que moi, c'est la mutinerie elle-même qui n'est pas possible.

— Vous savez qu'elle l'est pourtant !

— Non.

— Si.

— Non, nos troupes françaises sont tenues de trop court. Non, non, non. Malgré l'antimilitarisme et le diable, c'est l'impossible !

— Eh ! bien, cet impossible, vous l'avez oublié, mais vous l'avez vu. Vous y avez assisté. Ce que vous déclarez chimérique est tellement réel que mon conte n'est qu'une histoire, pas vieille de six mois.

Je viens de vous dire le fait sans en rien changer, tel qu'il s'est produit point par point. Je me suis contenté de transposer à Paris ce qui s'est fort bien fait, l'autre été, sur les routes du Languedoc, sur les grand-places de deux bonnes villes de l'Hérault. Dans la nuit du 20 au 21 juin 1907, le 17e de ligne, tambours battants, clairons sonnants, exactement comme mon régiment de tout à l'heure, s'est transporté d'Agde à Béziers par la propre volonté et la décision pure de ses hommes de troupe. Les officiers et les sous-officiers ? On les vit à peine. Le rapport officiel du général Bailloud, commandant le corps d'armée, en rappelant qu'ils ne purent empêcher le mouvement, déclare qu'ils ne « furent pas à la hauteur de leurs obligations ».[467] Le général Coupillaud, à propos des mêmes événements, pose différentes questions sur ce qui aurait pu être fait et qui ne le fut point : « Pourquoi... ? » « On aurait dû... » Il conclut : « Au lieu d'une tentative quelconque, on ne trouve que l'inertie la plus complète. »[468]

Vers 4 heures du matin, les révoltés se heurtèrent à six compagnies du 81e commandées par le général Lacroisade, particulièrement connu pour son énergie et qui pourtant laissa passer les soldats du 17e ! Les mutins étaient au nombre de 400. Il disposait de 600 hommes d'infanterie, de deux

---

[466] Ceci paraissait en janvier 1908.
[467] *La Crise du Midi*, par Maurice Le Blond, alors attaché au Ministère de l'Intérieur, page 392, à l'appendice : « Rapport Bailloud ».
[468] *La Crise du Midi*, p. 400.

pelotons de cavalerie et de 40 gendarmes à cheval. « Des troupes disciplinées et sûres s'effacèrent devant un troupeau de mutins ». Qui dit cela ? Le général Coupillaud, page 404 du même livre. Oui, vous l'avez bien dit ; les fermes remparts de l'Ordre se divisèrent, comme les eaux de la Mer Rouge, devant une bande insurgée. Et, tout comme les pelotons de garde républicaine que, dans mon rêve de tout à l'heure qui n'est pas une rêverie, je vous ai montrés s'esquivant dans la direction opposée au poste qu'ils devaient défendre, un détachement de gendarmerie, approchant de Béziers où les mutins étaient campés et trouvant chez eux un accueil martial et des préparatifs de défense fort nets, tourna bride et ne revint plus.

Si vous voulez des détails plus complets sur cette instructive aventure, prenez l'ouvrage déjà extrait et cité : de la page 384 à la page 410 de *La Crise du Midi*, lisez mûrement, d'un bout à l'autre, les rapports des généraux Coupillaud et Lacroisade ; ils renseignent sur les issues possibles de telles et telles mutineries militaires, comme nos souvenirs de 1885, 1898 et 1899 montrent ce qui pourra sortir de futurs émois populaires. Si, jusqu'à présent, ni les uns ni les autres n'ont rien donné, ce n'est pas que ces mouvements fussent dénués de puissance, ni par l'effet direct de la résistance à laquelle ils se sont heurtés. Ç'a été purement et simplement faute de direction. Toutes les conditions matérielles requises étaient réunies ; d'un côté le désordre complet, le désarroi parfait, de l'autre une foule ardente, enragée, résolue. Mais résolue à quoi au juste ? À tout. Mais, dans ce « tout », exactement que choisissait-elle ? Élément moral oublié : on ne s'était pas avisé de penser un dessein, de viser un objectif, de marquer un but.

Tout est là...

VII — Doit-on le dire ?

— Eh bien ! soit encore ! Et soit et soit. Et vous avez raison de dire que, du moins pour nous autres, royalistes, c'est tout pensé !

Mais alors, *chut, chut, chut ! Chut*, ne le dites pas ! Chut, ne le disons pas ! C'est à voix basse que l'on conspire ; de la prudence ! Que diable, à faire un coup, si vous voulez qu'il réussisse, il est au moins bizarre d'aller prévenir publiquement la gendarmerie.

Nous voilà arrivé à la dernière objection, à l'objection-monstre, et nous l'avons donnée pour ce qu'elle vaut.

Elle vaut tout juste le « pensons-y toujours, n'en parlons jamais ». Gambetta l'appliquait à l'ennemi du dehors. Nos timides l'appliquent à l'ennemi de l'intérieur. La formule n'est bonne ni au dedans, ni au dehors.

Autant il aurait été ridicule de prévenir M. de Bismarck au moment précis où l'on eût machiné contre lui une intrigue diplomatique et réglé un bon plan de mobilisation (« attention, chancelier, nous allons reprendre l'Alsace ! ») autant il eût été sage, habile, prudent, d'évoquer quotidiennement pour le peuple français, en même temps que les sacrés souvenirs de Strasbourg et de Metz, une notion précise des moyens par lesquels les pays perdus pouvaient être repris un jour : diplomatie active, armée bien entraînée. Cette « pensée parlée » étant ainsi présente au cœur et à l'esprit de tous, eût conjuré l'échec de la Monarchie en 1873, le vote de la République en 1875, la loi militaire de 1889, le service réduit, etc., etc.

Exactement de même, l'idée générale du « Coup », du coup à frapper n'importe comment par n'importe qui, idée tout aussi abstraitement conçue que l'idée de Revanche, en menaçant le gouvernement sur tous les points à la fois, ne l'aurait mis en défiance ni en défense sur aucun et aurait épargné à la malheureuse opposition conservatrice toutes les innombrables épreuves électorales dans lesquelles on lui a vu gaspiller temps, efforts, ressources, prestige, esprit, doctrines, cohérence, et parfois honneur.

C'est donc en parfaite tranquillité d'esprit et d'âme, de raison et de volonté, que nous répétons le double programme :

– constituer un état d'esprit royaliste ;
– et préparer le coup de force pour établir la royauté.

Organiser l'état d'esprit pour rendre possible et facile le coup, viser le coup, ne jamais perdre de vue la visée, en travaillant de toute notre âme à fabriquer l'état d'esprit ; ces mots dits et écrits, n'apprennent rien à l'adversaire. Les maîtres de l'État savent depuis longtemps, ils ont même su avant nous que leur point faible n'est que là. Mais ils savent aussi qu'il est au-dessus de leurs forces, au-dessus des moyens accordés au régime, de remédier à cette faiblesse !

VIII — Le coup de force et l'opinion[469]

---

[469] Ici commence une partie de la brochure à laquelle M. Henri Dutrait-Crozon n'a pu apporter son concours. On ne s'étonnera pas de voir son collaborateur adopter, pour la nécessité du débat, un ton personnel.

C'est pourquoi cette idée du « Coup » nous a toujours paru le complément inévitable et nécessaire de tout mouvement d'idées royalistes, et pour ma part, je l'ai toujours professée. Partout où j'ai pu pénétrer et écrire, je l'ai soutenue. Je l'ai soutenue au *Soleil* de novembre-décembre 1899, en deux articles, intitulés : « Pourquoi les généraux » et « Les généraux n'ont pas marché », qui furent discutés par M. Clemenceau dans *L'Aurore*. Je l'ai apportée au *Figaro* de 1901, à la *Libre Parole* de 1902–1903. Je l'ai développée, non une fois, mais mille, pendant mes douze ans de campagne royaliste à la *Gazette de France*.[470]

En quelque lieu que nous allions, de quelque idiome que nous usions, nous tenons le même langage. Nous parlons du « Coup », nous en avons toujours parlé et, tant qu'il ne sera point fait, nous conseillerons de le faire.

Le « Coup » apparaît à tous les patriotes sensés, à ceux qui savent ce qu'ils veulent et qui le veulent sérieusement, la condition première de la monarchie nationale, comme la monarchie est elle-même la condition première de tout ordre et de tout bien public. Si nous nous trompons sur l'un ou l'autre de ces deux points, qu'on nous le fasse voir ; nous serons très heureux de nous corriger si nous ne parvenons à éliminer l'objection. Mais, si l'on se sent incapable de mettre seulement sur pied une objection cohérente, il devient convenable de se taire sans murmurer. Nous ne blâmons ni l'inaction, ni l'agitation ; nous disons, en le démontrant, que l'action, l'action raisonnable et possible, passe forcément par le « Coup ». Ce n'est pas notre faute si les choses naturelles sont ainsi faites ; nous ne les avons pas fabriquées.

Lorsque parurent dans la revue d'Action française les premiers éléments de cette brochure, aucun de nos ligueurs ne s'est mépris, et c'est à proportion de leur esprit pratique et de leur sérieux que nos lecteurs nous témoignèrent l'adhésion à ce point de vue. La jeunesse élevée et formée suivant nos méthodes y a naturellement ajouté son ardeur. Recrues et vétérans furent d'accord pour reconnaître que, du moment que l'on s'attache à construire l'avenir, on ne peut éviter ces exercices de prévoyance très exacts et très détaillés, véritables travaux pratiques et manœuvres d'entraînement exécutés sur une carte. Plus on y porte de minutie, mieux on s'adapte aux complexités

---

[470] En particulier dans un article intitulé « L'autre moyen : analyse du coup », lors du dernier échec électoral des conservateurs libéraux (20 mai 1906). Les autres, alignés bout à bout, à la suite de celui-là, feraient des kilomètres de bandes de papier. *L'Action française* quotidienne n'a rien innové.

du réel. Un jeune échappé du régiment nous écrivait en janvier 1908 le billet suivant dont le ton pourra témoigner des dispositions éveillées :

> — Laissez-moi vous dire combien j'ai été heureux et joyeux de cet « ordre aux armées » ; c'est une source d'énergie et de confiance. Je l'ai lu avec fièvre ; j'en ai écouté les paroles comme on écoute la charge. Si, au jour de l'action, je ne me trouve porté par ma propre existence là où il sera glorieux de se trouver, n'oubliez pas que je suis de ceux qui veulent en être. Dieu protégera les miens. Votre dévoué...

Voilà qui faisait un équilibre satisfaisant à quelques doléances des « cent mille trembleurs » dont parlait notre ami Robert Havard. Mais de pareilles doléances ne parviennent pas jusqu'aux groupements de l'Action française. Les seules objections que nous aient faites nos ligueurs sont d'une parfaite justesse, il n'y a qu'à les reproduire. Par exemple :

> — J'ai lu l'article sur le coup de force, c'est bien raisonné. Laissez-moi ajouter que, dans les projets à tenir prêts, il ne faut pas oublier les représentants du pouvoir occulte. Vous les connaissez mieux que moi. Ce sont de grands lâches auxquels, avec un peu d'audace, on pourra donner une grande frousse. Les tyrans qui se cachent sont toujours très peureux. Cependant la prudence commandera, je crois, de s'emparer provisoirement de leurs personnes.

Les admirables organisations antimaçonniques et antisémites existantes pourront se charger utilement de ce soin. Grâce à l'indispensable division du travail, les hommes de l'Action française pourront se consacrer exclusivement à l'objectif central que ne représente point mal cette locution synthétique : *la salle des dépêches du Ministère de l'Intérieur, à la place Beauvau.*

Les commentaires sillonistes ont été ce qu'ils devaient être. Aux endroits qui nous contredisent directement on n'apporte aucune raison ; aux points où l'argumentation affecte de la consistance, l'apparence de solidité n'est acquise qu'au prix de l'exactitude. Notre censeur blâme avec vivacité des fautes que nous n'avons pas faites, il réfute avec énergie des erreurs que nous n'avons pas soutenues.

Un rédacteur de *L'Éveil démocratique* qui signe J. C., parlant des deux révolutions opérées par Talleyrand écrit : « M. Maurras oublie simplement de nous indiquer cette mince circonstance qui a cependant son intérêt ; si l'opération de M. de Talleyrand fut aisée, c'est que les Alliés occupaient le territoire de la France... »

J'en demande pardon à mon contradicteur. Il me paraît distrait. J'ai si peu oublié ce point que j'y ai fait une allusion très précise quand j'ai écrit à propos de 1814 et de 1815 : « *étant donnée la situation à laquelle la Révolution et l'Empire avaient amené le pays* ». J'avais même pris soin d'indiquer l'allusion en soulignant ces mots. Il est du reste dit en plusieurs endroits de l'étude que ce ne saurait être dans les temps de calme et de paix que réussissent des opérations comme celle de Talleyrand.

L'Éveil démocratique ajoute à cette imagination toute gratuite une double question qui, deux fois mal posée, est escortée d'une sottise que nous prête ce contradicteur généreux.

L'Éveil démocratique écrit :

> Cependant, un scrupule me vient.
>
> Comment ces mêmes gens qui se prétendent nationalistes intégraux, qui proclament mettre au-dessus de tout l'intérêt du Pays, peuvent-ils attendre le salut de la France d'une émeute sanglante ?
>
> Comment peuvent-ils ne pas désirer cette invasion et cette émeute s'ils en attendent le salut du Pays ? Et, alors, nous retombons, de ces rêves héroïques, aux plates et indignes machinations de la politique d'empire.
>
> Mais, chut ! ne formulez pas d'objections tout haut. Ils vous traiteraient de « métèque ». Métèque ! voilà qui répond à tout.

Nous répondons « métèque » quand il faut répondre métèque. Mais ce n'est pas ici le cas. Au premier « *comment ?* » de l'Éveil j'avais satisfait, en des termes suffisamment explicites, dans cette page que je répète à l'intention de notre critique :

— On dira : Mais alors vous calculez les mauvaises nouvelles ! Vous comptez sur les Prussiens, comme au lendemain de Sedan, ou sur les alliés, comme après Waterloo...[471]

---

[471] Ici, Maurras reprend dans son texte, en se citant, des lignes déjà lues *supra*, au chapitre III. (n.d.é.)

Quant à la deuxième question de *L'Éveil démocratique*, elle est vraiment bien faite pour nous embarrasser ! L'auteur nous juge à ses mesures. Ce ne sont pas les nôtres.

Oui, d'une part, nous prévoyons que l'excès de la folie démocratique et du crime républicains précipiteront notre Patrie dans des difficultés dont la monarchie seule est capable de la tirer. Et, d'autre part, nous faisons tout pour conjurer ou pour retarder cet excès de maux, c'est-à-dire pour renverser la République avant qu'elle nous y précipite. Nous avons combattu le parti de Dreyfus, désorganisateur de l'armée, et le parti de Combes, spoliateur de l'Église. Nous n'avons jamais pratiqué la politique du pire. Nous n'épargnons, nous n'épargnerons rien pour sauver le plus possible du patrimoine incomparable que la République et la démocratie dilapident.

Comment concilions-nous ceci et cela ? Mystère ! « Comment pouvons-nous ne pas désirer cette invasion et cette émeute ?... » Mystère des cœurs royalistes, mystère des cœurs patriotes, mystère inaccessible à la rédaction de *L'Éveil*. La faction sillonniste ne peut penser qu'à elle-même. Elle ne peut même pas concevoir l'idée de l'intérêt général, qui fait notre souci premier. Ce que nous désirons avant tout, c'est prévenir la Révolution ou la débâcle. Mais, si l'une ou l'autre se produit, nous voulons que le pays recueille au moins le fruit de la calamité. Le Sillon ne pense qu'à tout engloutir dans une agitation créée ou attisée par ses erreurs et ses mensonges.[472] Nous ne parlons pas le même langage. Sans lui expliquer ce qu'il est bien incapable de comprendre, sans lui devenir perceptibles, ces raisons peuvent coexister dans tout esprit bien constitué. Elles n'ont rien d'incompatible. Notre bon sens ne suscite aucune embûche à notre bon cœur. Tout s'arrange et s'accorde dans le patriotisme et dans la raison. Amis ligueurs, n'est-il pas vrai ?

Cette revue des opinions ne serait pas complète si l'on n'y mentionnait un sentiment manifesté par le directeur d'une feuille conservatrice dans une série de lettres publiées en tête de son journal. Il a écrit un jour :

> Je ne désire pas absolument, d'ailleurs, recourir au coup de force, sauf si c'est nécessaire (!), d'abord parce que l'armée n'est pas sûre et parce que la Monarchie ne peut naître de l'émeute, de la Révolution,

---

[472] Les personnes que cette accusation formelle pourrait étonner sont priées de vouloir bien se reporter à mon livre *Le Dilemme de Marc Sangnier*, où la discussion la plus courtoise, la plus mesurée, j'ose dire la plus fraternelle, a dû céder aux circonstances créées par le génie haineux du Sillon.

comme la République. Nous sommes la réserve suprême du pays qui se tournera vers nous lorsqu'il aura fait l'expérience de toutes les formes du jacobinisme ; or, pour qu'il nous accepte, il ne faut pas que nous lui apparaissions, nous aussi, comme des jacobins (!) mais comme des hommes d'autorité, d'ordre et de liberté ; enfin, le coup de force ne me paraît pas très séduisant, sauf s'il réussissait (!), parce que c'est surtout lorsqu'on est au pouvoir qu'il est possible.

Un moyen bien efficace, c'est l'argent, c'est la corruption, disons le mot puisqu'il est exact. Elle a été de tout temps, mais elle est le grand levier de notre époque.

Quand on a vu un Parlement se voter 15 000 francs d'appointements et ses membres hurler de fureur, convulsionnés, épileptiques, à la pensée qu'un autre vote pouvait les leur supprimer, il n'est plus permis de douter que tout ce monde-là, nos maîtres, entendez-vous, ont de grands besoins d'argent.

Pour ne pas le comprendre, il faut être un catholique monarchiste de l'école oratoire et académique que vous connaissez.

Supposez, maintenant, une opposition riche de 40 millions, et la République aura vécu.

Sans provoquer de débat vain, je renvoie le lecteur aux observations déjà consignées.[473]

Nous craignions, Dutrait-Crozon et moi, d'avoir trop insisté sur ce point de vue. L'expérience montre qu'il faut le répéter ; l'argent est nécessaire, mais, si l'on s'en tenait à l'unique souci du moyen financier, on n'aboutirait qu'à des complications dangereuses. L'argent tout seul ressemble à la diplomatie réduite à ses propres moyens, telle, par exemple, que la pratiquait M. Delcassé, qui « manœuvrait » l'Empereur et le Grand Seigneur, sans se mettre en peine d'un appui militaire. L'argent ne représente la force qu'à la condition d'être doublé et secondé par le fer. Répétons : « Quand Henri IV acheta les chefs de la Ligue, ce fut après les avoir vaincus. Il était trop subtil pour leur offrir grand-chose avant d'avoir prouvé sa force, ses adversaires

---

[473] Au chapitre I, à propos du « coup no 1 ». (n.d.é.)

étant trop à l'aise pour le jouer. » Il y aurait d'ailleurs infiniment à dire sur ce sujet délicat, mais à dire plus qu'à écrire.[474]

IX — Grave confirmation
Une parole du général Dessirier

Un de nos lecteurs et ligueurs, parfaitement connu de nous, Poulard fils, 21, rue du Miroir, à Melun, chef d'industrie à Rueil, ayant trouvé dans notre Revue les chapitres qui précèdent, m'adresse une communication d'un grand intérêt. Mieux que toute raison elle confirme nos sentiments sur l'état d'esprit des chefs militaires et le véritable motif de ce qu'on nomme leur inertie devant les désordres publics.

> J'ai lu, nous dit M. Poulard, les articles où vous posiez cette question. Comme vous, j'y ai répondu affirmativement, et comme vous j'ai pensé que non seulement le coup de force était possible, mais encore qu'il était nécessaire, qu'il était seul capable de rendre la France aux Français.
>
> J'ai trop connu, depuis que je suis le mouvement social et politique, de ces jeunes gens ardents et enthousiastes qui gaspillaient leur force, leur argent et leur intelligence à édifier péniblement des caisses de crédit, des dispensaires, des bibliothèques publiques, où jamais on ne parlait politique, où jamais l'ouvrier égaré là ne trouvait le bon livre, le livre clair et logique qui lui parlât raison française.
>
> J'ai trop vu de ces généreux prendre des mines de vaincus et aller implorer une consécration quasi officielle au maire radical ou au préfet, en affirmant que jamais ils n'avaient songé à faire de la politique.
>
> Tous ces pauvres illusionnés s'imaginaient que par ces moyens ils détournaient d'eux la foudre gouvernementale et prenaient le cœur de leurs obligés qui, par reconnaissance, sans doute, devaient deviner leurs opinions et les faire leurs !

---

[474] Constatons que la doctrine de la « Corruption » proprement dite est ici conseillée en toutes lettres par un publiciste hostile aux idées de *L'Action française* et que les rédacteurs de *L'Action française* lui répondent par une doctrine très différente.

J'ai cru à cette méthode, mais voilà six ans que vous m'avez ouvert les yeux. J'étais déjà de vos disciples quand, il y a trois ans, j'ai vu quel chemin il nous restait encore à parcourir.

C'était au moment de l'affaire Dautriche, Rollin, Mareschal et François[475] (1904). Je connaissais intimement le gouverneur de Paris, général Dessirier, dont mon père avait été le compagnon d'armes en Afrique.

Soldat courageux, vosgien de corps et d'âme, il avait été républicain sous l'Empire et disgracié par un préfet d'Émile Ollivier, dont, frais émoulu de Saint-Cyr, il avait combattu les manières de faire. Blessé en 1870, prisonnier en Allemagne après Sedan, évadé une seconde fois, il avait dû à l'amitié de Grévy et à l'inflexibilité de ses principes républicains toutes les faveurs dont la République l'avait comblé.

Dans ses conversations particulières, il m'avait bien déjà laissé entendre quel était son mépris pour la bande de misérables alors au pouvoir. Mais ce matin-là, je le trouvai blême, affaissé, vieilli de dix ans, dans ce froid et sévère cabinet de travail des Invalides où, seule avec quelques tableaux de bataille, la carte en relief de la frontière de l'Est rompt l'uniformité de la tapisserie. Tout d'une haleine il me raconta qu'ON voulait lui forcer la main pour qu'il rendît une ordonnance de non-lieu en faveur des quatre officiers poursuivis, mais que lui n'accepterait jamais de les déshonorer et qu'il les enverrait, comme ils le demandaient, devant un Conseil de guerre.

Puis brusquement, plus sombre encore :

« Ils me feront mourir, s'écria-t-il, mais vous verrez cela, vous : Picquart ministre, et Dreyfus colonel. »

---

[475] L'affaire Dautriche fut l'un des nombreux épisodes de la grande Affaire Dreyfus. Le général André, cherchant à salir l'ancien bureau des renseignements, affirma que trois de ses officiers, le lieutenant-colonel Rollin et les capitaines François et Mareschal, avaient détourné une somme de 20 000 francs et que leur complice, l'officier d'administration Dautriche, archiviste du Ministère de la Guerre, avait tenté de dissimuler le vol par des grattages et surcharges sur ses livres de comptabilité. Mais cette accusation était si mal établie que le commissaire du gouvernement avait conclu à une ordonnance de non-lieu.
Les accusés, alors, refusèrent cette solution, réclamèrent leur mise en jugement et furent blanchis. Ce fut un échec des dreyfusards ; mais le dossier monté par André était si faible que, d'après Reinach cité par Georges Sorel, seul des principaux promoteurs de la révision, Jaurès appuyait André ; les autres se turent, le blâmant intérieurement. (n.d.é.)

Après le déjeuner, comme nous fumions un cigare, je saisis brusquement l'occasion :

— Vous êtes maître de Paris, mon général, pourquoi ne les fichez-vous pas en prison ?

Je vois encore sa grande et belle figure, où deux cicatrices mettaient un peu de rudesse, se contracter.

— Et mon honneur de soldat ? me répondit-il... Puis, après une réflexion :

— *Et après ? Qui mettrai-je à leur place ?*

Je n'osai point prononcer le nom que j'avais sur le bout de la langue. Je l'eusse fait deux ans plus tard !

Un an après, le général Dessirier était mort ; deux ans après, Dreyfus était commandant et Picquart ministre.

De cette conversation[476], j'ai conservé la persuasion que le coup de force était possible. D'avoir vu un général républicain (sous l'Empire) hésiter et biaiser avant de répondre à une demande de pronunciamiento catégorique m'a donné tout espoir. Nous réussirons par le haut et par l'armée. Cela eût été difficile avec un homme comme Dessirier, dont le profond loyalisme était si connu des hommes au pouvoir qu'ils supportaient toutes ses boutades, à cause de leur confiance en lui. Si nous avons échoué avec des soldats, aujourd'hui nos amis, parce que les soldats sont traditionnels et que la République a déjà ses traditions, nous ne pouvons pas ne pas réussir avec des généraux, comme j'en connais, qui, fils de la faveur républicaine, seront demain les plus ardents à briguer des faveurs royales plus grandes.

Prenons donc les amis les plus chers du pouvoir actuel, les plus fidèles, de l'escorte prétorienne de Clemenceau. Ayons l'argent, et par

---

[476] Dans une autre lettre, M. Poulard me disait :

J'ajouterai même un détail que mon père pourrait vous confirmer. Ce même jour où nous eûmes avec le général Dessirier la conversation que vous avez rapportée, le gouverneur de Paris avait rendu visite dans la matinée à M. Loubet, président de la République, à qui l'unissaient des liens d'amitié. Il lui avait proposé, après avoir écouté les lamentations de M. Loubet sur le rôle ignoble qu'on lui faisait jouer, de lui prêter son entier concours pour dissoudre les Chambres et demander leur démission aux ministres. Mais le Président, après avoir un moment parlé d'adresser un message au pays et de provoquer de nouvelles élections, demanda à réfléchir. Bien entendu, le général Dessirier n'en entendit plus parler.

l'argent, achetons tous les moyens et tous les mobiles. Achetons les femmes, achetons les consciences, les trahisons...[477]

Quelque romanesque que puisse paraître le moyen préconisé, je parle à des gens trop revenus des moyens parlementaires pour n'être pas approuvé sans réserve.

C'est bien le cas de rappeler que, en octobre 1659, Georges Monk faisait inscrire sur ses étendards que « le Gouvernement ne peut subsister que par l'entière soumission du pouvoir militaire au pouvoir civil » et que « la république doit être gouvernée par des parlements » ; en mai 1660, il faisait proclamer Charles II ! Voilà un fait. Le dialogue de notre correspondant et du général Dessiner est un autre fait. Quant aux idées, nous pourrions en ajouter à perte de vue sur cette doctrine du coup de force, mais elle est de simple bon sens.

Bornons-nous à recueillir l'argumentation très sensée d'un de nos confrères les plus distingués de la presse de province, M. Francis Guiguier, directeur du *Patriote de Saint-Dizier*[478] :

> De « bonnes élections », dans l'état actuel des mœurs gouvernementales, c'est la chose du monde la plus impossible à faire. Borner son ambition à l'action électorale, c'est donc sciemment dépenser en pure perte son temps, son argent et son énergie.
>
> Mettons-nous bien dans l'esprit qu'il n'est possible de sortir de ce régime de tyrannie que par un coup de force. Et la nécessité de ce coup de force, dont conviennent, dans l'intimité, les esprits les plus timorés eux-mêmes, il faut la dire, la répéter, la crier sans se lasser :
> 1. Parce qu'ainsi nous préparons l'opinion à envisager avec sympathie une éventualité en dehors de laquelle aucune réforme d'aucune sorte n'est possible.
> 2. Parce que c'est en répétant à satiété que la France ne peut être libérée que par un coup de force, que le vœu de tous les bons Français aura chance d'arriver jusqu'au soldat audacieux, jusqu'au fonctionnaire énergique ou jusqu'au politicien ambitieux qui se sentira assez de patriotisme et de cœur au

---

[477] Sur ces horribles et abominables paroles voir notre Appendice II (*Trois consciences délicates*).
[478] Aujourd'hui secrétaire adjoint de la rédaction à *L'Action française* quotidienne.

ventre pour risquer la partie. Or ce risque-tout n'agira, ne se décidera à agir, que s'il sent l'opinion suffisamment préparée à son acte et s'il sait que des volontés et des énergies sont prêtes à le seconder.

J'estime, quant à moi, que la tâche unique de la presse d'opposition est, après les leçons du passé qui proclament l'inanité de la tactique électorale, d'enseigner au pays l'utilité et la nécessité du coup de force libérateur.

Notons enfin qu'un vétéran de la cause royale, M. Martin, directeur de *L'Espérance du peuple*, de Nantes, en publiant quelques extraits et commentaires de ces études, en conclut qu'il fallait « préparer l'opinion », car le facteur moral forme l'élément décisif du coup matériel. C'est ce facteur unique, c'est la volonté et la pensée d'un but défini qui a manqué au général Dessirier comme à tous les autres. Il ne manquera point aux chefs civils ou militaires que notre propagande saura toucher.[479]

Conclusion Après deux ans : À nos risques et périls

Ainsi raisonnions-nous, le lecteur ne l'a pas oublié, au premier trimestre de 1908, dans la revue d'Action française, avant qu'un seul exemplaire du journal qui porte le même nom eût commencé à propager nos idées dans le grand public.

C'est avant le 21 mars, premier jour du printemps de l'année 1908 et premier jour de notre propagande quotidienne, que, du fond de nos catacombes, alors bien ignorées, bien obscures, presque muettes ! nous décrivions la méthode du coup de force avec l'assurance profonde que les organes nécessaires à cette opération se formeraient d'eux-mêmes dès que l'esprit public commencerait à en discerner la nécessité.

---

[479] Cette propagande doit, naturellement, comporter toutes les notions qui forment la preuve de la vérité politique : la monarchie est de salut public (voir l'*Enquête sur la monarchie*), la République perd nécessairement la patrie (voir *Kiel et Tanger*). Le présent opuscule ne peut être isolé de l'ensemble de nos publications.

Un regard sur la chronique Politique de 1908 et 1909[480] découvre quels progrès réguliers la doctrine royaliste et la méthode du coup de force ont faits, sans discontinuer, aussi bien dans la tête des Français réfléchis que dans les actions de la rue.

Ces progrès commencèrent en avril-mai 1908, lors de ce voyage en Allemagne du professeur Andler[481] qui souleva l'indignation de la jeunesse intelligente, et provoqua un sursaut de patriotisme au Quartier Latin. Puis, le président de la République, étant allé au Panthéon glorifier les cendres hideuses de Zola, fut accueilli rue Soufflot et boulevard Saint-Michel par les huées et les sifflets de cette jeunesse unanime. À l'automne, quand Grégori, qui avait tiré sur le traître Dreyfus, eut été acquitté par le peuple de Paris, un jeune artiste, Maxime Real del Sarte, alla reprocher publiquement leur indignité aux membres de la Cour de cassation, coupables ou complices de la réhabilitation de Dreyfus ; c'était en plein prétoire, à l'audience de rentrée, les criminels ne surent que baisser le front sous l'outrage. S'étant retiré sans être inquiété, le jeune vengeur du droit et des lois, devenu le prince de sa génération, souleva de nouveau le Quartier Latin, cette fois contre le professeur Thalamas qui avait insulté Jeanne d'Arc. La Sorbonne fut prise un jour de vive force, un autre jour par surprise et conjuration, au milieu d'un peuple de spectateurs, d'abord inerte, puis attentif, séduit et charmé. Ces nouvelles émeutes, dirigées par une poignée de jeunes héros, furent exécutées avec tant de souplesse qu'on peut les considérer comme un premier modèle du coup décisif. Elles en sont au moins comme la répétition ou les grandes manœuvres, ou encore l'ébauche un peu réduite, l'épreuve à agrandir et à développer. Mais déjà il est juste de convenir que la perfection est touchée ; nous n'entrerons pas mieux au Ministère de l'intérieur que ne firent Pujo et sa petite troupe au dernier cours de Thalamas, barré par la police, les municipaux et l'armée.

Tandis que s'opéraient ces actions directes qui valurent environ dix mille jours de prison[482] aux étudiants d'Action française, à la Ligue nouvelle des Camelots du Roi, fondée et présidée par Maxime Real del Sarte, et à

---

[480] On peut consulter là-dessus l'almanach de l'Action française pour 1910.
[481] Charles Andler (1866–1933) fut un éminent germaniste, professeur au Collège de France et par ailleurs militant socialiste convaincu, traducteur notamment du *Manifeste communiste* de Karl Marx. En avril 1908, il se rend à Berlin avec ses étudiants où il tient deux conférences. Ce voyage provoque une violente réaction politique de l'Action française. (n.d.é.)
[482] On a parlé à ce propos « d'équipées juvéniles ». Les magistrats de la République en ont jugé un peu autrement.

différents autres groupements conduits en majeure partie par des royalistes, tels qu'André Gaucher, parallèlement à l'œuvre immédiate de l'Action française et de ses amis, se produisit un fait très caractéristique : le 25 décembre 1908, un garçon de café patriote, Jean Mattis, s'étant placé sur le passage du président de la République, le saisit au menton, lui tira durement la barbe et le jeta sur le sable de la chaussée.

Toute l'année suivante aura été remplie des réactions diverses que l'affaire Mattis, jointe à l'affaire Thalamas avait déterminées. Ces deux affaires synthétisent la volonté d'une génération résolue à tout pour manifester et propager sa foi politique. Et cette année de dévouements et d'héroïsmes, ce 1909 de batailles et de prison, vient d'être mystérieusement couronné, douze mois, jour pour jour, après l'attentat de Mattis, par l'étrange rumeur de l'arrivée du roi de France à Paris pendant la nuit du réveillon. On se rappelle toute la police surprise, les portes surveillées, l'alarme si profonde et si générale qu'on n'en put garder le secret dans les milieux officiels et que leurs journaux du lendemain et du surlendemain durent avouer que l'image du Prétendant avait fait passer deux mauvaises nuits à la République. De vieux républicains comme Rochefort en eurent grande honte. « Le ministère, disait-il, ne s'aperçoit pas qu'afficher ainsi sa terreur est le meilleur moyen de faire le jeu de l'adversaire dont il avoue avoir une peur atroce. Il propage lui-même l'idée que le duc d'Orléans pourrait bien être dans nos murs. » C'est bien ainsi que l'anarchie gère de temps en temps les affaires de l'ordre.

Une feuille républicaine de province, admirablement informée des coulisses de notre État, *Le Petit Marseillais*, a donné la lettre suivante d'un correspondant parisien, résumant la conversation d'un « haut fonctionnaire renseigné » :

> On a eu la sensation, la nuit dernière, que des évènements sérieux allaient se produire. Le préfet de police a veillé très tard et il n'est rentré chez lui que lorsqu'il a eu la certitude que le duc d'Orléans n'avait pas pénétré dans Paris. De nombreux agents avaient l'ordre de l'arrêter. Le prince n'est pas entré dans la capitale ; il n'aurait pas pu y pénétrer sans être reconnu et, par conséquent, mis en état d'arrestation ; mais il est venu dans les environs, où il a séjourné quelques heures ; après quoi, il est retourné à Bruxelles dans une automobile à allure extra-rapide...
>
> Les agents chargés de la surveillance de l'arrière-petit-fils de Louis-

Philippe signalèrent son départ pour la France. Il faut croire qu'il ne leur fut pas possible de l'y rejoindre pour l'arrêter, puisqu'ils se contentèrent d'annoncer l'événement. Sur cette indication, la police secrète parisienne fut mobilisée. Mais que venait donc faire le prince à Paris ?

Voici la version qui m'a été fournie. Le duc d'Orléans se tient au courant, avec une attention extrême, de tous les faits qui peuvent amener des désordres dans Paris. Il savait donc que M. Pataud préparait une grève qui, si le préfet de la Seine n'avait pas capitulé, sur l'ordre du ministre de l'intérieur, en donnant sa parole que les améliorations exigées par les révolutionnaires seraient accordées, aurait infailliblement éclaté et engendré des troubles qui auraient pu avoir un caractère grave. Dans cette éventualité, le prince, sur le conseil de ses amis, résolut donc de se rendre à Paris ou dans les environs de la capitale pour y observer de près la marche des événements. C'est la pensée de ses conseillers qu'il viendra un jour où Paris sera bouleversé par une émeute et qu'il sera alors très avantageux pour lui de se trouver à proximité de la capitale, afin de profiter de l'occasion pour se saisir du gouvernement. Le prince est brave et déterminé. Sur ce point, il ne peut y avoir aucun doute. Mais c'est, en même temps, un homme avisé qui ne se jettera qu'à bon escient dans une pareille aventure. On comprend, d'ailleurs, l'avantage qu'il y aurait pour lui à être près de Paris, au cas où les événements justifieraient la tentative à laquelle il est, assure-t-on, résolu de se livrer, le cas échéant. C'est pourquoi il était, la nuit dernière, dans les environs de la capitale.

Le Petit Marseillais donnait ici les curieux détails que l'on a lus plus haut sur la garnison de Paris et les intelligences qu'y entretient, dit-il, notre Prince. La lettre fournissait les conclusions suivantes :

Quoi qu'il en soit, après être resté en observation pendant quelques heures, il s'est éloigné. Le gouvernement, qui a été mis au courant de sa présence, qu'il n'a pu empêcher, car on n'est pas arrivé à connaître exactement le lieu où il s'était arrêté, avait décidé de la faire démentir, mais il s'est ravisé. Il est possible, pourtant, que, pour rassurer l'opinion, que cette nouvelle a émue, il revienne sur sa décision. Mais ce fait n'en est pas moins incontestable. Il paraît même que ce n'est pas la première fois que, la nuit précédente, le duc d'Orléans s'est trouvé ainsi à quelques minutes de Paris. Il pourrait bien se faire même que ce ne fût pas la dernière.

Parbleu ! Ce fut le cri de toute la presse royaliste, surtout dans nos provinces, où elle est si fidèle. Des écrivains comme M. Martin de *L'Espérance du peuple* de Nantes, ou M. Béraud de la Revue de l'Ouest, ou M. Hubert Bailly du *Réveil de la Haute-Saône*, jeunes et vieux, tous nos amis sentirent la nouvelle vérification qui nous était apportée par les faits.

L'un dit : « Nos gouvernants ont eu une peur bien explicable, d'ailleurs. Ils sentent la terre trembler sous leurs pas, et les Camelots du Roi ont si bien manœuvré que chacun se dit :

— Si la République tombe, c'est le Roi qui relèvera l'autorité ébranlée. »

Un autre : « Ces ministres et les journalistes à leur solde, ces députés, ces sénateurs, font semblant de sourire quand on leur annonce le Coup nécessaire qui les emportera. Et cependant ils sont terrifiés, car ils savent mieux que personne la fragilité de l'ignoble échafaudage où ils campent. Ils se demandent en se couchant : *Est-ce pour cette nuit ?* »

Le troisième ajoute : « Cette aventure servira du moins à montrer aux naïfs et aux découragés que, plus que jamais, le classique Coup est possible, puisque le gouvernement de la Gueuse déploie un tel luxe de mesures pour s'en préserver. »

La question du Coup de force est donc ainsi posée non plus d'une façon abstraite ou dans le cabinet de quelque théoricien, mais en plein air, en pleine lumière et devant un public immense, à l'état d'émotion, d'appréhension, de curiosité, de désir. Le nom populaire de Camelots du Roi court sur toutes les bouches. La conspiration hautement déclarée de tous les membres de l'Action française, leurs complots publics contre la République et pour notre Roi sont discutés par une foule indéfiniment étendue. On va donc nous refaire les objections dont nous avons montré la faiblesse, il y a deux ans, devant un auditoire d'initiés. Il est donc à propos de rappeler nos anciennes réponses qui valaient moins hier qu'elles ne valent aujourd'hui et qui seront demain plus abondamment confirmées par un ensemble de faits nouveaux dont nul pouvoir humain ne saurait désormais arrêter ni ralentir la génération. L'idée vivace, l'idée forte, l'idée vraie développe ses conséquences en actions de plus en plus directes, utiles, efficaces, fécondes.

Ces actions, nous tenons à en réclamer hautement la responsabilité générale. C'est ce qu'a fait l'Action française, dans une note du 29 décembre 1909. En la reproduisant ici, l'auteur de l'opuscule rappelle aux parquets et tribunaux républicains qu'il est prêt à en répondre devant eux. Il s'agit du salut public.

Cette note, intitulée *Le Coup de Force*, disait :

> L'Action française, ayant toujours veillé à produire devant la nation qu'elle veut rallier des explications satisfaisantes sur son but et sur ses moyens, a toujours déclaré que la substitution de la Monarchie à la République, condition nécessaire du salut du pays, ne se ferait vraisemblablement pas, à moins d'événements extraordinaires, par des moyens électoraux.
>
> L'Action française a toujours dit que le gouvernement existant serait très probablement renversé, comme la plupart des gouvernements qui l'ont précédé, par la force.
>
> L'Action française a toujours dit que la préparation et l'organisation de ce Coup de force, comme la constitution et la diffusion de l'état d'esprit qui doit permettre au coup de force de réussir, étaient des éléments essentiels et nécessaires de son programme. Elle en a toujours revendiqué hautement la responsabilité. C'est dans la plénitude des droits et des devoirs qu'un état d'anarchie à peine voilé nous confère que, citoyens français, nous travaillons à jeter bas la fiction légale et constitutionnelle qui s'oppose à l'ordre, à la loi et au Roi.
>
> Dans cette entreprise préalable, qui ne demande que de l'intelligence et du dévouement, l'Action française a toujours déclaré agir toute seule, en son propre nom. Sa fidélité même au principe de la Royauté lui a toujours fait un devoir rigoureux d'éviter d'engager et de compromettre dans son effort soit le principe, soit la personne du Roi. Notre assaut n'est qu'un moment de l'histoire de France et la Monarchie doit durer autant que le pays. Notre assaut peut subir un échec, notre volonté ou notre bonheur peuvent connaître des éclipses, et la Monarchie plane au-dessus des atteintes et des fluctuations. Voilà pourquoi nous avons toujours dit que nous ferions le coup et,

le coup réussi, que nous appellerions le Roi.

Rien de plus comme rien de moins.

Nous disions : nous, et nous ne disions pas : un autre. Vingt mois de journal quotidien, dix ans de revue bi-mensuelle, nos collections sont là pour témoigner de notre pensée.

Nous ne la laisserons altérer dans aucun cas. Nous ne permettrons surtout pas qu'on la dénature pour en affaiblir la portée et pour nuire à la cause royale dont l'éclatant progrès quotidien effraie. Le bruit qui s'est répandu au sujet de la présence de Monseigneur le duc d'Orléans à Paris pendant la nuit de Noël a donné l'occasion à quelques personnes de faire de prétendues révélations sur les pensées et les projets du Prince, et l'on a même affirmé et publié que Monseigneur le duc d'Orléans était résolument hostile à tout ce qui pourrait ressembler à un coup de force.

Nous devons mettre les patriotes français en garde contre les parasites propagateurs de mensonges intéressés. Comme Henri IV, dont il porte le sang, le duc d'Orléans songe avant tout à reconquérir son royaume. Le Prince qui a dit : « On rentre comme on peut » ne désavoue d'avance aucun des moyens qui, en lui rendant le trône, délivreront la France d'un régime de ruine et de mort. La pensée de Monseigneur le duc d'Orléans est connue de tous. Les fables qu'on répand sont quelquefois les calomnies de l'adversaire. Quelquefois aussi les calomnies de la trahison.

Aucun royaliste ne saurait perdre de vue quelle réception magnifique fut faite à York-House par Mgr le duc d'Orléans, le 31 janvier 1900, aux inculpés et aux condamnés de la Haute Cour. Il n'y avait là que des conspirateurs. Leur coup avait manqué, ils ne l'en avaient pas moins préparé. Loin d'en faire mystère, les Buffet, les Saluces et leurs amis s'en étaient prévalus et glorifiés. « Je suis fier de vous, leur dit le Prince. Je vous disais que nous ne permettrions pas l'attentat contre la patrie. J'étais sûr de vous. Nous ne l'avons pas permis. » Ce discours de réception peu banal se termina ainsi : « Continuons sans défaillance à lutter ouvertement pour nos idées, ne cédant à aucune menace, afin que le pays ne puisse jamais nous reprocher d'avoir reculé devant rien pour accomplir le grand œuvre national… Nous n'atteindrons le but que par une politique d'affirmation énergique et de vigoureuse action. » Cette noble justice rendue à des héros ne doit certes pas être comprise comme un ordre donné à d'autres combattants. Ces ordres-là, chacun se les donne à soi-même, et on les exécute ou l'on se fait hacher. Mais, en gardant pour nous la complète responsabilité de nos actes, de notre initiative et de ses conséquences, en agissant tout seuls à nos risques et périls, nous avons bien le droit de mettre les pièces publiques sous les yeux du public. Elles suffisent à répondre aux indignes calomniateurs d'un grand Prince.

Il n'y a donc plus qu'à récrire avec sérénité la déclaration que formule tout adhérent à la ligue d'Action française :

> *Français de naissance et de cœur, de raison et de volonté, je remplirai tous les devoirs d'un patriote conscient.*
>
> *Je m'engage à combattre tout régime républicain. La République en France est le règne de l'étranger. L'esprit républicain désorganise la défense nationale et favorise des influences religieuses directement hostiles au catholicisme traditionnel. Il faut rendre à la France un régime qui soit français.*
>
> *Notre unique avenir est donc la monarchie telle que la personnifie Monseigneur le duc d'Orléans, héritier des quarante Rois qui, en mille ans, firent la France. Seule, la Monarchie assure le salut public et, répondant de l'ordre, prévient les maux publics que l'antisémitisme et le nationalisme dénoncent. Organe nécessaire de tout intérêt général, la Monarchie relève l'autorité, les libertés, la prospérité et l'honneur.*
>
> *Je m'associe à l'œuvre de la restauration monarchique. Je m'engage à la servir par tous les moyens.*

Appendice I[483]
Centralisation et conspiration

À la troisième séance de son premier Congrès (décembre 1907), le Siège central de la Ligue d'Action française fit la communication suivante pour attirer l'attention et la réflexion des Ligueurs sur le meilleur et, par conséquent, sur l'unique emploi de leurs ressources, la seule direction utile de leur effort :

I — L'État est Dieu

Le mécanisme de la centralisation administrative est si efficace, ses effets sont si puissants et si continus qu'ils tendent à modifier, non seulement les rouages de l'ordre politique, mais les meilleurs éléments du corps social. Nous l'avons établi nettement avant-hier. Cela double nos difficultés. Les rapports de Toulouse, de Tours, de Bordeaux, de l'Ouest tout entier, vous l'ont dit : d'une part, le public ne peut pas voir l'Étranger de l'intérieur embusqué dans tous les couloirs de la bureaucratie. Le Juif de France n'est pas reconnu, respiré et flairé, comme il l'est en Pologne, en Algérie ou en Alsace ; son action tout à fait secrète se confond avec l'action la plus centrale du gouvernement. D'autre part, cet État central, tout oppresseur et persécuteur, apparaît au public comme une très sublime providence qu'il aime, craint, et dont il ne peut se passer.

Cette situation funeste et pleine de menaces a cependant de bons côtés ; il faut les voir.

N'y a-t-il pas, en effet, quelque chose de très significatif, de nature à encourager bien des espérances, dans cet instinct ou dans cette nécessité qui porte la masse française à se tourner automatiquement du côté du pouvoir, du Pouvoir en soi, quel qu'il soit, quand cet instinct et cette nécessité se traduisent par un mot tel que celui-ci, qui nous vient de Béziers : « On serait royaliste si le roi donnait des places ou des faveurs », ou quand on constate

---

[483] L'ouvrage publié en 1910 à la Nouvelle Librairie nationale compte trois appendices. Le premier d'entre eux reprend le texte de *Mademoiselle Monk*, que nous avons publié par ailleurs et que nous ne reprenons pas ici. En conséquence, les appendices numérotés II et III dans l'édition de 1910 deviennent ici I et II. (n.d.é.)

en Gironde que, en élisant leurs parlementaires, les ruraux se soucient de « se procurer un protecteur bien en cour » ? Être favorisé, protégé ou placé, voilà donc l'objectif de notre « peuple Souverain » !

Quelque disciple de M. Demolins[484] objecterait qu'une telle mentalité est spéciale à ce Midi centralisateur, centralisé, étatiste et esclave, de l'Hérault ou du Médoc. Mais dans le rapport de M. de Saint-Méloir sur les Côtes-du-Nord, nous lisons aussi que la masse électorale n'a pas, à dire vrai, d'opinion politique et que l'on peut tenir pour vérité générale et constante l'avis d'un riche paysan breton maire de sa commune depuis 1872 : « Je ne connais, disait-il, dans ma circonscription, que deux maires indépendants. En effet, pour se maintenir, le maire a besoin de distribuer des faveurs à ses électeurs ; il est élu pour leur obtenir ces faveurs qu'il est obligé de demander à la préfecture. Il est donc impossible que, dans la très grande majorité des cas, il ne fasse pas voter pour le candidat ministériel. Un maire cultivateur n'a pas l'indépendance suffisante pour se soustraire à cet état d'esprit qui prédispose la foule à toujours voter dans le sens du gouvernement. C'est la raison pour laquelle et de plus en plus les électeurs en ce pays échapperont aux partis d'opposition. C'est aussi la raison pour laquelle nos élus républicains, de quelques noms qu'ils se soient parés, opportunistes ou radicaux, ont toujours été ministériels, changeant leur étiquette suivant les temps. » Il en sera surtout ainsi dans les circonscriptions de montagnes. M. Bertran de Balanda l'a établi dans son rapport sur nos sections de la Catalogue française. Les pauvres montagnards sont tellement serfs de l'État qu'il faut, pour emporter leur majorité, surenchérir contre l'État ou contre la Juiverie, ce qui est cher et ne dure guère, comme le prouverait l'historique des candidatures diverses posées par les frères Reinach dans les Alpes de Provence et de Savoie. Mais de riches pays de plaines ne montrent pas nécessairement plus d'indépendance. Un argument décisif, dans la vallée de la Garonne, est, sans plus : « Le gouvernement n'approuve pas ça. » Une décision blesse-t-elle les consciences ? Si elle vient de l'État, c'est-à-dire, en somme, du lieutenant actuel du Roi, le public paysan se contente de dire : « Le gouvernement doit avoir ses raisons. » Ces généralités autoritaires semblent-elles abstraites ? Voici du concret : à Aire-sur-Adour, il y a deux

---

[484] Edmond Demolins, dissident de l'école leplaysienne, est mort en 1907, et son influence se poursuit à travers sa revue *La Science sociale*. Ses analyses empreintes d'un certain dogmatisme anti-méridional ont été souvent moquées et dénoncées par Charles Maurras – *cf.* la note no 2 de l'article « Français, aimons-nous nous-mêmes ». (n.d.é.)

partis : les lourtiesards et les anti-lourtiesards, c'est-à-dire les contents et les mécontents d'un M. Lourties ; ce M. Lourties, maire, conseiller général, sénateur, ministre d'un jour et ministrable en permanence, étant traité là-bas comme source et fontaine unique des biens et des maux de chacun. On assurait jadis à la démocratie française que salut, santé et bonheur, « tout dépendait d'elle ». Mais elle n'en a rien cru. Ce phénomène d'immanence l'a laissée profondément sceptique. Elle s'est obstinée à regarder en haut, vers le ciel ou vers le plafond de la politique, aux lieux supérieurs d'où pleuvent l'aide et le secours dès qu'on a su se les rendre propices. Ce n'est point là simple survivance ni pure corruption de l'esprit monarchique. L'animal religieux qui est au fond de l'homme se révèle en de pareils traits.

À notre ami M. Arnal, qui venait de leur faire une conférence monarchiste, les révolutionnaires du *Foyer du peuple* de Toulouse se sont bornés à répondre un mot que vous avez déjà entendu et qu'il faut répéter pour le graver dans la mémoire de tous les partisans et de tous les hommes d'État :

— Vous avez peut-être raison ; mais ce que nous voulons avant tout, c'est arriver, et vous n'avez pas encore assez de chances de succès pour que nous vous suivions.

Comme on leur demandait s'ils consentiraient à servir en qualité de fonctionnaires un gouvernement monarchique, ils ont répondu :

— Avec enthousiasme !

Cynisme ? Oui. Arrivisme ? Indubitablement. Mais cela prouve encore qu'on ne tient plus à la République et que la démocratie, autrefois appelée *la Sainte*, entourée, il y a trente ans, d'un nimbe, ne trouve plus à se faire aimer pour elle-même... En revanche, on aime toujours à gouverner et à administrer, à servir le gouvernement et à être servi par lui, à être gouverné, à être administré. L'amour de la Liberté a péri. Mais l'antique nécessité du roi subsiste, sous forme inconsciente pour le public observé, mais très sensible à l'observateur. Quelle extrême inertie dans cette foule dont plusieurs de nos amis ont si follement peur ! Et dans quelle énorme proportion s'accroissent les moyens du Pouvoir, tel qu'il se développe si facilement tous les jours !

Mais, corollaire immédiat, le centre d'un pareil pouvoir une fois conquis, tout est conquis en même temps. On ne peut rien si l'on ne s'empare de ce point capital ; si l'on s'en empare on peut tout. La centralisation, qui facilite tant d'abus, nous désigne le lieu par où se fera la culbute. Tout est donc vain, politiquement, en dehors du théorème fondamental de l'Action française : *qu'il faut viser au centre, et que c'est par là qu'il faut commencer.*

II — Il faut s'emparer de l'État

Tous nos amis le savent. Or nous leur demandons de ne pas se contenter de le bien savoir. Car cette vérité, il est important qu'ils la vivent et la pratiquent chaque jour. Car tous les mouvements de notre propagande doivent être pesés, calculés, dirigés au clair de cette vérité, tout ce qui se fait hors de là représentent le gaspillage de l'énergie et la perte du temps, sans compter un argent qui peut être mieux employé.

Nous ferions une faute et nous commettrions une erreur si, en cédant à des sollicitations trop flatteuses, nous essayions d'être une Ligue centralisée. Notre méthode est d'initiative et d'autonomie. Nous n'avons pas d'autre avenir. Toute la valeur vraie de l'Action française consiste à éveiller, à susciter, à exalter les esprits dans un même sens, le sens dans lequel nous nous efforçons de marcher nous-mêmes tant bien que mal. C'est une méthode d'aspiration, d'entraînement, d'attrait : après avoir expliqué, non seulement ce qu'il faut faire, mais pour quelle raison précise il faut le faire, nous nous mettons à le tenter. Qui comprend notre idée et qui sympathise avec elle fait comme nous. Qui nous aime nous suit ; ce n'est pas plus malin. Les nombreux amis inconnus que nous nous sommes faits par ce procédé nous sont trop précieux, nous sommes trop profondément honorés de leur amitié pour rien changer de ce qui nous conquit leur suffrage et leur adhésion.

Donc aucune centralisation matérielle, aucune discipline imposée, ni même acceptée et souscrite avec de l'encre sur du papier ! Nous recommandons, en revanche, une discipline sévère, une centralisation sans pitié pour ce qui touche aux doctrines et aux méthodes. L'intolérance s'impose ! Intolérants sur la doctrine et la méthode, nous ne perdrons jamais une occasion de dire, du ton le plus simple et le plus amical, mais aussi le plus ferme, aux bien intentionnés qui se trompent de route : « Mon ami, cette route ne conduit nulle part. Mon frère en royalisme ou en patriotisme, vous allez aboutir, de ce train, à l'impasse d'où il faudra revenir sur vos pas. »

Par nos lectures, par nos études, par nos calculs, par l'enseignement direct de ces Maîtres d'où tout nous vient, nous savons que toutes les voies sont des impasses, à la réserve d'une seule. Nous savons que la petite lumière de l'espérance ne petit briller sur nous que dans une certaine perspective bien déterminée, la perspective de la soirée ou de la nuit, dans laquelle un mouvement quelconque (ou populaire, ou militaire, à forme de complot muet ou de bruyante insurrection) approchera et cernera ce poste de Paris qui sert provisoirement de cerveau royal à la France, cette place Beauvau, ce Ministère de l'Intérieur, cette salle des dépêches en ce Ministère, où viennent aboutir et d'où se distribuent tous les fils du réseau qui tient notre nationalité prisonnière. Tout lecteur d'Action française, qu'il habite Marseille ou Lille, Nantes ou Nancy, doit songer à viser ce point-là, ou ne rien songer. S'en souvenir de temps en temps ne peut pas suffire. C'est à propos de tout qu'il convient d'appliquer la commune mesure et le critérium constant. Un projet nous rapproche-t-il du poste visé ? C'est un bon projet. Il ne vaut rien s'il n'en rapproche pas. Tout est là parce que tout est là, nous n'y pouvons rien.

III — Majeurs et mineurs

Il y a des Français actifs et des Français passifs.

Les passifs, bons sujets respectables, éminemment précieux considérés en eux-mêmes, ne sont personnellement d'aucune utilité par rapport à une action révolutionnaire comme la nôtre. Il ne faut ni les repousser, ni les dédaigner. Ce qu'on pourrait faire de mieux serait de les convaincre de rentrer au logis avec les enfants et d'y attendre en repos le sort des combats. Leur présence sur le terrain encombre. Leurs adjurations déplacées troublent inutilement. Les explications qu'on leur donnerait seraient vaines. Ils ne veulent rien, pas même comprendre. Il est vain de s'attacher à les convertir. Nous n'avons pas une heure à perdre devant des lieux que défendent l'erreur, l'intérêt, l'habitude, la pusillanimité, la jactance même. Elles sont imprenables. Il faut passer outre ; allons au plus court.

Dans son discours sur la « Conquête royaliste » prononcé le 16 juin 1906, notre ami M. Paul Robain a parfaitement indiqué les professions, les classes où en général le citoyen est actif et vers lesquelles il conviendrait, par conséquent, de concentrer presque uniquement l'effort de notre propagande : l'armée, comptait Robain, le clergé, l'Université, certaines administrations, les ouvriers de grande industrie, c'est à dire les catégories sociales où l'on a chance de rencontrer ce qu'un de nos rapporteurs, M. Bruyère, appelle « les meilleurs, les convaincus, ceux qui entraînent la masse ». Ajoutons : « ceux qui osent imaginer quelque chose d'autre que ce qui existe. » Nous devons y comprendre certains corps d'employés, comme ces voyageurs ou représentants de commerce, ces agents d'assurance dont nous avons parlé hier. En bref, visons, sachons viser, ce qui agit comme ferment au sein de la pâte française. Surtout aussi sachons avoir le dur courage de ne jamais perdre de temps à recruter ce qui n'est pas levain, ce qui n'est pas ferment, ce qui n'est pas excitateur, modificateur, réactif. On ne vous conseille certes point d'écarter ni d'exclure ceux que M. Beauregard, dans son rapport sur l'Orne, appelle dédaigneusement « les bons messieurs, les bonnes dames » ; on vous supplie de ne pas remuer la plus petite phalange du petit doigt pour les conquérir. Ils se dérangeront, à leur heure. Ne vous dérangez pas pour eux. Vous avez mieux à faire. Pour faire ce mieux-là ou pour le tenter, économisez votre effort sur ce point, afin de le donner ailleurs tout aussi généreusement et beaucoup plus utilement.

On peut donc nous apprendre, sans nous donner d'alarmes, qu'à Roubaix il manque des ligueurs de professions libérales[485] ; d'Arcachon, de Dax, de Saint-Denis, d'Alençon, de Noyon, on peut nous écrire qu'on a bien une élite, mais l'élite du peuple, une élite sans procureurs, sans coulissiers, sans gros négociants. Du point de vue où nous nous plaçons, l'attitude de ces corps morts les met justement à leur place. Ils nous montrent aussi que nous sommes dans notre ligne, que nous suivons notre ordre, que nous faisons notre fonction qui est de nous mouvoir, de vivre et, en vivant, de troubler le repos des morts. Peut-être qu'un des grands bienfaits du ralliement aura été de nous alléger de cet élément de la population qui a certes un grand rôle à jouer dans la paix de l'État, mais qui n'entend rien à la guerre, et auquel nos projets de révolution rédemptrice ne peuvent inspirer qu'une muette horreur. Avec beaucoup de sérénité et de calme, il convient de traiter tout ce monde-là en mineur. Agissons pour lui, mais sans lui. Servons son intérêt en tuteurs généreux. Sa manie de conservation, s'étendant peu à peu à garder la cause du mal, pourrait l'amener tôt ou tard à acquiescer, puis à collaborer aux destructions les plus odieuses. Seule, le sauvera d'une abjection aussi profonde à laquelle il est condamné, l'institution du gouvernement « sain et moralisateur » qui lui est nécessaire pour demeurer sain et moral. Mais cela nous regarde. Cela ne le regarde pas.

---

[485] Un groupe d'ouvriers et d'employés, dirigé par M. Rickewaert, a fini par conquérir des médecins, des avocats, des professeurs (note de 1910).

IV — Notre royalisme consiste à faire la royauté

En faisant le travail que le monde conservateur est incapable de faire, on devra s'appliquer à ne rien faire de ce qu'il ferait volontiers si son mauvais destin lui avait donné notre rôle.

Par-dessus tout, préservons-nous d'une sorte d'obsession, familière à bien des groupements qui se développent. Évitons de nous hypnotiser soit sur nos fondations, même les plus utiles, même celles qu'il est urgent de multiplier, soit sur une formule ou un enseignement de notre doctrine. Fondation et doctrine ne sont que des moyens. L'essentiel, le seul essentiel est de nous mouvoir, en ligne droite et vite, vers l'objectif. On est loin de nier le plaisir de flâner à droite et à gauche, ni l'intérêt du paysage à travers lequel il serait agréable de circuler. On ne nie rien. Mais il faut aboutir, pour aboutir choisir, et ne pas se laisser distraire du terme choisi. Le temps est court. Nos ressources ne sont pas grandes et les forces humaines sont bornées misérablement par la fatigue et par la mort. Travailler ne suffit donc pas, il faut travailler bien. Il importe de compenser la pénurie par le bon emploi, un emploi utile et direct. Abrégeons et, pour abréger, ne nous trompons pas sur ce que nous voulons.

L'objet vrai de l'Action française, ce n'est pas, à bien dire, la monarchie, ni la royauté, mais l'établissement de cette monarchie, l'acte d'instituer cette royauté. Ne craignons pas d'être barbares[486] pour être clairs ; disons qu'exactement il s'agit de la *royalisation*, de la *monarchisation* du pays.

Ce qui est *Action française*, c'est ce qui contribue dans quelque mesure à avancer cet acte final. Ce qui n'est pas *Action française*, c'est tout ce qui, en inspirant une fausse sécurité, en donnant de petites satisfactions vaines, retarde ou gêne le progrès d'une action de salut public. La conversion d'un général en activité de service, la subornation d'un préfet, la séduction de quelque jeune étudiant bien obscur, s'il est intelligent, brave et actif, d'un chef ouvrier ayant de la tête et du cœur, voilà des faits d'Action française. Le maintien à la tête des municipalités villageoises d'un de ces pauvres maires conservateurs dont parle le rapport de M. d'Aubeigné, ce maintien pur et simple, qui n'avance à rien et qui ne tend même à rien, qui se couvre parfois sous des masques puérils, dont le moindre malheur est de ne rien cacher, voilà un fait flagrant *d'Inaction peu française*. Nous n'aurons pas

---

[486] En recourant à des néologismes qui sont grammaticalement des barbarismes. (n.d.é.)

l'enfantillage de le déprécier ; nous ne perdrons pas notre temps à le déplorer ; nous admettons sans difficulté que de tels faits peuvent présenter des avantages spéciaux fort considérables, vus à leur place, et que l'on a parfaitement raison de les considérer ; mais nous n'avons rien à faire de ce côté, le côté du *statu quo* qui n'avance à rien.

Le Siège central de l'Action française s'adresse donc à ses ligueurs pour les prier de faire sentir à leurs recrues, dès le premier mot de l'instruction qu'ils leur donneront et ensuite en toute occasion, la vérité profonde que notre président a voulu énoncer dès l'ouverture de ce Congrès. Nous ne sommes ni un bureau électoral, ni un groupement d'assistance, ni un simple parti d'opposition politique, ni une école philosophique pour changer les idées et les mœurs. Ce que nous sommes, c'est une conspiration. Nous conspirons à déterminer un état d'esprit. Cet état d'esprit, nous le destinons essentiellement à suggérer, à susciter, à seconder un coup, un coup de force, ce coup de force dirigé contre le régime qui tue la France.

Ceci bien posé, bien circonscrit et bien compris, nous retranchons de nous toute idée, tout projet ou toute attitude qui aurait pour effet de faire dévier ce programme, d'en retarder ou d'en atténuer la vive exécution. Dans ce programme est concentrée, à ce programme est littéralement consacrée toute notre force. Puissions-nous l'avoir défini aussi clairement qu'il est lui-même clair en nous ! Cette simple lumière déterminerait un grand bien, car elle suffirait certainement à réunir, à grouper, à utiliser dans une même direction et dans un même sens, pendant tout le laps de temps nécessaire, ces trésors de bonnes volontés merveilleuses qui sont éparses ou gaspillées misérablement. L'union tant désirée jaillirait toute seule sans le moindre appel à l'union. L'union naîtrait du fait que les hommes de cœur qui sont hommes de sens verraient enfin une œuvre à entreprendre, une œuvre possible, à la différence de tant d'impures chimères ; d'ailleurs, la seule œuvre possible, et la seule conçue sur des plans raisonnables, plans calculés justement et loyalement, sans vain déguisement des difficultés menaçantes, mais entourés aussi d'un exposé complet des moyens certains de tout surmonter. Nous avons confiance dans les effets tentateurs que produirait un pareil Appel au travail, à un travail bien défini, sur l'imagination et la raison de ces bons travailleurs qui sont innombrables en France.

Le Siège central de l'Action française supplie donc ses ligueurs d'ajouter à la propagande de nos doctrines une définition, la plus claire possible, de nos plans de travaux. La claire vérité possède un attrait magnifique. Quand on saisira bien notre conspiration, toute la France active, tous les Français majeurs voudront conspirer avec nous.

APPENDICE II – TROIS CONSCIENCES DÉLICATES

> « Prenons donc les amis les plus chers du pouvoir actuel, les plus fidèles de l'escorte prétorienne de Clemenceau. Ayons l'argent, et par l'argent achetons tous les moyens et tous les mobiles. Achetons les femmes, achetons les consciences, les trahisons... » (cf. *supra*, fin du témoignage concernant le général Dessirier.)

Un publiciste démocrate et libéral que j'ai publiquement pris en flagrant délit de fraude et de substitution de signature, après que je l'eus réduit au silence dans un débat de philosophie politique (comme on pourra s'en rendre compte en se reportant à la revue d'Action française du 15 mai 1908 « Un agresseur »), cet homme a cru trouver dans les lignes citées plus haut la matière d'un grand scandale. Il les a déclarées « abominables » (*Bulletin de la semaine* du 18 mars 1908). Nous n'avons attaché aucune importance à l'épithète. Elle était sans autorité. L'année suivante, le 8 juin 1909, dans *Le Peuple français*, un autre bon apôtre, M. Henri Bazire, se trouvant gêné par les observations que nous lui avions faites la veille, remontait à l'épithète du *Bulletin de la semaine*, vieille d'un an, et la reprenait à son compte. Mais M. Bazire négligeait de faire la citation complète, et, citant la phrase sur l'argent, les femmes, les consciences, oubliait les paroles antérieures : « Prenons donc les amis les plus chers du pouvoir actuel, les plus fidèles de l'escorte prétorienne de Clemenceau », phrase qui limitait à un certain groupe de personnalités déjà corrompues le cercle où il convient d'opérer les achats, phrase qui exclut toute idée de corruption et qui se borne à conseiller d'acheter ce qui est à vendre. Criton, dans sa revue de la presse de l'Action française quotidienne, disait, le 9 mai 1909, à ce propos « J'avoue que, même devant cette denrée, on peut hésiter. Il y a un culte de la dignité de l'homme qui peut arrêter net toute tentation, toute sollicitation d'un tel ordre. On peut préférer la décadence de son pays, la ruine de la France, la mort de toute civilisation, à l'acte de Henri IV achetant tour à tour tel puissant huguenot, tel redoutable ligueur. Ces nobles pudeurs sont possibles. Mais les héros capables de surmonter l'évidence du bien public par souci et respect de la nature humaine, ne font généralement pas de la politique. C'est au désert, au fond des cloîtres, qu'on les trouve, et nous ne demanderions pas mieux que d'assimiler la rédaction du *Peuple français* à quelque introuvable Chartreuse devant laquelle nous n'aurions qu'à répandre un hommage de vénération et d'admiration. Seulement, ceux qui poussent jusque-là le scrupule sont aussi des citateurs exacts et complets. Ils ne tronquent jamais un texte pour lui faire dire plus qu'il ne dit ». Et Criton terminait en produisant un renseignement sur la moralité politique de l'écrivain qui s'était montré offusqué de notre immoralité ; comme il partait un jour pour les grandes manœuvres électorales, le candidat Bazire avait déclaré, devant témoins, ceci : « Je dépose ma conscience au fond d'un tiroir. Je la reprendrai au retour. » Que fit M. Bazire, temporairement allégé de sa conscience ? N'approfondissons rien. Bornons-nous à lui conseiller de ne plus faire l'hypocrite ou d'attacher le masque solidement.

L'auteur de la phrase incriminée par M. Bazire, M. Poulard, écrivit le lendemain au *Peuple français* un complément d'explication fort curieux :

> Sans vous citer les exemples historiques, qui prouvent la valeur de cette tactique d'achat d'influences, exemples que Criton vous a cités, je vous dirai, en trois points, ceci :
> 1. Nous sommes d'accord sur ce point que la République, actuelle pour vous, tout court pour moi, mène la Patrie et l'Église à sa ruine ;
> 2. Je constate que par les moyens... honnêtes (?)... de l'éducation du suffrage universel, M. Piou reçoit tous les quatre ans les plus formidables raclées qui se puissent imaginer ;
> 3. J'en suis arrivé à me convaincre, grâce à l'Action française, que, du suffrage universel, principe faux du gouvernement, ne peut sortir que le mal, et du mal, le pire.
>
> Ceci posé, je me demande, le plus honnêtement du monde, je vous l'assure : dois-je laisser la Patrie et l'Église périr, plutôt qu'un principe contestable ? Je n'ai pas cet héroïsme, et je dis : achetons ce qui est à vendre, s'il n'est pas de meilleur moyen. Ceux qui sont allés, par intérêt, aux étrangers, ramenons-les, par intérêt, à la France. Permettez-moi de vous faire remarquer qu'il est beaucoup moins

coupable de tenter cet achat de personnages mille fois vendus, mille fois achetés, et dont la conscience n'est plus à corrompre, que de salir, de pourrir des milliers de cerveaux et de cœurs au cours d'une période électorale.

J'ai d'ailleurs un répondant dont vous ne contesterez pas, je pense, la haute valeur. Mgr Montagnini écrivait le 9 avril 1905 à Mgr Merry del Val (*cf. Figaro* du 2 avril 1907) : « Au moyen de sommes d'argent, on pourrait peut-être, selon Piou, obtenir que Clemenceau soit disposé à ce qu'on laissât toutes les églises aux catholiques... mais Piou m'a dit qu'il faudrait une somme trop forte... »

Ainsi M. Piou, sur le témoignage qu'il a vainement contesté, de Mgr Montagnini, a délibéré de procéder à l'achat de M. Clemenceau. Ainsi M. Bazire jette sa conscience dans un tiroir dès qu'il parle de se porter candidat à la Chambre. Ainsi M. Fonsegrive, qui n'a même pas l'excuse d'un service public et constitutionnel, fraude les textes qu'il cite et opère des substitutions de signatures toutes les fois que la manœuvre est jugée favorable à un intérêt qu'il soutient. Et ces honnêtes gens crient à l'abomination quand nous souffrons que l'on trafique pour le salut de la nation, des personnes corrompues et des consciences vénales ! Nous en ririons si les clameurs de ces hypocrites n'avaient su émouvoir de très nobles scrupules dont on trouvera trace dans les belles pages que l'on a bien voulu nous consacrer aux *Études religieuses*. Mais n'était-il pas digne de l'intelligence et de la vertu du collaborateur des *Études* d'examiner d'un peu plus près les indignes sources du reproche ainsi formulé et propagé ?

Ces observations faites, il ne sera pas sans importance de répéter que la théorie de la corruption proprement dite, considérée comme élément essentiel du Coup, est formellement écartée à deux reprises[487] de la présente brochure, pour des raisons toutes politiques du reste, comme l'ordre des choses dont il est raisonné ici.

---

[487] Le texte original précise : « page 11 et page 53 ». (n.d.é.)

Volume V – Principes

Trois idées politiques
Chateaubriand,
Michelet,
Sainte-Beuve

1912

> *En dépit de la voix haute et salutaire des lois de gradation qui pénètrent si vivement toutes choses sur la terre et dans le ciel, des efforts insensés furent faits pour établir une démocratie universelle.*
>
> Edgar Poe.[488]

À Monsieur Paul Bourget
*En souvenir des justes conclusions d'*Outre-Mer

Nous devons chercher ce qui reste de la vieille France et nous y rattacher par toutes nos fibres, retrouver la province d'unité naturelle et héréditaire sous le département artificiel et morcelé, l'autonomie municipale sous la centralisation administrative, les Universités locales et fécondes sous notre Université officielle et morte, reconstituer la famille terrienne par la liberté de tester, protéger le travail par le rétablissement des corporations, rendre à la vie religieuse sa vigueur et sa dignité par la suppression du budget des cultes et le droit de posséder librement assuré aux associations religieuses, en un mot, sur ce point comme sur les autres, défaire systématiquement l'œuvre meurtrière de la révolution française.

Paul Bourget, Outre-Mer, tome II.

---

[488] C'est un extrait de la traduction par Charles Baudelaire du *Colloque entre Monos et Una* (n.d.é.)

Note à l'édition de 1912

L'année 1898, traversée d'agitations profondes, ne pouvait manquer d'introduire la politique et la religion dans ses trois grandes commémorations littéraires : le centenaire de la naissance de Michelet, le cinquantenaire de la mort de Chateaubriand, l'érection du buste de Sainte-Beuve.[489] Mes réflexions d'alors aboutirent à des conclusions générales qui n'ont pas perdu tout leur intérêt aujourd'hui, car elles ne furent pas étrangères à la fondation de notre Action française sept mois plus tard. Je leur dois mes relations intellectuelles avec quelques-uns de ceux dont je suis le collaborateur depuis quatorze ans. Ce souvenir précieux me fera pardonner l'amitié que je garde à ce petit livre et le plaisir avec lequel j'ai cédé à mes vieux amis, les éditions Honoré et Édouard Champion, quand ils m'ont proposé de le réimprimer dans la maison où il a vu le jour.

Il me paraît bien vain d'y changer grand'chose, hormis quelques paroles aiguës que j'ai plaisir à effacer. S'il fallait tout récrire, je n'aurais pas de peine à m'abstenir d'un certain courant d'épigrammes. L'expression d'un sentiment qui se cherchait encore côtoie ici, à chaque ligne, le formulaire d'une pensée qui se trouvait.

Les défenseurs de l'anarchie démocratique et libérale, seuls visés et atteints par la direction générale de ma critique, ne manqueront pas de la représenter de nouveau comme ennemie secrète d'une organisation religieuse que je vénère. C'est pourquoi il ne m'a pas semblé inutile de fixer, dans cette nouvelle édition, en annexe à la note III, la preuve décisive de l'intention calomnieuse acharnée à dénaturer ma pensée.

---

[489] Le buste de Sainte-Beuve se trouve dans les jardins du Luxembourg. Érigé sur proposition de François Coppée, il fut inauguré le 19 juin 1898. (n.d.é.)

Avant-propos

Je ne traite pas de Chateaubriand, de Michelet ni de Sainte-Beuve ; mais on n'a point traité de Sainte-Beuve, de Michelet, ni de Chateaubriand dans les solennités dont ils ont fourni le prétexte.

Je veux parler de ce qui fut l'unique sujet des discours et des écrits publiés à propos de ces trois écrivains. Je dirai quel sens politique peut être sans erreur prêté à leurs ouvrages. Ce n'est pas de ma faute si on leur en a prêté un.

Que les partis en quête d'un aïeul représentatif se trompent parfois de grand homme, je n'y peux rien non plus ; ils m'auraient épargné de relever l'erreur s'ils l'eussent d'abord évitée. Comme disent les philosophes, tout cela m'est donné. Mais, sur cette donnée, je me préoccupe d'avoir raison ; ils me semble douteux que ces réflexions souffrent de conteste sérieuse.

La vieille France croit tirer un grand honneur de Chateaubriand, elle se trompe. La France moderne accepte Michelet pour patron, mais elle se trompe à son tour. En revanche, ni l'une ni l'autre des deux Frances ne nous montre un souci bien vif de Sainte-Beuve ; c'est encore une faute, un Sainte-Beuve peut les remettre d'accord.

I. Chateaubriand ou l'anarchie

> *La soumission est la base du perfectionnement.*
> Auguste Comte.

J'admire surtout l'égarement de la vieille France. Ce Régime ancien dont elle garde la religion, l'État français d'avant dix-sept cent quatre-vingt-neuf, était monarchique, hiérarchique, syndicaliste et communautaire ; tout individu y vivait soutenu et discipliné ; Chateaubriand fut des premiers après Jean-Jacques qui firent admettre et aimer un personnage isolé et comme perclus dans l'orgueil et l'ennui de sa liberté.

La vieille France avait ses constitutions propres, nées des races et des sols qui la composaient. Les voyages de Chateaubriand aux pays anglais marquent, avec ceux de Voltaire et de Montesquieu, les dates mémorables de l'anglomanie constitutionnelle ; il ne guérit jamais de son premier goût pour les plagiats du système britannique, libéralisme, gouvernement parlementaire et régime de cabinet.

La vieille France avait l'esprit classique, juridique, philosophique, plus sensible aux rapports des choses qu'aux choses mêmes, et, jusque dans les récits les plus libertins, ses écrivains se rangeaient à la présidence de la raison ; comme les Athéniens du Ve siècle, cette race arrivée à la perfection du génie humain avait, selon une élégante expression de M. Boutmy[490], réussi à substituer « le procédé logique » au « procédé intuitif » qu'elle laissait aux animaux et aux barbares ; Chateaubriand désorganisa ce génie abstrait en y faisant prévaloir l'imagination, en communiquant au langage, aux mots, une couleur de sensualité, un goût de chair, une complaisance dans le physique, où personne ne s'était risqué avant lui. En même temps, il révélait l'art romantique des peuples du nord de l'Europe. Quoiqu'il ait plus tard déploré l'influence contre nature que ces peuples sans maturité acquirent chez nous, il en est le premier auteur.

La vieille France professait ce catholicisme traditionnel qui, composant les visions juives, le sentiment chrétien et la discipline reçue du monde hellénique et romain, porte avec soi l'ordre naturel de l'humanité ;

---

[490] Émile Boutmy, 1835–1906, fondateur en 1872 de l'École libre des sciences politiques, qu'il dirigera jusqu'à sa mort (n.d.é.)

Chateaubriand a négligé cette forte substance de la doctrine. De la prétendue Renaissance qu'on le loue d'avoir provoquée datent ces « pantalonnades théologiques », ce manque de sérieux dans l'apologétique, qui faisaient rire les maîtres d'Ernest Renan. Examinée de près, elle diffère seulement par le lustre du pittoresque et les appels au sens du déisme sentimental propagé par les Allemands et les Suisses du salon Necker. On a nommé Chateaubriand un « épicurien catholique », mais il n'est point cela du tout. Je le dirais plus volontiers un protestant honteux vêtu de la pourpre de Rome. Il a contribué presque autant que Lammenais, son compatriote, à notre anarchie religieuse.

Si enfin le *Génie du Christianisme* lui donne l'attitude d'un farouche adversaire de la Révolution, de fait, il en a été le grand obligé.

Lorsque, ayant pris congé des sauvages de l'Amérique, François-René de Chateaubriand retrouva sa patrie, elle était couverte de ruines qui l'émurent profondément. Ses premières ébullitions furent, il est vrai, pour maudire dans un *Essai*[491] fameux ce qui venait d'ainsi périr. Peu à peu toutefois, l'imagination historique reprenant le dessus, il aima, mortes et gisantes, des institutions qu'il avait fuies jusqu'au désert, quand elles florissaient. Il leur donna, non point des pleurs, mais des pages si grandement et si pathétiquement éplorées que leur son éveilla, par la suite, ses propres larmes. Il les versa de bonne foi. Cette sincérité allait même jusqu'à l'atroce.

Cet artiste mit au concert de ses flûtes funèbres une condition secrète, mais invariable : il exigeait que sa plainte fût soutenue, sa tristesse nourrie de solides calamités, de malheurs consommés et définitifs, et de chutes sans espoir de relèvement. Sa sympathie, son éloquence, se détournait des infortunes incomplètes. Il fallait que son sujet fût frappé au cœur. Mais qu'une des victimes, roulée, cousue, chantée par lui dans le « linceul de pourpre », fît quelque mouvement, ce n'était plus de jeu ; ressuscitant, elles le désobligeaient pour toujours.

Quand donc la monarchie française eut le mauvais goût de renaître, elle fut bien reçue ! Après les premiers compliments, faits en haine de Bonaparte et qu'un bon gentilhomme ne refusait pas à son prince, Chateaubriand punit, du mieux qu'il le put faire, ce démenti impertinent que la Restauration infligeait à ses *Requiem*. Louis XVIII n'eut pas de plus incommode sujet, ni ses meilleurs ministres de collègue plus dangereux.

---

[491] L'*Essai historique, politique et moral sur les révolutions anciennes et modernes, considérées dans leurs rapports avec la Révolution française*, en 1797. (n.d.é.)

Enfin 1830 éclate, le délivre. Voilà notre homme sur une ruine nouvelle. Tous les devoirs de loyalisme deviennent aussitôt faciles et même agréables. Il intrigue, voyage, publie des déclarations. « Madame, votre fils est mon roi ! » La mort de Napoléon II lui donne un grand coup d'espérance ; si le duc de Bordeaux, lui aussi... ? Mais le duc de Bordeaux grandit. Cette douceur est refusée à M. de Chateaubriand de chanter le grand air au service du dernier roi ; il se console en regardant le dernier trône mis en morceaux.

La monarchie légitime a cessé de vivre, tel est le sujet ordinaire de ses méditations ; l'évidence de cette vérité provisoire lui rend la sécurité ; mais toutefois, de temps à autre, il se transporte à la sépulture royale, lève le drap et palpe les beaux membres inanimés. Pour les mieux préserver de reviviscences possibles, cet ancien soldat de Condé les accable de bénédictions acérées et d'éloges perfides, pareils à des coups de stylet.

Ceci est littéral. À ses façons de craindre la démagogie, le socialisme, la République européenne, on se rend compte qu'il les appelle de tous ses vœux. Prévoir certains fléaux, les prévoir en public, de ce ton sarcastique, amer et dégagé, équivaut à les préparer.

Assurément, ce noble esprit, si supérieur à l'intelligence des Hugo, des Michelet et des autres romantiques, ne se figurait pas de nouveau régime sans quelque horreur. Mais il aimait l'horreur ; je voudrais oser dire qu'il y goûtait, à la manière de Néron et de Sade, la joie de se faire un peu mal, associée à des plaisirs plus pénétrants.

Son goût des malheurs historiques fut bien servi jusqu'à la fin. Il mourut dans les délices du désespoir ; le canon des journées de juin s'éteignait à peine. Il avait entendu la fusillade de février. Le nécrologue des théocraties et des monarchies, qui tenait un registre des empereurs, des papes, des rois et des grands personnages saisis devant lui par la disgrâce ou la mort, n'entonna point le cantique de Siméon sans avoir mis sur ses tablettes l'exil des Orléans et la chute de Lamartine.

Race de naufrageurs et de faiseurs d'épaves, oiseau rapace et solitaire, Chateaubriand n'a jamais cherché, dans la mort et dans le passé, le transmissible, le fécond, le traditionnel, l'éternel ; mais le passé, comme passé, et la mort, comme mort, furent ses uniques plaisirs. Loin de rien conserver, il fit au besoin des dégâts, afin de se donner de plus sûrs motifs de regrets. En toutes choses, il ne vit que leur force de l'émouvoir, c'est-à-dire lui-même. À la cour, dans les camps, dans les charges publiques comme dans ses livres, il est lui, et il n'est que lui, ermite de Combourg, solitaire de la Floride. Il se soumettait l'univers. Cet idole des modernes conservateurs nous incarne surtout le génie des Révolutions. Il l'incarne bien plus que Michelet peut-être. On le fêterait en sabots, affublé de la carmagnole et cocarde rouge au bonnet.

II. Michelet ou la démocratie

> *En dépit de la voix haute et salutaire des lois de gradation qui pénètrent si vivement toutes choses sur la terre et dans le ciel, des efforts insensés furent faits pour établir une démocratie universelle.*
> Edgar Poe – *Colloque entre Monos et Una.*

Dans une de ses anciennes caricatures, le dessinateur André Gill[492] se montre généreux envers Michelet : il lui met au bonnet une cocarde tricolore, insigne commun des Français. C'est une largesse du même goût que vient de faire au même auteur le monde officiel. On nous arrange Michelet en patron de l'histoire et de l'unité nationales. Tous les amis de l'historien acceptent l'appareil si avantageux pour son ombre. Mais beaucoup de Français ont jugé néanmoins le centenaire de cet homme comme une aggravation de la fête du 14 juillet. Un évêque s'est plaint ; tout lettré philosophe a haussé les épaules. Il est vrai que l'État veille sur Michelet depuis longtemps. Il en fait son affaire et comme sa religion. Outre les quatre cultes reconnus par l'État, en voilà un cinquième de privilégié. Partout où il le peut, sans se mettre dans l'embarras ni causer de plaintes publiques, l'État introduit les œuvres et l'influence de son docteur. Voyez notamment dans les écoles primaires, les traités d'histoire de France, les manuels d'instruction civique et morale ; ces petits livres ne respirent que les « idées » de Michelet. À Sèvres, à Fontenay, les jeunes normaliennes ont Michelet pour aumônier ; il est le Fénelon de ces nouveaux Saint-Cyr. Je ne discute point si l'action de l'État est ici

---

[492] André Gill, 1840–1885, célèbre caricaturiste et chansonnier, opposant au Second Empire, puis communard, et mort fou (n.d.é.)

constitutionnelle ; je me contente de douter que Michelet puisse fournir le service attendu de lui.

L'État part de cette conjecture ingénue que l'auteur de la Bible de l'humanité « émancipe », introduit les jeunes esprits à la liberté de penser. Michelet s'en vante beaucoup. Mais, au son que donnent chez lui ces vanteries, je crois entendre un vieil esclave halluciné prendre ses lourdes chaînes pour le myrte d'Harmodius.[493]

Qui fut plus serf que Michelet ? Cette brillante intelligence, préposée aujourd'hui à la direction de tant d'autres, ne se posséda point elle-même. Il fallait toujours qu'elle pliât sous quelque joug, obéît à quelque aiguillon. Un esprit pur et libre se décide par des raisons et, en d'autres mots, par lui-même ; le sien cédait, pour l'ordinaire, à ce ramassis d'impressions et d'imaginations qui se forment sous l'influence des nerfs, du sang, du foie et des autres glandes. Ces humeurs naturelles le menaient comme un alcool.

Fort savant, il aura été des grands travailleurs de son siècle ; comme on dit, un bénédictin. Mais rien n'est aussi instructif que de saisir les différences de l'œuvre de Michelet et des œuvres bénédictines. Celles-ci, l'Histoire littéraire de la France, par exemple, montrent dès l'abord un grand air de sagesse et de gravité. Avec moins de génie que chez l'historien romantique,

---

[493] Harmodius, ou Harmodios, jeune athénien qui cacha sous des feuilles de myrte le poignard dont il se servit pour assassiner Hipparque, fils de Pisistrate et frère cadet du tyran Hippias.

Cet épisode de la vie athénienne, conté par Thucydide et abondamment commenté par la suite, a rapidement échappé à l'histoire pour nourrir la légende et l'idéologie. Il semble que le régime imposé jusqu'alors par les deux fils de Pisistrate ait été fort libéral. Il l'était en tous cas certainement sur le plan des mœurs. Hipparque voulut séduire le gracieux Harmodios, lequel avait pour éraste un certain Aristogiton. Celui-ci refusa de partager son protégé avec Hipparque, que les deux amants résolurent de tuer. Harmodios fut exécuté juste après le crime par les gardes d'Hipparque, alors qu'Aristogiton mourut sous la torture. Aristote raconte que, pressé de livrer le nom de ses complices, il dénonça en fait des amis du régime qui furent massacrés sur le champ. De fait, après cet intermède sanguinaire, Hippias imposa à Athènes un despotisme beaucoup plus dur, si bien que l'opposition démocratique en vint à faire d'Harmodios et d'Aristogiton deux héros, deux libérateurs auteurs d'un légitime tyrannicide.

Ce qu'une lecture objective de Thucydide conduirait à qualifier de sordide crime de mœurs ourdi par deux petites frappes était devenu un acte glorieux et émancipateur, dont Michelet ne s'est pas privé d'exalter le caractère annonciateur et exemplaire. Mais Michelet glissait pudiquement sur les affaires de pédérastie, ce que ne font pas certains commentateurs d'aujourd'hui qui ne font plus d'Harmodios un héros social, mais un martyre de la cause homosexuelle. (n.d.é.)

elles offrent, page par page et même phrase à phrase, sans parler des nobles qualités de la langue, un caractère si rationnel, un style si parfait et si vigoureux, un si vif sentiment de l'universelle ordonnance, une si sereine force d'esprit que la comparaison ne peut que tourner à la honte de Michelet. Bien penser, induire et déduire avec suite, sauve des agitations de l'envie, de la peur et de l'aversion. Les bonheurs d'expression, les couleurs vives, les vues perçantes de Michelet ne peuvent tenir la place de la raison. Ses avantages naturels ne font que le livrer à plus de caprices : brut, amorphe, enfantin, il vagit quand les autres parlent.

J'avoue que ce vagissement peut recevoir un sens historique ; il peut signifier l'avènement aux lettres françaises des mineurs, des enfants, des « petits barbares », ainsi que les nomme Le Play.

Pendant de longs âges, la France fut représentée, en littérature comme ailleurs, par les membres d'une élite héréditaire. Les beaux esprits qui pouvaient naître de la très petite bourgeoisie ou du peuple accédaient aux honneurs par la cléricature ; les études de théologie et de casuistique imposées à ces clercs leur procuraient toute la fleur des acquisitions de leur Ordre, et le profit de ce rude et subtil exercice égalait, pour leur affinement moral et logique, les avantages d'une longue série d'aïeux. Jusqu'au milieu du siècle cette gymnastique a gardé sa valeur, et Renan, qu'une heureuse étoile soumit au régime du séminaire, s'en est fait une idée très nette. Je regrette comme un malheur que Michelet, petit apprenti parisien, n'ait pas connu le privilège d'une pareille formation. Saint-Sulpice a manqué à cet homme nouveau ; l'Université, même renforcée des leçons écrites de Herder[494] et de Vico[495], ne suffit point à lui conférer ses quartiers de noblesse intellectuelle. On en a vu le résultat ; presque le premier, Michelet a donné ce scandale d'un très grand écrivain français dont la pensée est molle, l'ordre nul, la dialectique sans nerf.

Plus dépourvu parmi les idées générales que n'avait été Robinson parmi les bêtes et les plantes de son île, Michelet se trouva dans la même nécessité

---

[494] Johann Gottfried von Herder, 1744-1803, philosophe et théologien prussien, à l'origine du mouvement romantique *Sturm und Drang*. On peut le considérer comme le fondateur du relativisme culturel. Joseph de Maistre l'a qualifié de « comédien professant l'Évangile en chaire et le panthéisme dans ses écrits ». Il fut traduit en France par Edgard Quinet (n.d.é.)

[495] Giambattista Vico, 1668-1744, auteur napolitain considéré comme le fondateur de la philosophie de l'histoire. Michelet le traduisit et le fit connaître en France avec les *Œuvres choisies de Vico*, publiées en 1835. (n.d.é.)

de faire des outils sans aucun outil, une méthode sans méthode, un art de penser sans cerveau.[496] Mourant d'envie de raisonner, il prit le plus court.

Il utilisa son grand cœur. Comme il eût labouré avec la pointe d'un couteau ou taillé des sabots au moyen d'un bêche si la fantaisie du sabotage ou du labourage lui était venue, Michelet fit de la pensée avec son cœur.

Il fit penser son cœur sur tous les sujets concevables, l'histoire des hommes, celle de la nature, la morale, la religion. Il crut connaître par le cœur les causes des faits, leurs raisons et leur sens humain ou divin ; il eût même exercé son cœur à jouer aux échecs et à réduire des fractions. Le résultat des opérations de ce cœur prodige lui parut si parfait qu'il se confessa

---

[496] Voici à ce propos ce qu'écrivait Taine en février 1855, au sujet du tome sur la Renaissance de l'*Histoire de France* de Michelet :

> On entre en défiance lorsqu'on voit un petit fait érigé en symbole d'une civilisation, un particulier transformé en représentant d'une époque, tel personnage changé en missionnaire de la Providence ou de la nécessité, les idées s'incarnant en des personnes, les hommes perdant leur figure et leur caractère réel pour devenir des moments de l'histoire. L'esprit du lecteur se trouble ; il voit les faits se changer en idées et les idées en faits ; tout se fond et se confond à ses yeux en une poésie vague qui berce son imagination par le chant des phrases harmonieuses, sans qu'aucune loi certaine et prouvée puisse s'affirmer au milieu de tant d'hypothèses vacillantes et d'affirmations hasardées. Bien plus, le hardi moqueur donne prise parfois aux moqueries des autres ; il est téméraire même contre le bon sens ; il oublie que certaines images sont grotesques, et on ne sait trop si on doit s'attrister ou rire lorsqu'on le voit présenter comme un symbole des inventions religieuses du XVe siècle l'instrument d'église nommé serpent. Ajoutons enfin que ce style forcé, ces alliances de mots étonnantes, cette habitude de sacrifier l'expression juste à l'expression violente, donnent l'idée d'un esprit pour qui la passion s'est tournée en maladie, et qui, après avoir faussé volontairement la langue, pourrait involontairement fausser la vérité...
>
> L'histoire est un art, il est vrai, mais elle est aussi une science ; elle demande à l'écrivain l'inspiration, mais elle lui demande aussi la réflexion ; si elle a pour ouvrière l'imagination créatrice, elle a pour instruments la critique prudente et la généralisation circonspecte ; il faut que ses peintures soient aussi vivantes que celles de la poésie, mais il faut que son style soit aussi exact, ses divisions aussi marquées, ses lois aussi prouvées, ses inductions aussi précises que celles de l'histoire naturelle. M. Michelet a laissé grandir en lui l'imagination poétique. Elle a couvert ou étouffé les autres facultés qui d'abord s'étaient développées de concert avec elle. Son histoire a toutes les qualités de l'inspiration : mouvement, grâce, esprit, couleur, passion, éloquence ; elle n'a point celles de la science : clarté, justesse, certitude, mesure, autorité. Elle est admirable et incomplète ; elle séduit et ne convainc pas. Peut-être, dans cinquante ans, quand on voudra la définir, on dira qu'elle est l'épopée lyrique de la France. (n.d.é.)

l'heureux inventeur de la première des méthodes. Le cœur de Michelet se promut cerveau, mais cerveau de bien meilleur ordre que les cerveaux de simple substance cérébrale et qui ne savent que penser ; sous le titre de conscience, il s'institua juge unique de la vérité. Aux divinations de son cœur, s'associaient quelque centon de christianisme allemand et de platonisme syrien, plusieurs idées antiques comprises assez mal, ou travesties par bonté d'âme, et beaucoup de sottises qui coururent les rues entre 1825 et 1850. Cette mixture, réchauffée et dorée au foyer de l'imagination et de la passion les plus belles, donne une pâte consistante, comme un humble Corpus de philosophie populaire, et fait rêver d'un Jules Verne mystagogue et sociologue.

Son procédé le plus familier consiste à élever jusqu'à la dignité de Dieu chaque rudiment d'idée générale qui passe à sa portée. Non un dieu de polythéiste, fini et balancé par un vaste concert d'autres forces divines, mais un vrai Dieu au sens chrétien, un Dieu de monothéiste, revêtu pour quelques minutes de toutes les perfections comptées par les théologiens.

Ces divinités temporaires se succèdent au gré de sa mobilité : c'est tour à tour la Vie, l'Homme, l'Amour, le Droit, la Justice, le Peuple, la Révolution. Quelquefois ces abstractions variées se fondent les unes dans les autres, car Michelet manquait à un rare degré de l'art de distinguer ; elles font masse contre un commun adversaire, qui s'appelle, selon les besoins d'un moment, la Mort, la Bête, la Haine ou l'Autorité... Ces conceptions d'un manichéisme incertain nous ramènent, malgré la pompe des majuscules et l'emphase du style, aux premiers bégaiements du haut Moyen Âge. Quelques moines de grand chemin déifiaient ainsi les confuses et tendres énergies de leur sentiment ; mais leurs successeurs condamnèrent[497] cette « erreur des

---

[497]

Or ti puote apparer quant'è nascosa
La veritate a la gente ch'avvera
Ciascun amore in sé laudabil cosa ;
Però che forse appar la sua matera
Sempre esser buona ; ma non ciascun segno
È buono, ancor che buona sia la cera.
    (*Purgatorio*, XVIII, 34-39)

Ce que Dante dit de l'Amour peut se dire aussi de la volonté. Il a fallu descendre tous les degrés de la décrépitude intellectuelle pour en venir à l'état d'esprit de ces modernes professeurs et maîtres de la jeunesse qui appellent publiquement toute volonté *in sé laudabil cosa.*

aveugles qui se font guides », *l'error de'ciechi che si fanno duci.*[498] Dans la *Divine Comédie*, Virgile explique en deux tercets à son disciple que, si le cœur produit l'énergie de la vie et la matière brute de notre mouvement, la raison[499] a seule qualité pour tout diriger.

Michelet moraliste ignore la raison ; politique, il n'en tient non plus aucun compte réel. Il crée un droit et même un privilège au profit de la non-valeur. Il forge à tout néant des titres à la vie. Il jette un grand pays pensant, une race active et féconde, en proie au bon plaisir de ses gueux niais et féroces. Tout cœur d'homme lui apparaît, comme son cœur, l'asile des oracles et le temple des prophéties, chose divine, inviolable et incoercible. Théologien des droits de la multitude et de cet instinct populaire qui lui semble infaillible, justificateur habituel de toutes les révoltes contre les sacerdoces et les empires, il définit les hommes supérieurs comme de simples mandataires et des représentants mystiques de la populace. Il définissait bien sa propre qualité. Il ne définissait rien d'autre. Ce qu'il raconte et célèbre en quarante volumes, ce n'est pas l'histoire de la France ni du peuple français, mais les fastes de notre plèbe ; ce qu'il en exalte, au-delà de tout, c'est deux passions, nullement particulières à ce pays et communes à toute masse populaire indiscrètement agitée : l'impatience de l'ordre, la furie de l'égalité.

On a de la peine à penser que cet annaliste d'une France décapitée, ce philosophe d'une humanité sans cerveau, représente l'essence de l'esprit national ou même l'esprit de l'État. Je concède que nos pouvoirs publics, en tant que démocrates, aient parfois intérêt à choisir ces héros-là : mais en tant

---

[Soit : « Tu peux voir à présent combien la vérité reste cachée à ceux-là qui affirment que tout amour est chose en soi louable ; car la substance en paraîtra peut-être bonne toujours, cependant tous les sceaux ne sont pas bons encore que la cire soit bonne. »
C'est Virgile qui s'adresse à Dante dans une explication des raisons pour lesquelles toute bonne œuvre ainsi que son contraire dérive de l'amour.
Soit qu'il s'agisse d'une simple erreur de transcription soit que Maurras veuille tirer légèrement le sens, il écrit – au milieu d'autres imprécisions qui n'altèrent pas le sens de ces vers – *causa* (cause) pour *cosa* (chose). Nous avons rétabli le texte habituel qui est celui de la Société dantesque italienne. (n.d.é.)]
[498] *Purgatoire*, XVIII, 18.
[499]

...la virtù che consiglia
E dell'assenso de'tener la soglia.
(*Purgatoire*, XVIII, 62–63).

[Le tercet complet est le suivant : « Or pour qu'à celles-ci [louange ou blâme] toutes les autres [tendances] s'accordent, se trouve innée en vous la vertu de conseil, qui doit veiller au seuil de votre assentiment. » (n.d.é.)]

que Français ? en tant qu'hommes ? en tant que gardiens de la civilisation ? en tant même que parti de gouvernement ? Si j'étais à leur place, le souvenir de ce centenaire ne me laisserait point très paisible.

Ils en auront des remords avant peu de temps. Tout ce bouillonnant Michelet, déversé dans des milliers d'écoles[500], sur des millions d'écoliers, portera son fruit naturel : il multiplie, il accumule sur nos têtes les chances de prochain obscurcissement (à vrai dire, d'obscurantisme), les menaces d'orage, de discorde et de confusion. Si nos fils réussissent à paraître plus sots que nous, plus pauvres, plus grossiers, plus proches voisins de la bête, la dégénérescence trouvera son excuse dans les leçons qu'on leur fit apprendre de Michelet.

III. Sainte-Beuve ou l'empirisme organisateur

> *Toutes choses étaient confuses ; l'intelligence est venue les organiser.*
> Anaxagore, d'après Diogène Laërte, II, 3.

Michelet figurant l'inverse du progrès et Chateaubriand le contraire de la tradition, cette double méprise de la vieille France et de la France moderne se complique, ai-je dit, d'une double négligence envers Sainte-Beuve. J'aurai le courage de répéter et de montrer que Sainte-Beuve leur servirait à l'une et à l'autre.

À la vérité, ce grand homme ne brille point par le caractère. Il laisse assez vite entrevoir les basses parties de son âme. Ceux-mêmes qui se plaisent infiniment auprès de lui ne l'aiment qu'avec précaution. Mais qu'est-il

---

[500] Au 14 juillet, le gouvernement de la République, représenté par les deux ministres de l'Instruction publique, MM. Alfred Rambaud et Léon Bourgeois, a fait distribuer gratuitement dans toutes les écoles du territoire une brochure de morceaux choisis de Michelet (*Hommage à Jules Michelet*, 21 août 1798 – 9 février 1874. Paris, Imprimerie nationale). J'y note des pages sur la fédération de 1790, les volontaires de 92, la *Marseillaise*, Valmy, qui ne sont qu'un fatras d'erreurs historiques, politiques, philosophiques.

nécessaire que son personnage nous plaise ! En oubliant le peu que fut cette personne, il faut considérer l'essence impersonnelle de l'esprit pur.

La devise qu'on a inscrite au monument du Luxembourg : *Le vrai, le vrai seul*, serait, pour tout autre, ambitieuse. Elle devint juste pour lui. Sur ses derniers jours, Sainte-Beuve ne tenait à peu près qu'à la vérité. Cette vérité fut particulièrement cachée aux homme de son âge, enfants névropathiques des révolutions et des guerres. Une singulière démence, née des entreprises de la sensibilité sur la fantaisie et de la fantaisie sur la raison, les empêchait tout à la fois de voir juste, de bien juger et d'argumenter avec rigueur et solidité. Manque d'observation, arrêt du sens critique, lésion profonde de la faculté logique, c'est proprement la triple tare du romantisme. Joignez que la rupture des hautes traditions intellectuelles, dont j'ai traité pour Michelet, rendait plus cruelle et plus difficile la guérison de cette maladie de l'intelligence.

En philosophie et en poésie comme en histoire et en religion, les écoles les plus brillantes s'attachaient à développer soit des vérités fort banales en termes ambitieux, soit des vues neuves et curieuses, mais démesurément amplifiées par le langage. Une foule de maîtres s'improvisaient ainsi et chacun avait ses disciples ; ceux-ci ramassaient et embauchaient les passants. Infatigable dans la curiosité, Sainte-Beuve visita un par un les cénacles contemporains. Il s'en mettait. On l'accueillait, on l'initiait sur-le-champ, tant il montrait de timide ferveur, de disposition à l'étude et de fine compréhension. Toujours intéressé, il paraissait conquis. Catéchumène ou néophyte, nul ne s'entendait comme lui à déraisonner dans le chœur. Puis, soudainement, sur le signe de quelque puissance invisible, il prenait un air mécontent ; son visage se refermait, il saluait, fuyait, et les plus douces habitudes ne le ramenaient point.

Ainsi répandait-il sa fine et discrète lueur chez les saint-simoniens du *Globe*[501], dans la société de Victor Hugo, le monde de Chateaubriand, l'école menaisienne, le cercle de Vinet...[502] Chaque départ indignait l'hôte, qui

---

[501] Fondé en 1824, *Le Globe* est d'abord un journal littéraire qui se donne pour mission de défendre le romantisme. Il prend ensuite un tour politique libéral et ses principaux collaborateurs forment une partie du personnel du régime après l'avènement de Louis-Philippe, abandonnant le journal. Si bien qu'en décembre 1830, *Le Globe* prend une nouvelle orientation et devient, sous la direction de Michel Chevalier, l'organe du saint-simonisme. (n.d.é.)

[502] Alexandre Vinet, 1797-1847, philosophe et théologien protestant et vaudois, auteur de nombreuses études sur la littérature française, partisan farouche de la séparation des églises et

criait à la trahison. Je conviens que l'allure de Sainte-Beuve, un peu gauche et oblique, jointe à tout ce que l'on savait de son naturel, donnait une prise au reproche. Et cependant il n'avait trahi personne, ni rien livré. Le trahi, c'était lui : au lieu des vérités capitales promises, on lui avait fourni le faux ; mais ce contact du faux suffisait à l'émanciper.

Émancipé des autres, il se libéra de lui-même. Un jour arriva promptement que Charles-Augustin Sainte-Beuve sut préférer la vérité à son cœur. Tout au moins, quand il s'occupa des écrivains d'un autre siècle que le sien, il cessa de chercher, comme il avait fait au début, sa propre ressemblance au fond de leurs œuvres ; il les lut, les approfondit pour elles-mêmes. Dans les vingt-cinq ou trente années dernières de sa vie, l'admirable vieillard entre, pénètre, s'insinue, agile et puissant comme un dieu, dans chaque repli des idées et des affaires ; il s'égale au moindre détail ; il en dresse des états aussi minutieux que brefs ; il se renseigne exactement, nous renseigne avec abondance ; il éclaire mille difficultés d'histoire par des chefs-d'œuvres de biographie. Peu à peu se dispose dans son esprit comme un Musée de la vérité partielle. Sans étiquette de politique ou de religion, il note ce qui est, tout ce qui est, comme il le perçoit, de son style paisible, honnêtement gracieux, mais substantiel et vivant, où tout conspire à peindre et à faire sentir.

L'exercice, ajouté à ses dons naturels, lui avait formé peu à peu ce jugement, ce sentiment, ce don de voir, de classer, de proportionner dont il n'était aucun exemple autour de lui. L'étude des siècles antérieurs aux nôtres, sa grande *Histoire de Port-Royal*, qui l'avait fait le contemporain et le condisciple de Blaise Pascal et de Jean Racine, avait achevé de l'instruire et de le délivrer. Sans se vanter, mais infatigablement (bien plus qu'un Nisard[503], à vrai dire), il s'imprègne de la vraie moelle nationale : vivacité du XVIIIe, doctrine du XVIIe. Quand d'autres de son âge descendent à la mort sans avoir quitté le berceau, ce fin et large esprit ne s'arrête de croître, de mûrir, de fructifier. Il meurt, et, à défaut d'une doctrine formulée, laisse au monde son répertoire de réalités bien décrites, ses leçons d'analyse et l'idée de traiter des œuvres de l'esprit en naturaliste et en médecin.

---

de l'État. Spécialiste de Pascal, il aurait incité Sainte Beuve à écrire son *Histoire de Port-Royal*. (n.d.é.)

[503] Jean-Marie Napoléon *Désiré* Nisard, 1806–1888, tour à tour critique littéraire, homme politique, universitaire, académicien... fut une figure majeure du XIXe siècle, rapidement oubliée ensuite. (n.d.é.)

Un esprit d'une rare pénétration[504] a nommé l'auteur des *Lundis* notre Thomas d'Aquin. Le mot, qui peut surprendre, a sa profonde vérité. Chaque âge possède le Thomas d'Aquin qu'il mérite, et n'a rien de meilleur.

Le nôtre est sans doute plus critique que généralisateur et plus douteur qu'affirmatif. Pourtant, sachons tout ce que vaut cette Somme naturaliste, rédigée par le plus analyste des hommes. Il ne faut pas croire qu'on n'y trouvera que des faits à côté d'autres faits, privés de vie et de vertu, comme des fleurs d'herbier. C'est là un ancien préjugé, né de nos préventions, non contre Sainte-Beuve mais contre l'analyse. L'analyse passe aujourd'hui pour impuissante à donner autre chose que cette poussière de renseignements desséchés. Je ne sais pas d'erreur plus grande. S'il est très vrai que l'analyse décompose pour découvrir l'ordre de la composition, il n'est point vrai que cette décomposition, cette anatomie soit stérile pour la vie active et ne fasse que nous montrer l'ordre de ce qui est ou le mécanisme des composants. L'analyse fournit les éléments d'une recomposition : les personnes qui n'ont jamais usé de ce procédé sont les seules à l'ignorer.

En effet, l'analyse ne démembre point indistinctement tous les produits de la nature. Chez Sainte-Beuve comme ailleurs, l'analyse choisit plutôt, entre les ouvrages dont on peut observer l'arrangement et le travail, les plus heureux et les mieux faits, ceux qui témoignent d'une perfection de leur genre et, pour ainsi dire, appartiennent à la Nature triomphante, à la Nature qui achève et réussit. En ce cas, l'analyse fait donc voir quelles sont les conditions communes et les lois empiriques de ces coups de bonheur ; elle montre comment la Nature s'y prend pour ne point manquer sa besogne et atteindre de bonnes fins.

De l'étude de ces succès particuliers, l'analyste peut se former une espèce de Science de la bonne fortune. Il en dresse le coutumier, sinon le code. De ce qui est le mieux, il infère des types qui y soient conformes dans l'avenir. Cette élite des faits lui propose ainsi la substance des intérêts supérieurs que l'on nomme, suivant les cas, le droit ou le devoir. Sainte-Beuve n'était ni si croyant, ni si crédule qu'il se pût flatter d'avoir lu, comme un aruspice, aux entrailles des choses, soit les grandes lois de l'histoire, soit la clé de nos destinées particulières et le guide précis de la moralité ; mais, aussi souvent qu'il pouvait ajouter au renseignement de fait une vue de droit naturel et, comme on peut dire en tudesque, une échappée sur l'idéal, qui n'eussent rien d'imaginaire, il le faisait hardiment et modestement.

---

[504] M. Anatole France, dans *La Vie littéraire*.

Qu'il s'agisse de la correspondance d'un préfet, des écrits de Napoléon ou des recherches de Le Play sur la condition du travail et de la famille en Europe (ce Le Play, qu'il appelle un « Bonald rajeuni, progressif et scientifique »), une diligente induction permet à Sainte-Beuve d'entrevoir et de dessiner, entre deux purs constats de faits, la figure d'une vérité générale. Cette vérité contredit souvent les idées reçues de son temps.

Elle contredit même cette vérité aperçue par la raison de Sainte-Beuve, les goûts qui lui sont personnels, ceux qui lui viennent de naissance et de complexion. Il ne faut pas perdre de vue, quand nous parlons de lui, les différences capitales entre l'homme et l'esprit. Le premier a été jugé avec dureté, mais justice, par Frédéric Nietzsche.[505] « Il n'a rien qui soit de l'homme, il est plein de petites haines contre les esprits virils... Il erre çà et là, raffiné, curieux, aux écoutes. Un être féminin au fond... Ses instincts inférieurs sont plébéiens. Révolutionnaire, mais passablement contenu par la crainte. »

C'est bien cela, mais à cette sensibilité anarchique s'alliait l'esprit le plus droit, le plus sain, le plus organique. Parlons mieux ; c'était un esprit, c'était une raison ; il n'y a point d'esprit, ni de raison qu'on puisse appeler révolutionnaires. La révolution est toujours un soulèvement de l'humeur. Toutes les fois qu'intervint son intelligence, Sainte-Beuve étouffa ce soulèvement ; si bien que c'est peut-être dans la suite de ses études que se rencontreraient les premiers indices de la résistance aux idées de 1789 qui, plus tard, honora les Taine et les Renan. Un effort continué de simple analyse lui avait fait sentir l'infirmité de ces ambitieuses idées que la nature même juge et condamne chaque jour, par l'échec qu'elle leur inflige.

En ce cas, l'analyse fit donc ouvrage créateur. Elle fournit un conseil pratique, une direction pour agir. Si les romans de philosophie cousinesque[506] consacrés au Bon et au Beau faisaient sourire Sainte-Beuve, c'est justement qu'il aidait, d'un autre côté, à la science positive du beau et du bon. Une Hygiène, une Morale, une Politique, une Esthétique même et même une Religion peuvent naître, en effet, par la suite des lents progrès de ce qu'il nommait finement son « Histoire naturelle des esprits ».

---

[505] *Flâneries inactuelles*, traduites par M. Henri Albert au Mercure de France.
[506] Allusion à Victor Cousin, 1792–1867, fondateur de l'éclectisme, dont l'ouvrage *Du Vrai, du Beau et du Bien* parut en 1858. (n.d.é.)

Examiner chacune des sciences que cette Histoire naturelle rendit possibles serait bien mal proportionné au sujet de cet examen ; mais il faut dire un mot de la première de toutes, celle qui régit la pensée, et, de là, domine le reste.

Si le goût de la vérité n'est, à son origine, qu'une passion comme les autres, cette passion acquiert, en s'exerçant, tous les éléments de sa règle. Elle sait s'y plier, à la condition d'être pure, d'être un vrai désir de savoir, aussitôt qu'elle observe qu'on ne trouve et qu'on ne transmet la vérité que sous certaines conditions, dans un certain ordre et moyennant certains sacrifices. Chef-d'œuvre initial de sagesse empirique : l'intelligence, mue par la passion qui lui est propre, prend garde de ne pas se laisser conduire par son moteur. Pour rester elle-même, elle se tient au sentiment de ses sources et de ses limites ; cette raison tempère ou mesure l'essor de sa curiosité, et celle-ci, gardant son ancien rang de principe de la science, échappe ainsi au risque de devenir principe d'anarchie et de barbarie.

Tout cela peut paraître abstrait ; mais traduisons-le. Plutôt que de fonder certaines inférences sur des renseignements imparfaits et insuffisants, l'esprit maître de soi et capable de se régir différera d'en rien connaître, et, loin de se cacher de cette abstention, il en tirera de l'honneur. Dans l'intérêt de la science générale, il saura même ajourner beaucoup de curiosités, et la vertu de discrétion recevra, dans ce cas, un sens scientifique ; on outre à peine cette discrétion généreuse quand, à l'exemple de certains positivistes, on hésite à se réjouir de la perfection des microscopes ou qu'on se fait scrupule d'observer les constellations.

Enfin l'appétit de savoir se peut même aussi refréner et tenir en respect par la considération de l'ordre public. Bien que fort jaloux des libertés de la plume, Sainte-Beuve se sépara des hommes de la seconde République pour se ranger à la contrainte impériale et, si la peur dont parle Nietzsche ne fut pas étrangère à sa résolution, celle-ci fut du moins approuvée sans réserves par sa raison. Puisque, en effet, l'ordre public est la condition même des progrès et de la durée de la science (il n'y eut guère de science quand l'anarchie chrétienne eut énervé l'État romain devant les barbares, entre le VIe et le Xe siècle![507]) comment la science pourrait-elle hésiter à céder à l'ordre public ? On ne scie point la branche sur laquelle on se trouve assis.

---

[507] Si ce n'est dans les monastères catholiques.

Il existe aujourd'hui un genre de fanatisme scientifique qui menace d'être funeste à la science ; il ferait tout sauter pour éprouver un explosif, il perdrait un État pour tirer des archives et mettre en lumière un document « intéressant ». Ce système anarchique et révolutionnaire est de source métaphysique. Il n'a rien de rationnel. Proprement il consiste à remplacer le dieu des Juifs par la Curiosité, dite improprement *la Science*, mise sur un autel, faite centre du monde et revêtue des mêmes honneurs que Jéhovah. Cette superstition ne mérite pas plus de respect que les autres. Bien qu'elle soit fort à la mode parmi les savants, Sainte-Beuve ou l'empirisme organisateur lui donne son nom véritable : tantôt passion féconde, tantôt pure monomanie.

Ou ces mots aimés de progrès, d'émancipation et d'autonomie intellectuelle, de raison libre et de religion de la science, ont perdu leur sens défini, ou cet Empirisme organisateur que j'ai rapidement déduit de l'Histoire naturelle des esprits constitue le système religieux et moral, parfaitement laïc, strictement rationnel, pur de toute mysticité, auquel semble aspirer la France moderne.

Mais observons qu'en même temps la vieille France n'y répugne pas autant qu'elle répugne à Michelet et à Rousseau. Elle y est attirée d'abord par l'aspect ordonné et conservateur (au beau et ferme sens du mot) de tout le système. Elle y est retenue par un certain mépris que témoigne cet Empirisme pour le verbiage des courtisans du peuple. Cet Empirisme enseigne et professe en effet que l'ordre des sociétés, de quelque façon qu'on l'obtienne, importe plus que la liberté des personnes, puisque cela est le fondement de ceci. Au lieu de célébrer l'égalité, même devant la loi, son attention se porte, instinctivement mais aussi méthodiquement, sur le compte des différences naturelles qui ne peuvent manquer de frapper un œil d'analyste. Enfin, quand tant d'instituteurs publics fatiguent les oreilles de cette vieille France avec l'éloge de la plus molle sensiblerie dans les lois et les mœurs, l'Empirisme loue, au contraire, comme normale, une saine mesure d'insensibilité morale et physique.

Qu'est-ce que tout cela au regard de la vieille France, si ce n'est une réaction contre les idées de Jean-Jacques ? Elle y reconnaît les principes de morale classique et de politique païenne qu'avait gardés si précieusement le catholicisme ; et peut-être nos contemporains sont-ils mieux éclairés sur cet ordre d'idées que ne le furent les Jésuites de 1857, lorsqu'un ami d'Auguste Comte vint leur offrir l'alliance positiviste. De ce qui est traditionnel ou

« vieille France », l'Empirisme organisateur n'exclut à peu près rien, sinon peut-être les abus du sentiment chrétien. Mais ces grands abus, l'on peut dire que l'Église elle-même les neutralise ou les combat, puisqu'elle n'a jamais cessé de renier les sectes ignorantines ou iconoclastes qui sont nées de la lecture des livres juifs. Enfin cet Empirisme n'offre rien de sectaire. Il ne force personne. À peu près comme à l'Hygiène, il lui suffit que dépérissent tous ceux qui le négligent, personnes ou sociétés.

Ces remarques, qui nous éloignent de Sainte-Beuve autant qu'il s'est lui-même éloigné quelquefois de son type supérieur, ont du moins l'avantage de nous mêler aux plus nobles intelligences de sa famille. J'y trouve des naturalistes comme Taine et Renan, nommés réactionnaires, de ce que, ayant essuyé les maladies de leur époque, ils ont rétrogradé, en effet, jusqu'à la santé ; des historiens comme Fustel de Coulanges qui rapatria dans son art la raison qu'en avait chassé le procédé de Michelet ; les élèves de cet Auguste Comte, dont l'influence, parallèle à celle de Sainte-Beuve, eût mérité d'être honorée et soutenue par tous les pays de culture classique, mais dont on n'a même point célébré décemment le centenaire qui tombait en janvier dernier... J'y reconnais pareillement les économistes du groupe de Le Play, certains Balzaciens réfléchis et, sans nulle surprise, ceux des catholiques modernes qui n'ont point perdu les leçons de Maistre et de Bonald.

La compagnie de Sainte-Beuve réunit, comme on voit, tout notre fonds solde et sain. Elle enferme à peu près tous ceux des écrivains de notre siècle qui ne vont point à quatre pattes. La littérature contemporaine laisse voir ici autre chose qu'une brutalité vivace ou moribonde, et redevient intelligente, raisonnable, humaine, française. Il ne serait point surprenant que la France choisît un jour cette maison étroite, ce nom modeste et ce génie supérieur pour célébrer la fête de ses qualités distinctives. Tout compté, une fête nationale de Sainte-Beuve ne me semble pas une pure imagination.

Si les partis de droite pouvaient oublier ses passades d'anticléricalisme ; si, à gauche, on savait ce que parler veut dire et qu'on y cherchât où elle est la liberté de la pensée ; si les radicaux prenaient garde que Sainte-Beuve ne fut jamais sacristain et si les catholiques observaient que non plus il ne se fit pas calviniste, bien qu'il ait fleureté du côté de Lausanne, eh bien ! l'œuvre, le nom, la moyenne des idées de ce grand esprit, sans oublier ce prolongement naturel, leurs conséquences politiques, feraient le plus beau lieu du monde où se grouper dans une journée de réconciliation générale. On y saluerait l'espérance du Progrès véritable, qui, pour le moment, ne consiste qu'à réagir ; et, d'entre les ruines du vieux mysticisme anarchique et libéral, se relèveraient les couronnes, les festons, les autels et la statue intacte de cette déesse Raison, armée de la pique et du glaive, ceinte d'olivier clair, ancienne présidente de nos destinées nationales.

ÉPILOGUE

— Et le peuple ? me dira quelque vociférateur de la suite de Michelet. Si l'on appelle peuple les illettrés, je répondrai qu'une fête de Sainte-Beuve ne l'ennuierait aucunement. Au contraire, il s'admirerait de toute son âme d'ainsi fêter autre chose que ses instincts.

Orphée a dû chanter aux tigres, pour les civiliser, ses plus nobles poèmes. Pour les personnes que cette observation ne toucherait pas, je les prie d'assister à la prochaine fête de saint Bonaventure dans une église de capucins. C'est un saint très docte et très sage, d'une théologie profonde, dont les mérites ne sont appréciés que des gens d'esprit ; toutefois, les mendiants du porche et le petit peuple suivent son office de très bon cœur.

Aussi bien, cette fête de Michelet a-t-elle échoué. Essayons, s'il vous plaît, de fêter un Bonaventure ou un Sainte-Beuve. Ce n'est pas la noblesse et l'élévation des idées qui fatigue et fait bâiller le peuple. On l'assomme de son propre panégyrique. Il enrage de voir que l'on s'encanaille pour lui. Le bon peuple veut des modèles, et l'on s'obstine à lui présenter des miroirs. Il se doute qu'on l'abrutit.

Note I[508] – De l'esprit classique

La vieille France avait l'esprit classique...

Une erreur déplorable, due peut-être à des préjugés de professeur ou d'ancien élève, a conduit notre maître Taine à qualifier de classique l'esprit qui prépara la Révolution. Si l'on y réfléchit, l'antiquité classique eut ici une part infime. La bibliographie révolutionnaire ne comprend guère, en fait de livres classiques, que la *République* de Platon et les *Vies parallèles* de Plutarque ; encore n'y sont-elles que de ce que le Père et Docteur des idées révolutionnaires, J.-J. Rousseau, leur a fait des emprunts de langage plus que de fond.

Plutarque fut d'ailleurs fort averti, déjà pénétré malgré lui, des idées sémitiques ; car il naissait presque au moment où le souffle de l'Orient avait altéré la grande âme antique. Quant à Platon, il est, de tous les sages grecs, celui qui rapporta d'Asie le plus d'idées et les plus singulières ; plus que tous ses confrères, il a été commenté et défiguré par les juifs alexandrins. Ce qu'on nomme platonicisme, ce qu'on peut nommer plutarchisme, risque, si on l'isole, de représenter assez mal la sagesse d'Athènes et de Rome ; il y a dans les deux doctrines des parties moins gréco-latines que barbares, et déjà « romantiques ».

Mais, avec ses physiciens et ses géomètres, avec ses sophistes, ses artistes et ses poètes logiciens, avec Phidias, avec Aristote qui ouvrit un monde nouveau, l'on peut dire que l'ancienne Grèce posa le fondement de la science, de la philosophie et de la religion positives ; avec ses hommes d'État, ses historiens, ses moralistes, l'ancienne Rome déroula une si puissante leçon de politique réaliste que les Chambres anglaises et la Monarchie capétienne ne l'ont point surpassée. Ni dans la famille, ni dans la cité des Anciens, rien n'est laissé à l'anarchie ; l'arbitraire des chefs et les prescriptions des lois se tempèrent et se composent exactement. L'institution de l'esclavage enlève à la démocratie ses plus grandes difficultés ; et, du reste, l'histoire malheureuse du dernier demi-siècle de la liberté athénienne, les avis répétés des

---

[508] Ces notes sont publiées après l'épilogue des *Trois idées politiques*, en caractères à peine plus petits. Ce sont en fait autant de courts articles, mais d'articles à part entière, précédés d'une citation en exergue, et eux-mêmes annotés. Les notes I à V ont trait à Chateaubriand, les notes VI à VIII à Michelet, les notes IX et X à Sainte Beuve, enfin la note XI à l'épilogue. (n.d.é.)

Aristophane, des Xénophon, des Platon même et de tous les maîtres du génie attique, la rapidité de la consomption, l'éclat foudroyant de la chute sont de grands témoignages en faveur des aristocraties et des autres régimes d'autorité. Qui en prend connaissance se sent assez mal disposé pour le dogme du gouvernement populaire.

Dans l'ère moderne, la philosophie catholique se modèle de préférence sur Aristote ; la politique catholique s'approprie les méthodes de la politique romaine. Tel est le caractère de la tradition classique. L'esprit classique, c'est proprement l'essence des doctrines de la haute humanité. C'est un esprit d'autorité et d'aristocratie. Nommer classique l'esprit de la Révolution, c'est donc dépouiller un mot de son sens naturel et préparer des équivoques.

La Révolution est venue d'un tout autre côté ; la Bible de la Réforme, les statuts de la République de Genève, les théologiens calvinistes, le vieux ferment individualiste de la Germanie auquel la Suisse trilingue servait déjà de truchement européen, enfin les élans personnels d'une sensibilité qui n'était retenue ni par des mœurs héréditaires, ni par de très fortes études, ni par une raison très saine, voilà les humbles causes des idées qui naquirent dans l'esprit de Rousseau. Par la magie de l'éloquence, elles entrèrent avec lui dans la vieille société française ; loin d'y déterminer aucun état d'esprit classique, elles allèrent à détruire cet esprit de progrès et d'ordre. Qui niera que Rousseau n'ait ouvert l'ère romantique ?

Justement parce que Taine a droit à tous les respects, il importait de faire voir comment on ne peut admettre un détail de son vocabulaire et pourquoi même on a le devoir de le contester.

Note II – Le goût de chair[509]

> *Chateaubriand désorganisa ce génie abstrait en y faisant prévaloir l'imagination, en communiquant au langage, aux mots, une couleur de sensualité, un goût de chair...*

M'abstenant ici de critique littéraire, je ne saurais développer le sujet de cette remarque. Elle est, du reste, confirmée par la lecture attentive de toute belle page de Chateaubriand. Les phrases en paraissent évidemment formées pour mettre en valeur certaines

---

[509] Cette note ne figure pas dans l'édition des *Œuvres capitales*. (n.d.é.)

expressions, certains vocables ou même certaines syllabes d'une éclatante volupté. Volupté faite mot, volupté faite succession et agencement de sonorités. Je ne saurais qualifier autrement son « grand secret de mélancolie » ou sa « molle intumescence des vagues ». Impossible de rien voir de plus sensuel ; c'est une caresse physique sur les papilles labiales et linguales, sur les petites fibres de notre appareil auditif. On goûterait à ces discours comme on baiserait dans l'air les espèces matérielles.

Voici ce que j'écrivais dans la *Revue encyclopédique* du 15 octobre 1898, peu après la mort de Stéphane Mallarmé[510] :

> Avant Chateaubriand, le mot était un signe, un signe abstrait et qui ne cessait d'être tel que par un vrai coup de fortune ; ce hasard lui-même valait ce qu'il valait, on ne s'appliquait point à le rendre régulier ni même fréquent. C'était, à la lettre, un bonheur d'expression, un accident heureux auquel on s'égayait sans trop y peser, car s'il venait à perdre cette qualité d'accident, on sentait qu'il perdait son prix. Enfin, le mot-réalité, le mot-couleur, le mot-parfum, le mot-sensation, le mot-objet pouvait bien venir sous la plume par jeu ou par humeur, il n'était en aucun sorte la fin du style. C'est Chateaubriand qui l'a élevé à cette dignité nouvelle. Chateaubriand tient moins à ce qu'il dit qu'à l'enveloppe émouvante, sonore et pittoresque de ce qu'il dit et, comme ce qu'il dit n'est rien qu'une suite d'images, ce n'est pas au système d'images qu'il nous veut attentifs, mais bien à l'image même de son discours, aux images diverses dont il est tout constitué ; en d'autres termes, à la nature propre des mots qui le composent, puisque souvent ces images et ces mots ne font qu'un.
>
> Source de peine et de plaisir, vivant principe de toute la poésie, ayant des vertus personnelles et des aspects originaux que tout écrivain s'est appliqué depuis à dégager et à souligner, tel est le grade auquel Chateaubriand a promu le mot. Avant lui, la syntaxe et le style, c'est à dire le génie de la langue et la pensée de l'auteur, étaient au premier rang ; ils sont, grâce à lui, descendus jusqu'au second, ayant cédé la place au vocabulaire. Les conséquences de cette

---

[510] Cette phrase a été ajoutée par nos soins, afin de faire comprendre l'enchaînement des paragraphes. Mallarmé est mort le 9 septembre 1898, et c'est lui qui est qualifié par le texte de « romantique attardé ». (n.d.é.)

révolution se sont continuées non seulement dans Hugo et ses contemporains mais jusque dans l'œuvre de ce romantique attardé que nous venons de perdre.

Note III – Les déistes

> *Examinée de près, elle diffère seulement par le luxe du pittoresque et les appels au sens du déisme sentimental propagé par les Allemands et les Suisses du salon Necker.*

En dépit du grand préjugé que l'autorité de Voltaire a fait régner en France, c'est une question de savoir si l'idée de Dieu, du Dieu unique et présent à la conscience, est toujours une idée bienfaisante et politique.

Les positivistes font observer avec raison que cette idée peut aussi tourner à l'anarchie. Trop souvent révolté contre les intérêts généraux de l'espèce et des sous-groupements humains (patrie, caste, cité, famille), l'individu ne s'y soumet, en beaucoup de cas, que par nécessité, horreur de la solitude, crainte du dénuement ; mais si, dans cette conscience naturellement anarchique, l'on fait germer le sentiment qu'elle peut nouer des relations directes avec l'Être absolu, infini et tout-puissant, l'idée de ce maître invisible et lointain l'aura vite éloignée du respect qu'elle doit à ses maîtres visibles et prochains. Elle aimera mieux obéir à Dieu qu'aux hommes. À tout propos, non une fois comme le fit Antigone très légitimement, elle invoquera les lois éternelles et inscrites pour se soustraire aux lois qui lui seront le plus directement relatives. Elle frondera sans mesure les principes de la cité et de la raison. Ce commerce mystique inspire le scepticisme en spéculation, comme en pratique la révolte ; il persuade que l'éternelle force divine dicte tout jugement insuffisamment motivé et inspire les appétits qui contredisent la règle. Tel est le multiplicateur immense qu'ajoute l'idée de Dieu au caprice individuel ; accru à l'infini, multiplié par l'infini, chaque égoïsme se justifie sur le nom de Dieu et chacun nomme aussi divine son idée fixe ou sa sensation favorite, la Justice ou l'Amour, la Miséricorde ou la Liberté.

Il ne devrait y avoir qu'un cri parmi les moralistes et les politiques sur les dangers de l'hypocrisie théistique. Si, pour un instant, elle donne à chaque individu quelque ardeur et quelque ressort, ce n'est qu'une apparence ; cette passagère excitation de l'orgueil ne vaut pas les maux qu'elle fait, puisqu'elle décompose et dissout tous les éléments de la communauté des hommes, non seulement l'État et ses modes divers, mais aussi la science, mais jusqu'à la pensée. L'individu perd de la sorte, outre les conditions de sa vie élémentaire, ses ornements et ses plaisirs supérieurs.

Ne fût-on ni moraliste ni politique, il faudrait avoir encore une grande horreur du déisme pour si peu que l'on ait de goût. Ce déisme enlève, en effet, aux passions leur air de nature, la simple et belle naïveté. Elle les pourrit d'une ridicule métaphysique ; entendez Julie, Lélia, Emma, Elvire et tout le chœur des amoureuses romantiques protester, aux bras de l'amant, qu'elles ne l'ont reçu qu'en vertu d'une injonction de l'Être suprême !

Le mérite et l'honneur du catholicisme furent d'organiser l'idée de Dieu et de lui ôter ce venin. Sur le chemin qui mène à Dieu, le catholique trouve des légions d'intermédiaires ; il en est de terrestres et de surnaturels, mais la chaîne des uns aux autres est continue. Le ciel et la terre en sont tout peuplés, comme ils l'étaient jadis de dieux. (J. de Maistre, *Du Pape*, dernières pages.) Cette religion rend ainsi premièrement à notre univers, en dépit du monothéisme qui la fonde, son caractère naturel de multiplicité, d'harmonie, de composition. En outre, si Dieu parle au secret d'un cœur catholique, ces paroles sont contrôlées et comme poinçonnées par des docteurs, qui sont dominés à leur tour par une autorité supérieure, la seule qui soit sans appel[511], conservatrice infaillible de la doctrine. L'esprit de fantaisie et de divagation, la folie du sens propre se trouvent ainsi réduits à leur minimum ; il n'y a jamais qu'un seul homme, le Pape, qui puisse se permettre au nom de Dieu des égarements de pensée et de conduite, et tout est combiné autour de lui pour l'en garder.

Admirable système dans lequel chacun peut communiquer personnellement avec Dieu, à condition de s'élever par ce nom à des pensées plus générales, à de plus généreux sentiments[512], mais qui ne permet point

---

[511] Cette autorité elle-même reconnaît aux chefs et aux princes une onction, une désignation divines d'où découlent l'indépendance de ceux-ci vis-à-vis d'elle et l'autonomie du pouvoir civil. Depuis la fâcheuse scission intervenue à l'ère chrétienne entre l'ordre religieux et l'ordre civil, je ne vois pas qu'on ait rien imaginé de meilleur.

[512] Un écrivain libéral ennemi résolu de l'Action française et médiocrement respectueux de la vérité, M. Laberthonnière, a voulu tirer de ces réflexions sur le déisme inorganique une conséquence opposée à leur esprit et à leur texte, mais favorable aux tristes rêveries que ce malheureux nous impute. D'après lui, le déisme catholique ne trouve grâce devant nous qu'à titre d'instrument de règne mis à disposition non pas même du bien public, mais, ce qui fait une seconde fausseté, d'une race de Forts conçue à la façon du barbare Nietzsche.

qu'on attribue à l'infini ses propres bassesses, ni qu'on en autorise ses rébellions. Le Dieu catholique garde immuablement cette noble figure qui lui a dessinée la haute humanité. Les insensés, les vils, enchaînés par le dogme, ne sont point libres de se choisir un maître de leur façon et à leur image. Celui-ci reste supérieur à ceux qui le prient.

En conclusion, le catholicisme propose la seule idée de Dieu tolérable aujourd'hui dans un État bien policé. Les autres risquent de devenir des dangers publics. Chez les anciens Israélites, les prophètes, élus de Dieu en dehors des personnes sacerdotales, furent des sujets de désordre et d'agitation. Depuis que ses malheurs nationaux l'ont affranchi de tout principat régulier et souvent de tout sacerdoce, le Juif monothéiste et nourri des prophètes est devenu (MM. Bernard Lazare[513] et James Darmesteter[514] ne nous le cachent point) un agent révolutionnaire. Le protestant procède absolument du Juif : monothéisme, prophétisme, anarchisme, au moins de pensée. Le Vicaire savoyard est une déiste protestant. Dans les États restés fidèles à l'esprit de la « prétendue réforme religieuse » et qui n'ont point tourné, comme l'Allemagne du Nord à l'athéisme pur[515], ou, comme l'Angleterre, à une copie de plus en plus étroite du catholicisme, l'idée de Dieu menace beaucoup plus qu'elle ne soutient.

Malheureusement pour cette ingénieuse et audacieuse folie, la phrase où je fais observer que la condition imposée au déisme catholique était de s'élever, par le nom de Dieu, « à des idées plus générales, à de plus généreux sentiments », cette petite phrase exclut de ma pensée toute imagination de cet ordre et renverse de fond en comble l'édifice de M. Laberthonnière. Mais qu'à cela ne tienne ! Ce critique n'est pas embarrassé pour si peu. Lui qui pèse une à une toutes les syllabes des considérations ci-dessus, lui qui les interroge, les sonde, les torture dans leur moindre détail, il n'a pas un regard ni un mot pour cette phrase si explicite. Il l'a supprimée de son souvenir et de son regard. Il l'a abolie de mon texte. Et son livre et sa thèse, qui s'écrouleraient sans cela, sont échafaudés tout entiers sur cette prétérition venimeuse (1912).

[513] De son vrai nom Lazare Bernard, 1865–1903. Anarchiste et dreyfusard historique, il est notamment l'auteur de *L'Antisémitisme, son histoire et ses causes* (1894). (n.d.é.)

[514] James Darmesteter, 1849–1894, philologue spécialiste de l'ancienne Perse, professeur au Collège de France. (n.d.é.)

[515] Les protestants athées, mais qui se meuvent au milieu de leurs coreligionnaires déistes, ne nient que le nom de Dieu. La plupart attribuent une valeur métaphysique à certaines idées de leur choix, qu'ils tirent ainsi du rang naturel et de la place fixée par la Logique universelle. Cette erreur les dispose à la sédition.

Note IV – Chateaubriand et les idées révolutionnaires

Louis XVIII n'eut pas de plus incommode sujet, ni ses meilleurs ministres de collègue plus dangereux.

M. André Maurel a publié, à la librairie de la *Revue blanche*, un intéressant et profitable *Essai sur Chateaubriand*, écrit d'ailleurs avec un enthousiasme qui n'admet point de réserve. Malgré d'extrêmes divergences dans l'appréciation, nous nous accordons, M. Maurel et moi, sur plus d'un point de fait. J'extrais du livre les textes suivants qui sont relatifs au héros. Page 158 : « Il a désiré le pouvoir et, dès qu'il le tient, il s'ennuie. » (C'est qu'il voulait non s'en servir pour le service d'une idée mais pour en jouir, assez noblement il est vrai.) Page 173 : « À vrai dire, l'opposition était l'atmosphère de ce passionné. » (Parce que c'est là que la personnalité politique se donne commodément et impunément carrière.) Page 205 : « La liberté !... Il la proclamait seule féconde. » (Il fut, en effet, toute sa vie un libéral, ou, ce qui revient au même, un anarchiste. Je ne suis pas de ceux qui font de vaines différences entre les idées de Jules Simon et celles de Ravachol ; ces deux esprits ne connurent que des désaccords de méthode.)

Dans son analyse des écrits politiques, M. André Maurel fait ressortir que Chateaubriand demeura toujours attaché aux idées de la Révolution. Il est donc lamentable que des monarchistes puissent écrire le nom de Chateaubriand auprès de ceux de Maistre et de Bonald.

Au contraire de ces deux philosophes royalistes, ce qu'il voulait, c'était les idées de la Révolution sans les hommes et les choses de la Révolution. Il opinait de conserver la doctrine et de biffer l'histoire. Or, ceci ne se biffe pas et cela ne se peut garder dans une tête saine. Les idées de la Révolution sont proprement ce qui a empêché le mouvement révolutionnaire d'enfanter un ordre viable ; l'association du Tiers État aux privilèges du clergé et de la noblesse, la vente, le transfert, le partage des propriétés, les nouveautés agraires, la formation d'une noblesse impériale, l'avènement des grandes familles jacobines, voilà des événements naturels et, en quelque sorte, physiques, qui, doux ou violents, accomplis sous l'orage ou sous le beau temps, se sont accomplis. Je les nomme des faits. Ces faits pouvaient fort bien aboutir à reconstituer la France comme fut reconstituée l'Angleterre de

1688 ; il suffisait qu'on oubliât des principes mortels. Les effets de ces mouvements une fois consolidés et ces faits une fois acquis, l'œuvre de la nature eût bientôt tout concilié, raffermi et guéri. Mais les principes révolutionnaires, défendus et rafraîchis de génération en génération (n'avons-nous pas encore une Société des Droits de l'Homme et du citoyen ?) ont toujours entravé l'œuvre naturelle de la Révolution. Ils nous tiennent tous en suspens, dans le sentiment du provisoire, la fièvre de l'attente et l'appétit du changement. Il y eut un ancien régime. Il n'y a pas encore de régime nouveau ; il n'y a qu'un état d'esprit tendant à empêcher ce régime de naître.

M. André Maurel exagère d'ailleurs les qualités et même, je crois bien, le rôle politiques de Chateaubriand. En fermant son *Essai*, il convient de relire les lettres du grand homme à Mme de Duras, avec les réponses de celle-ci. Cette correspondance est un antidote assuré contre tous les panégyriques.

Note V – Chateaubriand en juillet 1830

Tous les devoirs de loyalisme deviennent aussitôt faciles, et même agréables...

Les documents abondent. Il faut retenir la relation des journées de Juillet par le marquis de Kercado Molac, major général de la garde royale en 1830. Charles X vient d'abdiquer. Les royalistes se concertent pour faire proclamer Henri V. Chateaubriand doit prendre la parole à la Chambre des pairs :

« Je suis fâché de dire, écrit le marquis de Kercado, mais, à un pareil moment, M. de Chateaubriand me parut beaucoup trop occupé du rôle qu'il allait jouer en Europe, lorsqu'on le verrait, lui (disait-il), si maltraité, si méconnu par le gouvernement du roi, proclamer hautement le principe de la légitimité... » (*Revue hebdomadaire* du 30 juillet 1898). Il ne se perdait pas de vue et, ce jour-là, il éprouvait, devant son miroir, la double joie de pardonner à l'adversaire et de l'enterrer.

Note VI – Misère logique

> *L'Université, même renforcée des leçons écrites de Herder et de Vico, ne suffit point à lui conférer ses quartiers de noblesse intellectuelle. On en a vu le résultat...*

« L'abandon des études logiques, dit M. Renouvier, a été poussé en France à un tel point que, si l'étude des mathématiques et en partie celle du droit n'apportaient pas quelques remède à ce mal, on trouverait peu de gens instruits qui sussent bien manier la réciproque, par exemple, et n'eussent pas l'habitude de semer leur conversation de paralogismes grossiers. » (*Logique*, tome II). Cet abandon est d'autant plus funeste que le romantisme et la démocratie ont eu pour effet d'environner la raison pure d'adversaires plus nombreux, plus puissants et plus intéressés.

Sur le même sujet que M. Renouvier, le Genevois Hennequin a remarqué l'affaiblissement des dons proprement intellectuels des Français depuis cent ans. Voir aussi le curieux ouvrage de Max Nordeau, *Dégénérescence* (2 volumes in-8o, Paris, Alcan).

Encore Hennequin, Nordeau, Renouvier, s'occupent-ils des intelligences soumises à une culture générale assez profonde. Hors de ce cercle, dans le monde des spécialistes, les dommages sont plus considérables encore, si l'on en croit Alfred Fouillée. « Rétrécissement de l'intelligence », « égoïsme intellectuel », « individualisme moral », voilà les traits qu'il a comptés dans son curieux livre *Les Études classiques et la démocratie* : « Ceux qui n'ont pas fait ces études dédaignent les idées générales, les principes, et ils prétendent s'en passer ! En réalité, on en a fait maintes fois la remarque, ils acceptent sans contrôle parmi leurs idées courantes celles qui répondent le mieux à leurs préjugés individuels, et ils les érigent indûment en principes ».

La remarque de M. Fouillée est très juste. Rapprochée de celles qu'on a lues plus haut, elle me paraît incomplète. L'abandon des études classiques n'est pas seule cause du fléau qu'il décrit. L'affaiblissement intellectuel des « spécialistes » vient de la misère logique qui règne dans la sphère supérieure des lettrés et des philosophes. Mais cette misère résulte de l'abandon des anciennes études théologiques ou, si l'on aime mieux, de ce que ces études si brusquement abandonnées n'ont été remplacées par rien.

Je parle de ces études en tant qu'études, toute question de foi religieuse mise de côté. Il est bien trop clair que la foi, dans chaque individu, est un principe d'unité et d'ordre et, entre les hommes divers, un lien politique. Il ne s'agit point de cela, mais des vertus pédagogiques de la théologie dans le catholicisme. À la différence de la théologie protestante, son caractère est de former une synthèse où tout est lié, réglé, coordonné depuis de siècles, par les plus subtils et les plus vastes esprits humains, en sorte qu'on peut dire qu'elle enferme, définit, distribue et classe tout. Point de discussion inutile : tout aboutit. Les doutes se résolvent en affirmations ; les analyses, si loin qu'on les pousse, en reconstitutions brillantes et complètes. Voilà pour de jeunes esprits la préparation désirable. Ils pourront changer plus tard au dogme ce qu'ils voudront et, s'il leur plaît, se faire bouddhistes ou parsis. L'essentiel est qu'ils aient éprouvé les effets d'une discipline aussi forte. Ils réussiront de la sorte à marquer les éléments multiples d'une notion, et (comme répondait Mgr d'Hulst à un député radical qui se moquait de ses *distinguo*) ils oseront « distinguer pour ne pas confondre ». Ils seront introduits à l'art de penser. La philosophie universitaire, enseignée en un an, a de plus le désavantage de se réduire dans beaucoup de cours à la seule morale, et quelle morale ! celle de Kant. Du reste, ce n'est pas au cœur, mais au cerveau, que se marque la race humaine ; même pour notre vie pratique, le meilleur traité de morale n'aura point l'efficacité du noble exercice logique qui instruit l'âme à bien penser.

Quelle que soit la décadence des études théologiques dans les séminaires, les catholiques contemporains ont conservé des traces de l'antique supériorité. Dans leurs établissements, la classe de théologie y commence en huitième, avec l'explication du catéchisme diocésain. Tout enfant y fait ainsi son apprentissage d'animal raisonneur. Après la première communion, ces leçons éminemment rationalistes se développent et s'étendent ; on les jugerait mal sur les fantaisies malencontreuses de l'abbé Gaume[516], qui d'ailleurs se rapportent à l'ordre scientifique beaucoup plus qu'au philosophique. Philosophiquement, ces cours d'instruction religieuse m'ont paru sans reproche. Ils familiarisent l'adolescent avec les finesses et les difficultés des idées générales ; mieux que la grammaire et les

---

[516] Mgr Jean-Joseph Gaume, 1802–1879, prélat franc-comtois, auteur prolixe d'ouvrages sur la théologie, l'histoire et l'éducation. Soutenu par Louis Veuillot et le journal *L'Univers*, il entretint une polémique avec Mgr Dupanloup au sujet de l'enseignement des auteurs païens dans les écoles catholiques. (n.d.é.)

mathématiques, ils le rompent à la logique. L'esprit acquiert par là de la délicatesse et de la vigueur. Il y peut sentir de bonne heure l'enthousiasme de la sagesse.

« Pour moi, écrit quelqu'un, je n'oublierai jamais le battement de cœur que me fit connaître, en troisième, notre maître d'instruction religieuse, M. l'abbé X..., quand il nous résume, en des termes d'une netteté enivrante, l'argument du baron Cauchy en faveur de la thèse qu'il n'existe pas de nombre infini. Cet enchaînement magnifique de raisons bien groupées et étroitement assujetties les unes aux autres, terminées par le rigoureux et majestueux C.Q.F.D. cher aux géomètres, m'imprima pour la vie la divine notion de la pure lumière. Depuis, le fond de cette thèse m'a paru mériter un examen plus approfondi, mais le sentiment ne m'a plus quitté ; je le conserve, continué par le souvenir, avec le même soin jaloux que mes premières impressions de lecture de l'*Odyssée*, d'*Antigone* et d'*Iphigénie à Aulis*. Si par la suite j'ai continué de raisonner, si j'en ai retiré quelques avantages, je le dois au plaisir qui me fut donné ce jour-là. » (*Soleil* du 6 octobre 1898)

Note VII – Le cœur de l'homme

> *Il eût même exercé son cœur à jouer aux échecs et à réduire des fractions...*

Ces remarques étaient faites et rédigées, lorsque M. Jean Brunhes a prononcé son *discours sur Michelet* (Paris, Perrin), couronné par l'Académie française. On distinguera dans cette brochure une analyse exacte et précise du naïf albigisme de Michelet et de sa « théorie » du combat de la liberté et de la fatalité dans l'histoire.

M. Brunhes extrait du livre des Jésuites cette phrase significative à laquelle j'avoue que je ne pensais pas, mais qui confirme parfaitement ma propre analyse. « Plus je creuse par l'étude, par l'érudition, par les chroniques et plus je vois au fond des choses pour premier principe organique le cœur de l'homme, mon cœur. » Notez que Michelet pourrait avoir raison si ces mots n'avaient que leur sens ; mais ils le dépassent de tous côtés.

Note VIII – Sentiment et vérité

> *Le résultat des opérations de ce cœur prodige*
> *lui parut si parfait...*

On ne conteste pas que le sentiment n'ajoute de la force aux tableaux de l'histoire. Il colore, vivifie, fortifie la vue des faits ; par là il la rend plus distincte et plus claire. Mais c'est une clarté qui naît de l'historien, non des choses ; elle peut causer des erreurs.

Un exemple. Michelet est horrible dans ses descriptions de supplices. Mais l'horreur qu'il nous communique est celle qu'il eût éprouvé si, avec ses nerfs du XIXe siècle, il eût été présent à ces spectacles du XIVe ou du XVIe. Or rien n'est plus variable que le sentir. Depuis un siècle environ, tandis que décroissait l'intelligence nationale, il est certain que la sensibilité fit chez nous d'inquiétants progrès ; bien qu'aimant la physiologie en histoire, Michelet néglige sans cesse cette vérité historique et physiologique, plus importante que la fistule de Louis XIV ou le mal de François Ier !... Ses peintures tiennent donc à nos nerfs un langage que ne tenait point la réalité aux nerfs des gens dont il s'occupe. Que d'anachronismes il en tire et, de ces anachronismes, que de folies !

M. Funck-Brentano a comparé la Jeanne d'Arc de Michelet aux études précises faites sur le même sujet par Siméon Luce. Le morceau, si vanté, a beaucoup perdu de son prix. Il serait curieux de montrer comment la plupart des erreurs de cette idylle nous arrivent tout droit du cœur de Michelet.

Note IX – Tempérament de la science par la sagesse

> *... quand, à l'exemple de certains positivistes,*
> *on hésite à se réjouir de la perfection des*
> *microscopes ou qu'on se fait scrupule d'observer*
> *les constellations.*

C'est moins la conscience, comme le croyait Rabelais, que la sagesse dont peut être tempérée la science. Il ne faut donc point se hâter de sourire des avertissements donnés par la philosophie à l'hystérie de quelques savants.

L'ancien directeur du positivisme, Pierre Laffitte, dans sa *Théorie générale de l'entendement*, parle « de ces appareils de précision par qui nos sens acquièrent une si extraordinaire puissance » et se demande si le résultat en est proportionnel à l'orgueil que nous en avons.

Il écrit :

> Loin de nous assurément la pensée de médire d'inventions dont plusieurs témoignent si éloquemment en faveur du génie humain et nous rendent d'incontestables services en une foule de cas particuliers ; mais en quoi, nous le demandons, ces instruments si perfectionnés ont-ils aidé à trouver des lois ? Ce dont nous sommes sûrs, en revanche, c'est qu'ils ont contribué à en détruire, et qu'en nous montrant quantité de faits inaperçus, ils ont contribué à ruiner nombre de relations ou de similitudes que nous tenions pour démontrées, et qui, suffisantes pour la pratique, pouvaient sans danger être tenues comme certaines. La belle avance, en vérité ! Rien ne serait mieux assurément que de perfectionner notre faculté contemplative, s'il était en notre pouvoir de perfectionner du même coup la méditation. Alors que nous embrassons déjà avec une difficulté singulière la marche des phénomènes que nos sens, dans leur médiocrité, nous révèlent, n'est-ce point folie que d'en chercher de nouveaux ? N'est-ce point duperie que d'accumuler les obstacles, que de nous embarrasser de nos propres mains, que de compliquer le spectacle du monde quand il y aurait plutôt lieu de le simplifier ?

En admettant que cette sagesse soit un peu courte et qu'au milieu des mystères de l'univers il y ait profit pour la science à chercher parfois l'aventure, on voit ici sur quels principes se devrait régler tout au moins la conduite ordinaire de nos savants. Mais, sous couleur d'évolutionnisme, ils ont tous aujourd'hui la rage de la nouveauté, même fausse.

Note X – Rencontre des athées et des catholiques

> *... les Jésuites de 1857, lorsqu'un ami d'Auguste Comte vint leur offrir l'alliance positiviste...*

Le projet de liguer les athées et les catholiques n'est pas une imagination de M. Brunetière, comme on le répète souvent.

La dernière année de sa vie (1857), Auguste Comte députa l'un de ses disciple, Alfred Sabatier, au *Gesù* de Rome[517] pour y négocier, avec le R. P. Breckx, une alliance entre le positivisme et l'Institut des jésuites contre le déisme, le protestantisme et les autres formes de l'anarchie moderne « qui entretiennent la société dans un état permanent de fermentation ».

Le Français fut reçu par un dignitaire de l'Ordre, qui, dès les premiers mots, perdit le sens de l'entretien, car il prenait Auguste Comte pour Charles Comte, l'économiste.[518] Les interlocuteurs se séparèrent, sans avoir eu contact, sur ces mots d'Alfred Sabatier : « Quand les orages politiques de l'avenir manifesteront toute l'intensité de la crise moderne, vous trouverez les jeunes positivistes prêts à se faire tuer pour vous comme vous êtes prêts à vous laisser massacrer pour Dieu. »

Les choses ont marché depuis 1857. Du côté des jésuites, mieux renseignés, est sorti un excellent analyste du positivisme : l'Autrichien Gruber.[519] D'autre part, « ces orages politiques de l'avenir », dont parlait Alfred Sabatier, sont devenus comme présents, et la crise intellectuelle semble plus forte de jour en jour. Celle-ci aura bientôt fait de déclasser les « libres penseurs » et les « incroyants », pour les répartir en esprits anarchiques et en esprits politiques, en barbares et en citoyens. Commentant la démarche de Comte et de Sabatier, le Docteur Audiffrent écrivait, il y a peu d'années : « Le positivisme invite ceux qui ne croient plus en Dieu et qui veulent travailler à la régénération de leur espèce à se faire positivistes, et

---

[517] L'église du *Gesù* est à Rome le siège historique des Jésuites. (n.d.é.)

[518] Charles Comte, 1782–1837, publiciste libéral. Il épousa la fille de Jean-Baptiste Say. (n.d.é.)

[519] Un agrégé de philosophie, M. Georges Dumas, a résumé l'entretien du positiviste et du jésuite dans un article ironique et malicieux de la Revue de Paris (1er octobre 1898). Mais, bien qu'il ait conduit la suite de son histoire fort au-delà de la mort de Comte, il s'est garé de souffler mot des travaux du Père Gruber. M. Georges Dumas veut évidemment insister sur les différences du système catholique et du positivisme ; il néglige les ressemblances. Or, si les premières sont claires, elles sont d'ordre métaphysique et ne s'imposent point en un sujet de politique toute pure ; au lieu que les secondes, d'une égale clarté, sont ici d'intérêt capital. J'ai résumé ces ressemblances, ces sympathies, ces affinités, au cours d'une polémique avec M. Georges Renard, de *La Lanterne*, dans la *Gazette de France* des 11 et 23 juillet et du 15 août 1898.

il engage ceux qui y croient à redevenir catholiques. »[520] « Athées » positivistes et catholiques théologiens ont là-dessus, au temporel comme au spirituel, de profonds intérêts communs, les intérêts de la tradition et du monde civilisé, menacés d'une dilapidation soudaine en même temps que d'un dégénérescence insensible. S'ils se distribuaient entre ces deux systèmes, l'un et l'autre énergiquement ordonnés, les défenseurs du genre humain auraient vite raison de leur adversaire, l'esprit de l'anarchie mystique. C'est contre cet esprit, ennemi-né des groupements nationaux aussi bien que des combinaisons rationnelles, que les deux Frances peuvent se réunir encore. Si elles ne parviennent pas à tomber d'accord de ce qui est vrai, il leur reste à s'entendre sur le bon et l'utile.

Je ne prétends point que cela arrive nécessairement ; mais si cela n'arrive pas, nous sommes perdus.

Note XI – La fête de Michelet

Aussi bien a-t-elle échoué...

« Voilà les fêtes de Michelet terminées », écrit M. Ledrain, qui y a un peu présidé. « Nous leur aurions souhaité je ne sais quoi de plus populaire et de plus joyeux. Ça été partout des lectures et des conférences, quelque chose de froid et de puritain, un mélange de prêche et d'école normale. » (*Éclair*, 15 août 1898)

---

[520] C'est d'ailleurs, à peine modifiée pour les termes, la formule dont se servait Auguste Comte dans une lettre à John Metcalf, en 1856 : « Il faut maintenant presser tous ceux qui croient en Dieu de revenir au catholicisme, au nom de la raison et de la morale ; tandis que, au même titre, tous ceux qui n'y croient pas doivent devenir positivistes. »

Volume V – Principes

La Monarchie fédérale

1912

La Monarchie fédérale[521]

Le Bulletin de l'une des trois paroisses de ma petite ville m'est arrivé avec un poème provençal en l'honneur de saint Éloi, suivi d'un cantique à la gloire du même saint, en provençal toujours, suivi lui-même d'un sermon prononcé par le curé pour le jour de la Trinité, en provençal encore. À la fin du numéro, autre cantique en provençal. Le titre du Bulletin est seul en français d'oui ; encore porte-t-il une épigraphe de Mistral. Huit vers du grand poète servent aussi de devise et d'invocation aux *Quatre Dauphins*, la revue aixoise, qui est bilingue. Les jeunes gens de 1890 fondaient des revues cosmopolites ; elles s'appelaient, par exemple, *Le Saint Graal*. Ils entendaient exclure de leurs soucis et de leurs amitiés tout ce qui ne leur venait pas de Bayreuth ; en 1912, au même âge, dans le même monde et la même classe, on a le cœur rempli du murmure des cloches, et des fontaines du pays natal,

> Le tremblement de la mer natale[522],

et nos jeunes Aixois prennent plaisir à émouvoir l'élite de Paris et des provinces en faveur des Saintes-Maries de la Mer menacées par le flot et qu'il faut endiguer à tout prix.

Le succès est-il acquis à ces grandes causes ? Ni la langue provençale, ni l'église des Saintes ne sont encore à l'abri des dévastations ; le culte du sol

---

[521] Dans les premières éditions de *L'Étang de Berre*, de 1915 à 1924, le présent texte s'appelait *La Monarchie fédérative*. En 1927 paraît une édition de luxe, illustrée par Albert André ; l'ordonnancement des articles y est un peu modifié, et celui-ci, daté de juin 1912, reçoit un nouveau titre, *La Monarchie fédérale*. (n.d.é.)

[522] Dernier vers d'un petit poème de Jean Moréas, dans *Le Pèlerin passionné* :
> Je naquis au bord d'une mer dont la couleur passe
> En douceur le saphir oriental.
> Des lys
> Y poussent dans le sable, ah, n'est-ce ta face
> Triste, les pâles lys de la mer natale ;
> N'est-ce ton corps délié, la tige allongée
> Des lys de la mer natale !
> Ô amour, tu n'eusses souffert qu'un désir joyeux
> Nous gouvernât ; ah, n'est-ce tes yeux,
> Le tremblement de la mer natale ! (n.d.é.)

sacré n'est pas encore inscrit d'office dans la vie publique et privée. Mais le mouvement est lancé ; d'année en année, il avance, il fait partie de la renaissance de la Patrie. À l'esprit public indifférent ou hostile succède peu à peu une aspiration favorable assez puissante pour s'exprimer et se définir.

Il n'est rien de meilleur. En travaillant à la reconstruction de la ville ou de la province, on travaille à reconstituer la nation. Le provençal ne fait aucun obstacle à l'épuration et à l'illustration de la langue française, et bien au contraire il y aide. Le patriotisme français nourri et rafraîchi à ses vives sources locales est peut-être un peu plus compliqué à concevoir et à régler que le patriotisme unificateur, simpliste, administratif et abstrait de la tradition révolutionnaire et napoléonienne. Mais comme il est plus fort ! Et surtout, comme il est plus sûr ! À la place d'un simple total de milliers de fiches contenues dans un carton vert, voici la plante naturelle qui boit la sève de son sol.

Aussi bien, si les amis de la patrie peuvent quelquefois s'égarer jusqu'à se prononcer contre les provinces pour un régime d'uniformité, les ennemis du patriotisme ne commettent pas la faute inverse. Leur haine est lucide ; elle unit dans la même insulte le drapeau de Wagram et les fanions de nos comtés, duchés, marches et bonnes villes ! Du temps où le vent qui souffle n'avait pas rallié Marc Sangnier à ce « patriotisme territorial » qu'il critiquait avec une si sincère âpreté, il avait bien soin de stipuler que ses sections du Sillon de Bretagne devaient s'appeler « le Sillon en Bretagne », nullement le Sillon breton, son association cosmopolite et anti-physique devant se retrouver la même partout. Les libéraux logiques et les anarchistes sincères, les économistes qui disent la planète est un atelier, comme Léon Say[523], les collectivistes à la Hervé[524] qui lui font un si juste écho, sont tout à fait d'accord pour répudier la diversité des régions au même titre que la diversité des nations.

---

[523] Léon Say (1826–1896) était le petit-fils de Jean-Baptiste Say. Plusieurs fois ministre des Finances, il symbolise l'alliance de la gauche républicaine et de la grande bourgeoisie libérale et libre-échangiste. (n.d.é.)

[524] Gustave Hervé (1871–1944) était jusqu'en 1912, l'année où Maurras écrit cet article, un propagandiste virulent du pacifisme, de l'antimilitarisme et de l'internationalisme. Il changera du tout au tout, devenant ultra-patriote, puis fasciné par Mussolini. On lui doit l'écriture en 1935 de la fameuse brochure *C'est Pétain qu'il nous faut*. Maurras n'a jamais rectifié sa phrase, conservant ainsi à Hervé ses attaches d'avant 1912. (n.d.é.)

Tout ce qu'on dit contre la province vaut contre la nation. Tout ce qu'on dit contre la nation est utilisé contre la province. M. Sixte Quenin[525], aujourd'hui député socialiste unifié de l'arrondissement d'Arles, se prononçait, dès sa jeunesse militante, contre la délicieuse « chapelle » et le gracieux hennin des filles d'Arles ; ces belles choses lui paraissant coupables de n'être pas à l'alignement de Paris. D'ailleurs, disait M. Quenin, « on n'y peut rien, cela s'en va ». Les dialectes, les coutumes, les goûts locaux s'en allaient, il n'en fallait pas davantage à la fin du XIXe siècle ; l'on noyait ce qui ne demandait qu'à se sauver à la nage. On se gardait d'examiner pour chaque victime condamnée ses titres à la vie. On alléguait, en bloc, la formation prochaine d'États-Unis d'Europe, la fatale tendance du monde à s'unifier, l'inévitable disparition des nationalités consécutive à l'effacement des anciens petits États devenus simples préfectures ou sous-préfectures de pays plus grands.

Les instituteurs primaires du XXe siècle commencent à ne plus vouloir d'un verbiage dont s'est nourri plus d'un lettré du XIXe. On s'est rendu un compte parfait de la frivolité de certaines oppositions, de la fragilité de certaines déductions. Il n'y a pas antinomie, mais affinité entre l'unité française et les diversités régionales qui la composent. L'Europe moderne n'assiste pas à un mouvement d'unification fatale, elle subit deux efforts en sens divers, mais non contraires[526], et l'effort unitaire n'est pas le plus puissant ; les peuples heureux, les politiques adroits sont d'ailleurs ceux qui savent combiner ces diversités au lieu de les entrechoquer. Enfin, loin de se fusionner et de se fédérer, les grandes nations modernes vivent dans un état croissant d'antagonisme qui suffirait à montrer que l'avenir européen et planétaire appartient à l'idée de la défense des nations, nullement à la concorde cosmopolite. Pour faire face à cet avenir, la France contemporaine n'aura point trop de toutes ses forces, de leur organisation la plus pratique et la plus vigoureuse !

C'est pour la bien organiser que nous voulons aller au Roi ; mais c'est pour ne rien gaspiller, pour tout utiliser dans le meilleur état possible que nous conseillons l'autonomie des pouvoirs locaux et professionnels. Les

---

[525] Anatole Sixte-Quenin (1870–1957), socialiste violemment anti-clérical, fut plusieurs fois député d'Arles, jusqu'en 1936. (n.d.é.)

[526] Voir dans *Kiel et Tanger*, appendice IX, « Dans cent ans ». Pronostic largement confirmé par la dislocation de l'Europe centrale et orientale depuis la guerre de 1914–1918. (Note de 1919.)

républicains autonomistes et fédéralistes, qui s'étaient cachés longtemps, ne se dérobent plus. Ils ne nous disent pas comment leur régime, où la centralisation est fatale, réalisera ce qu'ils veulent ; mais enfin ils le veulent, d'une volonté plus profonde qu'on ne le croit dans le pays. Le mouvement du Narbonnais en 1907, la crise de Champagne en 1911 ont fait apparaître des passions et des intérêts dont on ne se doutait guère. Le pays s'intéresse à de simples problèmes de division administrative. Ces jours-ci, lorsque le parlement a essayé de grouper les départements en des circonscriptions électorales plus vastes, mais sans égard à la nature et à l'histoire, les protestations se sont élevées des « anciennes provinces » restées plus fermes qu'il n'eût semblé dans le sentiment et dans le souvenir de leur unité. À Perpignan, une municipalité radicale-socialiste a protesté contre toute idée d'adjonction à l'Ariège et c'est à l'Aude, à une région méditerranéenne comme la leur, que les élus de la Catalogne française veulent être rejoints. Déjà, à Paris même, les députés de la Normandie avaient « sans acception de parti » (ce qui est beau) protesté contre « l'expulsion de l'Orne de la famille normande » et réclamé la division rationnelle et traditionnelle en Haute et Basse-Normandie. En Lorraine, on s'élève contre la tentative de dissociation dont la province est menacée ; les Vosges étaient juxtaposées au département champenois de la Haute-Marne et séparées du groupe formé par la Meurthe-et-Moselle et la Meuse ! Mais autant que ces résistances, les gauches initiatives du pouvoir central établissent que le réveil est assez fort pour poser la question et préoccuper le gouvernement.

Un historien de ce mouvement, M. Charles Brun[527], dans son livre du *Régionalisme* que l'Académie a couronné, reconnaît quelle influence exerça la Déclaration de 1892.[528] Les signataires qui survivent ne peuvent qu'être sensibles à la justice qui leur est rendue. Mais il y aurait une injustice considérable à s'en armer pour contester, au nom du Midi, l'originalité du mouvement lorrain. Il est parfaitement inexact de prétendre que l'initiative de Maurice Barrès ait dû quoi que ce soit à nos Provençaux. Que la flamme et la science d'Amouretti, son génie, sa passion aient été admirés de Maurice

---

[527] Jean Charles-Brun (1870–1946), félibre et fédéraliste proudhonien, fut à son époque l'un des principaux apôtres de la décentralisation, ce qui le rapprochait de Maurras, mais aussi des États-Unis d'Europe, ce qui l'en éloignait. Son ouvrage *Le Régionalisme* date de 1911. (n.d.é.)

[528] Celle-ci étant publiée dans *L'Étang de Berre* avant le présent texte, la phrase s'y termine par un renvoi de page qui n'a pas lieu d'être repris : « la Déclaration de 1892, qu'on a trouvée plus haut » et en note « Pages 119 et suivantes ». (n.d.é.)

Barrès, cela est certain. Mais peut-on croire que nous n'ayons rien dû à Barrès, Amouretti et les amis d'Amouretti ?

Il était naturel, qu'une fois lancés, les deux mouvements dussent se pénétrer et se soutenir l'un par l'autre. Ils se sont entraidés. L'origine de chacun d'eux reste indépendante. Amouretti ne connut Barrès que longtemps après moi. À la première visite que je fis à Barrès en 1888, l'auteur de *Sous l'œil des Barbares* me parla des bonnes feuilles d'*Un homme libre* qu'il était en train de revoir, et du chapitre consacré à ses racines lorraines, premier germe de cette « Vallée de la Moselle » qui devait faire l'ornement des *Déracinés*.

Nous venions de Mistral et de ne nos braves comtes ; il dérivait de Gellée, de Callot et de ses bons ducs, comme, en Bretagne, Le Goffic s'inspirait de la duchesse Anne, des celtisants et de Renan. Je ne vois aucun avantage à diminuer par la chronique des suggestions mutuelles la spontanéité profonde et convergente d'un élan général de fédération qui vaut par la mise en ordre et la synthèse utile, mais qui vaut aussi comme expression directe de la nature et de l'histoire du pays. Il est insupportable d'en voir suspecter l'origine, la vérité et la franchise. Le retour aux provinces est venu des provinces, le réveil de la conscience nationale est venu de la conscience de la nation.

Ces deux points de vue sont inséparables. Comme le dit un grand vers de Mistral : « il est bon d'être le nombre, il est beau de s'appeler les enfants de la France. » Ceux qui l'oublieraient auraient tort à leur point de vue même ; ils auraient tort pour leur province et pour leur cité. L'Unité française a pu gêner parfois ; elle aura surtout protégé. Sans elle, on aurait succombé d'abord aux querelles intestines, puis aux jalousies du dehors. Ce qui fut fait pour l'unité française a fini par servir toutes les parties de la France. Je n'oublie pas les coups de canif pratiqués par le pouvoir royal dans la lettre des Pactes et des Traités d'union, mais au lieu d'agiter un peu vainement si cela fut juste ou juridique ou politique, on devrait jeter un coup d'œil hors de France pour comparer à l'histoire de nos provinces le régime imposé aux éléments analogues d'autres États ! Si l'on épluche quelques fautes, d'ailleurs rares, imputées aux « rois de Paris », il faut se rappeler le martyrologe des catholiques d'Angleterre ou le statut de l'Irlande, tel qu'il subsiste de nos jours. Citera-t-on le Canada ? Mais le Canada a commencé par être très rudement mené, et il a dû prendre les armes ; c'est les armes à la main qu'il dicta le respect de son autonomie en retour de quoi il accorda à l'Angleterre l'estime, le « loyalisme », presque l'amour. Or, c'est pleinement de l'amour, et tout de suite, que nos pères Provençaux ou Bretons ont donné, plusieurs siècles, aux rois de Paris.

Comme ils n'étaient pas plus mal doués que leurs descendants, ils devaient avoir leurs raisons.

Leurs raisons, c'étaient les nôtres ; c'est qu'il est beau et bon d'être de la France. La destruction de cette unité matérielle et morale serait un immense malheur atteignant tout le monde, ceux qui s'en doutent et, plus encore, ceux qui ne s'en doutent pas. Le dernier de nos frères en pâtirait autant que l'auteur de *Colette Baudoche*, si magnifiquement averti de tous les maux privés qui peuvent découler, après trente ans et plus, d'une catastrophe publique telle que la chute de Metz. Les enfants qui vont à l'école, l'épicier, le porteur, le cocher, le mineur enfoncé toute la journée sous la terre souffriraient les plus dures répercussions du partage ou de la diminution de la France. Autre chose est la condition des participants d'une France indépendante et la qualité de sujets d'un Pays d'Empire quelconque ! Il ne faudrait pas trop compter qu'on « neutralisera » des positions comme Toulon, Marseille, Bordeaux ou Brest dans l'Europe de lord Beasconsfield[529], de Cavour et de Bismarck ou que les droits et les biens des personnes y seraient sacrés.[530]

J'essaie de faire peur aux anti-patriotes. Mais à l'abominable tableau de ce qui se passerait si l'armature française venait à crouler, il conviendrait d'opposer l'image de ce que donnerait aux Français d'abord, au monde ensuite, la reconstitution de notre puissance. Des destinées incomparables nous sont promises de ce côté. On ne le dit jamais, on ne le sait pas assez. Il est des chances éternelles en faveur d'une nation maîtresse d'un territoire comme le nôtre, héritière d'un tel passé. Je ne crois pas aux grands empires modernes. L'Allemagne peut et doit se briser. L'empire anglais en court le risque. L'unité de l'Islam est possible ? Peut-être. Mais l'empire ottoman se défait. La Suède et la Norvège se sont séparées. Le mouvement de décomposition n'aurait qu'à se continuer un peu du côté des Amériques, et voici que notre pays, d'étendue moyenne, fermement uni sous son Roi, assez décentralisé pour n'être pas troublé de secousses intérieures, reprendrait son

---

[529] La bonne orthographe est *Beaconsfield*. Il semble que toutes les éditions de *L'Étang de Berre* comportent cette erreur. Le titre de Lord Beaconsfield a été conféré à Benjamin Disraëli en 1876 ; Beaconsfield est une petite ville du comté de Buckinghamshire. (n.d.é.)
[530] La guerre de 1915 aura ratifié cette prévision de la faillite du Droit des gens, du système de la neutralisation en Belgique et d'une prétendue « société des nations » européennes.

antique magistrature en Europe. Nous serions les plus forts, les plus libres, les plus cultivés, les plus généreux, les plus sains.

Nous serions... Mais nous sommes en République démocratique et centralisée !

# L'ÉTUDIANT FRANÇAIS

1920

Texte paru dans le premier numéro de L'Étudiant français, *novembre 1920.*

Pendant ces dix dernières années, l'étudiant français s'est mis au premier rang des bienfaiteurs de la nation. Ce n'est pas assez de parler de son héroïsme : les plaques funéraires qui tapissent nos écoles, nos lycées et nos facultés ne disent pas tout ; si l'on veut accorder à chacun ce qui lui est dû, il faut ajouter que les sacrifiés magnanimes de 1914–1918 furent des martyrs prévoyants. Du haut des points de vue que la philosophie nationale leur présentait, ces jeunes gens ont aperçu de loin, de très loin, le fléau qui devait les faucher, et, sans vaines déclamations, sans emphase ni pose, ils se sont associés tout de suite à chacune des mesures de défense qu'ils estimaient capables de réduire et de modérer nos malheurs. C'est à eux, c'est à l'étudiant français, l'étudiant parisien, que l'on a dû de pouvoir prendre en toute tranquillité publique les mesures de réorganisation militaire de 1912 et de 1913. Avant de barrer la route à l'Allemagne, ils l'avaient barrée à la Révolution. Autre signe d'esprit politique supérieur.

On les a écoutés alors. Ils avaient devancé les pouvoirs publics. Ceux-ci ont compris la sagesse de la jeune France, et l'ont suivie de point en point dans leur double volonté de l'ordre et de la victoire.

Ont-ils été écoutés de la même manière, avec la même forte attention, à la fin de la guerre, quand il s'est agi de conclure la paix ? Il faut bien avouer que non. Pour lutter contre les amis de l'Allemagne et ses affidés, révolutionnaires ou bourgeois, le gouvernement républicain dut faire appel à l'autorité de sa plus vieille garde que personnifiait M. Clemenceau : l'énergie du vieux Jacobin assura la paix à l'intérieur, décida de la liberté de nos chefs militaires, et ainsi donna la victoire qui n'eût pas été possible sans lui. Mais avec lui, il faut en convenir, toutes les vieilles idées et toutes les vieilles absences d'idées remontèrent à la surface, et d'abord l'armistice, puis le traité de paix s'en ressentent cruellement. Le scepticisme de M. Clemenceau, fils d'une expérience amère, était sans mesure : aussi confondait-il les vieilles idoles démocratiques (qu'il dédaigna jusqu'à les supposer inoffensives) avec ces principes directeurs de toute existence européenne, dont il ne mesurait ni la valeur constante ni la présente nécessité. Aussi le gouvernement de la France a-t-il été replongé depuis trois ans dans le système qu'un publiciste radical appelait « le règne des Vieux ». Vieux hommes, plus vieilles idées. Le besoin de renouvellement s'est manifesté, sans doute. Mais les hommes capables d'y correspondre ne se sont pas montrés dans le monde républicain. Timidité, embarras, ignorance, superstition, tout s'y opposait.

L'équipe gouvernante, partagé entre deux ou trois groupes, se rend compte que l'« idéal » des vieilles barbes ne s'adapte ni aux choses ni aux esprits. Paris le leur a bien fait voir par l'ahurissement profond causé par la promenade de la relique du reliquaire de Gambetta.[531] Les écroulements successifs de leur politique étrangère leur ont fait comprendre clairement encore. Le dogme libéral est synonyme de rien, le dogme révolutionnaire est une quantité négative destructive. Au-delà, en deçà, les yeux trop anciens ou formés à de trop vieilles façons de voir ne perçoivent aucune lumière. Ces vétérans nous lisent et même nous écoutent, mais nos mots dans leurs esprits ne rejoignent pas les choses qu'ils leur désignent. On dirait qu'à la crise du régime qui est inévitable doit s'ajouter, non moins nécessairement, une crise de personnel. Il ne faut pas désirer celle-ci. Il faut s'efforcer d'utiliser le plus de monde possible. Mais l'évidence est là ! Jeunes gens, jeunes gens, étudiants français, vive et ardente pépinière des grandes écoles de Paris et de nos provinces, c'est vous, ce sont les vôtres, vos aînés de quelques saisons, qui pourrez achever l'œuvre de la victoire. Les générations précédentes la laissent tomber.

Vous ne me prêtez pas le fâcheux dessein de vous donner un uniforme de politiciens ! L'économie nationale à reconstruire vous appelle. Elle vous a déjà mobilisés quelquefois. Ce n'est pas dans ce journal, ni dans notre ligue d'Action française que l'on vous détournera de ces devoirs privés, domestiques et sociaux que la démocratie voudrait absorber pour les réduire à la plus simple expression. La Cité véritable n'est pas au forum ni à l'agora ; elle est au foyer, aux champs, au bureau, à l'usine, la vraie Cité est au travail. Mais ce travail sous-entend le devoir civique et, si l'on est Français, ce devoir s'étend au-delà de la défense immédiate du rempart et il exige aussi une

---

[531] En novembre 1920 le cœur de Gambetta fut déposé en grande pompe républicaine au Panthéon. Notre texte est suivi dans le numéro de *L'Étudiant français* des vers de mirliton suivants, allusion à Gambetta et à sa maîtresse, Léonie Léon :
> *Sur un air connu*
> Mon cœur n'est pas un joujou —
> Pourquoi l'trimbal'-t-on partout ?
> Madame Léonie Léon
> V'la mon Panthéon.

Les notes sont imputables aux éditeurs.

défense de l'esprit. Ce n'est pas avec vous que je perdrai le temps à expliquer pourquoi.

S'il y a, cependant, des esprits étroits pour vous chicaner là-dessus, finissez la querelle en vous référant à l'autorité d'un vainqueur de la guerre, le général Debeney[532] : c'est à l'intelligence qu'est due la plus haute des palmes militaires que la France a cueillies. On me permettra d'ajouter qu'avant d'être militaire cette intelligence fut politique. À rebours de son gouvernement, la nation française a commencé par voir et par savoir : elle eût été moins lucide dans l'invention et dans l'usage de ses armes, si elle n'eût commencé par se rendre compte de la ruée barbare imminente et de la nécessité absolue de l'arrêter net.

Mais l'esprit que les jeunes générations intelligentes doivent défendre n'est pas seulement leur esprit politique. La démocratie comme le germanisme son frère aîné, est une conspiration contre l'esprit tout court. On m'a reproché, assez inconsidérément, d'avoir dit que l'état de guerre où nous avons le malheur d'être engagés pour longtemps obligera de plus en plus à mobiliser toutes les énergies de l'esprit pour le service de la nation. Comme si c'était ma faute ! Mais ceux-là même qui mettent le plus d'insistance et de vivacité à faire ce reproche ont déjà placé ces mêmes forces spirituelles dans l'étroite dépendance et le servage strict, non de la nation et de ses utilités générales, mais de leur parti et des services particuliers qu'il leur rend. Cette oppression par le Parti, cet asservissement au Parti, représentent la plus déshonorante des chaînes. La France d'avant la guerre en fut liée longtemps. Avec le concours de quelques esprits désintéressés et pénétrants, nous avions réussi alors à faire saisir et haïr ce qu'il y avait d'irrationnel et d'inhumain dans la « doctrine officielle » qui vous était imposée pour vos examens, vos concours, vos grades, votre admission aux fonctions publiques. Mais justement parce que la guerre et son expérience ont porté les derniers coups à ce radotage de séniles tyrans, le courage du désespoir les agite encore et les misérables essaient de remettre à neuf l'ancien licou. Vous avez pu en surprendre quelques signes timides encore, à l'occasion du cinquantenaire du régime. Pour n'en citer qu'un seul, rappelez-vous ce vaste feuilleton consacré par le plus grand journal de la

---

[532] Marie-Eugène Debeney (1864–1943). Il commanda la Ire Armée en 1914 puis la VIIe en 1916, puis de nouveau la Ire Armée en 1917, à la tête de laquelle il prend l'offensive à Montdidier et remporte la bataille de Saint-Quentin sur Hindenburg le 8 août 1918. C'est lui qui, sur le front, reçoit les plénipotentiaires allemands le 11 novembre, pour l'armistice.

République à la vie intellectuelle depuis un demi-siècle, afin d'en faire honneur à la démocratie : Renan et Taine étaient cités, et il le fallait bien, mais on y mettait, pêle-mêle avec eux, ce pauvre M. Lavisse, tandis que Fustel de Coulanges était passé au bleu. Notez que le pauvre hère que l'on prépose à ces besognes, aimé et protégé de la *Gazette de Francfort*, ne perd jamais l'occasion de glorifier le romantisme et la démocratie, la démocratie et le romantisme, d'avoir, dit-il, créé et même mis au monde la science et l'art de l'Histoire. Cependant, depuis l'*Histoire des variations*, le plus beau livre d'histoire qui ait paru en langue française, est le volume de l'*Alleu*.[533] Le rédacteur du *Temps* se garde de le dire. La grande doctrine historique de Fustel gênerait les combinaisons du politicien illettré.

Étudiants français, il y a un bâillon démocratique et un éteignoir libéral. Quand vous en aurez neutralisé les ignobles effets, vous aurez gagné la première partie contre la Révolution. Et quand, par l'énergie civique, par l'apostolat à tous les degrés de cette classe ouvrière qui ne demande qu'à voir et à savoir, quand vous aurez enfin remporté la victoire totale sur la Révolution, la pression des forces qui pèsent déjà sur nos frontières et sur les frontières amies sera, on peut le dire, allégée d'un bon tiers. Mais la paix du monde ne sera pas assurée encore. La paix viendra de la régénération profonde, du remaniement radical de l'État politique français ; victorieux et misérable, sans doctrine, sans tradition et dénué d'un personnel qui soit bien sûr, cet État est livré par la fatalité démocratique au changement et à la division, à l'incohérence et à l'instabilité. Étudiants français, un remède central pourra seul s'appliquer à ce mal central. Personne, en France, n'a mieux accueilli que vous les démonstrations de l'Action française, personne n'a mieux compris qu'il fallait le Roi. Ceux de vôtres qui dorment sous les terres glacées des cimetières du front attendent maintenant que leur pensée profonde soit continuée jusqu'au bout. Ils vous avaient légué une victoire extérieure à remporter vous l'avez, vous l'avez ! Vous saurez obtenir cette victoire intérieure sans laquelle tous les fruits de l'autre seront perdus.

Voyez comme on la dissipe déjà ! Voyez quelle preuve éclatante de son incapacité constitutionnelle multiplie et renouvelle le régime républicain. Devant l'Europe en loques, le Traité en morceaux, l'extension et l'accélération de la propagande royaliste s'impose.

---

[533] L'*Histoire des variations des églises protestantes* de Bossuet (1688) et *L'Alleu et le domaine rural pendant l'époque mérovingienne*, de Fustel de Coulanges (1889).

Pour la France éternelle, pour le Roi qui, pendant mille ans, ne mourut pas, pour les vivants qu'il faut défendre, pour les morts qu'il faut obéir, étudiants français, à l'œuvre, tous ! ensemble ! à fond !

Le Cinquantenaire de la République

1925

Les cérémonies, les articles commémoratifs se succèdent, sans rien dire qui vaille ou seulement qui tienne. C'est un flux de banalités ; personne ne semble y accorder grande foi. Un certain nombre d'écrivains ne veulent pas en démordre. D'autres s'appliquent à ne pas démériter. Un brevet de républicain, pour un lettré, pour un intellectuel (race très suspecte et pour cause), cela vaut de l'argent, des diplômes et des sinécures. Néanmoins le zèle est petit. On a honte. On se craint soi-même. La plupart se contentent de murmurer qu'après tout le régime a duré et que c'est beaucoup. Peut-on appeler cela une durée ? M. l'abbé Lantaigne[534] disait que non, et le professeur Bergeret ne disait pas que oui. Même dans l'humble sens infligé ici à l'idée de durée (la durée sans l'identité !) la démocratie athénienne a duré ; elle a tué Athènes. La démocratie césarienne du monde romain a duré ; elle a tué Rome. Nos hommes de lettres le savent. Mais ils écrivent ce qu'ils peuvent et ne vont pas chercher plus loin.

Cependant, l'un d'eux, esprit informé, élégant, mais tout au fond assez sectaire, s'emporte jusqu'à dire que la trêve du franc ou je ne sais quelle autre trêve « ne peut se faire que sur le terrain constitutionnel ». Ce *ne peut que* m'étonne beaucoup. Je ne sais pas trop de quel répertoire de lois physiques, idéales ou morales ce professeur a bien pu le tirer, mais le fait est qu'il est condamné par l'expérience. La seule « union sacrée » que les Français aient connue depuis la fondation de la troisième République a eu lieu, non sur le terrain constitutionnel, mais sur le terrain national. M. Poincaré rappelle de temps en temps que l'honneur de sa vie a été de grouper contre l'Allemand tous les Français sans distinction de partis. On ne lui a vu faire aucune différence entre les partis constitutionnels et les autres. Il a parlé de la France tout court, et M. Viviani a fait comme lui. D'autres que MM. Viviani et Poincaré ont tenté d'établir l'union sacrée des bons Français sur le terrain constitutionnel. Je n'ai pas à rappeler l'échec de ces entreprises diverses. Un grand pape a reconnu qu'il y avait perdu son latin.

Ce qui me plaît et d'ailleurs me choque, et au surplus m'émerveille, dans ces pauvres petites apologies de la République, c'est que bien peu abordent franchement la question du résultat ! C'est au résultat que l'on juge un mode

---

[534] L'abbé Lantaigne et le professeur Bergeret sont des personnages d'Anatole France que Maurras cite à de nombreuses occasions. Ses lecteurs fidèles y sont familiers, mais que dire des autres ? En 1925, Anatole France est mort depuis un an, et les volumes de son *Histoire contemporaine* où apparaissent les deux personnages sont parus peu avant 1900.
Comme celle-ci les notes suivantes sont des notes des éditeurs.

de gouvernement. C'est pour les résultats produits par la royauté (création, constitution, organisation millénaire de la patrie) que nous adhérons à la royauté. C'est pour les résultats moraux, territoriaux, nationaux qu'elle a produits depuis cent trente ans que nous abhorrons la démocratie. C'est pour la qualité particulièrement décadente et diviseuse de ses résultats de tout ordre que la troisième République nous semble proclamer sa propre déchéance.

Naître de la défaite ; se voir recommander et imposer par Bismarck et pour la commodité de Bismarck ; parler quinze ans de revanche et en un demi-siècle ne savoir ni ne vouloir choisir l'heure de cette revanche ; ne pouvoir éviter cependant la guerre allemande ; ne l'avoir ni prévue ni préparée ; se la voir imposer ; en porter tout le poids ; y sacrifier toute la fleur de sa population ; ne savoir même pas travailler à l'abréger utilement ; mais la terminer avant l'heure ; en laisser le fruit à tous ses alliés ; manquer la paix après avoir manqué l'armistice ; perdre toute autorité sur la mer sans même avoir retrouvé, sur le continent, les frontières de 1814 ; se placer, dans l'ordre maritime comme dans l'ordre financier, à la merci des alliés anglo-saxons de façon d'autant plus complète qu'un immense empire colonial leur est offert, pour ainsi dire, comme un gage indéfiniment tentateur ; subir tous ces revers extérieurs en raison composée d'une abominable politique intérieure de divisions religieuses, morales, domestiques, fiscales et sociales qui a brisé net l'essor de la natalité et, par là même, la plupart des autres virtualités nationales ; vivre ou bien plutôt végéter sous une direction empirique et routinière qui livrait la continuité comme le progrès aux impulsions des éléments et des parties, quand ce n'était pas des partis, le tout sans vue d'ensemble ni plan général ; n'avoir ni chef constant ni ministres stables, ni règle arrêtée ; osciller perpétuellement d'une fièvre d'agitation stérile, faussement dite « avancée », à une inertie plus stérile encore, faussement qualifiée de « conservatrice » ; être, toutes choses égales d'ailleurs, moins nombreux, moins puissant, moins éclairé qu'en 1870, où l'on était moins nombreux, moins puissant et moins éclairé qu'en 1789. C'est tout ce dont cette troisième République peut essayer de se réjouir ou de s'enorgueillir ! L'entreprise est si faible en soi et, pour le spectateur, elle est si ridicule qu'il y aurait de notre part une certaine bonté d'âme à lui donner trop d'importance.

Comme le disait, l'autre jour, M. Roger Giron[535], « on n'est plus républicain ». Mais (et en cela consiste notre tâche essentielle) il importe de transformer ce sentiment d'indifférence à la République en hostilité déclarée contre un régime de décadence systématique, de consomption légalisée.

Pour qui sait voir, les tristes débats fiscaux de la Chambre illustrent bien et font parfaitement ressortir la nature profonde du parlementarisme républicain.

C'est un régime idéologique et absolutiste, d'une part, impulsiviste de l'autre.

Il est absolutiste et idéologique en ce sens que, à un moment donné, tout s'y trouve sacrifié de façon absolue à un « Idéal » : n'importe lequel. Cet Idéal peut changer chaque jour, au gré de l'impulsion. Mais quel qu'il soit, il doit tout ployer, tout briser, tout pulvériser.

Dans cette espèce de théocratie versatile, le dieu du Jour, de l'Heure, de l'Instant, est revêtu de tous les attributs de puissance, de perfection et de bonté, illimitée et absolue.

Ce n'est pas un dieu, ce n'est même pas « le Dieu ». C'est Dieu pur.

De bons chrétiens comme Boileau raillaient parfois l'innocent travers ecclésiastique dérivé de préoccupations éternelles appliquées à l'ordre terrestre :

Abîme tout plutôt ! C'est l'esprit de l'Église.[536]

Dans la vérité des faits, les personnes ecclésiastiques sont modérées, pondérées et équilibrées par leur sens affiné et profond des réalités. Si l'Église eût été aussi despote que le disait Boileau en riant ou que le croyait sincèrement Voltaire (jansèniste d'origine, comme nous le rappellent les belles conférences de M. Bellessort[537]) notre Église de France n'eût pas donné à la monarchie un si grand nombre de politiques supérieurs. L'Église a toujours associé un sens aigu du relatif à l'enseignement théologique de l'absolu.

---

[535] Peut-être Roger Giron, journaliste et critique littéraire, né en 1900, mort en 1990. Si c'est bien lui, il était en 1925 tout jeune chroniqueur à *L'Éclair*.
[536] Vers extrait du premier chant du *Lutrin*.
[537] Sans doute André Bellesort, 1866–1942, poète, critique littéraire et grand voyageur. Défenseur de l'humanisme classique, il sera élu à l'Académie française en 1935 et en deviendra secrétaire perpétuel en 1940. Partisan de la collaboration, sa mort en début 1942 le sauvera de l'infamie posthume.

La contre-Église républicaine est incapable de ces distinctions et de ces approximations ; ses absolus sont successifs, elle fait et défait tour à tour ces provisoires faux dieux ; à son moment chacun impose une obédience plénière, un nivellement, un écrasement complet des volontés et des intérêts, des pensées et des sentiments. Hier, à propos du Vatican, le Laïcisme était Dieu. Aujourd'hui, la Répression rigoureuse des fraudes est Déesse. Tout doit céder à la fureur du matin ou du soir. On objecte la loi, loi faite de la veille ou du siècle passé ? Il n'y a plus de loi que celle qu'il s'agit de barbouiller séance tenante. On objecte le Code ? Le Code doit marcher avec tout le reste. Vous tuez la famille ? Vous brisez le foyer ? Et, dans un pays de petite propriété comme la France, vous anéantissez toutes les espérances, toutes les providences de l'avenir ? Il n'importe. Une seule chose importe : faire payer. On payera. On sera sucé, rongé, mangé, vidé, tué, mais on payera ! On payera, morbleu ! Le vieux parti républicain fait figure de personnage de comédie. Tout est subordonné à sa passion et à sa manie ; là-devant, tout doit céder, ou fondre, s'évanouir ou se prosterner dans la poudre.

Oui, telle est la fureur qui administre et gouverne ce pays depuis quarante ans. Nous avons dit les résultats. Ils ne sont pas pour étonner. L'étonnant, c'est plutôt la résistance du territoire, l'endurance de la population, le maintien de la nationalité, la survie de la France ; par quelle étrange et fière accumulation de vitalité tout cela n'est-il pas épuisé depuis de longs jours !

L'Anthropophage

1931

Préface

*L*a véritable cause de la mort du Comte T...[538] a été recherchée, inférée, supposée de mille manières, toutes sont émouvantes, nulle n'est acceptable des hauts points de vue de l'Esprit.

Une admiration sincère n'a que faire de ces médiocres rivalités domestiques, ou de compétitions de faibles disciples occupés d'histoires de testaments. Qu'il n'aimât point ou n'aimât plus telle personne de son entourage ; que le souffle prochain, que le strident sifflet de la grande Faucheuse eût un jour ému ses viscères, ce tragi-comique bourgeois ne saurait expliquer la beauté de sa fin réelle, telle qu'elle survint après une fuite mystérieuse, le 28 octobre 1910, sous le vitrage du hangar de la gare d'Astapovo. Ici, le sublime reparut, la majesté, la dignité, la véritable sainteté du Mage octogénaire. Tout ce qui précéda a donc besoin d'être réimaginé et comme repensé pour s'égaler aux vérités certaines de l'incomparable agonie. Ces vérités encore inconnues, et indispensables, à titre de préparation ou d'explication, l'auteur des pages qui suivent a cru les découvrir. Mais, par une aventure que l'on peut trouver curieuse, elles ne lui sont pas venues à l'esprit après la mort du Comte T... ; il les avait écrites une quinzaine d'années avant ce malheur.

En des temps lointains, qui nous reportent à la dernière décade du siècle passé, les ouvrages de propagande du Comte T..., alors nouveau parus, avaient une certaine part à la vie intellectuelle de la jeunesse cultivée. L'auteur de cette notice les avait feuilletés ; il s'était demandé quel dénouement logique pourrait bien recevoir un tel apostolat. Pour son plaisir et celui de quelques amis, il prit sur lui d'anticiper ; le premier manuscrit de L'Anthropophage doit être de 1896 environ. Très peu après, s'il m'en souvient, un ami, condisciple et compatriote, l'ardent et élégant poète du Chœur des Muses, Lionel des Rieux, prétendit trouver dans ce petit écrit la matière d'une moralité dialoguée qu'il se faisait fort de mettre à la scène. L'idée avait fait rire. Je ne crois pas qu'elle ait été suivie d'aucun essai d'exécution. Si elle est mentionnée ici, c'est pour nous aider à fixer, aussi exactement que possible, la date de naissance de ce Conte moral du siècle dernier. Son auteur, en ayant retrouvé les brouillons informes, l'a abondamment revu et, bien entendu, complété.

---

[538] Tolstoï. *Comme celle-ci les notes suivantes sont des notes des éditeurs.*

I

Le Comte T... avait écrit toute la nuit. Il sortait du travail comme d'un sommeil. En se frottant les yeux, il se récitait à voix haute quelques passages de l'Étude qu'il venait de plier et de cacheter pour un journal américain :

> *Mes enfants, mes fils,*
> *Vous ne tuerez point.*
> *Anéantir un être. Rendre cette vie à la mort. Abolir un désir, un élan, une conscience, une âme. Arrêter un pas, même vain. Interrompre une reptation, même vile.*
> *L'homme qui fait cela tient-il donc à rester une impure et lugubre bête de proie ? L'homme qui inflige la mort descend bien au-dessous du jaguar, du requin ; si les deux brutes ne peuvent pas résister au penchant du meurtre, l'homme le peut. Mais, ce meurtre commis, s'il en use pour soutenir et nourrir sa propre existence, il la frappe d'un déshonneur, qui, moralement, la tuera.*

Et le Comte T... ajoutait, dans son secret :
« À la bonne heure !
« Quelques-unes de mes certitudes ont pu être frappées du doute. J'ai ouvert des avis, proposé des leçons, que d'artificieux sophismes purent contrarier. Cette fois je prends place sur mon rocher d'airain. Je n'ai rien fait de mieux depuis l'incontestable *Sonate à Penny*[539]. »
La vie lui était plus légère, la lumière plus fraîche et l'air plus gai, pour des raisons autrement fortes que cette action de grâces littéraire.

---

[539] Il s'agit bien entendu d'une allusion à la *Sonate à Kreutzer*, cette nouvelle publiée en 1891 dans laquelle Tolstoï met en scène un fou qui avoue à ses voisins de train qu'il vient d'assassiner sa femme après l'avoir surprise en compagnie d'un violoniste. Cette *Sonate* est une charge aussi bien contre la musique, accusée non pas d'adoucir les mœurs, mais d'exacerber les passions et les dérèglements humains, que contre le mariage lui-même — ce qui lui vaudra une mise à l'index de la part de l'église orthodoxe russe. Maurras s'amuse avec les monnaies divisionnaires ; le penny est la deux cent quarantième partie de la livre sterling, alors que le kreutzer était la soixantième partie d'un gulden à Vienne, ou d'un thaler à Berlin. Le kreutzer a même existé en pays francophone ; à Neuchâtel, redevenue propriété du roi de Prusse en 1814, le kreutzer valait un quart de batz, donc un quarantième de livre tournois.

Le Comte T... voyait très haut, depuis quelque temps. Il lui semblait que l'impertinent et mystique silence de l'Univers était en train de rompre, un par un, ses arcanes afin de lui ouvrir amicalement des trésors qui avaient figure de récompenses. Cela datait du jour et de l'heure où, étant parvenu à se faire obéir dans sa maison d'Iasnaïa, il pouvait enfin s'abstenir de toucher et même de laisser toucher à aucun aliment carné.

Cette réforme colorait les êtres et les choses de ce rayon nouveau qui semble émaner de leur cœur. Au vrai, le monde lui devenait diaphane, il y lisait si couramment que ses filles et ses brus aimaient à le prier d'expliquer telle ou telle nuance du vagissement de leurs derniers nés, et le vieillard, malgré l'épaisseur de son sexe, renseignait ces dames avec précision. Plus même que le cœur des animaux, leur vulgaire langage venait à lui et il le comprenait plus vite et mieux de jour en jour. Quelle allégresse de saisir au fond de la campagne ce que sent, pense et veut quelque chien perdu qui se plaint, ce que nous signifient la chouette nocturne, la cigogne victorieuse arrêtée sur quelque pignon, ou le crapaud, dans l'herbe, enivré de son humble amour ! Cette initiation le gonflait d'espérance ; mais les intelligences de l'abîme, en l'illuminant, ne troublaient point la liberté du sourire supérieur.

« Que d'autres, disait-il, piochent le basque ou l'étrusque. Je m'amuse au lexique de la faune de l'univers ! »

L'occulte progrès journalier fut bientôt deviné par le plus savant homme du village. C'était le pope. Mais, interprétant à sa guise, le saint homme disait :

« Barine, l'ascétisme fleurit en vous sa belle fleur. La dure vie que vous faites à votre corps vous affine l'esprit et l'âme.

— Oh ! petit père, assurait le Comte T..., l'ascétisme n'y est pour rien, je me contente d'éprouver la vertu des simples, qui sont des aliments de paix. Les haines carnassières que nous faisons grandir en nous opposent peu à peu une opaque membrane à la libre communication des vivants. Abattez cet écran, abstenez-vous des lourdes viandes gorgées de sang, empoisonnées de fausses chaleurs. Votre air spirituel sera mieux traversé du fluide d'amour. Je sais plus, parce que je tue moins. Recommencerais-je à tuer, je serais replongé dans votre ignorance. »

Le pope acquiesçait sans enthousiasme ; il aimait en secret la chair.

« — Au surplus, reprenait le comte, comment avoir le cœur de toucher à ces innocents ? »

Le pope osa nier que le cœur des animaux fut si tendre :
« Il y en a qui font du mal...
— Par votre faute ! Par la mienne !
— Ma faute ? Votre faute, Léon Nicolaïevitch, que le loup soit cruel ?
— Le serait-il sans votre chasse impitoyable ?
— Mais sans elle, il me mangerait !
— Et puis après ? Le beau rôle serait pour vous ! »

Il excellait aux brusques changements de pied qui amusent les beaux d'esprit, mais qui font du mal aux simples.

Le Comte T... avait poussé la porte de son cabinet. Il ne songeait pas sans plaisir aux images frugales du déjeuner que lui avait mérité la nuit de labeur. Labeur imparfait, labeur non manuel, purement intellectuel : méritoire encore ! Bien que pressé par l'appétit, il avait suspendu son pas pour se complaire aussi dans cette douce certitude : avant que d'arriver à la salle à manger devait être franchie la délicieuse étendue de la basse-cour ; aucun endroit de sa maison ne lui était plus délectable.

« Claire clairière ! disait-il, en jouant sur le nom de son Iasnaïa. »[540]

Là, en effet, courait, criait, piaffait, battait de l'aile un peuple heureux qui lui devait tout, sans excepter le ridicule d'un embonpoint quasi-humain ou les signes d'infirmités produites par un âge auquel n'atteignent pas souvent les bipèdes ni les quadrupèdes sous notre toit.

Quelle sanglante boucherie il avait épargnée à ces pauvres êtres, qui le savaient et le lui disaient bien ! Dès le pas de la porte il sentait s'élever, avec le murmure charmé d'une émouvante gratitude, les marques d'amitié venues également de la bergerie, de l'étable et de la porcherie. Paons radieux, canes, oies grasses, pesants chapons, cochons de lait, chèvres, lapins, tous les habitants du domaine se rappelaient encore cette limpide nuit où, la torche à la main, coiffé d'un casque à mèche rouge et psalmodiant quelque formule d'illumination maçonnique, leur Seigneur et Libérateur était venu leur préciser qu'ils avaient cessé de dépendre des rôtisseurs et des cuisiniers, puis, en ouvrant les portes, leur avait présenté, sur un coussin de velours broché d'or, de symboliques clefs des champs dont personne n'avait voulu, car tous y préféraient l'assurance de ne jamais manquer de pâtée ni de grain. N'étaient-ils pas chez eux, chez lui ? Ne le possédaient-ils pas autant, peut-

---

[540] Yasnaïa Poliana, littéralement « clairière lumineuse » est le nom du vaste domaine où vivait Tolstoï, à 200 kilomètres de Moscou. Endommagés en 1941, les bâtiments en ont été restaurés et transformés en musée.

être plus, qu'ils n'étaient possédés de lui ? Limitait-il leur fantaisie, même d'aucune bienséance ?

Un peu froissée au passage par le vieux maître, une épaisse poularde l'apostropha d'un ton d'égalité joyeuse, puis s'éleva et décrivit un lent demi-cercle autour de son front, et ce qu'elle y laissa tomber n'était pas un œuf. Il ne se brossa point, tant l'infamie lui sembla juste ! Ainsi entendait-il expier la vergogne des temps affreux où ses plaisirs de table souillaient le lien sacré qui le reliait à la multitude souffrante. Tout en bistrant le poil d'un horrible petit pourceau, il se disait :

« Le Petit Pauvre a connu bien d'autres disgrâces ! »

À ceci près que François d'Assise, s'il parlait aux oiseaux et aux fauves, n'entendait guère leurs réponses. Tel était le privilège du Comte T... Chaque jour le perfectionnait dans leur idiome sacré. Il pouvait donner la réplique à ses colombes poignardées qu'il avait fait venir des lacs italiens, il échangeait des idées générales avec son bœuf bleu du Thibet, nulle bête grosse ou petite, régnicole ou métèque, ne pouvant lui faire de mystères. Il ne perdait plus rien de ce qui se gloussait, se bêlait, s'aboyait ou se mugissait, élogieux et tendre, à son intention. L'air et la terre étaient animés et vibrants de la chaude clameur de dévouements à sa protection, comme d'admirations à sa magnificence, intelligible encens qui ne le lassait point.

Saluant à droite et à gauche, comme aux grands jours il l'a vu faire à son petit Père le Tsar, le Comte T... est radieux de ses succès. Une seule inquiétude, mais royale et demi-divine, peut seule l'éprouver. Une idée d'avenir l'agite ; il se demande s'il lui sera donné quelque jour de pousser plus avant et de mieux se mêler au cœur universel ? Des voix intérieures l'en assurent à demi-mot.

Le propre des plaisirs profonds, par leur violence même, est d'intéresser toute l'âme ; cela est triste à dire, ils aiguisent la faim. Le maître s'aperçoit qu'il a laissé passer l'heure où les siens quittent la table de famille suivant l'ordre donné pour tous les cas de long retard ; ne voulant déranger aucun serviteur, le Comte T... coupe au plus court, il va quérir son repas à l'office.

II

Moins certes que la basse-cour, le Comte T... aime l'office, un peu pour l'office lui-même et beaucoup contre le salon.

Il y rencontre avec bonheur les rudes et bons moujiks, et leurs filles, et leurs femmes, miroirs de modestie et de sainte simplicité. Pendant qu'elles travaillent à lui complaire en raffinant la saveur de quelque potage ou en échafaudant quelques tours de pâte sucrée, les douces créatures oublient la fatigue en chantant.

Il écoute avec joie ces voix presque toujours dolentes, et le naturel de leur plainte, dans la sombre magie de l'art, conduit le Comte T..., à cette vérité, vraisemblablement éternelle, que l'homme et que la femme n'ont rien chanté aussi volontiers que leur mal.

Mais à peine est-il tenté de tout céder à cette vue de son esprit, le maître s'aperçoit que la chanson des pauvres gens ne s'arrête point à leurs maux, car elle se relève, devient ardente, digne et fière, pour proclamer la foi sans borne et l'espoir absolu dans la jeune beauté de quelque amie parfaite par qui toute misère s'enfuira de leur vie sur une aile de feu.

« Ainsi », se dit le Comte T... qui a lu cela dans un poète romaïque de langue française,

> Ainsi du mal au bien, de la joie à la peine
> Passe la vie humaine ![541]

... Et ces passages font le bonheur du dilettante et du virtuose caché sous le prophète. C'est pourquoi, plus souvent qu'il ne conviendrait à sa majesté de barine, l'humble sous-sol chantant, qui l'a appelé, le retient. Mais comment se fait-il que, depuis quelque temps, les voix des serviteurs lui paraissent comme troublées et embrouillées ? Il lui semble surtout que l'agréable transition du gémissement des travaux à l'aérien enthousiasme de l'amour se perçoit avec moins d'intensité ou de fréquence : qu'y a-t-il ?

---

[541] Sans doute Jean Moréas. Mais nous n'avons pas retrouvé ces deux vers dans les *Stances*, alors qu'ils en reproduisent l'omniprésente mélodie. Ils proviennent peut-être d'un recueil moins connu ; ou alors, Maurras les a composés pour la circonstance, en se laissant porter par la musique de ces vers qu'il admirait tout particulièrement.

Bien qu'il se crût sans grande illusion sur les êtres, le Comte T... avait été étonné et contrarié de surprendre, à travers l'office, d'obliques regards assassins égarés vers la basse-cour : on ne s'était jamais soumis de bon cœur à la saine abstinence. Le spectacle du maître se prêtant à de sales familiarités de volières et de basse-cour froissait un sens profond de l'honneur domestique. Enfin l'on rougissait de l'état d'émaciation auquel il était descendu : d'un bout à l'autre du monde asiate, un homme gras est un homme riche et heureux ; on félicite un maître qui prend du tour de taille parce que ce sont ses richesses qui lui ont permis de beaucoup manger ; l'amaigrissement de leur petit père donnait même aux moujiks comme le sentiment de leur propre importance diminuée. Quand donc il approchait pour prêter l'oreille à la mélodie désirée et qu'un demi-silence se faisait tout seul, il y avait de grandes chances qu'on exprimât ainsi un regret de la tranche de pâté ou du jambonneau qui eût donné plus d'âme à de belles chansons. Mais ces refus ne duraient guère. Le Comte T... était obéi car il le fallait bien ! N'avait-il pas laissé pour morts, à coups de ceinture de cuir, deux ou trois des récalcitrants ? Ni grève ni révolte ne pouvaient aller loin avec lui.

Point de grève. Point de révolte. Mais alors que signifiait cet évanouissement graduel du son physique tel que jadis il le recueillait à l'office ? Hier, moindre qu'un souffle, ce n'était plus rien aujourd'hui ! Lui à qui, tout à l'heure, rien n'avait échappé des plus fugaces propos de la basse-cour, quelle absurde barrière de silence le séparait des pauvres hommes, ses semblables et ses amis ? Pourtant ceux qu'il voyait de face ouvraient une bouche qui semblait pleine de chansons, les autres, marquaient du dos et de l'épaule, du rein et du talon, les scansions du même refrain, beau et tendre sans doute, dont il n'entendait même plus le murmure enfui dans le vent !

Était-il devenu sourd ? C'était tout le contraire, car l'oreille du Comte T... s'était aiguisée, sensibilisée au miracle ; si l'élégie de ses bons serfs lui échappait, c'est qu'elle était couverte par un chant plus persuasif, Lequel ? Un chant léger, de plus en plus distinct, dont il commençait à démêler la vibration, d'une acidité étonnante et même cuisante, chargée d'accusations qui, avant d'arriver à son esprit lui perçaient le cœur.

Cris subtils, menus râles, soupirs déchirés... Puis, car le ton montait, imprécations précises et reproches articulés, dénonciations qui visaient la personne d'un Maître et d'un Chef déclaré responsable d'une multitude de maux. On l'appelait tyran, bourreau et tourmenteur. On disait aussi :

assassin. Les pointes passionnées, pleuvant comme des flèches, non sans atteindre aux mesures d'une musique et à la suite d'un discours, faisaient certainement, il n'en doutait plus, un office d'obturateur et d'écran entre lui et l'évidente mélopée de ses domestiques. C'était clair et c'était certain. Un voile obscur couvrait le reste. Qui donc était ainsi exécré et maudit ? Qui exécrait et maudissait ? Ce chœur de sauvages insultes, d'où partait-il surtout ? Qu'était-ce qui grinçait et qui pleurait là, sur un ton de si âpre offense ? Le maître de maison promenait les colères de son œil glauque, qu'il chargeait, à son tour, de vagues menaces.

Un air supérieur éclata en risées distinctes :

« Malheureux ! Malheureux ! tu nous verrais si tu méritais de nous voir. Tu nous saurais, si tu valais de nous savoir. »

Parlait-on du dehors ? Il courut au jour-de-souffrance. Il n'aperçut personne que la volaille en liberté épanouissant des jabots, des prunelles et du bonheur.

« Tu nous verrais, chanta alors une autre voix, si tu n'étais comme les tiens, une bête obtuse et lugubre. Ô jaguar ! ô requin ! as-tu fini d'usurper la face de l'homme ? »

À ce point, le Comte T… rentra en lui-même : et ses maximes de la nuit, qui lui revinrent, poignant son esprit et son cœur, l'illuminèrent et montrèrent comment le concert jaillissait du milieu de la pièce, exactement de cette table autour de laquelle battait et marquait la mesure un double rang d'officiers et de marmitons.

Le même chœur gronda et gémit :

« Nous aurais-tu devinés aussi lentement, si tu n'avais tiré un sale profit de nos maux ? »

Un rayon de lumière acheva de souffler sur les nuages de la chair. Ce que Léon Nicolaïevitch entendait, il le vit enfin : il vit, dans sa réalité, quel champ d'affreux carnage, quel lit de violentes tortures formait le vaste autel de chêne mal équarri qu'il avait pris pour un meuble de ses cuisines.

Nul animal proprement dit n'y était couché, certes, mais pas un des regards du Comte T… ne s'y appuyait sans recueillir l'aveu d'un charnier de pulpes martyres, membres mis à nu ou têtes tranchées avec un artifice de raffinements confirmés par de larges filets et de lents ruisseaux de jus verdâtre ou d'huile pâle, qu'il n'était pas difficile d'identifier au sang frais.

Le Comte T… prenait peu à peu conscience de la douleur qu'il infligeait aux fruits, aux herbes, aux racines, à de simples rêves de fleur comme ces boutons de câprier confits dans un âpre vinaigre et jetés sous la lame, la râpe et le hachoir !

Ainsi, et sa stupeur passait encore sa pudeur, contemplait-il les tomates ouvertes vives et bourrées de farce brûlante, les pêches tirées de leur peau, coupées en quatre, remordues au feu de l'alcool, les raves dépecées en lamelles vermiculaires, les poires en compote, les pommes en bouillie, les lentilles en purée sinistre et, mêlés aux oignons effeuillés sans miséricorde, les vastes potirons éventrés comme des pourceaux, vidés de leurs blondes entrailles, qui, semblant faire honte et même pitié à la planche du bois rugueux, n'avaient pu émouvoir cet homme, ce croyant, ce docteur, cet apôtre, assourdi, abruti, insensibilisé si longtemps !

Le malheureux, que saisissait la tardive révélation du plan logique de la nature, hésitait vainement entre le dégoût de son étrange épaisseur d'âme et l'horreur de sa cruauté. L'histoire ne dit pas quel insignifiant légume laissé intact, ayant été saisi au col par une servante, acheva de désespérer le Comte T... en lui jetant, comme un Juste de l'échafaud, son paquet de brocards amers :

« La moindre bestiole que tu veux épargner décide du carnage de mille âmes de fruits, de fleurs... Tu n'entends pas nos plaintes ? Mais tes moujiks, dont tu méprises les opacités carnivores, entendaient-ils crier tout le sang dont ils se gonflaient ? N'invoque pas l'excuse qu'ils ne t'ont pas fait accepter. Tu signifies comme eux un nerf obtus, une vue basse, un inaccessible tympan. »

Le Comte T... s'était laissé tomber sur un siège, comme un docteur qui refuse la discussion. Il allait fermer les yeux pour ne plus se voir. Pourquoi fallut-il que, lancé tout droit, devant lui, son regard rencontrât une pauvre fille qui, sans penser à mal, s'était mise à racler, de son mieux, il est vrai, la rouelle vert-pale d'un jeune concombre qu'elle saupoudrait de moutarde, de poivre rouge et d'un curry indien aiguisé en pointes cruelles. Le maître se précipita, délivra le souffre-douleur et, la saisissant, elle, la lia, la troussa, la fouetta et l'ensanglanta de la tête aux pieds, comme il l'avait vu faire à ses père et grand-père, sachant être traditionnel quant il le fallait. Cependant ses ancêtres eussent rougi de l'excès auquel l'emporta la Pitié suprême car, ayant renversé cette misérable, il la foulait aux pieds et dansait dessus avec la joie de la haine aussi farouche que l'amour. Elle rendit l'âme.

« Et voilà ! dit-il... Et voilà ! ajouta-t-il sur un mode de chantonnement juridique. Voilà qui est bien fait et même très bien fait ! »

Une autre fille écossant des fèves, sans prendre garde au disciple de Pythagore[542], essuya la même justice pour avoir extirpé les chastes grains d'un ovaire doué de vie. Plus loin, surpris à opprimer dans leurs mortiers la perle dorée du maïs, trois garnements furent châtiés d'importance. Leurs cris sonnaient ses coups. C'était pitié, c'était merveille qu'il n'en entendit presque rien ! La grande voix universelle des vergers, des jardins, des forêts du monde vengé élevait les harmonies de sa gratitude assez haut pour couvrir l'insignifiante et négligeable douleur de trois pâles échantillons du genre humain ; combien importait peu l'équivalent faible et chétif du gémissement millénaire élevé par l'autre partie ! Hier, la bête, hier la plante : au tour de l'homme de pâtir ! Si la haute équité de sa raison lui eût permis de ressentir aucune préférence pour une catégorie quelconque de l'Être, ç'eût été en faveur de la plus maltraitée : cette âme végétale, misérablement née, vouée à tout subir, qu'agitent à leur gré, et torturent, et mortifient sans terme le ciel et la terre ! Elle est clouée au sol, frustrée du moyen d'échapper, quelque fléau qui passe, ne pouvant rien fuir du destin ! Le léger Français Michelet avait autrefois attendri le Comte T... sur les serfs liés à la glèbe. Que valait cette romantique métaphore au prix du servage réel de ces végétaux enchaînés à des racines éternelles, sous le fouet des pluies et des vents ! Le Comte T... châtiait donc les privilégiés délinquants.

« Que ne puis-je frapper plus dur ! Ne fût-ce, misérables, que pour vous inculquer l'universelle sensibilité mise au jour. »

Par lui, cinq ou six cadavres jeunes et beaux avaient achevé de râler. Le reste fuyait devant lui, hormis un petit nombre de servantes et de valets qui, atteints par hasard et gravement blessés, baignaient dans leur sang. Ce sang chaud fumait et criait au-dessus des morts qui refroidissaient. Le bon pope accouru contemplait de loin le bizarre tableau de chasse au centre duquel son seigneur se démenait, tour à tour comparable au beau Roland, au noble Ajax. Mais Roland, n'ayant fait carnage que d'ennemis, bénissait et absolvait ses amis. Le fils de Télamon, qui ne mit à mort qu'un troupeau, avait été trompé par les ombres. C'était bien autre chose ici ! Le pope modula donc sur un air d'église :

« Tel est l'homme de paix quand la guerre lui chante. Tel est l'homme d'amour quand la haine le point. »

---

[542] Pythagore interdisait à ses disciples de manger des fèves. (n.d.é.)

Mais, au moment de reboucler l'héroïque ceinture qui avait tenu lieu de massue et d'épée, le Comte T... se mit à en cingler avec vigueur ses propres reins.

« Monsieur le Comte devient fou, s'écria toute la maison.

— Mon père !

— Mon mari !

— Mon maître ! »

Un coup involontaire effleura la comtesse.

Avec prudence, le pope se rapprocha.

« Léon, dit-il, Léon Nicolaïevitch, quel mal vous faites aux vôtres ! Et quel mal à vous-même ! »

Il releva un front farouche et prononça :

« Je punis ! Non sans continuer à décerner le châtiment qu'avaient mérité sa lenteur d'esprit et ses complaisances de chair. »

Ensuite, il intima l'ordre de renverser les cuves, d'éventrer les tonneaux, de casser les bouteilles, voulant ainsi soustraire aux fureurs de la consommation les mycodermes, les levures et tous autres insecticules offerts en hosties à Bacchus et à Gambrinus.

On obéit.

Bien que la basse-cour et l'étable se fussent jetés d'un même élan sur la nappe de victuailles et de boissons semée de corps morts, léchant, broutant, lampant à qui mieux mieux, sous les coups de bottes du prodige propriétaire, il se délectait à sentir monter de son cœur les bouffées de satisfaction qui couraient sur sa face comme autant de flambeaux.

III

Il se réjouissait d'avoir percé les apparences et reconnu les deux vérités sous-jacentes, qu'il faut obéir en tout temps. Une chose est sacrée : la vie. Qui la respecte se respecte. À force de se respecter, le Comte éprouvait comme une tentation de s'adorer un peu. Il passait et repassait devant les miroirs en saluant cette chevelure d'archange, cette carrure de géant, ces regards comparables aux abîmes du Feu.

Mais, en même temps, le colosse était poursuivi des souvenirs de la vie physique, ayant été, depuis des siècles, abreuvé et nourri de tout ce qu'il venait de gâcher : vins généreux, viandes sincères, que de nobles aïeux avaient fait affluer de tous les coins du monde dans la sainte Russie. Ses dents, au grand complet, étaient bien plantées et brillantes. Les treize enfants qu'il avait eus de la Comtesse proclamaient sa vigueur de cœur et, bien que trois d'entre eux seulement eussent embrassé la doctrine et les mortifications de leur Père et Chef, on assurait que, dans le village, bien d'autres disciples étaient nés de ses œuvres pour y rendre témoignage de sa force ou de ses faiblesses. Et l'athlète se consolait en murmurant que ses combats auraient été bien moins sublimes s'il n'avait eu à vaincre les aspirations que sa stature et sa carrure définissaient.

C'est pourquoi la plus impérieuse de toutes revenait, et l'âpre faim recommençait de lui crier dans les entrailles pour faire taire les idées venues de l'air supérieur : il entendait sa Bête se dresser, qui l'humiliait.

Aussi, non sans tristesse, entre deux élancements réprimés, se redisait-il que ce combat des désirs de la terre et des forces de l'âme avait pour avantage d'associer et de lier les combattants ; est-ce que le Comte T... fût devenu le rédempteur providentiel de l'Animal saigné, du Végétal broyé, s'il n'avait eu l'expérience de leur sort ? Il est bon d'éprouver la bassesse de la Matière, quand elle conduit à sympathiser avec tout l'Esprit. Le plus sordide organe deviendra vénérable quand on y verra confluer, dans un intime accord, la souffrance pour soi et la compassion pour autrui.

Un vif souhait de l'aliment n'en était pas moins déclaré. Les cavités de l'épigastre et de l'abdomen élevaient leur réclamation douloureuse ; celle-ci, remontant de son cœur à sa tête, n'y trouvait rien qui pût quelque chose pour lui. Plus il souffrait, plus les images lumineuses qui assistent tout homme pour certifier l'évidence affirmaient qu'il ne serait plus satisfait, à quelque expédient qu'il se confiât. On n'appelle point nourriture la pierre, les métaux, la brique, la boule de terre argileuse plus ou moins détrempée qu'il essaya de s'ingérer et qui, reçues contre nature, faillirent lui coûter la vie en lui déchirant l'intestin.

Il ne mangea donc plus, si brûlant que fût le désir. Sa résignation à jeûner lui valait ces passages d'héroïsme lucide, qui ont quelque chose de nutritif. Mais les exaltations descendaient vite et retombaient à plat. Il crut pouvoir se fier aux vertus de l'eau, que certains jeûneurs vantent ; mais, gonflé comme une outre, il dût y renoncer.

Sur ce globe immangeable, il fallait manger cependant !

Un jour passa, et une nuit. Puis deux, puis trois et quatre. Le Comte T... ne succomba point. Sa résistance était puissante ; jusqu'à huit journées pleines s'égouttèrent, dans le même combat furieux. La neuvième aube, tous les nombreux témoins rangés près du grabat sur lequel, par son ordre, on l'avait couché, se heurtèrent du front, s'enlacèrent les mains, s'entre-baisèrent sur la bouche parce qu'ils le voyaient sur le point d'expirer, et chacun se mit, à pleurer, qui sa brutalité, qui sa bienveillance, qui sa folie, qui son amour. Le médecin hochait la tête. Il parla de la fin de l'après-midi comme d'une limite qui ne serait point transgressée et sur laquelle le seigneur pope réglerait son ministère des sacrements.

Un râle, en forme de sanglot adouci, redoublait de force émouvante. Toutes les oreilles étaient tendues vers le pas de la Mort. Mais ce fut la Vie qui entra.

IV

La porte avait tourné en silence. Un grand diable se tenait debout sur le seuil. Le Comte T... aurait paru chétif auprès de lui. À la manière du Bon Pasteur des icônes, il portait sur l'épaule un petit chevreuil mort dont les pattes liées devaient s'unir sur sa poitrine dans les épaisseurs emmêlées de sa longue barbe et de ses cheveux gras. À sa ceinture, un lièvre, trois ou quatre lapereaux, plusieurs coqs de bruyère et des poules faisanes retombaient, comme des chapelets d'oignons ou des tresses d'aulx, de chaque côté de ses braies de velours et brodaient la longueur de ses bottes de cuir bouilli. Parmi les rares interstices du garde-manger ambulant, étincelaient des coutelas et des pistolets ; une courte carabine était portée en bandoulière. D'autres armes uniformément maculées de guttules rouges sortaient d'un gros carnier déjà farci d'écureuils, de perdrix et même de pierrots, chaos emplumé chaud et doux. Seulement, au lieu de poser sur les reins du chasseur, ce carnier baillait sur son ventre d'une façon si singulière qu'on était obligé de s'apercevoir que c'était aussi une boîte à lettres. De la plume, du poil, émergeaient les journaux, les revues et les enveloppes scellées que l'étrange facteur rural distribuait par le village, à ses moments perdus.

Serge, ou peut-être Ivan, comme il s'appelait, salua jusqu'au sol et, traînant vers le Comte son odeur de poudre et de sang, remit au moribond un paquet de faible volume, criblé de cachets et de timbres, qui semblait venir de fort loin. Puis il salua de nouveau et disparut par le chemin de la forêt.

Le Comte pleurait doucement. Le carnage éternel lui avait interdit de mourir en paix et l'avait poursuivi de ses pourritures sanglantes. Dure insulte suprême ! Opiniâtre ironie du sort ! Cependant l'objet qu'avait laissé le hideux visiteur n'avait pas été rejeté ; soit l'instinct, l'habitude de la curiosité ou les convulsions machinales de l'agonie, ce témoignage matériel de l'offense était retenu et étreint ; bientôt même, les doigts livides le caressèrent en le retournant de côté et d'autre, jusqu'à ce qu'un rayon de jour qui tombait d'aplomb au coin de l'adresse lui fit lire distinctement le nom d'un institut célèbre et celui de l'expéditeur qui était le fameux docteur Bartolot.[543] Alors, les mains recommencèrent de trembler, mais d'une autre sorte ; le mourant les passa et les repassa sur ses yeux.

Bartolot ! Bartolot !... Son ami, le docte chimiste et alchimiste illustre ; tout comme lui, le philosophe, fondateur et propagateur d'une religion plus humaine !... Le même, bien le même. Il avait annoncé aux hommes la merveille future d'alimentation innocente en un jour de joie très prochain ; le progrès de la connaissance des corps hâterait la révélation de sublimes substances mortes, aptes à l'entretien de la vie. Trop d'années avaient couru en vain sur cette espérance ! Allait-elle pleuvoir en célestes réalités ?

Le paquet ouvert à la hâte contenait un drageoir oblong, dont le couvercle soulevé laissa voir une poussière rouge-brun à gros grains mous et friables qui ressemblaient à ceux du tan. Alors, d'autres larmes jaillirent, car il ne lui était plus possible de s'y tromper, et la notice jointe le proclamait d'ailleurs : ce que le Comte T... admirait de toute son âme, en l'élevant comme un ciboire et en le flattant des douces piétés de sa main, n'était pas autre chose que la noble nourriture de l'avenir, telle que l'avait obstinément attendue chaque jour un faux désespoir. Une pincée de ce mystère de sagesse et d'amour, lui faisant un repas complet, lui verserait l'esprit du pain, du vin, des fruits, du lait, le suc essentiel d'une chair sidérale, mystérieuse enfant de l'ampoule et de l'arc de feu : rien qui soit dérivé de la plante ou de l'animal ! Tout ce qu'au prix de tant de deuil nous vend une dure nature, la douce et féerique Science le recomposera, sans qu'il en coûte ni une larme, ni un soupir, aux délicatesses du cœur vigilant. Pour la première fois depuis

---

[543] Marcellin Berthelot, qui avait en effet prophétisé qu'au siècle prochain, la chimie de synthèse serait en mesure de pourvoir aux besoins alimentaires du genre humain. L'optimisme prométhéen de cette prédiction avait suscité de nombreuses caricatures et plaisanteries.

la naissance du monde, la triste Terre est rachetée par les fils de son fils, Prométhée généreux, que le cristal de la raison égale déjà au plein ciel.

La joie refaisait de la vie, et la vie, de l'enthousiasme !

Les yeux vert d'eau du Comte T... brillaient comme des escarboucles et sa vieille voix, ressurgie des abîmes d'un épuisement sans pareil, sa magnifique voix de prédicateur et de myste louait et célébrait Bartolot, sa vertu, son génie, son art. Les connaissances du savant et les pressentiments du Mage lui inspiraient un chant qu'il imitait du psaume où le saint Vieillard peut s'éteindre, car il a vu son Dieu :

« Et maintenant tu vas pouvoir congédier, ô mon maître, ton serviteur... » Mais un tel choix fit éclater la tendre indignation de tous.

Filles et brus, fils et épouse, servantes et serviteurs s'écrièrent qu'un si beau jour n'éclairait point la mort, mais la résurrection. Grâce à la lumière bénie de la vermeille Bartoline (car le grain, au contact de l'air, s'était un peu doré) on allait revivre, et il le fallait.

« Ô père ! ô aïeul ! ô ami ! »

Lui, ne pensait pas autrement.

Aux pieuses réactions surnaturelles de son esprit succédait en effet l'espérance d'apaiser peu à peu ces appétits exacerbés dont il craignait déjà, non sans sagesse, la trop brusque satisfaction. Lentement, prudemment, il étendit la main dans la direction du drageoir pour y prendre le plus petit nombre possible des menus grains qu'il froissait l'un sur l'autre comme on fait pour saler le vulgaire aliment.

Par malheur, il n'avait calculé qu'imparfaitement quel sens de l'Invisible et de l'Inaudible aiguise une vie renoncée ; tout à fait comparable à ces statues qui ont laissé tomber de leurs flancs l'inutile et s'étant dépouillés de beaucoup de matière, ne laissent voir quelques lignes de perfection, le Comte T... était travaillé et sculpté, au dedans beaucoup plus qu'à l'extérieur, par ses patients et longs efforts de simplification surhumaine. Ses yeux spirituels avançant au-delà des frontières physiques comme le rayon des corps glorieux, la sonorité la plus basse, disons la plus muette de la vie de ce monde, vibrait si bien à son oreille que les infimes homuncules dissimulés dans les profondeurs de la Bartoline ne lui échappèrent pas mieux que les petites âmes insinuées dans le tissu légumineux, et le sens des paroles échangées entre ces atomes prétendus morts lui fut immédiatement livré et traduit dans leur lettre vive, cependant que roulaient, tournaient sur elles-mêmes, avec une harmonie égale au chant des sphères, les molécules oxydantes, carburantes, ferrugineuses qui animaient le miraculeux élément.

Que pouvaient dire ces atomes, qui ne lui fût pas destiné !

Ils l'avaient interpellé tout de suite, d'un accent presque familier, l'indulgence plaintive alternant avec une haute et sarcastique mélancolie.

« Ah ! petit père, disaient-elles, ah ! Léon Nicolaïevitch, nous savons bien que tu ne voudrais pas nous faire de mal. »

Mais le Comte T... avait faim. Il ruminait la haute ivresse des promesses de Bartolot. Pas plus qu'en sa verte jouvence, il ne se fût tenu aux bagatelles de la porte.

Son petit doigt qu'imprégnait une trace de Bartoline courut d'instinct jusqu'à sa bouche, à deux lignes à peine de ce palais en feu d'où pendait la langue brûlante.

Mais quel cri douloureux :

« Aïe, petit père ! Aïe, aïe ! »

Ainsi se récrièrent les menues personnes chimiques. Et l'ogre en fut percé au cœur. Il laissa retomber la fatale pincée, qui reprit aussitôt, sur un mode démonstratif assez arrogant :

« Comte T..., nous accepterons ta pitié ! Nous préférerions ton regret. Juge seulement ta conduite. »

La contraction et le déchirement de l'estomac plein de faim étaient en voie de lui ravir toute faculté de juger personne ni rien. Son doigt restait dans l'obédience de sa raison, mais la langue, dardée dans la direction du festin, y courait, sans vouloir subir avis ni contrôle... Il y eut un grand cri de douleur et même de mort.

« Quelqu'un a-t-il tué quelqu'un ? »

Qui donc ? Dans le silence qui était devenu formidable, le Comte T... sentit s'élever, puis glisser vers lui un nouveau flux de persuasives paroles :

« Petit père ! Tu ne sais pas en quel cercle de combinaisons lacérantes nous projettent tes moindres mouvements de gloutonnerie. De pied en cap, ils nous arrachent, littéralement, notre « moi ». Toi qui respectes presque tout, comment peux-tu douter que nous soyons aussi respectables ? Ou comment oses-tu un acte qui nous chasse de nous, qui nous fait devenir autre chose que nous, subvertit notre place, notre fonction, notre nature, en changeant toutes les mesures de notre sort ?

« Un sort, le plus calme des sorts, nous est naturel et facile, ne consistant qu'à abonder indéfiniment au cœur de nos cœurs. État profond du grand repos illimité ! Une bête, une plante, meurent toujours. Celui qui les tue ne fait que les rapprocher de l'issue qu'ils n'évitent point. Mais nous ! Mais nous ! La révolution que tu nous imposes attente aux arrangements les plus fermes ; capables de vie infinie, nous sommes éternels pour peu qu'on nous laisse la paix. Ô, petit père, protecteur, ménager, bienfaisant, est-ce toi qui la détruirais ? »

Le Comte T... fit un geste d'acquiescement que suivit le regard de l'intelligence définitive.

Autour de lui, on crut qu'il prenait son parti de commencer son déjeuner. Les petites voix chantonnèrent :

« Que fera-t-il de nous ? Qu'allons-nous devenir ? En quel barathre nous fera-t-il rouler cette fois ? Selon l'état et la nature de sa bouche, quelle eau va nous dissoudre, oxydante, alcaline ? Quel feu d'enfer va nous brûler ? À quels tourbillons inconnus (ô nouvelle vitesse, ô direction imprévisible, ô termes qui sont inouïs !) nos petits corps fouettés vont-ils obéir en courant ? »

Mais les regards du Comte étaient beaucoup plus favorables. Sans doute quelques larmes les embrumèrent elles. Il tremblait, il souffrait, les papilles de ses muqueuses ignescentes, la force du ventre indigné, une sourde ambition de persévérer d'abord dans la vie restaient claires maîtresses de bien des places de son cœur et, sous la voûte palatale, par les canaux de l'arrière-gorge où les glandes déversent d'énergiques humeurs, il se tramait, pour s'unir à la Bartoline, plus d'un redoutable complot dans les directions de l'amour. Mais la vapeur insidieuse de la poudre magique éleva de nouveau un tel gémissement, que, cette fois, le Comte sentit bien s'apaiser et s'éteindre, au fond de lui-même, le dernier des feux du péché qui avait réjoui ses pères antiques ; le Comte T... jugea que, du plus nouveau des Hommes d'aujourd'hui au premier en date des Faunes, personne comme lui n'avait sans doute ainsi sondé l'être de l'Être ; de ces ténèbres, crues inertes, impassibles et indolores, avait pour lui jailli et brillé, ce frère dolent minuscule, ce plaintif semblable éternel, animé comme lui, comme lui étoilé et étincelant comme lui des sensibles vœux de la Vie ! Ce voile soulevé, quel insensé voudrait maltraiter la bête ou l'atome ? Qui les voudrait même émouvoir, puisque le mouvement est symbole de la douleur ?

« Tout sent, tout souffre, tout respire, il ne faut plus toucher à rien. »

Le feu supérieur l'emporta enfin. Mais ce ne fut pas aussi court que des esprits légers en jugeraient sur une relation sommaire. La décision durable faisait aussi durer la vie du Comte T... La force des choses divines est propre à soutenir le corps comme l'esprit ; le même sang, igné et pur, court aux veines de la Nature, le monde des choses pesantes subit plus qu'on ne croit la flamme légère du ciel. Là-contre, qu'aurait pu le brutal assaut du désir ? Le Comte T... multiplia les précautions les plus touchantes pour restituer au drageoir ce qui flottait sur lui de la poussière vive, pour en purifier ses lèvres et le bout de ses doigts. Quand il l'eût refermé, il retrouva cette euphorie où les plus altières perfections de l'orgueil vibrent d'accord avec le scrupule victorieux :

« Non, je ne tuerai pas. »

On crut l'entendre réciter de nouveau ce qu'il avait écrit pour la feuille américaine.

« Ni jaguar, ni requin. Je puis ne pas tuer. Alors je ne tue pas. »

V

« En quoi du reste il se trompait et se vantait, car notre petit Père eut beau dire : il tua, car il se tua. »

Le pope du village paraissait très content de sa déduction. Il reprit, avec une espèce de furie scolaire :

« Il se tua. Il arrêta de l'être, il écrasa, broya, mangea de la vie. Quelle vie ! La plus sainte, la sienne ! Il se mangea lui-même, il détruisit ce bien sacré. Absolument comme Robinson le vit faire, autour de grands feux à l'embouchure de l'Amazone et comme nos propres ancêtres le firent plus anciennement.

« Ainsi périt celui qui craignait de faire périr. Ce fétichiste de la vie fut homicide et suicide. L'humanitaire fut conduit à se déchirer vif.

« Chacune de ses fibres se mit à nourrir l'autre, chaque cellule se jeta sur sa voisine et la dévora. Aucun scrupule de morale ne régla ces tueries de vivantes inférieures, la dernière ne rendant l'âme qu'après la pénultième croquée et digérée. »

Point capital, et dont le pope fit l'objet de plusieurs sermons : ces fortes évidences de régression cannibalienne ne furent point cachées au suprême moment du Comte.

Condamné à refaire son cycle en sens inverse jusqu'à la consommation de sa chair, il dut voir et revoir ce qu'il avait fait de lui-même. La fin de l'agonie le renseignait à fond. Il exhalait de loin en loin ce lucide gémissement :

« Ainsi, je me mange tout vif ? J'ai au fond de la bouche les deux ou trois goûts de ma chair. »

Il n'en fut point trop écœuré.

Suivant une autre remarque juste du pope, cet Européen dévoyé, ce Civilisé rétrograde, qui refusait à bon droit le titre d'ascète, n'avait nourri ni honoré d'aucun sacrifice les Puissances supérieures, et son bûcher vivant ne Leur avait servi de rien. En effet, un sacrifice suppose consomption et aliénation d'un objet pour un objet meilleur. Pour sacrifier, il faut reconnaître les caractères inégaux et les valeurs distinctes des êtres variés qui, en nombre infini posent sur l'échelle du Monde.

Niant mépris et préférence, ignorant la disparité qui oppose, compose, décompose les éléments, c'est en les égalant et les unissant dans son cœur par le même nom que le Comte T... s'était flatté de respecter et d'honorer tous les corps et toutes les âmes. Son erreur le châtia en le dévorant.

Mais il vit l'erreur et il la souffrit sans cesser de la croire aimable. De sorte que la vie et la mort s'étendirent bientôt devant lui comme une mer immense et plane où s'équivalaient, ainsi s'entr'annulaient, toutes les poussées de toutes les forces des choses, aussi bien que les recommandations et les distinctions de l'esprit ; vaste voie libre sur laquelle s'épandaient à plaisir et s'étalaient, sans choix, ni obstacle ni frein, ses passions et ses volontés. Comme il n'en avait que de nobles, dans l'abjection incomparable de sa pensée, elles décorèrent sa fin d'une fureur vraiment rabique auréolée d'insanes fiertés.

Il se leva, il s'insurgea de son lit, comme d'une tombe, et, dans un mouvement dont personne ne fut le maître, saisit sa houppelande, ses bottes, son bâton. Bien plus haut que nature, décharné, presque transparent comme le fantôme qu'il devenait, il bondit hors de la chambre, puis du château. Ni les sapins hérissés des premiers glaçons, ni le plat pays blanc de neige vers lequel il menait sa course ne le rebutèrent de leurs rigueurs ; il n'en sentait presque plus rien.

Ses fils, ses filles et les enfants de ses enfants le suivirent. Ils ne purent le joindre. Un seul être, le bon facteur-chasseur qu'on nomme Ivan ou Serge, venant de tuer un ourson pour se faire la main, recueillit au passage l'attention du fugitif, mais se crut soupçonné comme à l'ordinaire de venir vendre du gibier à quelque domestique. Il fit donc un écart rapide, lorsque le Comte T... se jetant sur lui, l'embrassa, l'arrosa de larmes, dans un éclair d'immense amitié !

Mais, retenu à bras le corps, le vieillard rebondit et se délivra de nouveau. Comme une touffe de ciguë sortait de terre, il s'y jeta et l'avala, mais n'eut aucun mal. Il voulut mâcher des tiges d'euphorbe et, bien que vénéneuses sous tous les climats, celles-ci lui refusèrent aussi leur malignité. Un petit marcassin qu'il avait beaucoup caressé le rejoignit à cet instant, le lécha, le salit d'écume, puis, l'ayant renversé, lui fit un peu partout de douces morsures. La porcherie, l'étable, l'écurie et la basse-cour s'étant mises à ses trousses lui passèrent sur le corps, pour lui faire du mal. En vain ! En vain ! Léon Nicolaïevitch avait franchi les zones du sensible et du douloureux, mais continuait à courir. Le vent froid qu'il fendait semait derrière lui les clameurs d'un faux repentir :

« J'ai donc mangé ! Mangé de l'homme ! Je me suis repu de sang d'homme, j'ai bu et mangé de mon sang ! J'ai prêché, j'ai vécu la Nouvelle Anthropophagie ! »

Au quai de la gare immortelle, il s'abattit. Mais le grand corps se releva, ondé de palpitations décroissantes, puis retomba et peu à peu il s'allongea sans mouvement. Tout était dit, l'acte joué, la personne achevée, la moralité démontrée.

Pièce justificative

Plus de deux ans avant la mort du Comte T..., le 9 juillet 1908, le journal parisien *L'Action française* publia sous le titre « L'anthropophage » les lignes suivantes à propos de la thèse de la non-résistance au mal :

> ... Ce conscrit libéré de l'école du peloton ne sera plus gardé de l'envahisseur allemand, et cet enfant, privé de la direction de son père, sera abandonné à tous les pièges de la rue.
>
> Pour la peine de mort, même mécanisme. « De la douceur, de la douceur, de la douceur », chantent, comme Verlaine, les abolitionnistes. Mais ils le chantent au jury, à M. Fallières, au bourreau ; leur voix ne porte pas jusqu'aux assassins. Ceux-ci demeurant durs et la société s'évertuant à être douce, celle-ci et dans

celle-ci « la classe la plus nombreuse et la plus pauvre », doit en subir les conséquences. Que les conséquences soient cruelles au « petit peuple », d'accord. Que ces conséquences ne dérivent pas du principe démocratique, c'est ce qu'on ne peut pas accorder... On ne peut pas rester démocrate bon teint, individualiste sérieux et se séparer là-dessus de Reinach, de Fallières et de Victor Hugo.

La Déclaration de 1789 dit que les droits de l'homme sont : « la liberté, la propriété, la sûreté et la résistance à l'oppression. » Les romantiques n'eurent pas à faire un grand effort intellectuel pour les résumer en un seul, « le droit à la vie ». Qu'un homme en tue un autre, c'est, ils l'avouent, un acte immoral. Que la société, à son tour, se saisisse de l'assassin et le tue, c'est une autre immoralité, rien de plus. La première est déplorable, mais ne peut qu'être déplorée, puisqu'elle est faite. La seconde, pouvant être empêchée, doit l'être à tout prix. Raison : toute vie est de droit. Autrement dit, la vie est sacrée, elle est divine, et, au fond, elle est Dieu.

Dès que l'on multiplie toute chose par l'infini, on égalise tout. Les hiérarchies de la nature s'évanouissent. Une infinité de Dieux, tous intangibles et immuables, voilà le système des droits. Tout droit est absolu. Comment tirer de là le relatif des faits ? Comment, d'après cela, concevoir que le monde vive, tel qu'il est ou qu'il apparaît ? Je ne m'en charge point. Veuillot couvrait d'un beau grand rire à la française Dieu cordonnier assis sur Dieu borne, raccommodant Dieu vieux soulier. Encore Dieu cordonnier a-t-il cette extrême ressource de ne pas être panthéiste ; car s'il l'était, il aurait horreur de porter des mains profanes sur Dieu soulier et d'asseoir, sur Dieu borne, un dos sacrilège. Agir ou réagir lui est bien défendu. Le panthéiste assiste à la vie, mais il ne vit plus. Tout n'est-il pas sacré ? Au contraire, la vie darde de toute part la flamme active, industrieuse, qui défait et refait sans cesse l'univers.

Panthéiste secret, le démocrate individualiste a-t-il droit de s'assimiler pour sa nourriture ce qui vit ou ce qui a vécu ? Gober un œuf est un crime. Manger de la viande en est un plus grand. On ne peut pas douter qu'un bœuf, un mouton, un poulet soient des individus. Mais croit-on qu'un épi ou qu'un fruit soient une poussière sans droits ? Le végétarien mystique s'arrête à mi-côte du vrai.

À la marge de quelle rêverie de Tolstoï gribouillai-je autrefois un programme (anticipé, bien heureusement !) de l'agonie et de la mort de cet illustre patriarche de l'anarchie ? Un jour que l'intense merveille de la vie végétale lui devenait plus manifeste et plus sensible, un chef-d'œuvre de divination lui fit tout à coup percevoir des rumeurs qu'il n'avait point saisies jusque-là : le soupir de douleur du froment sous la meule, le cri du fruit soumis aux tortures de la cueillette, puis broyé sous la dent, ou exposé tout vif aux morsures du feu. En fallait-il davantage à Léon Tolstoï pour sentir ce que sa douceur cachait de barbarie et combien sa clémence envers le plus humain des trois règnes de la nature était cruelle à l'âme des herbes et des plantes dont la sève est un sang, dont la fibre nerveuse est un système de sensibilité et d'amour ! Dès ce jour, commença une abstinence plus sévère, un jeûne complet, qu'interrompirent seuls d'ingénieux essais d'alimentation minérale. Mais, à dire vrai, sauf l'eau pure, elle lui réussissait mal.

Un disciple de Marcellin Berthelot crut le sauver par un petit miracle de synthèse ; il réunit tous les éléments de la chair, des œufs et du pain dans un composé purement chimique, fruit de laboratoire, mystérieux enfant de l'ampoule et de l'arc de feu. Mais ces progrès de la science venaient trop tard. L'abstinence avait si merveilleusement affiné les esprits de l'ascète, qu'il en venait à percevoir bien au-delà du vague parler des végétaux. Il entendait les voix des pierres. Il savait ce que dit l'atome avant que d'étreindre l'atome et de s'unir à lui par un mariage éternel. Là aussi vit la force, là aussi la douleur, la joie et l'amour : « Tout sent, tout souffre, tout respire, il ne faut donc toucher à rien », répétait le vieillard en refusant sans cesse le suprême aliment que lui tendaient les siens. Il dépérit de jour en jour, se consumant et se repaissant ainsi de lui-même, chacune de ses fibres servant à nourrir l'autre, chaque cellule se jetant sur sa voisine et la dévorant. Aucun scrupule de morale n'arrêta ces tueries de vivantes inférieures. La dernière ne rendit l'âme qu'après avoir croqué et digéré l'avant-dernière. Ainsi périt celui qui craignait de faire périr. Ce fétichiste de la vie fut homicide et suicide. L'humanitaire fut conduit à se manger tout vif. Mais son festin d'anthropophage fit réfléchir de bons esprits qui cessèrent d'abord de se ronger en vain, et qui finirent par comprendre que tel est le symbole éternel des démocraties.

DÉJÀ PARUS

www.omnia-veritas.com

www.ingramcontent.com/pod-product-compliance
Lightning Source LLC
Chambersburg PA
CBHW071358230426
43669CB00010B/1383